J. C. Cooper
Illustriertes Lexikon der traditionellen Symbole

Viele der Symbole, die in diesem Buch besprochen und erläutert sind, finden sich auf dieser Illustration aus dem »Microcosmos Hypochondriacus«, einem alchimistischen Text aus dem 17. Jahrhundert. Außer bekannten Symbolen wie Sonne, Dreieck, Adler, Löwe, Taube und Lamm enthält das Bild auch den Pfau, den Pelikan, die Schmiede, den Caduceus, die Gans, das Schiff und viele andere symbolische Anspielungen auf die verwandelnden Schritte und Prozesse der Alchimie.

J. C. Cooper

Illustriertes LEXIKON der traditionellen SYMBOLE

Drei Lilien Verlag

Die Übersetzung aus dem Englischen
besorgten Gudrun und Matthias Middell

ISBN 3-928 127-27-6

Inhalt

Vorbemerkung

Die Vielfalt der Symbolsprache in der Kunstgeschichte erstaunt uns immer aufs neue, und die Vorstellungen verschiedener Völker von der Entstehung und der Struktur der Welt sind außerordentlich reich. Vor allem bei der Beschäftigung mit der bildenden Kunst, in der derartige Ideen, in der Regel verschlüsselt, in eine Formensprache umgesetzt werden, begegnet uns eine kaum überschaubare Menge von Symbolen. Mit der fortschreitenden Erschließung der geistigen und kulturellen Errungenschaften Chinas und Indiens, Vorderasiens und Ägyptens, des indianischen Amerika und Schwarzafrikas hat sich dieser Formenschatz aus der Sicht der an symbolischen Darstellungen selbst nicht armen europäischen Kunstgeschichte noch weiter vergrößert. Die Zeichensprache vor allem der älteren, vorchristlichen Glaubensvorstellungen ist uns heute oft rätselhaft und schwer deutbar.

Das vorliegende Buch soll helfen, derartige Darstellungen, die uns auf den verschiedenartigsten Zeugnissen der Weltkultur immer wieder begegnen, zu verstehen und den Gedankengehalt einer solchen Bildsprache zu erfassen. Selbstverständlich kann ein Buch mit einem so begrenzten Umfang nicht die Gesamtheit aller in der bildenden Kunst der Welt benutzten Symbole erfassen, vorstellen und interpretieren. Die Autorin hat sich bei der notwendigen Beschränkung daher auf häufig auftretende und auch auf verschiedene Weise gedeutete Symbole konzentriert. Die vorliegende Publikation entspricht im wesentlichen dem englischen Original; die Änderungen in der deutschen Ausgabe, Weglassungen oder Hinzufügungen von Stichworten ergaben sich aus dem Bemühen, das Buch für den deutschsprachigen Leser handhabbarer zu machen.

Der Verlag

A ↗ Alpha

Aal Schlüpfrigkeit. *Chin.:* Geschlechtliche Liebe.

Abend vor Allerheiligen Die Rückkehr des Winters, das Chaos, die Aufhebung der Grenzen zwischen den Welten der Lebenden und der Toten. Samhuinn, das Fest der Toten; der *kelt.* Jahresbeginn.

Ablution (religiöse Waschung) Reinigung; Initiation. *Alchim.:* Im »Magnum Opus« wird die Seele durch Waschen gereinigt, und die Verwandlung vollzieht sich von schwarz über grau zu weiß. *Buddh.:* Ablutionen bei der Mönchsweihe stellen das Abwaschen der Vergangenheit als Laie dar. *Christl.:* Unschuld; Reinheit; das *lavabo,* die Handwaschung des Priesters, bedeutet: »Ich wasche meine Hände in Unschuld.« *Islam.:* Ein bedeutsamer Ritus; die Rückkehr des Menschen zu ursprünglicher Reinheit.

Abnormität Ambivalent, aber im allgemeinen birgt alles Abnorme magische Möglichkeiten oder Mächte, oft chthonische. Bucklige und Zwerge z. B. haben positive Kräfte und gelten als Glücksbringer; andererseits bedeuten Schielende Unglück, in gleicher Weise werden auch die Abnormität eines krähenden Huhns, der Hahnschrei am Abend, der Ruf der Eule bei Tage oder eine zur Unzeit blühende Blume als Anzeichen drohenden Unglücks gedeutet.

Abyssus Ambivalent, steht für die Unergründlichkeit der Tiefe wie auch für Demütigung und Unterlegenheit. Die Tiefe der Wasser gilt âls die Urquelle des Universums; die Muttergöttin; die Unterwelt. In der *gnost.* Symbolik steht er für Höchstes Sein, den Schöpfer der Äonen.

Achat ↗ Edelsteine

Achse Die Weltachse ist der Mittelpunkt von Raum und Zeit; die letzte Stütze aller Dinge; das, worum sich alle Dinge drehen; die Richtschnur; das Wesen allen Seins. Symbolisiert durch den Weltenbaum; heilige Berge; den Himmelsstrahl; die Säule; den Pfahl; den Stab; die Spindel; den Speer; die Lanze; den Pfeil; die Rute; die Nabelschnur; die Wagenachse; Nägel; den Schlüssel usw.

Achteck Acht ist die Zahl der Regeneration; Erneuerung; Wiedergeburt; des Übergangs. Nach den sieben Stufen der Initiation ist die achte das wiedergewonnene Paradies, und der achte Tag schuf den neuen Menschen der Gnade. In einigen Tempeln bzw. Kirchen wird das Rund des Daches von acht Pfeilern gestützt, die auf einer quadratischen Grundfläche stehen und somit den Kreis quadrieren. Die vier Haupt- und die vier dazwischenliegenden Himmelsrichtungen, die zusammen das Achteck bilden, werden in verschiedenen Kulturkreisen die »acht Winde« genannt; sie sind auch die acht Türen, die den Übergang von einem Zustand in einen anderen ermöglichen; im *Hinduismus* stehen sie außerdem auch für die acht Abschnitte des Tages. Im *Christentum* ist der Taufstein, der Erneuerung und Wiedergeburt symbolisiert, häufig achteckig. In der *christl.-europäischen* Kunst hat das Achteck imperiale Bedeutung (Kaiserkrone des Heiligen Römischen Reiches, Pfalzkapelle Aachen, Castel del Monte).

Ackerbau Symbolisiert durch die Korngöttin mit Weizenähren, auch durch den Pflug, das Füllhorn und den knospenden Zweig.

Adler Solar; Symbol von Himmelsgöttern; die Mittagssonne; das geistige Prinzip; Aufstieg zum Himmel; Inspiration; Erlösung aus Knechtschaft; Sieg; Stolz; Meditation; Apotheose; Königswürde; Autorität; Macht; Stärke; das Element Luft. Da man annahm, daß der Adler bis zur Sonne fliegen, sie standhaft anblicken und sich mit ihr identifizieren könne, verkörpert er das geistige Prinzip im Menschen, das sich zum Himmel erheben kann. Doppelköpfige Adler sind u. a. die Attribute von Zwillingsgöttern und können Allwissenheit und doppelte Macht symbolisieren. Der Streit zwischen dem Adler und dem Löwen, in dem der Adler immer den Sieg davon trägt, ist der Triumph des Geistes oder des Intellekts über das Körperliche.

Der Kampf zwischen Adler und Schlange oder auch ein Adler mit einer Schlange in den Klauen stellt den Sieg des Geistes dar, denn der Adler ist das Symbol der himmlischen Mächte des Guten, und die Schlange verkörpert die bösen und chthonischen Mächte; der Adler ist auch das nichtmanifeste Licht und die Schlange die nichtmanifeste Finsternis; beide zusammen sind ein Ganzes, die kosmische Einheit und die Verbindung von Geist und Materie. Der Adler auf einer Säule ist ein Smybol für Sonnengötter, der *sol invictus,* der über die Finsternis siegt. *Ägypt.:* Die Söhne des Horus. *Alchim.:* Der aufsteigende Adler ist der befreite geistig-seelische Teil der *prima materia.* Der Doppeladler stellt das männlich-weibliche Quecksilber dar. Der gekrönte Adler und Löwe sind Wind und Erde, Quecksilber und Schwefel, das flüchtige und das feste Prinzip. *Austral. Aborig.:* Der Adler oder Falke wird mit dem Göttlichen gleichgesetzt. *Aztek.:* Die himmlische Macht; der leuchtende Himmel; die aufgehende Sonne, die die Schlange der Finsternis verschlingt. *Buddhist.:* Ein Gefährt des Buddha; Attribut von Amoghasiddhi. *Chin.:* Die Sonne; das *yang*-Prinzip; Autorität; Mut; Festigkeit; ein scharfer Blick; Unerschrockenheit. Adler und Rabe stehen mit den Kriegsgöttern im Zusammenhang. *Christl.:* Himmelfahrt; Streben und Sehnsucht; geistliches Bemühen; das Jüngste Gericht, bei dem die Verdammten aus dem Nest geworfen werden; die Erneuerung der Jugend (Psalm 103,5). Wie der Adler in die Sonne blickt, ohne geblendet zu werden, so erblickt Christus die Herrlichkeit Gottes; wie der Adler seine Jungen der Sonne entgegenträgt, trägt Christus die Seelen zu Gott; wie er taucht, um Fische aus dem Meer zu holen, rettet Christus die Seelen aus dem Meer der Sünde. Man glaubte, daß der Adler sein Gefieder erneuert, wenn er zur Sonne fliegt und ins Meer taucht, deshalb symbolisiert er die Auferstehung und das neue Leben in der Taufe; die aus Gnade erneuerte Seele. Er verkörpert auch die Erleuchtung durch das Evangelium, daher Lesepulte in Adlergestalt. Mit der Schlange in den Krallen bedeutet er den Sieg über die Sünde; wenn er seine Beute zerreißt, ist er der Teufel. Attribut der Heiligen Medardus, Priscia, Servatius und Johannes vom Kreuz. Eines der vier Tiere der Apokalypse; der Adlerkopf des viergestaltigen Cherub (Tetramorph) symbolisiert den Evangelisten Johannes. *Griech.:* Geistige Macht; Königswürde; Sieg und Gunst. Ein Attribut des Zeus, und als sein Blitzträger hält er manchmal einen Donnerkeil in den Krallen. Ursprünglich ein Emblemtier von Pan, der es aber Zeus überließ; Attribut von Ganymed in Funeralbedeutung; Ganymed, beim Tränken des Adlers dargestellt, verkörpert die Überwindung des Todes. Ein Adler mit einer Schlange in den Krallen ist nach Homer ein Symbol des Sieges. *Hinduist.:* Der solare Vogel Garuda, auf dem Vishnu reitet; auch ein Emblemtier von Indra. Er ist der arische Sturmvogel. *Indian.:* Der Haarschmuck aus Adlerfedern verkörpert den Donnervogel, den Großen Geist; der Adler ist Offenbarung und ein Mittler zwischen Himmel und Erde; er bedeutet auch den Tag. In manchen Fällen symbolisiert der weiße Adler den Mann und der braune die Frau. *Jüd.:* Wiedergeburt; der Osten. *Kelt.:* Wird mit den Heilwassern assoziiert. *Mithraz.:* Adler und Falke sind beide Attribute des Sonnengottes Mithra. *Röm.:* Der solare Sturmvogel, Blitzträger von Jupiter; verkörpert den Kaiser; Würde; Sieg; Gunst; Schnelligkeit der Wahrnehmung. Hält Jupiters Donnerkeil in den Krallen. Symbol und wirkende Kraft der Apotheose nach dem Tod. *Skandin.:* Weisheit; erscheint in den Zweigen des Yggdrasil als das Licht im Kampf mit der Schlange der Finsternis. Ein Wahrzeichen Odins/Wotans. *Sumero-semit.:* Die Mittagssonne; Attribut von Ninurta oder Ningirsu, dem wohltätigen Sonnen- und Kriegsgott von *Kanaan* und *Babylon;* Emblemtier des *phrygischen* Sabazios; dem *assyrischen* Assur als Sturm-, Blitz- und Fruchtbarkeitsgott heilig. Der doppelköpfige Adler symbolisiert Nergal, die sengende Hitze des Sommers und der Mittagssonne. Er ist auch im *Hethitischen* ein bedeutsames Symbol,

Adler Diese griechische Schale aus der Mitte des 6. Jahrhunderts v. u. Z. zeigt Zeus, den Vater und obersten aller Götter, und seinen Adler als Diener und Begleiter. Der Adler ist das Symbol der Oberhoheit von Zeus, seiner solaren Natur als Herrscher der Himmel, in denen die Götter wohnen, und seines göttlichen Königtums.

Adler Dieses Mosaik aus Konstantinopel (5. Jahrhundert) gibt das Ringen zwischen Adler und Schlange wieder, den Symbolen des ewigen Konflikts zwischen den Gegensätzen bzw. zwischen der höheren und der niederen Natur des Menschen, dem Solaren und dem Chthonischen, dem Intellekt und dem Instinkt.

ist Sonnenkraft und Allwissenheit; oft hält er entweder einen Mondhasen oder die Schlange in den Krallen. Marduk ist oft als Adler dargestellt.

Aerolith Offenbarung; Herabsteigen des Geistes; göttliche Botschaften; himmlische Gewänder.

Ägis/Aigis Schutz; Obhut; Schöpferkraft. Die Ägis wurde wie ein Kleidungsstück über Schulter und Brust getragen, während der Schild mit der Hand vor den Körper gehalten wurde. Sie ist ein Attribut von Zeus/Jupiter und war aus Ziegenfell gefertigt, weil die Ziege Amaltheia Zeus Diktynnos gesäugt hatte; auch ein Attribut der Athena/Minerva und der *ägyptischen* Bastet; wurde von Achill getragen; ↗ Schild

Ahornblatt Wahrzeichen von *Kanada. Chin.* und *Japan.:* Herbst; das Sinnbild der Liebenden.

Akanthus In Mittelmeerländern bedeutet er Leben; Unsterblichkeit; die Spitzen der Mondsichel; Verehrung der Künste. Im *Christentum* stellen die Dornen Schmerz, Sünde und deren Bestrafung dar.

Affe Frechheit und Schamlosigkeit; Neugier; Unfug; die niederen Instinkte. Die Drei Mystischen Affen mit verbundenen Augen oder Ohren bzw. zugebundenem Mund bedeuten: »Sieh nichts Böses, höre nichts Böses, sprich nichts Böses«. *Buddh.:* Eines der Drei Geistlosen Geschöpfe, stets gefräßig und begierig. *Chin.:* Häßlichkeit, Schelmerei; die Macht der Transformation; unheilabwendend. Das neunte Tier der Zwölf Erdstämme; auch Mutwilligkeit; Eitelkeit; Nachahmungslust. *Christl.:* Eitelkeit; Luxus; der Teufel; übelwollende List; Verschlagenheit; Lüsternheit; Sünde; Unziemlichkeit; Frivolität; Wohlleben; Satan; diejenigen, die das Wort Gottes verfälschen; Abgötterei. Ein Affe in Ketten bedeutet überwundene Sünde; und ein Affe mit einem Apfel im Maul stellt den Sündenfall dar. *Hinduist.:* Attribut des Affengottes Hanuman, im Besitz göttlicher Kraft, Sohn des Windgottes Vayu. Hanuman ist auch affenköpfig; Wohltätigkeit; Freundlichkeit. *Maya:* Der Gott des Nordsterns hat den Kopf eines Affen.

Akazie In Mittelmeerländern bedeutet sie Leben; Unsterblichkeit; platonische Liebe; Zurückgezogenheit. Da sie sowohl weiße als auch rote Blüten haben kann, stellt sie Leben und Tod, Tod und Wiedergeburt dar. Ihre Dornen stehen für die Spitzen der Mondsichel. *Ägypt.* Solar; Weiterleben nach dem Tode; Unsterblichkeit; Initiation; Unschuld; Attribut der Neith. *Christl.:* Unsterblichkeit; ein sittenstrenges Leben. Eine Überlieferung behauptet, die Dornenkrone sei aus Akazienzweigen gewesen, und zwar mit der doppelten Absicht, das heilige jüdische Holz zu verhöhnen und zu vernichten. *Jüd.:* Der Schittah-Baum, das heilige Schittim-Holz der Bundeslade. Unsterblichkeit; ein sittenstrenges Leben; Unschuld. Sie bedeutet ebenfalls Trauer und wird bei Bestattungsriten benutzt.

Akonit (Eisenhut) *Griech./Röm.:* Frevel; das Gift der Worte; Kaltblütigkeit; dem Saturn geweiht; er wuchs dort, wohin der Speichel des Zerberus fiel; eine Hexenblume.

Alba/Albe *Christl.:* Ein Priestergewand; das weiße Gewand, in das Christus von Herodes gehüllt wurde; sein weißes Leinen steht für Reinheit und Keuschheit.

Albatros Versinnbildlicht langes, unermüdliches Fliegen und ferne Ozeane; sagt schlechtes Wetter und stürmische Winde voraus. Er kann die Seele eines toten Seemanns verkörpern, weshalb ihn zu töten Unglück bedeutet.

Alkohol *Alchim.:* Das *aqua vitae*, das sowohl Feuer als auch Wasser bedeutet; die Vereinigung der Gegensätze *(coincidentia oppositorum);* das Männliche und Weibliche, Aktive und Passive sowohl im Stadium der Erschaffung als auch der Zerstörung.

Aloe Bitterkeit, aber ebenso Rechtschaffenheit und Weisheit. Dem Zeus/Jupiter geweiht.

Alpenveilchen *Christl.:* Ein Attribut der Jungfrau Maria; sein roter Punkt ist Marias blutendes Herz; es heißt auch »Blutende Nonne«.

Alpha Der Anfang; das Erste Prinzip, von dem alle Dinge ausgehen. Alpha und Omega stehen für die Totalität, den Anfang und das Ende; wie das *hinduistische* OM symbolisieren sie das gesamte Reich der Töne, auch die Unendlichkeit. A und Ω werden bisweilen durch Adler und Eule, Tag und Nacht dargestellt, und im *Christentum* erscheinen sie mit dem Kreuz und dem Chi-Rho (↗ Labarum).

Alraunwurzel Ein Symbol der Großen Mutter, der Lebensspenderin; Zauberpflanze; Attribut von Circe. In der *jüdischen* Symbolik steht sie für Empfängnis und Fruchtbarkeit; in der *Hexenkunst* hat sie Zauberkraft.

Altar Die göttliche Gegenwart; das Opfer; die Wiedervereinigung mit der Gottheit durch das Opfer; Integration; Danksagung. Daß er sich im Ostteil des Tempels bzw. der Kathedrale oder Kirche befindet, symbolisiert die Gebetshaltung zur Sonne und in Richtung auf das Paradies. Hat er die Form eines Grabmals, so stellt er den Übergang vom Tod ins Leben und aus der Zeitlichkeit in die Ewigkeit dar. Die zum Altar emporführenden Stufen symbolisieren rituales Aufsteigen. Steinaltäre oder Baityloi (↗ Stein) bedeuten die Unzerstörbarkeit und Unvergänglichkeit der Gottheit, oft in Verbindung mit dem Baum als dem die Vorstellung von Veränderung und Erneuerung ergänzenden Aspekt. *Aztek.:* Der zylindrische Sonnenstein wurde sowohl für Opfer- als auch für astronomische Zwecke benutzt.

Buddhist.: Das Zentrum der Andachtsübung ist mehr ein Schrein als ein Altartisch, wenngleich letzterer dort verwendet sein kann, wo er dazu dient, Bildnisse, Bücher, geweihte Gegenstände und Opfergaben für Buddha zu tragen, aber der Gedanke an einen festgesetzten Ritus für das Opfer fehlt. *Christl.:* Der Altar stellt sowohl das Grab als auch die Auferstehung dar, in Leben verwandelten Tod, Christi Opfer im Heiligen Abendmahl und Christus als die Sonne der Gerechtigkeit. Das Holz symbolisiert das Kreuz, der Stein den Felsen von Golgatha, und der erhöhte Altar bedeutet sowohl die Himmelfahrt als auch das Leiden Christi auf einem Berg. Die Schranken bezeichnen die Trennung vom Allerheiligsten, das nur der Hohepriester betreten darf. Die drei oder sieben Stufen zum Altar symbolisieren die Dreifaltigkeit oder die sieben Gaben des Heiligen Geistes; das Leinentuch auf dem Altar ist das Symbol des Leichentuchs, und die Brokatdecke steht für die Herrlichkeit des königlichen Thrones der unsichtbar gegenwärtigen Gottheit. *Hinduist.:* Der Vedische Feueraltar deutet die vertikale Symbolik eines Weltenzentrums an, er ist ein *imago mundi* und bedeutet die Erschaffung der Welt: »das äußerste Ende der Erde« *(Rigveda).* Der Ton, aus dem er erbaut ist, bedeutet die Erde, das Wasser zum Mischen steht für die Urwasser, die Seitenwände stellen entweder die Atmosphäre oder den die Erde umgebenden Ozean dar. Der Altar ruht auf drei runden, perforierten Ziegeln oder Steinen, die die drei übereinanderliegenden Welten symbolisieren und auch Agni, Vaya und Aditya, die Lichter der Welt, darstellen; der unterste Stein steht für das vedische Feuer des Agni; der mittlere Stein für die darüberliegende Welt, und der oberste Stein stellt das »Auge« oder die himmelwärts weisende Öffnung dar; der durchgängige Raum in der Mitte ist sowohl ein Abzugskanal als auch ein Weg zur höheren Welt, der vom Tode zur Unsterblichkeit führt, aus der Dunkelheit zum Licht. Der Feueraltar ist auch das Jahr und die Zeit in sinnlich wahrnehmbarer Form; die 360 Ziegelsteine sind die Tage des Jahres. Das Opfer auf dem Altar stellt die ursprüngliche Einheit wieder her und symbolisiert mit seiner Richtung nach Osten und zum Sonnenaufgang ein immer neues Beginnen. *Jüd.:* Der Rauchopferaltar bedeutet »das Wirken der Gnade für die eucharistischen Elemente«.

Alter Mann Sterblichkeit. Wenn nackt oder teilweise bekleidet, ist er die Zeit und wird häufig als Kahlkopf dargestellt oder mit nur einer Haarlocke auf der Stirn: »der kahlköpfige Totengräber, die Zeit«. Mit einer Sense oder einem Stundenglas und gelegentlich mit Krücken stellt er den Schnitter Tod

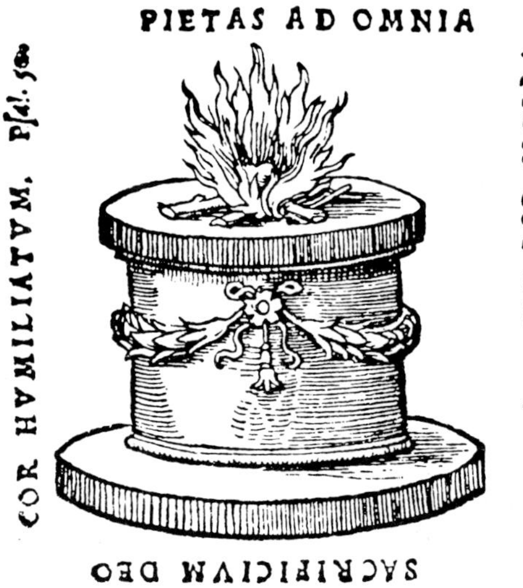

Altar Der Altar als ein Symbol für Opferbringen wurde von Christian Egenolff aus Frankfurt in den vierziger Jahren des 16. Jahrhunderts als Drucker- bzw. Warenzeichen benutzt.

Androgyn/Hermaphrodit Die alchimistische Abhandlung »Philosophia Reformata« von Mylius aus dem 17. Jahrhundert illustriert den Androgyn, das vereinigte männliche und weibliche Prinzip, deren Wiedervereinigung als Zweck und Ziel der Alchimie und letztendlich menschlichen Strebens angesehen werden.

dar. In der *Kabbalistik* bedeutet er esoterische und okkulte Weisheit; im Tierkreis ist er Saturn.

Amarant Eine mythische, nicht verwelkende Blume, die Unsterblichkeit, Glauben, Treue und Beständigkeit in der Liebe symbolisiert. In China wurde beim Mondfest dem Hasen als Mondtier ein roter Amarant als Opfer dargebracht.

Amboß Die Erschaffung des Alls; der ursprüngliche Schmelzofen; die Erde; Materie; Hammer und Amboß zusammen bedeuten die männlich-weiblichen, gestaltenden Kräfte der Natur, das Aktive und Passive, Positive und Negative; ein Attribut aller Sturm-, Donner- und Schmiedegötter wie Hephaistos, Vulcanus, Thor usw. Im *Christentum* ist der Amboß ein Attribut der Heiligen Adrianus und Eligius. Juno ist bisweilen freischwebend mit Ambossen an den Füßen dargestellt, wenn sie die Luft als eines der vier Elemente symbolisiert.

Ameise Fleiß. *Chin.:* »Das aufrechte Insekt«; Ordentlichkeit; Tugend; Vaterlandsliebe; Gehorsam. *Griech.:* Attribut der Ceres. *Hinduist.:* Die Vergänglichkeit des Seins.

Amicia/Amikt *Christl.:* Das Leinentuch, mit dem Christus im Prätorium die Augen verbunden wurden; der Helm eines Soldaten Christi.

Amsel *Christl.:* Versuchungen des Fleisches (ihr lockender Gesang und schwarzes Gefieder). Bei der Versuchung des hl. Benedikt erscheint der Teufel als Amsel.

Amtsstab Absolute Amtsgewalt; Macht; Amt. Zu Diamantkeule bzw. -zepter ↗ Dorje, ↗ Vajra, ↗ Ju-i. Der siebenköpfige Herrscherstab ist ein *sumerisches* Schlachtensymbol.

Anadem ↗ Girlande

Androgyn Ursprüngliche Vollkommenheit; Ganzheit; die *coincidentia oppositorum;* der natürliche Zustand; Autonomie; wiedergewonnenes Paradies; die Wiedervereinigung der ursprünglichen männlich-weiblichen Kräfte; die Vereinigung von Himmel und Erde, König und Königin, der beiden, die das Eine werden: der Allvater, die Allmutter. In der *Alchimie* besteht das Große Werk in der Erschaffung des perfekten, zweigeschlechtigen Menschen, der zur Ganzheit wieder hergestellten Menschheit. Sie wird durch die männlich-weibliche Figur oder das zweigesichtige Haupt von König und Königin oder auch durch den roten Mann und seine weiße Frau symbolisiert. Symbole dieses Zustandes der Einheit unter den Göttern sind: der androgyne Zurvan, der persische Gott der grenzenlosen Zeit; in der *griechischen* Mythologie sind das Chaos und der Erebos geschlechtslos, Zeus und Herakles sind oft als Frauen gekleidet; in Zypern gibt es die bärtige Aphrodite; Dionysos hat feminine Züge; der *chinesische* Gott von Nacht und Tag ist zweigeschlechtig, und die Vollendung des Androgyns wird durch das *yin-yang-* Symbol ausgedrückt und durch die »mit Geist begabten *yin-yang-* Geschöpfe«, den Drachen, den Phönix und das *Qilin,* die alle *yin* oder *yang* oder beides sein können. Im *Hinduismus* sind die Shakti und bestimmte andere Gottheiten, besonders Shiva, mit halb männlichen, halb weiblichen Merkmalen dargestellt. Der *Schamanismus* und Initiationszeremonien benutzen den ↗ Transvestismus; Baal und Aštart sind manchmal Androgyne; frühe Werke des »Midrasch« zeigen Adam als androgyn, und in Platons »Symposion« war der Mensch ursprünglich zweigeschlechtig. Weitere androgyne Symbole sind: Lotos, Palme, Kreuz, Pfeil, Anker, Punkt im Kreis, Schlange, Skarabäus, bärtige Frauen. Die Ur-Mutter, die *Tellus Mater,* war asexual oder zweigeschlechtig.

Anemone Verzicht; Leid. *Christl.:* Leid; die Passion Christi, der rote Fleck auf der Blüte bedeutet Sein Blut, das Dreiblatt steht für die Dreifaltigkeit. *Griech.:* Leid; Tod. Attribut von Venus und Hermes; auch das Blut des Adonis, der auf Anemonen starb.

Anker Hoffnung; Standhaftigkeit; Stabilität; Ruhe und Gelassenheit. Der »Unklare Anker« kann auch ein Schiff mit Mast symbolisieren, wobei der Anker die Bedeutung der Vereinigung zwischen der weiblichen, schützenden Mondbarke und dem männlichen, phallischen Pfahl oder Mast übernimmt. In *Ägypten* wurde diese Symbolik dadurch verstärkt, daß die Schlange des Lebens um den Mast geschlungen war. Anker mit Delphin: der Anker steht für Langsamkeit, und der Delphin bedeutet Schnelligkeit, daher stellen beide zusammen den guten Mittelweg dar oder »Eile mit Weile«. *Christl.:* Rettung; Standhaftigkeit (Hebr. 6, 19); der wahre Glaube. Attribut der Heiligen Clemens und Nikolaus von Myra. Der Anker mit dem Delphin wird auch benutzt, um Christus am Kreuz darzustellen. In der frühen christlichen Kunst wurde der Anker als verschlüsselte Form für das Kreuz verwendet und bedeutete Hoffnung. Bei vorwiegend zur See fahrenden Völkern ist der Anker auch ein Symbol für Sicherheit und Glück.

Antilope *Ägypt.:* Wurde Seth geopfert, kann aber auch Osiris und Horus als Gegner von Seth darstellen. *Herald.:* Wildheit; Stärke; Gefährlichkeit. *Hinduist.:* Attribut von Shiva; Soma und Chandra haben Wagen, die von Antilopen gezogen werden; Pavana, der Gott der Winde, reitet auf einer Antilope. *Kleinasien* und *Europa:* Ein Mondtier, das mit der Großen Mutter in Zusammenhang steht. *Son (Südafrika):* Die Gottheit kann in Gestalt einer Antilope erscheinen. *Sumero-semit.:* Eine Erscheinungsform von Enki/Ea und Marduk. Ea ist als Fischmensch

»die Antilope des unterirdischen Ozeans«, »die Antilope des Apsu«, »die Antilope der Schöpfung«. Der Drachenaspekt der Antilope kann auch von Stier, Büffel oder Kuh übernommen werden. Die Antilope als Mondtier ist der Aštart/Astarte heilig.

Apfel Fruchtbarkeit; Liebe; Freude; Erkenntnis; Weisheit; Divination; Luxus; aber auch Falschheit und Tod. Der Apfel war die verbotene Frucht des Goldenen Zeitalters. Da er rund ist, symbolisiert er Totalität und Einheit, im Gegensatz zur Multiplizität des ↗ Granatapfels, und dies auch als die Frucht des Lebensbaumes, den Iduma den Göttern gab. Eris warf den goldenen Apfel der Zwietracht unter die Götter. In Gestalt der Äpfel der Hesperiden und der Frucht aus Freyjas Garten symbolisiert er Unsterblichkeit. Jemandem einen Apfel darzubieten, bedeutet eine Liebeserklärung. Wie die Orange wird die Apfelblüte als Zeichen der Fruchtbarkeit für Bräute benutzt. *Chin.:* Friede und Eintracht. *Christl.:* Ambivalent als böse (lat. *malum*), als die Frucht der Versuchung und Missetat des Sündenfalls, aber im Zusammenhang mit Darstellungen von Christus oder der Jungfrau Maria steht er für den Neuen Adam und die Erlösung. Ein Affe mit einem Apfel im Maul stellt den Sündenfall dar. *Griech.:* Der Venus geweiht, als Zeichen der Liebe und des Verlangens; ein Brautsymbol und -geschenk; Venus erhielt den »Zankapfel« (Erisapfel) von Paris. Apfelzweige sind Attribute von Nemesis und Artemis und wurden in Diana-Riten benutzt; der Apfelbaum wurde mit Gesundheit und Unsterblichkeit in Zusammenhang gebracht; er war dem Apollon geweiht. *Kelt.:* Der Silberne Zweig. Er hat magische und chthonische Kräfte; die Frucht des Jenseits; Fruchtbarkeit; Ehe. Der Abend vor Allerheiligen ist ein Apfelfest, steht mit dem Tod des alten Jahres in Zusammenhang. Apfelblüte: ein *chinesisches* Symbol des Friedens und der Schönheit.

Aprikose Als eine sich selbst befruchtende Pflanze symbolisiert sie den Androgyn. *Chin.:* Tod, Furchtsamkeit.

Aquamarin ↗ Edelsteine

Arbeiten Die zwölf Arbeiten des Herakles stehen symbolisch für den Gang der Sonne durch die zwölf Tierkreiszeichen. Sie stehen auch für die Mühen und Kämpfe des Menschen in seinem Streben nach Selbstverwirklichung und für das Wirken göttlicher Mächte zum Wohle der Menschheit.

Arche Ein Mond- und Meeressymbol. Die Arche ist in der Regel halbmondförmig dargestellt; das weibliche Prinzip; Träger des Lebens; der Schoß; Regeneration; das Schiff des Schicksals, ein Fahrzeug, das das Lebensprinzip trägt und weiterreicht; Erhaltung und Bewahrung. Die Arche auf den Wassern bedeutet die Erde, die auf dem Ozean des Alls schwimmt. Die Arche mit dem Regenbogen stellt die beiden Mächte der unteren und oberen Wasser dar, die zusammen das Eine bilden und universelle Erneuerung bedeuten. Zwei Formen der Symbolik sind anzutreffen für den fast universellen Mythos von Arche und Flut: die eine, wie im *Hinduismus,* wo die Arche, die von Manu auf Geheiß des Vishnu gebaut wurde, den Lebenssamen trug, und die andere, wie im Alten Testament, wo Noah auf Jahwes Weisung eine Arche baute, die Menschen und Tiere in sich barg. Beide enthalten die Grundlagen des Lebens, Kontinuität und Stabilität. Von der Arche selbst nahm man an, daß sie nach den Proportionen des menschlichen Körpers gebaut war und so den Mikrokosmos versinnbildlichte. *Ägypt.:* Die Arche der Isis ist der Schoß der Mutter, der Trägerin des Lebens. *Christl.:* Die Arche stellt die Kirche dar, in der der Mensch gerettet werden sollte, weil er darin sicher auf den Wassern des Lebens dahingleitet; die reinen und die unreinen Tiere in der Arche symbolisierten Heilige und Sünder. Sie bedeutet auch Christus, den Retter der Menschheit; die Jungfrau Maria als diejenige, die Christus getragen hat; und in der Symbolik der Architektur ist sie das Kirchenschiff; der hl. Thomas von Aquin sagte, die Arche des Alten Bundes bedeute Christus, der goldene Überzug seine Weisheit und Barmherzigkeit. Für den hl. Bonaventura war sie die Eucharistie, und für den hl. Ambrosius bedeutete sie Unsere Liebe Frau, die den Erben des Gesetzes in sich schloß. *Jüd.:* Die Arche des Alten Bundes bedeutete die göttliche Gegenwart, die Stätte Gottes, das heiligste Symbol in der jüdischen Religion. Sie war aus unvergänglichem Holz gebaut und vergoldet, was wohltätige Macht versinnbildlichte. Philo setzte die Arche mit der Weisheit gleich, im Gegensatz zu dem Tisch mit den zwölf Broten als dem Symbol für die sinnlich wahrnehmbare, manifeste Welt. *Sumero-semit.:* Die Arche als das symbolische Schiff erscheint häufig in Chaldäa.

Arm Erhobene Arme bedeuten demütiges Flehen, Gebet, Ergebung. Die vielen Arme der Götter und Göttinnen in der *hinduist.* und *buddhist.* Ikonographie stellen mitfühlende Hilfe dar und, wenn sie verschiedene Symbole tragen, die unterschiedlichen Kräfte und das verschiedenartige Wirken der universellen Natur, auch die besonderen Wirkungssphären der Gottheit. Zwei Arme sind Weisheit und Tatkraft. Im *Christentum* ist der Arm des Herrn das Instrument unumschränkter Herrschaft, göttlichen Willens. Er kann auch die Rache bzw. Strafe symbolisieren. Die erhobenen Arme des Betenden können Frömmigkeit darstellen oder, in der Grabmalkunst,

Arm Jeder Arm des Shiva Nataraja, des Herrn des Tanzes, hat seine eigene Symbolik: der obere rechte hält das Tamburin des Schöpfungsrhythmus, dem die Flamme der Zerstörung im oberen linken das Gleichgewicht hält; die untere rechte Hand vollführt den ermutigenden Segensgestus, während die untere linke Erlösung vom Leiden verspricht.

die Seele des Verstorbenen. Ein erhobener Arm ist ein Zeugen- oder Schwurgestus.

Artemisia (Beifuß) *Chin.:* Würde; das Artemisiablatt ist eines der Acht Kostbaren Dinge. *Griech.:* Der Artemis geweiht. *Indian.:* Das weibliche, lunare, nächtliche Lebensprinzip, demgegenüber Chrysothamnus das männliche, solare Tag-Prinzip symbolisiert.

Asche Die Vergänglichkeit des menschlichen Lebens; der vergängliche menschliche Körper; Sterblichkeit. Mit Sackleinen zusammen bedeutet sie äußerste Demütigung und Trauer; Buße. In einigen Ritualen hat sie reinigende Kraft.

Aschera/Aschirat *Westsemit.:* Gottheit, von Votivsäulen und Bäumen symbolisiert; Göttin der Fruchtbarkeit, auch der Sonne und des Meeres, kam durch Amurriter nach Mesopotamien

Aspergill (Weihwedel) Reinigung; Heiligkeit; die Austreibung böser Mächte.

Asphodill/Affodil *Griech./Röm.:* Weißblühend, auf einer Wiese in der Unterwelt, auf den elysischen Gefilden, daher später ein mit Bestattungsriten in Verbindung stehendes Symbol des Todes und der Trauer, das mit Friedhöfen und Ruinen in Zusammenhang gebracht wird. Attribut der Persephone und des Dionysos. ↗ Lilie

Aster *Chin.:* Schönheit; Liebreiz; Demut; Vornehmheit. *Griech.:* Liebe; der Aphrodite geweiht.

Atem Leben; die Seele; lebenspendende Macht; der *spiritus mundi;* die Macht des Geistes; auch das Flüchtige, Vergängliche, Nicht-Materielle und schwer Faßbare. Das Ein- und Ausströmen des Atems symbolisiert den regelmäßig abwechselnden Rhythmus von Leben und Tod, Gestaltwerden und Wiederaufgehen im All. *Christl.:* Anhauchen, Beatmen oder Anwehen eines Menschen oder eines Gegenstandes bedeutet den Einfluß des Heiligen Geistes und die Austreibung böser Geister.

Auferstehung Symbole sind: der Phönix, der Löwe, der Pfau, der Pelikan, der Baum, die Schlange, Rosmarin, Myrte, Buchsbaum.

Aufsteigen Transzendenz; der Durchbruch in eine neue ontologische Ebene und die Überwindung des bloßen Menschseins; der Weg zur Wirklichkeit und zum Absoluten; Wiedereingliederung; die Einheit der Seele mit der Gottheit; Erhebung der Seele; der Übergang von der Erde zum Himmel, aus der Dunkelheit ins Licht; Freiheit. Das Aufsteigen folgt häufig einem Hinabgehen in die Unterwelt, und Symbole des Aufsteigens werden für das Wiederfinden des Paradieses benutzt, da, um geistige Freiheit und Erleuchtung zu finden, nicht nur die Mitte erreicht werden muß, sondern auch irdische Begrenzungen zu übersteigen sind. ↗ Hinabsteigen

Auge Allwissenheit; die alles sehende Gottheit; die Fähigkeit zur intuitiven Voraussicht. Das Auge ist das Symbol aller Sonnengötter und ihrer lebenspendenden Kraft der Befruchtung durch die Sonne; ihre Kraft wird im Gott-König verkörpert. Platon nennt es das am meisten solare unter den Sinnesorganen. Es ist auch ein mystisches Symbol; Licht; Erleuchtung; Wissen; der Geist und Sinn; Wachsamkeit; Schutz; Stabilität; Beständigkeit der Zielsetzung, aber auch die Begrenztheit des Sichtbaren. Die 1000 oder 10 000 Augen der Himmelsgötter sind die Sterne, die Augen der Nacht, die die Allwissenheit verkörpern; nie schlafende Wachsamkeit; Unfehlbarkeit. Das »Auge« in der sakralen Architektur ist die Öffnung zum Himmel in der Mitte der Kuppel eines Tempels, einer Kathedrale, Hütte oder jedes anderen in dieser Tradition gebauten »Weltzentrums«; es verkörpert die Sonnentür, die den Zutritt zu himmlischen Bereichen gewährt. Das »Auge des Herzens« ist ein religiöser Begriff; Erleuchtung; intellektuelle Intuition. Das Auge kann auch den Androgyn darstellen, der aus dem ovalen weiblichen Symbol und dem Kreis des männlichen besteht.
Ein einzelnes Auge ist entweder ein Symbol des Bösen, wie bei den Zyklopen oder Ungeheuern für ihre zerstörerische Macht, oder Auge der Erleuchtung, das Auge Gottes und der Ewigkeit, das sich selbst Genügende. Ein Dreieck mit einem Auge in der Mitte ist das »alles sehende Auge«, Allgegenwart und Allwissenheit. Die Pfauenfeder kann die Symbolik des Auges übernehmen. *Ägypt.:* Ein sehr komplexes Symbol. »Das Auge des Horus«, das Udjat, das »Allsehende«, wird als der Polarstern und Erleuchtung gedeutet; das Auge des Geistes. Auge und Augenbraue von Horus stellen Stärke und Macht dar. Zwei geflügelte Augen sind die beiden Bereiche des Himmels, der Norden und der Süden; die Sonne und der Mond; der himmlische Raum. Das rechte Auge ist die Sonne und Re und Osiris, das linke der Mond und Isis.
Das Auge von Re ist zugleich der Uräus. Das Horusauge konnte mit dem Mond und seinen Phasen assoziiert werden und auch Opfer für die Götter in den Tempeln symbolisieren. *Buddhist.:* Licht; Weisheit. Das dritte Auge Buddhas, die »flammende Perle«, ist spirituelles Bewußtsein, transzendente Weisheit. *Chin.* und *Japan.:* Das linke Auge ist die Sonne, das rechte Auge der Mond. *Christl.:* der alles sehende Gott; Allwissenheit; Macht; Licht; »das Auge ist des Leibes Licht.« (Matth. 6,22). Die sieben Augen des Lammes in der Apokalypse sind die sieben Geister Gottes. Das Auge Gottes in einem Dreieck und von einem Strahlenkreis umgeben: die unendliche Heiligkeit der Gottheit. Ein Augenpaar

Auge Dieses Medaillon aus durch Gips versteiftem Leinen (ein sog. Hypocephalus) wurde von den alten Ägyptern der Mumie unter den Kopf gelegt und sollte das Auge eines Gottes (Re, Horus oder eines anderen Gottes) symbolisieren, das den Geist des Toten auf seiner dunklen Reise in die Unterwelt begleiten sollte.

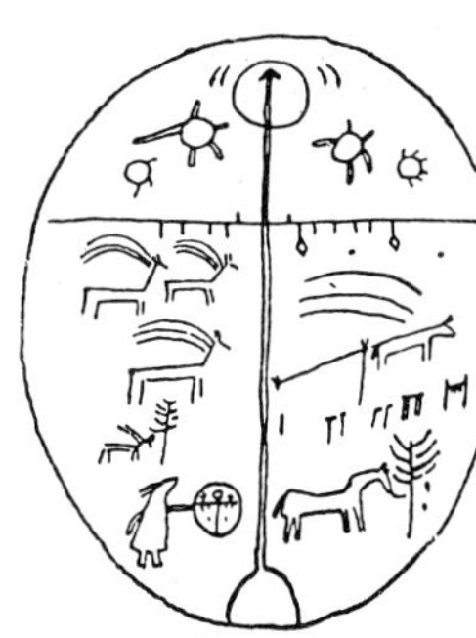

Axt Minoische Göttin, die Große Mutter mit der Doppelaxt, einer phallischen Darstellung ihrer parthenogenetischen Fruchtbarkeit.

axis mundi Eine sibirische Schamanentrommel zeigt die *axis mundi* als einen Pfeil, der die Welt der Erscheinungen, die das Himmelsgewölbe verbirgt, durchdringt.

ist das Sinnbild der Heiligen Lucia und Ottilia. *Griech.:* Das Auge symbolisiert Apollon als den, »der vom Himmel blickt«, die Sonne, die auch das Auge von Zeus/Jupiter ist. *Hinduist.:* das dritte Auge Shivas, die Perle in der Mitte der Stirn, stellt spirituelles Bewußtsein, transzendente Weisheit dar. Das Auge von Varuna ist die Sonne. *Indian.:* »Das Auge des Herzens sieht alles«. Es ist das Auge des Großen Geistes, Allwissenheit. *Iran.:* Yima, mythischer Urkönig, der Gute Hirte, besitzt das Sonnenauge und bewahrt das Geheimnis der Unsterblichkeit. *Islam.:* Das »Auge des Herzens« ist das geistige Zentrum, der Sitz des Absoluten Intellekts; die Erleuchtung. *Japan.:* Das rechte Auge Izanagis hat den Mondgott hervorgebracht. *Kelt.:* Der böse Blick, Symbol für Böswilligkeit und Neid, ist der Gegensatz zum gütigen Herzen voller Edelmut und Mitleid. *Platon.:* »Es gibt ein Auge der Seele... mit ihm allein kann man die Wahrheit sehen«. *Sumero-semit.:* Das Auge stellt Ea bzw. Enki dar, den »Herrn des Heiligen Auges«, und bedeutet Weisheit; Allwissenheit; Wachsamkeit. Der phönikische Kronos hat vier Augen, zwei geöffnet und zwei geschlossen, was ununterbrochene Wachsamkeit symbolisiert.

Aussaat Der Schöpfungsakt; das Eindringen des Samens in die Mutter Erde. ↗ Samen ↗ Samenkorn

Aussätziger Der Unreine; der Ausgestoßene; der geistlich und moralisch Gefallene.

Aureole ↗ Nimbus

Ausschweifung Symbolisiert durch die Ziege, das Schwein und den Affen; auch durch Aristoteles auf allen vieren und den in einem Korb aufgehängten Virgil.

Auster Der Schoß; die Schöpferkraft des weiblichen Prinzips; Geburt und Wiedergeburt; Initiation; die Gerechtigkeit und das Gesetz kosmischen Lebens. In der *chinesischen* Symbolik stellt die Auster das kosmische Leben dar; die Macht der Wasser und »die Heiligkeit des Mondes«; die *yin*-Kraft; Fruchtbarkeit.

Axt Sonnensymbol der Himmelsgötter; Macht; Donner; Schöpferkraft des himmlischen Regens; Sieg über den Irrtum; Opfer; eine Stütze, ein Halt bzw. eine Hilfe.
Die Doppelaxt ist mit der Vorstellung von der heiligen Vereinigung des Himmelsgottes und der Erdgöttin verbunden; Donner und Blitz. *Afrikan.:* Die Doppelaxt des Yoruba ist die magische Macht und der Donnerkeil des Sturmgottes. *Ägypt.:* Ein Sonnensymbol. *Altnord.:* Begleitet ein göttliches Wesen, einen Häuptling oder einen Krieger. *Buddhist.:* Teilt den Kreis von Geburt und Tod. *Chin.:* Gerechtigkeit; Richterspruch; Autorität; Strafe; die Opferaxt bedeutet den Tod des der Sinnenlust verhafteten unwissenden Menschen. *Christl.:* Martyrium; Zerstörung. Attribut der Heiligen Matthäus und Matthias. *Griech.:* Attribut des Zeus. *Hinduist.:* Attribut des Feuergottes Agni, zusammen mit Holz und Blasebalg. Vishnu hält eine Axt in der Hand, mit der er den Baum Samsara, den dualistischen Baum der Erkenntnis, fällt. *Kelt.:* Deutet auf ein göttliches Wesen, einen Häuptling bzw. einen Krieger. *Minoisch:* Der Ursprung der Doppelaxt auf Kreta ist ungewiß. Vermutlich symbolisierte sie höchste Gewalt sowie die Macht und Gegenwart der Gottheit; wahrscheinlich war sie in Kreta nicht so sehr ein Symbol als eine direkte Verkörperung der Gottheit, ihr wurde übernatürliche Macht zugeschrieben. Attribut von Zeus Labrayndeus als einem Gott des Donners und des Blitzes, auch der Mutter als Jägerin. *Ozean.:* Einer Axt, die die menschliche Gestalt symbolisierte, schrieb man göttliche Macht zu. *Sumero-semit.:* Attribut des Tammuz. Die hethitische Axt und Doppelaxt ist ein Attribut von Teschub, dem Sonnengott und Herrn des Himmels, und sie symbolisiert höchste Gewalt.

Azalee Vergänglichkeit; das Kurzlebige. *Chin.:* Weibliche Anmut; große Fähigkeiten. Auch eine tragische Blume, da sie aus den Tränen von Blut erwuchs, von einem Knaben vergossen, den eine grausame Stiefmutter in einen Kuckuck verwandelt hatte.

Ba *Ägypt.:* Die Seele, dargestellt als Vogel oder als Vogel mit Menschenkopf.

Baden ↗ Ablution

Ba Gua Die acht einander ergänzenden Gegensatzpaare, gewöhnlich in einem Kreis angeordnet, dessen Umfang Zeit und Raum symbolisiert. Jedes Trigramm im Ba Gua verkörpert eine Naturerscheinung, und es gibt vier *yin-* und vier *yang-* Kräfte, die Gleichgewicht und Harmonie im Universum gewähren. Die unterbrochenen Linien sind *yin*, und die durchgehenden Linien sind *yang*.

☰ Qian: Der Himmel; das Firmament; das Aktive; Macht des Geistes; unermüdliche Kraft; schöpferische Energie; das Kausalprinzip; das alles durchdringende männliche Prinzip; der Vater; das Pferd; der Süden.

☱ Dui: Gesammeltes Wasser; Seen; Sümpfe; Nebel; Wolken; Absorption; Befruchtung; Fruchtbarkeit; aufnahmebereite Weisheit; Erfüllung; Vergnügen; nach innen gehendes Erkenntnisvermögen; die Ziege; der Süd-Osten.

☲ Li: Feuer, die Sonne; der Blitz; Hitze; durchdringender Eifer; die Weisheit der Ergebenheit; Reinigung; nach außen gehendes Bewußtsein; Heiterkeit; Eleganz; der Fasan; der Osten.

☳ Zhen: Donner; belebende Energie; Macht; Wille; Impuls; Bewegung; der Drache; der Nord-Osten.

☴ Sun: Der Wind; der Sinn; der Intellekt; der Odem des Lebens; der Geist; Flexibilität; Durchdringung; Wald; der Hahn; der Süd-Westen.

☵ Kan: Wasser; der Mond; Regen; Flüsse; die Wunschnatur; Gefühle; Instabilität; Reinigung; Einbildungskraft; Schwierigkeit; Gefahr; das Schwein; der Westen.

☶ Gen: Berge; physische Natur; Aufsteigen; Abgeschiedenheit; Einsamkeit; Ruhen und zum Stillstand bringen; der Hund; der Nord-Westen.

☷ Kun: Die Erde; der passive, empfangende Aspekt des schöpferischen Geistes; die Formung der Urmaterie; die Mutter; Ernährung; das Gesetz; der Ochse; der Norden.

Baldachin Geistliche und weltliche Autorität; Königswürde; unumschränkte Herrschergewalt. *Buddhist.:* Der Heilige Baum der Erleuchtung; eines der Acht Glückszeichen. Ein weißer Baldachin bedeutet den reinen Geist, der das Dharma ergreift und Menschenwesen schützt. *Chin.:* Königswürde; uneingeschränkte Macht; Schutz. *Hinduist.:* Geistliche und weltliche Macht, ein viereckiger Baldachin für Priester und ein runder für Könige.

Baldrian *Europ.:* Verstellung, Heuchelei; Hermes/Merkur zugehörig.

Ball Der Ball kann sowohl die Sonne als auch den Mond verkörpern, und Ballspiele stehen in Verbindung mit Sonnen- und Mondfesten und -riten. Sie sind symbolisch für die Macht der Götter, die die Planeten, Meteoriten und Sterne über den Himmel werfen. Goldene Bälle sind Attribute der Harpyien.

Bambus Anmut; Beständigkeit; nachgiebige, aber widerstandsfähige Kraft; Geschmeidigkeit; feine Lebensart; dauerhafte Freundschaft; Langlebigkeit und hohes Lebensalter voller Kraft und Gesundheit (er ist immergrün); auch der vollkommene Mensch, der sich vor dem Sturm beugt, sich aber wieder erhebt. *Chin.:* Langlebigkeit; kindliche Liebe; die Winterszeit; zusammen mit der Pflaume und der Pinie gilt er als einer der »Drei Freunde des Winters«; ein Attribut von Buddha; ein gelehrter Herr, der aufrecht geht, jedoch im Inneren leer und unterwürfig ist. Der siebenknotige Bambus bedeutet die sieben Stufen der Initiation und Anrufung. Bambus und Sperling zusammen stellen die Freundschaft dar; der Bambus mit dem Kranich steht für langes Leben und Glück. *Japan.:* Hingabe; Wahrhaftigkeit.

Banane ↗ Pisang

Band ↗ Schnur

Bande Symbolisiert durch alle Dinge, die binden oder umschlingen: Seile, Schnüre, Fesseln, Handschellen, Knoten, Fangschlingen, Stricke, Fallstricke, Netze, Ketten, Fäden usw. Diese alle sind Attribute von »Göttern, die binden« und von Totengöttern, die die Macht des Bindens und Lösens, über Leben und Tod, besitzen, die auch die Richter über die Toten sind, die die Schuldigen binden und in Ketten legen und die Gerechten befreien. Binden und Lösen bedeuten auch die Verwandlung des Chaos in den Kosmos, des Konflikts in Recht und Ordnung. Die lunaren Großen Mütter, die alle Spinnerinnen (↗ Spinne), Weberinnen und Binderinnen sind, repräsentieren das Schicksal, die Zeit, die Endlichkeit, das Unentrinnbare (das, was geschehen muß) und werden beherrscht von geheimnisvollen, magischen und zauberbannenden Mächten. Netze, Knoten usw. sind – wie die Gottheiten des Bindens und Lösens – ambivalent. Sie sind Symbole, die Krankheit verhindern oder bewirken, Tod bringen oder von ihm erretten; sie beschützen bei Hochzeitsriten oder verhindern den Vollzug der Heirat, hindern oder helfen bei der Geburt und verkörpern das Negative oder Positive, den ungünstigen oder den günstigen Stern, Angriff oder Verteidigung; sie binden den Menschen an sein Schicksal, seine existentielle Situation, und doch schaffen sie eine Verbindung mit dem Schöpfer und dem Göttlichen, indem sie den Menschen an seine Vergangenheit binden, ihm aber auch eine Verbindungsmöglichkeit mit dem Weber des Schicksals geben, beschränken und auch vereinen. Bande und das Binden symbolisieren auch Unterwerfung, Sklaverei, Knechtschaft, Gefangene. Eine silberne Schnur bindet die Seele während des Lebens an den Körper und wird zerschnitten, um die Seele beim Tode freizulassen. Marine- und Militärschnüre, Streifen, Tressen, Ordensketten usw. sind auch Symbole der Bindung an ein Amt. *Altnord.:* Wotan/Odin ist ein magischer »Gott der Stricke«. *Buddhist.:* Schlingen und Schnüre bedeuten das Binden von Gesetzesverletzern. Der Totengott Yama ist ein Gott, der bindet. *Chin.:* Pau-hi ist ein Gott des Umschlingens und der Netze. *Christl.:* Die Bande der Sünde und des Todes. Gott bindet Satan letztlich und vertreibt ihn. *German.:* Es gab ein zeremonielles Binden der Könige. *Griech.:* Uranos bindet seine Rivalen und repräsentiert auch das Schicksal, und es gibt die Fesseln des Chronos, der die Zeit verkörpert; alle Schicksalsgöttinnen weben und binden. *Hinduist.:* Die Schlinge symbolisiert Wissen und geistige Macht; die Macht, die ergreift und sicher hält; aber sie bedeutet auch Tod. Varuna, der »Meister der Schlingen«, bindet mit magischer Kraft und trägt eine Schlinge um die Schultern, mit der er die Sünder bindet. Die Schlinge symbolisiert auch die Sünden, durch die sich die Menschen an die Unwissenheit binden. Varuna ist lunar und verkörpert das Nichtmanifeste, er kerkert die Wasser des Chaos ein und bindet sie. Vṛtra und Niṛti binden ebenfalls mit magischer Kraft und sind »Meister der Schlingen«. Indra befreit die Wasser und hat Macht zu binden und zu lösen. Yama hält die Bande des Todes und trägt eine Schlinge. *Iran.:* Ahriman, der Herr der Fliegen, die Macht der Finsternis, hält eine Schlinge in der Hand. *Japan.:* Das Seil ist ein Attribut des Fudo Myoo; er hält es in der linken Hand, um die Dämonen zu binden, die sich gegen den Buddha stellen. *Ozean.:* Vaerua und Akaanga sind Götter der Netze und Schnüre und binden die Toten. *Röm.:* Saturn ist gefesselt, mit Ausnahme der Saturnalien, während derer das Chaos herrscht. *Sumero-semit.:* Das Seil bzw. Band war in Babylon ein Symbol für das kosmische Prinzip, das alle Dinge vereint, und für das Gesetz, das alle Dinge stützt und zusammenhält. Dumuzi/Tammuz ist der »Herr der Schlingen«; Marduk ist ein Meister im Binden mit Fangschlingen, Seilen und Netz; Šamaš ist mit Schlingen und Schnüren bewaffnet. Enki/Ea bindet durch Magie; Nisaba bindet die Dämonen der Krankheit, Enlil und seine Gemahlin Ninlil sind Mondgottheiten, die die Schuldigen mit Netzen fangen; Ninurta ist der »Herr des einschließenden Netzes«.

Banner Eroberung; Sieg; die Standarte eines Königs oder Fürsten, die einen Sammelpunkt in der Schlacht bestimmt. *Buddhist.:* Wenn das Banner des Dharma gehißt wird, bedeutet das die Proklamierung der Höchsten Lehre. *Christl.:* Sieg. Das Feldzeichen mit dem Kreuz, auch ↗ Labarum, bedeutet Sieg über Sünde, Tod oder Verfolgung. Attribut der Heiligen Ansanus, Georg von Kappadokien, Julius, Reparata, Ursula, Wenzeslaus. *Hinduist.:* »Ketu«, die indische Flagge, symbolisiert einen Lichtstrahl, das Ausstrahlen eines Glanzes; Manifestation; Sieg über die Finsternis.

Bär Auferstehung (er tritt im Frühling nach dem Winterschlaf mit seinem neugeborenen Jungen aus seiner Winterhöhle heraus); neues Leben, daher steht er für Initiation und in Verbindung mit Riten der Überfahrt. In Heldensagen ist der Bär ein Sonnentier, in Sintflutmythen und auch, wenn er mit Mondgöttinnen wie Artemis und Diana in Verbindung steht, wird er zum Mondtier. Er ist das Wahrzeichen des Persischen Königreiches und Rußlands. *Alchimist.:* Das *nigredo* der *prima materia*. *Altnord.* und *German.:* Dem Thor heilig. Die Bärin Atla verkörpert das weibliche und der Bär Atli das männliche Prinzip. *Chin.:* Tapferkeit; Stärke. *Christl.:* Der Teufel; das Böse; Grausamkeit; Habsucht, Sinnenlust. Man nahm an, daß die Bärenjungen ungestalt geboren würden, und deshalb stellte man mit ihnen die umwandelnde, erneuernde Macht des Christentums gegenüber den Heiden dar. Attribut der Heiligen Blandina, Florentinus, Gallus, Maximin. Der Kampf Davids mit dem Bären symbolisiert den Konflikt zwischen Christus und dem Teufel. *Griech.:* Der Jagd- und Mondgöttin Artemis/Diana heilig und ein Attribut von Atalante und Euphemia. Mädchen, die an den Riten der Artemis teilnahmen, wurden Bärinnen genannt, trugen gelbe Gewänder und ahmten Bärinnen nach. Diana verwandelte Kallisto in eine Bärin. *Indian.:* Übernatürliche Macht; Stärke; Standhaftigkeit; der Wirbelwind. *Japan.:* Wohlwollen; Weisheit; Stärke. Ein Kulturheros und ein spiritueller Bote für die Ainu. *Kelt.:* Eine lunare Macht. *Schamanist.:* Ein Bote der Waldgeister.

Bart Stärke; Männlichkeit; Souveränität; im Westen: Mannesalter; Greisenalter im Osten. Der Bart von Himmelsgöttern wie Zeus/Jupiter wird verschieden interpretiert: als Sonnenstrahlen, die auf die Erde herniederfallen, oder als fruchtbarer Regen. Bärtige Göttinnen, wie Aštart und Venus Mylitta, symbolisieren den ↗ Androgyn.

Basilikum Ein unheilabwehrendes Kraut, das bei Bestattungen und Totenriten benutzt wurde.

Basilisk Im *Christentum* ist er der Teufel, der die Menschheit vergiftet. ↗ Fabelwesen

Bauch Im Westen symbolisch für ungeheuer großen Appetit, im Orient ein Sitz des Lebens. Der Bauch eines Walfisches, Fabelwesens oder großen Fisches wird der Hölle, Sheol und dem Hades gleichgesetzt, dem Abstieg in die Unterwelt; kosmische Nacht; der embryonale Zustand des Seins; Tod und Wiedergeburt; Rückkehr in den Schoß und Wiedergeburt; Rückkehr zum Vor-Manifesten; das Ende der Zeit; Erwerb von geheimem oder heiligem Wissen über Tod und Auferstehung bei der Initiation. In der *Alchimie* stellt die Dunkelheit des Bauches das transformierende Laboratorium dar. Der fette Bauch des *hinduist.* Ganesha bedeutet Schlemmerei, folglich Wohlstand; Sitz des Lebens. In *Japan* wird der Bauch als das Zentrum des Körpers, als *Hara*, Sitz des Lebens, betrachtet, daher *Harakiri*, in das Lebenszentrum treffen.

Baum Die Synthese von Himmel, Erde und Wasser; dynamisches Leben, im Gegensatz zum statischen des Steins. Sowohl ein *imago mundi* als auch eine *axis mundi*, der »Baum in der Mitte«, der die drei Welten miteinander verbindet und die Kommunikation zwischen ihnen ermöglicht, auch den Zugang zur Macht der Sonne freigibt; ein Omphalos; ein Weltzentrum. Der Baum symbolisiert auch das weibliche Prinzip, den nährenden, schützenden, Zuflucht gewährenden, tragenden Aspekt der Großen

Mutter, den Mutterboden und die Macht der unerschöpflichen und Fruchtbarkeit bringenden Wasser, die sie beherrscht; Bäume werden oft in Gestalt von Frauenfiguren dargestellt. Der Baum ist verwurzelt in der Tiefe der Erde, am Weltzentrum, steht in Berührung mit den Wassern, und so wächst er in die Welt der Zeit, setzt Ringe an, die sein Alter verkünden, und seine Zweige reichen bis in den Himmel und in die Ewigkeit.

Ein immergrüner Baum verkörpert immerwährendes Leben, unsterblichen Geist, Unsterblichkeit. (Demgegenüber ist ein abgestorbener Baum das Sinnbild von Sünde, Tod und Vergänglichkeit). Ein Laubbaum ist die Welt in ständiger Erneuerung und Regeneration, die stirbt, um zu leben; Auferstehung, Reproduktion, das Lebensprinzip. Beide sind Symbol für die Verschiedenheit in der Einheit, die vielen Zweige, die aus einer Wurzel sprießen und schließlich zur Einheit zurückkehren in dem, was an Möglichkeit in den Samen aus den Früchten an jenen Zweigen schlummert.

Der Weltenbaum ist bisweilen so wiedergegeben, daß seine Zweige auseinanderstreben und sich wieder vereinigen, oder mit zwei Stämmen aus einer Wurzel und sich vereinigenden Zweigen; alles das meint, daß jegliche Manifestation von der Einheit zur Verschiedenheit und wieder zurück zur Einheit strebt, zur Vereinigung von Himmel und Erde; ein anderes Bild dafür kann der »gekoppelte Baum« sein, d. h. zwei einzelne Bäume, die über einen einzigen Zweig miteinander verbunden sind, aus dem ein Reis hervorsprießt, das die Einheit der komplementären Prinzipien bedeutet. Zwei spiegelgestaltige Bäume haben dieselbe Symbolik.

Als Bild für die Weltachse steht der Baum mit dem Berg, der Säule und allem, was axial ist, in Zusammenhang. Wie der Wald, Berg, Stein und die Wasser kann der Baum selbst auch den gesamten Kosmos darstellen. Der Weltenbaum ist häufig auf dem Gipfel eines Berges stehend abgebildet, manchmal auf einer Säule. Symbole für den Baum sind Säule, Pfeiler, gekerbter Stab, Zweig usw., die alle wiederum begleitet sind von einer Schlange, einem Vogel, von Sternen, Früchten und verschiedenen lunaren Tieren; Bäume, die lebensnotwendige Nahrung hervorbringen, sind heilig, wie z. B. der Weinstock, der Maulbeerbaum, der Pfirsichbaum, die Dattelpalme, der Mandelbaum und der Sesambaum. Der Baum des Lebens und der Baum der Erkenntnis wachsen im Paradies; der Baum des Lebens steht in der Mitte und bedeutet Regeneration, die Rückkehr zum uranfänglichen Zustand der Vollkommenheit; er ist die kosmische Achse und Symbol der Einheit, über Gut und Böse hinausgehend, während der

Baum Auf dieser ägyptischen Darstellung aus dem 13. Jahrhundert v. u. Z. verteilt eine Muttergöttin Essen und Trinken aus den Zweigen eines Lebensbaumes, dem sie angehört und von dem sie nicht zu trennen ist.

Baum Die vierzehn Zweige dieses indischen Lebensbaumes (Bronze, 15. Jahrhundert) treten aus einem Mittelstamm bzw. einer Mittelachse hervor, in deren Zentrum sich die Lotos-Sonne befindet, die Quelle allen Lebens und Fortbestehens.

Baum Giovanni da Modena läßt Christus an demselben Baum gekreuzigt hängen, von dem Adam und Eva die Frucht des Sündenfalls aßen. So werden beide Endpunkte des Mysteriums der Erlösung in einem einzigen Symbol vereint.

Baum der Erkenntnis im wesentlichen dualistisch ist, denn er vermittelt die Erkenntnis von Gut und Böse; in vielen Traditionen ist er mit der Vorstellung vom ersten Menschen und seinem Fall aus dem paradiesischen Zustand verbunden, auch von den Mondphasen, von Tod und Auferstehung. Der Baum des Lebens verkörpert auch Anfang und Ende eines Zyklus; er hat zwölf Früchte (oder manchmal auch zehn), die Erscheinungsformen der Sonne darstellen und gleichzeitig am Ende des Zyklus als Manifestationen des Einen reifen. Unsterblichkeit wird erlangt entweder, indem man die Frucht vom Baum des Lebens ißt, wie das der Fall ist bei dem Pfirsich der Unsterblichkeit im Zentrum des *buddhist.* westlichen Paradieses, oder indem man den aus dem Baum extrahierten Saft trinkt, wie das *iran.* Haoma aus dem Haoma-Baum. Der Baum der Erkenntnis ist häufig als Weinstock dargestellt. Paradiesbäume, die, anstatt Blumen oder Früchte zu tragen, üppig beladen sind mit Edelsteinen, trifft man in *hinduist.*, *sumer.*, *chin.* und *japan.* Paradiesesdarstellungen an. Der Sterbende Gott wird oft auf einem Baum getötet. Der umgekehrt eingepflanzte Baum ist ein weitverbreitetes Symbol und häufig ein Zauberbaum. Die in die Luft ragenden Wurzeln verkörpern das Prinzip, während seine Zweige, die sich in der Manifestation entfalten, umgekehrte Handlung symbolisieren: das, was hoch oben ist, steigt nach unten, und das, was unten ist, steigt in die Höhe; es ist die wechselseitige Widerspiegelung der himmlischen und der irdischen Welt ineinander; zugleich deutet er an, wie die Erkenntnis an ihre Wurzeln zurückgeführt wird; oder er kann bedeuten, wie die Sonne ihre Strahlen über den Erdball ausbreitet und die Kraft der Himmel sich nach unten fortsetzt; Erleuchtung. Bei Initiationszeremonien bezeichnet er Umkehr, Inversion, den Tod des Jünglings bei der Initiation; auf Begräbnisurnen stellt dieses Bild den Tod dar.
Der Sepiroth-Baum ist häufig umgekehrt eingepflanzt. Der Baum des Lichts, bzw. der Himmlische Baum, der in der Nacht leuchtet, ist der Baum der Wiedergeburt, an dem jede Kerze bzw. jedes Licht eine Seele darstellt, wie das auch bei dem *buddhist.* Baum bei Totenfesten, dem *christl.* Weihnachtsbaum, der Pinie des Attis und Dionysos und dem *german.* Tannenbaum Wotans, dessen Lichter und leuchtende Kugeln Sonne, Mond und Sterne an den Zweigen des Weltenbaumes symbolisieren, zutrifft. Geschenke am Baum waren Gaben an Dionysos oder Attis, Atargatis oder Kybele. Wotan beschenkte diejenigen, die seinen Baum verehrten. In den Zweigen sieht man häufig den heiligen Vogel.
Der Baum des Süßen Taus bzw. der Singende Baum steht auf dem Gipfel des Heiligen Berges als

Weltachse. Ein Baum mit einer Schlange stellt die *axis mundi* dar, und die um ihn gewundene Schlange verkörpert die Zyklen der Manifestation. Die Schlange bzw. der Drache, die den Baum bewachen, bedeuten die Schwierigkeiten, mit denen der Weg zur Weisheit verbunden ist, andererseits kann die Schlange den Mann bzw. die Frau verführen, Unsterblichkeit oder Erkenntnis zu erlangen, indem sie die Frucht des Baumes für sich und die Schlange vom Baume brechen. – Baum, Stein und Altar: symbolisieren zusammen den Mikrokosmos, wobei der Stein den dauerhaften und immerwährenden und der Baum den sich beständig verändernden und regenerierenden Aspekt verkörpert. – Bäume als Orakel: der Baum kann die Gottheit offenbaren oder ihr Sprachrohr sein, wie z. B. die Eiche von Dodona, der brennende Busch des Moses (2. Mose, 3,2) oder das Rauschen in den Kronen der Maulbeerbäume (2. Sam., 5). Bäume mit zehn oder zwölf Vögeln stellen den Sonnenkreislauf dar, mit drei Vögeln die Mondphasen. Das Erklettern von Bäumen versinnbildlicht den Übergang von einer ontologischen Ebene zur anderen; Aufstieg zu den Göttern, zum Himmel oder zur Wirklichkeit; die Erlangung esoterischen Wissens oder nur Eingeweihten zugänglicher Erkenntnis dadurch, daß man die Welt transzendiert. Im Schamanismus und in Mythen kommt es auch vor, daß Pfähle, Lianen, Bohnenstengel oder andere Kletterpflanzen erklommen werden, will man in andere Reiche vordringen und magische Erkenntnis und Kräfte erlangen. Ein knorrig, verdreht gewachsener Baum ist magisch oder heilig in seiner Symbolbedeutung und kann in guter oder böser Weise auf die Menschen einwirken. *Ägypt.:* Die Sykomore, der Baum des Lebens, hat göttliche Zweige und ist mit Geschenken beladen, und aus einem Gefäß, das daneben steht, fließt Wasser, das Symbol der Fruchtbarkeit. Hathor kann als Baum abgebildet sein, der Nahrung spendet und damit Weiterleben verleiht. *Alchimist.:* Die *prima materia*, sowohl Ursprung als auch Frucht des Werkes. *Arab.:* Der Tierkreis ist als Obstbaum mit zwölf Zweigen dargestellt, an dem die Sterne die Früchte sind. *Austral. Aborig.:* Der Weltenbaum trägt das Himmelsgewölbe, und in seinen Zweigen wohnen die Sterne. Der umgekehrte Baum hat magische Bedeutung. *Buddhist.:* Der Feigenbaum, auch Pipal- oder Bodhi-Baum *(Ficus religiosa)*, unter dem Buddha die Erleuchtung zuteil wurde, ist ein Hauptheiligtum des Buddhismus. Der Baum ist Symbol der Großen Erweckung; er ist der Große Baum der Weisheit; das absolute Sein des Buddha. Seine »Wurzeln reichen tief in die Festigkeit..., seine Blüten sind moralisches Handeln und er trägt die Rechtschaffenheit als Frucht« *(Buddhacarita)*. *Chin.:* Verschiedene Bäume sind Bilder für den Lebensbaum: Pfirsich-, Maulbeer- oder Pflaumenbaum; auf *Formosa* und bei den *Miao*-Stämmen ist es der Bambus. Der Baum des Lebens als Baum des Süßen Taus wächst auf dem Gipfel des heiligen Berges Kwan-lung als Weltachse. Der Jahresbaum hat die zwölf Tiere der Sternbilder unter seinen Zweigen, die Symboltiere der Zwölf Erdstämme. Bäume mit paarweise ineinander verflochtenen Zweigen repräsentieren die Vereinigung von Gegensatzpaaren oder auch das Einswerden liebender Paare. Die Sonne mit dem Baum-Ideogramm bezeichnet das Ende eines Tages oder, wenn die Sonne auf dem Baum ruht, den Abschluß eines Zyklus; die auf die Baumwurzeln gestürzte Sonne bedeutet Finsternis; der Baum mit zehn Sonnen ist das Bild für die Vollendung eines Zyklus. *Christl.:* Der Baum, der sowohl gute als auch schlechte Früchte tragen kann, ist ein Abbild des Menschen; der Baum als Sinnbild der Erneuerung durch den Kreuzestod Christi steht für die Auferstehung. Der Baum des Kreuzes war symbolisch aus dem Holz des Baumes der Erkenntnis gefertigt, auf daß Heil und Leben an dem Baum erfüllt wurden, durch den Sündenfall und Tod gekommen waren, die Überwindung dessen, der einst gesiegt hatte. Bisweilen wird das Kreuz mit dem Baum der Mitte, der vertikalen Achse der Kommunikation zwischen Himmel und Erde, gleichgesetzt. In der mittelalterlichen christlichen Symbolik gibt es einen Baum der Lebenden und der Toten, der auf den beiden gegenüberliegenden Seiten gute und schlechte Früchte trägt und so gute und böse Taten abbildet. Christus aber ist der Stamm, der einende Baum des Lebens, der auch dargestellt wird als das mittlere der drei Kreuze auf Golgatha. Der Baum ist Attribut des hl. Zenobius. *Daoist.:* Der Pfirsichbaum ist der Baum der Unsterblichkeit. Bäume mit einem Paar ineinander verschlungener Zweige oder mit einem einzigen allen gemeinsamen Zweig deuten die Gegensatzpaare, das *yin* und das *yang*, in der Einheit des Dao an. *German.:* Der Baum des Lebens ist die Tanne Wotans bzw. später die Linde. Die Tanne oder Fichte wurde zum Weihnachtsbaum. *Griech./Röm.:* Die Eiche ist in erster Linie der Baum des Himmelsgottes Zeus/Jupiter; dem Sonnengott Apollon gehören Palme, Lorbeer und Olive. Artemis sind verschiedene Bäume geweiht: in Lakonien wird sie Karuatis genannt, wie der Walnußbaum; Artemis Soteira von Böotien gehört die Myrthe, und aus der Myrthe wurde Adonis geboren; der Artemis von Ephesos schließlich gehören Ulme, Eiche und Zeder. Der Weinstock ist Dionysos/Bacchus geweiht, der Olivenbaum Herakles/Hercules, die Platane der Helena

Baum Gerolamo Dai Libris »Madonna mit Kind und die hl. Anna« zeigt die drei Personen Schutz suchend im Schatten eines Baumes, ein Hinweis auf den Baum des Sündenfalles und auch auf den des Kreuzes.

von Sparta, der Lorbeerbaum Daphne. Baum und Heckensichel sind Attribute von Silvanus. *Hinduist.:* Der Kosmos ist ein großer Baum, der seine Wurzeln in der Unterwelt, seinen Stamm in der Welt des Menschen und der Erde und seine Zweige in den Himmeln hat. »Brahman war das Holz, Brahman der Baum, aus dem Himmel und Erde gebaut sind« *(Taittiriya Brahmana).* Er ist die Gottheit in ihrem manifesten Aspekt. Bisweilen ist der Kosmische Baum so dargestellt, als erwachse er aus dem Welten-Ei und treibe auf dem Ozean des Chaos. Der Baum des Lebens ist Aditi, der Inbegriff der unteilbaren Individualität, während Diti, deren Wesen Spaltung und Zerteilung ist, durch den dualistischen Baum der Erkenntnis bzw. des Samsara verkörpert wird, den Vishnu mit seiner Axt fällt. Die Adityas, die zwölf Zeichen des Tierkreises und die Monate des Jahres, werden in dem Baum mit zwölf Sonnen symbolisiert, die am Ende des Zyklus gleichzeitig erscheinen werden als Manifestationen des Einen. Manchmal werden zwei Bäume mit übereinanderliegenden Stämmen abgebildet, von denen der eine göttlich-himmlisch und der andere irdisch ist, was bedeuten soll, daß sie Spiegelbilder voneinander sind, »zwei Erscheinungsformen, ein Wesen«. Der dreifache Baum mit drei Sonnen kann manchmal ↗ Trimurti darstellen. Der brennende Busch wird in der vedischen Feuersymbolik des Agni auch zum Weltenbaum, denn Agni wird ebenfalls mit dem Baum assoziiert in Gestalt der Opfersäule. Auf dem Berg Meru wächst der Weltenbaum, der den Himmel stützt und dessen Blüten die ganze Welt mit ihrem Duft erfüllen. Im *Rigveda* wächst der Baum Asvattha mit den Wurzeln nach oben. *Iran.:* Der Kosmische Baum hat sieben Zweige, aus Gold, Silber, Bronze, Kupfer, Zinn, Stahl und »einer Mischung aus Eisen«, die die sieben Zeitalter und die sieben Planeten repräsentieren, von denen jeder ein Millenium regiert. Es findet sich hier auch die Symbolik der zwei Bäume, des weißen Haoma, des Himmelsbaumes, der auf dem Gipfel des heiligen Berges und der Weltachse wächst, und des gelben Baumes, der irdischer Natur und eine Widerspiegelung des Haoma ist. Der Mandelbaum ist auch ein Baum des Lebens. Der *Zoroastrismus* hat zwei Bäume – den Baum des Sonnenadlers, der dem Urozean entsproß, und den Baum Aller Samen, dessen Samenkörner »die Keime alles Lebenden« sind. *Islam.:* Der Baum der Gnade, der weder Ost noch West, sondern das Zentrum ist, verkörpert geistliche Gnade und Erleuchtung, das Licht Allahs, das die Erde erhellt. Der heilige Baum, der Olivenbaum, liefert sowohl Nahrung als auch Öl für die Lampen. – Der umgekehrte Baum des Glücks hat der Legende nach seine

Wurzeln im höchsten Himmel und breitet seine Zweige über die Erde. Vom Himmelsbaum, der Tuba oder Sidra, im Zentrum des Paradieses, aus fließen die vier Flüsse, die Wasser, Milch, Honig und Wein führen. Der Lotosbaum bezeichnet die unüberschreitbare Grenze. Der Kosmische Baum wächst auf dem Gipfel des Kosmischen Berges und verkörpert das ganze Universum. *Japan.:* Der Baum des Lebens ist der mythologische Sakati. Die Bonsai-Bäume verkörpern die Natur in ihrer Strenge und Weisheit. *Jüd. (Kabbalą):* Der Baum Gottes symbolisiert jegliche Schöpfung, die manifeste Welt. Dem Baum des Lebens entströmt der Tau des Lichtes, durch den die Toten auferweckt werden. Der Sepiroth-Baum hat eine rechte und eine linke Säule, die die Dualität verkörpern, aber eine mittlere Säule stellt das Gleichgewicht zwischen ihnen her und so die Einheit. Häufig ist er mit den Wurzeln nach oben dargestellt. »Der Baum des Lebens breitet sich aus den Höhen nach unten aus und ist die Sonne, die alles erleuchtet« *(Buch Zohar).* Dieser Baum hat eine unerschöpfliche eigene Symbolik. Der jüdische Baum des Lebens wächst in der Mitte der Heiligen Stadt. *Kelt.:* Verschiedene Bäume sind heilig: die Eiche, die Buche, der Haselnußbaum, die Esche und die Eibe; die Eiche der Druiden und die Mistel verkörpern die männlichen und die weiblichen Kräfte. Esus ist mit der Weide abgebildet. Die gallische Erle und die Eibe sind ebenso heilig wie die irische Stechpalme und die Eibe und die gälische Eberesche, die auch magische Kräfte besitzt. Kentigern bzw. Mungo wird mit dem Baum assoziiert. *Mexikan.:* Der Kosmische Baum, die Agave, der »milchgebende« Kaktus, ist zusammen mit dem Falken die Macht der Sonne oder die Befreiung des neuen Mondes. *Mithrazist.:* Der Baum des Lebens ist die Pinie. *Schamanist.:* Die Birke kann als Baum des Lebens mit sieben Zweigen stilisiert sein in Gestalt des siebenfach gekerbten Pfahles, der die sieben Planeten verkörpert und die sieben Stufen des Aufsteigens durch die Himmel; die Zweige sind das gestirnte Himmelszelt. *Skandin.:* Der ↗ Yggdrasil bzw. die Esche ist der Baum des Lebens und die Quelle des Lebens. Der Baum Lärad wächst außerhalb Walhalls; von seinen Zweigen frißt die Ziege Heidrun, und sie gibt den Kriegern Met aus ihrem Euter. *Sumero-semit.:* Der Baum des Lebens symbolisiert kosmische Erneuerung; er hat sieben Zweige, und sie stehen für die sieben Planeten und die sieben Himmel. Der babylonische Lebensbaum, um den das Universum kreist, hat Zweige aus Lapislazuli und trägt wundersame Früchte. Die Pinie ist dem phrygischen Attis geweiht; die Palme ist der Baum des Lebens in Babylon, Phönikien und Chaldäa, während der Weinstock der babylonischen Siduri geweiht und der assyrische Lebensbaum ist. Die akkadische Weide ist dem akkadischen Zeus geweiht; die Palme, der Granatapfelbaum und die Zypresse sind heilige semitische Bäume. Die syrische Gottheit Aštart kann durch den Baumstamm symbolisiert werden.

Becher ↗ Kelch

Becken Die beiden Hemisphären der Erde; die Bewegung der Elemente. Werden zusammen mit der Trommel und dem Tamburin bei Orgien zu ekstatischen Tänzen benutzt, besonders in den Riten des Dionysos/Bacchus und dem Kult für Kybele und Attis; beim letzteren aß der Neu-Geweihte vom Tamburin und trank aus dem Becken. Attribut der Kybele.

Behemoth ↗ Fabelwesen

Bein Einbeinige Götter werden in verschiedener Weise als Achsensymbole oder als lunar gedeutet. In der *Kabbalistik* verkörpert es Festigkeit und Ruhm. In *Ägypten* bezeichnet es das Emporheben.

Beleibtheit Bei der Darstellung der asiatischen Götterfiguren des Shiva, Ho-tei und des Lachenden Buddha verkörpert sie geistige Fähigkeiten, hohen Rang und Bedeutsamkeit. Die Rundheit des *chinesischen* Gottes des Reichtums und des *hinduistischen* Ganesha stellt Gefräßigkeit dar und ist aus diesem Grunde ein Bild für Wohlstand.

Berg Der Kosmische Berg ist ein Weltzentrum, ein Omphalos (Nabel), »durch den die Polachse verläuft und um den die Drachen der kosmischen Mächte schweben« (Flamel). Der höchste Punkt der Erde wird als die Mitte betrachtet, als der Gipfel des Paradieses, der Treffpunkt von Himmel und Erde in den Wolken, der »bis oben hin« reicht. Da er axial und zentral ist, bietet er Gelegenheit zum Übergang von einer Ebene in die andere und zur Verbindung mit den Göttern. Er trägt auch die Götter und ist ihre Wohnstatt. Er verkörpert kosmische Kräfte und kosmisches Leben; die Felsen sind die Knochen, die Ströme das Blut, die Vegetation ist das Haar, und die Wolken sind der Atem.

Der Berg verkörpert Beständigkeit; Ewigkeit; Festigkeit; Ruhe. Bergspitzen stehen im Zusammenhang mit Sonnen-, Regen- und Donnergöttern, und in frühen Traditionen der weiblichen Gottheiten war der Berg die Erde und das Weibliche, während der Himmel, die Wolken, Donner und Blitz das befruchtende Männliche repräsentierten. Auf der Ebene des Geistes stellen Bergspitzen das Stadium vollen Bewußtseins dar. Pilgerfahrten zu heiligen Bergen symbolisieren Sehnsucht, Absage an irdisches Verlangen, Erlangung von höchsten Stadien und den Aufstieg vom Unvollkommenen und Begrenzten zum Ganzen und Unbegrenzten. Der hei-

Berg Ein Chinese des 18. Jahrhunderts gestaltete dieses Stück Türkis zum Bild eines Kosmischen Berges, wo Mensch, Tier und Pflanzen in Vollkommenheit und Harmonie gemeinsam leben, alle verbunden und genährt durch einen nie versiegenden Wasserfall und Strom.

Biene Diese Münze aus Ephesos aus dem 5. Jahrhundert v. u. Z. zeigt eine Bienenkönigin, das Wahrzeichen der Stadt und auch der Großen Mutter, deren Priesterinnen *melissae*, Bienen, genannt wurden.

lige Berg ist auch der »Nabel der Wasser«, denn die Quelle aller Wasser entspringt aus ihm. Zwischen sich schließenden oder berstenden Bergen hindurchzugelangen, bedeutet, neue Ebenen des Geistes zu erreichen, da der Durchgang nur möglich ist im Geist und in »zeitlosen Augenblicken«.
Berge mit zwei Gipfeln sind entweder Sitz solarer oder astraler Gottheiten oder, wie in *Sumer* und *China*, Sitz von Sonne und Mond, was auch für die *jüdischen* Zwillingsberge Horeb, Berg der Sonne, und Sinai, Berg des Mondes, zutrifft. Tempel werden in der Form von Bergen gebaut, wie z. B. die *sumer.* Ziqqurate, Borobudur auf *Java* und die *Inka*-Tempel, die das Weltzentrum und die aufsteigenden Ebenen des Seins und den Aufstieg der Seele symbolisieren. In der *christl.* Kunst entspringen die vier Flüsse auf dem Heiligen Berg und Thron Gottes.

Bernstein Das goldene Leuchten der Sonne; erstarrtes Licht. In *China* bedeutet er Mut, »die Seele des Tigers«. Er gibt magische Kraft, hilft den Toten. Dem Apollon/Helios geweiht. Freyjas Tränen, die für Svipdag fielen, erstarrten zu Bernstein.

Berühren Berühren bedeutet Kraft übertragen oder Einfluß ausüben, wie z. B. beim Handauflegen. Holz zu berühren, ist symbolisch dafür, den Weltenbaum, die *axis mundi*, das heilige Zentrum und den Ort des Allerheiligsten zu fassen.

Beryll ↗ Edelsteine

Beschneidung Initiation; Weihe; Reinheit; ein Ritus der Zugehörigkeit zu einer Religion bzw. zu einem Stamm.

Besen *Chin.:* Weisheit; Einsicht; das Wegfegen von Sorgen und Schwierigkeiten. *Japan.:* Der aus Gras gefertigte Besen, den man beim Frühlingsritual verwendete, versinnbildlicht Reinigung.

Besprengen Eine symbolische Abfolge von Befruchtung, Empfängnis, Trächtigkeit bzw. Schwangerschaft, Geburt und Taufe.

Bestien ↗ Fabelwesen

Bethel ↗ Stein

Beutel Die weibliche Macht des Umfassens und ein Ort des Bewahrens, folglich Leben und Gesundheit; Verwahrung dessen, was kostbar und hochgeschätzt ist. In Verbindung mit dem ↗ Sack deutet der Beutel auch auf die Erhaltung der eigenen Werke als Zeugnis am Tage des Jüngsten Gerichts. Der Beutel mit Stab, Muschel und Sandalen ist ein Attribut des Pilgers, dessen Tasche auf Darstellungen entweder über die Schulter, am Gürtel oder am Stabe hängt; der Beutel ist auch ein Kennzeichen des Almosenpflegers und des Kaufmanns sowie aller Götterboten, besonders von Hermes/Merkur, auch von Priapos und der *christl.* Heiligen Matthäus und Nikolaus Judas.

Bewegungslosigkeit Wie der Mittelpunkt des Kreises symbolisiert die Bewegungslosigkeit das Ewige Jetzt: das Unbedingte, Absolute; die nichtdualistische Gegenwart; den »unbewegten Beweger«; das befreite Selbst. In der Ikonographie drücken Bewegungslosigkeit und Starrheit Unbeugsamkeit, übermenschliche Leidenschaftslosigkeit und Unvoreingenommenheit aus.

Biber Fleiß, Arbeitseifer. Im *Christentum* bedeutet er Keuschheit, den Asketen, da man annahm, daß er sich selbst verstümmelte, wenn er verfolgt wurde. Wachsamkeit; Friedfertigkeit.

Biene Unsterblichkeit; Wiedergeburt; Fleiß; Ordnung; Reinheit; eine Seele. Man nahm an, Bienen pflanzten sich durch Jungfernzeugung fort, und so verkörperten sie Jungfräulichkeit und Keuschheit. Sie bringen himmlische Gaben, und Honig ist die Opfergabe für höchste Gottheiten. Bienen verkörpern oft die Gestirne und sind auch geflügelte Boten, die Nachrichten in die geistige Welt befördern; von einem Todesfall oder einem bedeutenden Ereignis »den Bienen sagen«, bedeutet, eine Botschaft in die andere Welt oder an die Geister übermitteln. Bienen sind Boten von Eichen- und Donnergöttern. Auf Grabmale gemeißelt bedeuten sie Unsterblichkeit. *Ägypt.:* »Lebensspender«, daher Geburt, Tod und Auferstehung; Fleiß; Keuschheit; harmonisches Leben; Königswürde. Attribut des Pharao von Unterägypten. Die Tränen von Re, die auf den Erdboden fielen, wurden zu Arbeitsbienen. *Chin.:* Arbeitsamkeit; Sparsamkeit. *Christl.:* Fleiß; Ordnung; Reinheit; keusche Jungfrauen; Mut; göttliche Ordnung der Welt; Klugheit; Zusammenarbeit; Süßigkeit; religiöse Beredsamkeit; die geordnete und fromme Gemeinde, »die Nachkommenschaft hervorbringt, Freude an den Kindern hat und doch ihre Jungfräulichkeit behält«; die Jungfräulichkeit Marias, die Christus hervorgebracht hat, der wiederum durch den Honig symbolisiert wird. Die Biene, von der man annimmt, daß sie niemals schläft, bedeutet Wachsamkeit und Eifer des Christen. Da sie in der Luft fliegt, verkörpert sie die in das Königreich des Himmels eintretende Seele. Biene und Bienenkorb symbolisieren auch den Christen und die Kirche. Attribut der Heiligen Ambrosius und Bernhard von Clairvaux. *Essen.:* »Bienenköniginnen« waren priesterliche Beamte. *Griech.:* Fleiß; Wohlstand; Unsterblichkeit (die Seelen der Verstorbenen können in Bienen eingehen); Reinheit; Demeter war »die reine Mutterbiene«. Die Große Mutter wurde auch als die Bienenkönigin bezeichnet, und ihre Priesterinnen waren *melissae*, die Bienen; sie wurde in der griechischen Kunst auch durch den Löwen mit Bienen dargestellt. Die Pythia von Delphi war die »Delphische Biene«. Die Diener von Eleusis waren Bienen. Bienen verliehen Beredsamkeit und Gesang, sie waren die »Vögel der Musen«. Das Erscheinen einer Biene zeigte die Ankunft eines Fremden an. Als Attribut von Demeter, Kybele und Diana war die Biene lunar und jungfräulich. Pan und Priapos schützten und hielten Bienen. Der kretische Zeus war in der Bienenhöhle geboren und von Bienen genährt worden; sie sind auch ein Attribut der Artemis von Ephesos; Bienen umschwärmen Cupido, der von einer Biene gestochen wurde. *Hinduist.:* Eine Biene auf einer Lotosblüte ist ein Symbol für Vishnu; blaue Bienen auf der Stirn stellen Krishna dar, auch den Äther; eine Biene über einem Dreieck verkörpert Shiva Madheri, »den Freundlichen«; Bienen als süße Qual bilden die Bogensehne von Kama, dem Gott der Liebe, und ein Bienenschwarm folgt ihm. Die Biene wird auch mit dem Löwen dargestellt. Der Mondgott Soma wurde als Biene bezeichnet. *Islam.:* Die Gläubigen; Intelligenz; Weisheit; Harmlosigkeit. Bienen »nützen den Fruchtblüten, tun Nützliches, arbeiten bei Tage, verzehren nichts, was andere gesammelt haben, verabscheuen Schmutz und üble Gerüche und gehorchen ihrem Herrscher; sie hassen die Dunkelheit der Indiskretion, die Wolken des Zweifels, den Sturm der Revolte, den Schleier des Verbotenen, das Wasser des Überflusses, das Feuer der Lust« (Ibn al-Athir). *Kelt.:* Geheime Weisheit, die aus der anderen Welt kommt. *Mithrazist.:* Die Seele; das Lebensprinzip, das dem Stier entspringt. Bienen und Ochsen galten als geschlechtslos und wurden auch als androgyn betrachtet. Die Biene mit dem Heroldsstab stellt Merkur dar, den Hirten der Seelen, wobei die Biene die Seele verkörpert. *Röm.:* Bienenschwärme künden Unheil an. Die Biene ohne Kopf zusammen mit einem kopflosen Frosch wehrt den bösen Blick ab. Ein Bienenkorb auf einem Stab ist ein Zeichen von Melonia Nantosveltar *(römisch-germanisch)*. Nach Vergil ist die Biene »der Atem des Lebens«; Porphyrios setzt sie mit Gerechtigkeit und Enthaltsamkeit gleich und Seneca mit Monarchie.

Bienenkorb Beredsamkeit, »süße Worte«; eine geordnete Gemeinschaft. ↗ Bienen und ↗ Bienenschwarm. In *Griechenland* wurde der Bienenkorb oft als Form für Grabmale benutzt, was auf Unsterblichkeit hindeuten sollte.

Bienenstock ↗ Bienenkorb

Bienenschwarm im Korb Die von der weiblichen Macht in der Natur regierte Erde; die Erdseele; schützende Mutterschaft; Fleiß; Sparsamkeit. Der Bienenkorb ist auch ein Attribut der Hoffnung. Im *Christentum* setzt ihn der hl. Bernhard mit der geordneten Gemeinschaft im Kloster gleich.

Binsen ↗ Schilfgras

Birke Fruchtbarkeit; Licht; schützt vor Hexen und treibt böse Geister aus, daher das Schlagen von Schwerverbrechern und Geistesgestörten mit Birkenruten. *Altnord.* und *German.:* Thor, Donar und Frigga geweiht. Die letzte Schlacht in der Welt wird unter einer Birke ausgetragen werden. *Schamanist.:* Die Birke ist der Weltenbaum des Schamanismus, und der Schamane steigt die sieben oder neun Astansätze des Baumstammes oder Birkenpfahles hinauf, und das symbolisiert das Aufsteigen durch die Planetensphären zum Höchsten Geist. Wahrzeichen von Estland. ↗ Baum

Birnbaum Hoffnung; Gesundheit. *Chin.:* Langlebigkeit; Gerechtigkeit; gute Herrscher; gutes Gericht. *Christl.:* Christi Liebe zur Menschheit.

Blatt Fruchtbarkeit; Wachstum; Erneuerung. Grüne Blätter sind ein Symbol der Hoffnung; Wiederbelebung; Erneuerung. Welke bzw. vertrocknete Blätter stehen für Trauer; Herbst; Verfall. Kränze aus Blättern symbolisieren Göttlichkeit oder Triumph und Sieg. In der *chinesischen* Symbolik verkörpern die Blätter des Weltenbaumes alle Wesen im Universum – die Zehntausend Dinge.

Blau ↗ Farben

Blei In der *Alchimie* ist das Blei die schwere, »üble« Beschaffenheit des Metalls oder des menschlichen Lebens bzw. der Seele; es ist das unedle Metall, die Dummheit, das unverständige, sündige leibliche Bewußtsein, der Mensch, an dem das Werk der Umformung und Verwandlung vollzogen wird, das Metall des Saturn.

Blindheit/Verbundene Augen Ignoranz; Sünde; Pflichtvergessenheit; das Unvermögen, das Licht zu sehen und den richtigen Weg zu erkennen; Uneinsichtigkeit; das Irrationale (»blinde Wut«). Jemandem die Augen verbinden, bedeutet Täuschung, Irreführung. Im *Buddhismus* symbolisiert die blinde alte Frau im Rad der Existenzen fehlendes Wissen und die Blindheit der Unwissenheit, die zum Tode führt. *Griech./Röm.:* Eros/Cupido, dem die Augen verbunden sind, verkörpert die Blindheit der irdischen Liebe. In der *christl.* Kunst kennzeichnen verbundene Augen die »blinde Synagoge«.

Blitz Geistig-religiöse Erleuchtung; äußere und innere Erleuchtung; Offenbarung; das Herabkommen von Macht; plötzliche Erkenntnis der Wahrheit, die Zeit und Raum aufhebt, das Ewige Jetzt; die Vernichtung der Unwissenheit; Befruchtung; Ernährung; die männliche Kraft. Der Blitz gilt, wie die Sonnenstrahlen, als befruchtend, aber auch als zerstörerisch, ebenso wie die Lanze des Achilles, die beides konnte, verwunden und heilen. Er wird mit allen Sturm- und Donnergöttern assoziiert, und seine Symbole sind der Zickzack, der Dreizack, die Axt (die »Himmelsaxt«), Hammer, Donnerkeil, Vajra, Dorje, Ju-i, Pfeil und Raubvogel. Tod durch Blitzschlag bedeutet, sofort in den Himmel geholt zu werden. Nach *schamanischem* Glauben empfängt der, der vom Blitze getroffen wird, die unmittelbare Initiation. *Hinduist.:* »Im Blitzschlag die Wahrheit«; Agni wohnte in den Wassern des Himmels in Gestalt des Blitzes. Für die *nordamerikan. Indianer* ist er der Große Geist, die Offenbarung. Der Blitz ist ein *manich.* Symbol für die Jungfrau des Lichts.

Blöße ↗ Nacktheit

Blumen Das weiblich passive Prinzip; die Form des empfangenden Gefäßes hat der »Kelch« der Blume, und somit übernimmt sie auch einen Teil der Symbolik des ↗ Kelches. In der Knospe verkörpert die Blume alle Möglichkeiten; wenn sie sich öffnet und ausbreitet, also vom Zentrum nach außen hin aufgeht, ist sie ein Bild für die Entfaltung in der Manifestation; diese Symbolik tritt besonders deutlich in Erscheinung beim Lotos im Osten und bei der Rose und der Lilie im Westen. Die Ausbreitung in der Welt der Erscheinungen und die Form der geöffneten Blüte bringen die Blume auch in Verbindung zur Symbolik des ↗ Rades, dessen Speichen wie Strahlen vom Zentrum ausgehen. Blumengärten werden auch mit dem Paradies, den Gefilden der Seligen, dem »besseren Land«, der Wohnung der Seelen in Zusammenhang gebracht. Blumen mit fünf Blütenblättern, die Rose, die Lilie usw. symbolisieren die Gärten der Seligen, auch den Mikrokosmos des Menschen, der mit fünf Sinnen festgelegt ist. Die Blume mit sechs Blütenblättern, besonders die Lotosblüte, ist der Makrokosmos. Blumen sprießen häufig aus dem Blut eines Gottes, wenn es auf den Boden fließt, z. B. die Anemone aus dem Blut von Adonis, das Veilchen aus dem Blut des Attis, die Hyazinthe aus dem von Hyakinthos und Rosen aus dem Blut Christi. Auch entsteigen Gottheiten Blumen, u. a. besonders dem Lotos, der das Licht und die Urwasser verkörpert, z. B. Brahma, Buddha und Horus.

Blumen versinnbildlichen andererseits das Zerbrechliche des Kindes oder die Flüchtigkeit des Lebens. Entsteigt ein Kind einer Blume, so bedeutet das entweder die Geburt eines Gottes oder den Anbruch des Tages, die Morgendämmerung, neues Leben. Eine blaue Blume ist das Unerreichbare; die rote Blume ist ein Bild für die Morgenröte, die aufgehende Sonne, sie ist ein Attribut der Muttergöttin; weiße Blumen symbolisieren Reinheit und Unschuld, weiße und rote zusammen den Tod. Stark riechende Blumen oder Pflanzen, die Dämonen abwenden und den Entschlafenen helfen, werden in Totenkulten besonders der *Parsen*, *Juden* und *Man-*

däer verwendet. Der christliche Brauch, zum Begräbnis und ans Grab Blumen zu bringen, geht vermutlich auf diese Sitte zurück. *Alchim.:* Die weiße Blume ist das Silber, die rote das Gold, und die blaue Blume ist die Blume des Weisen, die dem Welten-Ei entsproß. *Buddhist.:* Die Vergänglichkeit des Leibes; Blumen werden Göttern bei der Anbetung geopfert. Der ↗ Lotos hat im Buddhismus eine weitreichende Symbolik. *Chin.:* Das weibliche Element; in der *yin-yang*-Symbolik sind Blumen *yin*, und das Pferd und der Löwe sind dazu das *yang* für Schnelligkeit und Stärke; diese Verbindung wird auch in der Ehesymbolik und bei der Dekoration für Hochzeiten benutzt. *Christl.:* Die Rose sprießt aus dem Blut Christi; die Rose und auch die Lilie sind Attribute der Jungfrau Maria. *Daoist.:* Die Goldene Blume ist kristallisiertes Licht; das Dao; die Erlangung der Unsterblichkeit; spirituelle Wiedergeburt. Ein Korb voller Blumen, das Zeichen von Langlebigkeit und glücklichem Alter, ist das Attribut von Lan Ts'ai-ho, einem der acht daoistischen Genien oder Unsterblichen. *Griech.:* Anemonen sind Adonis geweiht, denn sie entsprossen seinem Blut. Zephir und Flora zeugen die Blumen des Frühlings und die Gärten. *Mexikan.:* Xochiquetzal war die Göttin der Blumen, und ihr Zwillingsbruder Xochipilli war der Blumenprinz. *Röm.:* Funeralbedeutung; Fortführung des Lebens in der anderen Welt; zum Rosenfest wurden im alten Rom Rosen auf die Gräber gestreut.

Blut Das Lebensprinzip; die Seele; Stärke; die verjüngende Kraft, daher Blutopfer. Die solare Energie. Blut und Wein sind austauschbare Symbole. Blut und Wasser in der *chinesischen* Symbolik ergänzen einander als komplementäre Erscheinungen und stellen die Prinzipien *yang* und *yin* dar. In der *christlichen* Symbolik sind Blut und Wasser bei der Kreuzigung das Leben des Leibes und das Leben des Geistes. Über Blut schreiten, verleiht Fruchtbarkeit: im Vorderen Orient schritten Bräute über das Blut eines geopferten Schafes. Tyrischer Purpur, »der höchste Ruhm« (Plinius), war die Farbe von erstarrtem Blut, auch das »purpurfarbene Blut« (Homer). Blut zu trinken, ist im allgemeinen symbolisch für Feindschaft, aber es kann auch die Macht des Gegners aufsaugen und ihn so nach dem Tode unschädlich machen.

Bodhi-Baum/Pipal-Baum *Ficus religiosa.* Vollkommenheit; Kontemplation; Meditation. Dem Buddha heilig als der Baum, unter dem er die Erleuchtung fand.

Bogen Hinsichtlich seiner Symbolik ist er sowohl männlich als auch weiblich: männlich für Tapferkeit und das Abschießen des männlichen Pfeils; weiblich für den zunehmenden Mond. *Buddhist.:* Willens-

Blindheit Auf dieser allegorischen Darstellung einer Synagoge (aus dem Straßburger Münster) symbolisiert die Augenbinde die Blindheit, die geistliche Verblendung der Unfähigkeit der Juden, die Wahrheit der Lehre Christi zu erkennen.

Blut Auf Giovanni Bellinis Gemälde »Das Blut des Erlösers« wird das Blut des gekreuzigten Christus von einem Engel aufgefangen, was die Kraft und Energie dieses »Lebenssaftes« dramatisch versinnbildlicht.

stärke; der Bogen ist der Wille, der die Pfeile der fünf Sinne abschießt. *Chin.:* Pfeil und Bogen zusammen bedeuten Fruchtbarkeit, Nachkommenschaft; den Bogen spannen, bedeutet männliche Tapferkeit. *Christl.:* Weltliche Macht (Jer. 49, 35). *Daoist.:* Pfeil und Bogen symbolisieren das Dao, das das oben Befindliche herabholt, das, was unten ist, aus der Tiefe heraufbeschwört, den Überschuß wegnimmt und das Notwendige ergänzt. *Griech./Röm.:* Der Bogen von Artemis/Diana steht für den zunehmenden Mond. Pfeile und Bogen sind Attribute von Apollon, Eros, Artemis und Diana, Bogen und Köcher ein Attribut des großen Jägers Orion. *Hinduist.:* Willensstärke (wie im *Buddhismus* oben). Die Bogensehne von Kama, dem Gott der Liebe, besteht aus Bienen, der »süßen Pein«. *Islam.:* Die Macht Gottes. Daß man den Bogen in der Mitte ergreift, die beiden Teile vereint, bedeutet einer Legende nach die Vereinigung von Allah mit Mohammed. *Sumero-semit.:* Die Waffe von Ištar/Inanna als Kriegsgöttinnen.

Bogenschütze ↗ Pfeil

Bohne Unsterblichkeit; gänzliche Umgestaltung; magische Kraft; phallisch. *German.:* Erotik; sexuelles Vergnügen. *Röm.:* Dem Silvanus geweiht.

Boot ↗ Schiff

Böses Die Kräfte der Finsternis, Dämonen, der Teufel, Satan, Beelzebub, Anghra Mainyu oder Ahriman. Symbole des Bösen können die Schlange oder der Drache, die Giftschlange, der Skorpion, der Skorpionmensch, der Wirbelsturm, alle verschlingenden Tiere und einige gehörnte Tiere, die Ameise, das eine Auge des Zyklopen sein.

Braun ↗ Farben

Brennender Busch Göttliche Offenbarung; die Gegenwart Gottes. In der *ved.* Feuersymbolik des Agni wird der brennende Busch zum Weltenbaum. *Christl.:* Gestalt, in der sich Gott Moses offenbart (2. Mose 3, 2).

Brot Leben; die Nahrung des Leibes und der Seele; das sichtbare und gestaltgewordene Leben. Es ist auch ein Symbol der Vereinigung, da es viele Körner in einem Ganzen enthält und, wenn es gebrochen und geteilt wird, geteiltes und vereintes Leben darstellt. Sakramentales Brot ist gewöhnlich klein und rund, oder ein größerer Brotlaib wird gebrochen und geteilt; oft wird er mit einem Kreuz versehen, so in *mithrazist.*, *sumero-semit.* und *christl.* Riten. Brot und Wein: der Wein ist die göttliche Ekstase, und das Brot ist die sichtbare Manifestation des Geistes, der stirbt und wiederaufersteht; Mensch und Gottheit vereint; das ausgewogene Ergebnis menschlicher Geschicklichkeit und Anstrengung beim Ackerbau; der männliche Wein mit dem weiblichen Brot; die Verbindung des Flüssigen mit dem Festen, die den Androgyn darstellen kann. Brot und Wein waren häufig bei Bestattungsfesten oder Grabeszeremonien anzutreffen. Das Brechen des Brotes bedeutet den Tod des Opfers, auch Teilen und Gemeinschaft. *Christl.:* Der Erhalter des Lebens; Gottes Vorsehung; Christus, »das Brot des Lebens« (Joh. 6, 35), der »Leib Christi« (Luk. 22, 19). Brot und Wein bedeuten die zwei Seiten des Wesens von Christus, den Leib und das Blut Christi beim heiligen Abendmahl. *Sumero-semit.:* Brotbrechen bedeutete Nahrung für die Seelen der Toten beschaffen; gemeinsamen Besitz. Brot und Wasser des unsterblichen Lebens wurden von Anu im Himmel aufbewahrt. *Jüd.:* Die 12 Brotlaibe auf dem Tisch des Tempels repräsentieren nach den Worten des Josephus die 12 Monate.

Brotlaib Hat als Symbol für Fruchtbarkeit, Nahrung und Leben teil an der Symbolik des ↗ Getreides. In der *jüdischen* Symbolik repräsentieren die zwölf Brotlaibe auf dem Tisch des Tempels, nach Josephus, die zwölf Monate des Jahres.

Brücke Verbindung zwischen Himmel und Erde, einem Reich und dem anderen; Vereinigung des Menschen mit der Gottheit. In Riten von der Überfahrt ist sie der Übergang von einer Sphäre in die andere; die Überfahrt ins Wirkliche. Im Urzustand, im Goldenen Zeitalter, konnte der Mensch nach Belieben herüber- bzw. hinüberschreiten, da es noch keinen Tod gab; jetzt wird die Brücke nur noch beim Tode überquert oder in mystischen Seinsweisen, bei Initiationszeremonien oder durch solare Heroen. Beim Überqueren der Brücke der Gefahren beweist der Mensch, daß er Geist ist und in das verlorene Paradies zurückkehrt. Die Brücke zwischen dieser Welt und der anderen kann auch durch den Regenbogen symbolisiert werden, durch den Himmelsdrachen bzw. die Himmelsschlange. Er ist auch mit der Vorstellung von der Engen Pforte und der Leiter mit Schwertsprossen usw. verbunden. Die beiden Ufer des Flusses, der über die Brücke zu überqueren ist, stellen die beiden Welten der Sterblichen und des Todes einerseits und der Unsterblichen und des Lebens andererseits dar; die Brücke ist der Übergang vom Tod zur Unsterblichkeit, vom Unwirklichen zum Wirklichen.

Schmale Brücken, messerrückendünne und Schwertbrücken usw. verkörpern den schmalen Grat, der Gegensätze trennt, die Raumlosigkeit im Reich des Übernatürlichen und Wege, die gewöhnlicher physischer Erfahrung und den Sinnen unzugänglich sind, Wege, die durch das Überschreiten des Physischen durch Seele und Geist zu erreichen sind, wie in den *Upanischaden* und in der Sage vom Heiligen Gral: »Eine messerscharfe Schneide, schwer zu überschreiten, ein schwieriger Pfad« *(Upanischaden)*. Die Brücke des Islam ist »schmaler als ein Haar«. Leichtigkeit und Schnelligkeit, Symbole für Klugheit und Intelligenz, ermöglichen es dem Menschen, die Brücke schnell und unversehrt zu überqueren, während die Schwerfälligen, Unwissenden und Dummen die Brücke zerstören und in die Hölle hinabstürzen oder zu den Dämonen und Fabelwesen, die unten lauern, Verkörperungen der Sünde und Unwissenheit. Die Brücke der Gefahren ist aber auch der Weg zur Erleuchtung, zum Sieg über den Tod und die Trennung im Reich der Verschiedenheit. Der Fluß kann auch mit einem Boot, einem Floß oder an einer Furt überquert werden. Die *iranische* Sonvat-Brücke trennt die beiden Welten und muß von der Seele überquert werden; sie führt zum Berg der Gerichtsbarkeit und wird von zwei Hunden bewacht. Die Brückensymbolik schließt auch den Menschen als Mittler ein, in der zentralen oder axialen Position zwischen Himmel und Erde, daher der Hierophant und der römische Pontifex (auch Titel des Papstes nach römischem Vorbild: *Pontifex Maximus*).

Brüder Feindliche Brüder sind die widerstreitenden Mächte des Lichtes und der Finsternis, der Trockenheit und Feuchtigkeit; auch die Lebensweise der Nomaden und der Ackerbauern. Sie werden oft mit der Gründung der ersten Stadt in Verbindung gebracht und häufig als Gegensatzpaare dargestellt, wie z. B. Ahuramazda und Ahriman, Vṛtra und Indra, Osiris und Seth, Romulus und Remus, Kain und Abel. In der *südosteuropäischen* Volkstradition waren Gott und Satan Brüder. Sie alle symbolisieren die Notwendigkeit von Gegensätzen. ↗ Zwillinge

Brunnen Das weibliche Prinzip; der Schoß der Großen Mutter; die Psyche. Da der Brunnen Kontakt zur Unterwelt hat, enthält er oftmals magische Wasser mit heilenden und wunscherfüllenden Kräften. Ein geschlossener Brunnen bedeutet Jungfräulichkeit. Ein von einem Fluß gespeister Brunnen ist die Vereinigung des Männlichen und Weiblichen. In der *kelt.* Mythologie geben heilige Brunnen Zugang zur anderen Welt, haben magische Eigenschaften und enthalten heilende Wasser. In der *jüd.* Symbolik bedeutet ein Brunnen mit frischem Wasser die Thora. Im *Christentum* verkörpert er die Erlösung und Reinigung. Dem Brunnen, der Quelle oder Fontäne am Fuße des Lebensbaumes im Paradies entspringen die Lebenswasser und die vier Flüsse des Paradieses.

Brüste Mutterschaft; Nahrung; Schutz; Liebe; der nährende Aspekt der Großen Mutter. Vielbrüstige Göttinnen verkörpern Nahrung; Überfluß; Fruchtbarkeit. Die entblößte Brust bedeutet Demut; Gram;

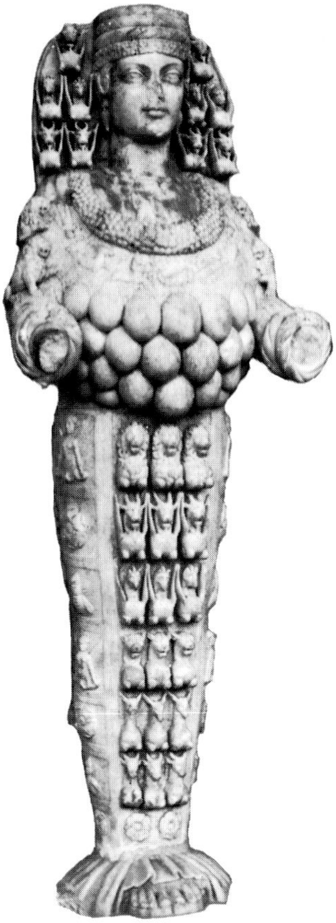

Brüste Die vielen Brüste der Artemis von Ephesos aus dem 1. Jahrhundert u. Z. symbolisieren die überfließende und nie versiegende Fruchtbarkeit und schützende Kraft der jungfräulichen Göttin.

Reue; Buße. An die Brust schlagen ist eine Geste des Kummers, der Reue.

Brustharnisch Schutz; Bewahrung. Ein Attribut u. a. der Athena/Minerva. Der *jüd.* Brustharnisch in der Mitte auf dem Gewand des Hohenpriesters steht für ein Weltzentrum.

Buch Das Universum, das *liber mundi* und *liber vitae*. Das offene Buch symbolisiert das Buch des Lebens, Gelehrsamkeit und den Geist der Weisheit, Offenbarung und die Weisheit der heiligen Schrift. Das Buch steht im Zusammenhang mit der Baumsymbolik, und Baum und Buch können den gesamten Kosmos darstellen. In der Gralssymbolik kann das Buch auch die Suche versinnbildlichen, in diesem Falle nach dem verlorenen Wort. *Buddhist.:* Vollkommenheit des Wissens, der Sprache und des Ausdrucks. Tara hat das Buch der erleuchtenden Weisheit, und es ruht auf dem Lotos, der das Aufblühen des Geistes symbolisiert. *Chin.:* Gelehrsamkeit. Die Blätter des Buches sind die Blätter des Weltenbaumes, der alles Sein im Universum, die »zehntausend Dinge«, symbolisiert. Das Buch ist eines der Acht Kostbaren Dinge des chinesischen Buddhismus. *Christl.:* Bücher stehen für die Apostel, die die Völker lehren. Attribut der Heiligen Augustinus und Cyprianus. Christus wird oft mit einem Buch in der Hand dargestellt. *Islam.:* »Das Universum ist ein riesengroßes Buch« (ibn Arabi). In Beziehung zur Schreibfeder bedeutet das Buch die Substanz der Schöpfung, statisches Sein, während die Feder das schöpferische Prinzip symbolisiert. Das Heilige Buch ist der Name Gottes; die Wahrheit; die Gnade.

Buche Wohlergehen; Divination. Dem Zeus geweiht. Wahrzeichen von Dänemark.

Buchsbaum Der immergrüne Busch bedeutet Unsterblichkeit, Jugend, Körper- und Geisteskraft, Lebenskraft, Unaufhörlichkeit.

Buddhistische Symbole Die acht Glückszeichen sind die Muschel, der Schirm, der Baldachin, der endlose Knoten, das Fischpaar, die Lotosblume, das Gefäß und das Rad der Lehre. Andere Symbole sind die Schriftrolle, das Beil, der Stachelstock, der Speer, die Schlinge, die Bettelschale, der Opferkelch, der Fächer, Pfeil und Bogen, der Weihrauchstab, der Rosenkranz, der Fliegenwedel, Hahn – Sonne, Hase – Mond, Musikinstrumente, das Wassergefäß bzw. die Gurde. Die Wahrzeichen auf dem Fußabdruck Buddhas sind die Svastika, das Rad, die Muschel, das Fischpaar, der Vajra, die Krone, die Vase.

Büffel *Buddhist.:* Yama, der Totengott, ist bisweilen büffel- oder stierköpfig. *Daoist.:* Laudse reitet einen Büffel oder Ochsen und ritt auf einem grünen

Buch Christus Pantokrator hält auf diesem griechischen Mosaik aus dem 11. Jahrhundert das geschlossene Buch des Lebens und des Schicksals in der Hand.

Büffel Laudse auf einem Büffel reitend, Symbol seines letztendlichen Sieges über seine Triebnatur, auf seiner letzten Reise in »den Westen«.
Chinesische Bronze, 17. Jahrhundert.

Büffel, als er im Westen verschwand. Einen Büffel reiten, bedeutet die Beherrschung der tierischen Natur des Menschen. Manchmal steht der Büffel anstelle des Ochsen in den »Zehn Bildern vom Büffelhüten«, in denen der Büffel, der die nicht erneuerte Natur verkörpert, zu Beginn völlig schwarz ist und im Laufe des Zähmungsprozesses allmählich immer heller dargestellt wird, bis er auf dem zehnten Bild völlig verschwunden ist. *Indian.:* Der Büffel bzw. Bison versinnbildlicht übernatürliche Macht; Stärke; innere Kraft; den Wirbelwind.

Bundeslade *Jüd.:* Ein Weltzentrum; das Herz der Welt; der Kosmos; das Allerheiligste; der Ausgangspunkt der Schechina (Glorienschein) als Zeichen der Gegenwart Jahwes.

Burg ↗ Schloß

Bürste ↗ Besen

Butterblume *Griech./Röm.:* Gespött; Bosheit; Raserei; Attribut von Ares/Mars.

Bukentauros ↗ Fabelwesen

Caduceus (Heroldsstab) Die Flügel symbolisieren Transzendenz; die Luft; der Stab bedeutet Macht; die Doppelschlange stellt die dualistischen Gegensätze dar, die letztendlich wieder vereinigt werden; sie sind auch die beiden Schlangen von Heilung und Gift, Krankheit und Gesundheit.
Sie sind hermetisch und homöopathisch, »Natur kann Natur überwinden«, das Komplementäre der beiden im Universum wirkenden Kräfte und die Vereinigung der Geschlechter. Sie stellen die Mächte des Bindens und Lösens dar, des Guten und Bösen, von Feuer und Wasser, Empor- und Herabsteigen, auch Gleichgewicht, Weisheit und Fruchtbarkeit. In der *Alchimie* sind sie der männliche Schwefel und das weibliche Quecksilber, die Macht der Transformation; Schlafen und Wachen; das *solve et coagula* des Großen Werkes; die Synthese der Gegensätze und die transzendente Funktion der Vermittlung zwischen den oberen und unteren Reichen. Der Stab bzw. Heroldsstab ist die *axis mundi*, an dem sich alle zwischen Himmel und Erde als Vermittler bzw. Boten fungierenden Götter auf- und abwärts bewegen. Der Caduceus wird von Boten als Symbol des Friedens und Schutzes getragen und ist vor allem ihr Attribut. Der *ägypt.* Anubis, der *griech./röm.* Hermes/Merkur (in dessen Händen er auch Gesundheit und Jugend bezeichnet), der *phönik.* Bel und gelegentlich Isis und Ištar tragen ihn. Er ist »der goldene Stab, dreiblättrig, der Stab des Glückes und des Reichtums« (Homer), und er wird auch gedeutet als der Stab, der die Sonnen- und Mondsymbole trägt. Der Caduceus kann auch als von Hörnern überragter Globus dargestellt sein, ein

Caduceus Der Caduceus, wie ihn Merkur in dieser alchimistischen Illustration aus dem 15. Jahrhundert in der Hand hält, symbolisiert die harmonische und heilende Versöhnung der Gegensätze, deren ideale Verkörperung Hermes selbst darstellt.

Caritas Andrea del Sarto's »Caritas« mit ihrer offensichtlichen Ähnlichkeit zu einer Darstellung der Madonna mit dem Christuskind gibt die traditionelle Gleichsetzung von Nächstenliebe und Mutterliebe, Nährung und Fürsorge wieder.

phönikisches und auch ein *hethitisches* Sonnensymbol.

Caritas In der *christl.* Kunst ist die Tugend Caritas als Frau dargestellt, die entweder von Kindern umgeben ist oder – häufiger – ein Kind umsorgt oder stillt; sie hält oft ein Herz oder eine Blume in der Hand. Andere Symbole für die Liebe sind das Herz, das Lamm, der Pelikan, der sein Junges mit seinem eigenen Blute nährt, oder eine menschliche Figur, die Kinder empfängt oder umsorgt; auch das nahtlose Gewand von Christus.

Chakra (Sonnenrad) Ein geistiges und psychisches Zentrum im Sein, das durch die Lotosblüte und das Rad symbolisiert wird. Wenn das Zentrum erweckt wird, öffnet und dreht sich die Lotosblüte; die Lotosblüten der verschiedenen Zentren haben unterschiedlich viele Blütenblätter. Es ist Symbol der alles durchdringenden Macht des Königs.

Chalzedon ↗ Edelsteine

Chamäleon Die Luft als eines der vier Elemente (von der man annimmt, daß sie vom Wind genährt wurde). Im *Christentum* stellt es Satan dar, der in verschiedener Gestalt auftritt, um die Menschen zu täuschen. Bei einigen *afrikan.* Stämmen ist es ein Regenbringer.

Cherubim »Die Cherubim sind geflügelte Wesen, ähneln aber in ihrem Aussehen keinem lebenden Geschöpf, das Menschen je gesehen haben« (Josephus). Sie deuten auf die Gegenwart der Gottheit und sind Hüter des Geheiligten und Bewacher des Eingangs. In der Gestalt des Tetramorph sind die Cherubim die Vierheit elementarer Mächte, die das Zentrum des Paradieses bewachen. Sie vereinen in sich den Stier (Taurus), den Löwen (Leo), den Adler (Aguila) und den Menschen (Homo) und symbolisieren die vier Elemente, die vier Enden der Erde und, im *Christentum*, die vier Evangelisten. Nach den Seraphim sind sie die oberste der neun Engelshierarchien. In der *Heraldik* ist ein Cherub als Kinderkopf (Reinheit und Unschuld) zwischen einem Paar Flügeln (geistiges Wesen) dargestellt. Jahwe »thront über den Cherubim« (1. Sam. 4,4). Der Thron des Tempels von Jerusalem wurde von Cherubim flankiert, und ihre Flügel bildeten den Thron.

Chimaira/Chimäre ↗ Fabelwesen

Chi-Rho ↗ Labarum

Chrysantheme *Chin.:* Herbst; Zurückgezogenheit; Behaglichkeit; kühler Glanz; Gelehrsamkeit; Frohsinn; Ernte; Reichtum; Langlebigkeit; das, was (die Kälte) überdauert. *Japan.:* Langlebigkeit; Glück; ein Blumen-Wahrzeichen Japans.

Chrysothamnus *Indian.:* Das männliche, solare, den Tag repräsentierende Lebensprinzip, demgegenüber der Beifuß (Artemisia) das weibliche, lunare und nächtliche Prinzip symbolisiert.

Coyote *Aztek.:* Eine Erscheinungsform des Quetzalcoatl; sein chthonischer Aspekt ist der Doppelcoyote. *Indian.:* Ein Verwandler; Retter der Helden, ein Demiurg; führt aus der Gefahr heraus; außerdem ist er lunar und ein Flutbringer; der Geist der Nacht; der Schelm der Indianer des Westgebirges.

Cromlech Der *druidische* Steinkreis war der Großen Mutter geweiht, und der Menhir war das ergänzende phallische Prinzip; übernimmt die Kreissymbolik des geheiligten ↗ Zentrums; hat auch teil an der Sonnensymbolik des ↗ Kreises und der zyklischen Zeit.

Dach Zuflucht und Obdach; Schutz; der weibliche, schützende Aspekt.

Dachs *Chin.:* Ein Mond-, ein *yin*-Tier, das die übernatürlichen Mächte verkörpert; auch Unfug und Ausgelassenheit. *Europ.:* Unbeholfenheit; ein Wetterprophet. Das Streitroß der Habsucht. *Japan.:* Übernatürliche Mächte; eine *fata morgana* und einer, der Irrlichter erzeugt.

Dalmatika *Christl.:* Priesterliches Amt, Amtskleid des Diakons; Seligkeit; Gerechtigkeit; wird bei festlichen Anlässen getragen. Hat die Form eines Kreuzes und verkörpert die Passion Christi, auch ein Attribut der Heiligen Laurentius, Stephanus, Vincent und Leonhard. Sie ist der Sakkos der Ostkirche und wird auch vom *brit.* Herrscher bei der Krönung getragen.

Dämon Unordnung; Lästigkeit. In der *christl.* Kunst helfen Dämonen bzw. kleine Teufel dem Satan in der Hölle.

Dampf Im Ritual des Dampfbades in der Schwitzhütte der *nordamerikanischen* Indianer verkörpert er das Weißsein und die heilige und lebenspendende Macht des Geistes.

Dattel Fruchtbarkeit; Reichtum. In der *mandäischen* Symbolik bedeutet die Dattel männliche Fruchtbarkeit, und die Weintraube ist der weibliche Gegenpol dazu.

Daumen Macht und Übertragung von Macht; der aufwärts gerichtete Daumen bedeutet wohltätige Macht, Glück und guten Willen, abwärts gerichtet das Gegenteil von allem.
Der ausgestreckte Daumen und Zeigefinger haben phallische Bedeutung.

Davidsstern ↗ Dreieck

Delphin Retter der Schiffbrüchigen; der König der Fische; eine Macht des Meeres; Sicherheit; Schnelligkeit. Zwei in entgegengesetzte Richtung blickende Delphine stehen für die Dualität der Natur. Der Delphin mit einem ↗ Anker bedeutet Geschwindigkeit und Langsamkeit; so stellen sie zusammen die Mitte zwischen Extremen dar, »Eile mit

Weile«. *Ägypt.:* Ein Attribut von Isis. *Christl.:* Christus als der Retter der Seelen, der sie über die Wasser des Todes trägt. Ein Delphin mit einem Schiff oder einem Anker stellt die von Christus geführte Kirche dar; in der christlichen Kunst ersetzt dieses Bild zuweilen das Schiff bzw. die Arche der Erlösung und Wiedergeburt. Ein von einem Dreizack oder einem Anker durchbohrter Delphin ist Christus am Kreuz. Steht der Delphin anstelle des Walfisches, so bedeutet er die Auferstehung. ↗ Fisch. *Griech.:* Ein Psychopompos, der die Seelen zu den Inseln der Seligen geleitet; er wird sowohl mit der Sonne als auch mit dem Mond in Zusammenhang gebracht: in Verbindung mit Apollon Delphinos ist er das Licht und die Sonne, aber auf Grund des Gleichklangs der Wörter *delphis* (Delphin) und *delphys* (Schoß) ist er auch das weibliche Prinzip und der Mutterschoß. Er gehört in die Liebessymbolik, wenn er mit Aphrodite, »der Frau aus dem Meer«, und mit Eros zusammen auftritt; er ist auch ein Attribut Poseidons als der Macht des Meeres und von Dionysos. Thetis reitet nackt auf einem Delphin. *Kelt.:* Steht mit Brunnenverehrung bzw. Quellenkult im Zusammenhang und mit der Macht der Wasser. *Minoisch:* Macht des Meeres. Wird auch mit Apollon Delphinos assoziiert. *Mithraz.:* Wird mit Mithras als Gott des Lichtes in Verbindung gebracht. *Röm.:* Die Reise der Seele über das Meer des Todes zu den Inseln der Seligen. *Sumero-semit.:* In Darstellungen von Ea und Enki als Alternativsymbol für den Fisch verwendet; ein Attribut von Ištar; als mit dem Wasser in Verbindung stehend Atargatis heilig.

Delta Weibliche Schöpferkraft; Tür des Lebens.

Diadem Königsmacht; unumschränkte Herrschergewalt; der Kreis der Kontinuität; ununterbrochenes Fortdauern.

Diamant ↗ Edelsteine

Diamantkeule/-thron/-sitz Auf dem Fußabdruck Buddhas ist die Diamantkeule der Donner, der die Leidenschaft der Menschheit in der Welt trifft; sie bedeutet auch Unbeirrbarkeit. ↗ Vajra. Der Diamantthron bzw. Diamantsitz ist die Stätte der Erleuchtung.

Distel Trotz und Herausforderung; Härte und Unfreundlichkeit; Rachsucht; Menschenfeindlichkeit. Die Nahrung für Esel. Im *Christentum* steht die Symbolik ihrer Stacheln für die Passion Christi; auch für die Sünde, irdische Sorgen und das Böse (Gen. 3); Gottlosigkeit, die sich der Tugend bemächtigt (Hiob 31).

Distelfink ↗ Stieglitz

Djed *Ägypt.:* Das Rückgrat des Osiris; die Weltachse; der Pol; Stabilität; Festigkeit; Unwandelbarkeit; Bewahrung.

Delphin Für die Griechen war der Delphin ein Psychopompos, der die Seelen zu den Inseln der Seligen geleitete.

Donner Ein hethitischer Wettergott hält den Hammer seines Donners und die Pfeile seiner Blitze in der Hand.

Dolch Männlich, phallisch, wie das ↗ Schwert, der ↗ Speer usw. Attribut von Mars, Mithras und Melpomene, auch von den Heiligen Thomas und Lucia.

Dolmen Der Eingang zur Unterwelt mit der Symbolik der weiblichen Pforte und des Mutterschoßes und mit Bezug auf den ↗ Menhir als die phallische Steinsäule – Sinnbild des Jenseits und der Wiedergeburt.

Donner/Donnerkeil Der Donner ist die Stimme der Himmelsgötter, und der Donnerkeil ist ihre Waffe; Zerstörer von Schlangen und Feinden des Geistes; göttlicher Zorn; er ist auch ein Kennzeichen von Monarchen und Magiern. Der Donner, der brüllt wie ein Stier, bringt den fruchtbaren Regen und steht mit dem wechselnden Mond in Zusammenhang. Daß Regen in manchen Ländern nur mit dem Donner zusammen kommt, assoziiert den Donner mit den fruchtbar machenden Wassern und dem nährenden Wasser vom Himmel. Der Regen, der mit dem Donner kam, wurde als von Macht durchdrungen angesehen und galt darum als noch nahrhafter. »Das Wasser wird oft vom Donner fruchtbar gemacht und ihre Vereinigung schafft die lebensnotwendige Wärme« (Plutarch).
Der Donnerkeil symbolisiert ebenfalls die heilige Ehe des Fruchtbarkeit verleihenden Himmelsgottes und der empfangenden Erdmutter; er ist ein Attribut aller Schmiedegötter, wie z. B. Hephaistos, Vulcanus und Thor. Symbole des Donners und Attribute aller Himmels- und Sturmgötter sind der Hammer, die Trommel, das Kriegsbeil, die Blitzaxt, die Rassel; der Eichenbaum; auch der Drache, die Spirale und die flammende Perle verkörpern den grollenden Donner. Donnergötter sind oft mit roten Haaren dargestellt. *Buddhist.:* Das tibetische ↗*dorje*, das *chinesische ju-i* und das *japanische nyoi* sind der Donnerkeil bzw. die Diamantkeule, das, was »hart wie Diamant ist«, und sie alle verkörpern die göttliche Kraft der Lehre; transzendente Wahrheit; Erleuchtung; der Donnerkeil ist der Unterdrücker böser Leidenschaften und Begierden. Von den fünf Tathagatas hält Amoghasiddhi einen doppelten Donnerkeil in der Hand und Akshobhya einen einzelnen. »Das Grollen des Dharma-Donners« ist die Ausbreitung der Lehre von der Befreiung aller Lebewesen. *Chin.:* Der Donnergott Lei-kung wird als ein abscheulicher Mann mit blauem Körper, mit Flügeln und Krallen dargestellt; seine Attribute sind Trommel, Hammer und Meißel. *Griech./Röm.:* Zeus/Jupiter als Himmelsgott schwingt einen Donnerkeil, der entweder Waffe oder Personifikation des Gottes sein kann; der Donnerkeil ist zusammen mit dem Blitzstrahl die »Himmels-Axt« der Zyklopen; Brontes verkörperte den Donner und Argos den Blitzstrahl. *Hinduist.:* Der ↗ *vajra* ist der Donnerkeil Indras und Krishnas; er ist auch der Blitz aus dem dritten Auge von Shiva und symbolisiert göttliche Kraft, kosmische Intelligenz und Erleuchtung, aber wie der Blitz ist er sowohl todbringend als auch zeugend und verkörpert daher sowohl die Kräfte der Zerstörung als auch der Erzeugung. Der *vajra* hat dieselbe Bedeutung wie das *dorje*, kann konventionell in Blumenform, als heraldische Lilie, dargestellt sein. *Indian.:* Der Donnervogel ist der Universalgeist, der Schöpfer; die mächtigen Kräfte der Natur, die dynamische Himmelsmacht, auch in Verbindung mit den zerstörerischen Kräften des Krieges, Hüter der Wege zum Firmament und Himmel. Hund, Schlange und Schwein sind als Donnertiere Regenbringer. *Japan.:* In Japan treten Donnergötter auf, die den Donner sowohl des Himmels als auch des unterirdischen Vulkans verkörpern. Kami-nari ist der Gott des grollenden Donners, und Donnergötter werden mit der Leiter assoziiert, mit der man zwischen Himmel und Erde hin- und hergehen kann. Aizen-myoo, der Gott des Mitleids, ist dargestellt mit einem Donnerkeil auf dem Haupt und einem in der Hand, und er benutzt sie, um böse Begierden und Leidenschaften zu unterdrücken. *Skandin.* und *German.:* Der Donnergott Thor hält seinen Hammer Mjöllnir in der Hand. Donar ist ein Sturmgott. *Sumero-semit.:* Der Sturmgott Adad reitet einen Stier und hält Donnerkeile in der Hand; Marduk hat einen Donnerkeil erfaßt. In der *babylonischen* Kunst wird der Donnerkeil mit dem Stier assoziiert.

Dorje Der Stab bzw. das Zepter des tibetanischen Buddhismus, der »edle Stein«, von höchster Macht, Gerechtigkeit und Autorität; die aktive, männliche, kraftvolle Macht, die mit der Glocke als der weiblichen, passiven Macht in Zusammenhang steht; beide zusammen sind Methode und Weisheit; mitleidsvolles Handeln; höchste Seligkeit; auch die sieben positiven und beständigen Tugenden. Das Diamantzepter, der »Diamantharte«, der Donnerkeil, ist die göttliche Kraft der Lehre, transzendente Wahrheit und Erleuchtung; Überwinder böser Leidenschaften und Begierden. Dorje ist das Unzerstörbare, kann aber das scheinbar Unzerstörbare vernichten. Von den Tathagatas (Dhyani-Buddhas) trägt Amoghasiddhi den doppelten Donnerkeil und Akshobhya einen einzelnen, wodurch die Herrschaft über das Leben und die Welt der Erscheinungen symbolisiert werden. Die gekreuzten Dorjes bezeichnen im allgemeinen Gleichgewicht, Harmonie und Macht. ↗ *vajra.*

Dorn Dornige Pflanzen, z. B. Akanthus, Akazie, Rose usw., symbolisieren die Spitzen der Mondsichel; Dorn und Rose zusammen sind ein Bild für Schmerzen und Wonne, Leiden und Freude. Im *Christentum* bedeutet der Dorn Sünde, Sorge, Drangsal und ist ein Kennzeichen für Christi Leiden, und seine Dornenkrone war als Parodie auf den Rosenkranz des römischen Kaisers gemeint. In *Ägypten* sind die Dornen der Akazie ein Attribut von Neith.

Dose Die Dose verkörpert das weibliche Prinzip des Enthaltens und Umschließens; den Schoß.

Drache Ein komplexes und universelles Symbol. Der Drache, die »geflügelte Schlange«, vereinigt in sich Schlange und Vogel als Symbole für Materie und Geist. Ursprünglich war er ausschließlich ein Symbol der Wohltätigkeit, eine Manifestation der lebenspendenden Wasser (Schlange) und des Lebensatems (Vogel), und er wurde mit Himmelsgöttern und deren irdischen Abgesandten, Kaisern und Königen, identifiziert. Später wurde er ambivalent und bedeutete sowohl die fruchtbringenden Regen, die dem Donner folgten, als auch die zerstörenden Kräfte des Blitzes und der Überschwemmung. Im Orient ist der Drache im allgmeinen eine gütige, himmlische Macht, während er im Okzident das Chthonische, Destruktive und Böse verkörpert. Er kann solar oder lunar, männlich oder weiblich, gut oder böse sein. Im Fernen Osten symbolisiert er übernatürliche Macht; Weisheit; Stärke; verborgenes Wissen; die Kraft der lebenspendenden Wasser; er ist das Zeichen des Kaisers als des Sohnes des Himmels und, nach ihm, des weisen und edlen Menschen. Die monotheistischen Religionen stellen den Drachen als böse dar, mit Ausnahme einzelner Fälle, in denen er der Logos, der belebende Geist oder die allmächtige Gottheit, das Pleroma, die Fülle der göttlichen Kraft, sein kann. Der Drache und die ↗ Schlange sind in der Symbolik oft austauschbar für das Nichtmanifeste; das Undifferenzierte; das Chaos; das Verborgene; die ungezähmte Natur; auch für das lebenspendende Element des Wassers. Daß der Drache den Donnerkeil schleudert bzw. einen Blitz einschlagen läßt, ist Zeichen der Umwandlung vom Nicht-Manifesten zum Manifesten – zur Schöpfung, Form und Materie. Hier wiederum kann der Drache zwei Seiten haben, kann er der Regengott sein oder dessen Feind, der den Regen daran hindert niederzufallen. Er wird mit dem Meer assoziiert, mit den großen Tiefen, auch mit Berggipfeln und Wolken und mit den solaren östlichen Regionen. Drachen als Ungeheuer sind autochthone »Herren des Erdbodens«, gegen die Heroen, Bezwinger und Schöpfer um die Herrschaft über das Land kämpfen müssen; sie sind auch Hüter von Schätzen und bewachen die Pforten zu esoterischem Wissen. Der Kampf mit dem Drachen symbolisiert die Schwierigkeiten, die zu überwinden sind, will man zu den Schätzen innerer Weisheit gelangen. Die Tötung des Drachen ist der Konflikt zwischen Licht und Finsternis, die Bezwingung der zerstörenden Kräfte des Bösen oder der Mensch, der seine eigene finstere Natur überwindet und die Selbstbeherrschung erlangt. Die Rettung der Jungfrau vor dem Drachen bedeutet die Befreiung reiner Kräfte nach der Abtötung böser Mächte. Der Drache ist häufig der Gegner eines Sterbenden Gottes. *Ägypt.:* Ein Attribut von Osiris als Totengott. Apophis, der Drache der Finsternis und des Chaos, wird jeden Morgen vom Sonnengott Re überwunden. *Alchim.:* Der geflügelte Drache ist ein Bild für das »Flüchtige«; ohne Flügel ist er der »Gebundene«. In der chinesischen Alchimie ist der Drache das Quecksilber, das Blut und der Samen. *Chin. (Daoist., Buddhist.):* In der chinesischen Symbolik werden Drache und Schlange nicht unterschieden. Der Drache verkörpert die höchste geistige Macht; das Übernatürliche; die Unendlichkeit; den Geist der Veränderung; die göttliche Macht der Umwandlung und Transformation; den Rhythmus der Natur; die Lehre vom Werden; übernatürliche Weisheit; Stärke. Er ist »der Himmelshirsch«; die Sonne; Licht und Leben; die Himmel; unumschränkte Macht, die männliche *yang*-Kraft. Der Wolkendrache ist auch Donner und fruchtbringender Regen, er verkörpert die Wasser der Tiefe und den Frühling. *Lung*, der Azurdrache, der Höchste, lebt im Himmel und ist der Lebensgeist, die himmlische Macht; die unendliche übernatürliche Macht und, auf Erden, die übertragene kaiserliche Macht, der Kaiser. Der Kaiserdrache *lung* hat fünf Klauen, sein Kopf weist nach Süden und sein Schwanz nach Norden. Er verkörpert auch den Osten und den fruchtbringenden Regen. Der gemeine Drache *mang* hat vier Klauen und bedeutet zeitliche Macht. Der Drache mit drei Klauen war eine frühe chinesische Form und wurde später der japanische Drache. *Li*, der hornlose Drache, lebt im Meer und beherrscht die Tiefen; er symbolisiert auch den Gelehrten. *Chiao* lebt in den Bergen oder auf dem Lande und verkörpert den Staatsmann. Die »Ebenbilder« des Drachen beschreibt Wang Fu: »Seine Hörner gleichen denen des Hirsches, sein Kopf dem des Kamels, seine Augen denen des Dämons, seine Schuppen denen des Karpfens, seine Klauen denen des Adlers, seine Sohlen denen des Tigers und seine Ohren denen der Kuh.« Die beiden einander gegenüberstehenden »miteinander streitenden Drachen« sind die *yin-yang*-Kräfte des Dualismus, aller einander entgegenstehenden und einander ergänzenden Kräfte, himmlischen und irdischen Mächte; meist steht zwischen ihnen die

Sonne oder die »zur Nacht scheinende Perle«, der Mond; stehen sie Rücken an Rücken, so symbolisieren sie das *yin-yang* und die Ewigkeit; jagen sie einander nach dem Schwanz, so ist das ein Bild für die in zwei Richtungen schöpferische Aktivität der *yin-yang*-Kräfte. Häufig ist der Drache dargestellt mit der »Drachenkugel« bzw. der »flammenden Perle«, und dieses Bild ist verschieden gedeutet worden: als der grollende Donner oder der Mond als Regenbringer verschluckt der Drache entweder die Perle (als der abnehmende Mond;) oder er speit sie aus (als der zunehmende Mond); aber im Daoismus und Buddhismus ist er selbst die »Perle, die alle Wünsche erfüllt«, die Perle der Vollkommenheit, d. h. die Weisheit, Erleuchtung und die geistige Essenz des Universums. Er kann auch den Bodhisattva der unmittelbaren Erleuchtung verkörpern. Der Drache mit dem Phönix ist die Vereinigung von Himmel und Erde, Kaiser und Kaiserin; die göttliche Möglichkeit, in der alle Gegensätze enthalten sind, auch die Wechselwirkung zwischen Makrokosmos und Mikrokosmos; die beiden Aspekte des Androgyns; die Rhythmen von Involution und Evolution, Geburt und Tod. Diese sind auch in der Doppelspirale symbolisiert. Der Drache kann außerdem Lüsternheit darstellen, wenn er mit dem Tiger abgebildet ist, der für Zorn und Feindseligkeit steht. *Christl.:* Der Drache wird mit der Schlange gleichgesetzt, »der alten Schlange«, der Macht des Bösen, dem Teufel, dem Versucher, dem Feind Gottes; er verkörpert auch den Tod, die Finsternis, Heidentum und Ketzerei. Im Alten Testament war der »Ort des Drachen« mit dem »Schatten des Todes« assoziiert; und die Wasser der Tiefe, »eine Wohnstatt des Drachen«, waren ein Ort der Verheerung und Zerstörung. Drachenbezwinger verkörpern den Sieg über die Mächte des Bösen und der Ketzerei. Ein Drache mit verknotetem Schweif stellt das vernichtete Böse dar, denn man glaubte, daß – wie beim Skorpion – die Macht des Drachen im Schwanz steckte. Der den Drachen bezwingende Erzengel Michael ist der Sieg der Sonne über die Finsternis und – ins Christentum übernommen – die Niederlage des Satans. Drachen sind Attribute mehrerer Heiliger. *Griech./Röm.:* Ein Attribut von Herakles/Herkules, der Ungeheuer erschlägt. Drachen ziehen bisweilen den Wagen von Ceres. *Hinduist.:* Manifeste Macht; das ausgesprochene Wort. Attribut von Soma und Varuna. Indra erschlug den Drachen. *Iran.:* Ein Attribut von Haoma. *Japan.:* Der Drache mit drei Klauen verkörpert den Mikado, die kaiserliche und spirituelle Macht. *Jüd.:* Verheerung; einer, der in der Wildnis wohnt. *Kelt.:* Unumschränkte Herrschaft; ein Herrscher. Der Rote Drache ist das Emblem von Wales. *Sumero-semit.:* »Der Gegner«, die Macht des Bösen.

Dreiblatt Die Trinität; Integration; Gleichgewicht; auch Desintegration. Es hat auch phallische Bedeutung als die männliche Trinität, und in diesem Sinne ist es als Symbol austauschbar mit dem Feigenblatt (auch Blatt des Pipal; ↗ Bodhi-Baum).

Dreieck Die dreifältige Natur des Universums; Himmel, Erde, Mensch; Vater, Mutter, Kind; der Mensch als Körper, Seele und Geist; die mystische Zahl Drei; die Dreizahl; die erste ebene Figur, daher die grundlegende Darstellung von Fläche; »Fläche besteht aus Dreiecken« (Platon); das gleichseitige Dreieck wird als ein Bild für Vollkommenheit verstanden.

Das mit der Spitze nach oben zeigende Dreieck ist solar und symbolisiert Leben, Feuer, Flamme, Wärme (hier verkörpert die horizontale Linie die Luft), das männliche Prinzip, den Lingam, den Shakta, die Welt des Geistes; es bedeutet auch die Trinität von Liebe, Wahrheit und Weisheit; es bezeichnet königliche Pracht und wird abgebildet als die Farbe Rot.

Das mit der Spitze nach unten zeigende Dreieck ist lunar, das weibliche Prinzip, die Matrix (der Mutterboden); die Wasser, Kälte, die natürliche Welt; der Körper, die Yoni, die Shakti; es symbolisiert die Große Mutter als die Erzeugerin. Die horizontale Linie ist die Erde und ihre Farbe, Weiß. In der Symbolik von Berg und Höhle ist der Berg das männliche, aufwärts zeigende Dreieck und die Höhle das weibliche, das nach unten zeigt.

Das Dreieck in einem Kreis ist ein Bild für die Ebene der Formen, wie sie im Kreis der Ewigkeit gehalten wird. »Die Fläche innerhalb dieses Dreiecks ist ihr gemeinsamer Herd und wird als ›Die Ebene der Wahrheit‹ bezeichnet, in der die Vernunft, die Formen und Modelle aller Dinge, die waren, sind und sein werden, vor Störung bewahrt werden; und die Ewigkeit liegt um sie herum, von woher die Zeit wie der Strom aus einer Quelle auf die Welten herniederfließt« (Plutarch).

Drei ineinander verflochtene Dreiecke bezeichnen die unauflösbare Einheit der drei Personen der Trinität. Das doppelte Dreieck, der sechszackige Stern, der Davidsstern (Mogun David) weist darauf hin, daß »jede wahrhafte Analogie umgekehrt angewandt werden muß«, »wie oben, so unten«; es ist die Vereinigung der Gegensätze, männlich und weiblich, positiv und negativ, und dabei ist das obere Dreieck weiß und das untere schwarz; Feuer und Wasser; Evolution und Involution; wechselseitige Durchdringung, und jedes der beiden ist das Abbild des anderen; der Hermaphrodit; das vollkommene Gleichgewicht der Komplementärkräfte; der doppelgeschlechtige Aspekt der Gottheit; der in sein eigenes Wesen blickende Mensch; die Zwillingskräfte des Schöpfertums; die Synthese aller Elemente: das nach oben zeigende Dreieck stellt die himmlische Natur dar und das umgekehrte die irdische, das Ganze bedeutet den kosmischen Menschen, der die beiden als Mittler vereint. Der Davidsstern ist auch die Figur des Bewahrers und gibt dem Geist Macht über die Materie, läßt ihn Dämonen beherrschen. Zwei horizontal liegende und einander mit der Spitze berührende Dreiecke sind lunar, der zunehmende und der abnehmende Mond; ewige Wiederkehr; Tod und Leben; Sterben und Auferstehen. Der Berührungspunkt ist das Unerforschliche des Mondes und der Tod. *Ägypt.:* Verkörpert die Triade. »Sie vergleichen die Senkrechte (eines rechtwinkligen Dreiecks) mit dem Männlichen, die Grundlinie mit dem Weiblichen und die Hypotenuse mit dem Sproß der beiden: Osiris als der Anfang, Isis als das Medium, die Empfangende, und Horus als das Bewirkende« (Plutarch). Eine Figur aus drei doppelten Dreiecken, die von konzentrischen Kreisen umgeben sind, stellt das Land der Geister dar. *Alchimist.:* Die beiden Dreiecke sind Essenz und Substanz, *forma* und *materia*, Geist und Seele, Schwefel und Quecksilber, das Stabile und das Flüchtige, geistige Macht und körperliche Existenz. Dreiecke stellen die Elemente dar: Feuer △; Wasser ▽; Luft 🜁; Erde 🜃. Zwei ineinandergreifende Dreiecke sind die Vereinigung der Gegensätze, die zu »flüssigem Feuer« oder »feurigem Wasser« werden. *Buddhist.:* Die reine Flamme und die »Drei Kleinodien« (Buddha, Dharma und Sangha). *Chin.:* Das Dreieck mit schwebenden Schwertern bedeutet Regeneration. *Christl.:* Das gleichseitige Dreieck oder das von drei ineinandergreifenden Kreisen gebildete Dreieck verkörpert die Trinität in ihrer Einheit und die Gleichheit der drei Personen. Der dreieckige Heiligenschein ist ein Attribut von Gottvater. *Griech.:* Das Delta symbolisiert die Tür des Lebens, das weibliche Prinzip, die Fruchtbarkeit. *Hinduist.:* Das mit der Spitze nach oben zeigende Dreieck und das mit der Spitze nach unten zeigende sind Shakta und Shakti, der Lingam und die Yoni oder Shiva und seine Shakti. *Pythag.:* Das gleichseitige Dreieck verkörpert Athene als die Göttin der Weisheit.

Dreifuß Die göttliche Triade; die aufgehende, die Mittags- und die sinkende Sonne; die Zeit als Vergangenheit, Gegenwart und Zukunft.

Dreischenkel/Dreiecksornament/Dreibein Das dreibeinige, dreifüßige bzw. dreizackige Symbol, das im großen und ganzen auch den Symbolgehalt der ↗ Svastika teilt. Es bedeutet die »schnellen Füße«,

Drache Der Drache, wie er Iason zu den Füßen Athenas ausspeit. Hier ist der Drache – wie so oft – der Hüter von Schätzen, und der Heros muß gegen ihn kämpfen.

Dreizack Der Dreizack Shivas, Symbol seines dreifachen Charakters als Schöpfer, Erhalter und Zerstörer, wird auf einem Gemälde aus Rajasthan aus dem 18. Jahrhundert verehrt und angebetet.

wahrscheinlich der Sonnenbewegung, die Sonne beim Aufgang, im Zenit und beim Untergang; es wird auch gedeutet als die Mondphasen, die Erneuerung des Lebens. Wie die Svastika ist es ein Glückssymbol. Es ist häufig zusammen mit anderen Sonnensymbolen anzutreffen und auf antiken Münzen aus Aspendos in Pamphylien zu finden, auf Münzen aus Menekratia in *Phrygien*, auf *keltischen* Kreuzen, wo es die Trinität verkörpern soll und ein Symbol des Meergottes Manannan ist, sowie in der *germanischen* Symbolik, wo es mit Thor in Zusammenhang steht. Es ist das Wahrzeichen von Sizilien und der Isle of Man.

Dreizack Blitz; Donnerkeil; die dreifache Flamme; die dreifache Waffe der Mächte von Himmel, Luft und Wasser; das Ewige. In der Symbolik des Donnerkeils ist er die Waffe und das Attribut aller Himmels-, Donner- und Sturmgötter; als der Dreizack ist er das Kennzeichen aller Götter der Macht und der Fruchtbarkeit der Wasser; er kann auch die himmlische Triade verkörpern und ebenso die Vergangenheit, Gegenwart und Zukunft. *Buddhist.:* Der Dreizack verkörpert die Drei Kleinodien: Buddha, Dharma und Sangha. Er ist auch ein Bild für den Himmel der reinen Flamme, für die Zerstörung der drei Grundübel Zorn, Begierde und Faulheit. Er verkörpert auch die ↗ *dorje*. *Chin.:* Macht; Autorität. *Christl.:* Ambivalent; einerseits steht er für das Drei-in-Einem der Trinität, und in diesem Zusammenhang auch stilisiert in Form der Wappenlilie, andererseits ist er auch die Waffe des Teufels. *Griech./Röm.:* Attribut des Meeresgottes Poseidon/Neptun. *Hinduist.:* Der Dreizack in Gestalt des ↗ *vajra* ist das Diamantzepter von Indra als Sturmgott und von Durga als Zerstörerin. Der Dreizack ist die Waffe Shivas als des Schöpfers, Bewahrers, Zerstörers und als Vergangenheit, Gegenwart und Zukunft. Er ist auch ein Feuersymbol, das die drei Aspekte des Agni symbolisiert. *Minoisch:* Als Wahrzeichen für Seemacht ist er in Knossos und Phaistos anzutreffen.

Dreizahl ↗ Zahlen, Drei

Dreschflegel Souveränität; Herrschaft; Gewalt; höchste Macht. Der Dreschflegel wird häufig mit dem Hirten- oder Krummstab zusammen dargestellt. In der *ägyptischen* Kunst ist er ein Attribut des Osiris als des Richters der Toten.

Drittes Auge Das dritte Auge von Shiva bzw. Buddha, das *urna*, der »leuchtende Fleck« oder die »flammende Perle« mitten auf der Stirn, symbolisiert Einheit; Gleichgewicht; die Fähigkeit, die Dinge ganz zu sehen; Befreiung von der Dualität und den Gegensatzpaaren; die Fähigkeit, unter dem Aspekt der Ewigkeit zu sehen; transzendente Weisheit; die Kristallisation des Lichts; spirituelles Bewußtsein; Erleuchtung. In keinem Falle bezeichnet es eine körperliche Eigenschaft.

Drudenfuß ↗ Fünfstern

Durst Sehnsucht; Verlangen; Begierde, das Leben zu erfahren, entweder im geistigen oder im materiellen Bereich.

Ebenmaß Gleichheit; Gerechtigkeit. In der sakralen Baukunst steht es für transzendentes Wissen und die alle Gestaltungen bestimmende Urform. In der *chinesischen* Symbolik ist es der richterliche Beamte oder ein gerechter Mensch, ein »Mensch des Ebenmaßes«.

Eber Ambivalent, sowohl Sonnen- als auch Mondtier; als Sonnentier vertritt der Eber das männliche Prinzip, aber wenn er weiß ist, wird er zum Mondtier und steht für das Weibliche, verkörpert das feuchte Prinzip und bewohnt die Sümpfe. Er bedeutet auch Unerschrockenheit, Sinnenlust, Schlemmerei. *Ägypt.:* Das Böse, ein Attribut des Seth in seinem Aspekt als Sturmgott, wenn er das Auge des Gottes des Tages gierig verschlingt. *Altnord.* und *German.:* Fruchtbarkeit; die Ernte; ein Sturmtier; im Zusammenhang mit Bestattungsriten; er wurde zum Julfest Freyja geopfert; den auf Ebern reitenden Göttern Wotan/Odin, Freyr und Freyja heilig. Eberhelme und -masken stellen Krieger unter den Schutz von Freyr und Freyja. Die Goldborsten von Freyrs Eber Gullinborsti symbolisieren die Sonnenstrahlen. *Chin.:* Der Reichtum der Wälder; ein weißer Eber ist ein Mondtier. *Christl.:* Brutalität; wilder Zorn; das Böse; die Sünden des Fleisches; grausame Fürsten und Herrscher. *Druid.:* Die Druiden nannten sich »Eber«, wahrscheinlich da sie sich als Einsiedler in den Wald zurückgezogen hatten. *Griech./Röm.:* Ares/Mars heilig; Zerstörung und Hader. Außerdem symbolisiert er den Winter, der Adonis und Attis tötet, die die Macht der Sonne verkörpern. Der Eber, der Adonis umbrachte, wurde Aphrodite geopfert. Das Töten des Ebers von Kalydon war die symbolische Vertreibung des Winters, wenn im Frühling die Macht der Sonne durchbrach. Der Eber ist ein Attribut von Demeter und Atalante. Herakles fing den wilden Eber von Erymanthos. *Herald.:* Eines der vier heraldischen Tiere der Jagd. *Hinduist.:* Varāha, die dritte Inkarnation von Vishnu, bzw. Parjāpati, der in Gestalt eines Ebers die Erde aus den Wassern des Chaos rettete und als erster den Boden bebaute. Der Eber repräsentiert auch Vajravarāhi, die Göttin der Morgendämmerung und Himmelskönigin in Gestalt der Bäche, der Quelle des Lebens und der Fruchtbarkeit. *Iran.:* Der »leuchtende Eber« steht im *Zend-Avesta* mit der

Sonne im Zusammenhang. Symboltier der Götter Vretraghna und Khwarena. *Japan.:* Der weiße Eber ist der Mond; er bedeutet Mut, Eroberung und alle Eigenschaften des Kriegers. *Jüd.:* Der Feind Israels, der den Weinstock verheert. *Kelt.:* Ein heiliges Tier; das Übernatürliche; das Prophetische; das Magische; Krieg; Schutz für die Krieger; Gastfreundschaft. Er steht in Verbindung mit Göttern und magischen Mächten sowie mit dem Baum, dem Rad, den Raben und dem menschlichen Kopf und wurde Derga geopfert. Das Opferfeuer war der »Eber der Wälder«. Der Kopf des Ebers versinnbildlicht Gesundheit und Bewahrung vor Gefahr, die Macht der Lebenskraft; das Lebensprinzip, das seinen Sitz im Kopf hat, daher Überfluß und Glück für das kommende Jahr. Eber und Bär zusammen stellen geistliche Autorität und weltliche Macht dar. *Myken.:* Krieger trugen oft einen Helm aus Eber-Stoßzähnen, die ihnen im Kampf den göttlichen Beistand sichern sollten. *Sibir.:* Mut; Standhaftigkeit; Eroberung; alle Eigenschaften eines Kriegers. *Sumero-semit.:* Der geflügelte Eber erschlug Dumuzi /Tammuz; der Eber kann manchmal die Funktion eines Götterboten übernehmen.

Eberesche Weisheit; Kraft gegen Feen und Zauberei. Sie ist der *gall.* Lebensbaum. In der *skandinav.* und *german.* Mythologie ist sie Thor und Donar geweiht und verleiht Macht gegen Hexerei.

Echidna (Ameisenigel) In der Symbolik der *austral. Aborigines* spielt er die Rolle des Mondhasen und verkörpert Initiation, Tod und Auferstehung.

Edelsteine Das Herz; Sonne und Mond; Licht und Wärme. Werden die Edelsteine von Schlangen, Drachen oder Ungeheuern bewacht, so symbolisieren sie verborgene Schätze des Wissens und der Wahrheit, aber sie stehen auch für die irdische Liebe und vergänglichen Reichtum. Das Schneiden und Behauen von Edelsteinen zu Form und Gestalt bedeutet die Seele, die aus dem rohen, unregelmäßig geformten, dunklen Stein zum Juwel geformt wird, ebenmäßig und glänzend, die Reflexion göttlichen Lichts. Im *Buddhismus* verkörpert der Edelstein bzw. das Juwel oder Kleinod die Weisheit, und »Die Drei Kleinodien« sind Buddha, Dharma (»Die Lehre«) Sangha (»Die Mönchsgemeinde«); bei den *Jainas* sind die Drei Kleinodien der rechte Glaube, das rechte Wissen und das rechte Verhalten. In *Japan* ist das Juwel, das hier die Bedeutung von Mitleid oder Weisheit innehat, eine der Drei Kostbarkeiten; die anderen beiden dazugehörigen Gegenstände sind das Schwert und der Spiegel für Mut und Wahrheit. Edelsteine zu zählen, steht symbolisch für sinnlose Arbeit; das Juwel zu besitzen, wird gleichgesetzt mit Erkenntnis.

Drittes Auge Kopf der indischen Göttin Durga (Messing, 18. Jahrhundert), der Schrecklichen Mutter, deren drittes Auge ihre Macht symbolisiert, die Menschen von der Illusion der Dualität und des gestörten Gleichgewichts zu befreien.

Eber Diese altnordischen Krieger tragen Eberhelme, um sich unter den Schutz von Freyr und Freyja zu stellen.

ACHAT (schwarz) symbolisiert Mut, Kühnheit, Lebenskraft und Gedeihen; (rot) Liebe des Geistes zum Guten, Gesundheit, Wohlstand, Langlebigkeit, Frieden.
AMETHYST Demut, Seelenfrieden, Frömmigkeit, Nüchternheit, Entsagung; der heilende Stein.
AQUAMARIN Jugend, Hoffnung, Gesundheit.
BERNSTEIN Erstarrtes Licht; Magnetismus.
BERYLL Hoffnung, Glück, ewige Jugend, eheliches Glück.
CHALZEDON Körperkraft; dämonenabwendend.
CHRYSOLITH Weisheit, Verschwiegenheit, Klugheit; unheilabwendend.
CHRYSOPRAS Frohsinn, Freude.
DIAMANT Licht, Leben, die Sonne, Beständigkeit, Unzerstörbarkeit, unbeirrbare Standhaftigkeit, Aufrichtigkeit, Unschuld.
GRANAT Ergebenheit, Loyalität, Energie, Anmut.
HÄMATIT Verständnis, Frieden, der Wunschedelstein.
HYAZINTH Treue, Hellsehen; Bescheidenheit.
JADE (↗) »Alles das, was im höchsten Maße vortrefflich ist«, die *yang*-Kraft der Himmel.
JASPIS Freude, Glück.
KARFUNKEL Entschlossenheit, Unerschrockenheit, Erfolg, Energie; auch Krieg und Blutvergießen. *Christl.:* Symbol für die Passion. Ein Kreuz mit fünf Karfunkelsteinen verkörpert die fünf Wunden.
KARNEOL Freundschaft, Mut, Selbstvertrauen, Gesundheit.
KATZENAUGE Langlebigkeit, der abnehmende Mond; unheilabwendend.
KORUND Beständigkeit der Gesinnung.
KRISTALL (↗) Reinheit, Klarheit, Zauberkraft.
LAPISLAZULI Göttliche Gunst, Erfolg, Tüchtigkeit.
MONDSTEIN/SELENIT (Marienglas) Der Mond, Zartheit, Güte und Mitgefühl; Liebende.
OLIVIN Einfachheit, Bescheidenheit, Glück.
ONYX Scharfsinn, Aufrichtigkeit, Kraft des Geistes, eheliches Glück.
OPAL Treue, religiöser Eifer, Gebete, Zuversicht.
PERIDOT Freundschaft, der Donnerkeil.
PERLE (↗) Das weibliche Prinzip, der Mond, die Wasser, Keuschheit, Reinheit.
RUBIN Königtum, Würde, Hingabe, Macht, Liebe, Leidenschaft, Schönheit; Langlebigkeit, Unverletzbarkeit.
SAPHIR Wahrheit, göttliche Tugenden, religiöse Meditation, Keuschheit, unheilabwendende Kraft.
SARDONYX Ehre, Ruhm, Glanz, Feuer, Selbstbeherrschung.
SCHWARZER MARMOR Kummer, Trauer; sichere Reise.
SMARAGD Unsterblichkeit, Hoffnung, der Frühling, Jugend, Glauben, der zunehmende Mond.
TOPAS Göttliche Güte, Glauben, Freundschaft, Liebe, kluge Einsicht, die Sonne.
TÜRKIS Mut, Erfüllung, Erfolg; dämonenabwendende Bedeutung.
TURMALIN Inspiration, Freundschaft.
ZIRKON Weisheit, Ehre, Reichtum.

Eden ↗ Paradies

Efeu Wie alle immergrünen Pflanzen steht der Efeu für Unsterblichkeit und ewiges Leben; er bedeutet auch Vergnügen und Lustbarkeit; sich anklammernde Abhängigkeit; Hingezogenheit; beständige Liebe; Freundschaft. *Ägypt.:* »Die Pflanze des Osiris«, Unsterblichkeit. *Christl.:* Ewiges Leben; Tod und Unsterblichkeit; Treue. *Griech.:* Dionysos geweiht, der mit Efeu gekrönt wird und dessen Becher ein »Efeubecher« ist; sein Thyrsosstab wird von Efeu umrankt, und eines seiner Attribute ist ein Stab, aus dem Efeulaub sprießt. *Semit.:* Dem phrygischen Attis geweiht; Unsterblichkeit. Das Efeublatt ist phallisch und ein Bild für die männliche Trinität.

Ehe Die Harmonie, das Zusammenwirken und die Vereinigung der Gegensätze; die Beziehung zwischen der Gottheit und der Welt; der *hieros gamos*, die heilige Ehe zwischen dem Gott und der Göttin, dem Priester und der Priesterin, dem König und der Königin, die das mystische Einssein von Himmel und Erde verkörpert, von Sonne und Mond, von Sonnenstier und Mondkuh, von denen die Lebenskräfte des Himmels und der Erde und die Fruchtbarkeit von Vieh und Acker abhängig sind. Sie symbolisiert auch die geistige Vereinigung, die Vollendung und Erfüllung, erlangt durch die Vereinigung der Gegensätze sowohl im Leben als auch im Tod, bei der sich jeder der beiden Partner im anderen »aufgibt«, aber mit dem Tod ein neues Leben hervorbringt. In der *Alchimie* ist sie die *conjunctio*, die Vereinigung von Schwefel und Quecksilber, Sonne und Mond, Gold und Silber, König und Königin usw. Im *Christentum* verkörpert sie die Vereinigung der Seele mit dem göttlichen Geliebten, Christus, dem Bräutigam.

Ei Das Welten-Ei, das auch durch die Kugel symbolisiert wird, ist das Lebensprinzip; die undifferenzierte Totalität; es birgt in sich alle Möglichkeiten; es ist der Keim aller Schöpfung; die matriarchalische Urwelt des Chaos; es ist das Große Rund, in dem das Universum enthalten ist, der verborgene Ursprung und das Mysterium des Seins; kosmische Zeit und kosmischer Raum; der Anfang; der Mutterschoß; alles im Keim enthaltene Sein; die Ureltern; die Vollkommenheit der vereinten Gegensätze; organische Materie in ihrem inerten Zustand; Auferstehung; Hoffnung. In der *hinduist.*, *ägypt.*, *chin.* und *griech.* Symbolik sprang das Welten-Ei als der Ursprung des Universums plötzlich auseinander. Vorher ein Ganzes, enthielt es schon alles Existierende und Mögliche im begrenzten Raum seiner Schale. Das Ei als den Ursprung der Welt findet man in *Ägypten*, *Phönikien*, *Indien*, *China*, *Japan*, *Griechenland*, *Mittelamerika*, *Finnland* und auf den *Fidschi-Inseln*. Das goldene Ei ist die Sonne. Die das Ei umringende Schlange ist der Uroboros. Ein Straußenei oder ein großes Porzellanei, das man in Tempeln, koptischen Kirchen und Moscheen aufhängt, stellt Schöpfung, Leben und Auferstehung dar, und mit dieser Symbolik findet man es bisweilen auf Gräbern. Im *Christentum* kann es die jungfräuliche Geburt bedeuten. *Ägypt.:* Das Welten-Ei, aus dem die Sonne, Re, ausschlüpfte, hatte die Nil-Gans gelegt: »Es wächst, ich wachse; es lebt, ich lebe« *(Totenbuch)*. Auch Kneph, die Schlange, brachte das Welten-Ei aus ihrem Mund hervor, und daher symbolisiert es den Logos. *Alchim.:* Aus dem Ei wachsen die weiße Blume (das Silber), die rote Blume (das Gold) und die blaue Blume (die Blume des Weisen). Das Ei ist auch das hermetisch versiegelte Gefäß, in dem das Große Werk vollbracht wird. Das Ei des Weisen ist symbolisch für die Schöpfung. *Buddhist.:* Die Eischale ist die »Schale der Unwissenheit«, und sie zu durchbrechen, braucht es die zweite Geburt und die Erlangung der Erleuchtung, wobei Zeit und Raum überschritten werden. *Chin.:* Totalität; das Eidotter ist der Himmel und das Eiweiß die Erde. Bei der Schöpfung sprang das Welten-Ei auf, und die Hälften bildeten Erde und Himmel. *Christl.:* Auferstehung; Neuerschaffung; Hoffnung. *Druid.:* Das kosmische Ei ist das »Schlangenei«, und es wird durch den versteinerten Seeigel symbolisiert. *Griech.:* In der Orphik ist das Ei das Geheimnis des Lebens; Schöpfung; Auferstehung; es wird vom Uroboros umgeben. Die Dioskuren, die von Zeus und Leda geschaffen wurden, tragen die beiden Eihälften als halbrunde Kappen. Das Ei ist manchmal als Behältnis der vier Elemente dargestellt. *Hinduist.:* Das Welten-Ei wurde vom göttlichen Vogel auf die Urwasser gelegt. Brahma entsprang dem goldenen Ei der Schöpfung, und die beiden Hälften bildeten Himmel und Erde. »Dieses riesige Ei, das sich aus den Elementen zusammensetzte und auf den Wassern ruhte, war die vollendete natürliche Wohnstatt Vishnus in Gestalt Brahmas, und dort nahm Vishnu sichtbare Gestalt an... In diesem Ei befanden sich die Kontinente, die Meere und die Berge, die Planeten und die Grenzen des Universums, die Götter, Dämonen und die Menschheit« *(Vishnu-purana)*. Das Welten-Ei entspricht dem Ei des Brahma und ist in drei Regionen unterteilt, das Reich der Sinne, die Himmel und die formlose Welt. Das Ei bedeutet

Efeu Ein Bildnis des Dionysos, der Efeu-Ranken hinter sich herzieht, – der Efeu ist sein besonderes Symbol –, verziert eine Schale des Malers von Hermaios (um 525–500 v. u. Z.).

Ei Für die alten Ägypter war der Gott Ptah der Vater-Schöpfer, der Große Künstler, der hier an seiner Töpferscheibe gezeigt ist, wie er das Welten-Ei formt, das seinen eigenen Geist enthielt und zu dem das Sonnen- und das Mond-Ei gehörten, die er ebenfalls geschaffen hatte.

auch die Yoni. Der Kosmische Baum ist manchmal so dargestellt, daß er aus dem Welten-Ei erwächst, das auf den Wassern des Chaos schwimmt. *Iran.:* Die Schöpfung; das Lebensprinzip. Im *Zoroastrismus* wurde der Himmel in Form eines Eis aus glänzendem Metall geschaffen. *Ozean.:* Auf einigen Inseln herrscht die Vorstellung, daß der erste Mensch aus einem Vogelei geschlüpft sei. *Sumero-semit.:* Das Welten-Ei brachte die Schöpfung hervor.

Eibe Funeralbedeutung; Trauer; Traurigkeit; aber auch ein *keltisches* und *christliches* Symbol der Unsterblichkeit. Es ist ein keltisches Zauberholz, und der Weiße Stab war traditionsgemäß aus Eibenholz.

Eiche Kraft; Schutz; Beständigkeit; Mut; Wahrheit; der Mensch; der menschliche Körper. Die Eiche wird häufig mit Donnergöttern und dem Donner in Verbindung gebracht; Himmels- und Fruchtbarkeitsgötter haben die Eiche als Attribut, daher kann sie auch Blitz und Feuer repräsentieren. *Chin.:* Männliche Stärke, auch die schwache Seite der Kraft, die sich widersetzt und im Sturme bricht, im Gegensatz zu der Kraft in der Schwäche der Weide, die sich im Sturme biegt und am Leben bleibt.*Christl.:* Ein Symbol für Christus, als die Kraft in der Not; Standhaftigkeit in Glauben und Tugend. Eiche, Stechpalme und Espe sollen, wie es verschiedentlich heißt, das Holz des Kreuzes sein. *Druid.:* Der geheiligte Baum, das männliche Prinzip, während der Mistelzweig das weibliche darstellt. *Griech./Röm.:* Zeus/Jupiter geweiht; die Hochzeit des Eichengottes Jupiter mit der Eichengöttin Juno wurde jedes Jahr in einem Eichenhain gefeiert, und die Anbetenden trugen Kränze aus Eichenlaub. Der Eichenlaubkranz wurde auch für Lebensrettung und Sieg bei den Pythischen Spielen verliehen. Die Eiche ist ein Attribut von Philemon als Zeichen für liebende Hingabe und Glück in der Ehe. Die Dryaden waren Eichennymphen. *Indian.:* Der Erdmutter geweiht. *Jüd.:* Der Baum des Bundes Gottes mit den Menschen, die Göttliche Gegenwart. *Kelt.:* Dagda, dem Schöpfer, geweiht; ein heiliger Baum. *Skandin.* u. *Germ.:* Der Lebensbaum von Thor, auch Donar geweiht. Eichenhaine waren in germanischen Riten Stätten der Götterverehrung.

Eichel Ein *altnordisches* und *keltisches* Symbol des Lebens, der Fruchtbarkeit und Unsterblichkeit; Thor geweiht; das Androgyne.

Eichelhäher Mißgeschick; Unglück.

Eichhörnchen *Christl.:* Geiz; Gier. *Japan.:* Fruchtbarkeit; wird in der Regel mit dem Weinstock in Zusammenhang gebracht. *Kelt.:* Zusammen mit dem Vogel ist das Eichhörnchen das Kennzeichen der irischen Göttin Medb. *Skandin.:* Das »Ratatosk« ist ein Regenbringer, bringt Wasser und Schnee. Das Eichhörnchen im Yggdrasil bedeutet Bosheit und stiftet Feindseligkeit; es schürt den Streit zwischen dem Adler und dem Schlangendämon.

Eidechse Ein lunares Geschöpf; das feuchte Prinzip; da man glaubte, die Eidechse habe keine Zunge und lebe vom Tau, wurde sie zum Symbol des Schweigens. In der *ägypt.* und *griech.* Symbolik repräsentierte sie göttliche Weisheit und Glück und war ein Attribut von Serapis und Hermes; im *Zoroastrismus* war sie ein Symbol des Ahriman und alles Bösen. Im *Christentum* steht sie ebenfalls für das Böse und den Teufel. Die Eidechse ist ein Attribut des Sabazios und erscheint gewöhnlich auf seiner Hand. In der *röm.* Mythologie wurde von ihr angenommen, sie halte Winterschlaf, und so symbolisierte sie Tod und Auferstehung. Die Eidechse Tarrotarro ist ein Held der *austral. Aborigines.*

Eingeweide Der englische Ausdruck für »Ein mitleidiges Herz«, wörtl. »Eingeweide des Mitleids«, verweist darauf, daß die Eingeweide für den Sitz der Gefühle gehalten wurden; sie werden mit der Schlange und dem Labyrinth in Zusammenhang gebracht; spielten in der Wahrsagerei eine Rolle. *Chin.:* Mitleid; Zuneigung; der mystische Knoten.

Einhorn Das lunare, weibliche Prinzip, zu dem der Löwe das männliche Gegenstück ist; Keuschheit; Reinheit; Jungfräulichkeit; das vollkommene Gute; Tugend und Stärke des Geistes und des Körpers; Unverderblichkeit. Da beim Einhorn die beiden Hörner in einem vereint sind, symbolisiert es die Vereinigung der Gegensätze und ungeteilte Herrschermacht. Bisweilen steht auf Darstellungen des Lebensbaumes zu beiden Seiten ein Einhorn als Wächter. Der Streit zwischem dem Löwen und dem Einhorn verkörpert die solaren und lunaren Kräfte und die Gegensatzpaare. Das Einhorn ist ein »Wasserprüfer«; sein Horn könne Gift im Wasser aufspüren und unschädlich machen. *Ägypt.:* Alle moralischen Tugenden. *Alchimist.:* Das Einhorn ist das Quecksilber, wozu der Löwe als der Schwefel das Gegenstück ist. *Chin.:* Häufig gleichgesetzt mit dem ↗ Qilin, einem der Vier Geistbegabten Geschöpfe; es ist die Essenz der fünf Elemente; ist es weiß abgebildet, so ist ein lunares, ein *yin*-Tier, in Gestalt des Qilin jedoch stellt es eine Vereinigung von *yin* und *yang* dar; es bedeutet Sanftmut, Wohlwollen, guten Willen, Glückseligkeit, Langlebigkeit, Großmut, weise Regierung, ruhmreiche Nachkommenschaft. Das Horn des Einhorns ist ein Glückszeichen für den Kaiser. Ein Qilin zu reiten, symbolisiert den Aufstieg zum Ruhm. *Christl.:* Christus, »Horn der Erlösung«; das Horn als Gegenmittel zu Gift symbolisiert die Macht Christi, die Sünde zu vernichten; das eine Horn deutet auf das Einssein von Christus mit dem Vater oder auf Christus als den eingeborenen Sohn Gottes. In seinem Symbolgehalt von Reinheit, weiblicher Keuschheit und Jungfräulichkeit ist es ein Attribut der Jungfrau Maria und ein Sinnbild aller moralischen Tugenden. Als Einzelgänger verkörpert es klösterliches Leben; es ist ein Attribut der Heiligen Justina von Antiochien und Justina von Padua. *Daoist.:* Eines der daoistischen Hauptsymbole, in Gestalt des Qilin die Essenz der fünf Elemente und Tugenden. *Griech./Röm.:* Die Horngestalt der Mondsichel. Das Einhorn ist ein Attribut aller jungfräulichen, aller Mondgöttinnen, besonders aber von Artemis/Diana. *Herald.:* Es hat den Kopf und Körper eines Pferdes, den Schweif eines Löwen, die Beine und Hufe eines Hirsches und mitten auf der Stirn ein gedrehtes Horn; es verkörpert zusammen mit dem Löwen die Macht des Mondes und der Sonne. *Iran.:* Vollkommenheit; alle moralischen Tugenden. *Jüd.:* Königtum; Körperkraft; Macht. *Sumero-semit.:* Lunar; ein Attribut jungfräulicher Göttinnen und abgebildet mit dem Baum des Lebens.

Eins ↗ Zahlen

Eis Starrheit; Kälte; Sprödigkeit; Unbeständigkeit. Das Eis verkörpert die undurchdringlichen, stehenden Gewässer der Erde im Gegensatz zu den »frischen« und lebenden Wassern der Quelle des Paradieses. Es bezeichnet auch Hartherzigkeit; Gefühlskälte und Lieblosigkeit. Das Schmelzen des Eises bedeutet die Erwärmung des kalten Herzens.

Eisen Härte; Dauerhaftigkeit; Stärke; Festigkeit; Unbeugsamkeit; Fesseln. *Ägypt.:* Das Böse; ein Attribut von Seth, und es verkörpert die »Knochen des Typhon«. *Chin.:* Die Macht des Bösen. *Germ.:* Knechtschaft. *Griech./Röm.:* Symbolisiert durch Schild und Speer des Ares/Mars. *Hind.:* Das *Kaliyuga*, das Weltalter des Eisens und der Finsternis, ist das vierte und letzte Weltalter der Zyklen der Manifestation, das gegenwärtige Zeitalter. *Islam.:* Die Macht des Bösen. *Mexik.:* Das männliche Prinzip. *Minoisch:* Das männliche Prinzip; in Begräbnisriten wird es mit den Muschelschalen als dem weiblichen Prinzip assoziiert.

Eisenkraut/Verbene *Iran.:* Das Kraut, das die Wünsche erfüllt. *Kelt.:* Die Pflanze der Magie und Zauberei. *Röm.:* Mars und Venus geweiht; ein Kranz aus Verbene ist ein Hochzeitssymbol; schützt gegen bösen Zauber und Hexerei.

Eisvogel Halkyonische, d. h. ruhige Schönwettertage; Ruhe; Schönheit; Würde; Schnelligkeit; vornehme und schöne Frauenbekleidung; zurückhaltendes Wesen.

Elch/Elen Übernatürliche Macht; der Wirbelwind.

Elefant Stärke; Treue; gutes Gedächtnis; Geduld;

Einhorn Auf einem gewirkten Kissenbezug aus dem 15. Jahrhundert legt das Einhorn, Symbol der Keuschheit und Reinheit, seine Vorderläufe unterwürfig auf den Schoß der Dame.

Elefant Vor seiner Geburt träumt Buddhas Mutter, Königin Mayadevi, von einem Elefanten (die Szene ist auf diesem indischen Flachrelief aus dem 2. Jahrhundert v. u. Z. wiedergegeben). Der Elefant symbolisiert die künftigen Eigenschaften von Prinz Gautama: Geduld, Weisheit, großen Ruhm und absolute Überlegenheit über die großen Lehrer der Welt.

Klugheit; eheliches Glück. Der weiße Elefant ist ein solares Symbol. *Buddh.:* Buddha heilig, denn der Königin Maya ist ein weißer Elefant erschienen, um die Geburt eines königlichen Weltherrschers anzukündigen. Der weiße Elefant ist auch ein Kleinod der Lehre, das *vahana* (Reittier) des Bodhisattva; Mitleid; Liebe; Güte. Akshobhya reitet einen Elefanten. Die Elefantenhaut symbolisiert Unwissenheit. *Chin.:* Stärke; Scharfsinn; Klugheit; Energie; Souveränität. *Christl.:* Ein Symbol für Christus als ein Feind der Schlange, der sie mit den Füßen zertritt; Keuschheit; Huld. *Griech./Röm.:* Ein Attribut von Merkur für Intelligenz. Plinius sagt, daß der Elefant ein frommes Tier sei, das die Sonne und die Sterne anbetet und sich bei Neumond läutert, indem es im Fluß badet und den Himmel anfleht. In der *röm.* Kunst: Langlebigkeit, Unsterblichkeit, Sieg über den Tod. *Hinduist.:* Der Gott Ganesha wird elefantenköpfig dargestellt; die Stärke der heiligen Weisheit; Klugheit; königlicher Rang; unbesiegbare Macht; Langlebigkeit; Intelligenz. Indra, der Hüter des Ostens, reitet den weißen Elefanten Airavata. Die Welt wird von Elefanten getragen.

Elemente Die passiven Kräfte der Natur. In frühen Naturvorstellungen gibt es vier Elemente: Das Wasser, symbolisiert durch Wellenlinien, das auf der Spitze stehende Dreieck und die Farben Blau und Grün; es hat die Merkmale Feuchtigkeit, Flüssigkeit und Kohärenz. Das Feuer wird dargestellt durch die Flamme, durch Lichtstrahlen, Pyramiden oder das mit der Spitze nach oben zeigende Dreieck und durch die Farben Rot und Orange; es hat die Merkmale Hitze, Bewegung, und es verzehrt. Die Erde verkörpern ein Quadrat oder ein Kubus und die Farben Braun, Schwarz oder Gelb; sie hat die Merkmale Kälte, Festigkeit, und sie kann eine Last tragen. Die Symbole der Luft sind der Himmelskreis oder ein Bogen und die Farbe Blau oder das Gold der Sonne. Sie ist gekennzeichnet durch Trockenheit, Licht und Beweglichkeit. In der *chin.* Symbolik vereinen sich die vier heiligen oder »Geistbegabten Geschöpfe«: Der blaue oder grüne Drache, rituell durch das runde, blaue Jadetäfelchen dargestellt, ist die Luft; es gibt auch einen Drachen der Wasser, der Erde und der Berge. Der Phönix mit dem roten Jadetäfelchen verbindet Luft und Wasser. Die Schildkröte mit schwarzer, halbkreisförmiger oder mit gelber, röhrenförmiger Jade ist Erde und Wasser. Der Weiße Tiger und die weiße Jadefigur eines Tigers vereinen Feuer und Wasser in sich. Feuer und Luft sind *yang*, aktiv und männlich, Wasser und Erde sind *yin*, passiv und weiblich. In der Symbolik sind die Elemente gewöhnlich weibliche Figuren oder Gottheiten: das Wasser wird symbolisiert durch die überlaufende, umgestürzte Vase, durch Neptun, die Tritonen, die Nereïden, durch Delphine oder Hippokampen; das Feuer ist eine Frau mit einem brennenden Kopf, ein Phönix oder ein Vulkan; die Erde wird durch die Göttin der Fruchtbarkeit, das Füllhorn, die chthonische Schlange oder durch den Skorpion oder aber durch die mit Türmchen besetzte Krone der Kybele dargestellt; die Luft verdeutlichen Juno und der Pfau oder Juno in der Luft, mit Ambossen an den Füßen, oder das Chamäleon, von dem man annahm, daß es von der Luft lebte. Im *Daoismus* gibt es fünf Elemente, die sich wechselseitig überwinden. Das Holz besiegt die Erde; die Erde das Wasser; das Wasser das Feuer; das Feuer das Metall; das Metall das Holz. In der *hinduist.* und *buddhist.* Symbolik gibt es fünf Elemente: die Erde ist ein Quadrat oder Kubus; das Wasser eine Kugel oder ein Kreis; das Feuer ein Dreieck oder eine Pyramide; die Luft eine Mondsichel, und die von einem Edelstein oder einer Flamme gekrönte Mondsichel ist das fünfte Element, der Äther.

Elfenbein Der Elfenbeinturm symbolisiert das Unerreichbare, auch das weibliche Prinzip. Im *Christentum* verkörpert er die Jungfrau Maria; Reinheit; Unvergänglichkeit und moralische Kraft.

Ellipse Das kosmische Ei; die Yoni; die beiden Seiten bedeuten Niedergang und Aufstieg, Involution und Evolution.

Elster *Chin.:* Der »Vogel der Freude«; Glück. Eine krächzende Elster ist ein Zeichen für gute Nachrichten, die Ankunft von Gästen. In der Mandshu-Dynastie verkörperte sie auch die kaiserliche Herrschaft. *Christl.:* Der Teufel; müßige Zerstreuung; Eitelkeit.

Embryo Symbolisiert durch den Punkt oder den Punkt in der Mitte des Kreises; er ist das Zentrum, von dem aus die Schöpfung begann, und wird mit den Wassern, dem Ei und der Lotosblüte gleichgesetzt.

Engel Boten Gottes; Mittler zwischen Gott und Mensch, dem Himmel und dieser Welt; Mächte der unsichtbaren Welt; Erleuchtung. Im Frühchristentum werden neun Himmelschöre erwähnt: Seraphim, Cherubim, Throne, Herrscher, Mächte, Kräfte, Fürsten, Erzengel, Engel. Flügel erhalten sie etwa seit dem 4. Jh. nach dem Vorbild der geflügelten griechischen Siegesgöttin Nike. Die Angiri des *Hinduismus* sind ebenfalls Boten zwischen Göttern und Menschen. In der *islam.* Symbolik stehen acht Engel um den Thron von Allah, die die Haupt- und die dazwischenliegenden Himmelsrichtungen darstellen. Engelssymbole sind: flammende Schwerter, Trompeten, Zepter, Pilgerstab und -tasche, Thuribula (Weihrauchfässer), Musikinstrumente, die Lilie.

Ente Sie bedeutet Oberflächlichkeit; sie symbolisiert auch Geschwätzigkeit und List. *Ägypt.:* Steht im Zusammenhang mit Isis. *Chin.* und *Japan.:* Glück und Treue in der Ehe; Glück und Freude; Schönheit. Die Ente und der Erpel zusammen stellen die Vereinigung der Liebenden dar; gegenseitige Fürsorge und Rücksichtnahme; Treue. Die Ente ist das *yin* zum *yang* des Hahns. *Indian.:* Der Vermittler zwischen Himmel und Wasser. *Jüd.:* Unsterblichkeit.

Ephod *Jüd.:* Teil des Priestergewandes. Der Brustschild in der Mitte des Ephoden symbolisiert das Kosmische Zentrum.

Erdbeere *Christl.:* Der rechtschaffene Mensch; die Frucht guter Werke; Früchte des Geistes. Mit Veilchen zusammen bedeutet sie die Demut der wahrhaft Rechtschaffenen.

Erdboden Die Mutter Erde; der Mutterboden.

Erde Die Große Mutter; Mutter Erde; die universelle »Erzeugerin«; die Ernährerin; die Amme. Die Mutter Erde ist das universelle Urbild für Fruchtbarkeit, unerschöpfliche Kreativität und Nahrung. Die Erde und der Himmel sind Materie und Geist. *Chin.:* Das weibliche *yin*-Prinzip, das durch das Quadrat, die Farbe Gelb und den Tiger symbolisiert wurde. *Indian.:* Die Erde ist die Mutter; die Erdhütte ist ein Omphalos, ein Kosmisches Zentrum. Der kreisförmige Boden der Hütte stellt die Erde dar, das kuppelförmige Dach die Himmel, und die vier Pfosten sind die Sterne und die vier Himmelsrichtungen. *Kelt.:* Der vergängliche Körper, zu dem das Salz als der unsterbliche Geist gehört. Den Toten wurde Erde auf die Brust gelegt.

Erdstämme ↗ Zwölf ↗ Tierkreis

Erdwall Die Erdmutter; Aufenthaltsort der Toten; der Eingang zur anderen Welt. Der Erdwall kann die Symbolik des Berges als eines Omphalos/Nabels oder als einer Wohnstatt der Götter übernehmen.

Erle Steht in Verbindung mit dem Feuer des Schmieds sowie mit der Macht der Verflüchtigung. *Griech.:* Attribut des Pan. Wird mit dem Frühling und mit Feuerfesten in Verbindung gebracht. *Kelt.:* Der Baum der Gerechtigkeit; Verheißung; Auferstehung.

Ertrinken Kann den Verlust des Selbst im Ozean undifferenzierter Einheit bedeuten.

Erzengel Eine der Engelhierarchien. Michael, der Bote des göttlichen Gerichts, ist als Krieger mit Schwert dargestellt; Gabriel, der Bote göttlicher Gnade, hält bei der Verkündigung an Maria eine Lilie in der Hand; Raphael, göttliche Heilung und göttlicher Schutz, ist ein Pilger mit Stab und Gurde;

Engel Der Engel Gabriel, Bote und Herold Gottes, wie er seine Trompete der Verkündigung bläst: aus einer islamischen Miniatur des 14. Jahrhunderts.

Esel Eine kretische Ikone aus dem 16. Jahrhundert, die Jesu Einzug in Jerusalem darstellt, zeigt ihn auf einer Eselin reitend – ein Symbol für Niedrigkeit, das im Gegensatz steht zu seiner Würde eines Königs der Juden.

Uriel, das Feuer Gottes, Prophezeiung und Weisheit, hält eine Schriftrolle und ein Buch in der Hand; in der *spätjüd.* Tradition gibt es außerdem Chamuel, den Seher Gottes; Jophiel, Gottes Schönheit, und Zadiel, die Gerechtigkeit Gottes. Im *Islam* gibt es vier Erzengel.

Esche Der *altnordische* heilige Weltenbaum, der ↗ Yggdrasil; auch Zeus/Jupiter geweiht. Die Esche versinnbildlicht Anpassungsfähigkeit, Klugheit, Bescheidenheit. Sie steht in Zusammenhang mit dem Blut der Kastration des Uranus. Die Melischen Nymphen waren Eschennymphen.

Esel Demut, Geduld und Frieden; aber auch Dummheit; Störrigkeit; Lüsternheit; Fruchtbarkeit. Ein Eselskopf wurde auch als eine Quelle der Fruchtbarkeit betrachtet. Als Lasttier kann der Esel die Armen versinnbildlichen. *Ägypt.:* Attribut des Seth in seinem Aspekt als Sturmgott; wirkungslose Macht; das Böse. *Chin.:* Dummheit; »Das Jahr des Esels und der Monat des Pferdes« heißt »niemals«. *Christl.:* Christi Geburt; die Flucht nach Ägypten; der Einzug in Jerusalem. Er wurde auch verwendet, um die Juden und die Synagoge darzustellen, und hat gelegentlich satanische Bedeutung. Attribut des hl. Germanus. *Griech.:* Trägheit; blinde Leidenschaft. Dem Dionysos heilig und dem Typhon, als ein ungeschlachter, grober Aspekt. Als das fruchtbare Prinzip dem Priapos heilig; auch dem Kronos/Saturn geweiht. Silen wird manchmal auf einem Esel reitend dargestellt. *Hinduist.:* Esel zogen den Himmelswagen von Rāvana, als er Sitā entführte. *Jüd.:* Starrsinn. Könige, Propheten und Richter ritten auf weißen Eseln. *Sasanid. Iran:* Der dreibeinige Esel bedeutet Reinheit und eine Macht gegen das Böse; er ist auch lunar und steht für die drei Mondphasen.

Espe Furcht; Ungewißheit; Wehklagen.

Essen Verleiht dem Essenden die Eigenschaft dessen, was er verzehrt, so sind z. B. Fische überaus produktiv, deshalb überträgt das Fischessen Fruchtbarkeit; der Fisch war auch die Speise auf Festmählern der Großen Muttergöttin und wurde an ihrem Tag gegessen. Der Kannibalismus verleiht dadurch, daß das Fleisch eines Kriegers oder Helden verzehrt wird, Tapferkeit und Heldentum. Der rituelle Verzehr der Verkörperung eines Gottes (Tiere, Pflanzen o. a.) verleiht heilige Unverletzlichkeit und geistige Kraft. In vielen Religionen gab es Speisezeremonien, die oft auch mit bestimmten Speisetabus verbunden waren, da z. B. Symboltiere von Göttern nicht gegessen werden durften.

Essig Ein Krug mit Essig ist ein Lebenssymbol östlicher Kulturkreise. In der *Alchimie* verkörpert der Essig das Gewissen. Im *Christentum* ist der Essig ein Symbol der Leiden Christi.

Eule Ambivalent als der Vogel der Weisheit und auch der Finsternis und des Todes. *Ägypt.:* Tod; Nacht; Kälte. *Chin.:* Unheil: Verbrechen; Schrekken; undankbare Kinder. Auf Urnen stellt sie den Tod dar. *Christl.:* Satan; die Mächte der Finsternis; Einsamkeit; Trauer; Verheerung; schlechte Nachrichten. Der Schrei der Eule ist das »Lied vom Tode«. Die Eule wurde zur Darstellung von Juden, die die Finsternis dem Licht des Evangeliums vorzogen, verwendet. *Griech./Röm.:* Das Käuzchen symbolisierte Weisheit und war Athena/Minerva heilig. Die Eule war ein Attribut des etruskischen Gottes der Finsternis und der Nacht. *Hinduist.:* Attribut des Totengottes. *Indian.:* Weisheit; Ahnungsvermögen. *Jüd.:* Blindheit. *Kelt.:* Chthonisch; die »Nachthexe«; der »Leichenvogel«. *Japan.:* Tod; böses Omen. *Mexikan.:* Nacht; Tod.

Exkrement Wird mit Gold und Reichtum assoziiert; enthält die Macht der Person. In der *Alchimie* ist es das *nigredo.*

Fabelwesen Die Kombination verschiedener Merkmale verweist auf die Vielfalt der Schöpfung und ihre Potenzen, auch Freisein von den traditionellen Prinzipien der Welt der Erscheinungen. Mischwesen sind ferner Symbole des Urchaos oder der fürchterlichen und die Menschen in Schrecken versetzenden Naturkräfte. Manchmal werden zwei Fabeltiere oder geflügelte Wesen zu beiden Seiten des Lebensbaumes dargestellt und häufig an Türen als Wächter oder als Hüter von Schätzen, entweder unterirdischen Reichtümern oder esoterischem Wissen. Schreckliche Ungeheuer verkörpern die bösen bzw. chaotischen Kräfte in der Welt oder in der menschlichen Natur, oder sie können Symbole sein für die Pest und andere zerstörerische Kräfte. Sie werden meist von einem Gott oder Heros bekämpft, wie z. B. von Marduk, der als Schöpfer Tiamat, das Urchaos, überwindet; ferner Theseus und der Minotaurus; oder Ritter, die Drachen töten; der Bezwinger von Fabelwesen verkörpert den Sieg der Ordnung über das Chaos und des Guten über das Böse oder des Lichtes über die Finsternis. Der weit aufgerissene Rachen eines Ungeheuers bedeutet die Tore der Hölle oder den Eingang zur Unterwelt.

Amemait Das Mischwesen aus Löwe, Krokodil und Flußpferd ist der Verschlinger; Vergeltung.

Amphisbaena Ähnlichkeit mit dem Basilisken, aber mit je einem Kopf an jedem Ende und somit in der Lage, in beide Richtungen zu sehen.

Ananta Die Riesenschlange, auf der Vishnu im vorkosmischen Schlaf lag.

Basilisk Ein Mischwesen aus Vogel und Reptil, mit Vogelkopf und -klauen und Schlangenleib; endet der Schwanz in einem anderen Kopf, so ist es die Amphisbaena. Im *Christentum* ist es der Teufel oder der Antichrist, eine der vier Erscheinungsformen des Teufels.

Behemoth Man stellt ihn sich meist als Flußpferd vor, das die Macht des Landes verkörpert, im Gegensatz zu Leviathan, der Macht des Wassers, und zu Ziz, der Macht der Luft.

Benu Der Vogel, den man einige Zeit mit dem Phönix gleichsetzte; er verkörpert die Seele von Osiris.

Bukentauros Halb Mensch, halb Stier; die Doppelnatur des Menschen.

Charybdis Ein tobendes Ungeheuer oder ein Strudel, der das Meer verschlang und wieder aufwarf; zu ihm gehört Skylla als das andere Ungeheuer des Sizilianischen Meeres, zusammen sind sie Symbole des schwierigen ↗ Übergangs.

Chimaira/Chimäre Kopf, Mähne und Beine eines Löwen, Körper einer Ziege und Schwanz eines Drachen; Sturm und Winde; Gefahren an Land und auf See; das Nicht-Existierende.

Drache Verschiedene Formen; ↗ Drache

Einhorn Ein Tier mit einem Horn, dem Körper eines Pferdes oder Hirsches; es symbolisiert das weibliche Prinzip; Keuschheit; Reinheit; ↗ Einhorn.

Epimacus Eine Art Greif, der Körper und Beine eines Löwen, Kopf, Hals und Flügel eines Adlers und den Schwanz eines Kamels hat; manchmal ohne Flügel dargestellt; hat dieselbe Symbolik wie der Greif.

Furie Eine Frau mit Flügeln und Schlange; ein Bild für die Rache.

Garuda Der Vogel des Lebens, bisweilen mit Phönix gleichgesetzt; die Sonne; der Himmel; Sieg; das Reittier Vishnus, des Schöpfers und Zerstörers. Er schlüpft voll erwachsen aus dem Ei und nistet in dem Baum des Lebens, der alle Wünsche erfüllt; er lebt in Feindschaft mit den ↗ Schlange.

Geflügelter Drache Eine Schlange oder ein Drache mit Flügeln, aber mit nur zwei Beinen wie ein Adler; verkündet Krieg und Pest.

Gorgo Die drei Gorgonen haben Frauenköpfe mit Schlangenhaar; die Große Mutter in ihrem schrecklichen Aspekt als Zerstörerin; Schrecken.

Greif Kopf eines Adlers und Körper eines Löwen; die Sonne; der Reichtum der Sonne; Stärke; Wachsamkeit; Rache. Ohne Flügel der männliche Greif.

Grylli Kopf, Mähne und Beine eines Löwen, Körper einer Ziege und Schwanz eines Drachen; Sturm und Winde; Gefahren an Land und auf See; das Nicht-Existierende.

Harpyie Kopf und Brüste einer Frau und Krallen eines Geiers; wird mit plötzlichem Tod assoziiert; Wirbelwinde und Stürme; das weibliche Prinzip in seinem destruktiven Aspekt.

Himmelshund T'ien Kou; gehört zur Umgebung des Jade-Kaisers und vertreibt die bösen Geister.

Hippogryph Halb Pferd, halb Greif; wahrscheinlich solar wie die geflügelten Pferde von Apollons Kampfwagen.

Hippolectryon Halb Pferd, halb Hahn; solar.

Hydra Drache oder Schlange mit neun Köpfen; blinde, animalische Lebenskraft.

Kala-makara Löwe und Makara oder Krokodil; verkörpert die Kräfte des Wassers und der Sonne.

Lamia *griech.* Hexe mit Kuhfüßen und Katzenkrallen; frißt Kinder.

Leogryph Löwe und Schlange oder Greif; Illusion; der schreckliche Aspekt der Großen Mutter als Maya.

Leviathan Ein riesiger Fisch, »die bucklige Schlange«; das Urungeheuer des Ozeans und des Chaos; die Schlange und Macht der Tiefe, gehört mit Behemoth als der Macht des Landes und Ziz als der der Luft zusammen.

Lindwurm Drache mit Flügeln oder ohne Flügel; bedeutet Krieg und Pest.

Makara Fisch und Krokodil oder Elefant; ein Seeungeheuer, wird von der Flußgöttin Ganga geritten.

Minotauros Ein Mensch mit Stierkopf; die wilden Leidenschaften der Natur; das Miasma.

Naga Oft mehrköpfige Schlange; Hüter von Schätzen und esoterischem Wissen; Schlangenkönige und -königinnen; die Lebenskräfte der Wasser, die Sumpf-Natur der Leidenschaft. ↗ Schlange, *hinduist.;* auch im *Islam* und in *Europa* bekannt.

Nixe Halb Frau, halb Fisch; eine niedere Gottheit der Wasser.

Opinicus ↗ Epimacus.

Pegasus Geflügeltes Pferd; die Verbindung von niederer und höherer Natur, im Kampf um die höhere; solar.

Phönix Ein Sagenvogel, der aus den Flammen aufsteigt; Tod und Auferstehung; Wiedergeburt durch das Feuer.

Qilin Das *yin-yang,* wird manchmal mit dem Einhorn gleichgesetzt; es ist die Vereinigung des Männlichen mit dem Weiblichen; Vollendung; Reinheit der Natur; die Essenz der fünf Elemente.

Roch/Ro(c)k/Ruck Ein riesenhafter Vogel, ein Sturmvogel; das Rauschen seiner Flügel ist der Wind, und der Blitz ist sein Flug. Nach *arabischer* Tradition landet er niemals auf der Erde, außer auf dem Berg Qaf, der *axis mundi;* er ist solar und ein Sinnbild des Himmels.

Salamander Meist als kleiner, flügelloser Drache oder als Eidechse dargestellt; bisweilen hundeähnlich, aus Flammen springend, er symbolisiert das Element Feuer.

SENMURV/SIMURGH Eine Kombination von Pfau, Greif, Löwe und Hund; er bedeutet im *Iran* die Vereinigung von Erde, Luft und Wasser.
SKYLLA Zusammen mit Charybdis ein Ungeheuer des Sizilianischen Meeres, ursprünglich eine schöne Nymphe, wurde aber in ein Ungeheuer mit sechs Köpfen, dreifachen Zahnreihen und überlangen Hälsen sowie mit 12 Füßen verwandelt; Skylla und Charybdis sind zusammen ein Symbol für den schwierigen ↗ Übergang und die Mächte des Wassers.
SIRENE Ein Vogel mit Frauenkopf, Verführer der Seefahrer; auch Funeralbedeutung. Attribute von Sirenen sind Lyra und Flöte, und sie stellen die verführerischen Kräfte der Sinne und des Reiches der Illusion dar.
SPHINX Hat den Kopf eines Mannes oder einer Frau, den Körper eines Stieres, Löwenfüße und manchmal auch Adlerschwingen; vereint die vier Elemente in sich und symbolisiert geheimnisvolle, rätselhafte und solare Mächte.
TEN-GU Ein Mann mit Vogelkopf und -flügeln und mit Krallen an den Füßen; *japanischer* Bergkobold, verkörpert Schabernack.
TIAMAT Das Ungeheuer der Tiefe; das Urchaos; die Wasser; Finsternis.
TRITON Ein Wassermann, halb Mann, halb Fisch; hält oder bläst ein Horn oder Muschelhorn.
ZENTAUR Halb Mensch, halb Pferd; einen Pfeil und gespannten Bogen haltend, der Schütze des Tierkreises.
ZERBERUS Ein riesiger dreiköpfiger Hund; Hüter der Schwelle zur Unterwelt.
ZIEGENFISCH Halb Ziege, halb Fisch; die Wintersonnenwende. Er ist auch eine Erscheinungsform des *babylonischen* Ea/Enki.
ZIZ Ein großer Vogel, die Macht der Luft, gehört zu Behemoth, der auf dem Land lebt, und zu Leviathan im Meer.
Zu Der *mesopotamische* Sturmvogel, ein Vogelzentaur, Dieb der *sumerischen* Schicksalstäfelchen, die Allmacht verleihen.

Fächer Der Geist, der die Lüfte bewegt; Macht; Würde. Die Form des Fächers ist Symbol des Lebens, das, gleich ihm, an einem Punkt beginnt und sich dann ausweitet, in dem Maße, wie die Lebenserfahrung allmählich zunimmt. Der Klappfächer ist ein Bild für den wechselnden Mond und die Unbeständigkeit der Frauen. Mit dem Fächer wedelt man, um böse Kräfte abzuwehren. *Afrikan.:* Vielerorts ein Symbol königlicher Würde. *Chin.:* Autorität; Königswürde; die Macht der Luft, die den Toten neues Leben einhauchen kann; Feinfühligkeit; die Würde des Mandarins. Ein »Herbstfächer« ist eine verlassene Frau. *Daoist.:* Steht im Zusammenhang mit Vögeln und dem Flug als einem Mittel der Befreiung von der Welt der Formen und der Freilassung in das Reich der Unsterblichen. Attribut von Chung-li Chüan, einem der daoistischen Genien, der acht Unsterblichen. *Hinduist.:* Ein Attribut von Agni, dem vedischen Feuergott, und von Vishnu. *Jap.:* Autorität; Macht. Der Fächer aus weißen Federn ist die Macht der Winde.

Fackel Leben; als die Flamme des Lebensprinzips ist sie das göttliche, männliche Prinzip, das dem weiblichen Baum entspringt, die dem Holzstoff verhaftete Seelenflamme, Intelligenz, Wahrheit, Unsterblichkeit, auch Gott, der die Finsternis erhellt und durch alles sieht. Die brennende oder aufgerichtete Fackel stellt das Leben dar; die ausgelöschte oder nach unten gehaltene Fackel ist der Tod; oder sie kann auch die auf- und untergehende Sonne, Licht und Finsternis darstellen. Das Fackeltragen bei Hochzeiten und Fruchtbarkeitsriten deutet auf die zeugende Kraft des Feuers. *Christl.:* Christus als das Licht der Welt, auch ein Begleitumstand des Verrats durch Judas, ferner ein Attribut der hl. Dorothea; ein Hund mit einer Fackel im Maul ist ein Attribut des hl. Dominicus. *Griech.:* Leben; die Waffe des Herakles gegen die Hydra; Attribut von Eros und Venus als Feuer der Liebe, Attribut von Demeter, Hekate, Persephone, Hephaistos. *Jüd. (Kabbala):* Die Fackel der Intelligenz und das Licht des Equilibriums. *Mithrazist.:* Die *dadophoroi*, Cautes und Cautopates, halten Fackeln nach oben und nach unten als Zeichen für Leben und Tod, die auf- und die untergehende Sonne, Morgen und Abend, Frühling und Winter, das Länger- und das Kürzerwerden der Tage usw. *Röm.:* Funeralsymbol, da sie die Finsternis des Todes erhellt und Licht in die künftige Welt bringt; Attribut von Vulcanus und Herkules. *Slaw.:* Die vom Sonnengott Svarog bewirkte Wiedergeburt der Sonne.

Faden Der Lebensfaden; menschliches Schicksal; das von einer göttlichen Macht gesponnene und gewobene Geschick; Einheit; Kontinuität; das, was das Universum zusammenbindet und aus dem das All gewoben ist; die Sonne, von der alle Dinge »abhängen« und an der alles Leben hängt. Die Symbolik des einenden Fadens gilt sowohl für den Makrokosmos als auch für die Ereignisse im einzelnen Menschenleben. Der Faden, der durch die Kugel der Perle oder des Edelsteins verläuft, ist eine *axis mundi*, und zusammen mit der kreisrunden Gestalt der Perle stellt er einen Zyklus der Manifestation dar. Einige übliche Formen der Fadensymbolik als Faden der Welt sind die Perlenschnur, der Rosenkranz oder die Girlande. *Buddhist.:* Der Faden der Lehre bzw. des logischen Denkens ist in den *sutras* und *tantras* enthalten und stellt den durch die heiligen Schriften verlaufenden Faden der Weisheit dar. *Hinduist.:* Der Faden ist das Atman, der Innere Herrscher; »An mir sind alle Dinge aufgereiht wie eine Folge von Perlen an einem Faden« *(Bhagavadgita).* Er ist auch der Wind, »der Faden ist dasselbe wie der Wind« *(Upanischaden).* Der Faden Brahmas ist das Symbol des Berges Meru, der Weltachse, und im menschlichen Mikrokosmos ist er der mittlere Kanal. ↗ Bande ↗ Schnur

Fahne ↗ Banner

Fahrzeuge ↗ Wagen

Falke Hat vieles mit der solaren Symbolik des Adlers gemeinsam, mit dem er oft austauschbar ist. Er steht für Streben; Sieg; Macht; Königswürde; Adel; das Aufsteigen durch alle Ebenen. Er verkörpert auch die Freiheit, folglich die Hoffnung für alle, die in moralischer oder geistiger Knechtschaft leben. Wie der Adler galt er als einer, der zur Sonne fliegen und sie anblicken kann, ohne zu blinzeln. Götter mit einem Falken oder falkenköpfige Götter sind Sonnengötter. *Ägypt.:* In Ägypten war der Falke der König der Vögel; das himmlische Prinzip; der Vogel der Jagd. Er war eine Verkörperung von Horus, dem Allsehenden, der entweder als Falke oder falkenköpfig auftritt. Der Re der aufgehenden Sonne, wenn mit dem Horizont gleichgesetzt, kann auch falkenköpfig sein. Der königliche Vogel; der Geist; die Seele; Inspiration; der Vogel von Chons-Schu; Re, die Sonne. Andere Götter, mit Falken oder falkenköpfig, sind Ptah, Horus, Month, Sokar. Das falkenköpfige Krokodil ist Suchos-Re; die Sphinx ist zuweilen falkenköpfig. Der Falke ist auch ein Attribut von Amenti, der Großen Mutter und Göttin des Westens und der Unterwelt. *Aztek.:* Ein Götterbote. *Chin.:* In China war er ambivalent; die Kraft der Sonne, aber auch die zerstörerischen Kräfte des Krieges. *Griech./Röm.:* Der »schnelle Bote des Apollon«; Attribut von Kirke. *Hind.:* Gayatri, der Falke, brachte das Soma vom Himmel. *Inka:* Ein solares Symbol; ein Schutzgeist. *Iran.:* Ein Attribut von Ahuramazda oder Hormuzd, als Gott des Lichts. *Kelt.:* Wie der Adler war er eine der Urmanifestationen. Er steht dem wollüstigen Hasen gegenüber und stellt somit den Sieg über die Sinnenlust dar. *Mithraz.:* Ein Attribut von Mithras als Sonnengott. *Skandin.:* Odin konnte als Falke zur Erde reisen. Attribut von Frigg und ein Aspekt von Loki als Gott des Feuers. Ein Sonnenvogel mit fast derselben Symbolik wie der ↗ Adler; er ist ein Attribut aller Sonnengötter und verkörpert die Himmel; Macht; Königswürde; Adel.

Farben Die Farbe symbolisiert das Geschiedene;

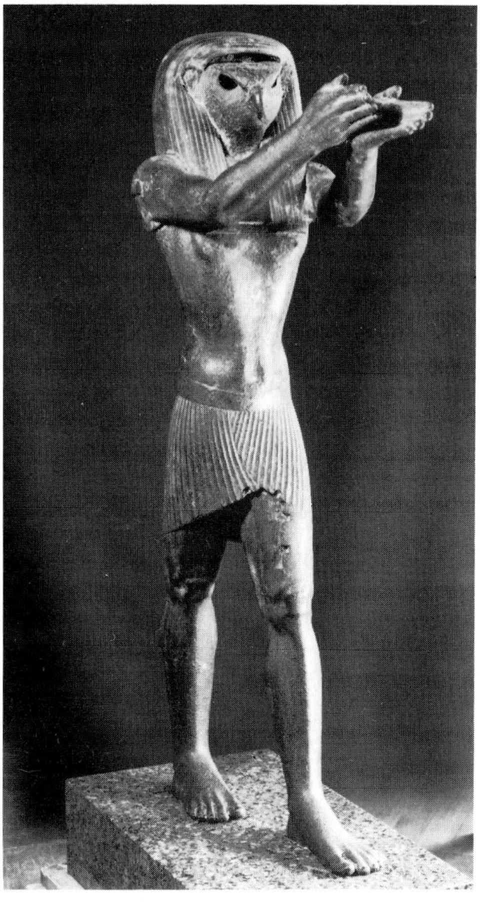

Falke Der ägyptische Gott Horus mit zum Trankopfer vorgestreckten Armen, vermutlich in Richtung auf seine Mutter Isis, der er als die Sonne geboren wurde, die durch seinen Falkenkopf symbolisiert wird.

das Manifeste; Verschiedenheit; die Affirmation des Lichts. Farben, die Licht reflektieren, wie z. B. Orange, Gelb, Rot, sind aktiv, warm, sich ausbreitend; solche, die Licht absorbieren, z. B. Blau, Violett, sind passiv, kalt, in sich zurückkehrend, während Grün die beiden Bereiche verbindet. Schwarz und Weiß stehen für das Negative und das Positive und alle Gegensätze. Helle und dunkle Farben, im Kontrast verwendet, symbolisieren die Materialisierung des Lichts; Gott, als Licht, ist der Ursprung der Farbe.

BLAU Wahrheit; der Intellekt; Offenbarung; Weisheit; Loyalität; Treue; Beständigkeit; Keuschheit; keusche Zuneigung; makelloser Ruf; Großmut; Klugheit; Frömmigkeit; Frieden; Kontemplation; Kühle. Blau ist die Farbe der großen Tiefe, das weibliche Prinzip der Wasser; als Himmelblau ist es die Farbe der Großen Mutter, der Himmelskönigin und aller Himmelsgötter bzw. Himmelsmächte, z. B. des Azurdrachen. Es ist auch die Leere, ursprüngliche Einfachheit und unendlicher Raum, der, da er unbewohnt ist, alles umfassen kann. (Es ist auch eine lunare Farbe.) *Buddhist.:* Die Kühle des Himmels oben und der Wasser unten; die Weisheit des Dharma-Dharu. *Chin.:* Die Himmel; Wolken; der Azurdrache des Ostens; der Frühling; Wald. *Christl.:* Der Himmel; himmlische Wahrheit; Ewigkeit; Glaube; Treue; die Farbe der Jungfrau Maria als Himmelskönigin. *Gnost.:* Taufe mit Wasser. *Griech./Röm.:* Attribut von Zeus/Jupiter und Hera/Juno als Himmelsgottheiten, auch die Farbe der Venus. *Hinduist.:* Der blaue Regenmantel des Indra. *Kelt.* und *Druid.:* Ein Barde oder Dichter. *Indian.:* Der Himmel; Frieden. *Jüd. (Kabbala):* Gnade. *Maya:* Die Niederwerfung eines Feindes.

BRAUN Die Erde. *Chin.:* Die Farbe der Sung-Dynastie. *Christl.:* Geistlicher Tod; Absage an die Welt (in dieser Bedeutung wird es von religiösen Gemeinschaften getragen); Entsagung; Buße bzw. Bußfertigkeit; Erniedrigung. *Hinduist.:* Die nördliche Region.

GELB Ambivalent, Hell- oder Goldgelb ist solar; das Licht der Sonne; der Intellekt; Intuition; Glaube und Güte. Dunkelgelb bezeichnet Verrat; Hochverrat; Eifersucht; Ehrgeiz; Geiz; Heimlichkeit; Treubruch; Ungläubigkeit. Eine gelbe oder gelb-schwarze Flagge kennzeichnet Quarantäne. Ein gelbes Kreuz bedeutete die Pest. *Buddhist.:* Die safranfarbene Kutte des Mönches symbolisiert Entsagung; Wunschlosigkeit; Demut. *Chin.:* Die Erde; das Zentrum; Metall; der Mondhase; die Ch'ing-Dynastie. *Christl.:* Goldgelb bedeutet Heiligkeit; Göttlichkeit; offenbarte Wahrheit; das »Ehrenkleid«; für Feste von Bekennern benutzt. Mattgelb bedeutet Verrat; Betrug; die Juden; Ketzer; Judas Ischarioth. *Hinduist.:* Goldenes Gelb: Licht, Leben; Wahrheit; Unsterblichkeit; der Westen. *Indian.:* Die untergehende Sonne; der Westen. *Jüd. (Kabbala):* Schönheit.

GOLDFARBEN Die Sonne; göttliche Macht; der Glanz der Erleuchtung; Unsterblichkeit; Gott als nicht geschaffenes Licht; der höchste Wert; die Substanz des Lebens; Feuer; strahlender Glanz; Herrlichkeit; Ausdauer; das männliche Prinzip. Das Gold der Sonne symbolisiert alle Sonnengötter, die Korngöttinnen und -götter sowie die Reife der Ernte. Die goldene Schnur des Zeus zieht alle Dinge zu ihm hin; für Homer ist es das Bindeglied zwischen Himmel und Erde; für Plato die Sonne und die Vernunft. Gold und Silber, Sonne und Mond sind die beiden Aspekte derselben kosmischen Realität. *Ägypt.:* Der Sonnengott Re; das goldene Korn. *Alchimist.:* Die »Essenz« der Sonne; die irdische Sonne; erstarrtes Licht; Beständigkeit; das Gleichgewicht aller metallischen Eigenschaften. Die Umwandlung unedlen Metalls in Gold steht für die Umwandlung der Seele; die Wiedererlangung der ursprünglichen Reinheit der menschlichen Natur. *Hinduist.:* Leben; Licht; Wahrheit; Unsterblichkeit; der Samen; das Feuer des Agni. *Kelt.:* Feuer.

GRAU Das Neutrale; Trauer; Depression; Asche; Demut; Buße bzw. Bußfertigkeit. *Christl.:* Tod des Körpers und Unsterblichkeit der Seele; daher die Ordensfarbe einiger religiöser Gemeinschaften. *Herald.:* Leiden. *Jüd. (Kabbala):* Weisheit.

GRÜN Ambivalent, sowohl Leben als auch Tod, im Frühlingsgrün des Lebens und im bläulichen Grün des Todes; auch Jugend, Hoffnung und Freude, aber gleichermaßen Wechsel, Vergänglichkeit und Eifersucht. (Da Grün aus Blau und Gelb, der Verbindung von Himmel und Erde, zusammengesetzt ist, wird es zur mystischen Farbe). Es verbindet gleichermaßen das kalte blaue Licht des Intellekts mit der emotionalen Wärme der gelben Sonne, um so die Weisheit der Gleichheit, Hoffnung, Erneuerung des Lebens und der Auferstehung hervorzubringen. Als die Farbe des Liebespaares Venus und Merkur ist Grün der Frühling; Reproduktion; Freude; Vertrauen; Natur; Paradies; Überfluß; Gedeihen; Frieden. Als Symbol der Unreife bedeutet es Unerfahrenheit, daher Torheit und Naivität. Grün, das zu Gold wird, ist der junge Korngott, der grüne Löwe oder der grüne Mann, bevor es in das Gold des reifen Korns übergeht. Der Grüne Ritter bezeichnet den Tod, der ohne Ansehen der Person jeden ereilt, und steht für Verrat, der Jugend und Schönheit erschlägt. Eine grüne Flagge zeigt ein Wrack auf See an. *Ägypt.:* Osiris wird vom unreifen, grünen Korn symbolisiert, welches in das Gold des Sonnengottes Re übergeht. *Alchimist.:* Der Grüne Löwe bzw. der

Grüne Drache sind der Beginn des Großen Werkes; der junge Korngott; blasses Grün bezeichnet das Reich des Todes, einen Leichnam und alles im Totenreich. *Chin.:* Grün hat dieselbe Symbolik wie Blau, mit welchem es austauschbar ist im Blauen bzw. Grünen Drachen; Frühling, Osten, Wald und Wasser. Grün ist die Farbe der Ming-Dynastie. *Christl.:* Frühlingsgrün ist Unsterblichkeit; Hoffnung; das Wachsen des Heiligen Geistes im Menschen; Leben; Triumph über den Tod und Sieg des Frühlings über den Winter. Es bedeutet auch Initiation, gute Werke, und im Mittelalter wurde es zur Farbe von Dreieinigkeit, Epiphanias und Johannes dem Evangelisten. Das bleiche Grün wird mit Satan, dem Bösen und dem Tod gleichgesetzt. *Hinduist.:* s. Buddhismus. *Islam.:* Grün ist die heilige Farbe; von Mekka-Pilgern darf sie an der Kopfbedeckung getragen werden. *Jüd. (Kabbala):* Sieg.

Orange Flamme; Feuer; Luxus. *Chin.* und *Japan.:* Liebe; Glück. *Jüd. (Kabbala):* Glanz.

Purpur Königswürde; kaiserliche und priesterliche Macht; Pomp; Stolz; Wahrheit; Gerechtigkeit; Mäßigkeit; die Farbe ritueller Dienste; Gottheiten der Unterwelt. Tyrischer Purpur, »der den höchsten Ruhm verdient« (Plinius), war die Farbe des geronnenen Blutes, auch das »Blut von purpurner Farbe« (Homer). *Aztek.* und *Inka:* Majestät; Herrschaft. *Christl.:* Königliche und priesterliche Macht; Gott Vater; Wahrheit; Demut; Buße bzw. Bußfertigkeit. Die Farbe der Passionszeit und des Advents; Robenfarbe der Kardinäle. *Röm.:* Die Farbe Jupiters.

Rot Repräsentiert die Sonne und alle Kriegsgötter. Es bedeutet das männliche, aktive Prinzip; das Feuer; die Sonne; Königswürde; Liebe; Freude; Festlichkeit; Leidenschaft; Glut; Energie; Wildheit; sexuelle Erregung; die Brautfackel bzw. das Hochzeitsfeuer; Gesundheit, Kraft; auch Blut; Blutgier; Blutschuld; Zorn; Rache; Märtyrertum; Stärke; Glauben; Edelmut. Es kann auch die Farbe der Einöde und des Unglücks sein. Etwas rot zu färben oder zu bemalen, bedeutet Erneuerung des Lebens. Rot mit Weiß ist der Tod; Rot mit Weiß und Schwarz steht für die drei Stufen der Initiation. Götter werden oft rot gemalt, was übernatürliche Macht, Heiligkeit oder die Kraft der Sonne darstellen soll. *Alchimist.:* Der Mann, das männliche Prinzip, der Rote Löwe bzw. der Rote Drache; die Sonne; Schwefel; Gold; der Gipfel der Farbe; die dritte Stufe des Großen Werkes, der *servus rubens*. *Aztek.:* Fruchtbarkeit, da es die Farbe des Blutes ist; aber auch die Einöde; das Böse; Unheil. *Buddhist.:* Aktivität; Kreativität; Leben. *Chin.:* Die Sonne; der Phönix; das Feuer; der Sommer; der Süden; Freude; Glück; die glücklichste aller Farben. *Christl.:* Die Passion Christi; das auf

Farben Schwarz ist die Farbe, die in der christlichen Welt mit Trauer assoziiert wird. Diese Begräbnisszene entstammt dem Grimani-Brevier (1480–1520).

Farben Zu anderen Zeiten und in anderen Kulturtraditionen symbolisiert Weiß den Kummer. Diese Vasenmalerei des Kleophradesmalers (um 480 v. u. Z.) zeigt einen aufgebahrten Jüngling und ihm zur Seite weißgekleidete Trauernde.

Golgatha vergossene Blut; das Pfingstfeuer; Glaubenseifer; Liebe; Macht; Würde; priesterliche Macht; Unerschrockenheit; die Farbe der Gewänder von Bischöfen (den Soldaten des Papstes). Rot ist auch die Farbe des Märtyrertums und der Grausamkeit. Die Tage der Heiligen wurden im Kalender rot geschrieben. Es ist die Farbe von Pfingsten und Märtyrerfesten. Rot mit Weiß stellt den Teufel dar; das Fegefeuer; den Tod. *Griech.:* Das aktive, männliche Prinzip. Es ist die Farbe von Phoebus und Ares als Gott des Krieges; auch die des Priapos, der als der Rote Gott bekannt ist. *Hinduist.:* Aktivität; Kreativität; Lebensenergie; die *rajas* als die Expansion in der Manifestation; der Süden. *Indian.:* Freude; Fruchtbarkeit; das Rot des Tages im Gegensatz zum Schwarz der Nacht. *Jüd. (Kabbala):* Strenge. *Kelt.:* Der Tod, der rote Reiter; Unglück. *Maya:* Sieg; Erfolg. *Ozean.:* Göttlichkeit und Adel. *Röm.:* Göttlichkeit. Die Gesichter von Göttern wurden oft rot gemalt. Die Farbe des solaren Apollo und des Mars als Kriegsgott. *Semit.:* Der Sonnengott Baal/Bel.

SCHWARZ Uranfängliche Dunkelheit; das Nichtmanifeste; die Leere; das Böse; die Finsternis des Todes; Schande; Verzweiflung; Zerstörung; Verderbtheit; Kummer; Trauer; Erniedrigung; Entsagung; Feierlichkeit; Beständigkeit. Schwarz steht ebenfalls für die Zeit, hart, unbarmherzig und irrational und wird mit dem dunklen Aspekt der Großen Mutter in Verbindung gebracht, insbesondere der Kali, die Kala verkörpert, die Zeit, und mit schwarzen Jungfrauen. Schwarz oder Blauschwarz ist die Farbe des Chaos. Im Okzident steht Schwarz im Zusammenhang mit Trauer und mit dem unheilvollen Aspekt der Hexenkunst, mit schwarzer Magie und Schwarzkünsten. Es ist die Farbe von Kronos/Saturn (auch als die Zeit). *Ägypt.:* Wiedergeburt und Auferstehung. *Alchimist.:* Das Fehlen jeglicher Farbe; die erste Stufe des Großen Werkes; Zersetzung; Gärung; das Unheilvolle; Abstieg in die Hölle. *Buddhist.:* Die Dunkelheit des Gebundenseins. *Chin.:* Der Norden; *yin;* der Winter; Wasser; die Schildkröte als eines der vier geistbegabten Tiere. *Christl.:* Der Fürst der Finsternis; die Hölle; der Tod; Kummer; Trauer; Erniedrigung; spirituelles Dunkel; Verzweiflung; Verderbtheit; böse Künste. Es ist die Farbe, die für Totenmessen und am Karfreitag benutzt wird. *Herald.:* Klugheit; Weisheit. *Hinduist.:* Die *tamas;* sinnliche, abwärts gerichtete Bewegung; die Zeit, der dunkle Aspekt von Kali und Durga. *Indian.:* der Norden; Trauer; die Nacht im Gegensatz zum Rot des Tages. *Jüd. (Kabbala):* Verständnis; das Königreich. *Maya:* Der Tod eines Feindes.

SILBER Der Mond; das weibliche Prinzip; Jungfräulichkeit. Gold und Silber sind die beiden Aspekte derselben kosmischen Realität. *Alchimist.:* Luna, »die geläuterten Affekte«.

VIOLETT Intelligenz; Wissen; religiöse Hingabe; Heiligkeit; Nüchternheit; Demut; Buße bzw. Bußfertigkeit; Kummer; Mäßigkeit; Nostalgie; Gram; Trauer; Greisenalter. *Christl.:* Priesterliche Macht und Autorität; Wahrheit; Fasten; Traurigkeit; Dunkelheit; Buße bzw. Bußfertigkeit. Die Farbe der hl. Maria Magdalena. *Jüd. (Kabbala):* Grundlegung. *Röm.:* Eine Farbe Jupiters.

WEISS Das Undifferenzierte; transzendente Vollendung; Einfachheit; Licht; Sonne; Luft; Erleuchtung; Reinheit; Unschuld; Keuschheit; Gottesfurcht; Heiligkeit; Erlösung; geistliche Autorität. Ein weißes Gewand bedeutet Reinheit, Keuschheit oder den Triumph des Geistes über das Fleisch; es wird im Orient bei Trauer getragen und wurde auch im alten Griechenland und Rom in dieser Bedeutung verwendet. Weiß steht im Zusammenhang mit Leben und Liebe, aber auch mit Tod und Begräbnis. Bei der Vermählung symbolisiert es den Tod des alten Lebens und die Geburt zum neuen, während es beim Tode die Geburt in das neue Leben im Jenseits versinnbildlicht. Eine in Weiß gekleidete Frau verkörpert ebenfalls die Bedeutungen Liebe–Leben–Tod, wie das der Fall ist bei der Delphischen Aphrodite der Begräbnisstätten, der *skandinavischen* Freyja oder Frigga und der *germanischen* Hel/Freyja, »der Geliebten«, der Göttin des Todes. Weiß mit Schwarz und Rot stellt die drei Stufen der Initiation dar. Weiß mit Rot ist der Tod. Die weiße Fahne bedeutet Kapitulation, Waffenruhe, Freundschaft, guten Willen. *Ägypt.:* Weiß mit Grün stellt die Freude dar. *Alchimist.:* Die *femina alba*, die Weiße Lilie, ist die Frau, das weibliche Prinzip, der Mond, das Silber, Quecksilber, die Reinheit des ungeteilten Lichts und die zweite Stufe des Großen Werkes. *Aztek.:* Die sterbende Sonne, die Nacht. *Buddhist.:* Selbstbeherrschung; Erlösung; die Weiße Tara; die höchste geistliche Transformation durch Weiblichkeit, »sie, die aus der Dunkelheit des Gebundenseins herausführt«, die Mutter aller Buddhas. *Chin.:* Der Weiße Tiger; der Westen; der Herbst; Metall; Trauer. *Christl.:* Die geläuterte Seele; Freude; Reinheit; Jungfräulichkeit; Unschuld; das tugendhafte Leben; Licht; Integrität. Weiß wird bei allen Sakramenten getragen: bei Taufe, Konfirmation, erster Kommunion, Vermählung, Tod. Es ist die Farbe von Heiligen, die kein Martyrium erlitten haben, und von jungfräulichen Heiligen, die Farbe von Ostern, Weihnachten, Epiphanias und Himmelfahrt. Weiß mit Rot ist der Teufel; das Fegefeuer; der Tod. *Druid.:* Wurde von Priestern und zur Taufe getragen. *Griech.:* Trauer, Liebe, Leben und Tod. *Hinduist.:* Reines Bewußtsein; Selbsterleuchtung; Licht; *sattva* – nach oben gerichtete Bewegung; Manifestation; der Osten. *Indian.:* Heiligkeit; der Osten. *Jüd.:* Freude (Salomo 9,8); Reinigung (Jes. 1,18). *Kabbala:* Die Krone. *Maori:*Waffenruhe; Ergebung. *Maya:* Frieden; Gesundheit. *Röm.:* Es wurde bei freudigen Anlässen, aber auch bei Trauer getragen.

Farn Einsamkeit; Aufrichtigkeit; Demut.

Fasan *Chin.:* Licht; *yang*; Tugend; Wohlstand; Glück; Schönheit; Wahrzeichen des Kaisers Yü. *Japan.:* Schutz; Mutterliebe.

Fasces *Röm:* Richterliche Gewalt und juristische Autorität; Bestrafung; die Ruten bezeichnen Geißelung und das Beil Enthauptung; zusammen symbolisieren sie Kraft in der Einheit. In der Bedeutung Einheit können sie ein Attribut von Eros/Cupido sein.

Faß Das weiblich empfangende, umschließende Prinzip. Ein Faß ohne Boden bezeichnet sinnlose und vergebliche Mühe.

Fasten Eine *arisch-keltische* Methode, um Aufmerksamkeit auf Mißstände und Grund zur Klage zu lenken; auch Demut und Buße.

Fäulnis Auflösung und Zersetzung vor der Wiederherstellung und Wiedergeburt; der Tod des Körpers und die Befreiung der Seele. Von besonderer Bedeutung im Großen Werk der *Alchimie*.

Feder Macht; Stärke; Triumph. Wahrheit, die emporsteigen, d. h. ans Licht kommen muß; Leichtigkeit; Trockenheit; die Himmel; Höhe; Geschwindigkeit; Raum; Flug in andere Reiche; die Seele; das Element Wind und Luft im Gegensatz zum feuchten Prinzip. Federn auf Kriegerhelmen bedeuten Ehre, Sieg; Widerstand. Federn oder einen Kopfschmuck mit Federn zu tragen, bedeutet, die Kraft des Vogels, *mana*, zu besitzen, und bringt den Träger in Berührung mit dem Wissen der Vögel und mit ihrer transzendenten und instinktiven Erkenntnis und magischen Kraft. Zwei Federn zusammen bedeuten Licht und Luft; die beiden Pole; auch Auferstehung. Drei Federn werden in Zusammenhang gebracht mit der Vorstellung von der ↗ Lilie und sind ein Attribut des Prinzen von Wales. Die weiße Feder bedeutet Wolken, Meerschaum und Feigheit, da eine oder mehrere weiße Federn im Schwanz eines kämpfenden Hahnes als ein Zeichen unreiner Rasse bzw. als ein Zuchtfehler betrachtet wurden und somit auf fehlenden Kampfesmut hindeuten. Eine Federkrone repräsentiert die Strahlen der Sonne. *Ägypt.:* Souveränität, Königsherrschaft; Wahrheit; Flug; Schwerelosigkeit; Trockenheit; Höhe; Attribut der Göttin Maat für Wahrheit. Gottheiten, die Federn als Attribute haben, sind weiterhin: der Sonnengott Amun

Feder Das Motiv aus Feder und Holzmaserung in der Glasur dieser chinesischen Schale aus dem 13. Jahrhundert vereint die Gegensätze von Leichtigkeit und Erhabenheit, wie sie durch die Feder ausgedrückt werden, mit der irdischen Lebenskraft und dem Wachstum des Baumes, dessen Maserung der Plan des Lebens selbst ist, in einem einzigen Symbol.

Feuer Die Könige der Erde – ihre Kronen umgeben eine Erdkugel – verehren durch einen ihrer Vertreter das höchste, alles beherrschende, verwandelnde Feuer (Illustration aus einem alchimistischen Text des 17. Jahrhunderts).

Re, Osiris, Horus, Schu, Hathor, Montu und Nefertum. Osiris wägt die Seele gegen Federn der Wahrheit. *Altnord.:* Freyja besaß ein magisches Federgewand, das seiner Trägerin zu fliegen ermöglichte. *Christl.:* Kontemplation; Glaube. *Daoist.:* Ein Attribut des Priesters, des »gefiederten Weisen« oder »gefiederten Besuchers«; Kommunikation mit der anderen Welt. *Indian.:* Adlerfedern stellen den Donnervogel dar, den Großen Geist, den Universalgeist, auch die Strahlen des Lichts. ↗ Gefiederte Sonne. *Kelt.:* Gefiederte Gewänder, von Priestern getragen, symbolisieren die Reise in die andere Welt; Feen tragen ebenfalls mit Federn gesäumte Gewänder. *Schamanist.:* Die gefiederten Gewänder der Schamanen geben ihnen die Macht, in andere Reiche zu fliegen und Reisen zu unternehmen, um Wissen zu erlangen. Vogelkopf oder Vogelmaske können an die Stelle von Federn treten. *Toltek.:* Gefiederte Stäbe verkörpern das Gebet; Kontemplation.

Feige/Feigenbaum/Pipal-Baum Fruchtbarkeit; Leben; Frieden; Gedeihen. Der Feigenbaum ist der Baum der Erleuchtung und vereinigt die Symbole sowohl des männlichen als auch des weiblichen Prinzips; das Feigenblatt ist das Männliche, der Linga bzw. Lingam, und die Feige ist das Weibliche, die Yoni. Das Feigenblatt stellt Sinnenlust und Geschlechtstrieb dar: »Das Feigenblatt wird als Zeichen für Trinken und Bewegung gedeutet und soll dem männlichen Geschlechtsorgan ähneln« (Plutarch). Ein Korb Feigen bedeutet Fruchtbarkeit und verkörpert die Frau als Göttin oder Mutter. Der Feigenbaum wird mit dem Weinstock in Verbindung gebracht als ein Ort des Friedens und der Stille sowie mit der Brust als »der Baum der vielen Brüste«. *Buddhist.:* Der heilige ↗ Bodhi-Baum, unter dem Buddha die Erleuchtung erlebte. *Christl.:* Kann die Rolle des Apfels im Garten Eden übernehmen. Das Blatt des Feigenbaumes dient schamhafter Verhüllung (1. Mose, 3.7.). *Griech./Röm.:* Dionysos/Bacchus geweiht, Priapos, Jupiter und Silvanus; phallisch. *Islam.:* Der Baum des Himmels, seit Mohammed bei ihm schwor. *Jüd.:* Frieden; Wohlstand; Fülle; zusammen mit dem Weinstock ein Symbol Israels. *Ozean.:* Häufig ein Baum des Lebens und Gegenstand kultischer Rituale.

Feld Die Erdmutter, die große Erzeugerin und Ernährerin. *Hinduist.:* »Die Frau ist das Feld, der Mann ist der Samen.« *Islam.:* »Frauen sind das Feld.«

Fels Beständigkeit; Stabilität; Zuverlässigkeit; Unerbittlichkeit; Kälte und Härte. Der Lebende Fels ist der Ursprung des Menschen. Doppelfelsen sind ein Himmelstor, das den Zugang zu einem anderen Reich eröffnet (berstende Felsen ↗ Übergang). *Christl.:* Aus dem Felsen stürzendes Wasser bedeutet die Wasser der Taufe und Klärung, die die Kirche ausgießt. Bei den Kirchenvätern ist Christus der schöne Fels, dem das Wasser des Lebens entspringt. Der Fels bedeutet auch Stärke, Zuflucht, Standhaftigkeit; er ist ein Symbol des hl. Petrus. *Mithrazist.:* Mithras wurde aus einem Felsen geboren. ↗ Stein

Fenchel Dem Sabazios geweiht; Fenchelkränze wurden in Riten für ihn getragen.

Ferse Der verwundbare Teil eines sonst unverwundbaren Menschen, z. B. bei Krishna, Achilles; aber sie ist auch der Teil, der die Schlange tötet und das Böse zermalmt. »Die Fersen zeigen« bedeutet oft auch Flucht.

Fett Galt in Naturreligionen als der Sitz des Lebens und sollte die Kräfte des Körpers besitzen, dem es entstammte. Es nahm daher in dieser Bedeutung eine Vorrangstellung ein. ↗ Essen

Feuer Umwandlung; Reinigung; die lebenspendende und befruchtende Kraft der Sonne; Erneuerung des Lebens; Kraft, Macht und Energie; die unsichtbare Energie in ihrer Existenzform; sexuelle Kraft; Schutz; Sichtbarkeit; Zerstörung; Verschmelzung; Leidenschaft; Opfer; Wechsel oder Übergang von einem Stadium in ein anderes; das Medium von Botschaften oder Anliegen, die an den Himmel gerichtet sind. Als Flamme erscheinendes Feuer symbolisiert spirituelle Kraft, Transzendenz und Erleuchtung, und es ist eine Manifestation des Göttlichen oder der Seele, das Pneuma, der Atem des Lebens. Dazu bedeutet es Inspiration und Erleuchtung. Eine Flamme auf dem oder um das Haupt – wie ein *Nimbus* – repräsentiert göttliche Kraft, die Möglichkeiten der Seele oder des Genius, den Kopf als Sitz der lebendigen Seele. Beim Tode verläßt eine Flamme den Körper. Ein Feuer und eine Flamme können beide den Herd bezeichnen. Beide sind ambivalent, da sie das Göttliche wie das Dämonische, das Schöpferische wie das Zerstörende bedeuten können; sie versinnbildlichen das Verschlingen aller geschaffenen Dinge zum Zwecke ihrer Rückkehr in die ursprüngliche Einheit. Beide repräsentieren Wahrheit und Wissen als Verzehrer von Lüge, Ignoranz, Illusion und Tod und als das die Unreinheit Versengende. Die Feuertaufe stellt die ursprüngliche Reinheit wieder her, indem durch sie die Schlacke weggebrannt wird; dies ist damit verbunden, daß man das Feuer passieren muß, um zum Paradies zu gelangen, welches, seitdem es verloren wurde, von Feuer oder von Wächtern mit Flammenschwertern umgeben ist – ein Symbol dafür, daß den Ignoranten und den Nicht-Erleuchteten der Weg dorthin versperrt ist. Das Feuer besitzt zwei Aspekte, das Licht und die Hitze, von denen das

eine oft durch gerade, das andere durch gewellte Strahlen dargestellt ist. Licht und Hitze können auch den Intellekt und die Emotionen repräsentieren, dazu den regenbringenden und den befruchtenden Blitz sowie die Wärme des heimischen Herdes, das Ehrfurchteinflößende und den Trost.
Ein Feuer anzuzünden, ist gleichbedeutend mit Geburt und Wiedererweckung in primitiven Kulturen mit sexueller Schöpfung. Feuer und Wasser gemeinsam sind die beiden großen Prinzipien des Universums, das Aktive und das Passive; sie sind der Himmelsvater und die Erdmutter und alle Gegensätze in der Welt der Elemente; Feuer und Wasser liegen im Streit, aber als Wärme und Feuchtigkeit sind sie notwendig für alles Leben. In der Welt der Pflanzen wird das Feuer durch den Senfsamen repräsentiert. Feuer und Wind versinnbildlichen die Berg- und Vulkangötter. Das Feuer des heimischen Herdes ist das Zentrum des Hauses und so sein weiblich-irdischer Aspekt. Symbole des Feuers sind das aufwärtszeigende Dreieck, die Svastika, die Löwenmähne, Haar, Waffen, die Tanne, die Azalee. *Ägypt.:* Schutz gegen böse Geister; in der Unterwelt gab es feuerspeiende Geister, Flammenströme u. a. *Alchimist.:* Feuer ist das zentrale Element als der Vereiniger und Stabilisator. *Aztek.:* Ritueller Tod; Erlösung; Buße. *Buddhist.:* Weisheit, die alle Ignoranz verbrennt. Eine Feuersäule ist ein Symbol Buddhas. Feuer verzehrt, Wasser reinigt. *Chin.:* Die Flamme kennzeichnet die Anwesenheit des Gottes. Feuer bedeutet Gefahr; Ärger; Wildheit; Schnelligkeit; als spirituelle Kraft jedoch ist es solar, *yang*, verbunden mit dem *yin* des Wassers. ↗ Elemente. *Christl.:* Religiöse Inbrunst; Märtyrertum. »Feuerzungen« verkünden die Ankunft des Heiligen Geistes; die Stimme Gottes; die göttliche Offenbarung. ↗ Fackel. *Griech./Röm.:* Attribut aller Donner-, Vulkan- und Schmiedegötter wie Hephaistos und Vulcanus, die die Kraft des irdischen Feuers verkörpern; außerdem ein Symbol der Hestia/Vesta, der Herdgöttin. *Hinduist.:* Transzendentes Licht; Wissen; lebendige Energie der Weisheit; wird auch mit den Kräften der Zerstörung gleichgesetzt, mit der Befreiung und Neuschöpfung durch Shiva. Die Flammen- und Rauchsäule des vedischen Feuergottes Agni repräsentiert die Weltachse. Als Feuer ist Agni sowohl der regenbringende Blitz als auch das Herdfeuer. Flammen geben Agnis goldene Zähne, die scharfe Zunge und das aufgelöste Haar wieder. Er reitet den solaren Widder, hält eine Axt, einen Fächer und einen Blasebalg und ist aus dem Wald geboren. Drei Feuer leuchten auf den vedischen Feueraltären und stehen für Süden, Osten und Westen, wobei sie Sonne und Himmel, Äther und Winde und die Erde

Feuer Der Gott der Maya Huehuetlotl – der Gott des Feuers – trägt auf dem Kopf ein Kohlebecken, von dem man sich vorstellte, daß darin das Symbol seiner selbst und seiner Göttlichkeit entzündet und genährt wurde.

Fliegen Dieses fliegende indische Götterpaar, im 6. Jahrhundert an einer Höhlendecke in Stein gehauen, bringt den im Osten verbreiteten Glauben zum Ausdruck, daß sich die beiden Partner durch die körperliche Liebe über ihre irdischen Leidenschaften erheben können.

repräsentieren. Den schwarzen und schrecklichen Aspekt des Feuers verkörpert Kali/Durga (die auch die Zeit verschlingt), meist als grauenvolle schwarze oder rote Figur mit langen Kaninchenzähnen und Feuerzunge dargestellt, die die Attribute ihres Ehemannes Shiva hält: Donnerkeil, Schwert, Trommel und eine Schale voll Blut. Ein Feuer anzuzünden, ist ein Schöpfungsakt, eine Einordnung und Wiedervereinigung im Sinne der Heiligkeit. Der Flammenkreis um Shiva bedeutet den kosmischen Zyklus von Schöpfung und Zerstörung. Das Feuer als lebendige Flamme ist auch Krishna: »Ich bin das Feuer, das in den Körpern aller Dinge herrscht, die Leben haben« *(Bhagavadgita)*. *Indian.:* Im Medizinerzelt ist das Feuer der heilige zentrale Wohnplatz des Großen Geistes; es ist eine Verbindung zwischen Gott und Mensch. *Iran.:* Die Tempel der Parsen haben das Feuer als heiligen Mittelpunkt, den Platz der Gottheit und des Göttlichen Lichts in der menschlichen Seele. Es ist auch eine solare Kraft, symbolisiert durch den Altar, das göttliche Feuer im Himmel wie im Holz. Es wird mit Gesetz und Ordnung in Verbindung gebracht. Heilige Bedeutung hat es auch auf den Opferaltären des *Zoroastrismus*. *Islam.:* Feuer und Flamme sind Licht und Hitze, Göttlichkeit und Hölle. *Jüd.:* Göttliche Offenbarung; die Stimme Gottes: »Der Herr dein Gott ist ein verzehrendes Feuer« (Deut. 4, 24). *Pythagor.:* Mit dem Tetraeder verbunden; wie das Feuer das erste Element, ist der Tetraeder die erste geometrische Figur. *Sumero-semit.:* Marduk, der babylonische Reichsgott, war ein Feuergott.

Feuerstein Feuer; Erzeugung von Feuer; Hartherzigkeit und daher Gleichgültigkeit; der Funke der Liebe; Schöpferkraft. Pfeilspitzen aus Feuerstein sind Zauberwaffen und wenden Böses ab.

Finger Mit dem Finger zu zeigen, bedeutet magische Kraft oder Beleidigung; ein Finger auf dem Mund bedeutet Schweigen oder Nachdenken oder auch eine Warnung. Segnend erhobene Finger übermitteln spirituelle Kräfte. Sind der erste und der vierte Finger erhoben, so hat das unheilabwendende Bedeutung, oder es bezeichnet Schutz gegen den bösen Blick, ist jedoch eine Beleidigung, wenn sie auf eine Person gerichtet sind (Hahnrei). *Ägypt.:* Zwei zur Segnung oder Weihe erhobene Finger bedeuten Hilfe und Kraft und stellen die beiden Finger von Horus dar, die er ausstreckte, um Osiris zu helfen, die Leiter von dieser Welt in die andere zu legen; der erste Finger ist göttliche Gerechtigkeit, der zweite der Geist, der Mittler. Das Kind Horus hatte einen Finger am Mund. *Griech.:* Ein Finger auf dem Mund bedeutet Schweigen oder Meditation; eine symbolische Geste von Polyhymnia und Nemesis.

Finsternis Uranfängliches Chaos; die Mächte des Chaos; der Ursprung des Dualismus im Sein; das Foetalstadium der Welt. Finsternis ist nicht dem Wesen nach böse, da sie ja der Urgrund des Lichtes ist, welches aus ihr hervortritt, und in diesem Sinne ist sie nichtmanifestes Licht; die präkosmogene und pränatale Finsternis geht sowohl der Geburt als auch der Initiation voraus, und die Finsternis steht in Verbindung mit Übergangsstadien wie beim Tod und der Initiation; das Keimen und die Schöpfung finden in der Finsternis statt, und alles kehrt im Tod und in der Auflösung in die Dunkelheit zurück. Finsternis und Licht sind der Doppelaspekt der Großen Mutter als Schöpferin und Zerstörerin; Geburt, Leben und Liebe, auch Tod und Zersetzung. Dies wird auch von den Schwarzen Jungfrauen, von *yin* und *yang*, von Shakta und Shakti symbolisiert. *Christl.:* Der Teufel, der Fürst der Finsternis; geistige Finsternis; Gefangenschaft. *Hind.:* Der finstere Aspekt von Kali als der Zeit, der Zerstörerin; der unteilbare Charakter von Durga. *Iran.:* Die Macht von Anghra Mainyu oder Ahriman, dem Herrn der Finsternis. *Islam.:* Indiskretion.

Fisch Fruchtbarkeit; Zeugung; erneuertes und erhaltenes Leben; die Kraft der Wasser als Ursprung und zur Erhaltung des Lebens; das Element des Wassers; steht im Zusammenhang mit allen Aspekten der Muttergöttin als Zeugende und mit allen Mondgottheiten. Fisch mit Brot und Wein war das heilige Mahl der Mysterienreligionen, und Fischgerichte und -opfer wurden zelebriert in Verehrungsriten aller Götter der Unterwelt und der Mondgöttinnen der Wasser und der Liebe und Fruchtbarkeit wie Atargatis, deren Sohn Ichthys, der heilige Fisch, war, wie auch Ištar, Isis, Nina und Venus; ihr Tag war der Freitag, an dem ihnen zu Ehren Fisch gegessen wurde, und auch deshalb, weil man so der Fruchtbarkeit des Fisches teilhaftig zu werden hoffte.

Fische symbolisierten auch religiöse Eiferer und Gläubige, die in den Wassern des Lebens schwimmen. Zusammen mit Vögeln dargestellt, sind Fische chthonisch und stehen im Zusammenhang mit Begräbnissen, wo sie die Hoffnung auf die Auferstehung verkörpern. Fischgottheiten und Meeresgötter, die auf Fischen oder Delphinen reiten, symbolisieren die Unabhängigkeit der Bewegung in den Wassern; die unbegrenzte Möglichkeit. Zwei Fische sind weltliche und geistliche Macht. Drei Fische mit einem Kopf symbolisieren die Einheit der Trinität; diese Symbolik findet sich in der *ägyptischen, keltischen, indischen, mesopotamischen, burmesischen, persischen* und *französischen* Ikonographie und ist fast überall anzutreffen, vom Altertum bis zur Neuzeit. Drei ineinander verschlungene Fische sind auch ein Symbol der Trinität. *Ägypt.:* Zwei Fische sind das kreative Prinzip; der Reichtum, den der Nil spendet; Fruchtbarkeit; Attribut von Isis. Oft sind Fische das Unreine; Haß; Götterfeinde; Attribut von Typhon als das irrationale und leidenschaftliche Element der Natur. *Alchimist.:* Die geheime oder verborgene Substanz. *Altnord.:* Attribut von Frigga als der Göttin der Liebe und Fruchtbarkeit. *Buddhist.:* Symbolisch auf dem Fußabdruck Buddhas für Freiheit von Beschränkungen; Souveränität gegenüber Wünschen und Neigungen. Buddha ist ein Menschenfischer. *Chin.:* Überfluß (Fisch und Überfluß sind gleichklingende Wörter); Reichtum; Regeneration; Harmonie; die Untertanen des Kaisers. Ein einzelner Fisch symbolisiert einen allein lebenden oder einsamen Menschen, eine Waise, eine Witwe oder einen Junggesellen; ein Fischpaar die Freuden der Vereinigung; Ehe; Fruchtbarkeit. Ein Attribut von Kwan-yin und der Tang-Dynastie. *Christl.:* Taufe; Unsterblichkeit; Auferstehung (das Zeichen von Jonas). Der Fisch des Sakraments mit Wein und einem Korb Brot stellt in der christlichen Kunst die Eucharistie und das Letzte Abendmahl dar. Die frühen Kirchenväter nannten die Gläubigen *pisciculi*, und die Apostel waren Menschenfischer. Christus wurde durch das Akrostichon ICHTHYS (griech. Anfangsbuchstaben von Jesus Christus, Gottes Sohn, Erlöser) dargestellt. In der lateinischen Kirche stand der Fisch für Christus, in der griechisch-orthodoxen jedoch nicht. Der Fisch ist ein Attribut der Heiligen Antonius von Padua, Chrysogonus, Benno von Meißen (hier mit einem Schlüssel im Maul), Petrus und Zeno (zwei Fische auf einem Bild). Die drei Fische mit einem Kopf bezeichnen das Drei-in-Einem der Dreieinigkeit, und die drei ineinander verschlungenen Fische sind die Taufe unter der Trinität. *Griech.:* Attribut von Poseidon als Symbol für die Macht der Wasser. Der Fisch wurde den Toten als Gabe mitgegeben in Verehrung für Adonis. *Hinduist.:* Ein Fahrzeug Vishnus in seiner ersten Inkarnation als Erretter der Menschen vor der Sintflut und Begründer eines neuen Geschlechts am Beginn des jetzigen Weltalters; auch ein Symbol für Varuna, der als goldener Fisch die Macht der Wasser verkörperte und Manu vor der Sintflut bewahrte. Der Fisch stellt Reichtum und Fruchtbarkeit dar und ist ein Attribut von Gottheiten der Liebe. Zwei Fische, hintereinander angeordnet und einander berührend, symbolisieren die Yoni. *Japan.:* Liebe (ein gleichklingendes Wort wie Karpfen); ein Attribut der Kwannon. *Jüd.:* Die *coena pura* des Sabbath-Mahles; Speise der Seligen im Paradies; Symbol für das himmlische Mahl des zukünftigen Lebens in Seligkeit. Fische sind die Gläubigen Israels in ihrem wahren Element, den Wassern der Thora. Das alte jüdische Passahfest fand im Monat des Fisches, Adar, statt. *Kelt.:* Lachs und Forelle wurden als Symbole für die göttliche Vorahnung mit den heiligen Quellen in Verbindung gebracht. Nodon war ein Fischergott. *Mandä.:* Sakrale Speise bei Festmählern für die Toten. *Röm.:* Stand in Zusammenhang mit Bestattungen; neues Leben in der anderen Welt; ein Attribut von Neptun als Symbol für die Macht der Wasser. *Sumero-semit.:* Fischhaut wurde von den Priestern des Ea/Enki, des Herrn der Tiefen, der auch als Ziegenfisch dargestellt ist, als Tiergewand benutzt; der Fisch-Kopfschmuck der Priester des Ea wurde später zur Mitra christlicher Bischöfe. Der Fisch ist ein Attribut des Ea und des Tammuz als Männlichkeitssymbol, aber in Verbindung mit Ištar repräsentiert er Weiblichkeit, Liebe und Fruchtbarkeit. Adapa, der Weise, Sohn des Ea, ist als Fischer dargestellt. In *Assyrien* erscheint der Fisch mit der Axt, möglicherweise als Symbol der Mächte der Wasser und der Himmel. Auch auf *Kreta* tritt er mit der Axt auf. In *Phönikien*, *Phrygien* und *Syrien* war der Fisch die heilige Speise der Priester der Atargatis, die heilige Fischteiche hatte; er war ein Attribut von Gottheiten der Liebe und bedeutete Glück. *Tierkreis:* Die geheime oder verborgene Substanz wird durch die einander gegenüberstehenden Fische symbolisiert; der Ziegenfisch ist der Steinbock.

Fischen *Chin.:* Die Kunst zu herrschen: »Ein ungeschickter Angler fängt keinen Fisch; ein taktloser Herrscher wird die Leute nicht für sich gewinnen.« *Christl.:* Bekehrte in die Kirche bringen; die Apostel als »Menschenfischer«.

Flagge ↗ Banner

Flamme ↗ Feuer

Flasche Das Symbol des Mutterschoßes; das Prinzip des Bewahrens und Umschließens. Im *Christentum* bedeutet sie Erlösung und ist ein Attribut der Heiligen Jakobus des Älteren, Cosmos und Damian.

Fledermaus *Afrikan.:* Ambivalent, Scharfsinn, aber auch Dunkelheit und Unklarheit. *Alchimist.:* Als ein Doppelwesen aus Vogel und Maus kann sie den Androgyn darstellen. Im Zusammenhang mit Schwarzer Magie und Hexenkunst; Weisheit; List; Rache. *Buddhist.:* Erschwertes Verstehen. *Chin.:* Als Nachttier ein *yin*-Tier, aber als gleichlautendes Wort mit dem für Glück, *fu*, wird sie ein Symbol für inneres und äußeres Glück, Reichtum, Langlebigkeit, Frieden. Ein Fledermauspaar bezeichnet gute Wünsche und ist ein Attribut von Shou-hsing, dem Gott der Langlebigkeit; eine Gruppe von fünf Fledermäusen stellt die fünf guten Gaben dar: Gesundheit, Reichtum, langes Leben, Frieden und Glück.

Christl.: »Der Vogel des Teufels«, eine Verkörperung des Fürsten der Finsternis. Satan ist mit Fledermausflügeln dargestellt. Als ein Zwitter aus Vogel und Ratte steht sie für Doppelzüngigkeit und Heuchelei; da sie sich in Ruinen und an einsamen Orten aufhält, bedeutet sie Melancholie. *Indian.:* Ein Regenbringer. *Japan.:* Unheilvolle Ruhelosigkeit; ein chaotischer Zustand. *Jüd.:* Unreinheit; Götzendienst.

Fliege Wird meistens mit bösen Göttern und Verderben assoziiert. Sie kann übernatürliche Macht verkörpern, meistens das Böse; Dämonen sind häufig als Fliegen dargestellt. *Christl.:* Das Böse; die Pestilenz; die Sünde. In der christlichen Kunst wird sie zusammen mit dem Stieglitz dargestellt und bedeutet Krankheit, während der Stieglitz die Rettung bringt. *Iran.:* Ahriman ist der Herr der Fliegen und alles Bösen; wird von Ahuramazda bekämpft. *Phönik.:* Beelzebub, der Herr der Fliegen, ist die Macht, die Zerstörung und Fäulnis bewirkt.

Fliegenwedel Autorität: Befehlsgewalt. *Buddhist.:* Leben verschonen in Gehorsam gegenüber dem Befehl, nicht zu töten. *Chin.:* Führung; Autorität. *Hinduist.:* Der Wedel mit dem goldenen Griff bedeutet geistliche und weltliche Macht.

Flöte Wird bisweilen als gleichbedeutend mit Schmerz und extremen Gefühlsbewegungen verwendet. *Chin.:* Attribut von Han Hsiang-tzu, einem der acht daoistischen Genien oder Unsterblichen und Symbol für Harmonie. *Griech./Röm.:* Attribut von Euterpe und den Sirenen als Zeichen der Verführung und der Emotionen. Die Flöten des Pan verkörpern die allumfassende Harmonie in der Natur. Attribut eines Satyrs. *Hinduist.:* Krishnas Flöte ist »die Stimme der Ewigkeit, die diejenigen ruft, die im Zeitlichen leben.« *Phryg.:* Ein Attribut von Kybele.

Flug/Fliegen Transzendenz; die Befreiung des Geistes aus den Beschränkungen der Materie; die Freilassung des Geistes der Toten; der Übergang von einer ontologischen Ebene zur anderen; der Übergang vom Bedingten zum Unbedingten; der Zugang zu einer übermenschlichen Seinsform. Daß Weise zu fliegen bzw. »auf dem Wind zu reisen« vermögen, symbolisiert die Loslösung des Geistes und Allgegenwärtigkeit.

Flügel Flügel sind fast ausnahmslos nur im Westen und im Vorderen Orient Darstellungen von Göttern und übernatürlichen Wesen eigen. Fernöstliche und indische göttliche und übernatürliche Wesen haben keine Flügelsymbolik, ausgenommen der Garuda, das Kosmische Pferd und der Geflügelte Drache. Flügel sind solar und stellen Göttlichkeit dar; spirituelle Natur; die bewegende, schützende und alles durchdringende Macht der Gottheit; die Macht,

Flöte Die vier Arme von Krishna auf dieser drawidischen Skulptur aus dem 17. Jahrhundert deuten auf seine göttliche Natur als ein Avatara (eine Erscheinungsform) von Vishnu, und sein dem Menschen zugehörendes Flötenspiel ist der symbolische Ausdruck seiner Göttlichkeit, die sich durch seinen Körper hindurch manifestierte.

die irdische Welt zu transzendieren; den Nimmermüden; den Allgegenwärtigen; die Luft; den Wind; spontane Bewegung; den Flug der Zeit; den Flug des Gedankens; Willenskraft; Geist; Freiheit; Sieg; Schnelligkeit.
Flügel sind Attribute schneller Götterboten und bedeuten die Macht der Kommunikation zwischen Göttern und Menschen. Ausgebreitete Flügel sind göttlicher Schutz oder das Verbergen der Himmel vor der Gluthitze der Sonne. Der »Schatten der Flügel« ist Schutz und Vertrauen. Die geflügelte Sonne oder Scheibe ist die unermüdliche Reise der Sonne über das Firmament; der Triumph des Lichtes über die Finsternis; Himmelsmacht; Göttlichkeit. Geflügelte Gottheiten sind Sonnengötter oder Götter des Feuer- bzw. Lichthimmels; aber die Flügel sind ambivalent, denn es gibt auch geflügelte Mächte des Bösen oder geflügelte Teufel. Flügelkappe, Sandalen und Heroldsstab zeigen einen Götterboten an. Das geflügelte Pferd ist solar und wird von einem Heroen geritten, oder es ist das Kosmische Pferd. *Ägypt.:* Neith ist bisweilen geflügelt; aber Flügel sind in der ägyptischen Ikonographie selten. *Alchim.:* Das Fehlen von Flügeln bedeutet die »feste« Natur des Schwefels, Flügel stellen die »flüchtige« Natur des Quecksilbers dar. *Buddhist.:* Zwei Flügel stehen für Weisheit und Methode. *Chin.:* Der geflügelte Drache ist die himmlische Macht, der Lebensgeist (↗ Drache). Das Kosmische Pferd ist geflügelt und ein *yang*-Tier. Zwei Vögel zusammen, die jeder nur einen Flügel haben, sind ein Bild für unauflösliche Einheit, Treue und ein Liebespaar. *Christl.:* Engel, ursprünglich schöne junge Männer, haben später in der Darstellung Flügel zum Zeichen göttlicher Eigenschaften und als Götterboten. Der Teufel ist häufig mit Fledermausflügeln dargestellt. *Griech./Röm.:* Von den vier Flügeln des Kronos, die den Flug der Zeit verkörpern, sind zwei ausgebreitet und zwei in Ruhestellung zu sehen, und damit wird ständige Bewegung und Wachsamkeit symbolisiert: »Sei ruhig beim Fliegen, und fliege, wenn du ruhst.« Flügel sind auch ein Attribut von Hypnos, der die Menschen mit seinen schwarzen Schwingen in den Schlaf fächelt. Hermes/Merkur hat eine Flügelkappe, Sandalen und den Heroldsstab des Götterboten. Iris als Botin der Hera/Juno hat Flügel. Der römische Viktor hat Schwingen. *Hinduist.:* Garuda ist geflügelt. *Iran.:* Die geflügelte Scheibe ist eine Allegorie für Ahuramazda oder Hormuzd als Gott des Lichts. *Islam.:* Acht Engel tragen den Thron, der die Welt umschließt. *Jüd.:* Erzengel und Engel, Seraphim und Cherubim haben Flügel. *Mithraz.:* Die vier Winde und die vier Jahreszeiten sind durch Flügel dargestellt. *Schaman.:* Das geflügelte Pferd ist ein

Flügel Verzierung an der Außenwand einer armenischen Kirche: ein Seraph, dessen sechs Flügel mit vielen Augen das Symbol seines höchsten Ranges in der Hierarchie der Engel sind.

Psychopompos (Seelengeleiter). Vogelschwingen oder gefiederte Gewänder symbolisieren Gemeinschaft zwischen dieser und der Geisterwelt. *Sumero-semit.:* Die geflügelte Scheibe ist ein Symbol bzw. eine direkte Verkörperung der Sonnengötter Šamaš und Aššur. Vier Flügel bedeuten die vier Winde und Jahreszeiten. Der semitische El hat sechs oder vier Flügel, zwei in Ruhestellung und zwei zum Flug ausgebreitet mit derselben Symbolik der Wachsamkeit und des »Fliegens in der Zeit der Ruhe und des Ruhens beim Fluge« wie bei Kronos.

Fluß Der beständige Wechsel der Welt in der Manifestation; das Dahingehen des Lebens. Der Fluß des Lebens ist das Reich des Göttlichen; der Makrokosmos; der Fluß des Todes ist die manifeste Existenz, die Welt der Veränderungen, der Mikrokosmos. Die »Rückkehr zum Ursprung«, die durch den zur Quelle zurückströmenden Fluß versinnbildlicht wird, ist das Zurückkehren zum ursprünglichen, paradiesischen Zustand, um Erleuchtung zu finden.
Die Flußmündung hat teil an der Symbolik der Tür bzw. des Tores, denn auch sie verschafft den Zugang zu einem anderen Reich, zum Ozean der Einheit. Gewöhnlich erfolgt die Reise bei Riten des Übergangs oder bei Reisen von einem Zustand in den anderen von einem Ufer zum anderen, quer über den Fluß des Lebens oder des Todes, wird jedoch die Reise zur Mündung des Flusses unternommen, so bergen die Ufer Gefahren und sind deshalb zu meiden, und die Symbolik wandelt sich zu der des gefahrvollen ↗ Überganges.
Die vier Flüsse des Paradieses, die in die vier Himmelsrichtungen fließen, entspringen aus einer Quelle, Fontäne oder einem Brunnen am Fuße des Lebensbaumes bzw. aus einem Felsen darunter im Zentrum des Paradieses; sie symbolisieren die Schöpferkraft, wie sie aus ihrer nicht-manifesten Quelle in die manifeste Welt fließt, bis an die äußerste Grenze des Meeres; d. h. von der höchsten zur niedrigsten Ebene. *Buddhist.:* Die Unbeständigkeit des Lebens. Die Flüsse des Paradieses bringen geistige Kraft und Nahrung. Will man Erleuchtung erlangen, so muß der Fluß des Lebens bis zurück an seine Quelle verfolgt werden. *Christl.:* Die vier Flüsse des Paradieses, die von einem einzigen Felsen herabfließen, sind ein Bild für die vier Evangelien, die von Christus herkommen. *Griech.:* Flüsse sind als kraftvolle Männer mit Hörnern und langen wallenden Bärten dargestellt; aber auch Flußgöttinnen und Quellnymphen sind bekannt. *Hinduist.:* Die vier Flüsse des Paradieses fließen vom Fuße des Lebensbaumes auf dem Berg Meru in die vier Himmelsrichtungen und bilden das horizontale Kreuz der irdischen Welt, das zu den vier Elementen in Beziehung steht, zu den vier Phasen der zyklischen Entwicklung, den vier Weltaltern bzw. *yugas* und zu den vier vedischen Opferkelchen. Das hinduistische *amrita* steht im Zusammenhang mit dem vedischen *soma*, das aus dem Baum des Lebens fließt. In Tempeltüren eingeritzte Flüsse repräsentieren die Reinigung des Anbetenden, rituelle Waschung; das Baden in einem heiligen Fluß verleiht rituelle Reinigung. *Iran.:* Der Fluß des Lebens fließt aus dem Baum des Lebens und wird oft mit dem Fließen des heiligen *haoma* assoziiert. *Jüd. (Kabbala):* Die Flüsse des Lebens entsprechen dem Baum des Sepiroth, denn auch sie bringen Wirkungen des Geistes aus der »Welt da oben« in die »Welt hier unten«. *Skandin.:* Vier milchführende Flüsse fließen in Asgard. *Sumero-semit.:* Die vier Flüsse des Paradieses bilden die vier Enden der Erde, die vier Himmelsrichtungen und die Jahreszeiten.

Flußpferd (Hippopotamus) Wird manchmal mit dem Behemoth aus dem Alten Testament gleichgesetzt. In der *ägyptischen* Symbolik verkörpert es die Große Mutter, Amenti, »die Gebärerin der Wasser«; Taueret, die Flußpferdgöttin, bedeutet Wohltätigkeit und Schutz. Das rote Flußpferd ist Seth in seinem typhonischen Aspekt.

Fontäne ↗ Quelle ↗ Brunnen

Forelle *Kelt.:* Zusammen mit dem Lachs wird die Forelle mit heiligen Gewässern und geweihten Quellen in Verbindung gebracht und verkörpert die Vorsehung der Götter, Weisheit und Wissen vom Jenseits.

Frau Die Große Mutter, die Große Göttin, das weibliche Prinzip; symbolisiert durch den Mond, die Erde und die Wasser; die instinktiven Kräfte, im Gegensatz zur männlichen, rationalen Ordnung. Es ist eine sehr komplexe Symbolik, denn die Große Mutter kann glückverheißende und schützende oder auch unglückverheißende und zerstörende Bedeutung haben; sie ist sowohl der reine geistige Führer als auch die Sirene und Verführerin, die jungfräuliche Himmelskönigin und die Harpyie und Dirne, höchste Weisheit und abgrundtiefe Torheit – die ganze Komplexität der Natur.
Die Frau wird symbolisiert durch alles, was lunar, empfangend, schützend, nährend, passiv, hohl ist oder einen Eingang bietet, sich schlängelt, höhlenartig, diamantförmig oder oval ist; die Höhle, der umzäunte Garten, der Brunnen, die Tür, das Tor, der Becher, die Furche, die Scheide, der Schild; auch alles, was mit den Wassern, dem Schiff, der Muschelschale, dem Fisch oder der Perle in Zusammenhang steht. Die Mondsichel, das reflektierte Licht des Mondes und der Stern sind vorwiegend ihre Attribute. In der *chin.* Symbolik ist sie *yin*; im Hinduis-

mus und im Buddhismus ist sie die Shakti oder Prakrtri. In der *ind.* Kunst stellt eine schöne Frau den gütigen, glückverheißenden Aspekt von Maya, der Großen Mutter, dar, während die Schwarze Kali oder Durga das Gegenteil verkörpert. In der *christl.* Kunst ist die Kirche, »die Braut Christi«, als eine Frau dargestellt, die ein Kreuz oder einen Kelch in der Hand hält oder eine Krone trägt. Eine Frau mit verschleierten oder verbundenen Augen bedeutete die *jüd.* Synagoge. Frauenfiguren wurden als Symbole für die Tugenden und die Laster und auch für die Jahreszeiten benutzt.

Fremdling Die kommende Kraft der Zukunft; der Bringer der Veränderung; göttliche oder magische Kraft in Verkleidung.

Freudenfeuer Stärkung der Macht der Sonne, besonders zur Sonnenwende, um die Mächte des Lichtes und des Guten zu ermutigen.

Frieden Das wohl bekannteste Friedenssymbol ist die Taube oder die Taube mit dem Ölzweig. Im *Christentum* wird die Jungfrau Maria als die »Friedenskönigin« bezeichnet. Bei den *nordamerikanischen* Indianern ist das ↗ Kalumet die Friedenspfeife. Das ↗ Füllhorn kann mit Frieden und Wohlstand in Verbindung gebracht werden.

Frosch Lunar und ein Regenbringer; Fruchtbarkeit; Produktivität; Erotik. Als einer, der aus dem Wasser steigt, bedeutet er Erneuerung des Lebens und Auferstehung; er ist auch das Leben und die Auferstehung, denn er hat die feuchte Haut im Unterschied zur Trockenheit des Todes. *Ägypt.:* Der grüne Frosch aus dem Nil ist neues Leben und reiche Nachkommenschaft; Überfluß; Fruchtbarkeit; die erneuernden Kräfte der Natur; Langlebigkeit; Stärke aus der Schwachheit; ein Attribut von Heket als Zeichen ihrer Schöpfermacht aus den Wassern, der Beschützerin der Mütter und der Neugeborenen; auch ein Attribut von Isis. *Chines.:* Das lunare, das *yin*-Prinzip. Ein Frosch in einem Brunnen bezeichnet einen Menschen mit beschränktem Horizont und Verstand. *Christl.:* Ambivalent, einerseits Auferstehung, andererseits der verabscheuenswerte Aspekt der Sünde; das Böse; die Ketzer; das Festhalten an weltlichen Freuden; Neid; Geiz. *Griech./Röm.:* Attribut von Aphrodite/Venus; Fruchtbarkeit; Zügellosigkeit; Harmonie zwischen Liebenden. *Hinduist.:* Der Große Frosch, der das Universum trägt, symbolisiert die dunkle, undifferenzierte *Erste Materie. Kelt.:* Der Herr der Erde; die Macht der Heilwasser. ↗ Kröte

Frucht Unsterblichkeit; die Essenz; der Höhepunkt und das Ergebnis eines Zustandes und der Keim für den nachfolgenden. Erste Früchte verkörpern das Beste von dem, was geopfert wird. Im *Chri-*

Fluß In der Mitte eines persischen Teppichs des 17. oder 18. Jahrhunderts fließen die vier Flüsse des Paradieses aus einer Quelle am Fuße des Lebensbaumes.

Garten In dem Paradies-Garten, wie er von dem »Frankfurter Meister« aus dem 15. Jahrhundert gemalt wurde, mangelt es an nichts, weder an Essen noch an Trinken, nicht an Gefährten, nicht an Vogelsang, Lebenswasser noch der Gesellschaft der Engel.

stentum ist Christus die Erste Frucht der Jungfrau. Die Frucht des Baumes der Leidenschaften ist Bindung an die Welt. Die Frucht des Baumes der Erkenntnis ist der Sündenfall, die Erkenntnis des Getrenntseins von Gott. Die Frucht vom Baume des Lebens ist die Unsterblichkeit.
Früchte und Blumen werden häufig in Totenriten als Opfergaben verwendet; Priapos trägt sie als Zeichen der Fruchtbarkeit. ↗ Früchte im einzelnen.

Fuchs Verschlagenheit; List; Heuchelei; Schlauheit; Tücke. *Chin.:* Langlebigkeit; Schlauheit; Kräfte der Transformation; Geister toter Seelen. *Christl.:* Der Teufel, der Betrüger; List; Tücke; Betrügerei. Sich tot zu stellen, um seine Beute in die Falle zu locken, ist die Falschheit und Kriegslist des Satans. Weinstöcke zu verwüsten, bedeutet die Handlungsweise von Ketzern und Feinden der Kirche. *Indian.:* List; Schlauheit; Gaunerei. *Jap.:* Langlebigkeit; magische Kraft zum Guten oder Bösen; ein Bote; ein Attribut und Bote des Reisgottes Inari. Ein schwarzer Fuchs bedeutet Glück, ein weißer Fuchs Schwierigkeiten; drei Füchse – großes Unglück. *Skandin.:* Das »Licht des Fuchses« ist die *aurora borealis* (das Nordlicht).

Füllhorn Überfluß; unendliche Freigiebigkeit; reicher Ertrag; Fruchtbarkeit; die gesammelten Früchte der Erde; das Horn der Amaltheia, der »Spenderin des Überflusses«. Das Füllhorn ist ein Attribut von Gottheiten der Vegetation, der Weinlese und des Schicksals und der Muttergöttinnen wie z. B. Demeter/Ceres, Tyche, Fortuna; es wird auch von Priapos als Zeichen der Fruchtbarkeit getragen.

Fünf ↗ Zahlen

Fünfstern/Fünfeck/Pentagramm Symbolisiert die Gestalt des Menschen mit ausgestreckten Armen und Beinen; die integre Persönlichkeit; den menschlichen Mikrokosmos. Da der Fünfstern weder Anfang noch Ende hat, übernimmt er die Bedeutung, Macht und Vollkommenheit des Kreises. Steht SALUS an den fünf Eckpunkten, so verkörpert es Gesundheit und die fünf Sinne. Wie der Kreis besitzt er die Kraft, böse Mächte und Elementargeister zu binden, daher bedeutet er Glück. Im *Christentum* steht er für die fünf Wunden Christi und war auch das Wahrzeichen des Ritters Gawein, das auf seinen Schild gemalt war. In der *Schwarzkunst* bezeichnet der auf der Spitze stehende Fünfstern den bocksfüßigen Teufel und den Hexenfuß. Auf der Spitze stehend ist er auch ein Zeichen für die Verkehrung der wahren Natur des Menschen.

Fünfzahl ↗ Zahlen, Fünf

Funke Das Lebensprinzip; die Seele; das Feuer.

Furie Eine Rachegöttin (Eumenide); Sinnbild für ein wütendes, wildes Weib. ↗ Fabelwesen

Füße/Fuß Bewegungsfreiheit; Dienstbereitschaft; Demut; die Geringen; jemandem die Füße zu küssen oder zu waschen, bedeutet völlige Erniedrigung und Verehrung. Fußabdrücke sind die Straße, die der Mensch gegangen ist (↗ Fußspur). Wenn die Füße fehlen, wie im Falle von Feuergöttern, so kennzeichnet das die Unbeständigkeit der Flamme. Wenn andere Glieder die Füße ersetzen, wie z. B. beim Fischkörper von Ea/Enki, so bedeutet das die Beherrschung des Elements oder die Doppelnatur der Gottheit. In der *chinesischen* Symbolik bedeutet die Fußsohle das Maß der Zeit oder einen Zeitabschnitt. Gottheiten, die Menschen unter ihre Füße treten, bezeichnen die Unterdrückung der irdischen Leidenschaften und Existenz, das Reich von *maya*, das Illusorische des Seins. Das Aufstampfen mit den Füßen deutet auf sinnlose Wut.

Fußspur/-abdruck Göttliche Gegenwart oder der Besuch eines Gottes bei den Menschen; die dem Universum aufgedrückte Gestalt durch die Gegenwart oder das Vorübergehen einer Gottheit, eines Heiligen oder eines Vorläufers, der diejenigen führt, die ihm nachfolgen oder ergeben sind. In entgegengesetzte Richtungen verlaufende Fußspuren bezeichnen Kommen und Gehen, Vergangenheit und Gegenwart oder Vergangenheit und Zukunft. *Buddh.:* In den Fußspuren Buddhas sind die Sieben Erscheinungen abgebildet: die Svastika, der Fisch, die Diamantkeule, die Muschelschale, das Gefäß, das Rad der Lehre, die Krone des Brahma; sie symbolisieren die Spur der Gottheit, der der Mensch nachfolgen kann.

Galle Bitterkeit; Groll

Gans Solar (soll in der Wanderzeit der Sonne folgen); Atem; Windhauch; Wachsamkeit; Liebe; die gute Hausfrau. Die Michaelis- und Weihnachtsgans ist ein Symbol für die zunächst abnehmende und danach wieder zunehmende Kraft der Sonne. Als Symboltiere sind Gans und Schwan oft austauschbar. *Ägypt.:* Die Nilgans, »die Große Schwätzerin«, ist der Weltschöpfer und hat das Welten-Ei gelegt, aus dem die Sonne, Amon-Re, geschlüpft ist. Die Gans ist auch ein Attribut des Erdgottes Seb bzw. Geb und symbolisiert die Liebe. *Chin.:* Die Wildgans ist ein Himmelsvogel; *yang;* Männlichkeit; Licht; Inspiration; Schnelligkeit; ein Bote; der Überbringer guter Zeitung; eheliches Glück; der Wechsel der Jahreszeiten; der Herbst. Obwohl solar, wird sie in der chinesischen Kunst mit dem Herbstmond assoziiert. *Christl.:* Wachsamkeit; Vorsehung; Attribut des hl. Martin von Tours und des tschechischen Reformators Jan Hus. *Griech.:* Liebe; Wachsamkeit; eine gute Hausfrau; Attribut von Hera, der Himmelskönigin;

Eros, Aphrodite und Priapos. *Hinduist.:* Die Wildgans oder der wilde Ganter ist ein Gefährt von Brahma, dem schöpferischen Prinzip, dem aus sich heraus Seienden. Die Gans bedeutet auch Freiheit von Gebundensein; Geistigkeit; Hingabe; Gelehrsamkeit; Beredsamkeit. Hamsa ist entweder als Gans oder als Schwan dargestellt. *Jap.:* Der Herbst; Schnelligkeit; ein Bote; in der Kunst auch mit dem Herbstmond assoziiert. *Kelt.:* Krieg; ein Attribut von Kriegsgöttern. *Röm.:* Wachsamkeit (der Sage nach warnten einst Gänse die Römer vor Feinden); in Rom wurden heilige Gänse gehalten und mit Mars als Kriegsgott, mit Juno als Himmelskönigin und mit Priapus als Gott der Fruchtbarkeit in Zusammenhang gebracht.

Gänseblume Im Abendland verkörpert sie Unschuld und Reinheit; Attribut der Nymphe Belides. Solar, das »Auge des Tages«.

Garbe Einheit; Binden; Ernte; der Herbst.

Gardenie *Chin.:* Weibliche Anmut; Subtilität; künstlerisches Verdienst.

Garten Das Paradies; die Gefilde der Seligen; das »gelobte Land«; die Wohnung der Seelen. Der Gärtner ist der Schöpfer, und in der Mitte des Gartens wächst der lebenspendende Baum, die Frucht oder die Blume des Lebens als Lohn für den, der das Zentrum findet. Der Garten ist auch das Symbol für die Seele und die Eigenschaften, die in ihr herangezogen werden, sowie für die gezähmte und geordnete Natur. Umzäunte Gärten sind das weiblich schützende Prinzip; sie verkörpern auch die Jungfräulichkeit. *Christl.:* Der beschlossene Garten ist ein Symbol für die Jungfrau Maria. *Daoist.:* Miniaturgärten sind ein irdisches Abbild des Paradieses. *Hermet.:* Der Gute Gärtner des Lebens, der die Blüte des neuen Lebens zur Frucht gedeihen läßt, ist der Logos. *Inka:* Der »Garten der Sonne« ist ein Weltbild. *Islam.:* Die vier Gärten des Paradieses sind die der Seele, des Herzens, des Geistes und des Wesens, und sie verkörpern die mystische Reise der Seele. *Röm.:* Umzäunte Begräbnisgärten wurden als das Gegenstück zum Elysium betrachtet, und irdische Festmähler zur Totenfeier in diesen Gärten sollten die elysischen Gelage symbolisieren; in diesen Gärten war nicht selten Wein angepflanzt; einerseits, um Trankopfer für die Götter zu bereiten, andererseits aber auch als Symbol für Leben und Unsterblichkeit; auch Rosen pflanzte man dort an als Zeichen ewigen Frühlings.

Gartenraute Das Sonnenkraut; das Kraut der Anmut; Reinigung; Jungfräulichkeit; unheilabwendend. In der *jüdischen* Symbolik bedeutet sie Reue und wird bei Zeremonien auch als unheilabwendendes Kraut benutzt. Zu späteren Zeiten wurde sie in *Europa* zum Symbol der Schwermut und Traurigkeit. Sie ist auch ein Abtreibungsmittel.

Gärung Der Gärungsprozeß ermöglicht es dem Geist, die gewöhnlichen Grenzen zu überschreiten, Kräfte der Intuition freizusetzen und Träume zu erzeugen. Gärung wird auch in Verbindung gebracht mit Zersetzung und Exkrementen. In der *Alchimie* steht sie im Zusammenhang mit dem Werk der Transformation und Verwandlung und daher der Regeneration; Übergang vom Tod zum Leben. Metalle werden in der Erde zersetzt, und dieser Prozeß ist symbolisch für zyklische Vorstellungen und ewige Wiederkehr.

Gazelle Die Gazelle kann als Symboltier anstelle der Antilope, des Hirsches oder der Ziege stehen. *Ägypt.:* Zusammen mit dem Spießbock (Oryx) und der Ziege ist die Gazelle ein Attribut von Seth in seinem typhonischen Aspekt. Horus, der die Gazelle unter seine Füße tritt, ist der Sieg über die typhonischen Mächte. *Christl.:* Auf der Flucht vor einem Raubtier ist sie die Seele, die vor den irdischen Leidenschaften flieht. *Griech./Röm.:* Diana heilig. *Hinduist.:* Zusammen mit der Antilope ist sie ein Fahrzeug des Mondgottes Chandra und ein Symbol für Shiva, der in einem von Antilopen gezogenen Wagen fahren kann. Die Gazelle oder Antilope vertritt im hinduistischen Tierkreis den Steinbock. *Islam.:* Seelische Zustände: »Mein Herz, eine Weide für Gazellen« (ibn Arabi). *Sumero-semit.:* Attribut von Aštart und von Tešub, dem churritischen Gott der Stürme; sie erscheint auch gelegentlich in Begleitung von Ea als Antilope.

Gedärm ↗ Eingeweide

Gefäß Ein universell weibliches Symbol, der Schoß der Großen Mutter; Zuflucht; Schutz; Bewahrung; Nährung; Fruchtbarkeit; es verkörpert auch Nach-innen-Gerichtetsein und innere Werte. ↗ Vase. *Alchimist.:* Das Gefäß des Alchimisten enthält die Gegensätze, empfängt und nährt das, was umgewandelt werden soll. *Maya:* Ein umgestürztes Gefäß ist ein Attribut von Ixchel als Göttin des Mondes und der Fluten.

Gefiederte Sonne Ein Symbol der *Prärie-Indianer* mit nachgebildeten Federn, die sowohl nach innen – zum Zentrum – als auch nach außen – zur Peripherie – zeigen; sie vereint in sich die Symbole Sonne und Adler und stellt das Universum dar; das Zentrum; solare Macht; Ausstrahlung von Macht; Majestät.

Geier Ambivalent, denn er bedeutet sowohl mütterliche Sorge, Schutz und Obdach als auch todbringende Zerstörung und Gefräßigkeit. Als Aasfresser verkörperte der Geier Reinigung, Wirken für das Gute. In *Ägypten* war er ein Bild für die Muttergöttin, für Mutterschaft und Liebe, denn Isis hatte die Gestalt eines Geiers angenommen; er steht für Reinigung und gute Werke. Hathor ist bisweilen geierköpfig, und der Vogel wird auch mit Mut in Zusammenhang gebracht, als Ideogramm ihres Namens, und sie trägt den Balg eines Geiers als Kopfschmuck; aber auch mit Neith und Nechbet. In der *griech.-röm.* Mythologie ist er Apollon heilig und trägt manchmal Kronos/Saturn.

Geißel *Christl.:* Ein Kennzeichen für die Passion Christi und den hl. Ambrosius. ↗ Peitsche

Gekrümmte Linie In der *chinesischen* Symbolik wird die gekrümmte Linie zur Bezeichnung des Unaufrichtigen benutzt; künstliche bzw. falsche Normen; pompöse Eleganz mit viel Blendwerk im Gegensatz zu geraden Linien der Redlichkeit des vollkommenen Menschen.

Gelb ↗ Farben

Gemach ↗ Laube

Geradheit Das Gerade bzw. »Gebundene« ist die männliche, väterliche Schöpferkraft im Gegensatz zum Kreisrunden, »Unendlichen«, der weiblichen, mütterlichen Kraft.

Gerste Alles Getreide ist Symbol der Erneuerung des Lebens, der Auferstehung und der Fruchtbarkeit. *Ägypt.:* Auf die Erde (den Körper von Osiris) ausgesäte Gerste keimte und war »neues Leben nach dem Tode«. »Osirisbeete« waren auf feuchtem Tuch oder in einem Behältnis gezogene Gerste, die man auf Gräber stellte; oder Bildnisse des Osiris wurden aus Erde und Gerste gefertigt, und ihr Wachstum symbolisierte seine Auferstehung und die Wiederkehr des Frühlings. Gerstenähren wurden in den *griech.* Mysterien benutzt, um Fruchtbarkeit und reiche Ernte darzustellen. ↗ Korn

Gesicht Die äußere Persönlichkeit. Mannigfaltige Gesichter von *Hindu-*Göttern zeigen verschiedene Aspekte, Elementarmächte, Heldentaten oder Funktionen einer Gottheit oder können verschiedene Götter vereinigen. Die vier oder fünf Gesichter der Statuen von Shiva und Brahma verkörpern auch manchmal die Elemente. *Röm.:* Janus, Gott der Torbögen, war zweigesichtig (voraus- und rückblikkend).

Getreide ↗ Korn

Gewalt Symbolisiert durch den Löwen, den Drachen, durch Hammer und Amboß, den Donnerkeil oder eine geborstene Säule.

Gewand ↗ Mantel

Gewebe Das Gewebe des Lebens, des Schicksals und der Zeit wird von göttlichen Mächten gewoben. Das Spinnengewebe folgt einem kosmischen Plan, dessen räumliche Komponenten strahlenförmig vom Zentrum ausgehen; die Radien sind das Essentielle,

Gerste Gußform des Gottes Osiris aus dem Grab des Tut-ench-amun. Als der junge Pharao begraben wurde, füllte man sie mit Nilschlamm, in den Gerstenkörner hineingedrückt wurden, deren Keimen dann Auferstehung symbolisierte.

Gewand Das chinesische Kaisergewand trug die Symbole – Drache, Wolken, Regenbogen, Wellen, Perle – für Wohlergehen, Langlebigkeit und Glück, die sein Träger haben und an den Tag legen mußte, wollte er seine Rolle als Mittler zwischen Erde und Himmel erfüllen.

und die Kreise sind dann das Existentielle. Die Spinne in der Mitte des Gewebes kann die Sonne verkörpern, die von ihren in alle Richtungen reichenden Strahlen umgeben ist, aber sie ist auch lunar und stellt den Kreislauf von Leben und Tod der manifesten Welt dar und das Rad der Existenzen mit dem Tod in der Mitte. Das Gewebe bzw. das Netz hat auch Anteil an der Symbolik des Labyrinths als der gefahrvollen Reise der Seele. Im *Hinduismus* und *Buddhismus* ist es das Gewebe des *maya;* im *Christentum* bedeutet es die Fallstricke der Welt, des Teufels und der menschlichen Schwäche, auch die Bosheit der Übeltäter.

Geweih Attribut des Gehörnten Gottes. Geweihsprossen können mit Enkis Ziegenfischgestalt in Zusammenhang stehen. Geweihe bedeuten Fruchtbarkeit in der Natur und Schöpferkraft bei Menschen und Tieren; übernatürliche Macht; Macht über die Natur. Das zehnsprossige Geweih ist das Zeichen des Schamanen. *Kelt.:* Cernunnos, »der Gehörnte«, ist ein Hirschgott; er wird von einer widder- oder hirschköpfigen Schlange begleitet.

Gewitter ↗ Unwetter

Gewölbe Der Treffpunkt von Himmel und Erde; Eingang zum ewigen Leben; Himmel. ↗ Kuppel

Gezeiten Reziprozität; das Gleichgewicht von Hinausgehendem und Hereinkommendem; günstige Gelegenheit. Die Gezeiten werden mit der Seele assoziiert, die beim Tod den Körper verläßt: Man glaubte, daß die Seele beim Gezeitenwechsel oder zur Zeit der Ebbe entwich. Die Flut bedeutet die lunare Macht der Wasser, das Ende eines Zyklus und den Beginn eines neuen; bringt Tod, aber auch Regeneration.

Gezügeltes Gebiß Beherrschung; Ausdauer; Geduld; Mäßigkeit. In der *christlichen* Kunst kann das gezügelte Gebiß die Figur der Temperantia (Mäßigkeit) begleiten.

Giftschlange ↗ Schlange

Ginster *Europ.:* Demut; Eifer.

Girlande Weihe; Heiligkeit; Hervorhebung; Ehrerbietung; Huldigung für einen Heros oder einen Gast; ein gütiges Geschick; Glück. Mit Girlanden verbindet sich auch der Gedanke an das Binden und Aneinanderketten; sie wurden bei der Initiation zum Zeichen der Hervorhebung benutzt, und bei Opferzeremonien wurden Opfertiere oder Kriegsgefangene damit behängt, bevor sie geopfert wurden. Bei Begräbnisriten verkörpern sie das Leben nach dem Tode, Fruchtbarkeit und Glück und haben Anteil an der Symbolik der ↗ Blumen.

Gitarre *Buddhist.:* Vortrefflichkeit in den Künsten und Wissenschaften; Harmonie des Seins in der Welt der *Deven.*

Glas ↗ Kristall ↗ Gefäß

Gleiten Das Gleiten auf dem Wasser ist der *regressus ad uterum;* Orgasmus; Passivität. Auf der Luft zu gleiten, bedeutet Behendigkeit, und nur Feen und Hexen können es. Hexen gleiten auf dem Wasser und können nicht ertrinken.

Glocke Weihe; die Bewegung der Elemente; ein Zauber gegen die Mächte der Zerstörung. Das Schwingen der Glocke verkörpert die Extreme von Gut und Böse, Tod und Unsterblichkeit; ihre Form symbolisiert das Himmelsgewölbe. Kleine Glocken, die im Wind läuten, versinnbildlichen die süßen Klänge des Paradieses. Das Glockenläuten kann sowohl Einladung als auch Warnruf sein. *Buddhist.:* Der reine Klang der Lehre vollkommener Weisheit. Im *Tantrismus* ist die Glocke das weibliche Prinzip und *dorje* das männliche. *Chin.:* Respekt; Verehrung, Gehorsam; getreue Diener; verdienstvolle Krieger; sie wehrt den bösen Blick ab und hält böse Geister fern. Die Ritualglocke symbolisiert die Harmonie zwischen Mensch und Himmel. *Christl.:* Die Sanctusglocke verkündet die Gegenwart Christi in der Messe. Kirchenglocken rufen und ermutigen die Gläubigen, jagen böse Geister in die Flucht und wenden Unwetter ab. Die Höhlung der Glocke verkörpert den Mund des Predigers, der Klöppel seine Zunge. *German.:* Die Glocke ist ein Zeichen adliger Herkunft. *Griech./Röm.:* Glocken waren an Figuren von Priapos angebracht und wurden bei bacchantischen Riten benutzt. *Hinduist.:* Rang, Würde. Der Stier Nandi ist immer mit einer Glocke um den Hals dargestellt oder mit einer Kette. Als Symbol für die Yoni versinnbildlicht die Glocke Jungfräulichkeit. *Jüd.:* Priestergewänder; Glocken mit Granatäpfeln auf dem jüdischen Priestergewand bedeuten das fünfte Element, die Quintessenz, wobei die Granatäpfel für die vier Elemente stehen. Man deutet die Glocken auch als Symbole für Donner und Blitz. Glocken bedeuteten außerdem Jungfräulichkeit.

Glühwürmchen *Chin.:* Ausdauer; Fleiß; Schönheit.

Gold Die Sonne; Erleuchtung; das aus sich heraus Leuchtende; die Eigenschaft der Heiligkeit; Unzerstörbarkeit; Weisheit; Beständigkeit; das Gleichgewicht aller metallischen Eigenschaften; Vornehmheit und Edelmut; Ehre; Überlegenheit; Reichtum. Goldene Regenschauer symbolisieren die Strahlen der Sonne. *Ägypt.:* Das Gold ist das Fleisch der Götter. *Alchim.:* Das lebendige Gold, Ergebnis der Wechselwirkung zwischen Schwefel und Quecksilber, dem männlichen und dem weiblichen Prinzip, ist das Große Werk; die Erlangung des Zentrums; das Ziel; die Sonne; das Herz; Perfektion; Ganzheit; erstarrtes Licht; das Gleichgewicht aller metallischen Eigenschaften. »Das Gold des Philosophen gleicht dem natürlichen Gold weder in der Farbe noch in der Substanz« *(Das Goldene Traktat). Aztek.:* Das Gold geht aus dem Leib des Gottes hervor. *Buddhist.:* Licht; Erleuchtung. *Chin.:* Harmonie; die Sonne; das *yang,* dessen Gegenstück das Silber ist als das lunare *yin.* In der chinesischen Alchimie ist das Gold das Zinnober; die Essenz der Himmel. *Christl.:* Ambivalent, sowohl reines Licht, geistlicher Schatz, den Christus geschenkt hat; Sieg über die Widerwärtigkeiten; Unzerstörbarkeit (selbst in Schmutz eingetaucht, bleibt es rein); aber auch Götzendienst (Das Goldene Kalb) und weltliche Güter. Drei Goldkugeln oder -barren sind Attribut des hl. Nikolaus von Myra. *Griech.:* Zeus kam als goldener Regen zu Danaë und zeugte so mit ihr den Perseus. *Hinduist.:* Licht; Unsterblichkeit; eine Erscheinungsform der Götter; ein Lebensspender. ↗ Farben

Goldene Blume *Daoist.:* Das Licht; das Dao; die Kristallisation des Lichts und die Erfahrung von Licht; transzendente Macht; spirituelle Wiedergeburt. Die Entfaltung der Blumen ist die Entwicklung der geistigen Möglichkeiten im Menschen. In der daoistischen Alchimie ist sie auch die Herstellung von Gold, von Zinnober, des Elixiers der Unsterblichkeit, die Vereinigung des *yang*-Schwefels mit dem *yin*-Quecksilber zur Einheit des uranfänglichen oder paradiesischen Zustandes.

Goldenes Vlies In doppelter Weise solar; als die Farbe Gold und als von einem solaren Tier stammend, dem goldenen Widder. *Griech.:* Auf dem goldenen Widder sind Phrixos und Helle nach Kolchis entflohen; Phrixos opferte den Widder Zeus und hängte das Vlies in einem Ares-Hain auf. Die Suche nach dem Goldenen Vlies versinnbildlicht das Streben, das scheinbar Unerreichbare zu finden. Dies zu erlangen ist notwendig, um die dunkle Seite der Natur zu überwinden, die vom Drachen und von Medea verkörpert werden, und das erfordert heroischen und mystischen Sieg. Das Vlies findet sich letztlich auf einem Baum und wird von einem Drachen als Hüter von Schätzen bewacht. Der Orden vom G. V. ist einer der ältesten weltlichen Ritterorden, 1429 von Philipp III. von Burgund gestiftet, später durch Übergang an das Haus Habsburg auch in Österreich und Spanien verliehen.

Goldener Zweig ↗ Zweig

Golgatha Die »Schädelstätte« ist nach Tradition der Ort, da Adams Schädel begraben liegt, und daß Christus dort am Kreuz geopfert wurde, das aus dem Holz des Baumes der Erkenntnis gefertigt war, symbolisiert die Erlösung des Menschen, der durch den Baum der Erkenntnis von Gott abgefallen war.

Gorgonen (Einz. Gorgo) Sthenno, Euryale und

Glocke Die Macht dieser Glocke aus grüner Jade (China, 18. Jahrhundert), Böses abzuwehren, wird noch verstärkt durch die schützenden Drachen, die an den Seiten angebracht sind, sowie durch die in der Mitte eingekerbten Trigramme.

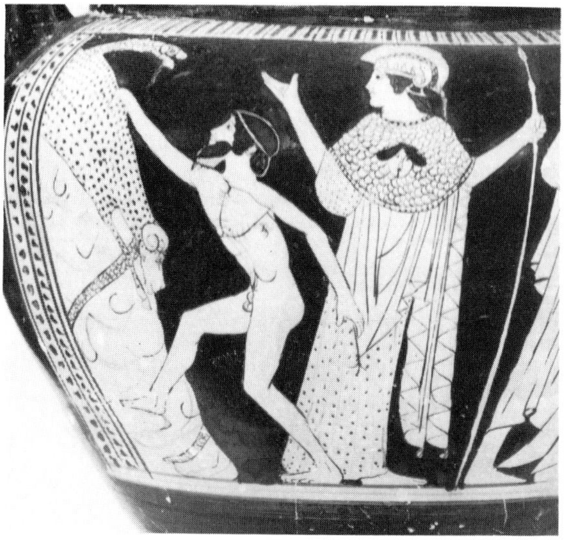

Goldenes Vlies Iasons Goldenes Vlies, wie es auf diesem griechischen Krater (Mischkrug) aus dem 5. Jahrhundert v. u. Z. gemalt ist, hing vom Lebensbaum herab und wurde von einem Drachen oder einer Schlange bewacht, die sich darumgeschlungen hatte; das Streben des Heros nach Unsterblichkeit und Wissen mag durchaus durch Böses und Gefahren hindurchführen.

Medusa. Grauenvolle Ungeheuer. Durch den Blick der Gorgo versteinerte man. Athene trug den Kopf der Medusa als apotropäisches Symbol.

Gottesanbeterin In *China* verkörpert sie Eigensinn, Begierde; in *südafrikan.* Kulturvorstellungen tritt sie als Schelm auf; in *Griechenland* bedeutete sie Wahrsagerei *(manteia)*, und im *Christentum* stand sie für Gebet und Anbetung.

Grab Der Schoß der Erde und der Erdmutter; der Körper, der die Seele gefangenhält. Ein Symbol der Muttergöttin in ihrem todbringenden wie auch in ihrem schützenden Aspekt; Absage an die Welt. In der *Alchimie* verkörpert das Grab mit dem Schädel und dem Raben die Schwärzung und Tötung des ersten Stadiums im Kleinen Werk, es ist »Erde zu Erde«, Absage an die Welt. Begräbnisstätten waren oft der Ort, an dem man zu Jahrestagen und Jahreszeiten, die mit Tod und Auferstehung verbunden sind, wie z. B. Neujahrs-, Frühlings- und Osterfeiern, ein rituelles Mahl für die Toten veranstaltete.

Gral Verschieden dargestellt: als ein Wundergefäß, das Speise und Überfluß schafft; eine Wunschschüssel, ein Zaubergefäß, woraus »jeder Ritter die Speisen und Getränke haben konnte, die er am liebsten hatte«; als ein Stein, der *lapis exilis*, mit Zauberkräften, die dem Phönix neues Leben verliehen und denen ewige Jugend brachten, die dem Gral dienten; auch als der Stein der Weisen gedeutet; als etwas, das erscheinen und sich bewegen konnte, ohne daß irgendjemand etwas dazu tat, und das aus Gold oder Edelsteinen bestand und großartig glänzte; oder er wird auch als Kelch bezeichnet und als solcher als der Abendmahlskelch interpretiert und als das Gefäß, in dem Joseph von Arimathia das Blut Christi am Kreuz aufgefangen hatte. Im allgemeinen symbolisiert der Gral die Wasser des Lebens; das Allerheiligste; das Kosmische Zentrum; das Herz; die Quelle des Lebens und die Unsterblichkeit; die Quelle des Überflusses; Fruchtbarkeit. Er ist die symbolische Quelle physischen und geistig-seelischen Lebens. Der Gral kann dargestellt sein als das auf der Spitze stehende Dreieck, das empfangende, weibliche, feuchte Element, und in dieser Bedeutung wird er in Verbindung gebracht mit der Symbolik der Lanze für das aktive, feurige, männliche Element, das als mit der Spitze nach oben zeigendes Dreieck dargestellt ist. Die beiden zusammen sind verbunden mit und vereint in dem Blut oder dem heiligen Trunk aus dem Becher; dem Lebensblut. Die Kelch-Vase und das auf der Spitze stehende Dreieck ist auch das Symbol des Herzens, mit dem der Gral und die Vase als dem Zentrum assoziiert werden, im Kosmos wie im Menschen. Sowohl in der *ägypt.* als auch in der *kelt.* Symbolik besteht ein Zusammenhang zwischen dem Kelch bzw. dem Gefäß des Lebens und dem Herzen als dem Lebenszentrum. Im *Christentum* ist der Gral auch das Heilige Herz Christi. Der verschwundene Gral verkörpert den Verlust des Goldenen Zeitalters, das verlorene Paradies, die nicht mehr vorhandene Geistigkeit des Menschen, seine ursprüngliche Reinheit und Unschuld. Die Suche nach dem Gral ist die Rückkehr zum Paradies, dem geistigen Zentrum des Menschen und des Universums, und folgt dem symbolischen Schema der Initiation durch Bewährungsproben, Prüfungen und Begegnungen mit dem Tod auf der Suche nach der verborgenen Bedeutung und dem Geheimnis des Lebens. Auf die Suche begibt sich häufig der Sohn einer verwitweten Mutter, der in Abgeschiedenheit aufgewachsen ist und nicht um seine wahre Natur weiß. Gralssymbole sind ein strahlender Kelch, ein Kelch mit einem Herzen, die Lanze, das Schwert, die Schale, das auf der Spitze stehende Dreieck, der magische Stein. Die Suche wird auch bisweilen durch das Buch symbolisiert, und dann ist sie die Suche nach dem Verlorenen Wort.

Granat ↗ Edelsteine

Granatapfel Unsterblichkeit; Vielheit in der Einheit; unvergängliche Fruchtbarkeit; schöpferische Gestaltungskraft; unerschöpfliche Fülle. *Buddhist.:* Zusammen mit der Zitrone und dem Pfirsich ist er eine der Drei Gesegneten Früchte. *Chin.:* Überfluß; Fruchtbarkeit; zahlreiche und tüchtige Nachkommmen; eine glückliche Zukunft. *Christl.:* Ewiges Leben; Fruchtbarkeit des Geistes; die Kirche, deren zahlreiche Glieder durch die Samenkörner symbolisiert sind. *Griech./Röm.:* Frühling; Verjüngung; Unsterblichkeit; Fruchtbarkeit; Attribut von Hera/Juno und von Ceres und Persephone als die periodische Wiederkehr des Frühlings und der Fruchtbarkeit zur Erde. Er ist die Pflanze, die aus dem Blut des Dionysos wuchs. *Jüd.:* Regeneration; Fruchtbarkeit. Die Granatäpfel mit den Glöckchen am Saum des hohepriesterlichen Gewandes verkörpern Fruchtbarkeit bringenden Donner und Blitz.

Gras Nützlichkeit; Unterwerfung. In Gestalt des Rasens bedeutet es das Heimatland. Eine Handvoll Gras bedeutet Sieg, Eroberung eines Landes, Kapitulation. *Röm.:* Ein Kranz aus Gras wurde einem militärischen Helden oder Retter verliehen.

Grashüpfer *Chin.:* Überfluß; zahlreiche Söhne; Tugenden; Glück. *Europ.:* Verantwortungslosigkeit; Sorglosigkeit; Sommerfreuden. *Griech.:* Der goldene Heuschreck bedeutet Vornehmheit und Edelmut, einen Angehörigen der landeseigenen Aristokratie. *Jüd.:* Eine Plage.

Grazien Die Drei Grazien bezeichnen Schönheit,

Liebe und Frohsinn; das Geben, das Nehmen und das Vergelten. Sie sind Dienerinnen der Venus und nackt, weil sie »frei sein müssen von Betrug« (Servius), oder wenn sie bekleidet sind, dann tragen sie durchsichtige Gewänder ohne Gürtel, »weil das, was sehenswert ist, auch gezeigt werden soll« (Seneca). Im Neo-Platonismus sind sie der dreifache Aspekt der Liebe. In der Kunst des Mittelalters sind sie Caritas, Schönheit und Liebe. Ihre Attribute sind die Rose, die Myrte, der Apfel, manchmal Würfel.

Greif Ein Fabelwesen mit Kopf und Klauen eines Adlers und dem Körper eines Löwen, in der *Heraldik* auch ohne Flügel. Er symbolisiert die Sonne, den Himmel, das Licht der Morgendämmerung, das sich in Gold verwandelt, auch die vereinigte Kraft von Adler und Löwe. Als ein Hüter von Schätzen bedeutet er Wachsamkeit und Rache. Im Osten hat der Greif dieselbe Symbolik wie der Drache und steht für Weisheit und Erleuchtung. In *Griechenland* war er Apollon als Sonnengott, Athene als Göttin der Weisheit und Nemesis als Göttin der Rache heilig. Im *Christentum* stellt er das Böse als den Teufel dar, der mit den Seelen davonfliegt, auch diejenigen, die Christen verfolgen. Später stand er bei Dante für die beiden Naturen von Christus und für die Rolle des Papstes als geistlicher und weltlicher Macht.

Grenze ↗ Schwelle

Griffel (Stylus) ↗ Schreibfeder

Grille Im Westen ein Symbol des heimischen Herdes. In *China* bedeutet sie Sommer; Mut.

Große Mutter ↗ Mutter

Gurde (Flaschenkürbis; auch Pilgerflasche) *Chin.:* Langlebigkeit; Geheimnis; Nekromantie (Schwarze Kunst); ein Attribut von Li T'ieh-kuai, einem der acht daoistischen Genien oder Unsterblichen. Aus einer Gurde aufsteigender Rauch bedeutet die Freisetzung des Geistes aus dem Körper. *Christl.:* Auferstehung; Pilgerreise; Attribut des Erzengels Raphael und des hl. Jakobus d. Ä.

Gürtel Ambivalent, entweder bindet er an das Schicksal oder den Tod; oder er kann den Kreis des Lebens, auch unumschränkte Herrschergewalt, Weisheit und Stärke darstellen; außerdem kann er auch Jungfräulichkeit, Tugend, Hingabe, Erfüllung, eheliche Treue oder Fruchtbarkeit bedeuten. Der Gürtel mit Schwert ist Stärke und Macht; den Gürtel umschnallen oder sich gürten bedeutet: sich für eine Tat rüsten oder bereit machen oder auf eine Mission oder Reise gehen. Der Ozean ist der Gürtel der Erde. Der Keuschheitsgürtel einer Göttin, Heiligen oder Jungfrau ist ein schützender Talisman und hält die Macht eines Ungeheuers fern, wie z. B. beim hl. Georg, da die Königstochter dem Drachen ihren Gürtel als Halsband umlegt. *Christl.:* Ein Gürtel aus

Gorgo Auf diesem Teller (Athen, 6. Jahrhundert v. u. Z.) wird in der Gorgo Medusa eine dunkle Gottheit wiedergegeben, die verschlingende, schreckliche, drohende, fürchterlich blickende Göttin.

Greif Auf dieser alten griechischen Bronze vereint der weibliche Greifenvogel, hier mit seinem Jungen dargestellt, die Wildheit und Majestät des Löwen und des Adlers in sich, aus deren Körpern er besteht und deren vereinte solare Natur er verkörpert.

Schnüren verkörpert die Stricke, mit denen Christus gebunden und gemartert wurde, und bindet den Träger an seinen Dienst; die Lenden zu gürten bedeutet, seine Arbeit zu beginnen. Mönchsgürtel sind sowohl die Stricke Christi als auch die mönchische Enthaltsamkeit und Demut; die drei Knoten im Gürtel bedeuten Armut, Keuschheit und Gehorsam. Der Gürtel ist einer der sechs Teile des eucharistischen Priestergewandes, Zeichen priesterlicher Keuschheit und geistlicher Wachsamkeit. *Griech.:* Ein Attribut von Hippolyta, der Königin der Amazonen, Symbol für Stärke und Herrschergewalt. Aphrodites Zaubergürtel, der Kestos, bewirkte Liebe bei allen, die sie erblickten; er ist ein Symbol der Fruchtbarkeit. *Hinduist.:* Der verschiedenfarbige Gürtel bedeutet die Zyklen der Zeit, und seine runde Form ist das Rad der kosmischen Ordnung sowie Symbol des Wiedergeborenen, die heilige Schnur, die zur Initiation angenommen wird. *Jüd.:* Der Gürtel um die Gewänder bezeichnet den die Erde umgebenden Ozean. *Skandin.* und *German.:* Der Gürtel der Stärke ist ein Attribut von Thor und verdoppelt dessen Kraft.

Haar Die Lebenskraft; Stärke; Energie; die Lebenssubstanz aus dem Kopf; die Macht des Gedankens; Männlichkeit. Das Haupthaar verkörpert die höheren Kräfte und die Inspiration, während das Körperhaar die niedere Kraft der Sinne und des Körpers bedeutet. Lose herabfallendes Haar stellt Freiheit und Mannbarkeit dar; gebunden bedeutet es das Verheiratetsein und Abhängigkeit bzw. Unterwürfigkeit. Das Haar abzurasieren oder eine Tonsur zu scheren, bedeutet den Asketen oder den einer Sache ergebenen Menschen, der der Macht des Körperlichen entsagt. Aufrecht stehendes Haar ist ein Zeichen von Zaubermacht, göttlicher Besessenheit oder Furcht. Zerzaustes oder ausgerissenes Haar bedeutet Kummer oder Trauer; im *Hinduismus* stellt das unordentliche, herabhängende oder verfitzte Haar Shivas den Asketen dar, während das schwarze Haar von Kali die Zeit bedeutet. Das sorgfältig frisierte Haar Buddhas verkörpert die Beherrschung der Lebenskraft und heitere Gelassenheit. Im *Christentum* stellt langes offenes Haar Buße oder die jungfräulichen Heiligen dar, und das lange Haar Samsons ist der Ursprung seiner Kraft. Schlangenhaar wie bei den Gorgonen und den Erinnyen verkörpert den verderblichen Aspekt der weiblichen Macht. *Ägyptische* Königskinder sind mit einer schweren Haarlocke auf der rechten Seite des Kopfes dargestellt. Haar, das das Gesicht bedeckt, kann die Rolle eines ↗ Schleiers haben und seine Symbolik übernehmen. Jemandem das Haar zu stehlen

Große Mutter Isis, die Große Muttergöttin der Ägypter, trägt die Sonnen- und Mond-Hörner ihrer Oberhoheit und hält ihren Sohn Osiris in einer Pose, die die spätere christliche Madonna vorwegnimmt.

Große Mutter Tlazolteotl, die Große Mutter der Azteken, hat nichts von der himmlischen Erhabenheit von Isis und Maria, sondern verzerrt den Mund unter den Wehen der Geburt und Schöpfung.

oder ihm eine Locke abzuschneiden, bedeutet, das männliche Prinzip zu überwältigen und es seiner Macht, die in den Haarsträhnen liegt, zu berauben; ein Kastrationssymbol; so beinhaltet z. B. die Geschichte von Samson und Dalila eine Kastrationssymbolik.

Hahn Ein Sonnenvogel, Attribut von Sonnengöttern (außer in der *altnordischen* und *keltischen* Symbolik). Das männliche Prinzip; der Vogel des Ruhms; Oberherrschaft; Mut; Wachsamkeit; die Morgendämmerung. Zwei kämpfende Hähne stellen den Lebenskampf dar. Der schwarze Hahn ist ein Handlanger des Teufels. *Ägypt.:* Wachsamkeit; Vorsicht. *Altnord.:* Der Vogel der Unterwelt; sein Krähen weckt die Helden von Walhalla zur letzten großen Schlacht. *Chin.:* Das *yang*-Prinzip; Mut; Wohlwollen; Tapferkeit; Treue. Der rote Hahn ist das Urbild der Sonne und schützt vor Feuer; der weiße Hahn schützt vor Gespenstern. Der Hahn ist das zehnte Symboltier der Zwölf Erdstämme. Mit einer Krone auf dem Kopf verkörpert er den Geist der literarischen Bildung; mit Sporen hat er kriegerischen Charakter. Hahn und Henne in einem Garten stellen die Freuden des Landlebens dar. Bei einigen chinesischen Initiationszeremonien wird ein weißer Hahn geschlachtet, um das Ende des alten Lebens und die Reinheit des neuen anzudeuten. Ein gleichklingendes Wort setzt »Hahn« mit »vom Glück Begünstigter« gleich, daher wird er bei Funeralriten benutzt, um die Macht böser Geister abzuwehren. Der Hahn verkörpert in China den Sonnenuntergang; da er auch ein aggressives Tier ist, ist er ein Kriegssymbol; in der *Astrologie* symbolisiert er den Monat Oktober, in dem die Kriegsvorbereitungen getroffen wurden; er versinnbildlicht die Plejaden. *Christl.:* Der Hahn begrüßt das Erwachen der Sonne Christi im Osten; Christus, der die Mächte des Bösen und der Finsternis in die Flucht schlägt; Wachsamkeit, daher wird er als Wetterfahne benutzt, die sich in alle Richtungen dreht, um nach den Mächten des Bösen Ausschau zu halten; der vergoldete Sonnenhahn bewacht die Kirchturmspitze in der Dunkelheit, wenn die Glocken schweigen. Er bedeutet auch Freigebigkeit auf Grund der Vorstellung, daß er sein Futter mit den Hennen teilt, und er stellt Prediger dar, die den Gläubigen von der Ankunft des Tages Christi sagen; er steht für die Seelen der Gerechten, die auf den Tagesanbruch warten. In Verbindung mit der Passion Christi bedeutet er die Auferstehung; im Zusammenhang mit dem hl. Petrus steht er für menschliche Schwäche und Reue, da er Christus vor dem dritten Hahnenschrei dreimal verleugnete. Kämpfende Hähne sind Christen, die nach Christus streben. Der Hahn und der Löwe sind häufig im Widerstreit miteinander dargestellt. *Gnost.:* Der Hahn mit einer Getreideähre im Schnabel stellt die Wachsamkeit dar, die die Fülle hervorbringt. *Griech./Röm.:* Wachsamkeit; Kampflust; den Göttern Apollon, Aesculapius, Ares, Merkur, Priapos, Athena heilig; steht in der Vorstellung vom Frühling als der Erneuerung des Lebens mit Persephone in Zusammenhang; auch dem Attis heilig als das Tier der Fruchtbarkeit des Frühlings. *Herald.:* Sowohl soldatischer Mut als auch religiöser Eifer. *Iran.:* Ein königlicher Vogel, häufig auf Zeptern angebracht. *Japan.:* Ein Shinto-Symbol, der Hahn auf der Trommel, mit der die Gläubigen zum Gebet in den Tempel gerufen werden. *Jüd.:* Fruchtbarkeit; Hahn und Henne werden mit dem Brautpaar in Verbindung gebracht. *Kelt.:* Chthonisch; ein Attribut von Göttern der Unterwelt. *Mithrazist.:* Dem Sonnengott Mithras heilig. *Sumer.:* Nergal ist bisweilen als hahnenköpfiger Gott dargestellt.

Haken Doppeldeutig, denn er zieht heran und bedeutet somit Anziehungskraft wie auch Gefangenschaft und Bestrafung. *Ägypt.:* In den Händen von Osiris bezeichnet der Haken Anziehungskraft. *Christl.:* Das, was aus der Flut der Welt herauszieht, Christus oder der Logos. *Griech./Röm.:* Ein Attribut von Dionysos und Priapos. *Hinduist.:* Der eiserne Haken bedeutet das Schicksal.

Halbkreis Übernimmt auch die Symbolik des Kreises als Symbol für dynamisches Leben und Wachstum, das immer in Bewegung ist.

Halbmond/Mondsichel Der Halbmond ist das Symbol der Großen Mutter par excellence, der lunaren Himmelskönigin, und ein Attribut aller Mondgöttinnen; er ist das passive, weibliche Prinzip und ist sowohl die Mutter als auch die himmlische Jungfrau. Der wechselnde Mond versinnbildlicht Veränderung in der phänomenalen Welt. Kuh- oder Stierhörner verkörpern den Halbmond, aber er nimmt auch die Gestalt der Mondbarke und des aufnahmebereiten Kelches an; er ist das Schiff, das über den Nachthimmel segelt, »das Schiff des Lichtes auf dem Meer der Nacht«. Rücken an Rücken liegende Halbmonde bzw. übereinander angeordnete Mondsicheln stehen für den zunehmenden und abnehmenden Mond. Die Sonnenscheibe mit dem Halbmond zusammen bzw. die Scheibe zwischen Kuhhörnern sind bildliche Darstellungen der Einheit, des Zwei-in-Einem bzw. vereinter Sonnen- und Mondgottheiten und der heiligen Ehe göttlicher Paare. Ein Halbmond mit Strahlen hat Funeralbedeutung, ist eine Apotheose der Toten. *Ägypt.:* Isis (grch. Selene), die Himmelskönigin. *Christl.:* Die Jungfrau Maria, die Himmelskönigin. *Hinduist.:* Der zunehmende Mond, das Neugeborene; schnelles und unaufhaltsames Wachstum; der Kelch des Unsterblichkeitselixiers. Manchmal trägt Shiva einen Halbmond im Haar, er stellt den Stier Nandi dar. *Islam.:* Der Halbmond mit dem Stern stellt Göttlichkeit dar; unumschränkte Herrschaft. *Kelt.:* Der zunehmende Mond und zwei Mondsicheln Rücken an Rücken symbolisieren Unsterblichkeit. *Maori:* Licht aus der Finsternis. *Sumer.:* Attribut des Mondgottes Sin. – Der Halbmond ist das Wahrzeichen von Byzanz, dem Islam und der Türkei.

Halfter Dieselbe Symbolik wie ↗ Bande, hat aber außerdem die Herrschaft über den Kopf, der als Sitz der Lebenskraft, des Intellekts galt.

Halloween ↗ Abend vor Allerheiligen

Halskette Die Halskette, Amtskette bzw. das Halsband ist Zeichen von Amt und Würde, bindet aber auch an das Amt, oder sie bedeutet sogar Knechtschaft. Die Hals- und die Amtskette repräsentieren auch die Verschiedenheit in der Einheit, denn die Perlen bzw. Glieder sind die Vielfalt der Manifestation, und der Faden und das Verbindende sind das Nichtmanifeste; die Perlen bedeuten manchmal auch Menschen, Tiere und alle Lebewesen, die von der göttlichen Macht abhängen und zusammengehalten werden. *Ägypt.:* Ein Attribut von Isis; stellt auch die Macht ihres Sohnes Horus dar. *Kelt.:* Der Ringreif bzw. Torque ist ein Attribut von Cernunnos.

Halsreif ↗ Halskette

Hammer Die gestaltende, männliche Kraft; ein Attribut aller Donnergötter. Hammer und Amboß zusammen sind die gestaltenden Kräfte der Natur, die Schöpfung sowohl im männlichen, aktiven als auch im weiblichen, passiven Aspekt. Als ein Werkzeug, das schlägt und zermalmt, verkörpert der Hammer Gerechtigkeit und Rache. Mit dem Hammer bzw. dem Doppelhammer oder der Doppelaxt bzw. dem Tau-Kreuz sind alle Donnergötter dargestellt. *Ägypt.:* Das Tau-Kreuz ist das Emblem von Ptah; er ist der »Rächer« und »Zermalmer«. *Chin.:* Göttliche Gestaltung des Weltalls; unumschränkte Macht, die die Finsternis und das Böse vertreibt. *Christl.:* Gehört zu den Leidenswerkzeugen Christi und ist Attribut der Heiligen Eligius, Joel, Juliana und Reinhold. *Griech./Röm.:* Donner; Rache; Attribut des Hephaistos/Vulcanus und auch des Himmelsgottes Zeus/Jupiter. *Hinduist.:* Der Donner; ein Steinhammer ist ein Attribut von Parashu-Rama. *Jap.:* Reichtum; Glück. *Skand.* und *Germ.:* Der Donnerhammer von Thor, dem »Zerstörer«, verfehlte niemals sein Ziel, wenn er ihn schleuderte, und kehrte zu Thor zurück; er konnte auch die Toten wieder zum Leben erwecken. Er entsprach Indras *vajra* und Jupiters Donnerkeil.

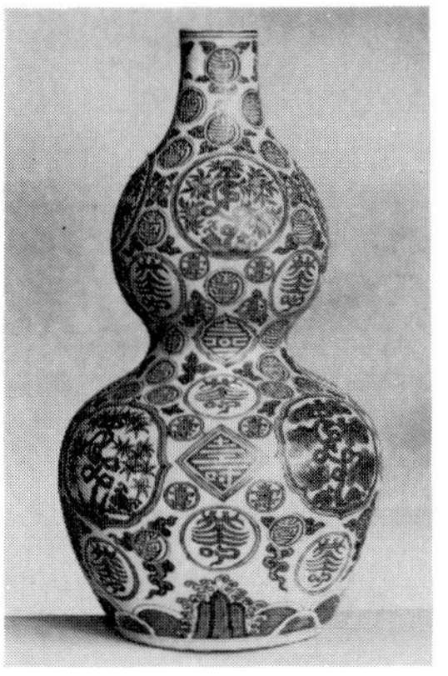

Gurde Die Langlebigkeit, die die Gurdenform dieser Vase aus der Ming-Zeit symbolisiert, wird durch das Schriftzeichen *shou* (Langes Leben) auf ihrem Dekor noch unterstrichen.

Hahn Der Hahn als Symbol der Verleugnung Christi durch den hl. Petrus, aber auch als Zeichen von dessen Wachsamkeit als erster Papst, auf einem frühchristlichen Sarkophag.

Hand Eines der Gliedmaßen von größter symbolischer Expressivität. Nach Aristoteles ist die Hand »das Werkzeug der Werkzeuge«. Quintilian sagt: »Man könnte fast sagen, die Hände können sprechen! Benutzen wir sie nicht, um zu verlangen, zu versprechen, herbeizurufen, zu verabschieden, zu drohen, zu flehen, Widerwillen oder Furcht auszudrücken, zu bitten oder zu versagen? Benutzen wir sie nicht, um Freude, Leid, Bedenken, Geständnis, Reue, Maß, Menge, Zahl und Zeit anzudeuten; haben sie nicht die Kraft, zu ermutigen und zu verbieten, Billigung, Verwunderung oder Scham auszudrücken?« Hände bedeuten Macht; Übertragung von Geist; Schutz; Gerechtigkeit. Die Hand vertreibt Böses und Kummer. Symbolische Handhaltungen sind: *Auf der Brust* – Unterwürfigkeit, die Haltung eines Dieners oder Sklaven. *Im Händedruck umschließend* – Vereinigung; mystische Eheschließung; Freundschaft; Untertanentreue. *Gefaltet* – Ruhe; Unbeweglichkeit. *Die Augen bedeckend* – Scham; Entsetzen. *An den Handgelenken gekreuzt* – binden oder gebunden werden. *Hand auflegen* – Übertragung von Macht, Gnade oder Heilkraft. *Auf dem Hals* – Opferung. *Offen* – Freigebigkeit, Freisinnigkeit, Gerechtigkeit. *Geballt* – Drohung, Aggression. *Ausgestreckt* – Segnung, Schutz, Begrüßung. *Jemandem die Hand reichen* – Verpflichtung zum Dienst, die rechte Hand bürgt mit dem Leben. *Zusammengelegt* – Wehrlosigkeit; Unterwerfung des Vasallen vor dem Herrscher; Unterlegenheit; Ungefährlichkeit; Gruß; Untertanentreue. *Mit den Handflächen nach oben aufeinandergelegt* – Meditation; Empfangen. *Erhoben* – Anbetung; Gottesverehrung; Gebet; Begrüßung; Erstaunen; Schrecken; auch die Entgegennahme einströmender Macht. *Mit den Handflächen nach außen* – Segnung, göttliche Gnade und Gunst. *Beide Hände erhoben* – demütige Bitte, Schwäche; eine Implikation von Unwissenheit; Abhängigkeit; Ergebung; auch Anrufung und Gebet. *Zum Kopf erhoben* – Nachdenken, Fürsorge. *Die Hände schütteln* bildet das Kreuz bzw. Henkelkreuz des Bündnisses, eine Bürgschaft. *Die Hände waschen* bedeutet Unschuld, Läuterung, Zurückweisung von Schuld. Das *Ringen der Hände* bedeutet quälenden Kummer oder Wehklage.

Die rechte Hand ist die »Hand der Macht«, sie wird zur Segnung erhoben und bürgt mit dem Leben. Josephus schreibt: »Keiner wird euch betrügen, wenn er die rechte Hand gegeben hat, und es wird auch keiner ihre Treue bezweifeln.« Die linke Hand ist der passive Aspekt der Macht, das Empfangen; sie wird häufig mit Diebstahl und Betrügerei assoziiert.

Eine Hand mit drei Fingern oder eine verstümmelte Hand stellt die Phasen des Mondes dar; mit ausgestreckten Fingern und in den Sonnenstrahlen endend, bedeutet die Hand die lebenspendende Macht vom Himmel. Eine Hand, die aus einer Wolke hervortritt, bedeutet göttliche Macht und Gaben, auch Majestät. Die Talisman-Hand, die man auf Darstellungen zusammen mit dem Auge und anderen Machtsymbolen findet, verkörpert Hellseherei und die geistig-seelische Kraft, die sie verleiht. *Ägypt.:* Die »Hand der Ägypter« ⧖ stellt die Vereinigung von Feuer und Wasser, Männlichem und Weiblichem dar. *Buddhist.:* Die Hand Buddhas bedeutet Schutz; mit der Handfläche nach oben verkörpert sie grenzenloses Geben; in der buddhistischen Ikonographie bedeutet Erdberührung der rechten Hand Buddhas eine Bitte um Zeugenschaft an die Erde; seine rechte Hand ist der aktive Pol. Seine linke Hand, die die Almosenschüssel hält oder sich nach oben wendet, bedeutet Empfangen und Ergebung; sie ist der passive Pol. Im *Buddhismus* und *Hinduismus* haben *mudras* – die Handhaltungen – eine ganze Sprache symbolischer Stellungen und Bewegungen, die zu zahlreich sind, um sie hier im einzelnen aufzuführen, aber als allgemeine Richtlinien könnte man angeben: die erhobene rechte Hand bedeutet Furchtlosigkeit, oder, mit den Handflächen nach oben, Geben; die Hände zusammen, mit den Handflächen nach oben oder auf dem Schoß, deuten auf Meditation und Empfangen; die Hände zusammen vor dem Herzen bedeuten die Einheit von Weisheit und Methode. Die Hand mit einem Auge in der Handfläche bedeutet die helfende Hand des Mitleids und der Weisheit, die nicht blind ist, sondern umsichtig. *Chin.:* Umschlungene Hände bedeuten Wohlwollen, Untertanentreue; die Hände zu verbergen, bedeutet Respekt und Ehrerbietung. Die rechte Hand ist *yang* und verkörpert Stärke und ist das Gegenteil der linken Hand der Ehre, ausgenommen in Kriegszeiten, wenn die rechte Hand als die Hand, die das Schwert hält, zur Hand der militärischen Ehre wird. Die linke Hand ist *yin*, die schwache, die Seite der Ehre, denn Stärke führt zu Gewalttätigkeit und Zerstörung. *Christl.:* Die Macht und Stärke Gottes. In der christlichen Kunst bedeutet das Erscheinen der Hand aus der Wolke die Gegenwart und Macht von Gott, dem Vater; sie bedeutet zuweilen die Taube des Heiligen Geistes. Die erhobene Hand, die Handfläche nach außen, bedeutet Segnung, göttliche Gnade und Gunst; mit drei erhobenen Fingern bezeichnet sie die Dreieinigkeit; ist die ganze Hand erhoben, so symbolisiert der Daumen den Vater, der erste Finger den Heiligen Geist, der zweite Christus und der dritte und vierte die beiden Naturen von Christus.

Das Handauflegen bei der Konfirmation bedeutet die Übertragung des Heiligen Geistes, der Stärke und Gnade. Eine Hand mit einem Geldbeutel verkörpert Judas Ischarioth. Vor der Brust gekreuzte Hände kennzeichnen den hl. Bruno, den Karthäusus. *Griech.:* An der Votivhand des Gottes Sabazios sind der Daumen und der erste Finger ausgestreckt, der dritte und vierte Finger gekrümmt, und auf ihr befinden sich Kegel, Schlange, Kreuz, Mondsichel, Caduceus, Eidechse und Insekten. Sie wird als die helfende Hand des Gottes gedeutet oder als Schutz, Heilung und Segen, oder nur als Talisman und zur Abwendung von Unheil. *Hinduist.:* Bei den Händen von Shiva bedeutet die erhobene Hand Frieden und Schutz, die herabhängende Hand, die auf den Fuß weist, Befreiung; der Schlag auf die Trommel ist der Schöpfungsakt, und die Flamme in der Hand bedeutet die Vernichtung der Welt durch Feuer. *Islam.:* Die offene Hand bedeutet Segnung, Verehrung und Gastfreundschaft. Die Hand von Fatima verkörpert für manche Schiiten die Hand Gottes, göttliche Macht, Vorsehung und Freigebigkeit. Der Daumen ist der Prophet, und die Finger sind seine vier Gefährten, der erste Fatima, der zweite Ali, ihr Gatte, der dritte und vierte Hassan und Hussein, ihre Söhne. Der vierte Finger bedeutet auch geistige und moralische Vortrefflichkeit, und alle fünf zusammen sind die fünf Säulen der Religion. *Jüd.:* Die Hand Gottes ist »die rechte Hand der Majestät in der Höhe«. *Kelt.:* Lugs »lange Hand« symbolisiert die Strahlen der Sonne. *Mandä.:* Bei Zeremonien symbolisiert die Vereinigung der Hände Aufrichtigkeit und Treue. *Manich.:* Die rechte Hand zu schütteln, bedeutet die rettende Macht der Gottheit. *Sumero-semit.:* Die Hand ist ein Attribut der Großen Mutter als der freizügigen Geberin und Schirmherrin. Die Votivhand, wie die von Sabazios, ist in Syrien häufig zu finden. *Toltek.:* Die »lange Hand« von Huemac verkörpert die Sonnenstrahlen.

Handfessel ↗ Bande

Handschuh Zeugnis festen Glaubens; ein Zeichen der Ehre; Reinheit des Herzens (»reine Hände und ein reines Herz«); Priester tragen weiße Handschuhe, und das bedeutet Reinheit des Herzens und Freisein von Bestechlichkeit. Die Handschuhe auszuziehen, bedeutet Ehrerbietung und Aufrichtigkeit, denn der Behandschuhte kann auch der sein, der etwas verheimlicht. Jemandem den Handschuh vor die Füße zu werfen bedeutet, ihn wegen verletzter Ehre herauszufordern. Eiserne Handschuhe sind ein Attribut von Thor und von Schmiedegöttern. Handschuhe unterstützen Handgesten und die Handsymbolik.

Harfe Hat teil an der Symbolik der ↗ Leiter, die

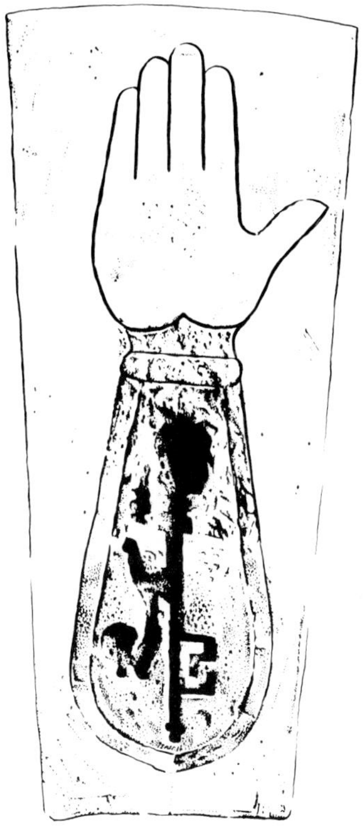

Hand Die auf dem Torbogen der Alhambra eingemeißelte Hand ist ein immer wiederkehrendes Symbol der fünf Glaubensvorschriften des Islam: Bekenntnis des Glaubens, Gebet, die Pilgerfahrt, Fasten und Almosengabe.

zur anderen Welt führt. Der Harfenspieler ist der Tod. Ein Emblem von König David im Alten Testament und von Wales; auch ein Attribut von Dagda, dem *kelt.* Feuergott, der die Jahreszeiten rief, und dessen Spiel ursprünglich den Wechsel der Jahreszeiten bewerkstelligte.

Harpyie ↗ Fabelwesen

Harz Unvergänglichkeit; Unsterblichkeit. Bäume, die Harz absondern, haben teil an der Symbolik des Immergrüns. Wie auch der Saft wurde das Harz als die Seele des Baumes betrachtet; man nannte es auch »die Tränen der Großen Mutter«.

Hase Ein lunares Tier, Attribut aller Mondgottheiten; da er eng mit dem Mond verbunden ist, verkörpert er Wiedergeburt, Verjüngung, Auferstehung, auch Intuition, »Licht in der Finsternis«. Er wird häufig mit Opferfeuer und »Leben durch den Tod« assoziiert. Er ist ein universelles Fruchtbarkeitssymbol und verkörpert die Perioden der weiblichen Menstruation; er ist ein Liebespfand; Ängstlichkeit; das Perverse; verschlagene Schlauheit; Vergänglichkeit. Der Hase im Mond ist fast überall anzutreffen, und als lunares Tier dient er mit dem Hund und der Eidechse als Mittler zwischen Mondgottheiten und Menschen. Im Westen symbolisiert der weiße Hase den Schnee; der Märzhase Verrücktheit. Ein Hasenkopf oder ein Hasenpfötchen ist ein Mittel gegen Hexerei, aber oft ist der Hase auch der Diener oder Gefährte von Hexen. *Afrikan.:* Bei den Khoi-Khoin (Hottentotten) wird er mit dem Mond assoziiert. *Ägypt.:* Die Morgendämmerung; der Anfang; die Eröffnung; Auferstehung; Periodizität; ein Attribut von Thot; wurde auch mit dem Mond assoziiert. *Buddhist.:* Der Hase im Mond war einer Legende nach von Buddha dorthin gebracht worden und symbolisiert seither totale Selbstaufopferung; denn als Buddha hungrig war, bot sich der Hase als Opfer an und sprang ins Feuer. *Chin.:* Der Mond; ein *yin*-Tier, die weibliche *yin*-Macht; die Gemahlin des Kaisers; Langlebigkeit. Der Hase ist das vierte der Symboltiere der Zwölf Erdstämme. Der Hase im Mond, mit Mörser und Stößel, mixt das Elixier der Unsterblichkeit. Der Hase ist der Hüter der wilden Tiere. Der weiße Hase bedeutet Göttlichkeit; der rote Hase Glück, Frieden, Wohlstand und tugendhafte Herrscher; der schwarze Glück und erfolgreiche Herrschaft. Für das Mondfest wurden Figuren von Hasen oder weißen Kaninchen angefertigt. *Christl.:* Fruchtbarkeit, Sinnenlust. Ein weißer Hase zu Füßen der Jungfrau Maria stellt den Sieg über die sinnliche Begierde dar. Die Wehrlosigkeit des Hasen verkörpert diejenigen, die ihr Vertrauen in Christus setzen. *German.:* Holda, Harke oder Harfa, die Mondgöttin, wird von einem Zug Hasen als Fackelträger begleitet. *Griech./Röm.:* Fruchtbarkeit, Schlüpfrigkeit; ein Bote; Attribut von Hermes/Merkur, von Aphrodite und Eros. Hasen finden sich häufig auf Cupidodarstellungen. *Indian.:* Der Große Hase, Manabozho, Vater und Wächter, ist ein Schöpfer und Verwandler, der des Menschen tierische Natur verändert. Er ist der Heros und Erretter, ein Demiurg (Weltschöpfer), Heros der Götterdämmerung, die Personifikation des Lichts; der Große Manitou, der mit seiner Großmutter im Mond lebt und der »Bringer aller Wasser, Gebieter der Winde und Bruder der Sonne« ist. Einem anderen Glauben nach wird der Hase vom Schelm zum Heros; dies bedeutet den integren Menschen. Als Schelm ist er auch der gewandte Geist, der die dumme, animalische Kraft überlistet. Er tötet die Schlange oder den Fisch, der die Menschen verschlingt. *Hinduist.:* Tritt in der hinduistischen und buddhistischen Kunst mit der Mondsichel zusammen auf. *Jüd.:* Das Unreine. *Kelt.:* Ein Attribut von Mond- und Jagdgottheiten, und auf Darstellungen halten ihn oft Jagdgötter in der Hand. *Nördl. Europa:* Der Osterhase symbolisiert die Morgendämmerung und ein neues Leben. Der eine Weintraube verzehrende Hase galt manchmal als Symbol der Taufe. Der Hase ist Attribut der hasenköpfigen Mondgöttin, vermutlich Oestras *(germanisch)* oder Eostrens *(angelsächsisch)*, die dem Frühlingsfest Ostern ihren Namen gegeben hat; daher Wiedergeburt und Auferstehung als die Wiedergeburt des Mondes. Der Osterhase legt das Osterei. *Skand.:* Hasen sind Freyjas Diener.

Haselnußstrauch Wie alle Nüsse als ein Symbol von verborgener Weisheit und in Zusammenhang mit der Muttergöttin zu sehen. Haselnüsse symbolisieren auch Frieden und Liebende. Der Haselnußzweig hat magische Kräfte, er ist ein Regenmacher und wurde zum Wassersuchen verwendet. Der Haselnußstrauch war der heilige Baum der *keltischen* Haine und verkörperte Weisheit, Inspiration, Weissagung, magische und chthonische Mächte. Als der Baum des Lebens wuchs er in Avalon neben dem heiligen Brunnen oder der heiligen Quelle, die den ↗ Lachs enthielt, und nur der Lachs durfte die Nüsse essen. Er wurde auch mit der milchgebenden Göttin und dem Feuergott assoziiert, denn seine Zweige wurden zum Feuermachen verwendet. In *Griechenland* war aus ihm der Stab des Hermes gemacht, des Götterboten, deshalb symbolisierte er Kommunikation und Versöhnung. Er bedeutete auch poetische Inspiration. In der *skandinavischen* und *germanischen* Religion wurde er Thor geweiht. Im Alten Testament benutzte Jakob u. a. Haselnußzweige, um buntscheckiges Vieh zu bekommen.

Haus Ein Weltzentrum; der schützende Aspekt der Großen Mutter; ein umschließendes Symbol; Schutz. Das Kulthaus, die Kulthütte, das Kultzelt bzw. -tipi ist das Kosmische Zentrum, »unsere Welt«; das Universum. *Ägypt.:* »Pharao« war ursprünglich »das große Haus«, d. h. der Königspalast; später ging das Wort auf den König selbst über.

Haut Die Haut des Opfertieres wie z. B. des Stieres oder Pferdes, oder das Vlies eines Widders oder Schafes steht für das Fett des Tieres und somit stellvertretend für alle lebenerhaltenden tierischen Erzeugnisse wie für Nachkommenschaft und Langlebigkeit. Die Haut bzw. das Fell des Tieres zu tragen bedeutet, die Kraft bzw. das *mana* des Tieres anzunehmen, und bringt den Träger mit den Tieren und ihrem instinktiven Wissen in Berührung, wie das im *Schamanismus* üblich ist. Werden Tierhäute bei Initiationszeremonien getragen, so stellen sie die Stufen der Initiation dar; Wiedergeburt; Zusicherung der Unsterblichkeit. Die in solchen Riten getragenen schwarzen und weißen Häute von Tieren oder Vögeln symbolisieren die beiden Naturen des Menschen, auch die Manifestation und das Nichtmanifeste. Die Haut abzuwerfen, wie Schlangen das tun, heißt, den »alten Menschen« abzulegen und den neuen anzulegen, die Jugend wiederzugewinnen, eine höhere Stufe zu erreichen, Unsterblichkeit zu erlangen.

Hefe Gärung, daher Liebe. Wurde im Mittelalter als ein Mittel gegen die Pest angesehen.

Heiligenschein ↗ Nimbus

Helm Schutz; Bewahrung; das Attribut eines Kriegers oder Heroen. In der *Heraldik* verkörpert der Helm geheime Gedanken. Er ist ein Attribut von Ares/Mars als Kriegsgott und von Athene/Minerva als Göttin der Weisheit; er ist auch ein Attribut von Hades/Pluto als der Helm der Finsternis. Der goldene Helm ist ein Attribut von Odin/Wotan.

Hengst In der *iran.* Symbolik verkörpert der Hengst die Macht der Sonne, das Feuer, und ist ein Kennzeichen des Kriegerstandes. Er ist ein *arisches* Symbol für Herrschaft, solare, aggressive Männlichkeit. Nach der *vedischen* Zeit wurde er durch die lunare, erotische Stute ersetzt, die über das Feuer der Zerstörung am Ende der Welt verfügt.

Henkelkreuz (Ankh) Ein *ägypt.* Symbol des Lebens; das Universum; jegliches Leben, menschliches wie göttliches; der Schlüssel zur Erkenntnis der Geheimnisse und verborgenen Weisheit; Macht; Autorität; göttliche Verheißung. Das Henkelkreuz ergibt sich aus der Verbindung des männlichen Osiris- und des weiblichen Isis-Symbols, der Vereinigung der beiden generativen Prinzipien, des Himmels und der Erde. Es bezeichnet auch Unsterblichkeit, »zu-

Hase Der Hase im Mond auf dieser Rückseite eines bronzenen Spiegels aus der Zeit der Tung-Dynastie mischt das Elixier der Unsterblichkeit mit Mörser und Stößel aus den Erscheinungen und dem Einerlei des täglichen Lebens.

Haut Xipe, der aztektische Gott des Frühlings, trägt die Haut eines geschlachteten Opfers als seine eigene. Das symbolisiert die Zusage der Wiedergeburt und Erneuerung bei der alljährlichen Wiederkehr des Frühlings.

künftiges Leben«, »Zeit, die kommen wird«. Es wird ebenfalls als eine Form des Lebensbaumes gedeutet, oder man interpretiert das Oval als ein Symbol für Ewigkeit und das Kreuz als Zeichen für die Ausdehnung in Länge und Breite, d. h. von der Unendlichkeit (in Raum und Zeit) bis hin zum Endlichen, oder es kann die über dem Horizont aufgehende Sonne dargestellt haben. Maat, die Göttin der Wahrheit, hält das Henkelkreuz in der Hand.

Henne Vermehrung; Voraussicht; mütterliche Fürsorge. Eine schwarze Henne wurde als eine Erscheinungsform des Teufels angesehen. Eine krähende Henne bedeutet weibliche Herrschaft oder eine kühne Frau. Im *Christentum* stellt die Henne mit Küken manchmal Christus mit seiner Herde dar.

Herd Ein Omphalos; das innere, geistige Zentrum; die Übertragung des Geistes durch Feuer. Die Mitte des Hauses; weibliche Herrschaft; das Feuer in seinem weiblichen Erde-Aspekt, aber das Feuer kann auch den männlichen Aspekt annehmen, und dann ist die Erde der weibliche; Wärme; Zubereitung von Nahrung. Der *vedische* Rundherd ist die Erde, das Reich des Menschen, während das Feuer in seiner Ostseite das Reich der Götter ist. Unter den *südamerikan.* Indianern heißt der Herd-Stein der »Bär«, was unterirdische Mächte und die Stätte der Kommunikation mit ihnen bedeutet. In *kelt.* Ländern konzentrierte sich der Totenkult um den Herd.

Herde Die Gläubigen; Gemeinschaften von Glaubenden; Glieder von Kirchen.

Hermaphrodit ↗ Androgyn

Hermelin Da es im Winter weiß ist, steht es für Reinheit, Keuschheit, Unschuld und wird auch mit Gerechtigkeit assoziiert; auf Amtstrachten kennzeichnet der Hermelinpelz Königtum oder Adelsstand in Kirche und Staat. Fürstliche heilige Jungfrauen des *Christentums* sind bisweilen im Hermelinmantel dargestellt, besonders die hl. Ursula.

Heroldsstab ↗ Caduceus

Heros/Heroine Der Prototyp des Erlösers, des Wundertätigen, in allen Kulturen bekannt. Der Heros ist meistens von niederer Geburt oder von ihm unbekannter fürstlicher Herkunft, und er wird in einfachen Verhältnissen, ungeachtet seines Standes, aufgezogen; ihm widerfahren frühe Kraftproben, häufig allein oder mit einem Tier als Kameraden; er kämpft mit dem Bösen und mit der Versuchung, wird verraten und getötet oder geopfert. Andererseits kann er allein beginnen, sammelt aber eine Schar oder auserwählte Gruppe von Jüngern um sich, die ihn letztlich verlassen, so daß er allein leiden und sterben muß; das alles symbolisiert die Reise der Seele und das Eingehen in die Manifestation und Mannigfaltigkeit und die schließliche Rückkehr zur ursprünglichen Einheit. Hat der Heros eine unsterbliche Braut, so muß er sie häufig in der Unterwelt oder an einem mysteriösen Ort suchen. Die Heroine kann hochmütig sein und ihn verachten oder häßlich verkleidet sein, was die egoistische Seite der menschlichen Natur symbolisiert, die zu überwinden ist; aber die Symbolik bleibt die von Trennung und Wiedervereinigung; Sündenfall und Erlösung – die beiden Seiten der menschlichen Natur, die versöhnt und integriert werden müssen. Die bes. in *Griechenland* so genannten und verehrten Heroen finden ihre Entsprechung in den *christl.* Heiligen und Märtyrern, wie auch den Helden in *german.*, *vorder-* und *mittelasiat.* oder *ind.* Epen.

Herrscherstab ↗ Amtsstab

Herz Das Zentrum des Seins, des körperlichen wie des geistig-seelischen; die göttliche Gegenwart im Zentrum. Das Herz verkörpert die »zentrale« Weisheit des Fühlens gegenüber der im Kopf wohnenden Weisheit des Denkens; beide sind Intelligenz, aber das Herz bedeutet auch Mitleid; Verständnis; den »geheimen Ort«; Liebe; Nächstenliebe; es enthält das Herzblut, den Lebenssaft. Das Herz wird durch die Sonne als Zentrum des Lebens symbolisiert, und die strahlende Sonne und das strahlende oder flammende Herz haben dieselbe Symbolbedeutung: als Zentrum des Makrokosmos und Mikrokosmos, als Himmel und Mensch und als transzendente Intelligenz. Das Herz wird als das nach unten zeigende Dreieck dargestellt. *Aztek.:* Das Zentrum des Menschen, der Religion und der Liebe; das vereinigende Lebensprinzip. Die Opferung des Herzens verkörperte die Freilassung des Herzblutes, die Aussaat des Lebens, damit es keimen und blühen kann. Das durchbohrte Herz ist ein Zeichen der Buße. *Buddhist.:* Die essentielle Natur von Buddha. Das Diamantherz bedeutet Reinheit und Unzerstörbarkeit und den Menschen, dem nichts etwas anhaben, den nichts beunruhigen kann. Im *chin.* Buddhismus ist das Herz eines der Acht Kostbaren Dinge Buddhas. *Christl.:* Liebe; Verständnis; Mut; Freude und Leid. Das flammende Herz verkörpert religiösen Eifer, Frömmigkeit und Hingabe. Ein Herz in der Hand ist ein Bild für Liebe und Ehrfurcht; ein von einem Pfeil durchbohrtes Herz ist das reuevolle Herz; Reue; mit zwei Pfeilen ein Attribut des hl. Augustinus. Das flammende Herz ist ein Zeichen des hl. Ignatius von Loyola; das Herz mit dem Kreuz oder das flammende Herz ist ein Attribut der hl. Katharina von Siena; das Herz symbolisiert zudem die hl. Maria Magdalena von Pazzi. *Daoist.:* Der Sitz des Verstandes. Der Weise hat sieben Öffnungen in seinem Herzen, und sie sind alle geöffnet. *Hinduist.:* Das Göttliche Zentrum, Wohnstatt des Brahma: »Es ist Brahma; es ist alles«; der Atman hat seinen Sitz im Herzen. Das Herz wird durch den Lotos symbolisiert. Das »Auge des Herzens« ist das dritte Auge Shivas; transzendente Weisheit; der allwissende Geist (»Diamantherz« unter *Buddh.*). *Islam.:* Das Zentrum des Seins; das »Auge des Herzens« ist das geistige Zentrum; der absolute Intellekt; die Erleuchtung. *Jüd.:* Das Herz ist der Tempel Gottes. *Kelt.:* Das gütige Herz symbolisiert Edelmut und Mitleid; es ist der Gegensatz zum bösen Blick.

Heuschrecke Im Alten Testament eine der sieben Plagen. Eine Heuschrecke in der linken Hand des Jesuskindes kann die Bekehrung der Heiden symbolisieren. Seltener bedeutet sie auch das Laster des Betruges. ↗ Gottesanbeterin

Hexagramm Wie zwei ineinandergreifende ↗ Dreiecke symbolisiert das Hexagramm das »Oben wie unten« usw. *Chin.:* Die acht Trigramme oder das ↗ Ba Gua sind symbolisch miteinander verbunden, und jedes stellt die *yin-yang*-Mächte und -Kräfte in der Natur dar. Diese sind zu den 64 Hexagrammen erweitert, die die endlose Wechselwirkung zwischen all diesen Kräften andeuten.

Himmel Himmel und Erde verkörpern Geist und Materie, meistens das Vater- und das Mutterprinzip, mit Ausnahme der *ägyptischen*, *germanischen* und *ozeanischen* Symbolik, wo die Positionen umgekehrt sind. In der sakralen Architektur werden die Himmel durch die Kuppel, den Stupa oder Tschorten oder durch die zentrale Öffnung im Tipi, Zelt oder der heiligen Hütte symbolisiert. Meist sind sie in Blau dargestellt, gelegentlich aber auch in Schwarz, rund oder gewölbt in der Form. Im Fernen Osten werden die Himmel durch den Drachen und die Erde durch den weißen Tiger symbolisiert; manchmal bedeuten Erde und Himmel aber auch Nebel und Berg, Pferd und Stier. Im Sinne von Firmament bedeutet der Himmel Transzendenz; Unendlichkeit; Höhe; das Reich der Seligkeit; unumschränkte Herrschaft; Ordnung im Universum. Himmelsgötter sind in der Regel Schöpfer, sie sind allmächtig und allwissend und symbolisieren den Rhythmus des Kosmos. Sie sind Hüter des Rechts. Unter den Bedingungen des Matriarchats sind Himmelsgottheiten gewöhnlich weiblich; gelegentlich ist die Himmelsgottheit geschlechtslos. In der *hinduistischen* Symbolik ist der Himmel das Sieb, durch das der *Soma*-Saft gepreßt wird und dann als Regen fällt, der das Land fruchtbar macht und von Donner und Blitz begleitet wird.

Himmelfahrt ↗ Aufsteigen

Himmelsrichtungen ↗ Weltgegenden

Hinabsteigen Das Hinabgehen in die Unterwelt

Henkelkreuz Der Priester bringt eine Figur von Maat, der Göttin der Wahrheit und der Weltordnung, die das Henkelkreuz in der Hand hält, als Opfer dar.

Hermelin »Dame mit dem Hermelin« von Leonardo da Vinci. Das Hermelin steht für Keuschheit und Reinheit – aber hier mag eine doppelte Symbolik vorliegen, denn die Dame gilt als die Geliebte von Lodovico il Moro aus der Familie der Sforza, und das Hermelin war ihr Emblem.

oder die Suche nach unterirdischen Schätzen wird gleichgesetzt mit der Suche nach mystischer Weisheit, Wiedergeburt und Unsterblichkeit. Es bedeutet auch das Verständnis für und die Erlösung von der dunklen Seite der menschlichen Natur und die Überwindung des Todes; den *regressus ad uterum;* den Fall in die uranfängliche Finsternis vor der Wiedergeburt und Neubildung; Abstieg in die Hölle vor der Auferstehung und dem Aufsteigen zum Himmel, es ist die Reise, die bei allen Initiationsriten und von allen Sterbenden Göttern unternommen wird.

Hippogryph ↗ Fabelwesen

Hirsch Solar; Erneuerung; Schöpfung; Feuer; die Morgendämmerung; er wird häufig mit dem Baum des Lebens in Verbindung gebracht. Der Hirsch in Feindschaft mit der chthonischen Schlange, wie auch Adler und Schlange im Kampf, verkörpern den Kampf der Gegensätze, des Positiven gegen das Negative, des Lichts gegen die Finsternis usw. Der Hirsch, der die Schlange am Boden zertritt, ist der Sieg des Geistes über die Materie, des Guten über das Böse. Die Verfolgung des Hirsches hat häufig sinnbildlichen Charakter, und der Hirsch kann auch ein Bote der Götter oder der himmlischen Mächte sein. Hirsche ziehen den Wagen von Vater Zeit und den des Weihnachtsmannes. *Ägypt.:* Isis von Phokis heilig. *Alchim.:* Der Hirsch mit dem Einhorn ist ein Bild für die Doppelnatur von Mercurius, dem philosophischen Quecksilber, dem *nous. Buddh.:* Hirsche bzw. Gazellen zu beiden Seiten vom Rad der Lehre verkörpern Buddhas Predigt im Wildpark zu Sarnath, die das Rad in Bewegung setzte; der Hirsch bedeutet Meditation, Sanftmut und Güte, aber er ist auch eines der »Drei geistlosen Geschöpfe« des chin. Buddhismus und bezeichnet die Liebestollheit neben dem Tiger für den Zorn und dem Affen für die Gier. *Chin.:* Langlebigkeit; Glückseligkeit; hoher Rang; Erfolg im Amt; Reichtum (denn das chin. Wort für Hirsch ist gleichklingend mit *lu* – Geldeinkünfte). Der weiße Hirsch verkörpert Shou-hsien, den Gott der Unsterblichkeit. Der Drache wird auch der »Himmlische Hirsch« genannt. *Christl.:* Frömmigkeit, religiöses Trachten (Ps. 42); die Seele, die nach Gott verlangt; Einsamkeit; Reinheit des Lebens. Als Gegenspieler der Schlange ist der Hirsch ein Bild für Christus oder den Christen, der gegen das Böse kämpft. Kennzeichen der Heiligen Adrianus und Eustachius. Der Hirsch mit einem Kruzifix zwischen dem Geweih ist ein Kennzeichen des hl. Hubertus. *Griech./Röm.:* Artemis/Diana, Aphrodite und dem Apollon von Delphi heilig. *Hethit.:* Bedeutsam als das Reittier der schützenden männlichen Gottheiten. Der Gott der Tiere steht auf einem Hirsch. *Indian.:* Schnelligkeit, Flinkheit des Fußes.

Herz Siegel der Katholischen Konföderation, die in Irland im Jahre 1642 proklamiert wurde. Das flammende Herz ist das beherrschende Symbol und steht für religiösen Eifer; es wird begleitet von Krone, Kreuz, Taube und Harfe.

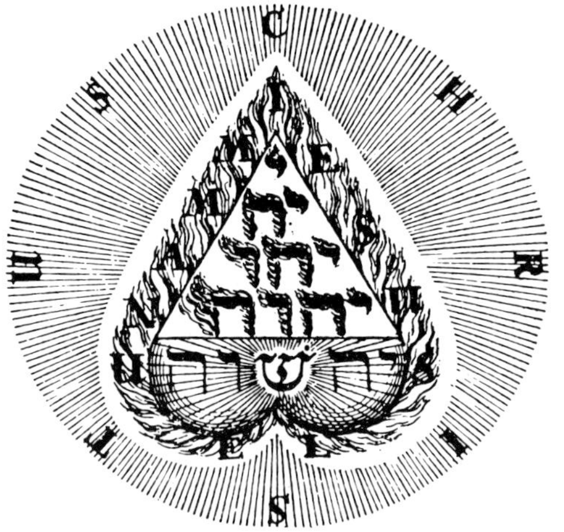

Herz Das umgekehrte Herz, eine Figur aus der Kabbala von Jakob Böhme (1575–1624), in der JHVH, der Name Gottes in hebräischen Buchstaben, zu JHSHVH, Jehoshua (Jesus), umgedeutet ist.

Japan.: Ein Attribut von Göttern der Langlebigkeit; aber wenn er zusammen mit dem Ahorn dargestellt ist, steht er auch für Einsamkeit und Melancholie. Der Drache ist der »Himmlische Hirsch«, *Kelt.:* Solar; mit Heilkräften ausgestattet; Fruchtbarkeit; Männlichkeit; das Attribut des Kriegers, des Jägergottes Coudin und Ossians und eine Erscheinungsform des gehörnten Gottes Cernunnos. Hirsche sind die übernatürlichen Tiere der Märchen- und Zauberwelt, Zaubervieh und Götterboten. Hirschfell und -geweihsprossen sind rituelle Priesterbekleidung. Flidass, die Göttin der Jagd, hat einen Wagen, der von Hirschen gezogen wird. *Mithraz.:* Hirsch und Stier zusammen verkörpern den Augenblick des Todes. *Schaman.:* Das Fell des Hirsches wird vielfach in schamanistischen Riten benutzt (↗ Haut). *Skand.:* Die vier Hirsche von Yggdrasil sind die vier Winde. *Sumero-semit.:* Der Fruchtbarkeitsgott war bisweilen beim Opfer als Hirsch gestaltet. Der Hirschkopf ist ein Kennzeichen von Roschef.

Hirte Führer und Beschützer jeder Herde; ein Erlöser; der Hirte ist auch ein *Psychopompos,* deshalb wird er bisweilen mit dem Totengott assoziiert, der dann den Hirtenstab als Attribut hat. Der Gute Hirte kommt in *sumerischen, iranischen* und *christlichen* Traditionen vor. *Ägypt.:* Re ist der »Hirte aller Menschen«. Ägyptische Könige waren Hirten ihrer Herden. *Buddhist. (Tibet.):* Chenrezig, »der allbarmherzige Gute Hirte«, hat seine Inkarnation im Dalai-Lama. *Christl.:* Christus, der gute Hirte; symbolisiert seine Menschlichkeit und sein Mitleid, auch die Erlösung derer, die verloren sind. *Griech.:* Der Schäfer Orpheus Bukolos ist der Gute Hirte, sein Attribut ist ein Widder oder Böcklein, das er auf der Schulter trägt. Hermes Kriophorus, der Widderträger, ist ein Guter Hirte. Pan ist ein Hirte und Hermes bzw. Merkur ein Hirte der Seelen. *Hinduist.:* Shiva ist ein Hirte, und Krishna wird mit Hirten und den jungen Frauen, die die Kühe hüten, assoziiert. *Iran.:* Yima, der Gute Hirte, hat das Sonnenauge und hütet das Geheimnis der Unsterblichkeit. *Islam.:* »Die göttliche Herrlichkeit ist unter den Hirten«. *Sumero-semit.:* Tammuz, ein Mondgott und Hirte, ist der Schützer der Herden. Die Phönikier Amynos und Magos lehrten die Menschen, das Vieh zu hüten.

Hirtenstab/Krummstab Der Hirtenstab bedeutet Autorität; Führung; Rechtsprechung; Barmherzigkeit; Glauben und ist ein Attribut aller Guten Hirten. *Ägypt.:* Attribut des Osiris als Richter der Toten und oft zusammen mit dem Dreschflegel als Symbol höchster Macht dargestellt. *Christl.:* Christus als der Gute Hirte; der Stab der Apostel; Attribut eines Bischofs als Hirte seiner Herde; Attribut der Heiligen

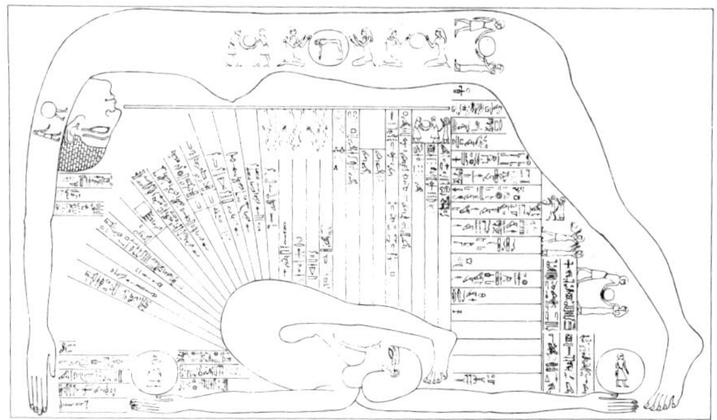

Himmel Die ägyptische Himmelsgöttin Nut beugt sich über die Welt der Schöpfung, ordnet alle Dinge und erschafft sie, dabei selbst in der Haltung der Transzendenz.

Hirsch Die Hirsche auf einem Mosaik aus der lateranischen St.-Johannes-Basilika trinken von den erneuernden Wassern des Lebens, die aus dem Fuße des erlösenden Kreuzes hervorströmen.

Gregor, Silvester und Zeno. *Griech.:* Attribut von Proteus, dem Hirten der Meeresherden, von Orpheus als dem Guten Hirten, auch von Apollon, Thalia, Pan, Argus und Polyphem. *Sumero-semit.:* Eines der Königsinsignien von Assyrien und Babylon.

Hoffnung Im Westen durch den Anker oder eine Frau mit Globus, Füllhorn, Birne oder Bienenstock dargestellt, manchmal steht über ihrem Haupt eine Galeere in vollen Segeln. In der *christlichen* Kunst kann sie als geflügelte Frau mit zum Himmel erhobenen Händen und mit einem Anker oder mit dem hl. Jakobus d. Ä. zu ihren Füßen dargestellt sein. Andere Attribute der Hoffnung sind das Kreuz der Auferstehung und eine von einem Engel dargereichte Krone. In *Ägypten* ist Isis auch ein Sinnbild der Hoffnung.

Höhle »Ein Symbol des Universums« (Porphyrios); ein Omphalos; das Weltzentrum; das Herz; der Ort, an dem sich das Selbst und das Ich vereinigen; der Treffpunkt des Göttlichen und des Menschlichen, weshalb auch alle Sterbenden Götter und Erlöser in Höhlen geboren werden; inneres esoterisches Wissen; das Verborgene; eine Stätte der Initiation und der zweiten Geburt. Die Höhle ist auch das weibliche Prinzip, der Schoß der Mutter Erde und ihr schützender Aspekt; sie ist sowohl ein Ort der Bestattung als auch der Wiedergeburt, des geheimnisvollen Dunkels, des Wachsens und der Erneuerung, woraus der Mensch hervorgeht und wohin er beim Tode zurückkehrt, in die steinerne Gruft; diese Betrachtungsweise der Herkunft bringt die Höhle mit dem Welten-Ei in Zusammenhang. Die Höhle steht in enger Beziehung zur Symbolik des ↗ Herzens als des geistigen und Initiationszentrums sowohl des Makrokosmos als auch des Mikrokosmos; die Höhle wie auch das Herz werden durch das weibliche, auf der Spitze stehende Dreieck symbolisiert. Der Berg ist das männliche Prinzip, das Sichtbare und Äußere, und wird durch ein mit der Spitze nach oben weisendes Dreieck dargestellt, während die Höhle im Innern des Berges das Weibliche, Verborgene und Verschlossene ist; beide sind das Weltzentrum. Als Teil des Berges hat die Höhle auch teil an seiner Axialsymbolik.
Initiationszeremonien fanden sehr häufig in Höhlen statt und waren damit symbolisch für die Unterwelt und das Grab, wo es vor der Wiedergeburt und Erleuchtung einen Tod gegeben hatte. Als Stätte der Initiation war sie auch ein geheimer Ort, dessen Eingang vor den Nicht-Eingeweihten durch ein Labyrinth oder einen gefahrvollen Durchgang verborgen gehalten wurde, oft von einem Ungeheuer oder einem übernatürlichen Wesen bewacht, und Zugang war nur zu erlangen durch die Überwindung der

Hirsch Diese 29 cm hohe, aus einem Stück Zedernholz geschnitzte und mit Muscheln verzierte Hirschmaske wurde wahrscheinlich von einem Schamanen bei rituellen Tänzen getragen, um die Jagd günstig zu beeinflussen.

Hirte Christus als Guter Hirte in einer römischen Plastik aus dem 3. Jahrhundert: Übernahme eines traditionellen Symbols.

entgegenwirkenden Kraft. Das Betreten der Höhle bedeutet auch den Wiedereintritt in den Schoß der Mutter Erde, wie das bei Höhlenbegräbnissen der Fall ist. Der Durchgang durch die Höhle stellt einen Wandel der Seinsform dar, der ebenfalls durch die Überwindung gefährlicher Mächte erreicht wird. Die Höhle ist häufig der Ort der heiligen Eheschließung zwischen Himmel und Erde, König und Königin usw. *Chin.:* Die Höhle ist das weibliche, das *yin*-Prinzip, und der Berg ist *yang. Hinduist.:* Das Herz; das Zentrum; die »Höhle des Herzens« ist die Wohnstatt des Atman. *Indian.:* Die Welten werden durch eine Reihe übereinanderliegender Höhlen symbolisiert. *Kelt.:* Der Zugang zum Jenseits. *Mithrazist.:* Gottesanbetung und Initiation fanden in einer Höhle statt, in der sich Blumen und Quellen zu Ehren von Mithras befanden, dem Vater und Schöpfer des Alls; die Höhle bildete eine Miniatur des von ihm geschaffenen Universums. *Platon.:* Mit dem Höhlengleichnis und dem Gegensatz von Höhle und Licht stellt Platon die äußere Sinnenwelt und die Ideenwelt des Menschen gegenüber.

Holunder In *Europa* bedeutet er Hexerei; Magie, Geistermächte; wird zur Walpurgisnacht getragen.

Holz Die Ganzheit des uranfänglichen, paradiesischen Zustandes; das, was Zuflucht bei Geburt und Tod in Wiege und Sarg gewährt; aus ihm wird auch das Ehebett gebaut, das Galgenkreuz und das Totenschiff, die Mondbarke. Holz ist die *prima materia* des Ostens, daher kann Christus auch als Zimmermann aufgefaßt werden; der Zimmermann benutzt die Werkzeuge als Symbol der göttlichen Macht, Ordnung aus dem Chaos zu schaffen. Holz weist zudem auf den Baum der Erkenntnis und das Kreuz hin. Im *Hinduismus* und in *Tibet* ist es die *prima materia*, aus der alle Dinge geformt wurden. »Brahman war das Holz, Brahman war der Baum, aus dem Himmel und Erde gestaltet wurden« *(Taittririya Brahmana)*. In der *chin.* Symbolik verkörpert das Holz bzw. der Wald den Frühling, den Osten und die Farben Blau oder Grün. ↗ Wald

Holzhammer Autorität; bestimmender Wille; männliche Kraft. Hat einigen Anteil an der Symbolik des Hammers als eines Attributs von Donnergöttern. *Chin.:* Der hölzerne Hammer und der Meißel sind Attribute von Lei-kung, dem Gott des Donners. *Japan.:* Er ist »der Hammer der Schöpfung«, stellt die vereinigten männlichen und weiblichen Kräfte dar; Glück. *Kelt.:* Ein Attribut von Sucellos.

Honig Unsterblichkeit; Initiation; Wiedergeburt. Honig, so wurde angenommen, verleiht Männlichkeit, Fruchtbarkeit und Kraft und besitzt aphrodisische Eigenschaften. Honig wurde als Opfer für höchste Gottheiten und Fruchtbarkeitsgeister be-

Hirtenstab/Krummstab Auf dieser thebanischen Malerei vom Grabmal des Sennedjem hält Osiris als Totenrichter den Stab des Führers und Herrschers in der Hand; der Dreschflegel symbolisiert seine Macht, die Seelen der Menschen zu richten, indem er ihre guten Taten von den bösen scheidet.

Hörner Auf dieser Rassel, die zu den Riten der Cheyenne-Indianer gehört, verstärkten die Hörner das geisterhafte Aussehen des Gesichts und den schreckenerregenden Lärm, wenn die Rassel benutzt wurde.

nutzt. Der, wie man glaubte, parthenogene Ursprung der Bienen machte ihn zu einer heiligen, unverfälschten Speise. In der *Astrologie* wurde der Honig mit dem Mond assoziiert und folglich mit Zunahme und Wachstum. *Chin.:* Honig mit Öl bedeutet falsche Freundschaft. *Christl.:* Die irdische Sendung von Christus; die Lieblichkeit des göttlichen Wortes. Eine verbotene Nahrung wegen seiner aphrodisischen Eigenschaften und weil er Fruchtbarkeitsgeistern geopfert wurde. *Griech.:* Dichterisches Genie; Beredsamkeit; Weisheit; die Nahrung der Götter. Bienen füllten den Mund Homers, Sapphos, Pindars und Platons mit Honig. Man verwendete ihn auch in chthonischen Riten. *Hind.:* Die Nahrung des Hamsa, der sich außerdem nur von dem Lotos des Wissens nährt. *Minoisch:* Spielte rituell eine besondere Rolle als Speise für die Lebenden und die Toten. *Mithraz.:* Wurde Mithras geopfert, wahrscheinlich, um die Symbolbedeutung der Bienen als Sterne am Himmel zu erhöhen. Er wurde auch auf Hände und Zunge des Initiationskandidaten geträufelt. *Sumer.:* Eine Speise für Götter.

Hörner Übernatürliche Kräfte; Göttlichkeit; die Kraft der Seele oder das Lebensprinzip, das vom Kopf ausgeht, folglich verleihen Hörner an Helmen oder Kopfschmuck doppelte Macht; die Macht und Würde der Göttlichkeit; Manifestation des Geistes; Königswürde; Stärke; Sieg; Schutz; Männlichkeit; Reichtum an Vieh und im Ackerbau. Hörner sind sowohl solar als auch lunar, sind Attribute von Sonnengöttern und die Mondsichel, der zunehmende wie der abnehmende Mond; Mondtiere ohne Hörner stellen die letzte Phase des abnehmenden Mondes dar. Hörner sind Attribute aller Muttergöttinnen, der Himmelsköniginnen; der Kuhhornhalbmond ist oft zusammen mit der Sonnenscheibe anzutreffen, besonders in der *ägyptischen* Kunst. Gehörnte Götter verkörpern Krieger, Fruchtbarkeit bei Mensch und Tier und sind Herren der Tiere; ihre Attribute sind Stier- und Kuhhörner, die Ehre, Erhabenheit und Macht darstellen, wie Hörner von Widdern oder Ziegen – Zeugungskraft und Fruchtbarkeit; sie tragen auch manchmal Geweihe und haben die Schlange bzw. die widderköpfige Schlange bei sich. Hörner, von denen ein langes Band herunterfällt, bezeichnen einen Sturmgott. Scharfe und durchdringende Hörner bedeuten Männlichkeit und Zeugungskraft; hohle aber sind das Weibliche und Empfangende. Die Macht von Hörnern kann, je nach dem Zusammenhang, wohltätig oder unheilvoll sein. Später, im mittelalterlichen *England,* wurden die Hörner zum Symbol für Schande, Verachtung, Verwerflichkeit und den betrogenen Ehemann, weil das Christentum den Gehörnten Gott als den Teufel und eine böse Macht umgedeutet hat. *Ägypt.:* Die Kuhhörner sind das Symbol für Hathor, die heilige Mutter; als die lunare Mondsichel erscheinen sie mit Isis und Nut, der Herrin des Himmels. Die Stierhörner sind solar, während solare und lunare Symbolik zusammen in Gestalt der Kuhhörner auftreten, die die Sonnenscheibe tragen. Die Hörner des Ammon sind spiralförmig gewunden wie Widderhörner. Seth/Sutek hat Hörner, von denen ein langes Band herunterhängt. *Christl.:* Die beiden Hörner stehen als das Alte und das Neue Testament, durch die der Widersacher überwunden werden kann. Die sieben Hörner der Apokalypse sind die Sieben Geister Gottes; Allwissenheit und Macht. Später wurden Hörner in ein Symbol des Teufels umgedeutet. *Griech./Röm.:* Dionysos ist oft mit Hörnern dargestellt. Pan ist ein gehörnter Naturgott, und seine gehörnten Satyrn stellen Zeugungskraft und Fruchtbarkeit dar. Pluto hat als Gott des Reichtums ein Füllhorn, das Horn des Überflusses oder das »Horn der Amaltheia«, der Spenderin von Reichtum und Überfluß. *Hinduist.:* Die vier Hörner im *Rigveda* sind die vier Himmelsrichtungen. *Indian.:* Der Kopf ist mit Hörnern bewaffnet, »so daß er schrecklich erscheint«. *Islam.:* Stärke; »das erhobene Horn« bedeutet Sieg; Erfolg. *Jüd.:* Macht; »erhobene Hörner« bedeuten Sieg, und »zerbrochene Hörner« bedeuten Niederlage. Moses ist manchmal mit Hörnern der Macht dargestellt. *Kelt.:* Cernunnos ist ein mit Hörnern dargestellter Gott. *Minoisch:* Hörner findet man in Verbindung mit dem Baum, dem Altar und der Doppelaxt als den Symbolen für Macht und Göttlichkeit. Die »Hörner der Weihe« werden als die lunare Mondsichel gedeutet und auch als anikonische Darstellung innewohnender Göttlichkeit. *Skand.:* Macht; Männlichkeit; Krieger. *Sumero-semit.:* Göttlichkeit; das höchste Prinzip; solare und auch lunare Macht. Anu und Bel tragen gehörnten Kopfschmuck; Adad als Sturmgott hat Hörner mit einem langen Band, das von einer Krone herabhängt. Enki/Ea, der Ziegenfisch, trägt ebenfalls Hörner.

Hufeisen Nach oben offen und halbmondförmig verkörpert es den Mond und die Mondgöttinnen und hat die Symbolik der Hörner: Macht und Schutz. Es kann auch die Yoni bezeichnen; es wirkt dämonenabwendend und bedeutet Glück. Umgekehrt ist es seiner Macht und Glücksbedeutung beraubt.

Hummer *Japan.:* Langlebigkeit; Glückwunsch; ein freudiges Ereignis, besonders mit Neujahrsfeiern oder Festlichkeiten verbunden.

Hund Treue und Anhänglichkeit; Wachsamkeit; Adel (Hunde und Falken sind Wappentiere von Adligen); Plutarch sagt, daß Hunde »das konservative, wachsame, philosophische Prinzip des Lebens« symbolisieren. »Der Hund, der seinen struppigen Hals aufrichtet, sein Gesicht abwechselnd schwarz und golden, bedeutet den Boten, der zwischen den Höheren und den Infernalischen Mächten hin- und herging« (Apuleius). Ein Wächter an den Grenzen zwischen dieser Welt und dem Jenseits; Hüter des Übergangs; Wächter der Unterwelt; Totenwache; ein *Psychopompos* (Seelengeleiter). Als lunares Tier ist der Hund mit Hase und Eidechse ein Mittler zwischen Mondgottheiten; im Fernen Osten ist er bei Tage *yang*-Tier, aber ein *yin*-Tier bei Nacht. In *Ägypten* und *Sumer* ist er ein Sonnentier. Er steht im Zusammenhang mit allen Götterboten und Göttern der Zerstörung und ist ein Attribut von Anubis und Hermes/Merkur. Hund und Otter haben eine Sonderstellung unter den »reinen« Tieren des *Zoroastrismus;* sie zu töten, ist eine Sünde. Hekate hat ihre Kriegshunde; der *nordische* Garm, »der Verschlinger«, ist oft als Hund dargestellt, und Brimo als Zerstörer wird von einem Hund begleitet. Der Hund begleitet manchmal den Guten Hirten und ist in der Regel der Begleiter von Heilenden, wie z. B. Asklepios und allen Jägerinnen und Muttergöttinnen, wobei die Muttergöttin oft als »die Hündin« bezeichnet und als Junge werfende Hündin porträtiert ist. Ein schwarzer Hund bedeutet Magie, teuflische Mächte, die Verdammten, den Tod. Katzen und Hunde, als Vertraute von Hexen, können Hexen als Regenmacher verkörpern.

Hunde als Winde können den Keiler des Winters oder der Dürre verjagen. Der hundsköpfige Mensch zerstört die Feinde des Lichts oder nimmt sie gefangen. Der Hund ist oft ein Kulturheros oder mythischer Ahnherr. Desgleichen bleibt er, der im Leben ein Begleiter gewesen ist, dies auch nach dem Tod und legt Fürsprache ein und vermittelt zwischen den Toten und den Göttern der Unterwelt. Er ist ebenfalls ein Feuerbringer und Beherrscher des Feuers, der entweder das Feuer durch Reibung erzeugt hat oder, in manchen Kulturen, das männliche Geheimnis des Feuermachens bewahrt und hernach den Frauen mitgeteilt hat. In Verbindung mit dem Feuer übernimmt er sexuelle Symbolik, denn Feuer und sexuelle Kraft stehen zueinander in Beziehung. *Afrikan.:* Er ist oft ein Kulturheros und erzeugt und bringt das Feuer. *Ägypt.:* Ein Führer zum falkenköpfigen Sonnengott, um die Sonne auf der richtigen Bahn zu halten. Dem hunds- oder schakalköpfigen Gott Anubis geweiht und Hermes/Thot als dem Götterboten; Attribut der Großen Mutter, Amenti. *Alchim.:* Der Hund mit dem Wolf ist die Doppelnatur des Mercurius, des philosophischen Quecksilbers, des *nous. Aztek.:* Xoltl, der Gott des Todes und der Untergehenden Sonne, ist hundsköpfig und war der Beschützer der Hunde. Der Hund war ein *Psychopompos* und wurde am Grab geopfert, um den Toten auf der Reise ins Jenseits zu begleiten. Das letzte Zeichen des mexikanischen Tierkreises, das die Periode der Zeitlosigkeit bzw. des Chaos verkörpert, war der Hund als das Ende des Jahres und der Tod, aber auch als die Auferstehung und die Wiedergeburt. *Buddhist.:* Der Löwenhund, ein Wächter, ist ein Verteidiger der Lehre; bewegungsloser Gehorsam und die Unterwerfung der Leidenschaften durch die Lehre. Er ist auch ein Attribut Yamas, des Todesgottes. *Chin.:* Treue; unerschütterliche Hingabe. Das Kommen eines Hundes stellt künftigen Wohlstand dar. Der rote Himmelshund, Tion-Gou, ist ein *yang*-Tier und hilft, böse Geister zu vertreiben, aber als Wächter der Nachtstunden wird der Hund ein *yin*-Tier und symbolisiert Zerstörung; er ist mit Meteoren und Finsternis assoziiert, wenn er wütend wird und die Sonne oder den Mond angreift. Der Löwenhund Buddhas ist in der chinesischen Kunst häufig dargestellt. *Christl.:* Treue, Wachsamkeit, eheliche Treue. Als ein Wächter der Herde stellt der Hund den Guten Hirten, einen Bischof oder einen Priester dar. Schwarze und weiße Hunde bedeuten den Dominikanerorden. Der Hund ist ein Attribut der Heiligen Bernhard von Clairvaux, Rochus (der von seinem Hund gefüttert wird), Hubertus und Wendelin. *Griech./Röm.:* In Griechenland umfaßt der pejorative Ausdruck »kynisch« (»zynisch«), was soviel wie »hundsmäßig« bzw. »hündisch« bedeutet, Unverschämtheit und Schmeichelei. Nach Homer ist der Hund schamlos, aber er ist auch ein *Psychopompos* und ein Attribut von Hermes/Merkur, sowohl für den Boten als auch für den beherrschenden Geist, und der wird, als guter Hirte, von seinem Hund Sirius begleitet, der »alles sehenden Wachsamkeit«, der auch der Gefährte des Jägers Orion ist. In Verbindung mit Asklepios verleiht der Hund liebende Kräfte durch Wiedergeburt in ein neues Leben; seine Treue überdauert den Tod. Die Hunde des Hades verkörpern die Düsternis der Morgen- und Abenddämmerung, die voller feindlicher Kräfte und gefahrvolle und dämonische Zeiten sind. Der Höllenhund Zerberus bewacht den Eingang zur Unterwelt. Hekate besitzt die Hunde des Krieges, und Hunde wurden ihr an Kreuzwegen geopfert; sie waren auch Opfer für Eileithyia; dem Herakles/Herkules und der Diana/Artemis heilig. *Hinduist.:* Der jagende Hund ist ein Attribut oder Begleiter Indras; ein Hund mit vier Augen stellt Yama, den Todesgott, dar und hat dieselbe Bedeutung wie der grch. Hades (↗ oben). *Indian.:* Mit dem Coyoten austauschbar; ein Donnertier; ein Regenbringer; auch ein Feuererzeuger und, als der Coyote, ein Kulturheros und mythischer Ahnherr; ein Vermittler und Bote. Die Irokesen opferten zum Neuen Jahr einen weißen Hund, der Gebete ins Jenseits bringen sollte. *Islam.:* Unreinheit; durfte nur als Wachhund fungieren. *Japan.:* Schutz; ein Wächter. *Jüd.:* Unreinheit (↗ unten *Semit.*). *Kelt.:* Wird mit den heilenden Wassern assoziiert und begleitet die Jagdgötter, Kriegsgötter und Heroen sowie Nodens, den Gott der Heilkunst. Sucellos wird ebenfalls von einem Hund begleitet. *Maya:* Der fackeltragende Hund verkörpert den Blitz. *Mithraz.:* Als *Psychopompos* wird der Hund mit dem Stieropfer assoziiert und ist dann zusammen mit der Schlange und dem Skorpion dargestellt. *Ozean.:* Ein Erzeuger und Überbringer des Feuers. *Pars.:* Ein weißer Hund mit gelben Augen, oder weiß mit vier Augen, ist möglicherweise ein *Psychopompos*, denn man läßt den Hund an das Totenbett treten, und er begleitet die Seele ins Jenseits. Der Tod einer Frau während der Entbindung fordert zwei Hunde für die beiden Seelen. *Schaman.:* Der Bote der Waldgeister. *Skandin.:* Odin/Wotan hat zwei Hunde sowie zwei Raben als Ratgeber. Der Höllenhund Garm bewacht die Unterwelt. *Sumerosemit.:* In der semitischen Symbolik steht der Hund mit dem Skorpion und der Schlange und allen Reptilien als unheilvoll, böse und dämonisch in Zusammenhang, aber in der *phönikischen* Ikonographie begleitet der Hund die Sonne und ist ein Attribut Gallas, der großen Ärztin, als ein Aspekt der Muttergöttin und des akkadischen Belet-ili, dessen Thron von Hunden getragen wird, oder ein Hund sitzt bei ihm. Ein Attribut von Aštart.

Hut Autorität; Macht. Da der Hut den Kopf bedeckt, umschließt er den Gedanken; daher bedeutet die englische Wendung »die Hüte wechseln«, Haltungen oder Meinungen zu ändern. Der bedeckte Kopf bedeutet wie bei der Kappe Adelsstand und Freiheit im Unterschied zum barhäuptigen Sklaven. Verschiedene Hüte stellen Angehörige sozialer oder hierarchischer Ordnungen dar, z. B. der Kardinalshut, die Mitra, das Barett, der Hut des Geistlichen, der Zylinder, die »akademische Kopfbedeckung«, die Gläubiger-Kappe. Den Hut zu ziehen, bedeutet die Höflichkeit, soziale Unterordnung gegenüber der gegrüßten Person anzudeuten; den Hut beim Eintritt in ein Gebäude abzusetzen, zeigt Ehrerbietung.

Hyäne Namenloses Laster; Unreinheit; Instabilität; Unbeständigkeit; ein Mensch mit zwei Gesichtern. Im *Christentum* ist sie ein Bild für den Teufel, der sich von den Verdammten ernährt.

Hyazinth ↗ Edelsteine

Hufeisen Diese islamische Keramik aus dem 14. Jahrhundert ist wie ein Hufeisen geformt, wovon dem Bauwerk, in dessen Wand sie eingesetzt wurde, immer Wohlstand und Glück zuteil werden sollten.

Ibis Eine ägyptische Plastik aus dem 4. Jahrhundert zeigt einen Ibis, das Symbol der Beständigkeit der Seele, und eine Straußenfeder, Symbol der Wahrheit und Gerechtigkeit, und bringt ihre Symbolik in Beziehung zueinander.

Hyazinthe *Europ.:* Klugheit; friedliche Gesinnung; göttliches Streben, göttlicher Hauch. Das Blut des Vegetationsgottes Hyakinthos, aus dem die Hyazinthe sproß, da er unabsichtlich von Apollon getötet wurde, symbolisiert die von der sengenden Hitze der Sommersonne ausgebrannte Vegetation; aber die Blume, die aus seinem Blute sprießt, verkörpert seine Auferstehung im Frühling. Auch ein Attribut von Kronos.

Hydra ↗ Fabelwesen

Ibis *Ägypt.:* Die Seele; der Atemhauch; Streben und Ausdauer; der Morgen; Thot heilig. Der Schopf-Ibis ist die Sonne; der »Segenspendende Geist«; als derjenige, der Reptilien in ihrem unheilvollen Aspekt vertilgt, ist er solar, aber auf Grund seiner Zugehörigkeit zum feuchten Element ist er lunar und wird bisweilen mit der Mondsichel auf dem Kopf dargestellt.

Igel *Christl.:* Der Böse; die böse Tat; er raubt Trauben vom Weinstock, so wie der Teufel die Menschen ihrer Seelen beraubt. Er ist auch ein *sumer.* Emblem für Ištar und, allgemeiner, ein Symbol der Großen Mutter.

IHS Symbol des Dionysos; seine Bedeutung ist unbekannt, aber es ist gedeutet worden als *in hoc signo, in hoc salus* oder als der rituelle Anruf »Iakchos«. Von den *Christen* als eine Abkürzung für »Jesus« übernommen und später für *Iesous Hominum Salvator.* Als Inschrift auf einem Herzen ist es ein Attribut der Heiligen Bernhardin von Siena, Ignatius von Loyola und Heinrich Suso.

Ikone Eine Ikone verkörpert einen Mikrokosmos; ihre Farben müssen rein und ungemischt sein, und der Goldgrund ist das Licht und die Gnade Gottes, Gott als der Urgrund allen Seins. Ihre Materialien verkörpern die manifeste Welt, denn sie entstammen dem Tierreich, dem Pflanzenreich und dem Reich der Minerale und symbolisieren die Zusammengehörigkeit der ganzen Schöpfung. Die Ikone ist heilig: Sie ist »das äußere und sichtbare Zeichen einer inneren, geistlichen Gnade« und bedeutet einen direkten Zugang zu göttlicher Gnade. Die Bilderwand – der Ikonostas – der Ostkirche teilt Himmel und Erde vertikal durch den Bogen (Himmel), die Seiten und den Unterteil (Erde) sowie horizontal durch die Trennung des Altarraumes von der übrigen Kirche. Sie ist eine Grenze zwischen dem Sakralen und dem Profanen, dem Göttlichen und dem Menschlichen.

Immergrün Unsterblichkeit; Ewigkeit; Lebenskraft, Jugend und Tatkraft; das Ewige; schöpferische Kraft. Kränze aus Immergrün bedeuteten unvergänglichen Ruhm, Vorbestimmung zur Unsterblichkeit.

Immersion Die Immersionstaufe (Taufe durch Eintauchen) symbolisiert die Rückkehr zu den Urwassern des Lebens und zur ursprünglichen Unschuld; Transformation; Erneuerung; Wiedergeburt. Das Eintauchen in Wasser ist ein Akt des Wiedergeborenwerdens, als Ritus reinigt es, erneuert und verleiht Schutz.

Initiation Das Urbild für Tod und Wiedergeburt; der Übergang von einer Seinsstufe zur anderen, von einer ontologischen Ebene zur anderen; Tod vor der Wiedergeburt und Sieg über den Tod; Rückkehr in die Finsternis vor der Wiedergeburt zum Licht; Tod des alten Menschen und Wiedergeburt des neuen; spirituelle oder physische Aufnahme bzw. Wiedergeburt in die Gesellschaft der Erwachsenen. Initiation erfordert in der Regel einen »Abstieg in die Hölle«, damit die dunkle Seite der Natur abgestreift werden kann vor der Auferstehung und Erleuchtung und dem Aufstieg in den Himmel; daher werden Initiationszeremonien gewöhnlich in Höhlen oder an einem anderen unterirdischen Ort oder auch in einem Labyrinth abgehalten, woraus der wiedergeborene Mensch in das Licht zurückkehren kann. Sterbende Götter opfern sich, um wiedergeboren werden und auferstehen zu können.

Insel Ambivalent als ein Ort der Isolation und Einsamkeit, aber auch der Sicherheit und Zuflucht vor dem Chaos des Meeres. Verzauberte Inseln symbolisieren das Paradies, die Wohnung der Glückseligen und die keltische Grüne Insel.

Inzest Unter Göttern oder in Legenden und Mythen ist der Inzest Symbol ursprünglicher Identität; Wiederherstellung der ursprünglichen Einheit durch Verehelichung der beiden voneinander getrennten Teile. In der *Alchimie* bedeutet er Regeneration, Rückkehr zum Mutterschoß, zur *prima materia.*

Iris Die Macht des Lichts; die Hoffnung; sie ist häufig in Form der ↗ Wappenlilie abgebildet und hat auch deren Symbolik sowie die der ↗ Lilie. *Ägypt.:* Macht. *Chin.:* Anmut; Zuneigung; Schönheit, die sich in der Abgeschiedenheit entfaltet. *Christl.:* In Gestalt der Lilie ist sie die Blume der Jungfrau Maria, der Himmelskönigin, und das Symbol der Unbefleckten Empfängnis. Als die »Schwertlilie« verkörpert sie den Gram der Jungfrau. *Griech.:* Symbol von Iris, dem weiblichen Götterboten und *Psychopompos* (Seelengeleiter).

Irrgarten ↗ Labyrinth

Jade *Chin.:* »Alles das, was im höchsten Maße vortrefflich ist«; das *yang;* das Himmels-Vater-Prinzip. Sie ist das Juwel des Himmels, das Ergebnis des Zusammenwirkens von Berg und Wasser, die vereinten Kräfte *yin* und *yang.* »Der vollkommene Mensch wetteifert mit der Jade im Tugendstreben.« »Poliert und glänzend verkörpert sie die Reinheit; glatt und leuchtend erscheint sie als die Güte; ihre Kompaktheit und Stärke verkörpern die Sicherheit des Intellekts; eckig, aber nicht scharf oder schneidend, ist sie die Gerechtigkeit; in Perlen herabhängend, gleicht sie der Demut; der klare nachschwingende Ton, den sie hervorbringt, wenn sie angeschlagen wird, symbolisiert die Musik. Ihre Wolken tun ihrer Schönheit keinen Abbruch noch verbirgt ihre Schönheit die Wolken, denn sie erinnern uns an die Pflicht zur Loyalität; ihre Transparenz verkörpert die Aufrichtigkeit. Schillernd wie der Regenbogen, ist sie dem Himmel gleich; vortrefflich und geheimnisvoll, entstanden aus Berg und Wasser, ist sie wie die Erde. Ohne Schmuckformen geschnitten, verkörpert sie die Keuschheit. Von allen hochgeschätzt, versinnbildlicht sie die Wahrheit und die Schönheit« *(Das Buch der Riten).* Die verschiedenen Farben der Jade sind *wan,* die zehntausend Dinge, Symbol der Unendlichkeit. Die Jade-Scheibe mit einem quadratischen Loch in der Mitte, dem *pi,* bedeutet den Kreis der Himmel und das Quadrat der Erde mit seiner »Sonnentür« oder Himmelspforte. Die vier Richtungen des Kompaß mit den sechs rituellen Dingen aus Jade sind die runde blaue Tafel – der Osten; die rote Tafel – der Süden; eine weiße Tafel in Gestalt eines Tigers – der Westen; ein schwarzes halbkreisförmiges Stück Jade – der Norden. Jade ist stets ein Symbol für Glück.

Jagd/Jäger Tod; aktives Mitwirken; Verlangen; die Verfolgung weltlicher Ziele. Der Wilde Jäger mit seiner Meute Hunde ist der Tod bei der Verfolgung seines Opfers.

Jaguar *Aztek.:* Die Mächte der Finsternis im Kampf mit dem solaren Adler. *Mexik.:* Der Bote der Waldgeister. *Schaman.:* Der Schamane hat den Jaguar zuweilen als vertrauten Geist bei sich oder nimmt dessen Gestalt an.

Jahr Das Große Jahr bedeutet einen Zyklus der Schöpfung und Zerstörung im Universium, *aiones* bei den *Gnostikern.* Es ist eine Zeit der Wiedergeburt, in der die Welt zum ursprünglichen Zustand zurückkehrt, eine *apocatastasis,* Zeit der Wiederherstellung, die Wiederkehr des Goldenen Zeitalters. ↗ Zahlen, Fünfzig

Jahreszeiten Die Vierteilung des Jahres in Frühling, Sommer, Herbst und Winter oder, wie in *Ägypten,* die drei Jahreszeiten der Aussaat (Winter), des Wachstums (Frühling) und der Uberschwemmung (Sommer). Gruppen von Jahreszeitenfiguren stellen den wiederkehrenden Zyklus der Lebensalter dar. *Der Frühling:* Ein Kind, das Blumengirlanden oder Blätter trägt, oder eine Frau bzw. ein Jüngling mit einem Blumenkranz oder mit Blumen in der Hand bzw. neben Blumen stehend; das Symboltier des Frühlings ist das Lamm; die Tierkreiszeichen sind Widder, Stier und Zwillinge. *Der Sommer:* Ein Kind oder eine Frau mit einer Korngarbe in den Händen oder mit einer Girlande aus Kornähren bekränzt; Symboltiere sind Löwe oder Drache, die Tierkreiszeichen Krebs, Löwe und Jungfrau. *Der Herbst:* Ein Kind oder eine Frau mit Weintrauben oder einem Korb voller Obst in den Händen oder beim Keltern von Weinbeeren; das Symboltier ist der Hase, und die Tierkreiszeichen sind Waage, Skorpion und Schütze. *Der Winter:* Ein in einen Mantel gehülltes Kind oder ein alter Mann mit weißem, rauhreifbedecktem Haar und einer Sichel in der Hand oder mit Bäumen ohne Laub; das Symboltier ist der Salamander, und die Tierkreiszeichen sind Steinbock, Wassermann und Fische. In der *chin.* Symbolik stellen die Jahreszeiten Ordentlichkeit, Korrektheit und vorbildliches Verhalten dar, »die Jahreszeiten irren sich nicht«. Sie werden durch Blumen versinnbildlicht: Der Frühling durch die Kirsch-, Pfirsich- und Mandelblüte; der Sommer durch die Lotosblume und die Päonie (beide solar); der Herbst durch den roten Ahorn, die Winde und die Chrysantheme; der Winter durch die Pflaumenblüte, den Bambus und die Pinie.

Jakobsmuschel ↗ Muschelschale

Japa ↗ Mantra

Jasmin *Chin.:* Weiblichkeit; Liebreiz; Anmut, Anziehungskraft. *Christl.:* Anmut; Eleganz; die Jungfrau Maria.

Jaspis ↗ Edelsteine

Joch Vereinigung; Beherrschung; Gleichgewicht; Disziplin; Gehorsam; Sklaverei; Demütigung; Plakkerei; Geduld. Im *Christentum* stellt das Joch das Gesetz Christi dar. Im Zusammenhang mit dem Ochsen kann es Opfer bedeuten; Ackerbau und Fruchtbarkeit.

Jubiläum Die Rückkehr zum Anfang, zum Urzustand. Nach sieben mal sieben Jahren wird das fünfzigste als heilig verehrt und ein neuer Anfang.

Ju-i Im *chinesischen* Buddhismus ist ju-i die Diamantkeule, ein Symbol für Buddha und die Lehre; Hoheit; Siegermacht. ↗ *dorje* ↗ *vajra*

Julfest Vom gallischen *gule* (Rad) abgeleitet, verkörpert das Julfest das Rad, mit dem sich die Sonne zur Wintersonnenwende dreht, den Tod des alten Jahres und die Geburt des neuen. Wie die Saturnalien verkörpert es die Wiederkehr des Chaos und der Finsternis, bevor das neue Jahr geschaffen und wiedergeboren werden kann. Die Toten kehren zurück in den zwölf Nächten des Chaos, da die Schranken zwischen den Welten gefallen sind. Jeder

der zwölf Tage soll das Wetter für den jeweiligen Monat des kommenden Jahres voraussagen. Es ist auch ein Fest des Sterbenden Gottes, dessen Geburtstag der 25. Dezember ist und der als Tammuz/Dumuzi, Attis und Dionysos durch den anikonischen Holzklotz symbolisiert ist, den man am Ende des alten Jahres rituell verbrennt und damit den Tod des Winters und die Wiedergeburt der Macht der Sonne darstellt; das Feuer verjagt den Tod und entzündet mit seiner schöpferischen Kraft die solare Macht aufs neue; es brennt auch das alte Leben aus jedem Menschen heraus und schafft das neue und gibt somit einen neuen Start zum neuen Jahr; die Asche wird über den Erdboden verstreut, aus dem dann neues Leben und der Frühling emporsteigen. Der Jul-Klotz ist aus Eichenholz, vom Weltenbaum der *Druiden*. In anderen Riten des Sterbenden Gottes ist es die Pinie des Attis und Dionysos und die Tanne von Wotan. Der um den Holzklotz gewundene Efeu ist die Krone des Dionysos und die »Pflanze des Osiris«. Lichter und leuchtende Kugeln an dem Baum bedeuten die Sonne, den Mond und die Sterne in den Zweigen des Weltenbaumes, oder die Lichter können die Seelen zu den Festen der Toten darstellen. Der Baum des Attis und Dionysos wurde mit Geschenken behängt als Opfergaben für die Götter, aber der Tannenbaum von Wotan hing voller Geschenke für die, die seinen heiligen Baum ehrten.

Der 25. Dezember, die Wintersonnenwende mit der Wiedergeburt der Sonne, ist immer eine bedeutende Feier bei den Sonnenanbetern gewesen. Es war der »Geburtstag der unbesiegbaren Sonne« des *Mithrazismus*, an dem die Mächte des Lichts über die Finsternis triumphierten. In *Ägypten* wurde dann der Sonnengott als Horus wiedergeboren für Isis; in *Alexandrien* war es auch die Geburt des Osiris. In *Babylon* wurde die Sonne im Sternbild der Jungfrau, dem Zeichen der Jungfräulichen Muttergöttin, geboren. In *skandin.* Mythen erschien Baldur am Abend des 25. Dezember. Die *christl.* Feier der Mitternachtsmesse um die Krippe hat brennende Kerzen für Maria, die »Lichtgebärende«. Die alte rituelle Verkündigung: »Die Jungfrau hat geboren, das Licht nimmt zu« ist an vielen Orten und zu vielen Zeiten zu hören gewesen.

Jungfrau / Jungfräulichkeit Die Seele in ihrem Zustand ursprünglicher Unschuld; unverletzliche Reinheit; der reine und passive Aspekt; die Unverletzlichkeit des Geweihten. Jungfräulichkeit wird häufig mit Unverletzbarkeit in Zusammenhang gebracht, wie bei den vestalischen Jungfrauen, denn man glaubte, daß die Entehrung einer Jungfrau die magische Kraft und somit auch die soziale Struktur schwäche. Die Jungfrau versinnbildlicht das weibliche Ideal und ist Gegenstand und Ziel des Kampfes, des Erfolges und des Schutzes des männlichen Heros. Die Schwarze Jungfrau symbolisiert die Dunkelheit des Undifferenzierten; die Leere; die *prima materia*; aber auch den verborgenen und geheimen Aspekt des Wissens. In ihrem dunklen, weiblichen Aspekt und besonders als Kali, die Zeit, ist sie der Zerstörer, das Irrationale und Unbarmherzige. Die Vorstellung von der Jungfrau als undifferenzierter Substanz wird mit der Mutter assoziiert, die das manifeste bzw. differenzierte Universum verkörpert. ↗ Tierkreis

Jungfräuliche Mutter / Jungfräuliche Geburt Eine Jungfräuliche Mutter ist die *prima materia*, der Mutterboden, die jungfräuliche Erde, der Träger des Lichts, die verwandelnde Kraft; sie wird symbolisiert vom Baum, den Blumen und Früchten, der Korngöttin (durch im Februar, dem Monat der jungfräulichen Mutter, wachsende Schößlinge). Jungfräuliche Göttinnen sind nicht unbedingt *virgo intacta*, sondern »unverheiratet«, d. h. frei; ihre Hauptsymbole sind der Mond und die Schlange. Jungfräuliche Geburt ist die Vereinigung des Göttlichen mit dem Menschlichen, des Himmels mit der Erde, die zur Geburt eines Gottes oder höheren Wesens führt. Sie symbolisiert auch die Geburt der Intelligenz bzw. der höheren Fähigkeiten des Menschen. Die Große Mutter, die Königin des Himmels, ist Jungfrau, und ihr Sohn wird aus dem Geist bzw. dem Willen geboren, und sie wiederum geht aus ihrem eigenen Sohn hervor, symbolisch für ursprüngliche Identität. Die *christliche* Jungfrau Maria ist mit vielen Symbolen verbunden: allem Umschlossenen, wie z. B. dem umfriedeten Garten, der versiegelten Quelle, der Arche, der lebendigen Quelle; auch mit dem »lebenden Busch«, hergeleitet aus dem brennenden Busch, einem Ort göttlicher Manifestation; die verschlossene Tür und die Himmelstür, die »lichte Wolke«, aus der rein und unverfälscht der Segen in geistlichem Regen herniederfällt; der ungepflügte Boden des Gartens Eden; die »nie verlöschende Lampe«; eine zum Himmel führende Brücke; eine Leiter, auf der Christus zur Erde herabgestiegen ist; der Stern des Meeres und viele andere Kennzeichen aus dem Lied der Lieder.

Jurte Wie das Tipi der *Indianer* oder jedes *Nomadenzelt* ist die *mongol.* Jurte ein Symbol des Kosmos im kleinen. Der Boden ist ihre Basis; die zentrale, rechtwinklige, geheiligte Feuerstelle ist so eingerichtet, daß beide zusammen die Erde und die Elemente verkörpern. Die Seiten und das gewölbte Dach stellen den Himmel dar, und das Rauchloch in der Mitte der Wölbung ist die Sonnentür und das Himmelstor, symbolisiert durch vier oder acht Kreuzstreben des Holzrahmens im Inneren des Hohlraumes.

Justitia Dargestellt als eine Frau mit Augenbinde, Schwert und Waage. In der *christl.* Kunst sitzt ihr manchmal der Kaiser Trajan zu Füßen. Die Jungfrau Maria wird auch der Spiegel der Gerechtigkeit genannt. Die *röm.* Faszes symbolisieren ebenfalls die Gerechtigkeit.

Juwelen ↗Edelsteine

Ka'aba *Islam.:* Ein Omphalos; der Punkt, an dem die Kommunikation zwischen Gott und Mensch stattfindet; die Essenz des Göttlichen; das Herz des Seins. Die sieben Rundgänge des Pilgers um die Ka'aba sind symbolisch für die sieben Attribute Gottes. Auf Grund ihrer Form hat die Ka'aba auch an der Symbolik des ↗ Kubus teil.

Käfer ↗ Skarabäus

Kaiser/Kaiserin Der Kaiser ist die Inkarnation des Gottes und sein Bevollmächtigter auf Erden. In *China* symbolisierte der Kaiser, »Der Sohn des Himmels«, die spirituelle Macht des Himmels, die Kaiserin die irdische; höchste Vollkommenheit und Weisheit. Das Emblem des Kaisers war der Drache mit fünf Klauen, und das der Kaiserin war der Phönix. Der Kaiser von *Japan*, der Mikado, nimmt für sich in Anspruch, von der Sonnengöttin Amaterasu abzustammen.

Kalb Bei der Opferung ist das Kalb die Opfergabe ohne Makel, ohne Schande; daher kann es in der *christlichen* Ikonographie Christus repräsentieren. In der *vedischen* Symbolik ist es der Geist von Aditi, und der Stier dazu symbolisiert den Lebensatem Aditis, des Allumfassenden.

Kalebasse *Chin.:* In der chinesischen Alchimie ist die Kalebasse als Gurde der Kosmos in Miniatur; die schöpferische Macht der Natur; die ursprüngliche Einheit der Ureltern. Die Doppelgurde ist die Vereinigung von *yin* und *yang*. *Indian.:* Die weibliche Brust; Nahrung. ↗ Gurde

Kalumet Die *indian.* Friedenspfeife symbolisiert Versöhnung; Aussöhnung; Demut; Opfer und Reinigung; die Vereinigung des Individuums mit der Totalität, das Einswerden mit dem Feuer des Großen Geistes. Der runde Kopf der Pfeife ist das Zentrum des Universums, das Herz; der Rauch befördert symbolisch zum Himmel; die Röhre der Pfeife ist die Säule des Rückgrats und der Kanal der Lebensgeist.

Kamel *Christl.:* Mäßigkeit; Königswürde; würdevolles Benehmen; Gehorsam; Ausdauer; verbunden mit der Vorstellung von den Drei Weisen aus dem Morgenland. Kniend, um seine Bürde zu empfangen, stellt es auch Demut und Fügsamkeit dar. *Iran.:* Das Kamel steht in Beziehung zu der Vorstellung von der Drachen-Schlange; der Religionsstifter Zarathustra soll ein Kameltreiber gewesen sein und wird oft mit einem Kamel dargestellt. *Röm.:* Die Personifikation von Arabien auf Münzen.

Kamelie Standhaftigkeit. *Chin.:* Schönheit; Gesundheit; Körper- und Geisteskraft. *Japan.:* Plötzlicher Tod.

Kamin ↗ Rauchabzug

Kamm Fruchtbarkeit; Regen; die Strahlen der Sonne; Verstrickung; Musik. Attribut von Venus, auch von Nixen und Sirenen.

Kampfer Die Sinne, die wie Kampfer ohne Rückstand ausglühen sollten.

Kaninchen Ein lunares Tier; das Kaninchen und auch der Hase leben beide im Mond und werden mit Mondgöttinnen und Erdmüttern in Zusammenhang gebracht. In der *aztek.* Symbolik ist der Mond ein Kaninchen oder ein Hase. In *China* fertigte man weiße Kaninchen als Figuren für das Mondfest an. Das Kaninchen bzw. der Hase ist der ↗ Schelm der *Indianer* der östlichen Wälder Amerikas. Es symbolisiert zudem Zeugungskraft und sinnliche Begierde; werden jedoch bei rituellen Gelegenheiten Kaninchenfelle getragen, so bedeutet das Fügsamkeit und Demut vor dem Großen Geist. ↗ Ostern ↗ Hase

Kannibalismus Das Fleisch eines Menschen zu essen, bedeutet, seine Lebenskraft aufzunehmen.

Kanopen *Ägypt.:* Krüge, in denen bei der Mumifizierung die Eingeweide Platz fanden. Symbolisieren den Schutz, den die vier Horuskinder den Toten gewähren, dargestellt durch die Köpfe von Pavian, Schakal, Falke und Mensch auf den Deckeln der Krüge.

Kanu Eine Mondbarke; die Mondsichel. In der Symbolik der *Maori* ist es die Mutter des Menschengeschlechts.

Kappe/Mütze Hoheit; Freiheit (Sklaven gingen barhäuptig). *German.:* Adel; Macht; die »Tarnkappe« bzw. »Nebelkappe« besaßen Zwerge. *Griech./Röm.:* Die konischen Mützen der Dioskuren sind die beiden Hälften von Ledas Ei, aus dem sie geboren wurden, und verkörpern die Hemisphären. *Jüd.:* Die blaue Ritualkappe der liturgischen Gewänder symbolisiert das Firmament. *Schamanist.:* Die Kappe der Macht ist eines der Hauptsymbole des Schamanen. ↗ Phrygische Mütze

Kapuze Unsichtbarkeit und analog dazu Tod; Zurückgezogenheit. Als Kopfbedeckung bedeutet sie auch Nachdenken, Geist. Kronos/Saturn hat manchmal außer seiner Sichel eine Kapuze als Zeichen der untergehenden oder abnehmenden Herbstsonne. Ein Attribut des *keltischen* Gottes der Unterwelt ist die »spitze Kapuze«.

Karneol ↗ Edelsteine

Karneval ↗ Orgie

Karpfen *Chines.:* Literarischer Ruhm; Beharrlichkeit im Kampf gegen Schwierigkeiten; Mut. Vom Karpfen heißt es, daß er durch Beharrlichkeit »die Drachenpforte überspringt« und zum Drachen wird, und so ist der in literarischen Prüfungen erfolgreiche Gelehrte »ein Karpfen, der die Drachenpforte übersprungen hat«. Zwillingskarpfen sind ein Bild für die Vereinigung von Liebenden. *Japan.:* Ein Attribut des Samurai für Mut; Schicksalsergebenheit; Ausdauer; Glück. Er symbolisiert auch die Liebe, denn das Wort für Liebe ist gleichklingend mit dem für Karpfen.

Karten Spielkarten bzw. Kartenspiel. Die zweiundfünfzig Karten im französischen Spiel symbolisieren die Wochen des Jahres, die dreizehn Karten in jeder Farbe sind die dreizehn Mondmonate des Jahres, die vier Farben verkörpern die vier Welten, Elemente, Weltgegenden, Winde, Jahreszeiten, Kasten, Ecken des Tempels usw. Umfangreich ist die Symbolik in der *Astrologie* und Wahrsagekunst: Zwei rote Farben deuten die warmen Jahreszeiten und die Kräfte des Lichtes an; zwei schwarze bedeuten die kalten Jahreszeiten und die Mächte der Finsternis. Alle vier Zeichen auf den Karten sind Lebenssymbole: Pik – ein Blatt, der Kosmische/Weltenbaum; Herz – das Lebens- und Weltzentrum; Karo bzw. Rhombus – das weibliche Prinzip; Kreuz – das Kleeblatt oder das männliche Prinzip. Das As ist die Monade; der König der Geist, das absolute Sein, der Vater; die Königin die Seele, die Persönlichkeit, die Mutter; der Bube das Ich, Energien, der Bote. Zusammen bilden König, Königin und Bube die Triade des Geistes. Der Joker ist das fünfte Element, die nichtmaterielle Welt, die Quintessenz der Alchimisten. *Pik* bzw. Schwerter sind der durchdringende Intellekt; Kreis oder Kugel; Wagemut; Aktion; Ausdruck; Luft; Materie in gasförmigem Zustand; die Sternenwelt; der Donnerkeil; der Tod. Der König ist der Erdenkönig. Die Königin bedeutet Krieg, den Blitzstrahl. *Herzen* bzw. Kelche sind Wissen; Geist; die schöpferische und formale Welt; die schöpferischen Wasser; Materie in flüssiger Form; der Kelch; der silberne Halbmond. Der König ist der Wasserkönig, Poseidon/Neptun, Karl der Große. Die Königin ist Liebe, Rosen, Hathor, Sekhet, Semiramis, Venus, Helena. Der Bube ist Mars, Gott des Krieges und des Ackerbaus, Parasurama. *Karos*, Münzen oder Rhomben, sind die Welt der Sinne; materielle Erde; physische Form; Vorräte; Geld; feste Materie; der Würfel oder das Quadrat. Der König ist der Feuerkönig, der Kaiser, die Pfeilspitze; die Königin Feuer und Brennstoff, Nephtys,

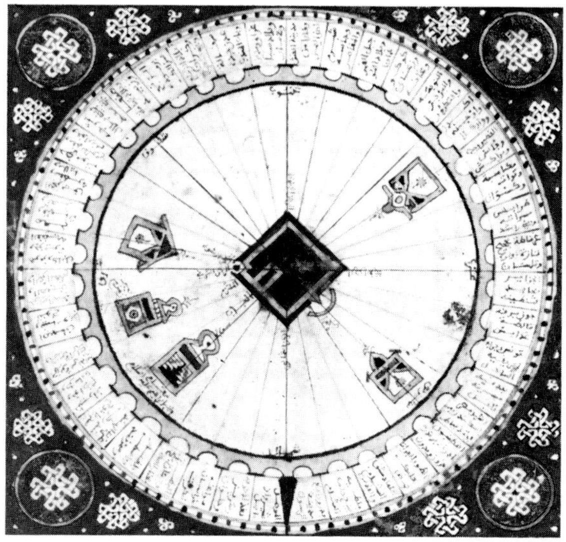

Ka'aba Wenn ein mohammedanischer Pilger die Ka'aba siebenmal umkreist, schreitet er rund um den geographischen Ort, an dem Gott und Mensch einander am nächsten sind – hier dargestellt in einer illustrierten Handschrift aus dem 16. Jahrhundert.

Karten Vier Tarock-Kartenbilder vom ausgehenden 18. Jahrhundert zeigen (oben) den Zauberkünstler und den Clown und (unten) den Kaiser und die Kaiserin.

Persephone. Der Bube ist der Krieger. *Kreuze*, Zepter oder Stäbe sind der Wille; Feuer; Materie in der Verbrennung; Ideen; Energie mit hoher Strahlungskraft; die Welt der Urbilder; das Dreieck oder die Pyramide. Der König ist der Himmelskönig Zeus/Jupiter, Alexander der Große, König Arthus. Die Königin ist Königin der Luft, Hera/Juno, Argine; der Bube Apollon, Aeneas, Lanzelot.

Kasel *Christl.:* Christi nahtloses Gewand; Liebessymbol. Das Gabelkreuz auf dem Rücken steht für das nach Golgatha getragene Kreuz und das Y der Arme Christi am Kreuz; der Kaselstab auf dem Vorderteil versinnbildlicht die Martersäule; daß die Kasel über anderen liturgischen Gewändern getragen wird, verkörpert den Schutz, den die Liebe gewährt; sie ist auch das Purpurgewand der Königswürde, das man dem »König der Juden« anlegte.

Kassia *Chines.:* Unsterblichkeit; ein Baum des Lebens im Paradies; ein Baum im Mond; Glück; Aufstieg zur Größe.

Kastagnetten *Daoist.:* Die beiden widerstreitenden Kräfte des Universums; Attribut von Ts'ao Kuo-chu, einem der acht daoistischen Genien oder Unsterblichen.

Kastanie *Christl.:* Tugend, Keuschheit; von Dornen umgeben, aber von ihnen unberührt; Sieg über die Versuchung.

Kaste Symbolisiert durch das Quadrat, ist sie das Grundmodell des Universums; die Gegensatzpaare; die vier Himmelsrichtungen, die ihrerseits wieder mit den vier Jahreszeiten, Elementen und Emblemfarben im Zusammenhang stehen. Die Brahmanen – die Priester – werden gleichgesetzt mit dem Polargebiet, dem Winter und dem Norden; die Kshatrjas – die Edlen und Krieger – mit der aufgehenden Sonne, dem Frühling und dem solaren Osten; die Vaishyas – die Händler und Ackerbauern – mit der Untergehenden Sonne (d. h. der Sonne, die den Zenit überschritten hat), dem Sommer und dem Süden; die Sudras – die Diener – mit der Dunkelheit, dem Herbst und dem Westen.

Kastration Der Tod der Fruchtbarkeit eines Gottes oder Heroen; die Opferung eines Lebens; das Korn zu schneiden, bedeutet Kastration, wie auch die Sonne in der Eklipse, wenn sie das Reich der Mondgöttin betritt. Aus dem Blut des entmannten Uranos entsprangen die Erinnyen, die Giganten und die Meliae. Der König der Gerste und der König der Eiche wurden am Ende ihrer Herrschaft rituell kastriert. Seth wurde von Horus entmannt. Symbole der Kastration sind Sense und Sichel und auch Lahmheit.

Katze Da die Augen der Katze veränderlich sind, symbolisiert sie die sich verändernde Kraft der

Katze Für die alten Ägypter symbolisierte eine Katzenmumie wie diese aus Abydos den dauernden Schutz und die beständige Gunst der Muttergöttin Isis und der Mondgöttin Bastet, die selbst katzenköpfig war.

Kelch Vor dem Hintergrund der drei Nägel der Kreuzigung tragen die Engel auf dieser Miniatur aus dem 15. Jahrhundert den Kelch mit dem Blut Christi. Die Größe des Kelchs deutet auf den Reichtum der Gnade, Rettung und Erlösung.

Sonne und das Zu- und Abnehmen des Mondes wie auch die Herrlichkeit der Nacht; sie bedeutet auch Heimlichkeit; Begierde; Freiheit. Schwarz ist sie ein Mondtier, bedeutet Böses und Tod; erst in neuerer Zeit kann eine schwarze Katze manchmal als Glücksbringer gedeutet werden. *Ägypt.:* Lunar; dem Seth heilig als Tier der Finsternis; als Mondtier kann die Katze auch ein Attribut von Isis und Bastet, der Mondgöttin, sein; sie verkörpert schwangere Frauen, da der Mond die Frucht im Mutterleib wachsen läßt. *Alchim.:* Eine Vertraute und Erscheinungsform von Hexen; die schwarze Katze als Vertraute von Hexen bedeutet Böses und Unglück. Katzen und Hunde als Vertraute von Hexen sind Regenmacher. *Skandin.:* Attribut von Freyja, deren Wagen von Katzen gezogen wird. *Chin.:* Ein *yin*-Tier, denn sie ist ein Nachttier; Mächte des Bösen; Kräfte der Transformation. Eine fremde Katze bedeutet ungünstige Veränderung; eine schwarze Katze Unglück, Krankheit. *Christl.:* Satan; Finsternis; sinnliche Begierde; Faulheit. *Griech.-Röm.:* Attribut der Mondgöttin Diana. Die Göttin der Freiheit hat eine Katze zu ihren Füßen. *Indian.:* Die wilde Katze verkörpert List und Diebstahl. *Japan.:* Kräfte der Transformation; friedliche Ruhe. *Kelt.:* Chthonische Mächte; Funeralbedeutung.

Kaurimuschel Fruchtbarkeit; Lebensspenderin; die Große Mutter und das weibliche Prinzip; Gebären; die weibliche Macht der Wasser; die Vulva. Das »Kaurimuschel-Modell« in der Kunst ist ein Begräbnis- und Todessymbol, das sowohl das Leben als auch den Tod darstellt. Die Kaurimuschel schützt vor dem bösen Blick.

Kelch Die offene, empfangende, passive, weibliche Form. Der Lebenstrank; Unsterblichkeit; Fülle. Die Symbolik des Heiligen Bechers, Kelchs oder Pokals tritt in vielen Initiationstraditionen auf. Ein umgestülpter Kelch stellt Leere, daher Nichtigkeit dar. Die Quelle unerschöpflicher Nahrung; Überfluß. Er wird mit der Symbolik des Herzens in Zusammenhang gebracht, das das Lebensblut enthält, welches im Kelch durch den Wein symbolisiert wird, denn Wein und Blut haben die gleiche Bedeutung; er steht auch in Verbindung mit dem ↗ Gral. *Buddhist.:* ↗ Schale. *Christl.:* Christi Todeskampf im Garten Gethsemane. Ein Kelch mit einer sich herauswindenden Schlange ist ein Attribut des hl. Johannes des Evangelisten; ein zerbrochener Kelch ist Attribut der Heiligen Benedikt und Donatus. Darüber hinaus symbolisiert der Kelch das Blut Christi und das Neue Testament (Mark. 14,23/24); die Erlösung; das Heilige Abendmahl; den Glauben. Attribut der Heiligen Barbara, Thomas von Aquino, Bonaventura. *Griech./Röm.:* Ein Attribut von Herakles/

Kerze Die sieben Kerzen der jüdischen Menorah symbolisieren die Sonne, den Mond und die Hauptplaneten, die in der Finsternis des Chaos und der Ungewißheit des Lebens leuchten, wie in dieser Bibel aus dem 12. Jahrhundert.

Kessel Der Gundestrup-Kessel, der mit Szenen aus dem Umgang zwischen Göttern und Menschen verziert ist, symbolisiert die Möglichkeit, daß in ein und demselben Gefäß göttliche Kräfte der Zerstörung und der Regeneration wirken können.

Hercules. *Hinduist.:* Die vier Opferkelche der Veden verkörpern die vier Flüsse des Paradieses, die das Kreuz der irdischen Welt bilden; die vier Elemente, Phasen der zyklischen Entwicklung, Weltalter, Jahreszeiten, Kasten usw. Ein Kelch auf einer Stütze symbolisiert das Wesen, das sich zum Himmel hin darbietet und vom Himmel dessen Gnade und Überfluß empfängt. *Islam.:* Der Kelch des Jamschig, in den die Sufis schauen, stellt einen Spiegel der Welt dar. *Kelt.:* Das Herz; das Leben; die Ehe. Zusammen mit dem Hammer ist der Pokal ein Attribut von Sucellos.

Kerze Licht in der Dunkelheit des Lebens; Erleuchtung; die belebende Macht der Sonne; auch die Ungewißheit des Lebens als etwas leicht Auslöschbaren; Dahinschwinden; beim Tode angezündete Kerzen beleuchten dessen Finsternis und repräsentieren das Licht in der kommenden Welt; sie spielen in *katholischen* und bei den meisten *orientalischen* Begräbnisriten eine Rolle. *Christl.:* Das göttliche Licht, das in der Welt scheint; Christus als das Licht der Welt; geistliche Freude; der von den Toten auferstehende Christus im Lichte der Transfiguration; die Frommen, die von Liebe brennen. Kerzen zu beiden Seiten des Kreuzes auf dem Altar verkörpern die Doppelnatur Christi, die menschliche und die göttliche. In der orthodoxen Christenheit des Ostens stellen drei miteinander verbundene Kerzen die Heilige Dreifaltigkeit dar und zwei miteinander verbundene Kerzen die Doppelnatur Christi. ↗ Osterkerze und Frühmetten. *Jüd.:* Der siebenarmige Leuchter, die Menorah, deutet die göttliche Gegenwart an (Wachskerzen sind Jahwe geweiht); der Fuß des Leuchters wird als der Weltenbaum und die *axis mundi* gedeutet. Der Historiker Flavius Josephus sagt, daß die sieben Arme die Sonne, der Mond und die Planeten sind, auch die sieben Tage der Woche, die sieben Sterne des Großen Bären und die sieben Zyklen oder Mächte in der Welt. Nach Philo stellt die Menorah das Wirken der Gnade für alle himmlischen Dinge dar. In der *Kabbalistik* verkörpern drei Kerzen bzw. Leuchter Weisheit, Stärke, Schönheit.

Kessel Nahrung; Lebensunterhalt; Überfluß; Fruchtbarkeit; das weibliche, empfangende und nährende Prinzip. Der magische Kessel bedeutet Schöpferkraft und die weibliche Macht der Verwandlung; Leben und Tod; Erneuerung und Wiedergeburt. Er kann auch gleichgesetzt werden mit dem ↗ Gral. Der Hexenkessel bedeutet magische Zauberformeln. *Altnord.:* Die Quelle aller Flüsse ist der Tobende Kessel. *Christl.:* Attribut der Heiligen Fausta, Felicitas, Erasmus, Modestus und Veit. *Kelt.:* Überfluß; unerschöpfliche Nahrung (wie beim Füllhorn); Kräfte der Wiederbelebung; die schaffenden und erneuernden Kräfte der Erde; Wiedergeburt; die Wiedererweckung von Kriegern zum Leben. Der magische Kessel des Keridwen hat drei Kräfte: Unerschöpflichkeit, Regeneration, Inspiration. Attribut von Bran und Dagda.

Kette Ambivalent, sowohl für Amt, Würde und Einheit als auch für Abhängigkeit und Sklaverei. Amtsketten, z. B. eines Bürgermeisters, Mandarins usw., binden an Amt, Funktion und Macht. Die Glieder einer Kette symbolisieren Kommunikation und Ehe. Im *Buddhismus* binden die Kettenglieder den Menschen an fortdauernde Existenz in der Welt der Erscheinungen. Im *Christentum* sind Ketten Attribute der Heiligen Balbina und Leonardus. Im *Islam* ist die Kette des Seins die hierarchische Ordnung der Dinge im Universum. ↗ Bande

Kettfaden ↗ Weben

Keule Große Stärke; phallisch. *Christl.:* Der Verrat an Christus und ein Attribut u. a. der Heiligen Jakobus d. J. und Judas Taddäus. *Griech./Röm.:* Attribut von Herakles/Herkules und Melpomene. *Kelt.:* Die Waffe des Dagda in seiner Eigenschaft als Herr über Leben und Tod; große Stärke und großes Verlangen; auch ein Attribut des gallischen Sucellos, »des großen Schlägers« oder »guten Schlägers«. *Semit.:* »Der Zermalmer und Zerschmetterer der Welt«; Attribut von Baal und Ninurta; entspricht in der Symbolik dem Donnerkeil, wie er von den Himmelsgöttern benutzt wird.

Kiel Ein phallisches Symbol; auch ein Attribut von Tyche/Fortuna als Schicksalsgöttin.

Kind/Kinder Die Verkörperung des Potentiellen; Möglichkeiten der Zukunft; Einfachheit; Unschuld. Das Kind bzw. der Sohn symbolisiert auch eine höhere Transformation des einzelnen Individuums; Persönlichkeit; das verwandelte und in die Vollkommenheit wiedergeborene Selbst. Kinder, in der Regel kleine Jungen, stellen die Jahreszeiten dar: Den Winter, eingehüllt in einen Mantel; den Frühling mit Blumen und Blättern; den Sommer mit Getreideähren; den Herbst mit Früchten. Kinder sind noch ungeboren in der Großen Mutter, der Beherrscherin der Großen Wasser, daher werden in den alten Sagen die Kinder von Fischfängern wie dem Storch oder Wasserbewohnern wie dem Frosch gebracht, oder sie werden unter einem Busch oder in einer Höhle von der Mutter Erde geboren. In der *ägypt.* Ikonographie ist ein am Finger saugendes Kind der kleine Horus, ein Symbol, das die *Griechen* mißdeuteten und für die Darstellung des Schweigens übernahmen. In der *Alchimie* symbolisiert ein gekröntes Kind den Stein der Weisen. Im *Christentum* trägt der hl. Christophorus ein Kind (das Jesuskind) auf dem Rücken oder auf den Schultern; ein Kind auf den Armen hält z. B. der hl. Brictius, das Jesuskind in den Armen u. a. der hl. Antonius von Padua; eine Frauengestalt, die ein Kind nährt, ist ein christliches Symbol der Caritas. Engel werden in der christlichen Kunst, vor allem seit der Renaissance, ausgehend von den antiken Amoretten, als Kinder dargestellt.

Kirsche Als ein Baum, der seine Blüten vor den Blättern treibt, symbolisiert der Kirschbaum den nackt und ohne Besitz in die Welt geborenen Menschen, der so auch in den Schoß der Erde zurückkehrt. *Chin.:* Die Blüte ist der Frühling; Hoffnung; Jugend; Männlichkeit; weibliche Schönheit; das weibliche Prinzip. *Christl.:* Eine Frucht des Paradieses und der Seligen; gute Werke; Süßigkeit; oft mit dem Jesuskind dargestellt. *Japan.:* Wohlergehen; Reichtum; ein florales Wahrzeichen Japans.

Kithara *Griech.:* Das Universum, – ihre Form bedeutete die Himmel und die Erde, und die Saiten symbolisierten die Sphären. Attribut von Apollon und Terpsichore.

Kleeblatt Es steht für alle Dreiheiten; die Mystische Drei; das Sonnenrad. Das *arab.* »Shamrakh« symbolisiert die persischen Triaden; in *China* ist es ein Zeichen des Sommers. Es wurde vom *Christentum* als Darstellung der Trinität übernommen und ist ein Emblem des hl. Patrick und Irlands.

Knie/Knien Die generative Kraft; Lebenskraft; Stärke. Jemanden auf die Knie setzen, symbolisierte die Anerkennung von Vaterschaft; Adoption; mütterliche Sorge. Knien bezeichnet Ehrerbietung gegenüber einem Höheren, Unterstellung, Unterwerfung und Unterlegenheit.

Knoblauch Magischer Schutz; der Blitz (sein Geruch wird dem des Blitzes verglichen).

Knochen Das unzerstörbare Lebensprinzip; das Wesentliche; Auferstehung; aber auch Sterblichkeit und das Vergängliche; die Vernichtung der Knochen soll die Auferstehung verhindern.

Knöpfe *Chin.:* Ritualgewänder haben große Knöpfe, die die Sonne und den Mond symbolisieren, und kleine Knöpfe für die Sterne.

Knoten Ambivalente Symbolik, da alle Mächte des Bindens auch die des Lösens in sich schließen, der Beschränkung wie auch der Vereinigung; je straffer er gezogen wird, desto fester wird er und desto größer die Einigung. Knoten verkörpern auch Kontinuität; Verbindung; einen Vertrag; eine Verkettung; das Schicksal; das, was den Menschen an das Schicksal bindet; Determiniertheit; das Unausweichliche. Knoten können auch Werkzeuge von Zauberinnen, Magiern oder Hexen sein; sie binden Knoten zum Zeichen der Macht und des Wirkens von Zaubern. Andere Knoten können dämonenabwendend sein. Das Lösen von Knoten bedeutet Freiheit; Errettung; die Lösung von Problemen. Einen Knoten durchzuschneiden, bezeichnet die Wahl des kurzen, steilen Pfades zur Erlösung und Erkenntnis. *Buddhist.:* Der Mystische Knoten ist eines der Acht Glückszeichen und verkörpert die Fortdauer des Lebens; Unendlichkeit und Ewigkeit. *Chin.:* Langlebigkeit; mit dem Knoten bindet man das Gute und wehrt dem Bösen. *Christl.:* Die drei Knoten im Gürtel des Mönchs sind die drei Gelübde: Armut, Keuschheit und Gehorsam. *Hinduist.:* Der Mystische Knoten Vishnus stellt Kontinuität, Unsterblichkeit und Unendlichkeit dar. *Iran.:* Die heilige Schnur, *kosti*, ist vorn und hinten je zweimal verknotet. ↗ Schnur. *Schwarze Magie:* Versperrung; »Haken«; Verwünschung.

Kobra ↗ Schlange

Köcher Das empfangende, weibliche Prinzip, und der Pfeil ist das männliche; ein Attribut der Artemis und aller Jagdgottheiten.

Kokon Die potentielle Macht des Windes; magische Kraft. Der Ort, da eine Seele als Schmetterling geboren wird; die umhüllte und geschützte Seele.

Komet Das Herannahen von Unglück, Krieg, Feuersbrunst oder Pest; er kann jedoch auch ein Bote der Sonnengötter sein.

Kompaß Der Navigator. ↗ Zirkel

König Das männliche Prinzip; unumschränkte Herrschergewalt; weltliche Macht; höchste Vollendung in der zeitlichen Welt; der oberste Herrscher, gleichzusetzen mit Gott, dem Schöpfer, dessen Abgesandter er auf Erden ist, und der Sonne. In vielen Kulturtraditionen war die Auffassung verbreitet, daß die Lebenskraft des Königs die seines Volkes widerspiegelte und für die Fruchtbarkeit seines Landes verantwortlich war, daher opferte man ihn oder einen Sündenbock an seiner Statt, wenn seine Lebenskraft abnahm. König und Königin zusammen verkörpern die vollkommene Vereinigung, die beiden Hälften des vollkommenen Ganzen; die Vollständigkeit, den Androgyn; sie werden symbolisiert durch Sonne und Mond, Himmel und Erde, Gold und Silber, Tag und Nacht und – in der *Alchimie* – Schwefel und Quecksilber. Attribute des Königs sind: die Sonne, die Krone, das Zepter, die Reichskugel, das Schwert (mit Ausnahme der *chinesischen* Kaiser), Pfeile und der Thron, aber auch das ↗ Diadem und die Königsbinde.

Königin Das weibliche Prinzip, das mit der Großen Mutter gleichgesetzt wird, die die Himmelskönigin ist. In der *Alchimie* ist sie das Quecksilber, und der Schwefel ist ihr König. Ihre Attribute sind: die Krone; die Sternenkrone; der Halbmond; Sterne; Reichsapfel; Zepter; Kelch; ein blauer Mantel. Ihre

Farbe und ihr Metall sind das lunare Silber; dem König gehört das solare Gold. ↗ Schach

Konus ↗ Zapfen

Kopf Gilt zusammen mit dem Herzen als der Hauptteil des Körpers, der Sitz der Lebenskraft, der Seele und der Macht; er bedeutet Weisheit, Geist, Beherrschung und Herrschaft. Der Kopf ist der Sitz sowohl der Intelligenz als auch der Torheit, und auf ihn richten sich Ehre und Unehre zuerst; die Krone des Ruhms und der Kranz des Sieges werden auf den Kopf gesetzt, aber auch die Asche der Trauer und der Buße, die Narrenkappe und die »Kohlen der Leidenschaft« kommen auf den Kopf. Bei Konsekration und Weihe wird der Kopf gekrönt oder geschoren. Abbildungen von Köpfen auf Grabmälern oder als Denkmäler verkörpern die Lebenskraft und den Genius des Menschen, die sich im Kopf befanden; daher die Gestaltung von »Büsten«. Die Köpfe der Blumen enthalten die Samen für künftiges Leben. Köpfe mit Flügeln bezeichnen die Lebenskraft, die Seele und übernatürliche Weisheit. Köpfe von geopferten oder gejagten Pferden, Ochsen oder Ebern enthielten deren Lebenskraft und Fruchtbarkeit und wurden bei rituellen Prozessionen aufgehängt oder getragen, oder sie dienten bei rituellen Anlässen als Speise. Kopfjäger erlangen die Lebenskraft und Fruchtbarkeit des Opfers. Die Verneigung des Kopfes erniedrigt den Sitz der Lebenskraft vor einem anderen in Ehre oder Unterwürfigkeit. Mit dem Kopf zu nicken bedeutet, mit der Lebenskraft zu bürgen.

Der verschleierte Kopf (↗ Schleier) ist entweder Unerforschlichkeit, Verschwiegenheit oder verborgenes Wissen; zudem wurden die Köpfe von Opfertieren häufig verschleiert und bekränzt, daher stammen der Schleier und die Girlande der Braut oder der Nonne, die ihr altes Leben opfern. Der Schleier schützt auch das innere Leben im Kopf, wie auch Hüte, Mützen oder Kopfbedeckungen verheirateter Frauen.

Zweiköpfige Götter und Figuren, wie z. B. Ianus, symbolisieren den Anfang und das Ende; die Vergangenheit und die Zukunft; das Gestern und das Heute; die solare und die lunare Macht; auch die niedergehende und aufsteigende Kraft der Sonne; die Wahl am Scheideweg des Schicksals; den Anfang jeder Unternehmung oder Reise, Abreise und Rückkehr; die Kraft, Türen zu öffnen und zu schließen, deshalb sind Schlüssel ein Attribut von Ianus und von Türhütern. Zwei Köpfe bedeuten Scharfblick und Urteilskraft; Ursache und Wirkung; die Fähigkeit, nach innen und nach außen zu sehen. Ist ein männlicher mit einem weiblichen Kopf vereint, der König mit der Königin, so ist der Androgyn dar-

Kopf Ianus mit zwei Köpfen, Hüter der Straßen und Wege, blickt in zwei Richtungen und prüft so Vergangenheit und Zukunft, Schicksal und eigene Wahl, Weggang und Rückkehr – alles doppelte Aspekte jeweils eines Phänomens.

Königin Die »Weiße Rose der Alchimie«, die Königin, deren Macht des Zepters die zweite nach der ihres Gemahls und Gegenspielers, des Königs, ist.

gestellt, die Vereinigung der Gegensätze; diese Figur symbolisiert auch geistliche und weltliche Macht. Es gibt auch die doppelköpfige Figur der Prudentia, die in entgegengesetzte Richtungen blickt. Die beiden Köpfe des Ianus bezeichnen auch die Sommersonnenwende im Krebs, die »Tür der Menschen« und den Abstieg und die abnehmende Kraft der Sonne, und die Wintersonnenwende im Steinbock, die »Tür der Götter« und den Aufstieg und die zunehmende Kraft der Sonne. Die beiden Köpfe der Dioskuren, die nach oben und nach unten blicken, stellen das abwechselnde Erscheinen der Sonne in der oberen und unteren Hemisphäre dar; auch Tag und Nacht. Dreiköpfige Götter symbolisieren die drei Reiche: Vergangenheit, Gegenwart und Zukunft; die drei Mondphasen; die aufgehende Sonne, die Mittagssonne und die untergehende Sonne. Serapis, Hekate und manchmal Cernunnos sind so dargestellt. Astralgottheiten mit mehreren Köpfen sind die Allsehenden, oder sie können die Zahl der Zyklen oder Jahreszeiten darstellen. Köpfe von Tieren oder Ungeheuern mit einem Ring im Maul sind Hüter des Weges. Köpfe als Fontänen stellen die Macht der Rede wie auch Erfrischung dar. *Christl.:* Christus, das Haupt der Kirche und Johannes der Täufer. Enthauptete Heilige mit einem Kopf als Attribut sind Alban von England, Alban von Mainz und alle hl. Märtyrer, die den Tod durch Enthauptung erlitten. *Griech.:* Das »Haupt« des Korns wurde mit Ceres als Göttin der Fruchtbarkeit identifiziert und war das zentrale Symbol der Eleusinischen Mysterien. *Hinduist.:* Die vier Köpfe von Brahma sind die Quellen der vier Veden. *Jüd. (Kabbala):* Arik Anpin, das Gewaltige Antlitz, ist die Höchste Gottheit. *Kelt.:* Solar; Göttlichkeit; Wissen um die andere Welt und Macht. Ein Kopf auf einer Säule ist phallisch; ein Kopf mit Phallus hat unheilabwendende Fruchtbarkeits- und Funeralbedeutung: es gibt eine typisch keltische Verbindung zwischen Kopf und Phallus. Der Gott Cernunnos ist bisweilen dreiköpfig abgebildet. *Skandin.:* Der Kopf des Ebers, das Attribut von Freyja, enthielt die Lebenskraft; deshalb symbolisierte er zum Julfest Reichtum und Glück für das kommende Jahr. *Slaw.:* Der frühslawische dreiköpfige Gott sah Himmel, Erde und Meer; Himmel, Erde und Hölle; Vergangenheit, Gegenwart und Zukunft. *Sumero-semit.:* Der semitische El und der sumerische Marduk sind manchmal mit zwei Köpfen dargestellt, die nach links und nach rechts schauen und die gleiche Bedeutung haben wie bei Ianus.

Koralle Der Meeresbaum der Muttergöttin; der Mond, Spender des Lebens; die Fruchtbarkeit der Wasser. Sie hat unheilabwendende Bedeutung. *Chin.:* Langlebigkeit; Beförderung. *Griech.:* Das aus dem Blut der Medusa Erwachsende.

Korb Körbe sind Attribute der Jahreszeiten und symbolisieren die Darbringung der ersten Früchte als Opfergaben; Fruchtbarkeit; Heiligkeit; auch das weibliche, umschließende Prinzip. Ein voller Korb bedeutet vollkommene Erfüllung; Überfluß; die ersten Früchte. In der Begräbniskunst stellt er die Erlangung der Unsterblichkeit dar. Der übervolle Korb kennzeichnet das Ende der fruchtbaren Jahreszeit. Sich in einem Korb befinden, bedeutet Wiedergeburt oder das Entrinnen vor dem Tod. Körbe mit Brot verkörpern ein heiliges Mahl. *Ägypt.:* Attribut von Bastet, der katzenköpfigen Göttin. *Buddhist.:* Tripitaka, der »Dreikorb«, bedeutet den buddhistischen Kanon: Vinaya, der Korb der Ordenszucht; Dharma bzw. Sutta, der Korb der Lehrtexte und Abhidhamma/Abhidharma/Abidam, der Korb der Scholastik. *Chin.:* Ein Korb voller Blumen steht für Langlebigkeit; erfülltes hohes Alter. *Griech.:* Ein von Efeu umrankter Korb weist auf die Dionysischen Mysterien hin; auch ein Attribut der Ceres. Das *liknon* war ein Korb, der in den Mysterien benutzt wurde und Früchte sowie einen bedeckten Phallus enthielt, Symbole dionysischer Fruchtbarkeit und der Mächte über Leben und Tod. ↗ Bienenkorb.

Korn Korn- oder Weizenähren bzw. -garben sind Attribute aller Korngottheiten, besonders bei den *griechischen* Mysterien, und symbolisieren die Fruchtbarkeit der Erde, das Erwachen des Lebens; Leben, das aus dem Tode hervorgeht; Keimen und Wachstum durch die Kraft der Sonne; reiches Gedeihen. Die goldenen Kornähren sind der Sproß aus der Ehe der leuchtenden Sonne mit der jungfräulichen Erde. Die Korngöttin wird mit dem Sternbild der Jungfrau identifiziert. Korn und Wein zusammen, wie Brot und Wein, verkörpern das Erzeugnis der Arbeit des Menschen im Ackerbau und stehen für Lebensunterhalt. Das Kornmaß ist ein Bild für Fruchtbarkeit und Überfluß. Als Totenbeigabe bedeutet Korn Überfluß im Jenseits. In vielen Bestattungskulturen und Trauerriten, besonders in *Ägypten* (↗ Gerste), im *Mittelmeerraum*, in *Persien* und *China* sowie in *christlichen* Zeremonien der Karwoche im Osten wurden künstliche Pflanzungen von Korn, Weizen oder Gerste verwendet. Das wachsende Getreide bedeutete die Auferstehung des zum Leben erweckten Heroen. Die Kornähre ist ein Attribut der Isis, und ein Kornmaß ist Kennzeichen von Serapis. *Christl.:* Weizenähren sind ein Symbol des Brotes der Eucharistie, des Leibes Christi; Mildtätigkeit; die Rechtschaffenen; die Gottesfürchtigen. Korn und Trauben zusammen verkörpern das heilige Abendmahl. *Griech./Röm.:* Fruchtbarkeit; Überfluß; aus dem Tode entspringendes Leben; Schöpfung; Kennzeichen von Demeter/Ceres, Gaia und Virgo. Korn wurde Artemis dargebracht. Die Kornähre war das zentrale Symbol der Eleusinischen Mysterien: »Es stand da als der große, verehrungswürdige und vollkommenste Gegenstand mystischer Kontemplation eine Kornähre, die in der Stille gemäht worden war« (»Philosophoumena«). Im Kybele-Kult ist Attis »die gemähte goldene Kornähre«. Die Römer pflanzten Getreide auf Gräber und übernahmen damit die Kraft der Toten für die Lebenden. *Indian.:* Die Getreide-(Mais-)Ähre mit all ihren Samen verkörpert die Menschen und alle Erscheinungen im Universum. *Mexik.:* Die Maispflanze mit einem Kolibri kündet den Sonnenheros an; erwachende Vegetation. *Sumero-semit.:* Das Korn war Kybele geweiht, und zu ihrem Fest wurde symbolisch Brot gegessen; es war auch Attribut von Tammuz/Dumuzi. Dagan, die höchste Gottheit der Philister, war ein Getreide- und Erdgott Askalons und Gazas.

Krabbe In Gestalt des Krebses ist sie die schräge, rückläufige Bewegung der Sonne nach der Sommersonnenwende. Die schräge Bewegung symbolisiert auch unredliche Menschen; Unzuverlässigkeit; Unehrlichkeit; Geldwechsler. *Buddhist.:* Der Todesschlaf; die Zeit zwischen den einzelnen Inkarnationen; Regenerierung zwischen den aufeinanderfolgenden Geburten. *Inka:* Der schreckliche Aspekt der Großen Mutter; der abnehmende Mond; der Zerstörer der irdischen Welt. *Sumer.:* Krabben, Hummer und Skorpione stehen in Zusammenhang mit Nina, der Herrin der Wasser.

Kragen ↗ Halskette

Krähe *Ägypt.:* Ein Krähenpaar bedeutet eheliches Glück. *Alchimist.:* Das *nigredo*, das erste Stadium der Materie im Großen Werk. *Chin.:* Schwarz ist sie das Böse, Bosheit; Unglück und schlechte Geschäfte; rot oder golden ist sie die Sonne, auch Kindesliebe. Es ist jedoch fraglich, ob nicht eher der Hahn als die Krähe mit der Sonne in Verbindung zu bringen ist; denn stilisierte Tiere sind leicht zu verwechseln. Die dreibeinige Krähe bzw. der dreibeinige Hahn lebt in der Sonne. Gepaart mit dem weißen Reiher symbolisiert die schwarze Krähe das *yin-yang*. *Christl.:* Einsamkeit. Da sie anderen Lebewesen die Augen aushackt, ist sie der Teufel, der die Sünder blendet. *Griech.:* Apollon und Athene heilig. *Hinduist.:* Ein Attribut des Varuna. *Indian.:* Bei einigen Stämmen übernimmt die Krähe die Rolle eines Demiurgen. *Japan.:* Böses Omen; Unglück; aber im Shintoismus werden heilige Krähen als Boten von Gottheiten auch mit Tempeln in Zusammenhang gebracht. Bisweilen wird die Krähe vor der Sonne bildlich dargestellt. *Jüd.:* Aas; eine Leiche.

Korn Eleusis, Ort und Heiligtum der Großen Mysterien, weist eine Fülle von Symbolen der Fruchtbarkeit und Zeugungskraft auf, wie z. B. dieses Basrelief von Korn, dem höchsten und Hauptsymbol der Mysterien.

Kranich Die weißen Kraniche auf dieser chinesischen Vase aus blauem Porzellan (16. Jahrhundert) symbolisieren – wie alle Kranichvögel – Langlebigkeit, Glück und Wohlergehen; mit ihrem Weiß sind sie nicht nur heilige Vögel, sondern auch Bewohner der Inseln der Seligen.

Kranich Ein Bote der Götter; Gemeinschaft mit den Göttern; die Fähigkeit, in höhere Ebenen des Bewußtseins einzutreten. *Chin.:* »Der Patriarch des Gefiederten Geschlechts«; Götterbote, ein Mittler zwischen Himmel und Erde; trägt Seelen in das Westliche Paradies; Unsterblichkeit; Langlebigkeit; schützende Mutterschaft; Wachsamkeit; Gedeihen; hohe Amtsstellung; Glück. Der Kranich wird gewöhnlich mit der Sonne und der Föhre in Verbindung gebracht. Reinweiße Kraniche, heilige Vögel, bewohnen die Inseln der Seligen. *Christl.:* Wachsamkeit; Rechtschaffenheit; Güte; Ordnung im klösterlichen Leben. *Griech./Röm.:* Apollon als dem Herold des Frühlings und des Lichtes heilig. *Japan.:* Der »Ehrwürdige Herr Kranich« hat die gleiche Bedeutung wie in China. *Kelt.:* Eine Erscheinungsform von Pwyll, dem König der Unterwelt; ein Herold des Todes oder des Krieges; Knauserei; Gemeinheit; böse Weiber.

Kranz Ambivalent: bedeutete Ruhm, Sieg, Überlegenheit, Weihe, Heiligkeit und wurde mit dieser Symbolik auf einem geweihten oder verehrten Gegenstand niedergelegt als die *corona convivialis*, Freude, ein gütiges Geschick und Glück bedeutend; aber er war auch die *corona funebris*, die Tod und Trauer anzeigte und auf ein Opfer gelegt wurde. Der Brautkranz verkörpert die Blumen der Jungfräulichkeit, aber er hat auch die Symbolik des Begräbniskranzes, der bedeutet, daß man ein altes Leben verläßt und das neue beginnt. Ein Kranz um eine Säule deutet den Lauf der Himmelskörper um die Sonne an. *Arab.:* Ein Kranz aus Orangenblüten steht für Fruchtbarkeit und Ehe und wird von Bräuten getragen. *Chin.:* Ein Olivenkranz bedeutet literarischen Ruhm und Erfolg. *Griech./Röm.:* Ein Blumenkranz ist das Diadem Floras; aus Hagedorn oder Eisenkraut bedeutet er Hochzeit; aus Eichenblättern ist er Lohn für Lebensrettung; ein Kranz aus Gras wurde einem römischen Kriegshelden oder -retter verliehen. Kränze wurden den Siegern bei Spielen zuerkannt: Bei den Olympischen Spielen wilde Oliven; bei den Isthmischen Pinie; bei den Pythischen Lorbeer; bei den Nemeeïschen Petersilie. Der Fenchelkranz wurde zu den Riten des Sabazios getragen. Der römische Kaiser trug einen Rosenkranz.

Krebs ↗ Tierkreis

Kreis Ein universelles Symbol. Totalität; Ganzheit; Gleichzeitigkeit; ursprüngliche Vollkommenheit; das Runde ist als die natürlichste aller Formen heilig; das Insichgeschlossene; das Selbst; das Nicht-Manifeste; das Unendliche; Ewigkeit; die den Raum umschließende Zeit; aber auch Zeitlosigkeit ohne Anfang und Ende und Raumlosigkeit, in der es weder Oben noch Unten gibt; mit der Vorstellung des Umlaufenden und Sphärischen verbindet sich die Aufhebung von Raum und Zeit, aber auch der Gedanke an Wiederkehr. Er steht für himmlische bzw. göttliche Einheit; Sonnenkreise; jegliche zyklische Bewegung; Dynamik; endlose Bewegung; Vollendung; Erfüllung; Gott: »Gott ist ein Kreis, dessen Zentrum überall und dessen Umfang nirgends ist« (Hermes Trismegistos). In Gestalt der Sonne bedeutet er männliche Kraft, aber als die Seele bzw. Psyche und als die umgebenden Wasser steht er für das weibliche, mütterliche Prinzip; auch das Umlaufende bzw. »Unendliche« symbolisiert das Weibliche im Gegensatz zu der »gebundenen«, linearen, männlichen, väterlichen Schöpferkraft. Der Kreis stellt auch die Kostbare Perle oder die Perle des Großen Preises dar (↗ Perle). Kleine Kreise auf Opfergefäßen sind oft Darstellungen der Opferhostie bzw. des Opferkuchens oder -brotes. Der Kreis wird symbolisiert durch die Zahl 10 = 1 + 9 (↗ Zahlen), wobei 1 für das Zentrum und 9 für den Umfang steht. Der Kreis ist die Grundlage für den Aufbau von Nomadenzelten und -lagern und symbolisiert damit das Dynamische und endlos in Bewegung Befindliche im Gegensatz zum Quadrat von Häusern, Feldern und Städten der Ackerbau treibenden und seßhaften Menschen. Gewisse Blumen, vor allem der Lotos, die Lilie und die Rose, stehen in Verbindung mit der Vorstellung vom Kreis und teilen viele Aspekte seiner Bedeutung; der Lotossitz Buddhas stellt den Weltkreis dar. Ein Kreis mit einem Punkt in der Mitte stellt einen vollständigen Zyklus dar und zyklische Vollendung, die Auflösung aller Möglichkeiten im Sein; er ist auch ein Symbol aller Sonnengötter. Konzentrische Kreise haben sowohl solare als auch lunare Bedeutung; der Himmel; das Firmament; verschiedene Stadien bzw. Stufen im manifesten Sein. Drei konzentrische Kreise kennzeichnen Vergangenheit, Gegenwart und Zukunft, die drei Sphären Erde, Luft und Wasser, die Welten des Himmels, der Erde und der Hölle; die Mondphasen, die aufgehende, Mittags- und untergehende Sonne; die Dynamik in der Vereinigung der Gegensätze. Kreis und Quadrat sind in vielen alten Kulturen ein kosmologisches Weltbild; die Integration; die Bedingtheit; sie setzen einander voraus als Zeit und Raum. Die Quadratur des Kreises zu vollziehen, bedeutet die Transformation der sphärischen Form des Himmels und des Firmaments in die rechtwinklige Form der Erde in einem sakralen Bau, einem Tempel bzw. einer Kirche, die Herabführung des Himmels auf die Erde, die Vereinigung der vier Elemente und die Rückkehr zu ursprünglicher Ungeteiltheit in der Einheit; das ↗ Achteck bedeutet ein Durchgangsstadium, das bei der Quadratur des

Kreises zu durchlaufen ist. Die untere Hälfte, der Halbkreis, stellt die Unteren Wasser und die Arche dar, und die obere Hälfte steht für die Oberen Wasser und den Regenbogen. Zusammen bedeuten sie die Vollendung; das Welten-Ei; die Vollendung eines Zyklus der Manifestation.

Der geflügelte Kreis stellt das Ursprüngliche Welten-Paar dar, den schöpferischen Himmel und die fruchtbare Erde; Macht, die vom Himmel kommt; den Sonnengott (↗ Scheibe). Doppelkreise sind das Männliche und das Weibliche; Liebe und Erkenntnis; die Dioskuren. Dreifachkreise und drei ineinandergreifende Kreise stellen die Triade dar; die unauflösbare Einheit der drei Personen einer Trinität; Leben; Bewegung; Dynamik in der Spannung. Vier Kreise als Kreuz, durch einen Mittelkreis verbunden, bedeuten Weisheit, Ehrfurcht, Erkenntnis, Hoffnung. Der siebenfache Sonnenkreis symbolisiert den Allwissenden; die Vollkommenheit; die sieben Himmel. *Ägypt.:* Der geflügelte Kreis stellt die aufgehende Sonne, Re, dar und die Auferstehung (↗ Scheibe). *Alchim.:* Der Kreis mit einem Punkt in der Mitte bedeutet die Sonne; das Gold. *Astrol.:* Kreis mit Mittelpunkt ist das Sonnensymbol. *Buddhist.:* Kreis steht für das Rad der Existenzen, das alles in der Welt der Erscheinungen in sich schließt. Drei Kreise in Dreiecksform stehen für die Drei Kleinodien. Im Zen-Buddhismus bedeutet der leere Kreis die Erleuchtung. ↗ Rad *Chin.:* Der Kreis steht für das Himmelsgewölbe und das Quadrat für die Erde, wie auf dem alten Käsch; der Kreis mit dem Quadrat in der Mitte ist ein Mandala und stellt die Vereinigung von Himmel und Erde dar, *yin* und *yang* und – analog dazu – den vollkommenen Menschen. Der Kreis bedeutet auch das sich bewegende Himmelsgewölbe, das sich um das unbewegliche Quadrat der Erde dreht. *Christl.:* Die Gesamtkirche. Drei konzentrische oder ineinandergreifende Kreise stellen die Trinität dar. Zwei konzentrische Kreise bezeichnen, nach Dante, Intellekt und Willen. Doppelkreise, die Liebe und Erkenntnis verkörpern, stehen für Christus, auch für seine duale Natur. *Daoist.:* Ein Kreis mit einem Punkt in der Mitte stellt die höchste Macht, das Dao, dar; der Kreis ist auch die Kostbare Perle (↗ Perle). *Griech. (Orphik):* Der Kreis des ↗ Uroboros um das Welten-Ei wurde Chronos (Zeit) genannt und von Pythagoras als die Seele des Alls bezeichnet. Chronos wurde mit Ananke (Notwendigkeit, Schicksalsmacht), die ebenfalls im All kreiste, verbunden, weshalb dann Zeit und Schicksal als Kreise dargestellt wurden. *Hinduist.:* Das Rad der Existenzen in der Welt der Erscheinungen. Der flammende Kreis ist ein Symbol des Prakrti (Urmaterie), »das entfaltet, erzeugt, her-

Kreis Ein Stich nach dem Fresko von Piero di Puccio (um 1400) in Campo Santo, Pisa, zeigt den Kreis als die Grundform des astrologischen Systems. Neun äußere Kreise als Verkörperungen der Ordnungen der Engel umgeben die Kreise mit den Sternbildern und die Welt der Elemente im Zentrum. Der gesamte Kosmos wird von Gott in Händen gehalten.

Kreis Der große Erdkreis, der die mittelalterliche Domstadt des alten Sarum umgibt, unterstreicht mit seiner Uterusform die dem Begriff »Mutter Kirche« innewohnende Symbolik des Schöpferischen und Regenerativen.

vorbringt«. *Indian.:* Der nach außen und innen strahlende Kreis in Gestalt der ↗ Gefiederten Sonne ist ein Symbol des Universums. Kreisförmig angeordnete Lager und die kreisrunden Tipis sind Modelle der Welt, in denen die Nordseite jeweils für den Himmel und die Südseite für die Erde steht. *Iran.:* Der geflügelte Sonnenkreis symbolisiert den Gott Ahuramazda. *Islam.:* Die Kuppel; das Himmelsgewölbe; göttliches Licht. *Platon.:* »Das bewegliche Abbild einer sich nicht bewegenden Ewigkeit.« *Sumero-semit.:* Der geflügelte Kreis ist ein abstraktes Symbol für Sonnengötter; Göttlichkeit; solare Macht.
Der das Kreuz einschließende Kreis stellte das Paradies mit seinen vier vom Zentrum, dem Baum des Lebens, ausgehenden und in die vier Weltrichtungen fließenden Strömen dar; das Doppelkreuz einschließend steht er für die »Windrose«, die vier Haupt- und die vier dazwischenliegenden Himmelsrichtungen. Er verkörpert auch das Kosmische Sonnenrad, »das lebenspendende Prinzip, welches das All belebt« (Proklos); die vier Viertel des Erdkreises; die vier Abschnitte des kosmischen Zyklus; die vier Jahreszeiten und die Lebensalter des Menschen usw. Das Sonnenrad ist immer ein Symbol für Glück und beständigen Wechsel. Der auf den oberen Kreuzarm gesetzte Kreis bedeutet die Vereinigung des männlichen und weiblichen Prinzips des Lebens, sowohl des menschlichen als auch des göttlichen; man findet dieses Symbol in *Ägypten* (als das Henkelkreuz), *Syrien*, *Phönikien*, in Serapistempeln, in *China* und *Tibet*, *Lappland*, *Schweden* und *Dänemark*; auch ein Symbol für Venus in der *Astrologie*. Das *nordamerikan.*, in den Kreis hineingezeichnete Kreuz des Wigwams symbolisiert geweihten Raum und steht für ein Weltzentrum. Die vier Weltgegenden im Himmelskreis sind die Totalität, die den Großen Geist in sich schließt. In der *mexikanischen* Symbolik wächst der Peyotl, der Kaktus, aus dem der Trank der Unsterblichkeit gewonnen wird, am Schnittpunkt von Kreuz und Kreis. Einige *byzantinische* Kirchen erheben sich über fünf Kreisen, die in der Form eines Kreuzes angeordnet sind und von den Kreisen der entsprechenden Kuppeln gekrönt werden. Eine *christliche* Kirche bildet häufig ein Kreuz im Kreis des Kirchhofs.

Kreislauf der Wiedergeburten *(Samsara) Buddhist.* und *Jainist.:* Der Kreis symbolisiert den Kreislauf allen Seins in der Welt der Erscheinungen, das unaufhörliche Sich-Verändern und Werden. Die Darstellung des *Samsara*,des manifesten Lebens in all seinen Phasen zwischen Geburt und Tod, erfolgt im wesentlichen immer auf die gleiche Weise. Im Zentrum des ↗ Rades stehen die Drei Geistlosen Geschöpfe, das Schwein der Habgier und des Nichtwissens, der Hahn der Fleischeslust und die Schlange des Zorns, die zusammen die Eigenschaften darstellen, die den Menschen an die Welt der Sinne, der Illusion und der essentiellen Natur des Seins binden. Rund um das Zentrum ist ein Kreis, in welchem die linke Hälfte Mönche und Laien darstellt, die aufwärts wandeln zu einer glücklichen Wiedergeburt, und die rechte Hälfte nackte Figuren, die zu jammervollen Wiedergeburten hinabsteigen. Die sechs Segmente des nächsten Kreises schildern die möglichen Bestimmungsorte des Menschen nach dem Tod: an der Spitze die Höchsten Himmel, auf der rechten Seite die Titanen und Götter, zur linken Menschen; in der unteren Hälfte rechts die unglücklichen Seelen, gepeinigt von den Sinnen, links das Reich der Tiere und im untersten Teil die verschiedenen Höllen von Hitze und Kälte. In jedem Abschnitt ist eine Buddhafigur gegenwärtig, um für die letzte Erlösung für alle zu wirken. Der Außenkreis ist in zwölf Bilder eingeteilt: eine Geburtsszene, neues Leben, Wachstum und den Prozeß des Werdens darstellend; eine schwangere Frau – Zustand des Werdens, Akt der Besitzergreifung, ewigwährendes sterbliches Leben; ein Mensch, der eine Frucht pflückt – Aneignung, die dahin führt, sich ans Leben zu klammern, beständig zu verlangen; eine Trinkszene – Begierde, Verlangen als Lebensdurst, der zur Empfindung des Fühlens führt; ein Mensch mit einem Pfeil im Auge – die Empfindung des Fühlens, die zum Kontakt führt; ein Kuß – der Kontakt und die Empfindungen, die zur Sphäre der Sinne führen; ein Haus mit vielen Fenstern – die Sinne, die zur Existenz der Persönlichkeit führen; ein Schiff auf einer Reise – die Persönlichkeit, die zur Ebene des Bewußtseins führt; ein Affe beim Pflücken einer Frucht – das Bewußtsein, das zu natürlichen Trieben führt; der Töpfer und Töpfe – Formgebung der Triebe, deren Vorbedingung das Fehlen von Wissen ist; eine blinde alte Frau – das Fehlen von Wissen, die Blindheit der Ignoranz, die zum Tode führt; ein Mensch, der eine Leiche trägt – Tod und Leid, die zur Wiedergeburt führen.

Kreuz Ein universelles Symbol aus uralten Zeiten; es ist das kosmische Symbol par excellence. Es ist ein Weltzentrum und darum ein Ort der Kommunikation zwischen Himmel und Erde und eine Kosmische bzw. Weltachse. Damit hat es teil an der Symbolik des Kosmischen Baumes, des Berges, der Säule, der Leiter usw. Das Kreuz stellt den Baum des Lebens und den Baum der Nahrung dar; es ist auch ein Symbol des universellen, urbildhaften Menschen, fähig der unendlichen und harmonischen Ausbreitung sowohl auf der horizontalen als auch auf der vertikalen Ebene; die vertikale Linie ist die himmlisch-göttliche, spirituelle und intellektuelle, positive, aktive und männliche, während die horizontale die erdgebundene, rationale, passive, negative und weibliche ist. Es ist der Dualismus in der Natur und die Vereinigung der Gegensätze und stellt spirituelle Vereinigung dar sowie die Integration der Seele des Menschen in die horizontal-vertikalen Aspekte vollkommenen Lebens; es ist die Höchste Identität. Das Kreuz ist die Figur des ausgestreckten Menschen; auch das Herabsteigen des Geistes in die Materie. Da es in jeder Richtung unendlicher Ausdehnung fähig ist, verkörpert es ewiges Leben. Ein Kreuz wird auch von den vier Flüssen des Paradieses gebildet, die aus der Wurzel des Lebensbaumes entspringen. Es umfaßt die Kardinalachsen; die Vierheit unter ihren dynamischen Aspekten; die vier Elemente der Welt, die sich im fünften Punkt, dem Zentrum, vereinigen. Kosmologisch gesehen, sind das Auf- und Abwärts Zenit und Nadir; die Nord-Süd-Achse ist die Achse der Sonnenwende und die Ost-West-Achse ist die Tag- und Nachtgleiche.

Crux ansata: Das ägyptische »Ankh«; die Verbindung des männlichen und weiblichen Symbols ist die Vereinigung der Geschlechter; die Vereinigung von Himmel und Erde; Leben; Unsterblichkeit; ewiges Leben: »Leben, das kommen wird« und »Zeit, die kommen wird«; verborgene Weisheit; der Schlüssel zu den Geheimnissen des Lebens und der Erkenntnis. Es wird auch als ein Lebensbaum gedeutet; oder das Oval kann Ewigkeit bedeutet haben und das Kreuz die Ausdehnung in Länge und Breite, d. h. von der Unendlichkeit zum Raum. Es könnte auch die über dem Horizont aufsteigende Sonne verkörpert haben. *Radkreuz:* Solare Veränderlichkeit; das Rad der Veränderung; das Glücksrad. Die christliche Kirche bildet häufig ein Kreuz im Kreis des Kirchhofs. ↗ Kreis. *Kreuz mit dem Rad in der Mitte:* Das hinduistische *Chakra;* Macht; Majestät; solar. *Schaufelkreuz:* Die ausgebreiteten Flügel eines Vogels; Wahrzeichen der Johanniter. *Schrägkreuz:* Vollkommenheit; die Zahl Zehn; Andreaskreuz. *Malteserkreuz:* Die vier großen Götter Assyriens: Ra, Anu, Bel, Ea. Wahrzeichen der Ritter des Malteserordens. *Rosenkreuz:* Harmonie; das Herz; das Zentrum. *Taukreuz:* Der Baum des Lebens; Regeneration; verborgene Weisheit; göttliche Macht und Herrschaft; künftiges Leben. Es ist auch der Hammer von Donnergöttern, »der Rächer«, »der Zermalmer«, die Streitaxt des Thor. *Doppelkreuz:* Sonnensymbol von Zeus als Himmelsgott; findet sich auch auf buddhistischen Stupas und auf Abbildungen chaldäischer Himmelsgötter und arischer

Kreislauf der Wiedergeburten Eines der großen Räder am Grunde des Tempels von Konarak mit Symbolen des Kreislaufs der Wiedergeburten; hier auf einem Rad am Wagen des Sonnengottes Surya.

Kreuz Dieses Kreuz aus dem Rheinland (7. Jahrhundert) zeigt eine Kreuzigungsszene über einem Andreaskreuz, eine Darstellung des Leidens und des Martyriums.

Kreuz mit Hand: Ein alter Talisman ge-
en Blick. *Kreuz mit Halbmond:* Der Halb-
e Mondbarke, das weibliche, empfan-
ent, das Kreuz ist die Achse des Mastes
llisches Symbol; beide zusammen ver-
Vereinigung des Männlichen und Weib-
ie von Himmel und Erde. Sakramentales Brot ist meist mit einem Kreuz gekennzeichnet. *Afrikan.* (Bei Sam und Khoin-Khoin): Die Gottheit; Schutz beim Gebären. *Ägypt.:* Die *crux ansata* oder das ↗ Henkelkreuz ist Leben; Vereinigung; Unsterblichkeit; Gesundheit. Maat, die Göttin der Wahrheit, hält es in der Hand; es verkörpert auch die Vereinigung von Isis und Osiris. *Alchimist.:* Die natürliche Ordnung der Elemente; der zentrale Punkt der fünf Elemente. *Buddhist.:* Die Achse des Rades der Lehre und des Kreislaufs der Wiedergeburten. *Chin.:* Das Kreuz im Quadrat ist das Erdsymbol, und der Kreis dazu steht für die Himmel. *Christl.:* Erlösung durch das Opfer Christi; Erlösung; Versöhnung; Leiden; Glauben. Das Gabelkreuz auf der ↗ Kasel steht für die am Kreuz ausgestreckten Arme Christi und für das »Aufheben der Hände« (Ps. 141,2). Das Kreuz bedeutet auch das gläubige Hinnehmen von Tod, Leiden und Opfern. Das Andreaskreuz versinnbildlicht Märtyrertum, Leiden und Erniedrigung. Kreuze mit zwei Querbalken kennzeichnen Erzbischöfe und Patriarchen und mit drei Querbalken den Papst. Das Brustkreuz bedeutet Gerichtsbarkeit. In der mittelalterlichen Symbolik war die Auffassung verbreitet, daß das Kreuz Christi aus dem Holz des Baumes der Erkenntnis gefertigt gewesen sei, der Ursache für den Sündenfall, und daher zum Werkzeug der Erlösung wurde. Der Baum ist so dargestellt, daß er an den beiden einander gegenüberliegenden Seiten gute und schlechte Frucht trägt (auch durch die guten und bösen Diebe symbolisiert) und Christus den Stamm des einenden Lebensbaumes bildet bzw. das mittlere der drei Kreuze auf dem Kalvarienberg von Golgatha. Die beiden Arme des Kreuzes verkörpern auch Gnade und Gericht, und in der christlichen Kunst haben sie häufig noch Sonne und Mond zu beiden Seiten, die sowohl diese beiden Besonderheiten als auch die beiden Naturen von Christus porträtieren können, die ihrerseits ebenfalls durch die vertikale und himmlische und durch die horizontale und irdische Achse des Kreuzes symbolisiert sind. Das mit kleeblattförmigen Ornamenten verzierte Kreuz ist sowohl als das Knospen des Aronstabes wie auch als die Auferstehung Christi als sich erneuerndes Leben gedeutet worden. *Gnost.:* Das Gleichgewicht der Vollkommenheit. *Griech.:* Auf der Stirn der Artemis von Ephesos dargestellt. *Hinduist.:* *Rajas*, die Ausbreitung des Seins, die Vertikale, verkörpert die *sattvas* oder höheren, himmlischen Stufen des Seins, während die Horizontale die *tamas* oder niederen, irdischen Stufen darstellt. Das Kreuz assoziiert auch den heiligen Ganges und die gekreuzten Feuerstöcke des Agni. *Islam.:* Die vollkommene Gemeinschaft aller Zustände des Seins, sowohl in der »Amplitude« als auch in der »Exaltation«; horizontale und vertikale Ausbreitung; die Höchste Identität. *Jüd. (Kabbala):* Das sechsstrahlige Kreuz bedeutet die sechs Tage der Schöpfung und die sechs Phasen der Zeit und der Weltdauer. *Kelt.:* Phallisch; Leben; Fruchtbarkeit. *Manich.:* Das Kreuz des Lichtes symbolisiert den Leidenden Jesus, das Licht, das die ganze Natur durchdringt. *Maori:* Die Mondgöttin; das Gemeinwohl. *Maya:* Das Taukreuz ist der Baum des Lebens und der Nahrung. *Mexikan.:* Der Lebensbaum. Gott ist manchmal am Kreuz dargestellt und seine heiligen Opfer als die Gekreuzigten. Das Kreuz stellt auch die vier Winde dar, folglich Fruchtbarkeit. Es ist ein Symbol für Tlaloc und Quetzalcoatl. *Platon.:* Der Schöpfer, »der die Welt über ihre ganze Länge in zwei Teile spaltet und sie über Kreuz wieder zusammenfügt«. *Röm.:* Schuldspruch und Gericht für den Übeltäter. *Skandin.* und *German.:* Das Taukreuz ist der Hammer Thors und stellt Donner, Blitz, Sturm, Regen und Fruchtbarkeit dar; auch die Macht der Sturmgötter. In *Babylonien* tritt das Kreuz mit dem Halbmond in Verbindung mit Mondgottheiten auf; in *Assyrien* verkörpert das Kreuz die vier Richtungen, in die die Sonne scheint, und das Sonnenkreuz wurde von der Aristokratie als Gehänge getragen. In *Phönikien* bedeutet das Kreuz Leben und Gesundheit. In *Chaldäa* stellt das sechsstrahlige Kreuz die sechs Schöpfungstage und die sechs Phasen der Zeit und der Weltdauer dar.

Kreuzweg Die Wahl, aber auch die Vereinigung von Gegensätzen; der Ort der Begegnung von Zeit und Raum; ein magischer, aber auch gefahrvoller Ort, an dem sich Hexen und Dämonen treffen. Bestattungen von Selbstmördern, Vampiren und Verbrechern an Kreuzwegen sollten garantieren, daß diese die Wege verwechselten, und verhindern, daß sie zurückkehrten, um die Lebenden heimzusuchen. Der Hekate heilig, der Hunde an Kreuzwegen geopfert wurden. Wird mit Ganesha und Ianus in Zusammenhang gebracht.

Kristall Reinheit; geistige Vollkommenheit und Erkenntnis; das Selbst-Leuchtende. Kristall- bzw. Glasschiffe, -türme, -schuhe usw. bezeichnen einen Übergang von einer Ebene in die andere bzw. eine Zustandsveränderung oder einen Übergang auf die innere Ebene. Der Kristall hat magische Kräfte und ist bei den *austral. Aborigines* das Symbol des Großen

Geistes. Er ist auch der passive Aspekt des Willens, während das Schwert den aktiven dazu verkörpert. *Buddhist.:* Der Zustand der Transparenz; die Sphäre spiritueller Erkenntnis; der reine Geist; vollkommene Einsicht. Er reflektiert die fünf Farben, die die fünf Aggregatzustände von Körper und Geist symbolisieren. *Christl.:* Eine Glas- bzw. Kristallkugel bezeichnet die Welt des Lichtes Gottes. *Griech./Röm.:* Selene als der Mondgöttin geweiht. *Schamanist.:* Himmlische Macht und himmlisches Licht.

Krokodil Der verschlingende Zerstörer; die Notwendigkeit, durch den Tod ins Leben zu gelangen. Mit offenem Rachen ist es ein Bild für Gegen-den-Strom-Schwimmen, folglich Befreiung von den Beschränkungen der Welt. Bisweilen ist das Krokodil ein Türhüter. Da es auf dem Land und im Wasser lebt, steht es für die duale Natur des Menschen. Plinius sagt, das Krokodil und die Eidechse verkörpern die Verschwiegenheit: von beiden glaubte man, sie hätten keine Zungen. Das Krokodil wird auch mit der Fruchtbarkeit der Wasser gleichgesetzt. Von einem Krokodil verschlungen zu werden, bedeutet Abstieg in die Hölle. Es ist ein Attribut von Seth in seinem typhonischen Aspekt für Brutalität und das Böse. Sebek ist krokodilköpfig und symbolisiert lasterhafte Leidenschaften; Betrügerei; Verrat; Verstellung und Heuchelei; da es den Mond verschlungen hat, weint es, deshalb »Krokodilstränen«. Apophis, Serapis und Sebek heilig und zu den Füßen des Ptah abgebildet. Makara, ein krokodilähnliches Mischwesen, ist das Reittier der Flußgöttin Ganga.

Krone Höchste Gewalt; Sieg; Ehre, Würde; Auszeichnung; Herrschaft; Hingabe; Vollkommenheit; der Kreislauf der Zeit, des ununterbrochenen Fortbestehens und der endlosen Fortdauer. Die Strahlenkrone verkörpert die Energie und Macht, die im Kopf enthalten ist, der als der Sitz der Lebens-Seele galt; sie ist verschiedentlich ein Attribut von Sonnengöttern und stellt deren Sonnenscheibe dar; von übernatürlichen Menschen; Heiligen usw.; die Zacken der Krone symbolisieren die Strahlen der Sonne. Eine Krone bzw. ein Kranz aus Immergrün bedeutet Leben; Unsterblichkeit; Sieg. Eine Krone zu Füßen heißt Verzicht auf Königswürde. Eine mit Türmchen versehene Krone steht für mit Türmen versehene Stadtmauern, wird oft von Großen Müttern (z. B. Stadtgöttinnen) getragen. *Ägypt.:* Der Pharao wurde mit der Doppelkrone gekrönt, der weißen Krone des Südens und der roten des Nordens, die Ober- und Unterägypten, aber auch die höhere Welt und den höheren Geist sowie die niedere Welt und den niederen Sinn verkörpern. *Buddhist.:* Buddhas Krone symbolisiert seine Realisation, Erkenntnis. Das fünfblättrige *chodpan* steht für die fünf himmlischen Buddhas. *Chin.:* Kaiserliche Macht; höchste Gewalt. Bedeckt die Krone die Ohren, so bedeutet das »keine Verleumdung hören«; werden die Augen durch einen kurzen, von der Krone herabhängenden Schleier aus aufgefädelten Juwelen verdeckt, so bedeutete das »nichts Unehrenhaftes sehen«. *Christl.:* Die Gerechten; Segen und Gnade; Sieg über den Tod; Erkenntnis; der Lohn für Märtyrer. Die goldene Krone bedeutet Sieg über das Laster. Maria trägt als Himmelskönigin häufig eine Krone aus Sternen; die dreifache Krone (Tiara) steht für die Dreieinigkeit und wird vom Papst bei der Inthronisation als Zeichen dreifacher Königswürde getragen; sie ist auch ein Attribut der hl. Elisabeth von Ungarn. Die Dornenkrone, die, als eine Parodie auf den Rosenkranz des römischen Imperators, Christus aufs Haupt gesetzt wurde, verkörpert Passion und Märtyrertum und ist auch ein Attribut der Heiligen Katharina von Siena, Ludwigs von Frankreich, Maria Magdalenas und Veronikas. Der Kranz aus Rosen ist ein Attribut der Heiligen Kasimir, Cäcilia und Flavia. Drei Kronen sind ein Emblem des hl. Karl des Großen; zusammen mit dem Kreuz sind sie Attribut der hl. Helena. *Griech.:* Tyche trägt die mit Türmchen versehene Krone, Flora einen Blumenkranz und Ceres einen Kranz aus Kornähren. ↗ Kranz. *Hinduist.:* Die Krone auf der Mittelsäule eines Tempels bedeutet göttlichen Ruhm und den Übergang zum Himmel; sie ist ein baukünstlerisches Symbol der himmlischen Welt und bildet den Punkt des Austretens aus dieser Welt und des Eingehens in das Göttliche. *Röm.:* Sieg. Die Strahlenkrone bezeichnet einen Sonnengott bzw. eine Sonnengottheit. Der Imperator trug eine Krone bzw. einen Kranz aus Rosen. *Sumero-semit.:* Die Federkrone verkörpert Autorität, weltliche oder göttliche Macht; sie ist ein Attribut von Marduk und Šamaš. Die mit Türmchen versehene Krone wird von Muttergöttinnen im Vorderen Orient getragen.

Kröte Ein lunares Tier und dem feuchten Element zugehörig. Immer wieder auftauchend und verschwindend, ist sie sowohl lunar als auch ein Symbol der Auferstehung. Sie kann das Böse, das Ekelhafte und den Tod darstellen. Wie die Schlange soll auch die Kröte ein Juwel im Kopf haben. *Alchimist.:* Die dunkle Seite der Natur, ihre niederen, aber fruchtbaren Verunreinigungen; irdische Materie. »Vereinige die Kröte der Erde mit dem fliegenden Adler, und du wirst in unserer Kunst die Meisterschaft sehen« (Avicenna). *Chin.:* Das lunare, das *yin*-Prinzip; das Unerreichbare; Langlebigkeit; Reichtum und Gelderwerb. Die dreibeinige Kröte lebt im Mond, und ihre drei Beine symbolisieren die drei Mondphasen. *Christl.:* Der Teufel; Geiz. *Daoist.:* Ein Attribut des

Hon Hsien-hsing. *Griech.:* Ein Attribut des Sabazios. *Indian.:* Der Dunkle Manitou, die Mondwasser, die Mächte der Finsternis und des Bösen, die vom Großen Manitou überwunden sind. *Iran.:* Ahriman; das Böse; der Neid; die Gier; der Geiz; aber auch die Fruchtbarkeit. *Kelt.:* Steht häufig anstelle der Schlange als die böse Macht. *Mexikan.:* Die Erde. Die Kröte und der Giftpilz verkörpern den heiligen Pilz, der Erleuchtung gibt. *Ozean.:* Der Tod. *Zauberkunst:* Eine Hexe; Glück.

Krücke Stütze, aber gleichzeitig damit Lahmheit, daher moralische Unzulänglichkeit. Greisenalter; ein Bettler. *Christl.:* Attribut der Heiligen Antonius, Paulus des Eremiten und Joseph. *Griech./Röm.:* Attribut von Hephaistos/Vulcanus als dem lahmen Schmied.

Krug Der Wasserkrug bedeutet Reinheit, Reinwaschen von Schuld. Er ist auch ein weiblich empfangendes Symbol, wie die ↗ Vase. *Ägypt.:* Hapi, der aus zwei Krügen Wasser gießt, verkörpert den Oberen und den Unteren Nil. ↗ Kanopen. *Buddhist.:* Eines der Glückszeichen auf dem Fußabdruck Buddhas, das den Sieg über Leben und Tod und auch spirituellen Triumph bedeutet. *Griech.:* Pithos verkörpert das Grab, Begräbnis und die Unterwelt; Saatgut wurde während der Jahreszeit, in der die Vegetation abgestorben war, in Krügen unter der Erde aufbewahrt. Dionysos als Gott des Weines hat den Krug als Emblem.

Krummstab ↗ Hirtenstab

Kubus Zusammen mit der Kugel als dem Urzustand zyklischen Anfangs und zyklischer Bewegung verkörpert der Kubus das Endstadium eines Zyklus, die Unbeweglichkeit; symbolisch bedeutet er die Quadratur des Kreises. Der Kubus ist auch die Wahrheit, die immer die gleiche bleibt, aus welchem Winkel man sie auch betrachtet; er ist Vollkommenheit; Vollendung; Stabilität; statische Perfektion; unverfälschte Lehre. Er ist auch das gefaltete Kreuz. In der traditionellen Architektur wird der Kubus, da er die Stabilität verkörpert, als Grundstein und für den unteren Teil des Baues benutzt und der Kreis der Kuppel darauf als das Höhere. *Alchimist.:* Der Kubus verkörpert das Salz, das Produkt der Kristallisation von Schwefel und Quecksilber. *Chin.:* Die Erdgottheit, während die Kugel die Himmelsgottheit versinnbildlicht. *Islam.:* Die Ka'aba ist ein Kubus; Stabilität; statische Perfektion. *Jüd.:* Das Allerheiligste. *Maya:* Die Erde; der Baum des Lebens erwächst aus dem Zentrum eines Kubus.

Kuchen Opferkuchen bzw. -brötchen oder -gebäck mit dem Kreuzeszeichen symbolisieren das Rund des Mondes und seine vier Phasen.

Kuckuck Symbolisiert in *Südeuropa* den Frühling

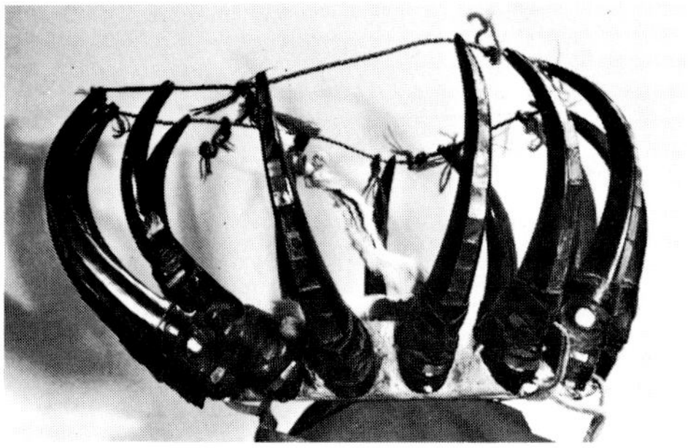

Krone Eine Schamanenkrone aus Bergziegenhörnern symbolisiert die Macht ihres Trägers, sich in den höheren Regionen der Götter sicher zu bewegen.

Krone Die Kaiserkrone des Heiligen Römischen Reiches, gewiß die am reichsten verzierte Krone der Geschichte, wurde wahrscheinlich für die Krönung von Otto I. im Jahre 961 gearbeitet. Das Kreuz und der Bogen, die Edelsteine und Perlen sind eine einzigartige Zusammenstellung von Symbolen geistlicher und weltlicher Macht.

und den Sommer in *nördlichen* Gebieten. *Griech.:* Ehestand; eine der Transformationen des Zeus, um Hera zu gewinnen. *Japan.:* Nicht erwiderte Liebe. *Phönik.:* Der königliche Vogel, auf königlichen Zeptern angebracht.

Kugel Vollkommenheit; die Gesamtheit aller Möglichkeiten in der endlichen Welt; die Urform, die die Möglichkeiten aller anderen Formen enthält; das Welten-Ei; die Überwindung von Zeit und Raum; Ewigkeit; das Himmelsgewölbe; die Welt; die Seele; die *anima mundi* (Platon). Die zyklische Bewegung der Erneuerung; Umdrehung; die Himmel. In der *islamischen* Symbolik ist die Kugel der Geist, das uranfängliche Licht. Die Kugel in der Hand eines Herrschers ist die Himmelskugel oder der Reichsapfel. So bedeutet sie. Herrschaft über die Erde; Macht; Kaiserwürde. *Alchim.:* Die Kugel mit einer Krone ist der Stein der Weisen und wird bisweilen als der Große König bezeichnet. *Christl.:* Ein Kreuz auf der Himmelskugel bedeutet die Herrschaft Christi über die Welt und auch den Herrschaftsbereich des Glaubens an Christus. In der Kunst ruhen die Füße des Vaters manchmal auf einer Kugel. Attribut von Karl dem Großen. *Griech./Röm.:* Fortuna, das Schicksal, in Verbindung mit Tyche/Fortuna, die auf einer Himmelskugel steht. Die blaue Himmelskugel ist ein Attribut von Zeus/Jupiter als Himmelsgott, auch von Apollon und Kybele.

Kuh Die Große Mutter; alle Mondgöttinnen in ihrem nährenden Aspekt; die produktive Kraft der Erde; Fülle; Zeugung; der Mutterinstinkt. Die Hörner sind der Halbmond; und da die Kuh sowohl Mond- als auch Erdgottheiten verkörpert, ist sie sowohl himmlisch als auch chthonisch. *Ägypt.:* Vorrangig Symbolik der Hathor, der Großen Muttergöttin Ägyptens. Die doppelköpfige Kuh verkörpert Ober- und Unterägypten. Die Beine der Himmelskuh Nut, der Herrin des Himmels, sind die vier Himmelsrichtungen, und auf ihrem Bauch hat sie die Sterne des Firmaments; Hathor, Isis und Nut können alle als Kühe oder mit Hörnern dargestellt sein. *Chin.:* Das *yin-*, das Erdprinzip, zusammen mit dem Pferd als dem *yang*-Prinzip und den Himmeln. *Griech.:* Eine Erscheinungsform von Hera und Io. *Hinduist.:* Das heilige Tier. Fruchtbarkeit; Fülle; die Erde; Surabhi, die Wunschkuh, die Milch und ein Elixier gibt; Aditi, die All-Umfassende; die Kuh Prithivi. Als die Erde erscheint die Kuh mit dem Himmelsstier. Die vier Beine der Heiligen Kuh sind die vier Kasten. Eine unfruchtbare schwarze Kuh ist Nirriti, der Göttin des Unglücks und der Krankheit, heilig. *Kelt.:* Die chthonische Kuh ist rot mit weißen Ohren dargestellt. *Skandin.:* Die Urkuh, die Nähre-

Kröte Diese chinesische Porzellanfigur aus dem 18. Jahrhundert stellt Liu-hai, einen daoistischen Unsterblichen, dar. Er hält eine dreibeinige Kröte, das Symbol des Mondes und seiner Phasen, auf dem Arm.

Kuh Diese Statue des Pharaos Psammetich I. aus der Spätzeit der 26. Dynastie stellt ihn unter dem Schutz Hathors, der Großen Mutter der Ägypter, dar, die hier als Kuh personifiziert ist mit der Sonnenscheibe königlicher Göttlichkeit zwischen den Hörnern.

rin, entsprang dem Eis; sie beleckte das Eis, um den ersten Menschen zu schaffen.

Kundalini ↗ Schlange

Kuppeldach Die Kuppel des Himmels; das Himmelsgewölbe; die himmlische Welt. An der Spitze eines *hinduistischen* oder *buddhistischen* Stupa, Tschorten oder Tempels ist es der »kleine Ort« und übernimmt die Rolle der ↗ Krone geistlichen Schutzes oder des Schirms der Königswürde.

Kürbis Der Doppelkürbis oder die Kürbisflasche stellt, wie das Stundenglas, die obere und untere Welt dar. In der *römischen* Symbolik bedeutet der Kürbis Dummheit, Hohlköpfigkeit. ↗ Gurde

Kuß Ein Zeichen guten Willens; Frieden; die Besiegelung eines Vertrages; treuer Glaube; Zusammengehörigkeit; Versöhnung; Liebe. Im Vorderen Orient und in *Kleinasien* sowie in der *katholischen Christenheit* schafft er auch Kontakt mit einer Reliquie bzw. einem heiligen Gegenstand, z. B. der Ka'aba, mit Ikonen, einem Kruzifix oder heiligen Buch, Heiligenbild oder Priestergewand. Jemandem die Hand oder die Füße küssen, ist eine Geste der Demut bzw. des Flehens um Schutz. Der Judaskuß bedeutet Verrat.

Labarum/Chi-Rho Die volle Bedeutung dieses Symbols ist ungeklärt. Es ist ein gutes Omen und wurde in *Griechenland* für ein bedeutsames Ereignis verwendet. Die vertikale Linie wird als Weltenbaum und Axialsymbol gedeutet. Das Labarum war auch ein Kennzeichen des chaldäischen Himmelsgottes, und im *Christentum* wurde es als das Chi-Rho, die ersten Buchstaben von »Christus« übernommen; es war das Feldzeichen Konstantins, das ihm im Traum erschienen sein soll; es wurde auf seine Standarte und auf die Schilde seiner Soldaten gesetzt, was sie unter den Schutz Christi stellte. Es ist häufig mit den Zeichen Alpha und Omega auf Lampen, Gefäßen und Grabmälern abgebildet.

Labyrinth Ein außerordentlich komplexes Symbol; es kann ein Bauplan sein, ein Gebäude, ein offener Weg, ein von Ufern oder Hecken umgebener Pfad, ein Tanz. Häufig befindet es sich unter der Erde, in der Dunkelheit. Es gibt im wesentlichen zwei Arten des Labyrinths: 1) das Labyrinth in einer Ebene, in dem ein einziger Gang zum Zentrum und wieder heraus führt, ohne Wahl, Verwirrung oder Unklarheit, in dem der Reisende die größtmögliche Strecke zurücklegt, ohne zweimal denselben Weg zu gehen (in Richtung auf das Zentrum beginnend, dann zurück zur Peripherie und – sich jedesmal verdoppelnd – führt der Gang zum Zentrum und wieder heraus); 2) das Labyrinth in mehreren Ebenen, das angelegt ist, um zu verwirren und Rätsel aufzu-

Labarum Das Labarum, hier als Verzierung auf einem frühen römischen christlichen Grabstein, soll Konstantin im Traum erschienen sein. Obwohl es in der Regel als aus den ersten beiden Buchstaben des Namens Christi im Griechischen bestehend interpretiert wird, war es früher ein Attribut des alten chaldäischen Himmelsgottes.

Labyrinth Das Labyrinth des Theseus, hier in einer Florentiner Zeichnung des 15. Jahrhunderts, enthält auch die paradoxe Antwort auf eine scheinbar hoffnungslose Frage, und beide ergeben sich aus der Symbolik des Labyrinths: Hast du einmal die schwierige und komplizierte Reise unternommen, was ist im Zentrum? – Du selbst.

geben, und blind endende Kammern enthält, so daß Wissen zur Lösung der Aufgabe erforderlich ist. Die Symbolik des Labyrinths wird verschieden gedeutet: als die Rückkehr zum Zentrum; das wiedergewonnene Paradies; die Erlangung von Erkenntnissen nach Gottesurteilen, Bewährungsproben und Prüfungen; Initiation, Tod und Wiedergeburt und die Riten des Übergangs vom Profanen zum Sakralen; die Geheimnisse von Leben und Tod; die Lebensfahrt durch die Schwierigkeiten und Illusionen der Welt zum Zentrum in Gestalt der Erleuchtung oder des Himmels; eine Bewährung der Seele; die Reise und Flucht in die andere Welt (in die leicht hineinzukommen, aus der jedoch, ist sie einmal betreten, schwer wieder herauszufinden ist); ein zu entwirrender Knoten; Gefahr; Schwierigkeiten; Schicksal.
Das Labyrinth wird auch als der Lauf der Sonne gedeutet, als ihr Ab- und Zunehmen oder als die Befreiung der Sonne durch den Frühling nach ihrer langen Gefangenhaltung durch die Dämonen des Winters; oder als der Leib der Mutter Erde, deren Zentrum die Jungfräulichkeit der Gottheit ist und das zu erreichen bedeutet, die mystische Rückkehr zur *Matrix* zu vollziehen, den *regressus ad uterum;* oder die Seereise zur Nacht, auf der das Männliche in die Unterwelt hinabsteigt, in den Herrschaftsbereich der Großen Mutter in ihrem verschlingenden Aspekt. Meistens wird das Labyrinth von einer Frau beaufsichtigt, von einem Mann durchlaufen und vom Herrn des Labyrinths, dem Richter der Toten, im Zentrum bewacht oder beherrscht. Es soll auch die Welt symbolisieren; die Totalität; die Unerforschlichkeit; die Bewegung; jede schwierige Aufgabe. Der ununterbrochene durchgehende Faden bedeutet Ewigkeit, endloses Fortdauern, Unsterblichkeit und ist das »Seil zum Himmel«, an dem alle Dinge aufgereiht sind und von dem sie herabhängen. In ein und demselben Symbol gestattet und verbietet das Labyrinth: es verwehrt den Eingang, indem es ihn erschwert, und es hält dann gefangen, weil der Ausgang schwer zu finden ist; nur wer Erfahrung und Wissen hat, kann das Zentrum finden, und diejenigen, die es ohne Wissen wagen, verirren sich. Diesen Symbolgehalt hat das Labyrinth mit dem verzauberten Wald gemeinsam. Als der Weg zum verborgenen Zentrum steht das Labyrinth in Beziehung zur Suche nach dem Verlorenen Wort und dem Heiligen Gral bzw. – in der Symbolsprache des *Hinduismus* – zur Flucht aus dem *samsara* und den Gesetzen des *karma.* Es steht auch im Zusammenhang mit der Höhlensymbolik: Mit dem Gedanken an eine Unterwelt, geheimnisvolle Reise oder Reise in die andere Welt, mit Initiationsriten, die häufig in einer großen Höhle oder Grube stattfinden, oder auch mit Funeralriten, die alle Tod und Wiedergeburt symbolisieren. Es hat auch an der Symbolik des Knotens teil, der bindet und löst, einschränkt, aber vereint. Man nimmt auch an, daß das Labyrinth mit der Symbolik der zusammengerollten Schlange zusammenhing oder mit Regeln der Wahrsagerei aus den Eingeweiden sowie mit Vorstellungen von der Struktur des Erdinnern. Es kann auch durch ein Netz dargestellt sein oder durch die Spinne in ihrem Netz. Das Labyrinth im Quadrat ist ein Bild für die vier Himmelsrichtungen und den Kosmos und kann zur Svastika in Beziehung stehen. Labyrinth-Ornamente an Häusern haben unheilabwendende Bedeutung und sind eine Zauberformel, um feindliche Mächte und böse Geister zu verwirren und ihnen den Eintritt zu verwehren. Gräber, Bestattungshöhlen und labyrinthförmige Erdwälle schützten die Toten, verhinderten jedoch gleichzeitig, daß sie zurückkehrten. Der Labyrinth-Tanz symbolisiert den schwierigen Weg von der Geburt bis zum Tod und zur Wiedergeburt, in dessen Zentrum Tod und Wiedergeburt zugleich stehen, das Hinein- und wieder Herausgehen, Sinken und Steigen, den Abstieg in die Tiefe und das Aufsteigen zu den Höhen. Dies wiederum ist in Verbindung zu bringen zum Kranichtanz, in dem der Kranich als *Psychopompos* (Seelengeleiter) auftritt; auch ein mimetischer Weg oder Tanz im Sonnenritual. In ein Labyrinth zu gehen, bedeutet Tod, aus ihm herauszukommen, ist Wiedergeburt. *Ägypt.:* Möglicherweise besteht eine Parallele zu Amenti, dem gewundenen Pfad, den die Toten auf ihrer Reise vom Tode bis zur Auferstehung gehen, auf dem Isis sie führt, Horus die Schwierigkeiten überwindet und Osiris als Totenrichter steht. *Christl.:* In der *frühchristl.* Symbolik wurde die Bedeutung des Labyrinths in ihr Gegenteil verkehrt und verkörperte den Weg der Unwissenheit, hatte die Hölle zum Zentrum und den Minotauros als den Teufel, bis endlich Christus – wie Theseus – den Weg weist. Es war auch eine Falle für den Teufel. In der Kunst der Katakomben war das Labyrinth unbekannt. Später wurde es in Kirchen und Kathedralen benutzt, und seine Symbolik wird verschieden gedeutet: als die Schwierigkeiten und Probleme, die sich dem Christen auf seinem Weg durch die Welt entgegenstellen; die Verstrickungen der Sünde, die ihn immer wieder vom geraden Wege abbringen; die Pilgerreise der Seele von der Erde zum Himmel; die Irrwege des Übeltäters, der den Versuchungen nachgibt; die Suche nach dem Weg aus den Fallstricken der Sünde; der Weg vom Haus des Pilatus nach Golgatha, der auch *Chemin de Jerusalem* (»Weg von Jerusalem«) genannt wird. Es gibt auch Auslegungen, daß das Kirchenlabyrinth

die Pilgerfahrt für die Sünder vorgab, die nicht zu fernen Reliquien oder ins Heilige Land reisen konnten. *Griech.:* Theseus, der Heros und Erretter, legt den Weg mit Hilfe von Ariadnes goldenem Faden göttlichen Instinkts zurück und erschlägt den grimmigen Minotauros. Von Homer wird das Labyrinth nicht erwähnt. *Minoisch:* Der Stier (Minotauros) im Zentrum wird als die männliche, solare, generative Kraft gedeutet, und das Labyrinth selbst ist der weibliche, lunare Aspekt; eine andere Deutung ist die, daß Hitze auf Feuchtigkeit einwirkt, die Sonne, die die Nebel und das Miasma aufsaugt. *Ozean.:* Ein Bild für die Reise der Seele im Totenreich. *Röm.:* Verborgenheit, Unerforschlichkeit. »Wie keiner die Geheimnisse des Labyrinths kennt, so kann auch keiner den unerforschlichen Ratschluß des Herrschers ergründen.« *Sumero-semit.:* »Eine künstliche Nachbildung der niederen Welt« (von einer Tafel für eine Priesterweihe).

Lachs In der *kelt.* Symbolik bedeutet er Weisheit; das Vorherwissen der Götter; Wissen über das Jenseits. Er wird mit *kelt.* heiligen Quellen assoziiert und kann den Platz der Schlange als Symbol für die Weisheit und den Kontakt mit den Mächten des Jenseits einnehmen.

Lahmheit Bei Hephaistos/Vulcanus und den Schmiedegöttern weist Lahmheit auf die Unvollkommenheit des Demiurgen hin, der die unvollkommene Welt schmiedet. Lahmheit und Humpeln stellen auch die Zick-Zack-Bewegung des Blitzes der Sturmgötter dar. Sie ist ein Kastrationssymbol.

Lamia ↗ Fabelwesen

Lamm Güte; junge Unschuld; Sanftmut; Reinheit; das Unbefleckte; Zauberer sind machtlos gegen seine Unschuld. Lämmer symbolisieren Neugetaufte und mystische Wiedergeburt. Das Lamm mit dem Löwen verkörpert den paradiesischen Zustand. *Chin.:* Kindlicher Gehorsam. *Christl.:* Christus, der sich für die Sünden der Welt opferte, das Lamm Gottes, das »unbefleckte Opfer«. Das Lamm verkörpert Christus, den Leidenden und den Sieger, die Passion und die Auferstehung. In der Symbolik der *christlichen* Kunst wird es häufig verwendet; Christus, mit einem Lamm auf den Armen, ist der Gute Hirte, der sich um seine Herde sorgt, oder der, der das verlorene Lamm rettet, das sich verirrt hatte, den Sünder, oder den, der seiner Herde vorangeht; das Lamm mit dem Kreuz weist auf die Kreuzigung hin; das Lamm mit dem Wimpel oder der Fahne symbolisiert die Auferstehung; das apokalyptische Lamm mit dem Buch und den sieben Siegeln ist Christus als Richter bei seiner Wiederkehr; das Lamm der Apokalypse mit sieben Hörnern und sieben Augen bedeutet die sieben Gaben des Heiligen Geistes; das Lamm mit einem Berg und vier Flüssen bedeutet die Kirche, und die vier Flüsse des Paradieses sind die vier Evangelien; wo eine Reihe von Schafen bei einem Lamm ist, ist das Lamm Christus, und die Schafe sind die Jünger; Johannes der Täufer mit einem Lamm bedeutet den Vorläufer, der auf das Kommen Christi verweist. Cyril von Alexandrien sagt, daß das Lamm und die Taube zusammen den Leib und die Seele Christi darstellen, seine menschliche und seine göttliche Natur. Das Lamm ist ein Attribut der Heiligen Agnes, Klement, Genoveva, Johanna, Johannes der Täufer, Katharina, Regina. *Jüd.:* Der kommende Messias, das Lamm ohne Schuld.

Lampe Leben; das Licht des Göttlichen; Unsterblichkeit; Weisheit; der Intellekt; Führung; die Sterne; auch das einzelne Leben in seiner Vergänglichkeit; gute Taten, die Licht in die Dunkelheit bringen; Erinnerung. Der Siebenarmige Leuchter des *Christentums* ist ein Sinnbild der sieben Gaben des Heiligen Geistes. Die Lampe ist ein Attribut der Heiligen Agatha, Brigitta, Gudula, Genoveva, Hiltrudis, Hugo, Lucia und Nilus. Leuchter auf Altären weisen auf das Licht der göttlichen Gegenwart hin; sie können auch als Sinnbild der Sonne bei der Sonnen- oder Feuerverehrung verwendet werden. Im *Hinduismus* bedeutet das Öl der Lampe den Ozean und die Frömmigkeit, der Docht steht für die Erde und den Geist, und die Flamme bedeutet die Liebe.

Lanze Ein Aspekt der männlichen Kraft; Krieg. Lanze, Schwert und Pfeile können alle die Sonnenstrahlen darstellen. Die Lanze ist ein Attribut der niederen Adelsstände, während das Schwert den Hochadel kennzeichnet. Die Symbolik der Lanze für das Männliche und des Bechers oder Kelches für das Weibliche steht mit der Symbolik des Berges und der Höhle in Zusammenhang; der Berg und die senkrechte, keine Schatten werfende Lanze sind beide Symbole der *axis mundi. Christl.:* die Schale, die das Blut Christi am Kreuz auffing, als ihm mit der Lanze die Seite geöffnet wurde. Sie gehört zu den Leidenswerkzeugen und ist ein Zeichen der Passion sowie u. a. der Heiligen Georg von Kappadokien, Thomas und Paulus. *Griech./Röm.:* Solar; Krieg; ein Attribut von Ares/Mars und Athena. Die Lanze des Achilles konnte die Wunden heilen, die sie zugefügt hatte. *Hinduist.:* Stärke; Macht; Sieg über das Böse; ein Attribut des Indra. Die göttliche Weisheit, die die Unwissenheit überwindet. *Japan.:* Attribut des Izanagi (des Göttervaters), der die himmlische Lanze der Schöpfung schwingt, mit der er die Wasser bewegt, um das Festland hervorzubringen.

Lapislazuli Göttliche Gnade; Erfolg. *Chin.:* Einer

Lamm Das Lamm auf einem aus dem 6. Jahrhundert stammenden christlichen Grab in Ravenna wird von verschiedenen anderen Symbolen Christi, der Erlösung und des Opfers begleitet: dem Kreuz als Labarum, der Taube, dem Siegeskranz.

Leiter Auf diesem Titelblatt zu einem alchimistischen Text aus dem 18. Jahrhundert wird Jakob durch die Engel aufgefordert, aus dem Schlaf der Sinne zu erwachen und durch das Ersteigen der Himmelsleiter die irdischen Erscheinungen zu überwinden.

der sieben Edelsteine; Erfolg, Begabung. *Griech./Röm.:* Liebe; ein Attribut von Aphrodite/Venus. *Sumer.:* Der Lapislazuli wurde vielerorts in Tempeln verwendet und stellte das Firmament und seine heilige Macht dar.

Laterne ↗ Lampe

Lattich Ein *ägypt.* Fruchtbarkeitssymbol. Dem *phönik.* Adonis geweiht als Gleichnis für ein rasch vorübergehendes Leben.

Laube Das weibliche Prinzip; Obdach; Schutz. Im *Christentum* ist sie ein Symbol der Jungfrau Maria.

Lauch Sieg; Schutz gegen Wunden. Sein Geruch wurde, wie beim Knoblauch, als dem Geruch des einschlagenden Blitzes ähnlich interpretiert und deshalb als ein Merkmal des *kelt.* Gottes Aeddon angesehen. Der Lauch ist ein Attribut des hl. David und das Wahrzeichen von Wales.

Laute *Chin.:* Harmonie zwischen Herrschern und Dienern; Freundschaft; Eheglück. Eines der vier Symbole des Gelehrten, mit dem Buch, dem Malzeug und dem Schachspiel. *Christl.:* Die Symbolik von Orpheus und seiner Laute wurde von den frühen Christen verwendet, um durch Christus und die Evangelien gewonnene Anhänger bildlich darzustellen. Die besiegten wilden Tiere waren die durch Christus, der auch als der Gute Hirte abgebildet wurde, überwundenen menschlichen Leidenschaften. *Griech.:* Orpheus als der Gute Hirte war ein Vermittler, und seine Laute symbolisierte die Harmonie und Versöhnung der Naturkräfte; wilde Tiere zu bezaubern, bezeichnete Selbsterkenntnis und das Vermögen, Streit zu schlichten.

Legierung Ehe; die Vereinigung des Männlichen mit dem Weiblichen, von Feuer und Wasser.

Leichentuch Tod; Funeralbedeutung. Wird mit Theseus und der Symbolik des Segelns in Verbindung gebracht.

Leier ↗ Lyra

Leinen *Christl.:* Das Leinentuch auf dem Altar steht für das Grabtuch, das den Leichnam Christi im Grab umhüllt. Feines Leinen kennzeichnet Reinheit und Rechtschaffenheit, die Kleidung der Braut Christi, die Triumphierende Kirche. *Jüd.:* Das Leinen der Kleidung symbolisiert das Irdische.

Leiter Der Übergang von einer Ebene zur anderen oder von einer Daseinsform zur anderen; der Durchbruch zu einer neuen ontologischen Stufe; die Verbindung zwischen Himmel und Erde in zwei Richtungen – das Aufsteigen des Menschen und das Herabsteigen der Gottheit; folglich ist die Leiter ein Symbol der Weltachse, was sie wiederum mit dem Kosmischen Baum und der Säule in Zusammenhang bringt. Sie verkörpert auch den Zugang zur Realität, zum Absoluten, Transzendenten, denn sie

führt vom »Unrealen zum Realen, von der Finsternis zum Licht, vom Tod zur Unsterblichkeit«. Der Übergang ist auch ein Weg durch den Tod in die andere Welt. Die Leiter verhilft zum Zugang, sie kann aber auch entfernt werden. Ursprünglich stand die Leiter im Paradies zwischen Himmel und Erde und ermöglichte dort die ununterbrochene Verbindung zwischen Gott und Mensch, aber diese ging durch den Sündenfall verloren.
Die Sprossen einer Leiter symbolisieren die aufsteigende Macht des Bewußtseins des Menschen, die alle Stufen des Seins durchläuft; sie verkörpern auch die Stufen der Initiation, immer sieben oder zwölf an der Zahl; bei der Initiation steigt man durch Wissen und Erkenntnis allmählich in das jeweils nächsthöhere Stadium auf und steigt wieder herab durch die Tugenden, d. h. die Früchte des Wissens und der Erkenntnis. Die beiden Seiten der Leiter sind die linke und die rechte ↗ Säule oder die beiden Bäume des Paradieses, die durch die Sprossen der Leiter miteinander verbunden sind. Wie bei jeder Initiation ist das Streben umwittert von Gefahr, und das Ersteigen der Leiter wird von gemischten Gefühlen begleitet – von Freude und Furcht. Die Leiter steht in Riten des Übergangs auch mit der Brückensymbolik in Zusammenhang und kann – wie die Brücke – scharfe Kanten haben. (In dekadenter Form ist diese Symbolik an den schwertförmigen Sprossen der Leitern von Gauklern im Osten zu sehen.) *Ägypt.:* Ein Symbol für Horus, der die materielle Welt überwindet und sie mit dem Himmel verbindet. »Ich stellte eine Leiter gen Himmel unter die Götter« (*Totenbuch*). Hathor hält auch eine Leiter, damit die Guten in den Himmel aufsteigen können. *Buddhist.:* Die Leiter von Sakyamuni wird oft mit dem Fußabdruck Buddhas auf der untersten und obersten Sprosse dargestellt: *Christl.:* Ein Zeichen der Leiden Christi, auch von Jakob (Traum von der Himmelsleiter) und dem hl. Benedikt. *Indian.:* Der Regenbogen ist die Leiter des Zugangs zur anderen Welt. *Islam.:* Die Leiter, die Mohammed sah, führt die Frommen zu Gott. *Jap.:* Die Leiter ist ein Attribut des Donnergottes und symbolisiert den Verkehr zwischen Himmel und Erde. *Jüd.:* Das Mittel der Kommunikation zwischen Gott und den Menschen durch die Engel. *Mithraz.:* Der Kandidat der Initiation ersteigt die Stufen der siebensprossigen Planetenleiter, die den Durchgang der Seele durch die sieben Himmel verkörpert. *Schaman.:* Der Schamane steigt die Leiter oder den siebenkerbigen Pfahl hinauf, um mit Geistern und der Geisterwelt zu kommunizieren.

Leopard Grausamkeit; Wildheit; Angriffslust; Furchtlosigkeit. Da die Flecken des Leoparden Augen gleichen, wird das Tier der Große Wächter genannt. *Ägypt.:* Ein Attribut des Osiris. *Chin.:* Mut; kriegerische Wildheit. *Christl.:* Der Teufel; die Sünde; die Falschheit des Satans; der Antichrist; sinnliche Begierde. *Griech.:* Ein Attribut des Dionysos als Schöpfer und Zerstörer. *Herald.:* Mut; Heftigkeit; Aktivität. *Jüd.:* Schnelligkeit.

Lettner (Chorschranke) Der Lettner trennt das Kirchenschiff, den Hauptteil bzw. Leib vom Chor, dem Himmel, und ist das Tor des Todes zwischen dem Leib der Kirche und dem Eintritt in das himmlische Wesen. Das Kreuz auf dem Lettner symbolisiert Christi Tod, der den Weg zur Erlösung freigab und den Zugang zum Himmel ermöglichte. Der Lettner bedeutet auch das *velum* der Bundeslade.

Leuchtfeuer Warnung; Mitteilung

Leuchtkäfer Im *Buddhismus* Bild oberflächlichen Wissens, unfähig, die Dunkelheit zu erhellen.

Leviathan ↗ Fabelwesen

Libelle Kann denselben Symbolgehalt haben wie der ↗ Schmetterling und für Unsterblichkeit und Regeneration stehen. *Chin.:* Sommer; Unbeständigkeit; Schwäche bzw. Verletzbarkeit. *Indian.:* Der Wirbelwind; Behendigkeit; Aktivität. *Jap.:* Ein nationales Emblem der »Libelleninsel«, aber auch Verantwortungslosigkeit; Unzuverlässigkeit.

Licht Manifestation von Göttlichkeit; kosmische Schöpfung; der Logos; das universelle Prinzip in der Manifestation; der uranfängliche Intellekt; Leben; Wahrheit; Erleuchtung; Gnosis; unmittelbare Erkenntnis; das Nicht-Greifbare; *nous*; die Quelle des Guten. Das Strahlen symbolisiert neues Leben aus Gott; es ist das, was zuerst geschaffen wurde; die Macht, die das Böse und die Kräfte der Finsternis vertreibt; Herrlichkeit; Glanz; Freude. Die Erleuchtung verleiht übernatürliche Kräfte oder ist deren Folge. Das Licht wird in der Symbolik des Herabkommens himmlischer und wohltätiger Einwirkungen mit dem Regen assoziiert. Die Erfahrung des Lichts ist die Begegnung mit der letztendlichen Wirklichkeit. Das Licht ist mit dem Anfang und dem Ende verbunden; es existierte im Goldenen Zeitalter, beim Sündenfall senkte sich Finsternis herab, und erst die Wiedererlangung des Paradieses läßt das ursprüngliche Licht wieder erstrahlen; das Licht erreichen heißt ins Zentrum gelangen. Licht und Finsternis sind die beiden zusammengehörenden Aspekte der Großen Mutter, Leben und Liebe, Tod und Begräbnis, Schöpfung und Zerstörung. Das Licht der Sonne verkörpert unmittelbare Erkenntnis im Gegensatz zur mittleren bzw. analytischen lunaren Erkenntnis. Das Fest der Lichter Anfang Februar, zu dem Fackeln und Kerzen im Prozessionszug getragen wurden, sollte gegen Pest, Hungersnot und Erdbeben schützen; später wurde es vom *Christentum* als Lichtmeß übernommen. Licht wird durch Strahlen symbolisiert, entweder gerade oder wellenförmige, durch die Sonnenscheibe oder den Nimbus; die gerade Linie verkörpert gewöhnlich das Licht und die wellenförmige die Wärme; Licht und Wärme gehören in der Symbolik als komplementäre Erscheinungen zusammen, sie bezeichnen die beiden Pole des Elementes Feuer. *Buddhist.:* Licht ist Wahrheit; Befreiung; unmittelbare Erkenntnis; Identifikation mit dem Buddha; Transzendenz der Welt und des bedingten Seins. Das Klare Licht ist die letztendliche Realität; reines Sein; der form- und gestaltlose leere Raum. Unreine Lichter bezeichnen ein formales Weiterleben nach dem Tode sowie eine Wiedergeburt in die Erscheinungswelt hinein. Die Lichter im Kultus sind die Lichter der Drei Welten. *Chin.:* Die Himmelsmacht *yang*. In chinesischen manichäischen Texten ist Vahmana das Licht der Weisheit. *Christl.:* Christus, »das Licht der Welt«, »der Vater des Lichts, bei welchem ist keine Veränderung noch Wechsel des Lichts und der Finsternis« (Jakobus 1, 17). Maria ist durch ihren Sohn die »Licht-Gebärerin«, und das Fest der Lichter wurde als die Reinigung Marias bzw. Mariae Lichtmeß übernommen und angepaßt. *Daoist.:* Das Dao; das Himmelslicht; die Manifestation des Nicht-Seins; Einheit. *Griech./Röm.:* Zeus/Jupiter, »Klarheit«, »Gott des klaren Himmels«. Lichter trug man bei den Eleusinischen Mysterien zur Suche Demeters nach Kore und der Rückkehr des Frühlings. *Hinduist.:* Das Selbst; Atman; kosmische Schöpfung; »die zeugende Kraft«; Geistigkeit; Weisheit; Heiligkeit; die Manifestation von Krishna, dem Herrn des Lichts. *Iran.:* Reines Sein; reiner Geist. Im *Zoroastrismus* ist die Macht der Wahrheit Licht wie Hormuzd oder Ahuramazda, der Herr des Lichts, im Gegensatz zur Finsternis des Ahriman oder Anghra Mainyu, des Herrn der Fliegen. Den Magiern heilig. *Islam.:* Das strahlende Licht Allahs, der die Welt erleuchtet; reines Sein; die Himmel; der Äther; die Manifestation der Göttlichen Erkenntnis; Majestät und Schönheit; der Intellekt; das Wort; der göttliche Name Nur. Der Weber der Formen ist das Fahrzeug des Lichts. »Allah ist das Licht der Himmel und der Erde« *(Koran)*. *Jüd. (Kabbala):* Das Ain Soph, das »Grenzenlose Licht«. *Kelt.:* Bridgit hatte Anfang Februar ein Lichtfest, bei dem rings um die Saat Kerzen angezündet wurden. *Pars.:* Heilig wie die Flamme.

Lilie Reinheit; Frieden; Auferstehung; Königswürde. Allen jungfräulichen Göttinnen geweiht; der Mutter und Jungfrau; dem Einen und den Vielen. Die Lilie versinnbildlicht auch die Fruchtbarkeit der

Lilie Auf Jan van Eycks »Verkündigung« hält der Engel Gabriel einen Lilienstengel in der Hand, der die paradoxe Situation von Marias Keuschheit und Schwangerschaft und auch ihre Rolle als jungfräuliche Gottesmutter betont.

Lorbeer Eine römische Goldmünze aus dem 1. Jahrhundert feiert und ehrt die militärischen Seesiege des Brutus dadurch, daß sie sein Haupt mit einem Lorbeerkranz umgibt, der immergrünen Pflanze, Symbol für den Triumph.

Erdgöttin und später der Himmelsgötter. Die Lilie des Westens teilt die Symbolik des ↗ Lotos im Osten. Ein Lilienzweig verkörpert Jungfräulichkeit, ebenso Regeneration und Unsterblichkeit. *Ägpyt.:* Fruchtbarkeit; jedoch die Lotosblume wird in der ägyptischen Symbolik häufiger verwendet. *Alchimist.:* Die weiße Lilie ist das weibliche Prinzip. *Christl.:* Reinheit; Unschuld; die Jungfrau Maria, ihr frommer Sinn wird versinnbildlicht durch den geraden Stengel, ihre Demut durch die herabhängenden Blätter, ihre Göttlichkeit durch den Duft und ihre Reinheit durch das Weiß der Lilie; sie ist auch ein Symbol für Mariae Verkündigung und für jungfräuliche Heilige, da sie für Keuschheit steht; sie ist die Blume des Osterfestes. Dante nennt sie »Lilie des Glaubens«. Die Lilie inmitten von Dornen ist ein Bild für die Unbefleckte Empfängnis als die Reinheit inmitten der Sünden der Welt. Die Lilie ist ein Attribut der Heiligen Antonius von Padua, Franz von Assisi, Kasimir, Katharina von Siena, Klara, Dominikus, Euphemia, Franz Xaver und Joseph. In der Kunst bedeuten die Lilie auf der einen Seite und das Schwert auf der anderen Unschuld und Schuld. *Griech./Röm.:* Reinheit; sie erwuchs aus der Milch der Hera und ist ein Attribut von Hera/Juno und von Diana als Zeichen der Keuschheit. *Jüd.:* Vertrauen auf Gott; Zeichen für den Stamm Juda. *Minoisch:* Hauptattribut der Göttin Britomartis. *Sumerosemit.:* Reiche Früchte; Fruchtbarkeit.

Linde *Europ.:* Weibliche Anmut; Schönheit; Glück; in der griechischen Sage wird Baucis eine Linde wie Philemon zu einer Eiche; beide sind ein Symbol ehelicher Liebe. Die Linde ist ein germanisches Wahrzeichen in Städten und Dörfern.

Lingam *Hinduist.:* Der Phallus; schöpferische Potenz; das männliche Zeugungsprinzip, zu dem die Yoni als das Weibliche gehört. Er ist das Symbol Shivas als des Schöpfers. Der Lingam kennzeichnet nicht bloße Körperkraft, sondern kosmische Schöpfung und Erneuerung des Lebens; er ist auch ein Symbol geistiger Zeugungskraft beim Asketen bzw. Yogi; er ist das, was in sich selbst besteht, ein Omphalos, symbolisiert durch den Pfeiler, die Säule, den Kegel usw. Symbolisch erhebt er sich aus den Wassern und ist in ihnen fest verankert. Häufig wird er mit dem Baum in Verbindung gebracht.

Linie Teilung; Maß; Grenze. Die gerade Linie steht für die unendliche Zeit von einem Punkt her, von dem aus man sich unbegrenzt rückwärts und vorwärts bewegen kann; einfache Unendlichkeit. Die Linie steht mit der Symbolik der Schnur in Zusammenhang als etwas, das sowohl Abgrenzung bewirkt als auch Verbindung schafft, und als eine Möglichkeit endloser Ausdehnung und Freiheit, als das, was den Menschen seiner Bestimmung entsprechend leitet und begrenzt; der Lebensweg, den ein Mensch einschlägt. Als Horizontale ist die Linie die zeitliche Welt, der passive Aspekt; als Vertikale ist sie die Welt des Geistes, der aktive Aspekt, die Weltachse. Wellenförmige Linien drücken den Gedanken der Bewegung aus, entweder des Wassers oder der Wärme der Sonnenstrahlen oder auch von Himmelskörpern. Die gerade Linie steht auch für Rechtschaffenheit und ein nie vom rechten Wege abweichendes Verhalten.

Linke Die linke Seite ist in der Regel der böse, finstere, nicht rechtmäßige, lunare, nach innen gerichtete Aspekt und steht für das Verflossene. Im *Christentum* befinden sich beim Jüngsten Gericht die Schafe rechts und die Böcke links, und in Kreuzigungsszenen wird der gute Schächer zur Rechten Christi und der böse zur Linken abgebildet, oder auch die Kirche auf der rechten Seite und die Synagoge auf der Linken. In *China* war im Gegensatz dazu die Linke die Ehrenseite als die schwache, die *yin*-Seite, denn die rechte Seite bedeutete *yang* und Kraft, die zu Gewalt und Selbstzerstörung tendiert. In Kriegszeiten, die Zeiten der Gewalttätigkeit und Zerstörung sind, war die Wertung umgekehrt.

Liturgische Gewänder Nach Josephus symbolisierten die *jüd.* Priestergewänder und der priesterliche Schmuck im einzelnen; das Leinen – die Erde; die blaue Kappe – den Himmel und das Firmament; Granatäpfel – den Blitz; Glocken – den Donner; der Ephod – das aus den vier Elementen bestehende Universum; Gold – den Glanz der Erleuchtung; der Brustschild – das Weltzentrum; der Gürtel – den Ozean; die beiden Sardonyxe auf den Schultern – die Sonne und den Mond; die zwölf Steine – die zwölf Monate und Tierkreiszeichen; die Krone aus Gold – den Glanz, der Gott erfreut; der Smaragd – den Frühling; der Rubin – den Sommer; der Saphir – den Herbst, Wahrheit, Aufrichtigkeit, Beständigkeit und Keuschheit; der Diamant – den Winter, die Sonne, das Licht; der Topas – treue Liebe und Freundschaft.

Loch Die Leere; Nichtigkeit. Das Loch übernimmt die Symbolik sowohl der Tiefe als auch der Höhe; als das Loch in der Erde ist es das weibliche Fruchtbarkeitsprinzip und hat teil an der Symbolik aller Hohlkörper; als das Loch im Dach eines Tempels, Tipis, einer heiligen Hütte usw. ist es die Öffnung nach oben zur himmlischen Welt und die Tür oder Pforte zum Spirituellen. Durchschreitet sie der Mensch, so verläßt er die irdische und nimmt himmlische Gestalt an. Die Himmel sind manchmal als rundes Loch dargestellt und die Erde als quadratisches.

Lorbeer Triumph; Sieg. Da er immergrün ist, steht er für Ewigkeit; Unsterblichkeit; er ist den Vestalischen Jungfrauen geweiht und bedeutet Keuschheit. In der *griech./röm.* Symbolik steht er für Sieg, Waffenruhe und Frieden; er ist Apollon, Dionysos, Juno, Diana und Silvanus geweiht und Attribut der Nymphe Daphne, die in einen Lorbeerbaum verwandelt wurde. Im *Christentum* ist er der Kranz des Märtyrertums.

Lorbeerbaum Erneuerung des Lebens; Unsterblichkeit; übernimmt die Symbolik des ↗ Lorbeers. *Chin.:* Sieg; literarischer Ruhm. *Röm.:* Auferstehung; Erneuerung; Ruhm und Ehre; Attribut des Apollo.

Lotos Ein fast universelles Symbol im gesamten Orient bis *Japan.* Kann solar wie auch lunar sein, Geburt und Tod bedeuten, erscheint bei *ägypt.* und *hinduist.* Sonnengöttern wie bei *semitischen* Mondgöttern und bei der Großen Mutter als Mondgöttin. Er ist »die Blume, die am Anfang war, die herrliche Lilie der Großen Wasser«; »das, worin das Leben entsteht und vergeht«; der Lotos ist der Kosmos, der sich aus den Wassern des vorkosmischen Chaos entfaltete, wie die Sonne am Anfang der Welt aus der Lotosblüte aufstieg. Er ist die Blume des Lichts, die entstand durch das Zusammenwirken der großen schöpferischen Kräfte des Feuers der Sonne und der lunaren Macht der Wasser. Da sie durch Sonne und Wasser erzeugt wurde, symbolisiert sie Geist und Materie, wie Feuer und Wasser, den Ursprung allen Seins. Sie ist »der Urgrund allen Seins, erblühend in den Wassern seiner unendlichen Möglichkeiten«; sich öffnend mit der Sonne und sich wieder schließend bei Sonnenuntergang, ist sie Symbol der Wiedergeburt der Sonne und damit überhaupt aller Wiederkehr, Schöpfung, Fruchtbarkeit, Erneuerung und Unsterblichkeit. Sie ist auch die Vollendung der Schönheit.

Die entfaltete Blüte bildet die Rosette und das Sonnenrad des sich drehenden Rades der Existenzen und wird daher mit dem Rad in Verbindung gebracht; sie bildet auch die Schale des empfangenden weiblichen Prinzips. Nach Iamblichos ist sie ein Symbol der Vollkommenheit, da ihre Blätter, Blüten und Früchte die geometrische Figur des Kreises bilden. Der Lotos ist ein Bild für die Entfaltung des Geistes, denn er beginnt mit seinen Wurzeln im Schlamm, wächst durch die dunklen Wasser empor und blüht in der Sonne und im Licht des Himmels. Seine Wurzel bedeutet Unzerstörbarkeit, der Stengel die Nabelschnur, die den Menschen an seinen Ursprung bindet; die Blüte gleicht den Sonnenstrahlen; der Fruchtstand ist die Gestaltungskraft der Schöpfung. Die Blüte ruht auf den Wassern der Stille; in der Knospe umschließt sie alle Möglichkeiten, in der Blüte ist sie Ausbreitung und Erleuchtung, das Herz, das kosmische Rad der Manifestation; ihre Fruchtstände sind die Schöpfung, die »bewegende Kraft auf den Wassern« (die Öffnungen der Samenhülse sind kleiner als die Samen, die sich in ihr bilden, so springt die Hülse auf und gibt die Samenkörner frei, damit sie überall Pfahlwurzeln treiben, wohin sie die Wasser auch tragen).

Der Lotos ist auch ein Symbol für übermenschliche oder göttliche Geburt, weil er unbefleckt aus den schlammigen Wassern erwächst. Aus der Lotosblume entspringende Götter bezeichnen die aus dem Element Wasser aufsteigende Welt, denn die Lotosblume stellt die aus den vorzeitlichen Chaosfluten emporsteigende Sonne dar. Als solar-lunares Symbol ist der Lotos auch der Androgyn, das in sich selbst Bestehende und makellose Reinheit. Eine Flamme, die aus der Lotosblüte lodert, ist beides, göttliche Offenbarung und die Vereinigung der dualistischen Kräfte von Feuer und Wasser, Sonne und Mond, Männlichem und Weiblichem. Entweder die Blüte oder das Blatt des Lotos kann eine Quelle der Hilfe für jede Ebene des Seins sein. In der *assyrischen, phönikischen* und *hethitischen* Kultur und in der *griechisch-römischen* Kunst ist die Lotosblume in ihrer Bedeutung mit Bestattung und Tod verbunden und bezeichnet Tod und Wiedergeburt, Auferstehung und künftiges Leben sowie die ständig neu schaffenden Kräfte der Natur.

Mit dem Stier abgebildet, ist der Lotos solar und wird mit Sonnengöttern assoziiert; mit der Kuh wird er lunar und ein Attribut von Mondgöttinnen. Oft erscheint er mit dem Löwen, Widder, Reh, Schwan oder der Gans und der Svastika. Mit der Kobra zusammen ist er ein Bild der lebenspendenden, aber auch todbringenden Kräfte der Großen Mutter und der Dualität der Manifestation, der Spannung zwischen den Gegensätzen im Prozeß der Umwandlung auf die letztendliche Einheit hin. Die tausendblättrige Lotosblüte ist die Sonne, das Himmelsgewölbe bzw. die Kuppel des Firmaments; auf den Menschen bezogen, stellt sie die Hirnschale dar. Der Lotosthron symbolisiert vollkommene rezeptive Harmonie im Universum, den Gipfel geistiger Vollkommenheit. Zwei Lotosblumen verkörpern die Oberen und die Unteren Wasser. *Ägypt.:* »Das Feuer der Intelligenz«; Schöpfung; Fruchtbarkeit; schöpferische Gestaltungskraft; Wiedergeburt; Unsterblichkeit; königliche Macht; Wahrzeichen des Oberen Nils, zu dem der Papyros als Wahrzeichen des Unteren Nils gehörte; zusammen abgebildet, stellen sie die Vereinigung der beiden dar. Horus geweiht, von dem es im *Totenbuch* heißt: »Ein reiner Lotos, Sproß aus den Gefilden der Sonne«. Die vier Söhne des Horus stehen auf einer Lotosblüte vor Osiris. Als die Pflanze, die mit Amon-Re von Theben assoziiert wird, ist der Lotos solar; hält jedoch Hathor die Lotosblüte in der Hand, so ist sie lunar; und als ein Attribut von Isis bedeutet sie Fruchtbarkeit, aber auch Reinheit und Jungfräulichkeit, die jungfräuliche Mutter. Der Lotos erscheint in der ägyptischen Ikonographie mit dem Stier, dem Löwen, dem Widder, dem Greif, dem Sphinx und der Schlange. *Buddhist.:* Die uranfänglichen Wasser; die Möglichkeiten der manifesten Welt und des Menschen in ihr; Blühen und Entfaltung des Geistes; Weisheit; Nirvana. Der Stengel ist die Weltachse, die die Blüte des Lotosthrones trägt, den Gipfelpunkt des Geistes. Buddha geweiht, der sich als lodernde Flamme aus dem Lotos manifestiert, er ist das Herz des »Kleinods in der Lotosblüte«; er thront auf einer vollentfalteten Lotosblüte, und sie gehört zu den Acht Kostbarkeiten oder Glückszeichen des *chinesischen* Buddhismus. Die Lotosblüte des Herzens ist Feuer der Sonne, die unsichtbare und alles verschlingende Zeit, die Entfaltung allen Seins; Frieden; Harmonie; Vereinigung. Die vollentfaltete Blüte stellt, weil radförmig, den Kreislauf der Wiedergeburten bzw. das Rad der Existenzen dar und ist auch ein Symbol von Amitabha, Kwan-yin und dem Maitreya-Buddha. Bodhisattvas stehen auf der noch nicht geöffneten Blüte. Das auf dem Lotos geistigen Erblühens ruhende Buch der erleuchtenden Weisheit ist ein Attribut der tibetanischen weißen Tara, der Mutter aller Buddhas. ↗ *Hinduist.* (s. u.). *Chines.:* Reinheit; Vollkommenheit; Anmut des Geistes; Frieden; weibliches Wesen; Sommer; reiche Ernte. Der Lotos verkörpert auch Vergangenheit, Gegenwart und Zukunft, da ein und dieselbe Pflanze gleichzeitig Knospen, Blüten und Samen trägt. Sie verkörpert zudem den Mann von vornehmer Bildung und guter Erziehung. *Daoist.:* Die ↗ Goldene Blume; das kosmische Rad der Manifestation; Entfaltung des Geistes; das Herz; Attribut von Ho Hsien-ku, einem der acht daoistischen Genien oder Unsterblichen. *Griech./Röm.:* Ein Attribut von Aphrodite/Venus. *Hinduist.:* Das Universum im passiven Aspekt der Manifestation; die höchste Form bzw. Gestalt der Erde; die zeugende Kraft der ewigen Substanz; der Schöpfer auf der Oberfläche des Wassers; das sich selbst Zeugende; das aus sich selbst Geborene; die unsterbliche und geistige Natur des Menschen; die Entfaltung aller Möglichkeiten; ewige Regeneration; übermenschliche Herkunft; Reinheit; Schönheit; Langlebigkeit; Gesundheit; Ruhm; Glück, besonders für Kinder. Der Lotos ist auch die solare *Matrix*, der Thron des Brahma, der aus der Lotosblüte geboren

Lotos Sowohl auf dieser altägyptischen Inschrift als auch auf dem indischen Gemälde aus dem 18. Jahrhundert wird der Lotos als das erste und letzte Gefäß und Behältnis des Lebens und alles dessen, was im menschlichen Leben göttlich ist, verwendet.

ward. Agni erwächst ebenfalls aus einer Lotosblüte. Als solares Symbol ist sie ein Attribut der Sonnengötter Surya und Vishnu; in ihrer lunaren Bedeutung ist sie ein Symbol von Shri Lakshmi (Padma), der Gemahlin Vishnus. Da die Lotosblume auf den Wassern ruht und sich den Sonnenstrahlen öffnet, symbolisiert sie das Wechselspiel zwischen Purusha und Prakrti. Der Lotos auf der Schwelle eines Tempels kennzeichnet die Wohnstatt einer Gottheit und die Stufe der Reinheit und Leidenschaftslosigkeit, die vom Anbetenden gefordert wird. Die Lotosblüte auf dem dreifachen Stengel veranschaulicht den dreifachen Aspekt der Zeit. Der Lotos ist auch ein Symbol für die Welt, denn die Mitte der Blüte wird manchmal als der Berg Meru, die Weltachse, dargestellt. Die ↗ Chakras sind manchmal als Lotosblüten abgebildet, weil sich diese, wenn erweckt, öffnen und drehen. *Iran.:* Sonnensymbol; Licht. *Maya:* Die Erde; das manifeste Universum. *Sumero-semit.:* Solar bei den Sonnengöttern und lunar bei den Großen Müttern. Schöpferische, zeugende Kraft; aber auch mit Bestattung verbunden, daher Leben-und-Tod; Auferstehung; Unsterblichkeit.

Löwe Ambivalent, sowohl solar als auch lunar, gut und auch böse. Als solares Symboltier verkörpert er die Wärme der Sonne, das Strahlen und die Kraft der Mittagssonne; das feurige Prinzip; Majestät; Stärke; Mut; Tapferkeit; Gerechtigkeit; Recht; militärische Macht; er ist der König der Tiere; aber er steht auch für Grausamkeit; Wildheit und menschenunwürdige Lebensweisen; er ist ein Symbol des Krieges und ein Attribut von Kriegsgöttern. Lunar tritt er als die Löwin auf, die die Große Mutter begleitet oder ihren Wagen zieht und den mütterlichen Instinkt darstellt; sie ist oft mit jungfräulichen Krieger-Göttinnen abgebildet; Göttinnen von Kreta, Mykene, Phrygien, Thrakien, Syrien, Lykien und Sparta haben alle die Löwin als Emblem; sie tritt auch mit der geflügelten Artemis, mit Kybele, Fortuna und den Gorgonen in Erscheinung, in Indien und Tibet als ein Attribut und Symbol für Erde und Mutterschaft bei der Tara. Löwe und Einhorn verkörpern die widerstreitenden solar-lunaren, männlich-weiblichen Kräfte. Der den Keiler tötende Löwe ist ein Bild für die Kraft der Sonne, die den Keiler des Winters tötet. Löwe und Drache, die sich gegenseitig verschlingen, bedeuten Vereinigung ohne Verlust der Identität. Der Löwe und das Lamm zusammen symbolisieren das wiedergewonnene Paradies und die ursprüngliche Einheit, das Goldene Zeitalter; auch das Ende der zeitlichen Welt und das Freisein von allem Konflikt. Der Sonnenheld, der den Löwen erschlägt, ist der Sonnengott, der die sengende Glut der Mittagssonne mildert. Macrobius

Löwe Ein Künstler des Mogulreiches aus dem 17. Jahrhundert hat einen Herrscher von Indien und einen Schah von Persien gemalt, die einander friedlich umarmen und dabei auf den traditionellen Symbolen des Friedens in der Welt stehen, dem Löwen und dem Lamm, die in Eintracht beieinander liegen.

sagt, daß Löwen ein Sinnbild der Erde sind, der »Mutter der Götter«. Löwenpaare sind »Gebieter mit doppelter Kraft«, die Hüter von Türen, Toren und Schätzen oder auch des Lebensbaumes. Oft tragen sie ein Sonnensymbol und repräsentieren Wahrhaftigkeit und Mut. Der geflügelte Löwe oder ↗ Greif kann ein Bild für die Einheit der zwei Naturen oder den Adrogyn sein. Der grüne Löwe ist der Gott des jungen Korns, bevor es zu goldenem Korn heranreift. Löwenköpfe als Wasserspeier oder Fontänen sind ein Sinnbild der Tagessonne, die die Gabe des Wassers über die Erde atmet. Der Löwenthron repräsentiert die Unterwerfung der kosmischen Kräfte. *Ägypt.:* Schutz; ein Wächter; auf Darstellungen mit der Sonnenscheibe ist er solar; als lunar ist er anzusehen, wenn er mit dem zunehmenden Mond abgebildet ist. Ein Löwe mit je einem Kopf an beiden Enden des Körpers repräsentiert die Sonnengötter von Sonnenaufgang und Sonnenuntergang. Zwei Löwen, Rücken an Rücken und mit der Sonnenscheibe dargestellt, sind Vergangenheit und Zukunft, Gestern und Morgen. Die Löwin ist ein Attribut von Sachmet und den Muttergöttinnen und symbolisiert Mutterschaft; als Sachmet kann sie jedoch auch die Rache verkörpern. Der Löwe mit der Sonnenscheibe repräsentiert den Sonnengott Re, mit der Mondsichel stellt er Osiris, den Richter der Toten, dar. Tefnut ist löwenköpfig. *Alchimist.:* Der rote Löwe, Schwefel, ist das männliche Prinzip, zu dem das Einhorn, Quecksilber, als das weibliche gehört. Der grüne Löwe ist der Beginn des alchimistischen Werkes, das alles verwandelnde Elixier. Zwei Löwen kennzeichnen die Doppelnatur von Mercurius, dem philosophischen Quecksilber, *nous. Buddhist.:* Der Verteidiger der Lehre, die Weisheit Buddhas; Eifer des Geistes; Voranschreiten und Erkenntnis; Tapferkeit; Buddha sitzt bisweilen auf einem Löwenthron. Die Löwin ist ein Attribut der Tara. Ratnasambhava reitet einen Löwen. Ein Löwenjunges stellt einen soeben geweihten Bodhisattva dar; ein Löwe mit einem Jungen unter der Pranke verkörpert Buddha als Herrscher über die Welt und ebenfalls das Mitleid. Das Brüllen des Löwen ist Buddhas furchtlose Verkündigung des Dharma. *Chin.:* Tapferkeit; Energie; Stärke. Das Symbol des Löwen mit einem Brokatball stellt Fruchtbarkeit dar, ist aber auch eines der Kleinodien; Dualismus in der Natur. Der Löwe als Symbol der Stärke repräsentiert zusammen mit dem Pferd als Symbol der Schnelligkeit den Mann in der Ehe, während Blumen die Frau darstellen. *Christl.:* Ambivalent, steht sowohl für Christi Kraft und Macht, sein königliches Wesen als der Löwe von Juda, als auch für die Macht Christi, den Christen aus dem Rachen des Löwen, d. h. des Teufels als eines »brüllenden Löwen«, zu reißen. Vom Löwen glaubte man, er schlafe mit offenen Augen, deshalb war er ein Sinnbild für göttliche Wachsamkeit und Mut; als Wachposten stützte er die Pfeiler der Kirche. Man nahm auch an, daß die Jungen tot geboren werden und durch den Vater am dritten Tag erweckt werden. Daher steht der Löwe als ein Symbol der Auferstehung. Als einzeln lebendes Tier bezeichnete er den Eremiten und die Einsamkeit. Der Löwe wurde als Symbol für den hl. Markus gewählt, da sein Evangelium Königtum und Majestät Christi hervorhebt. Er ist auch ein Attribut der Heiligen Hieronymus, Maria Aegyptica, Paulus des Eremiten. In Katakombenmalereien ist die Geschichte von Daniel in der Löwengrube symbolisch für Gottes Erlösung seines Volkes. *Daoist.:* Die hohle »Brokatkugel« bzw. »Löwenkugel« ist der leere Raum, der das Löwenjunge enthalten soll, und bedeutet Fruchtbarkeit. *Griech.:* Begleitet Phoibos, Artemis, Kybele, Tyche, die Gorgonen und gelegentlich Dionysos. Löwen ziehen die Wagen von Kybele und Juno. Das Löwenfell ist ein Attribut von Herakles, der, da er mit dem unverwundbaren Löwen von Nemea kämpfte, der Sonnenheld ist, der den Tod überwindet. *Hinduist.:* Die vierte Inkarnation von Vishnu; manchmal halb Mensch, halb der Löwe des Agni; der Löwe und die Löwin zusammen stehen für Shakta-Shakti; der Löwe ist der Höchste Herr, der Rhythmus, und die Löwin ist die Macht des gesprochenen Wortes. Der Löwe ist der Hüter des Nordens und ein Attribut der Göttin Devi und von Durga, der Vernichterin der Dämonen. *Iran.:* Königswürde; solare Macht; Licht. *Islam.:* Schutz gegen das Böse. *Japan.:* Der Löwe ist der König der Tiere und erscheint mit der Päonie, der Königin der Blumen. Die Löwenkugel bezeichnet Fruchtbarkeit. *Jüd.:* Der Gewaltige; Grausamkeit. Der geflügelte Löwe stellt den Süden dar; der Löwe von Juda. *Mithrazist.:* Solar; die vierte Stufe der Initiation. Der löwenköpfige Kronos ist Aion, die Zeit und das Schicksal, denen alle Dinge verfallen; die Sonne als Feuer. Der Löwe und der Stier zusammen sind Symbole des Todes; der Löwe und der Hirsch zusammen sind ein Bild für den Augenblick des Todes. *Röm.:* Solares Feuer; Königswürde; ein Attribut von Apollo, Herkules und Fortuna. Die dahinraffende Macht des Todes; ebenso der Sieg des Menschen über den Tod. *Sumero-semit.:* Solares Feuer; unumschränkte Herrschaft; Stärke; Mut; Attribut des sumerischen Sonnengottes Marduk. Inanna/Ištar wird hier als die Große Mutter von zwei Löwen begleitet. Ein Löwe mit einem Zweig in der Pranke oder ein Löwe mit zwei Köpfen stellt Ninib, den Sonnen- und Kriegsgott, dar. Der chaldäische Nergal, ein Gott des Krieges und des Todes, wird als Löwe abgebildet, der den feindlichen Aspekt der Sonne, die verzehrende Glut der Sonnenwende, symbolisiert, oder auch in Gestalt von zwei voneinander abgewandten Löwenköpfen, die seinen Aspekt als Gott der Sonne und der Unterwelt verkörpern. Ein Löwe begleitet Atargatis als Große Mutter. ↗ Tierkreis

Luchs Schärfe des Blickes, »Luchsaugen«. Der Luchs wurde für fähig gehalten, durch Wände hindurchzusehen. Im *Christentum* weist er auf die Wachheit Christi hin. In der *Heraldik* bedeutet er Wachsamkeit und scharfes Auge.

Lunge *Chin.:* Der Sitz der Rechtschaffenheit, der Ursprung geheimer Gedanken. Eines der Acht Kostbaren Dinge des Buddha, symbolisiert durch den heiligen Baldachin.

Luxus ↗ Ausschweifung

Lyra Die dem Universum zugrunde liegende Zahlen-Harmonie. Das Heptachord stellt die Harmonie der Planeten-Sphären dar, und seine sieben Saiten entsprechen den Planeten. Das Tetrachord symbolisiert das Feuer, das Scharfe, Heftige, Bewegliche; die Luft, das Flüchtige, Unempfindliche, Bewegliche; das Wasser, das Dichte, Schwerfällige, Bewegliche; die Erde, das Dichte, Schwerfällige, Unbewegliche (Proclus). Die Leier/Lyra ist ein Attribut von Erato, Apollon, Orpheus, Harmonia und Aiolos.

Mäander Wolken; Donner; die Bewegung des Wassers; eine mögliche Variante der ↗ Spirale ↗ Labyrinth

Magen *Chin.:* Eines der Acht Kostbaren Dinge, symbolisiert durch den Heiligen Krug.

Magnolie *Chin.:* Selbstachtung; Prahlerei; Frühling; weibliche Anmut und Schönheit.

Mähen Tod; Sterblichkeit; Kastration. Der Schnitter ist der Tod, der üblicherweise mit einer Sense, Sichel, einem Stundenglas und in Gestalt eines alten Mannes oder eines Skeletts dargestellt ist; er ist auch die Zeit und Kronos/Saturn.

Maibaum Die *axis mundi*, um die das Weltall kreist. Der Baum, dessen Laubwerk abgestreift wurde, das die Veränderung symbolisiert, wird zur unveränderlichen Achse oder Mitte. Der Stamm ist das phallische, männliche Symbol, und der Diskus an seiner Spitze ist das weibliche; die beiden zusammen bedeuten Fruchtbarkeit. Die sieben Bänder sind die Farben des Regenbogens. Der Maibaum symbolisiert auch die Zahl 10, dabei ist der Stamm die zentrale »1« und die »0« der Kreis, der rund um den Maibaum getanzt wird.
Ursprünglich war er die heilige Pinie des Attis, die bei Prozessionen getragen oder auf einem Wagen zum Tempel der Kybele gefahren und dort zur An-

Löwe Der Löwe in seiner symbolischen Rolle als Torwächter der Kathedrale von Ferrara, um 1140.

Lyra Die Lyra des Orpheus, dessen Tod das Thema dieser griechischen Vasenmalerei ist, war das Symbol seiner Macht, das Ebenmaß der Disziplin gegenüber dem instinktiven Leben, wie es in Tieren verkörpert ist, durchzusetzen.

betung aufgestellt wurde; ihr folgten Männer, Frauen und Kinder, und Tänze wurden um sie herum aufgeführt. Später tauchte diese Zeremonie wieder in den *röm.* Hilaria, dem Frühlingsfest, auf und dann in den Feiern der Mai-Königin und des Grünen Mannes zu Frühlingsanfang. Die Bänder am Maibaum werden auch gedeutet als die Wollbänder, die um die Attis-Pinie gewunden waren. Die ganze Zeremonie ist symbolisch für die Erneuerung des Lebens, für sexuelle Vereinigung, Wiedererwekkung und Frühling.

Maiglöckchen Sanftmut, Jungfräulichkeit; Demut. Im *Christentum* ein Zeichen der Jungfrau Maria und ein Symbol der Ankunft Christi, so, wie es Erwachen neuen Lebens im Frühling ankündigt.

Mais In *Amerika* übernimmt er die Symbolik des ↗ Korns bzw. Getreides; er repräsentiert die Muttergöttin, die lebenerhaltende Kraft der Erde; Fülle; Nahrung; Frieden. Ein Maiskolben ist bei den *Pawnee* und bei anderen Indianerstämmen ein Symbol des Lebens.

Makara ↗ Fabelwesen

Malve *Chin.:* Stille; Frieden; Landleben; Demut.

Mandala Ein entweder in der Vorstellung existierendes oder dargestelltes symbolisches Diagramm, typischerweise ein Kreis, der ein Quadrat einschließt mit einem zentralen Symbol, das eine Zahl sein kann. Es ist ein Modell des Seins und ein System, auf dem durch Meditation erlangte Vorstellungen beruhen. Es ist auch ein *imago mundi;* es umschließt geweihten Raum und ermöglicht das Vordringen zum heiligen Zentrum; Totalität; der Mikrokosmos; kosmische Intelligenz; Vollkommenheit. Qualitativ gesehen, stellt das Mandala den Geist dar, quantitativ ist es das Sein. Die alternierenden Quadrate stellen die dualistischen, aber komplementären Prinzipien des Universums dar, und das Ganze ist die Neudarstellung des Weltschauspiels und eine Pilgerreise der Seele; es ist symbolisch für den Weltgeist und ist die rituelle, diagrammatische Form Purushas. Es ist auch ein Zentrum der Macht und eine vor feindlichen Einflüssen sichere, umschriebene Fläche. Das Zentrum ist eine Sonne oder Himmelstür, eine Möglichkeit des Aufstiegs zu den Himmeln.
Der *Hindu*tempel ist wie andere Heiligtümer als Mandala gebaut, symbolisiert so das Universum auf seinen verschiedenen Stufen und hat Türen oder Tore in die vier Himmelsrichtungen. Die Anordnung von Bildern in Fünfergruppen bezeichnet die vier Punkte, die um das Zentrum kreisen – »das Ego, das sich in Zeit und Raum um sich selbst dreht«. Diese fünf Punkte verkörpern die fünf Elemente der menschlichen Persönlichkeit, die fünf Buddhas, die fünf »Familien«, die den fünf Gesichtern Shivas entsprechen: der Westen, weiß, Sadyojata; der Norden, gelb, Vamedeva; der Süden, schwarz, Aghora; der Osten, rot, Tatpurusha; das Zentrum, grün, das Gesicht von Isana (Schöpferkraft); auch die fünf geheimen Erkenntnisse, deren Symbole die fünf Tathagatas sind: Vairocana (der Glänzende) – Wissen, das die Urbilder wie in einem Spiegel reflektiert; das Zentrum; das Rad; weiß. Akshobhya (der Unerschütterliche) – uranfängliches Bewußtsein; das Eine; der *vajra*; der Osten; blau. Ratnasambhava (der aus dem Juwel Geborene) – das Wissen von der fundamentalen Identität der Dinge; das Juwel; der Süden; gelb. Amitabha (Grenzenloses Licht) – die Erkenntnis des Einen Seins in dieser oder jener Erscheinungsform; der Lotos; der Westen; rot. Amoghasiddhi (der Unfehlbare Erfolg) – Wissen als Macht und Aktion; das Schwert; der Norden; grün. Die Dämonen (Vighna) im Mandala symbolisieren den bedrohenden Aspekt durch psychische und leidenschaftliche Kräfte, die das Vordringen des Menschen zum Licht behindern. Das Mandala basiert auf den 8 × 8 Quadraten, der Ordnung der auf der Erde errichteten himmlischen Welt, oder auf 9 × 9 Quadraten, die ins All führen und es umschließen.

Mandel Jungfräulichkeit; das Selbstschöpferische; die Yoni; eheliches Glück. Sie ist ebenfalls die *vesica piscis*, die in der Kunst oft die jungfräulichen Himmelsköniginnen umgibt; die ↗ Mandorla. Als die erste Blume des Jahres ist die Mandelblüte ein »Wekker«, weshalb sie Wachsamkeit versinnbildlicht; sie steht auch für Süße, Liebreiz und Zartheit. *Chin.:* Weibliche Schönheit, seelische Stärke im Leid, Wachsamkeit. *Christl.:* Gottes Schutz und Anerkennung. Die Reinheit der Jungfrau. *Iran.:* Der Baum des Himmels. *Jüd.:* Wachen und auf der Hut sein. *Phryg.:* Der Vater aller Dinge: der Frühling. Sie wird in Verbindung gebracht mit der Geburt von Attis, da der Mandelbaum aus den männlichen Genitalien der androgynen Kybele entsprungen sein soll.

Mandorla Die *vesica piscis* bzw. der *ichthys*, der mandelförmige Lichtschein, die »mystische Mandel«, die Göttlichkeit darstellt; Heiligkeit; das Heilige; Jungfräulichkeit; die Vulva. Sie bezeichnet auch eine Öffnung oder einen Torweg, und die zwei Seiten symbolisieren die entgegengesetzten Pole und alle Dualität. Die Mandorla wird auch zur Darstellung einer Flamme verwendet, die den Geist oder eine Manifestation des Geist-Seele-Prinzips verkörpert.

Manipel *Christl.:* Die Fesseln oder Stricke, mit denen Christus gebunden wurde; Reue; Wachsamkeit; gute Werke.

Mann ↗ Mensch

Manna Vom Himmel kommende Nahrung;

Speise für die Seele; das Brot des Himmels; die Gnade Gottes. Soll der Legende nach aus der Tamariske, dem Baum des Lebens, ausgeflossen sein, die Anu geweiht war. Manna steht auch mit der Dattelpalme in Zusammenhang.

Mannigfaltigkeit Intensivierung einer Eigenschaft, z. B. eine Vielzahl von Köpfen oder Händen in der Ikonographie. Sie stellt auch Zerstreuung in der Manifestation dar, z. B. den Kreisumfang des Rades der Existenzen im Gegensatz zur Einheit des Mittelpunktes.

Mantel Ambivalent als Symbol für Würde und Stellung, aber auch für Verkleidung, Sich-Zurückziehen und Unbekanntbleiben; Dunkelheit; das Verheimlichte; Verstellung. In der *Magie* bedeutet er Unsichtbarkeit. Im Gegensatz zur Tunika verbirgt der Mantel die wahre Natur des Menschen. Ein dunkler Mantel kann Schutz bedeuten. *Christl.:* Attribut der Heiligen Alban und Martin, deren Mäntel bis auf den Boden reichen; des hl. Hyazinth, dessen Mantel über dem Meere weht; des hl. Raimund, dessen Mantel als Segel dient. Der Teufel trägt häufig einen schwarzen Mantel. *Griech.:* Der Mantel der Epheben bei Initiationszeremonien war schwarz bzw. dunkel-graubraun (Trauerfarben), was den Tod des Kindes und die Geburt der Männlichkeit symbolisiert. *Hinduist.:* Indra trägt einen blauen Regenmantel.

Mantra/Japa Das Element des Wohlklingenden in der Erscheinungsform der Gottheit, wie es etwa in einem richtig gesprochenem Namen oder einem Wort zum Ausdruck kommt. Die (kosmischen) schöpferischen Schwingungen des im Kosmos ausgesprochenen Wortes; ein Urlaut; das Machtwort; ein Name oder eine Silbe für Macht, die zusammen mit *japa* vorkommt als die Wiederholung einer besonderen Invokation des göttlichen Namens und das, woran man sich fortwährend erinnert. Die Wirkung des Mantra beruht auf der magischen Kraft des richtig ausgesprochenen Wortes.

Mark Das Knochenmark verkörpert die Lebenskraft; Vitalität; Körperkraft.

Maske Schutz; Verbergen; Transformation; Nichtsein. Die Maske dient entweder der Vereinheitlichung oder der Identifizierung, man ist entweder »maskiert« und geht damit in der Menge unter, oder man trägt eine Maske identifizierender Art. Die Maske der Götter ist *maya*, die Illusion in der Welt der Erscheinungen. Masken in Heiligenspielen verdeutlichen die übernatürlichen Kräfte der dargestellten Gottheiten; in gewöhnlichen Stücken symbolisieren sie die inneren Wesenszüge, die normalerweise hinter der äußeren Persönlichkeit verborgen sein können. Tier- oder Vogelmasken bedeuten die

Mandel In seiner »Vision der Gesegneten Gabriele« stellt Crivelli die Jungfrau mit dem Kind in eine mandelförmige **vesica piscis**, die aus den zwei ineinandergreifenden Kreisen entsteht, die ihrerseits die absolute Vollkommenheit der beiden heiligen Menschen symbolisieren.

Wiederherstellung der Gemeinschaft mit Tieren und Vögeln und die Wiedererlangung des paradiesischen Zustandes; sie verkörpern auch die instinktive Weisheit der Tiere, von der der Mensch lernen kann, aber ebenso die tierische Natur des Menschen, mit der er fertig werden muß. Die Maske steht auch für die Unerbittlichkeit des Todes und kann unheilabwendende Bedeutung haben. In *Griechenland* symbolisierte die Maske entweder die todbringende Macht der Gorgonen oder das Tragische bzw. Komische eines Charakters in Theaterstücken. Die komische Maske ist ein Attribut von Thalia, die tragische von Melpomene. Die »Busch-Seelen«-Masken der *australischen Aborigines* identifizieren den Träger mit der Kraft des Tieres, des Vogels oder der Pflanze, die sie darstellen. Bei *afrikanischen* Stämmen können Masken eine ihnen innewohnende Kraft symbolisieren und auch verleihen.

Mauer Symbol der ↗ Schwelle; Übergang vom äußeren profanen Raum zum inneren und geweihten Raum; auch symbolisch für den geheiligten umfriedeten Bezirk, der sowohl einen Schutz als auch eine Eingrenzung darstellt. Stadtmauern, »das Große Rund«, verkörpern das umhüllende, schützende weibliche Prinzip; runde Wälle bzw. Mauern werden häufig mit dem Schutz des magischen Kreises assoziiert. Die »Große Mauer« trennt den Kosmos von der äußeren Finsternis. Die Flammenmauer bedeutet Initiation und magischen Schutz. Die vier Wände eines eckigen sakralen Bauwerkes blicken den vier Himmelsrichtungen entgegen. In der *hinduistischen* sakralen Architektur bezeichnet die Mauer Stabilität und das Allumfassende. Die »Wand ohne Tür« hat teil an der Symbolik der Engen Pforte, der zusammenschlagenden Felsen usw. ↗ Übergang

Maulbeere Die drei Farben der drei Stadien ihres Reifens, Weiß, Rot und Schwarz, dienen als Symbole der drei Stufen der Initiation, auch der drei Lebensalter des Menschen; Weiß – das unschuldige Kind; Rot – der aktive, tätige Mensch; Schwarz – Alter und Tod. *Chin.:* Der Maulbeerbaum ist ein Baum des Lebens und hat magische Kraft gegen die Mächte der Finsternis. Er steht auch für Fleiß und Kindesliebe. *Griech.:* Unglück in der Liebe als das vermischte Blut von Pyramus und Thisbe.

Maulwurf Als einer, der unter der Erde wohnt, ist er chthonisch und verkörpert die Mächte der Finsternis; er ist zudem ein Menschenfeind.

Maus Chthonisch; die Mächte der Finsternis; unaufhörliche Bewegung; sinnlose Geschäftigkeit; Unruhe. *Christl.:* Der Teufel, der Zerstörer; in der bildlichen Darstellung nagt die Maus nach einer Legende an der Wurzel des Lebensbaumes. *Griech.:*

Maske Der Träger dieser Totenmaske von den Aleuten-Inseln brachte seinen mit an dem Ritual teilnehmenden Gefährten eine Begegnung mit dem Tod und wandelte ihre ursprüngliche Furcht um in ein Bekanntwerden mit dem Sterben als einem Augenblick in einem Prozeß der Verwandlung und nicht so sehr als einem Zuendegehen.

Ein Attribut von Zeus/Sabazios und Apollon (die Mäuse werden als Nahrung für seine Schlangen gedeutet). *Jüd.:* Heuchelei, Doppelzüngigkeit.

Meer ↗ Ozean

Meißel In der sakralen Architektur ist der Meißel das aktive, männliche Prinzip, das in Beziehung steht zum passiven, weiblichen. Mit Hammer und Schlegel zusammen symbolisiert er Willen, Urteilskraft, Denkschärfe; er steht für das, was die Form der *prima materia* bestimmt, durch das scharfe, männliche, gestaltende Instrument. Er bedeutet auch Bildung; distinktive Erfahrung bei der Initiation; die Beseitigung von Irrtümern.

Melisse Liebe; Sympathie; Verjüngung.

Menat Die *ägyptische* Rute der Amtsgewalt; Stärke; da sie auch die Sorge vertreibt, kann sie Glück und Freude bedeuten.

Menhir Phallisch, die männliche Schöpferkraft, steht im Zusammenhang mit dem ↗ Dolmen, dem weiblichen Tor zum Schoß; er ist auch eine *axis mundi* und eine heilige Opferstätte.

Menorah ↗ Kerze

Mensch (in der Geschichte vor allem als Mann): Kosmologisch gesehen, kann der Mensch den Mikrokosmos symbolisieren, ein Spiegelbild des Makrokosmos und der Elemente. Dabei steht der Körper für die Erde; die Körperwärme für das Feuer; das Blut für das Wasser; der Atem für die Luft. Das männliche Prinzip wird in den meisten Traditionen – mit Ausnahme des *germanischen* und der des *pazifischen* Raumes – durch die Sonne und die Himmel symbolisiert und durch alles, was phallisch, durchbohrend, durchdringend, aufgerichtet ist und im Zusammenhang mit Wärme steht. In der Symbolik der *nordamerikanischen Indianer* wird das männliche Prinzip durch die weiße Adlerfeder verkörpert. Im *Daoismus* ist der Mensch die zentrale und Mittlerkraft der Großen Triade Himmel – Mensch – Erde. Im *Islam* bedeutet er die universelle Existenz, »das Bindeglied zwischen Gott und der Natur«. Die *Sufis* begreifen den Menschen als »das Symbol der universellen Existenz«.

Messer Opfer; Rache; Tod. Mit einem Messer durchschneiden bedeutet Trennung; Teilung; Befreiung. *Buddhist.:* Das Schneiden mit einem Messer verkörpert Entbindung, symbolisches Durchschneiden der Fesseln von Unwissenheit und Stolz. *Christl.:* Märtyrertum; ein Attribut des Apostels Bartholomäus.

Metalle In vielen Weltbildern besteht ein Zusammenhang zwischen Gold und der Sonne; Silber und dem Mond; Blei und Saturn; Zinn und Jupiter; Eisen und Mars; Quecksilber und Merkur; Kupfer bzw. Messing und Venus. Die unedlen Metalle sind

Menhir Menhir aus Südfrankreich: phallisch und zudem eine geweihte Opferstätte.

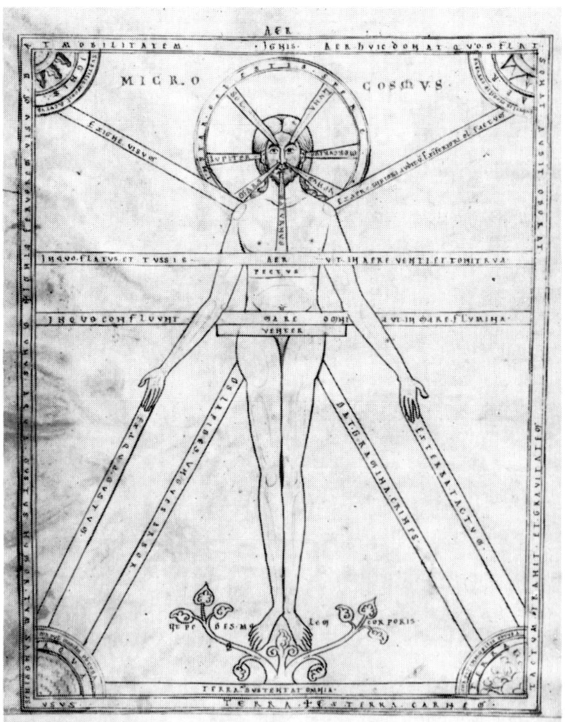

Mensch Christus als der Mensch, der den gesamten Mikrokosmos sowie die vollkommene Reflexion aller Eigenschaften, Kräfte, Elemente und Wesensmerkmale des Universums in sich schließt.

die Sinnenwelt des sündigen Menschen, und das Gold versinnbildlicht die Erlangung von Erleuchtung und Geistigkeit. In der *Alchimie* ist das unedle Metall das Blei, das man bearbeitet, um das edlere Metall Gold zu erhalten und damit die Erleuchtung zu erlangen. Metalle liegen ungeboren im Schoß der Erde.

Milch Milch von der Muttergöttin ist für die Götter göttliche Nahrung. Bei Initiationszeremonien wird sie zur Speise für das Neugeborene als Symbol der Wiedergeburt. Sie ist auch ein Blutsband der Familie und Symbol der Mutterschaft. Bei der Verwendung in Ritualen ist sie ein Lebenssaft. *Beduinen* bzw. *Nomaden* betrachten den Verkauf von Milch als etwas Gottloses. Milch und Honig sind beide Lebensnahrung und dienen häufig bei Initiations- und Bestattungszeremonien als die Speise des Paradieses; sie assoziieren die Kuh und die Biene mit dem Baum der Muttergöttin. Milch und Wasser werden vereinigt als die Milch des Geistes mit dem Wasser der Materie; sie werden so auch als Zeichen der Schwäche gedeutet. Milch, Wasser und Honig sind das Trankopfer für die Musen. *Buddhist.:* Die Speise des Buddha Dharma. *Christl.:* Der Logos; die himmlische Milch der mystischen Braut, der Kirche; die Milch bedeutet auch die einfache Unterweisung, die dem Neugetauften bzw. Novizen vor der Taufe bzw. Weihe gegeben wird, und den Wein des Sakraments. Milch und Honig, Speise für die Neugeborenen, wurde den neu Getauften gegeben. In der *christlichen* Ikonographie stellt der Milchkübel die geistliche Nahrung Christi und der Kirche dar. *Griech. Orphik:* Bei der Initiation trat der Jüngling in den Schoß der Mutter Erde ein, wurde wiedergeboren und trank von der Milch aus ihren Brüsten. *Hinduist.:* Im Paradies gibt es einen Milch spendenden Baum. *Zoroastr.:* Heilig, weil von der Kuh kommend.

Milchquirlen Die Schöpfung; im *Hinduismus* z. B. brachte das Quirlen des Milchozeans mit der *axis mundi* die Schöpfung hervor.

Milz Zorn; üble Laune; Melancholie. In der *chinesischen* Symbolik steht sie im Zusammenhang mit der des Schirmes und der Erde.

Minotaurus Verschieden interpretiert, als die wilden Leidenschaften der Natur; der Sonnenstier; das feuchte Prinzip; das Miasma, das von der Sonne in Gestalt des Sonnenhelden Theseus getötet wird; zusammen mit dem Labyrinth wird er gedeutet als der qualvolle Lebensweg; der rettende Faden dazu als der göttliche Instinkt im Menschen. Wahrzeichen von *Kreta*. ↗ Fabelwesen

Mistelzweig Die Lebensessenz; göttliche Substanz; das Allheilende; Unsterblichkeit. Er ist weder Baum noch Strauch und symbolisiert daher das, was weder das eine noch das andere ist, was, wenn man den Begriff weiter ausdehnt, das Reich des Freiseins von Beschränkungen darstellt, so daß jedermann unter dem Mistelzweig frei ist von Einschränkungen, aber auch frei von Schutz und somit wieder in die Welt des Chaos eintritt. Der Mistelzweig ist der Goldene Zweig der *Druiden* und des Aeneas, und er stellt das heilige weibliche Prinzip dar, zu dem die Eiche als das männliche gehört. Er symbolisiert neues Leben und Wiedergeburt zur Zeit der Wintersonnenwende. Man hielt ihn für die Auswirkung des Blitzes, der in den Zweig des Eichenbaumes einschlug und ihn so mit besonderen geistigen Eigenschaften erfüllte (↗ Blitz). Der Saft der Beeren ist Speise für Körper und Geist. Wird mit dem *nordischen* Gott Baldur in Zusammenhang gebracht, der der Sage nach mit einem Mistelzweig getötet wurde.

Mitra Autorität. Sie hat sich aus der Fischkopfmütze der Priester des Enki/Ea entwickelt. Sie wird auch vom *jüdischen* Hohepriester, im *Mithrazismus* und von *christlichen* Bischöfen getragen.

Mohn Ein Symbol der Großen Mutter für das Eine und die Vielen, die Mutter und die Jungfrau; die Nacht; allen lunaren und Nachtgottheiten geweiht; verkörpert Fruchtbarkeit, schöpferische Gestaltungskraft; Vergessen; Müßiggang. *Chin.:* Zurückgezogenheit; Ruhe; Schönheit; Erfolg; aber in Gestalt des Opiums verkörpert er auch Zügellosigkeit und das Böse. *Christl.:* Schlaf; Unwissenheit; Gleichgültigkeit. Die blutrote Mohnblume ist ein Bild für die Leiden Christi und den Todesschlaf. *Griech./Röm.:* Die Zeit des Schlafes und des Todes der Vegetation; Attribut von Demeter/Ceres, Persephone, Venus, Hypnos und Morpheus.

Mond Wird meist als die weibliche Macht dargestellt, als die Muttergöttin, die Himmelskönigin, zu der die Sonne als die männliche gehört; Ausnahmen davon sind einige *afrikanische* Stämme und einige *nordamerikanische Indianerstämme*, die *germanische*, *ozeanische*, *japanische* und *Maori*symbolik, wo der Mond das männlich befruchtende Prinzip ist. Ob nun männlich oder weiblich, der Mond ist überall Symbol für den Rhythmus zyklischer Zeit; universelles Werden. Die Phasen des zunehmenden, abnehmenden und wiedererscheinenden Mondes symbolisieren Unsterblichkeit und Ewigkeit, fortwährende Erneuerung; Erleuchtung. Der Mond stellt auch die dunkle Seite der Natur dar, ihren unsichtbaren Aspekt; den geistigen Aspekt des Lichtes in der Finsternis; innere Erkenntnis; das Irrationale, Intuitive und Subjektive; menschlichen Verstand als reflektiertes Licht von der göttlichen Sonne. Er ist das Auge der Nacht, wie die Sonne das Auge des Tages ist. Als Symbol periodischer Neuschaffung steht er für die Zeit und ihre Messung, denn zu Beginn wurde sie auch nach Mondphasen gemessen, und in dieser Bedeutung bringt er den Wechsel, das Leid und den Verfall, das, was des Menschen Leben auf der Erde ausmacht; mit seinen sich stets ändernden Phasen symbolisiert er das Reich des Werdens und Vergehens. Er beherrscht die Gezeiten, Regen, Wasser, Fluten, Jahreszeiten und somit die Zeitspanne des Lebens. Alle Mondgöttinnen sind Beherrscherinnen des Geschicks der Menschen und Weberinnen des Schicksals und werden bisweilen als Spinnen inmitten ihrer Netze dargestellt; Spindel und Spinnrocken gehören zu ihren Attributen.

Sind Sonne und Mond zusammen abgebildet, so stellen sie die heilige Ehe zwischen Himmel und Erde dar, König und Königin, Gold und Silber usw. Die drei Tage des Neumondes sind die Zeit, da der Sterbende Gott in die Unterwelt hinabsteigt, aus der er – wie der Mond – wieder emporsteigt. Der Vollmond bedeutet Ganzheit, Vollendung, Körperkraft und geistige Stärke. Der Halbmond ist verbunden mit Bestattungskulten; der abnehmende Mond ist der düstere, dämonische Aspekt; der zunehmende Mond bedeutet Licht, Wachstum, Neuwerdung.

Der Mond wird vorwiegend durch den Halbmond bzw. die Mondsichel oder durch Kuhhörner symbolisiert. Alle Nachttiere, wie z. B. Katze und Fuchs, sind lunar, was auch für Tiere gilt, die auftauchen und wieder verschwinden, so z. B. der Bär, der Winterschlaf hält und im Frühling mit einem neugeborenen Jungen wiederkommt; die Schnecke, der Hase und das Kaninchen, Amphibien und alles, was mit Wasser, Sümpfen und Fluten in Verbindung steht, leben im Mond, wie – in fast allen Kulturkreisen – Hase und Kaninchen, aber auch Frosch und Kröte. Häufig sind der Hase oder die Kröte dreibeinig und stellen so die drei Mondphasen dar oder Vergangenheit, Gegenwart und Zukunft. Der Mann im Mond, der ein Bündel Holz als Strafe trägt, wird in *christlichen* Legenden mit Kain oder Judas Ischarioth gleichgesetzt. Ein hinfälliger, greiser Mann kann durch den abnehmenden Mond symbolisiert werden. Mondgottheiten sind oft dreieinige Wesen, besonders als Schicksalsgottheiten (↗ Zahlen, Drei). Bäume und verschiedene Pflanzen stehen in Beziezung zum Mond, z. B. das *hinduistische* Soma, der *amerikanische* Mais und die *südamerikanische* Pachimba-Palme. *Semitische* Mondgötter werden mit Bäumen und Sträuchern assoziiert. *Afrikan.:* Ashang: Zeit und Tod; einige afrikanische Stämme bringen den Mond mit Bäumen in Verbindung; in einigen Stämmen ist der Mond die männliche Gottheit. *Ägypt.:* »Der Erschaffer der Ewigkeit und der Schöpfer der Unvergänglichkeit.« Die Mondsichel ist vorwiegend ein Attribut von Isis. Thot ist eine lunare Gottheit. *Alchimist.:* Luna, das Silber, steht für die gereinigten Affekte; Sol, die Sonne, und Luna, der Mond, sind Seele und Körper, Gold und Silber, König und Königin. *Astrolog.:* Die Tierseele; der Sitz der Sinneswahrnehmung; Sexualleben und -trieb. Steht die Sonne für das Herz und seine Wünsche und den Urstoff des Charakters, so verkörpert der Mond das allgemeine Verhalten. *Buddhist.:* Frieden, Gelassenheit; Schönheit. Vollmond und Neumond sind Zeiten großer geistiger Kraft. Die Mondsichel ist Attribut von Avalokitesvara, Kwan-yin und Kwannon. Auch ein Symbol der Einheit, das Selbst. »Ein Mond wird in allen Wassern reflektiert/Worin sich alle Monde aus dem Einen Mond herleiten« (Yang Chias *Gesang von der Erleuchtung*). Der Mond und die Wasser zusammen verkörpern das Wesen des Dharma, das frei ist von Störungen. *Chin.:* Das Wesen des weiblichen, des *yin*-Prinzips in der Natur; das Passive und Unbeständige, aber auch Unsterblichkeit. Der Hase im Mond mischt das Elixier der Unsterblichkeit mit Mörser und Stößel. *Christl.:* Sind Mond und Sonne in Kreuzigungsszenen dargestellt, so meint die Sonne Christus und der Mond Maria und später Ekklesia. Manchen Legenden nach ist der Mond der Ort, da der Erzengel Gabriel wohnt, und Michael wohnt in der Sonne. *Daoist.:* Wahrheit, »das Auge, das in der Dunkelheit leuchtet«. Der Mond ist *yin,* eine übernatürliche Existenz. *Eskimo:* »Der, der den Schnee schickt«. *German.:* Der Mond ist die männliche göttliche Macht. *Griech.:* Selene, die Mondgöttin (lat. Luna), spielte in der Zauberei eine Rolle, da das Ab- und Zunehmen des Mondes mit irdischen Ereignissen in Zusammenhang gebracht wurde. In der *orphischen* Symbolik verkörperte der Mond die Leber des Universums und die Sonne sein Herz. *Hinduist.:* Die Mondsichel ist das neugeborene Kind, behende und eifrig zu wachsen. Er ist auch der Kelch mit dem Elixier der Unsterblichkeit und steht mit der Pflanze Soma in Zusammenhang, die den heiligen Trunk hervorbringt. *Indian.:* »Die alte Frau, die nie stirbt«; auch die »Wasserjungfrau« mit einem Kübel Wasser. Wird in Südamerika mit der Palme und dem Mais assoziiert, im Norden mit einem Baum. Der Vollmond gleicht dem Licht des Großen Geistes, aber bei einigen Stämmen ist er eine böse und feindselige Macht. *Iran.:* Wird als Mah verehrt, wozu Hvare-Khshaeta, die Sonne, gehört. Sowohl in Sind als auch in Pahlavi ist der Mond männlich. *Islam.:* »Die Zahl der Jahre und das Maß der Zeit« *(Koran).* Das islamische Jahr richtet sich nach dem Mond. Der Halbmond, Göttlichkeit und uneingeschränkte

Macht, ist ein Symbol des Islam. Über dem Lebensbaum, der manchmal auf mohammedanischen Grabmälern dargestellt ist, steht in der Regel ein Halb- oder Vollmond. *Japan.:* Der Mond ist männlich, der Gott Tsukiyombi, geboren aus dem rechten Auge Izanagis. Der Hase mit Mörser und Stößel lebt im Mond. *Manich.:* Der Mond ist Jesus, der Glänzende, und die Sonne ist Mithras. *Maori:* »Der Mann aller Frauen«; der Vatergott. *Mithrazist.:* Luna, in einem Einspänner, mit den Cautopates, wird in der Ikonographie immer links im Bild dargestellt und die Sonne mit ihrem Viergespann und den Cautes rechts. *Ozean.:* Der Mond ist männlich und verkörpert auch ewige Jugend. *Schamanist.:* Magische Kraft. *Skandin.:* Freyjas Mondwagen wird von Mondkatzen gezogen. *Sumero-semit.:* Die Mondgottheit Sin ist der männliche Gott der Weisheit und der, der die Zeit mißt. Die Nacht des Vollmondes war eine Nacht des Gebetes, der Freude und der Opferung. Ihr Mond kann auf dem Rücken liegend dargestellt sein. *Teuton.:* Der Mond gilt als maskuline Schöpferkraft.

Mondsichel ↗ Halbmond

Monolith Einheit; Verbundenheit; Stärke. Der Monolith hat teil an der Symbolik des ↗ Menhir.

Morgendämmerung Erleuchtung; Hoffnung. Im *Buddhismus* ist sie auch das klare Licht des leeren Raumes, im *Christentum* die Auferstehung und Ankunft Christi, die das Licht in die Welt bringt.

Mörser und Stößel Lunar; wird mit der Großen Mutter in Verbindung gebracht, und zwar der Mörser als das Hohle und Empfangende, das weibliche Prinzip, in der der Stößel das Lebenselixier stampft. In der *chinesischen* Symbolik hält der Hase im Mond Mörser und Stößel, und mischt damit das Elixier der Unsterblichkeit. Mörser und Stößel sind auch Sinnbild der kleinen Dinge, die eine Situation oder die Ereignisse im Leben beeinflussen. Häufig findet man das Symbol auf Darstellungen von Alchimistenwerkstätten.

Moskito *Chin.:* Rebellion und Bosheit.

Motte Eine Form von Psyche.

Mudras Im *Hinduismus* und *Buddhismus* sind die Mudras eine ganze Sprache symbolischer Bewegungen, Gesten und Haltungen. ↗ Hand

Mühle/Mühlstein Der Verwandler; das Schicksal. Die Weltmühle, die durch ihr Mahlen die Schöpfung hervorbringt, hat zwei Mühlsteine; den feststehenden unteren, der die Erde symbolisiert, und den oberen, der sich dreht wie das Himmelsgewölbe; dazu hat sie einen Großen Müller – den Himmelsgott. Die beiden Steine verkörpern auch den Willen und den Intellekt. Mühlsteine sind zudem Sinnbilder für Strafe; eine schwere Last; Zermalmen; Härte;

Mond Ein antikes Relief aus Palmyra stellt den Mond als einen männlichen Gott dar, dessen Rüstung, Schwert und – vor allem – dessen Mondsichel die »Hörner der Macht« andeuten, die mit der Vorstellung von der männlichen Fruchtbarkeit des Gottes und ihrem aggressiven, befruchtenden Aspekt assoziiert werden.

Martyrium. Sie stehen überdies in Beziehung zur Fruchtbarkeit des Korns und zur Symbolik des Rades. Im *Buddhismus* stellt der Mühlstein den Kreislauf der Wiedergeburten, das *samsara*, dar. In der *norwegischen* Mythologie ist er das kreisende Weltall. Im *Christentum* bildet er ein Attribut der Heiligen Christina, Florian, Kallistus, Quirinus, Viktor von Marseille und Vincentius sowie von Crispinus.

Mund Der zerreißende, verschlingende Aspekt der Großen Mutter. Er ist auch ein symbolischer Eingang zur Unterwelt oder zum Bauch des Walfisches. In der Ikonographie der *Azteken* ist ein riesiger offener Mund die hungrige und alles aufzehrende Erde. Das Öffnen des Mundes bedeutet Urteilsspruch, die Macht des gesprochenen Wortes, das Aussprechen eines Machtwortes. Der Goldene Mund ist die kostbare Lehre des Buddha. Die Flußmündung übernimmt die Symbolik der Tür bzw. des Tores als des Zugangs zu einem anderen Reich und dem Ozean der Einheit.

Mündung ↗ Mund

Muschel *Buddhist.:* Die Stimme Buddhas, der die Lehre verkündet; Redekunst; Gelehrsamkeit; Klang; Sieg über das *samsara;* eines der Acht Glückszeichen. Die weiße Muschel versinnbildlicht weltliche Macht. *Chines.:* Königswürde; eine glückliche Reise. *Griech./Röm.:* Das Kennzeichen von Poseidon/Neptun und Triton; Tritonen blasen auf Muschelhörnern, während sie Poseidons Wagen ziehen. *Hinduist.:* Sie ist Vishnu als dem Herrn der Wasser heilig. Von der Muschel ging das uranfängliche ↗ OM aus, welches manifest wurde. *Islam.:* Das Ohr, welches das göttliche Wort hört. *Maya:* Die Muschel tritt in der Symbolik der Maya häufig in Verbindung mit den Wassern auf.

Muschelschalen Das weibliche, feuchte Prinzip; der alles nährende Mutterboden; Geburt; Regeneration; Leben; Liebe; Ehe; Fruchtbarkeit (eine Analogie zur Vulva). Molluskenschalen sind Symbole für den Mond und für Jungfräulichkeit. ↗ Muschel. *Buddhist.:* ↗ Muschel. *Chin.:* Das weibliche, das *yin*-Prinzip, zu dem die Jade das *yang* ist; ein gutes Leben im Jenseits; Glück. *Christl.:* Die Wasser der Taufe (Schalen in Muschelform werden bisweilen als Taufbecken benutzt); Auferstehung; Funeralbedeutung. Die Jakobsmuschel steht für die Pilgerfahrt, die ursprünglich zum Schrein des hl. Jakobus in Compostella führte, später zu jedem Schrein; Attribut der Heiligen Jakobus des Älteren und Rochus. *Griech./Röm.:* Bei Begräbnisriten bedeutet die Muschel Auferstehung; sie zeigt auch eine Reise über das Meer an; auch sexuelle Leidenschaft, da die beiden Hälften fest zusammenhalten, Attribut von Aphrodite/Venus, der »Meergeborenen«, die oft auf

Mund/Schlund Der verschlingende Höllenschlund, der Eingang zum Walfischbauch des Vergessens, empfängt die Seelen der Verdammten in dieser Miniatur des 12. Jahrhunderts aus dem Psalter von Winchester, während ein Engel das Schloß zur Ewigkeit verriegelt

einer Muschelschale steht, und von Boreas, dem Gott des heftigen Nordwinds. *Hind.:* Die Trompetenschalenmuschel ist ein Symbol für Vishnu.

Musen Die neun Göttinnen der Künste. Erato steht für die Liebesdichtung und die Götterhymnen und trägt eine Kithara; Klio mit Schreibgeräten für die Geschichte; Melpomene mit Maske und Keule für die tragische Dichtung; Terpsichore mit einer Lyra für den Tanz; Thalia mit Maske und Krummstab für die Komödie; Polyhymnia mit Buchrolle für Rede und Pantomime; Urania mit Himmelskugel und Stab für die Astronomie; Euterpe mit einer Doppelflöte für die musische Dichtung; Kalliope schließlich ohne spezielle Attribute ist die neunte Muse ohne besondere Abgrenzung.

Musik Sakrale Musik symbolisiert die Natur in ihrem vergänglichen und ewig-wechselnden Aspekt; sie ist das Relative, enthält aber eine zugrundeliegende Realität, das Absolute. Die Sphärenmusik bedeutet die Harmonie der Sphären und des Lebens. Musikinstrumente verkörpern Glückseligkeit; einige Blasinstrumente sind phallisch, und viele der Saiteninstrumente repräsentieren die weibliche Form. Die *griechischen* Götter Apollon und Dionysos wurden musizierend dargestellt, von ihnen lernten die Menschen der Sage nach Bau und Verwendung der Instrumente. Pythagoras stellte einen Zusammenhang zwischen Musik und Mathematik her und berechnete so die wichtigsten Intervalle. Daher wird er im Mittelalter oft zur Personifizierung der Musik bei der Darstellung der Sieben Freien Künste.

Mutter/Große Mutter/Muttergöttin „Die Natur, die universelle Mutter, die Herrin über alle Elemente, das Urkind der Zeit, unumschränkt über alle Dinge des Geistes herrschend, die Königin der Toten, auch die Königin der Unsterblichen, die Manifestation aller Götter und Göttinnen in einem einzelnen Wesen, auf dessen Wink die strahlenden Höhen des Himmels regiert werden, die heilsamen Seebrisen, das beklagenswerte Schweigen der Unterwelt. Sie wird in vielen Gestalten verehrt, ist unter zahllosen Namen bekannt und mit allen Sitten der verschiedensten Riten gewogen zu machen« (Apuleius). »Sie wird die Nährende genannt und die mit den tausend Namen, weil sie – mit einem Wort – unzählige Formen und Ebenbilder hat« (Plutarch). Brahma betet zu der Großen Göttin: »Du bist der wahre Geist, dessen Wesen Seligkeit ist; du bist die wahre Natur und das klare Licht des Himmels, das erleuchtet und die Selbst-Hypnose des schrecklichen Kreislaufs der Wiedergeburten durchbricht, und du bist die Eine, die du das Universum für alle Zeiten in deine eigene Dunkelheit einhüllst.«
Sie ist das Urbild des Weiblichen; der Ursprung

Muschelschale Jakobus d.Ä. »von Compostella« trägt die Jakobsmuschel an seinem Pilgerstab, das Zeichen des Pilgers, der sie als Schale zum Trinken und als Teller zum Essen benutzte. Dies bedeutete seine Armut und seine Absage an die Dinge dieser Welt.

Muschelschale Auf diesem römisch-christlichen Sarkophag sind zwei Brüder miteinander so vereint, wie sie es zu ihrer Geburt waren, in der einen Muschelschale des lebenspendenden Weiblichen.

allen Lebens; das umschließende Prinzip; sie symbolisiert alle Phasen kosmischen Lebens, da sie alle Elemente in sich vereinigt, die himmlischen wie die chthonischen. Sie ist die Königin des Himmels, die Göttermutter, die »Wegbereiterin«; sie hat die Schlüssel zur Fruchtbarkeit und zu den Toren von Geburt, Tod und Wiedergeburt. Als die Mondgöttin ist sie fortwährende Erneuerung, die die Jahreszeiten bringt, die Beherrscherin der lebenspendenden Wasser und des Wachstums aus der befruchteten Erde und ihres wiedererstehenden Lebens, die *Tellus Mater*. Als der Mond mißt sie die Zeit, teilt das Jahr in Monate von je achtundzwanzig Tagen, und als die Zeit ist sie der Weber des Schicksals; daher sind alle großen Mütter Weberinnen und Spinnerinnen, die aus den Fäden des Geschicks das Gewebe und das Muster des Lebens weben, Symbol ihrer Kräfte des Umschlingens und Bindens, aber ebenso des Lösens und Befreiens. Der Dualismus ihres Wesens läßt sie zugleich Schöpfer und Zerstörer sein; sie ist Ernährerin und Schützerin, spendet Wärme und gewährt Zuflucht und verwaltet im gleichen Maße die schrecklichen Kräfte der Zersetzung, Vernichtung und des Todes; sie ist die Erschafferin und Nährerin allen Lebens und sein Grab.

In der *Mythologie* ist sie die jungfräuliche Mutter, die Mutter eines Gottes, und sie gebiert einen Knaben, der oft gezeugt ist von ihrem Sohn, der sie liebt, vom Geist oder vom Willen; sie ist sowohl die Braut als auch die Mutter des Gottes und die *Mater Dolorosa*, die um ihren Sohn oder Geliebten trauert. Religionsgeschichtlich gesehen, ist sie eine Ganzheit; das Selbsterhaltende und Selbstgenügsame; die Jungfrau, die dem Sohn des Lichts das Leben schenkt; sie ist die Mutter aller Weisheit, Selbstbeherrschung und Erlösung durch Erleuchtung und Verwandlung, »sie, die herausführt aus Dunkelheit und Gebundensein«, und als Göttin der Weisheit die Umwandlung des Menschen von der elementaren auf die höchste Stufe begleitet. Sie ist das letztendliche Geheimnis: »Ich bin alles, was gewesen ist, ist und sein wird, und meinen Schleier hat noch kein Sterblicher gelüftet.«

In der *Alchimie* ist die Große Mutter dynamisch als Feuer und Hitze, die umformt, reinigt, verzehrt und zerstört; sie trägt auch die im Erdenschoß entstehenden Erze. In der *Gnostik* ist sie ein Äon der Fülle der idealen Welt. Im *Buddhismus* und *Daoismus* ist sie das passive, statische Prinzip, die Weisheit, Erkenntnis und Glückseligkeit; und der Lotos und das offene Buch der Weisheit sind ihre Attribute. In ihrem wohltätigen, nährenden, kreativen Aspekt ist sie die *Magna Mater* in Gestalt von Isis, Hathor, Kybele, Ištar, Lakshmi, Parvati, Tara, Kwan-yin, Demeter, »begleitet von der Sonne und dem Mond zu ihren Füßen«. Als Gottheit der Verstrickung und des Todes ist sie Astarte, Kali, Durga, Lilith, Hekate, Kirke und die Schwarze Jungfrau, oder sie hat Schlangenhaar und ist von schrecklicher Gestalt. Ihre Symbole sind Legion: Die Mondsichel, eine Sternenkrone, eine mit Türmchen besetzte Krone, ein blaues Gewand, die Hörner der Kuh, die Spirale, konzentrische Kreise, der Rhombus, alle Wasser, Quellen, Brunnen usw., all das, was Obdach bietet, schützt und umschließt – die Höhle, die Mauer, der Erdwall, das Tor, der Tempel, die Kirche, das Haus, die Stadt usw. – alle Gefäße für Nahrungsmittel und die Brüste als Nährquelle, alle Vorratsbehälter und alles, was hohl ist und etwas aufnehmen kann – der Becher, der Kessel, der Korb, der Kelch, das Füllhorn, die Vase, die Yoni usw. – alles, was aus den Wassern kommt – Muschel(schale)n, Fische, Perlen, der Delphin usw. Unter den Vögeln sind ihre Attribute die Taube, der Schwan, die Gans, die Schwalbe, das Rebhuhn usw., und unter den Pflanzen und Blumen sind es der Lotos, die Lilie, die Rose, die Päonie, der Balsambaum, die Zeder. In ihrem wohlwollenden Aspekt: alle Nahrung liefernden Tiere, die Kuh, das Schwein, die Ziege, der Hirsch usw.; in ihrem dunklen Aspekt steht sie im Zusammenhang mit dem Königsopfer: der König, mit Bewässerung und Fruchtbarkeit identifiziert, wurde der Erdmutter geopfert, wenn seine Fruchtbarkeit schwand; später verwandte man einen ↗ Sündenbock anstatt des Königs. Diese Tötung identifizierte sie wiederum mit der menschentötenden Kobra, mit Mondschlangen und mit der Löwin. Das Einhorn ist ihr Symbol als Göttin der Jungfräulichkeit und Reinheit.

Die Große Mutter steht mit dem Großen Bären am Himmel in Zusammenhang, mit der Zahl Sieben und dem Wochentag Freitag, an dem das Fischopfer gebracht und ihr zu Ehren gegessen wurde. In Gestalt der Artemis, Britomartis und anderer Göttinnen ist sie auch die Herrin der Tiere, steht mit der Jagd und dem Leben der wilden Tiere in Zusammenhang und wird von verschiedenen Tieren begleitet.

Myrrhe Leiden und Kummer.

Myrte Freude; Frieden; Ruhe; Glück; Beständigkeit; Sieg; das weibliche Prinzip; die *vesica piscis*. Sie ist die »Blume der Götter«, ein magisches Kraut. Der Myrtenkranz wird von dem getragen, der initiiert wird. *Ägypt.:* Liebe; Freude. Hathor geweiht. *Chin.:* Ruhm; Erfolg. *Christl.:* Die zum Christentum bekehrten Heiden. *Griech./Röm.:* Liebe und Ehe; eheliches Glück; Geburt eines Kindes. Poseidon/Neptun geweiht als der Macht der Wasser, auch Adonis, Aphrodite/Venus, Artemis, Europa. *Jüd.:*

Die Blume der Stiftshütte; Ehestand. *Mandä.:* Gehört in allen Riten zum Kopfschmuck des Priesters, wird von Getauften, Neugeborenen, Braut und Bräutigam und von den Toten auf dem Haupte getragen. Bei religiösen Zeremonien wird ein Myrtenring verwendet. Myrte ist lebenswichtig und übermittelt den Lebensatem, sie ist symbolisch für keimendes Leben, Wiedergeburt und erneuertes Leben.

Mystischer Knoten Die ununterbrochene Fortdauer ewigen Lebens; Unendlichkeit; nie endende Macht und Wachheit. Er ist eines der Acht Kostbaren Dinge bzw. Glückszeichen auf dem Fußabdruck Buddhas. In *China* symbolisiert er Langlebigkeit, auch das Herz voller Mitgefühl.

Nabel ↗ Omphalos

Nabelschnur Die Schnur bzw. der Faden, womit der Schöpfer als der Große Weber oder die Große Mutter den Menschen an das Netz bzw. Gewebe des Lebens und an seine eigene Vergangenheit, Gegenwart und Zukunft bindet (↗ Spinne, ↗ Weben). Der Nabel bzw. ↗ Omphalos ist das Weltzentrum und wird verkörpert durch heilige Steine, Berge oder andere heilige Zentren.

Nacht Wie die Finsternis bedeutet die Nacht die vor der Entstehung des Kosmos liegende, vorgeburtliche Finsternis, die der Wiedergeburt bzw. Initiation und Erleuchtung vorausgeht, aber sie bedeutet auch Chaos; Tod; Wahnsinn; Zerstörung; Rückkehr zum keimhaften Status der Welt. Die Nacht ist nach Hesiod die »Mutter der Götter«, der umhüllende, mütterliche Aspekt der weiblichen Macht, der gewöhnlich durch eine weibliche Figur mit einem sternenbesäten Schleier symbolisiert wird, die auf jedem Arm ein Kind hält, ein schwarzes (Tod) und ein weißes (Schlaf); bzw. durch eine Mondsichel oder Mohnblumen, die Eule oder schwarze Flügel. Als die alles verschlingende Zeit können Tag und Nacht als eine weiße und eine schwarze Ratte dargestellt sein. Nachtwandeln symbolisiert Geheimlehre.

Nacktheit Der natürliche, unschuldige, paradiesische Zustand; Geburt; Schöpfung; Auferstehung in der Wiedergeburt; auch das Abstreifen weltlichen Reichtums und Strebens; Entsagung; unverhüllte Realität und Wahrheit. Ein nackte Frau symbolisiert die *Tellus Mater*, die Mutter Erde. Ist ein Heros oder eine Gottheit nackt dargestellt, so ist das ein Zeichen des Freiseins von aller irdischen Verderbnis. In der Kunst ist eine nackte Frau ambivalent: entweder die Wahrheit, Unschuld und Tugend oder die Sinnenlust, Untugend und Schamlosigkeit. Rituelle Nacktheit bedeutet den Wiedereintritt in den paradiesischen Zustand und in die Zeitlosigkeit, wo es kein »Altern« in der Zeit gibt; sie ist auch das Bloßsein vor Gott, nackt zu sein in ursprünglicher Unschuld und sich nicht zu schämen; die Seele entblößt vom »Gewand der Scham«, vom Körper und vom Selbst, und »gekleidet in ihre eigene Macht«. Nacktheit zur Taufe bedeutet, alle sündige Natur abzulegen und in eine neue, geistige Natur wiedergeboren zu werden. In der *hinduist.*, *jainist.*, *buddhist.* und *tantrist.* Symbolik bedeutet die Nacktheit »in Raum gehüllt« zu sein, den Urzustand, die Formlosigkeit und Einfachheit wiedererlangt zu haben; und eine nackte Frau stellt die Urmaterie *Prakrti* dar, die Urnatur und kosmische Macht. Die nackte Kali repräsentiert das Freisein von Illusion; Vollkommenheit und Integrität. Für die *Römer* war die Nacktheit ein Zeichen von Schande und Armut. In der *christl.* Kunst war sie ambivalent, denn sie konnte sowohl den Märtyrer, die Besitzlosigkeit in Armut oder frommer Entsagung gegenüber weltlichen Gütern, Buße und Bußfertigkeit darstellen als auch andererseits heidnische bzw. satanische Schamlosigkeit.

Naga ↗ Schlange *(Hinduist.)*, auch ↗ Fabelwesen

Nagel Ein Symbol der Weltachse. Er hat auch teil an der Symbolik des Bindens (↗ Bande) und ist Schicksal und Notwendigkeit. Im *Christentum* sind Nägel ein Symbol der Passion Christi, eines der Leidenswerkzeuge; u. a. Attribut der Heiligen Helena und Erasmus.

Nahrung Alle mit Nahrung verbundenen Symbole sind zugleich mit der Muttergöttin verbunden, z. B. Gefäße, wie der Krug, der Becher, der Kelch, der Kessel, die Schale, das Füllhorn usw.; alle Nahrung erzeugenden Tiere, die Kuh, das Schwein, die Ziege usw.; auch alle Wasser, Flüsse, Quellen, Brunnen, Bäume und Früchte. Auf der Ebene des Geistes stellen alle diese Dinge Wissen, Nahrung für die Seele und die Verleihung von Leben und Unsterblichkeit dar.

Nahtloses Gewand Ganzheit; das Vollständige; eine ungebrochene Tradition; das Gewand zu zerreißen, bedeutet somit, sich von der Tradition loszusagen bzw. sie abzubrechen. Im *Christentum* ist das nahtlose Gewand ein Attribut der Passion Christi; Johannes spricht davon, daß sein Rock ungenäht war und die Kriegsknechte nach der Kreuzigung darum würfelten.

Narrenkappe ↗ Ohren

Narzisse Selbstzufriedenheit; Eigenliebe; Eitelkeit; den äußeren Schein für die Substanz halten. *Chin.:* Selbstprüfung; Selbstachtung; aber auch Glück für das kommende Jahr. *Christl.:* Die Narzisse kann auf Bildern von der Verkündigung den Platz der Lilie einnehmen und bezeichnet göttliche Liebe; Opfer. *Griech.:* Selbstliebe; Kälte; Tod in der Jugend. Der süße und berauschende Duft der Blume, der zur Tollheit führen soll, symbolisiert die Früchte der Eigenliebe und Eitelkeit. Narzissos, Demeter, Nemesis, Selene und dem Hades geweiht. *Japan.:* Schweigende Reinheit; Freude.

Natter *Christl.:* Das Böse; nach dem hl. Augustinus eine der vier Erscheinungsformen des Teufels. Die taube Natter stellt Sünder dar, die ihre Ohren der Stimme der Lehre und den Worten des Lebens verschließen.

Nebel Der Zustand von Irrtum und Verwirrung. Mysterienreligionen bedienen sich der Symbolik des Nebels bei der Initiation; die Seele muß aus der Finsternis und Konfusion des Nebels ins klare Licht der Erleuchtung schreiten.

Nelke Die rote Nelke bedeutet Bewunderung; Ehe; wahre und leidenschaftliche Liebe.

Netz/Netzwerk Verschlingung; Verwicklung; das Attribut und die Eigenheit aller Götter, die binden (↗ Bande), und der umstrickende, negative Aspekt der weiblichen Macht, der Großen Mutter, die oft eine Göttin der Netze ist. Netzwerk ist symbolisch für eine unbegrenzte Beziehung über Zeit und Raum hinweg; eine Struktur aus Sichtbarem und Unsichtbarem; es bedeutet auch Einheit. *Chin.:* Das »Netz des Himmels« sind die Sterne am Firmament. *Christl.:* Ambivalent als das unzerreißbare Netz der Kirche und das verstrickende Netz des Teufels. Ein Attribut der Jünger als Menschenfischer. *Daoist.:* Des Himmels Netz ist die Einheit. *Griech./Röm.:* Ein Attribut von Hephaistos/Vulcanus als Schmiedegöttern und Göttern, die binden. Im *orphischen* Fischkult, wie z. B. dem semitischen, ist das Netz das Göttliche Wort, »das große Netz, das Himmel und Erde umgibt«. *Skandinav.:* Attribut der Göttin Ran, »der Entführerin«. *Sumero-semit.:* Im Fischkult »umgibt das große Netz Himmel und Erde«; es ist ein Attribut von Göttern, die binden. Bel wird angerufen als »das fangende Netz«, und Marduk überwindet Tiamat mit einem Netz; Ištar ist eine Göttin der Netze.

Neujahr Kosmische Regeneration; die zunehmende Kraft der Sonne; die Verheißung erneuten Wachstums; die Sehnsucht nach Erneuerung; Neubeginn.

Neu-Jerusalem Die letztendliche Transformation der Welt; das wiedergewonnene Paradies, aber in einem endgültigen und festgelegten Status, nicht in der Symbolik des Gartens Eden. Die Heilige Stadt basiert auf der Symbolik des Quadrates; sie hat zwölf Tore, die den Zwölf Stämmen und den Tierkreiszeichen entsprechen. Sie wird von zwölf Engeln bewacht. In der Mitte steht der Lebensbaum, der zwölf Früchte trägt, für jeden Monat des Jahres eine.

Niedrigkeit Untergeordnetsein; Unterwürfigkeit;

Naga Ein Buddha aus Angkor Thom in Kampuchea sitzt in gesammelter Ruhe auf dem zusammengerollten Körper eines *naga* und symbolisiert so die im Instinkt verborgene Weisheit, die er erlangt und zu seinem Hüter und Helfer umgewandelt hat.

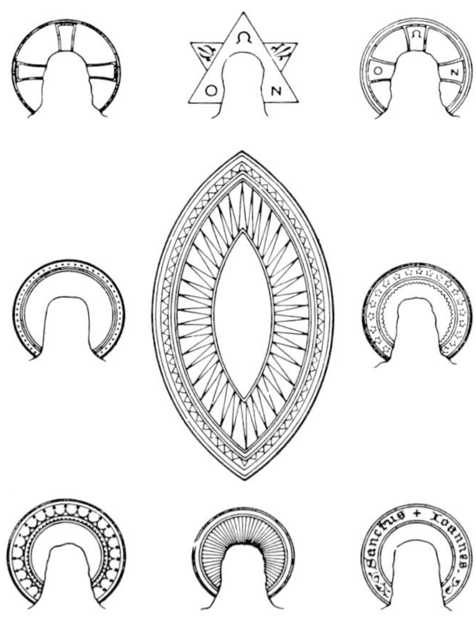

Nimbus Der Nimbus oder Heiligenschein, der das Haupt eines Heiligen umgibt, symbolisiert das göttliche Licht, das aus der geheiligten Persönlichkeit leuchtet; die Mandorla bzw. *vesica piscis*, hier in der Mitte abgebildet, umschließt den gesamten Körper eines Menschen besonderer Würde und Heiligkeit.

Demut; bildlich dargestellt durch das Knien und den Fußfall. Mit dem Absteigen wird das Böse gleichgesetzt, im Gegensatz dazu das Gute mit der Höhe und dem ↗ Aufsteigen.

Niere *Chin.:* Das Element des Wassers; der heilige Fisch; die Emotionen.

Niesen Ein spontaner Ausdruck des Lebensprinzips, das seinen Sitz im Kopf hat; eine Manifestation der Seele; eine Störung der Seele oder ein Verlust an Lebenskraft aus dem Kopf; die Bestätigung einer Prophezeiung.

Nimbus Heiligenschein oder Gloriole; der »Glorienschein«; ursprünglich ein Zeichen der Sonnenscheibe, daher ein Attribut von Sonnengöttern. Er symbolisiert auch göttliche Ausstrahlungskraft; von Heiligkeit ausgehende Strahlung; die geistliche Macht und Kraft des Lichtes; Heiligkeit; Ruhm; Genius; Tugend; die Emanation der im Kopf lokalisierten Lebenskraft; die lebenspendende Energie der Weisheit; das transzendente Licht der Erkenntnis. Die Gloriole umgibt – als Aurea (Strahlenkranz) – bisweilen die ganze, in diesem Falle göttliche Figur. Ein runder Nimbus oder Heiligenschein bezeichnet einen nicht mehr lebenden Menschen; eine vier- oder sechseckige Gloriole bedeutet einen lebenden Heiligen oder einen heiligen Menschen, oder sie kann auch die Totalität der Gottheit symbolisieren, wobei drei der Seiten die Trinität darstellen und die vierte die Totalität; der dreistrahlige Heiligenschein ist das Bild für die heilige Trinität. Der doppelte Nimbus bzw. Heiligenschein oder die doppelten Strahlen repräsentieren den dualen Aspekt der Gottheit. Der kreuzförmige Heiligenschein ist spezifisch *christlich.* Hexagonale Heiligenscheine bezeichnen die Grundtugenden. Bisweilen wird der Nimbus verwendet, um geistliche Macht darzustellen im Unterschied zu weltlicher, die durch die Krone zum Ausdruck kommt. Gelegentlich dient der Nimbus als ein Attribut des Phoenix, der solare Macht und Unsterblichkeit symbolisiert. Der Nimbus kann die Farben Blau, Gelb oder alle Farben des Regenbogens haben. ↗ Mandel. *Christl.:* Der Heiligenschein wurde im Christentum nicht vor dem vierten Jahrhundert verwendet. Er bedeutet das Heilige; Heiligsein. Der dreieckige und der rhombusförmige Heiligenschein bezeichnen Gott, den Vater; der mit dem Kreuz deutet auf Christus. In der *byzantin.* Kunst wurde Satan manchmal mit einem Heiligenschein dargestellt. *Griech.:* Der blaue Nimbus ist ein Attribut des Zeus als Himmelsgott; Phoebus hat eine Gloriole als Sonnengott. *Hinduist.:* Shivas Heiligenschein mit dem Flammenrand symbolisiert den Kosmos. *Mithrazist.:* Der Heiligenschein symbolisiert das Licht der Sonne und des Mithras als Sonnen-

Norden Die Schildkröte auf einem chinesischen Sarkophag aus dem 3. Jahrhundert symbolisiert den Norden, das Land der Finsternis und der Toten.

Obelisk Dieser Obelisk war zuerst in Ägypten im 6. Jahrhundert v. u. Z. errichtet worden – das himmelwärts weisende Zeichen des Sonnengottes Re – und wurde 1667 in Rom nach einem Plan von Bernini wiedererrichtet.

gott. *Röm.:* Ein blauer Nimbus ist ein Attribut von Jupiter als Himmelsgott und von Apollo. Ein normaler Heiligenschein gehörte zu einer Majestät, einem Halbgott bzw. einem zum Gott erhobenen Kaiser.

Nische In sakralen Bauten symbolisiert die Nische »die Höhle der Welt«, die das Heilige enthält, die göttliche Gegenwart. Eine Nische mit einer Lampe stellt das Licht der Gottheit dar, das in der Welt scheint.

Nixe ↗ Fabelwesen

Norden Kälte; Dunkelheit; Verborgenheit; das Land der Toten; Nacht; Winter; Greisenalter, außer in der *hinduist.* und *ägypt.* Symbolik, wo er Helligkeit und der Tag ist und eine männliche Kraft. *Ägypt.:* Das Licht; männliche Kraft; dargestellt als der paviankoöpfige Hapi. *Chin.:* Kälte; Winter; Wasser; *yin;* Furcht; die Schwarze Schildkröte als das uranfängliche Chaos. *Christl.:* Finsternis; Nacht; Kälte; Luzifers Reich und die Mächte des Bösen; die Barbaren. Wird das Evangelium von der Nordseite des Altars her verkündet, so stellt das die Arbeit der Kirche zur Bekehrung der Heiden dar. *Hinduist.:* Das Licht; der Tag; männliche Kraft. *Iran.:* Das Böse, die Mächte der Finsternis und Ahrimans. *Jüd.:* Dargestellt als der geflügelte Ochse.

Null ↗ Zahlen

Nymphen Emanationen der weiblichen, produktiven Kräfte des Universums; später Schutzgeister, besonders von Waldungen, Brunnen, Quellen und Bergen.

Obdach Alle Symbole für Schutz bietendes Obdach stehen im Zusammenhang mit der Großen Mutter, dem Urtyp des Weiblichen in seinem schützenden Aspekt, z. B. die Höhle, das Haus, der Tempel, die Stadt, das Dorf, die Mauer, der Zaun, die Pforte, die Tür, der Schild, der Baum, das Schiff, die Wiege usw.

Obelisk Phallisch; männliche Zeugungskraft; Fruchtbarkeit; Erneuerung; stabilisierende Kraft. Er ist auch eine *axis mundi* und ein Baum des Lebens, ein rituelles Weltzentrum, ein »Strahl der Sonne«. In *Ägypten* symbolisiert er Re; den Strahl der Sonne; solare zeugende Kraft.

Oblation ↗ Opfer

Obsidian *Aztek.:* Die Quelle des Lebens; bringt sowohl Leben als auch Tod.

Ochse Das Rind kann symbolisch mit dem ↗ Stier austauschbar sein, und dann ist es solar und bedeutet Fruchtbarkeit; aber als der kastrierte Ochse teilt er die Fruchtbarkeitssymbolik nicht und wird lunar. Er repräsentiert Stärke; geduldige mühevolle Arbeit; Reichtum; angeborene Kraft; Opferbereitschaft; Aufopferung. *Chin.:* In der Frühlings- und

Ochse Der Stier oder Ochse als Opfertier erscheint in der Illustration einer frühen irischen Handschrift des Lukas-Evangeliums, denn er ist das Symbol von Lukas, der den Opfer-Aspekt im Leben Christi betont.

Oktopus Eine alte mykenische Goldscheibe mit eingehämmertem Oktopus, dessen spiralförmig eingerollte Fühler die dem Tier selbst innewohnende Symbolik der Spirale verstärken.

Fruchtbarkeitssymbolik übernimmt der Büffel die Rolle des Stiers und repräsentiert den Ackerbau. Er ist das zweite Tier der ↗ Zwölf Erdstämme. Der weiße Büffel ist im *chin. Buddhismus* kontemplative Weisheit. *Christl.:* Ausdauer; Kraft; das Joch Christi; Christus als das wahre Opfer; er ist ein Attribut des hl. Lukas, der in seinem Evangelium den Opferaspekt im Leben Christi betont. In Geburtsszenen sollen der Ochse und der Esel die Heiden und die Juden darstellen. Der Ochse bzw. das Rind ist ein Attribut der Heiligen Blandina, Julietta, Leonardus, Medardus und Silvester. *Daoist.:* Ungebändigte tierische Natur; er ist gefährlich ohne Zucht, aber außerordentlich nützlich, wenn gezähmt. Diese Symbolik ist in den daoistischen und Chan (Zen)-buddhistischen »Zehn Bildern vom Rinderhüten« anzutreffen, auf denen der Ochse anfänglich völlig schwarz dargestellt ist und allmählich weiß wird, bis er letztendlich völlig verschwindet, in dem Maße, wie sein natürliches Wesen transzendent wird. *Griech./Röm.:* Ackerbau, Opfermut.

Ofen Die weibliche Verwandlungskraft; der Schoß; Geburt, Entstehung. In der *Alchimie* ist er Athanor, der »Körper« der Psyche (Seele) des Menschen, in dem der Prozeß des Großen Werkes stattfindet; die Umwandlung des unedlen Metalls, ein Prozeß, der die Entwicklung der Selbstbeherrschung im sündigen Menschen symbolisiert. Der Geist stellt das Feuer dar.

Ohr Steht mit der Symbolik der Spirale, des Schneckenhauses und der Sonne im Zusammenhang; dies erklärt die andernfalls seltsame Vorstellung einer Geburt aus dem Ohr, denn die Muschel ist ein Geburtssymbol, das in Beziehung zur Vulva steht. Karma, der Sohn des Sonnengottes Surya, wurde aus dem Ohr seiner Mutter geboren. Die Muschel hat man auch als Talisman betrachtet, der zu einer leichten Geburt verhelfen sollte. Das Ohr hört das »Wort« der Schöpfung und steht so in Verbindung mit dem Atem des Lebens. In der *ägypt.* Symbolik empfängt das rechte Ohr die »Luft des Lebens« und das linke die »Luft des Todes«. In der *christl.* Kunst wird der Heilige Geist manchmal als eine Taube dargestellt, die in das Ohr der Jungfrau Maria schlüpft. Die Ohren von Göttern, Königen, regenbringenden Reptilien oder anderen Lebewesen stehen mit der Spirale in Verbindung. Verlängerte Ohrläppchen an *hinduist.*, *jainist.*, *buddhist.* oder *chin.* Figuren weisen auf Königswürde, geistliche Autorität oder Größe hin; sie sind eines der chinesischen »Glückszeichen«. Spitze Ohren werden mit Pan, Satyrn und Teufeln assoziiert. Eselsohren erscheinen an der Narrenkappe und sind ein Attribut des Midas; sie bedeuten Torheit.

Oktopus Steht in Beziehung zur Symbolik des Drachen, der Spinne und der Spirale; er wird als ein Donnersymbol gedeutet oder als Darstellung der Mondphasen; er wird mit dem Tierkreiszeichen des Krebses in Verbindung gebracht, den Tiefen der Wasser und der Sommer-Sonnenwende, der unheilvollen *ianua inferni.* In der *kelt.* und *skandin.* Kunst sind die Arme des Oktopus gerade, aber auf *minoischen* und *mykenischen* Abbildungen sind die Arme gewunden und übernehmen die Symbolik der ↗ Spirale. Der Oktopus wird oft von der ↗ Svastika begleitet.

Öl Konsekration; Weihung; geistliche Erleuchtung; Gnade und Barmherzigkeit; Fruchtbarkeit. Die Salbung mit Öl bedeutet die Eingießung göttlichen Lebens; Bischofs- bzw. Priesterweihe; die Ausspendung göttlicher Gnade (letzte Ölung in der *katholischen* Kirche) oder die Übertragung von Weisheit. Auch Könige und Kaiser wurden bei der Inthronisierung mit Öl gesalbt.

Olive Unsterblichkeit; Fruchtbarkeit; Brautsymbol, das Fruchtbarkeit verleihen soll; Reichtum (das Öl war kostbar). Der Olivenzweig, insbesondere mit der Taube, ist ein Symbol des Friedens par excellence und des Goldenen Zeitalters. Der Kranz aus Oliven, der von der Siegerin der Spiele zu Ehren Heras getragen wurde, setzte die siegreiche Jungfrau mit Hera und dem Mond gleich, während der Kranz aus wilden Oliven für den Sieger bei den Olympischen Spielen Zeus darstellte; die beiden zusammen symbolisierten die heilige Ehe von Zeus und Hera, Sonne und Mond. Das Olivenblatt bedeutet Erneuerung des Lebens. *Chin.:* Stille; Beharrlichkeit; Anmut; Feinheit. *Christl.:* Die Frucht der Kirche; der Glaube der Gerechten; Frieden. Die Taube mit dem Olivenzweig stellt die Seelen der Gläubigen dar, die in Frieden dahingegangen sind. Der Olivenzweig wird bisweilen vom Erzengel Gabriel in Verkündigungsszenen getragen. *Griech./Röm.:* Ruhmestaten; Frieden. Im Olivenbaum der Akropolis standen Leben und Schicksal der Menschen. Attribut von Zeus/Jupiter, Athene/Minerva, Apollon und Kybele; die Sieger der Wettkämpfe zu Ehren von Hera und Athene trugen Olivenkränze. *Jüd.:* Kraft; Schönheit; Sicherheit auf Reisen.

OM/AUM Die heilige Silbe der *ind.* Religionen; das unvergängliche Wort; das Absolute; das Brahman; das uranfängliche AUM, die Totalität alles Klingenden und das, was den ganzen Kosmos durchdringt, trägt und erhält; das Selbst; das Licht der überirdischen Sonne. Es ist auch die Trinität von Buddha, Lehre und Gemeinde. »Dieses ganze Universum ist nur das Ergebnis von Klang« *(Vakya Padiya).*

Omega Ω Das Ende; Unwiderruflichkeit. Mit dem ↗ Alpha ist es Totalität, Anfang und Ende aller Dinge. Es ist oft zusammen mit dem Uroboros zur Darstellung von Totalität abgebildet.

Omphalos (Nabel) Das Weltzentrum, von dem aus das Universum genährt wird; der Nabel der Welt; eine Stätte der Zuflucht. Seine Symbolik ist sowohl läuternd als auch unheilabwendend. Er ist der Ort der Kommunikation zwischen den drei Welten wie auch ein Punkt, von dem aus sich alles ausbreitet, bzw. ein uranfänglicher Raum, der sich noch nicht ausgebreitet hat. Der Omphalos ist ein Symbol der Erde und jedweder Entstehung und ist häufig als Berg oder Insel dargestellt, die sich aus den Wassern des Chaos erheben; als der Ort, an dem Himmel und Erde einander begegnen, ist er auch ein Aufenthalt der Götter, wie z. B. die Berge Meru, Olymp, Himinbjorg, Genizim. Im *Hinduismus* hat der »Mächtige Agni« seinen Platz auf dem Nabel der Welt (*Rigveda* 11, 33).

Opal ↗ Edelsteine

Opfer Die Wiederherstellung der ursprünglichen Einheit, die Wiedervereinigung dessen, was in der Manifestation verstreut ist. Da jegliche Schöpfung mit Opfern verbunden ist, steht es für den Zyklus von Tod und Leben, Geburt und Wiedergeburt. Es bedeutet auch, sich göttlicher Führung zu unterwerfen, die Götter durch Sühneopfer wieder zu versöhnen und das eigene Selbst dem Willen Gottes darzubringen. Jede Opferstätte ist ein Omphalos. Menschenopfer waren verbunden mit einer Sühne für den anmaßenden Hochmut des Menschen und ein Blutopfer für die Götter. Zeitweise wurden Könige rituell geopfert, da man ihnen zuschrieb, daß sie dem Land die Fruchtbarkeit brachten, indem sie die Bewässerungsarbeiten in Gang setzten, die die fruchtbar machenden und lebenspendenden Wasser brachten. Wenn des Königs Fruchtbarkeit dahinschwand, wurde er der Erdmutter-Göttin geopfert, um die Männlichkeit mit dem neuen König wiederherzustellen. Die Opferung fand am Ende des alten Jahres statt, zur Zeit der zwölf Tage des Chaos vor der Wiedergeburt der Sonne und des neuen Jahres. Später wurde anstelle des Königs ein anderer oder ein Sündenbock geopfert. Bei einer *vedischen* Opferstätte repräsentierte der Osten das Reich der Götter, der Süden die Ahnen, der Westen die Schlange, der Norden die Menschen. In vielen Mythologien und Traditionen wurde die Welt aus den Teilen des Geopferten erschaffen, wie in der *babylon.* Symbolik die Welt aus der zerstückelten Tiamat entstand oder im *german.* Mythos aus dem Ymir. Während der Opferung werden Opfernder und Opfer eins miteinander und mit dem Universum; Mikrokosmos und Makrokosmos erreichen einander und erlangen die Einheit.

Orange Die Orangenblüte ist ein Symbol der Fruchtbarkeit und Fülle; bei den *Sarazenen* wurde sie von den Bräuten als Fruchtbarkeitssymbol getragen. ↗ Farben. *Chin.:* Unsterblichkeit; Glück. *Christl.:* Die Orangenblüte steht für Reinheit, Keuschheit, Jungfräulichkeit und wird daher im Brautkranz getragen. Die Orange kann im Paradies als die Frucht des Sündenfalles dargestellt sein. *Griech.:* Die Orangenblüte ist ein Attribut von Diana. Orangen hielt man für die goldenen Äpfel der Hesperiden. *Japan.:* Die Blüte bedeutet reine Liebe.

Orchidee Herrlichkeit; Wohlwollen; Luxus. In der *chines.* Symbolik ist sie der vollkommene Mensch; Harmonie; Vornehmheit; Liebe; Schönheit; weiblicher Liebreiz; der Gelehrte in Klausur.

Orgie Wiedereintritt in das Chaos, den Urzustand vor der Schöpfung; kosmische Nacht; Auflösung; die niederen Möglichkeiten von Lebewesen. Ackerbau-, Frühlings- und Maiorgien versinnbildlichen die Vereinigung des Sonnengottes mit der Mutter Erde und sollen die Kräfte der Natur ermuntern; Nachbildung der Fruchtbarkeit; das Aussäen der Saat; Erneuerung. Die Wiederkehr des Chaos fand auch zur Wintersonnenwende statt, zu Neujahr, in den zwölf Tagen, die der Wiedergeburt des Sterbenden Gottes, des Gottes des Wachstums in den *röm.* Saturnalien folgten. In *Babylonien* gab es zwölf Tage des Zweikampfes zwischen dem Chaos und dem Kosmos und im *Christentum* die zwölf Tage nach Weihnachten unter der Herrschaft des »Herrn der Unordnung« (der die Weihnachtsbelustigungen leitet). Die gleiche Symbolik gilt für Karneval und andere Festivitäten.

Osten Die aufgehende Sonne; die Morgendämmerung; der Frühling; Hoffnung; Kindheit; erwachendes Leben; Jugend. Er ist die Richtung, in die das Gebet zu allen Sonnengöttern gerichtet ist. In *China* wird er durch den Grünen Drachen symbolisiert, in *Ägypten* durch einen Mann, in *Mexiko* durch ein Krokodil, in *Tibet* durch einen Drachenmenschen. Die Zeremonien um Tod und Auferstehung betonen den Osten als Sonnenaufgang und Leben und den Westen als Sonnenuntergang und Tod.

Osterei/Osterhase Ein *vorchristliches* Symbol von Wiedergeburt und Erneuerung des Lebens zu Beginn der Frühlings-Tagundnachtgleiche. Ein Hase oder Kaninchen ist das Wahrzeichen der Oestra oder Eostren, einer *nordischen* Göttin des Frühlings, und dies ist der mögliche Ursprung des Wortes Ostern. ↗ Hase

Osterkerze *Christl.:* Sie brennt während der vierzig Tage zwischen Ostern und Himmelfahrt und ist ein Zeichen dafür, daß Christus die vierzig Tage nach seiner Auferstehung noch bei seinen Jüngern weilte. Am Himmelfahrtstag wird sie ausgelöscht; das bedeutet, daß Christus von der Erde weggegangen ist. Sie symbolisiert das Licht des auferstandenen Christus und eines neuen Lebens und ist auch ein Bild der Feuersäule, die das Volk Israel vierzig Jahre lang leitete.

Otter Eines der »reinen« Tiere des *Zoroastrismus*, das, wie den Hund, zu töten eine große Sünde ist. Er ist ein *christl.* Attribut des hl. Cuthbert.

Oval Wie der Rhombus ist es das weibliche Lebenssymbol, die Vulva; die *vesica piscis*. Ovale Form hat oft ein Heiligenschein, der eine Heiligengestalt umgibt. ↗ Zahlen, Null ↗ Mandel ↗ Mandorla

Ozean Die uranfänglichen Wasser; das Chaos; Formlosigkeit; materielles Sein; endlose Bewegung; er ist die Quelle allen Lebens, die alle Möglichkeiten enthält; die Summe alles Möglichen in der Manifestation; das Unergündbare; die *anima mundi*, die Große Mutter. Der Ozean symbolisiert auch das Meer des Lebens, das man durchqueren muß. *Daoist.:* Der Ozean wird mit dem *Dao* gleichgesetzt, dem Ursprünglichen und Unerschöpflichen, das »sich bei der Schöpfung bildet, ohne sich zu erschöpfen« (Chuan Dsu). *Hinduist.:* Der kosmische Ozean ist der ruhende Vishnu, der auf der zusammengerollten Schlange auf den Wassern schläft. *Islam.:* Unendliche göttliche Weisheit. Die beiden Meere, das eine süß und frisch, das andere salzig und bitter, sind Himmel und Erde, die Höheren und die Niederen Wasser, die ursprünglich eins waren; die salzige See ist exoterisches Wissen und die frische esoterisches. *Sumero-semit.:* Die *Akkader* brachten die uranfänglichen Wasser mit Weisheit in Zusammenhang. Alles Leben entsprang aus den süßen Wassern, Apsu, und dem Salzsee, dem Urchaos, Tiamat, die die Nacht der Wasser personifizierte, das weibliche Prinzip und die blinden Kräfte des Chaos.

Ozelot In der *indian.* Symbolik übernimmt der Ozelot die Kräfte und Eigenschaften der Löwengöttinnen *Ägyptens* und *Babyloniens* und der Tigerin *Ostasiens*.

Paar Die Vereinigung der Gegensätze in der gegenständlichen Welt; der männliche und der weibliche Aspekt zusammen, Sonne und Mond, Licht und Dunkelheit, *yin* und *yang* usw. ↗ Zwillinge

Pagode In vielen Gebieten Asiens ein Abbild des Heiligen Berges als ein Weltzentrum und eine *axis mundi*. Ihre Stockwerke bedeuten die Stufen des Aufstiegs zu den Himmeln, während das Kleinerwerden der Stockwerke das Aufwärtsführen zum unbegrenzten Raum darstellt. Sie ist mit dem Dagoba

Palme Auf einer römischen Münze aus dem 1. Jahrhundert wird mit der Palme der Sieg der Römer über Judäa gefeiert, das hier als »Gefangene« dargestellt ist.

Palme Die Symbolik dieser Palme des Sieges über den Tod, wie sie auf einem frühen christlichen Grabstein eingemeißelt ist, wird noch durch das darunter in griechischen Buchstaben eingeritzte lateinische Wort für »Sieg« nachdrücklich betont.

oder ↗ Stupa bzw. schon vor dem *Buddhismus* auftretenden Grabhügeln verbunden.

Palme Solar; Jubel; Rechtschaffenheit; Berühmtheit, denn sie wächst immer aufrecht; Seligpreisungen; Triumph; Sieg – »Die Palme, die nie ihr Laubwerk abwirft, ist ständig mit demselben Grün geschmückt. Diese Kraft des Baumes empfinden die Menschen als angenehm und halten sie für geeignet, den Sieg darzustellen« (Plutarch). Sie ist ein Baum des Lebens und wird in der Symbolik des Selbstschöpferischen dem Androgyn gleichgesetzt. Da sie im Alter gute Früchte trägt, symbolisiert sie Langlebigkeit und die Höhe des Ruhms im hohen Alter. *Ägypt.:* Der Baum des Kalenders, der für jeden Monat einen Wedel hervorbrachte. *Arab.:* Der Baum des Lebens. *Chin.:* Zurückgezogenheit; Würde; Fruchtbarkeit. *Christl.:* Der Gerechte, der »gedeihen soll wie der Palmbaum«; Unsterblichkeit, und in dieser Bedeutung manchmal mit dem Phönix dargestellt; göttliche Gnade; der triumphale Einzug Christi in Jerusalem; der Triumph des Märtyrers über den Tod; das Paradies. Palmwedel bezeichnen Ruhm; Triumph; Auferstehung; Sieg über den Tod und die Sünde; bei den frühen *röm. Christen* hatten sie Funeralbedeutung, waren ein Attribut dessen, der die Pilgerfahrt ins Heilige Land unternommen hatte, (daher der englische Name »Palmer« für einen Pilger) und mit gekreuzten Palmzweigen aus dem Heiligen Land zurückkehrte. Attribut des hl. Einsiedlers Paulus von Theben, der einen Palmzweig in der Hand hält, und zahlreicher Märtyrer. Der Palmsonntag erinnert an Christi Einzug in Jerusalem. *Griech.:* Attribut von Apollon in Delphi und Delos. *Jüd.:* Der rechtschaffene Mensch; Wahrzeichen von Juda nach dem Auszug aus Ägypten. *Sumero-semit.:* Ein Baum des Lebens; Attribut des *phönikischen* Gottes Baal-Tamar, des Herrn der Palme, und von Aštart und der *assyr.-babylon.* Ištar.

Panther *Christl.:* Vom Panther meinte man, daß er die Menschen vor dem Drachen oder dem Bösen errette. Da man annahm, daß er süßen Atem habe, verkörperte er den sanftmütigen Einfluß Christi. *Herald.:* Der Panther ist meist wütend erregt und bedeutet Grimm; Zorn; Heftigkeit; Unbarmherzigkeit.

Päonie *Chin.:* Das Prinzip *yang* (eine der wenigen *yang*-Blumen); Männlichkeit; Licht; Ruhm; Liebe; Glück; Reichtum; Frühling; Jugend; Glücklichsein. Sie ist die Kaiserblume, von der man annimmt, daß kein Insekt sie berührt außer der Biene. Sie wird häufig mit dem Pfau assoziiert. *Griech.:* Heilkunst. *Japan.:* Ehe; Fruchtbarkeit; Frühling; Ruhm; Reichtum; Frohsinn.

Papagei Nachahmung; dumme Wiederholung. *Chin.:* Klugheit; eine Warnung für untreue Ehefrauen. *Hinduist.:* Ein Attribut von Kama, dem Gott der Liebe. Ein Orakelvogel und Regenbringer. Diese Eigenschaften wurden ihm auch im *präkolumbischen Amerika* zugeschrieben.

Pappel Ein Baum der Wasser. *Chin.:* Die Verschiedenfarbigkeit der beiden Seiten ihrer Blätter versinnbildlicht das *yin-yang*, das Lunare und Solare und alle Dualitäten. *Griech./Röm.:* Die weiße Pappel bezeichnet die elysischen Gefilde und die schwarze den Hades. Die Pappel ist Sabazios geweiht und wurde in seinen Riten getragen; auch ein Attribut von Zeus/Jupiter und Herakles/Herkules, der bei seinem Abstieg in den Hades einen Kranz aus Pappelzweigen trug.

Paradies In den meisten Überlieferungen ist das Paradies ein umfriedeter Garten, eine Garten-Insel oder eine »Grüne Insel«. Bemerkenswerte Ausnahmen bilden die *kelt.* Tradition und die der *Maori*, wo es sich unter den Wassern befindet. Es symbolisiert die uranfängliche Vollkommenheit und das Goldene Zeitalter; das Kosmische Zentrum; reine Unschuld; Seligkeit; eine durch nichts gestörte Gemeinschaft zwischen Mensch und Gott und allen Lebewesen. Es steht auch für die innerste Seele, den Sitz der Unsterblichkeit; einen Ort, an dem die Zeit stillsteht; den Eintritt in die Große Zeit, die am Anfang geherrscht hatte; den Zustand, in dem der Himmel der Erde so nahe ist, daß man ihn erreichen kann, wenn man auf einen Baum klettert, sich an einem Rankengewächs hochzieht, einen Berg ersteigt oder auf jedem anderen Axialsymbol in die Höhe steigt.

Das Paradies ist immer ein umfriedetes Gebiet oder vom Meer umgeben und nur zu den Himmeln hin offen. Wie Gott und Mensch dort miteinander kommunizieren können, so leben auch Menschen und Tiere in völliger Eintracht miteinander und sprechen dieselbe Sprache. Im *Zoroastrismus* ist es die Heimstatt des Gesangs. In allen Paradiesgärten stehen die beiden Bäume in der Mitte: der Baum des Lebens und der Erkenntnis und der Baum der Unsterblichkeit und des Todes; aus den Wurzeln des Lebensbaumes entspringt eine Quelle, aus der sich die vier Flüsse des Paradieses bilden, die in die vier Himmelsrichtungen fließen und die vertikalen und horizontalen Arme des Kreuzes darstellen.

Das Verlorene Paradies oder der Sündenfall symbolisiert den Abstieg aus der Einheit in die Vielfalt der Manifestation; die Wegbewegung vom Zentrum der Vollkommenheit sowie die Zerstreuung und den Zerfall. Das Wiedergewonnene Paradies bedeutet die Rückkehr zur Einheit, zum geistigen Zentrum, den Sieg des Menschen über sich selbst und die Wiedererlangung unverfälschter Reinheit. Das Verlorene Paradies stürzt den Menschen in Zeit und

Dunkel; das Wiedergewonnene Paradies stellt die Einheit wieder her und setzt der Zeit ein Ende. Symbole für das Paradies sind das Zentrum; der umzäunte und verborgene Garten mit Vogelsang und Blumenduft; der Rosengarten; die Insel der Seligen; die Grüne Insel; die Elysischen Gefilde; das Gelobte Land; El Dorado; eine Traube aus Perlen usw. Das Verlorene Paradies wird von Ungeheuern, Drachen oder Engeln mit Flammenschwertern bewacht; es wiederzugewinnen, bedeutet große Schwierigkeiten, Prüfungen und Gefahren, die den mühsam zu erklimmenden Pfad des Geistes der Reise zurück zum Zentrum symbolisieren.

Passion *Christl.:* Symbole der Passion (Leidensgeschichte) Christi sind das Kreuz, die Leiter, der Essigschwamm, das nahtlose Gewand, die Würfel, der Hahn, die Lanze, das Schwert, die Zange, der Hammer, die Nägel, Martersäule und Geißel, Dornenkrone, Rute, Purpurgewand, Becken und Kanne zur Handwaschung des Pilatus, die dreißig Silberlinge, das Schweißtuch der Veronika.

Pavian *Ägypt.:* Der Künder der Morgendämmerung; mit erhobenen Händen bedeutet er die Weisheit, die die aufgehende Sonne grüßt. Er verkörpert die Götter Thot und Hapi.

Peitsche/Geißel Autorität; Herrschaft; Regierung; Vorherrschaft; Bestrafung; auch ein Symbol der Schöpferkraft, die stets aufs neue zeugungsfähige männliche Kraft hervorbringt. Die Peitsche wird mit dem Blitz und verschiedenen Sturmgöttern assoziiert und ist ein Attribut der Großen Mutter in ihrem schrecklichen Aspekt. Wenn Peitsche oder Geißel zusammen mit dem Hirtenstab auftreten, stehen sie für den Ackerbau und die Viehzucht. In der *ägypt.* Symbolik treibt Month böse Geister und den Kummer mit der Geißel aus, die dann zu einem Glückssymbol wird; diese zweifache Symbolik gab es auch in *China.* Die Peitsche ist ein Attribut von Month, Osiris, Apollon, Dionysos, Kybele und den Erinnyen. Sie ist eines der Symbole für die Leiden Christi und seiner Reinigung des Tempels. Das Auspeitschen sollte die Fruchtbarkeit anregen, nicht nur die männliche Zeugungskraft, und *röm.* Bräute wurden ausgepeitscht; bei den Luperkalien liefen nackte junge Männer herum, die jede Frau, die sie trafen, auspeitschten, um ihre Fruchtbarkeit zu sichern. Obst- und Nußbäume wurden oft aus demselben Grunde mit Peitschen geschlagen. Der ambivalente Aspekt wird bei der mittelalterlichen Teufelsaustreibung deutlich: Die Bestrafung für den Umgang mit Teufeln und Dämonen sollte zugleich diese selbst austreiben.

Pelikan Da man glaubte, daß dieser Vogel seine Jungen mit seinem eigenen Blut füttere, verkörperte

Paradies An dem Portal der Kirche von Great Rollington in Oxfordshire aus dem 12. Jahrhundert befindet sich diese Darstellung des Paradieses – eines von Wasser (durch eine Zickzackleiste symbolisiert) und phantastischen Tieren umgebenen Gartens, der mit Blumen bedeckt ist und die alles umschließende Schlange enthält.

Perle Der Himmelsdrache auf dieser chinesischen Vase vom Anfang des 18. Jahrhunderts hütet die Perle der Vollkommenheit, von der der Blitz des Bewußtseins ausgeht.

er Aufopferung, Nächstenliebe und Frömmigkeit. *Christl.:* Christi Opfertod; Christus, der sein Blut für die Sünden der vielen hingab; die Kreuzigung; Erlösung durch das Blutopfer; die Eucharistie.

Pentagramm ↗ Fünfstern

Perle Lunar; die Macht der Wasser; das Wesen des Mondes und Beherrscher der Gezeiten; das Keimende; kosmisches Leben; die göttliche Wesenheit; die lebenspendende Macht der Großen Mutter; das weibliche Prinzip des Ozeans; das Selbstleuchtende; Initiation; das Gesetz im kosmischen Leben; Gerechtigkeit. Man glaubte, daß die Perle entstand, wenn der Blitz die Auster durchdrang, und so galt sie als die Vereinigung von Feuer und Wasser, die beide fruchtbringende Kräfte sind, und steht für Geburt und Wiedergeburt; Fruchtbarkeit. Sie symbolisiert auch Unschuld, Reinheit, Jungfräulichkeit, Vollkommenheit, Demut und zurückhaltendes Wesen. In *Asien* bedeutet sie transzendente Weisheit; geistige Erleuchtung; spirituelles Bewußtsein. Die »weiße Perle« ist der »Schatz, der schwer zu erlangen ist«; der Geist; Erleuchtung; Weisheit; die »kostbare Perle«. Die sehr kleine Perle hat dieselbe Symbolik wie die »flammende Perle«: Sie verkörpert die Möglichkeiten und die Entfaltung der Blume des Lichts. *Buddhist.:* Eines der Acht Kostbaren Dinge; das Herz Buddhas; reine Intentionen; das Dritte Auge Buddhas, die »flammende Perle«, ist die Kristallisation des Lichts; transzendente Weisheit; spirituelles Bewußtsein; die geistige Wesenheit des Universums. *Chin.:* Das weibliche *yin*-Prinzip; Unsterblichkeit; alle Möglichkeiten; glückliche Vorbedeutung; der Genius in der Verborgenheit. *Christl.:* Erlösung; Christus, der Retter; Gottes Wort; die Taufe; die für die Erlösung erforderliche verborgene mystisch-religiöse Erkenntnis, die »kostbare Perle«, um die der Mensch in die Wasser der Taufe tauchen und Gefahren begegnen muß. Sie bedeutet auch »jungfräuliche Geburt«; Reinheit; geistliche Gnade. *Daoist.:* Die »glänzende Perle«, die »Perle der innewohnenden Möglichkeiten« und die »zur Nacht leuchtende Perle« sind die *yin*-Kräfte des Wassers und die Herrschaft des Mondes über die Wasser und alle ihnen innewohnenden Möglichkeiten. Die »flammende Perle« symbolisiert die Suche des Menschen nach Wahrheit; geistige Entfaltung; die Erfahrung des Lichts. *Gnost.:* Der Sündenfall und nachfolgende Erlösung. *Griech./Röm.:* Liebe und Ehe und damit Attribut von Aphrodite/Venus, der »Herrin der Perlen«, die den Wassern entstiegen ist. *Hinduist.:* Das *urna*, der leuchtende Punkt, die »flammende Perle« auf der Stirn Shivas; das Dritte Auge; transzendente Weisheit; Kristallisation des Lichts; das spirituelle Bewußtsein; Erleuchtung. *Iran.:* Der Erretter, der Leben, Geburt und Tod verleiht; Langlebigkeit. *Islam.:* Das Göttliche Wort; der Himmel. *Sumero-semit.:* Die schöpferische Gestaltungskraft der Wasser.

Perlenkette Stellt Kontinuität, Unaufhörlichkeit und Endlosigkeit dar. ↗ Rosenkranz

Persimone In *China* – Freude; in *Japan* – Sieg.

Petersilie *Europ.:* Eine mystische Pflanze; das weibliche Prinzip. Der Petersilienkranz wurde dem Sieger der Nemeïschen Spiele verliehen.

Pfahl Der »Pfahl der Erde« ist die Weltachse, das Kosmische Zentrum, der »Fixpunkt«; er kennzeichnet Stabilität verleihende Kraft und kann die Symbolik des Lebensbaumes übernehmen; er ist auch phallisch; bedeutet Zeugung und Fruchtbarkeit. In der *amerikan.* Schwitzhütte verkörpert der gebogene Pfahl des Dampfbades das Greisenalter und die Lebensspanne von der Jugend bis ins hohe Alter. In *sibir.* und *schamanist.* Kulten kann ein Pfahl die Birke als Weltachse ersetzen und symbolisieren und auch das Himmelsgewölbe tragen; er ist am Polarstern befestigt, und das Firmament dreht sich um ihn. ↗ Säule

Pfau Solar; steht im Zusammenhang mit Baum- und Sonnenkulten; wird auch mit der Pfingstrose assoziiert. Er verkörpert Unsterblichkeit, Langlebigkeit, Liebe. Ein Natursymbol für die Sterne am Firmament, daher für Auferstehung und Unsterblichkeit. Da er vor dem Regen unruhig wird, bringt man ihn mit Unwettern in Verbindung. Seinen Regentanz assoziiert man auch mit der Symbolik der Spirale. Weltlicher Sinn, Stolz und Eitelkeit sind relativ spät entstandene Symbolgehalte. *Buddhist.:* Mitgefühl; Wachsamkeit. Der Fächer aus Pfauenfedern ist ein Attribut von Avalokiteshvara, der auch unter dem Namen Kwan-yin/Guan-yin und Amitabha bekannt ist, als Gott des Mitleids. *Chin.:* Würde; Rang; Schönheit. Attribut von Kwan-yin und Si Wang Mu. Die Pfauenfeder wurde überreicht, um jemandem öffentliche Anerkennung für hervorragende Dienste zu bezeigen, und bedeutete kaiserliche Gunst. Wahrzeichen der Ming-Dynastie. *Christl.:* Unsterblichkeit; Auferstehung; die verklärte Seele, denn sein Gefieder erneuerte sich, und sein Fleisch galt als unverweslich. Die »hundert Augen« des Schwanzes sind die alles sehende Kirche. Der Pfau symbolisiert auch die Heiligen, da man in seinem Schwanz das Abbild des Heiligenscheins sah. Auf einer Weltkugel stehend, versinnbildlichte er die Erhebung über weltliche Dinge. Die Pfauenfeder ist ein Attribut der hl. Barabara. *Griech.:* Repräsentiert den Halbgott Phaon. Ursprünglich war der Pfau ein Attribut von Pan, der ihn aber dann Hera überließ als Symbol des Sternenhimmels; denn sie hatte die Argusaugen an die Schwanzfedern des Pfaus gesetzt. *Hinduist.:* Bisweilen das Reittier von Brahma; auch Lakshmi reitet auf einem Pfau und Skanda-Karttikeya, der Kriegsgott. Wenn ihn Kama, der Gott der Liebe, reitet, stellt der Pfau ungeduldiges Begehren dar. Der Pfau ist auch ein Attribut von Sarasvati, der Göttin der Weisheit, Musik und Poesie. *Iran.:* Pfauen zu beiden Seiten des Lebensbaumes bezeichnen die Dualität und die beiden Aspekte der menschlichen Natur. Der Pfau bedeutet auch Königswürde, und der *pers.* Königsthron ist der »Pfauenthron«. *Islam.:* Das Licht; das Pfauenauge wird mit dem Auge des Herzens assoziiert. *Japan.:* Der Bodhisattva Kujaku-myoo wird immer auf einem Pfau sitzend dargestellt. *Röm.:* Junos Vogel; mit derselben Bedeutung wie bei Hera. Ein Kennzeichen der Kaiserin und der Prinzessin.

Pfeil Das durchdringende, männliche Prinzip; Durchdringung; phallisch; Blitz; Regen; Schöpferkraft; Männlichkeit; Macht; Krieg. Eine Reihe von Pfeilen symbolisiert den Aufstieg in himmlische Gefilde. Von einem Bogen abgeschossene Pfeile stellen die Folgen von Handlungen dar, die nicht zurückgenommen oder widerrufen werden können. Der mit Lanze und Schwert dargestellte Pfeil ist ein Sonnensymbol, das die Strahlen der Sonne versinnbildlicht; auch ist er das Attribut des Kriegers. Ein Pfeil, der eine Schlange durchbohrt, steht für die Sonnenstrahlen, die die dunklen Wolken des feuchten Prinzips durchdringen. Der breitköpfige Pfeil (die Lilie) bedeutet königlichen Besitz. *Ägypt.:* Zwei gekreuzte Pfeile auf einem Schild sind ein Attribut der Neith als Kriegsgöttin. *Christl.:* Martyrium; Leiden; Attribut u. a. der Heiligen Aegidius, Christina, Edmund, Sebastian, Ursula. Bei Karl Borromäus ist er ein symbolischer Hinweis auf die Pest. *Griech.:* Apollons Pfeile stehen für die Sonnenstrahlen, die wohltätig sein und auch fruchtbar machen oder aber sengend und schadenbringend wirken können. Die Pfeile des Eros sind die durchbohrenden Liebespfeile. Ein von einem Pfeil durchbohrtes Herz bedeutet Vereinigung. Pfeile sind ein Attribut der Diana als Göttin der Jagd. Homer benutzt Pfeile symbolisch für Schmerz und Krankheit, die von den Göttern, besonders von Apollon, auf die Menschheit losgelassen werden. *Hinduist.:* Attribut von Rudra, dem Gott der Erde, des Blitzes und der Stürme, die Menschen und Tiere töten, Schmerz und Mühsal verursachen, aber auch Fruchtbarkeit und heilsamen Regen bringen. Attribut von Indra als Himmelsgott; seine Pfeile sind sowohl die Sonnenstrahlen als auch der Blitz. *Indian.:* Sonnenstrahlen. *Islam.:* Der Zorn und die Strafe Gottes, die seinen Feinden auferlegt werden. *Mithrazist.:* Attribut von Mithras als Gott des

Pfau Eine maurische Textilarbeit aus Andalusien (12. Jahrhundert) zeigt eingewebte, spiegelgleich angeordnete Pfauen als Glückssymbole.

Pferd Das Pferd auf diesem römischen Sarkophag ist lunar, sterblich, denn es erlebt seinen Todeskampf in der Gewalt des höchsten solaren Tieres, des Löwen, der Symbol ist für kraftvolles Leben und Ausdauer.

Lichts. *Schamanist.:* Der gefiederte Pfeil stellt den Vogelflug zum Himmel dar; ein Hinausgehen über das irdische Sein.

Pfeiler ↗ Säule

Pferd Das Pferd ist ein ambivalentes Symbol, da es einerseits die Macht der Sonne ist, wenn die weißen, goldenen oder feurigen Pferde mit Sonnengöttern erscheinen und ihre Kampfwagen ziehen; andererseits aber die Macht des Mondes, wenn sie als das feuchte Element, das Meer und das Chaos erscheinen und als die Rosse der Ozeangötter; so ist das Pferd beides, ein Lebens- und ein Todessymbol, solar und lunar. Es symbolisiert auch den Intellekt; die Weisheit; den Geist, den Sinn; Edelmut; das Licht; dynamische Kraft; Flinkheit; die Schnelligkeit des Gedankens; den schnellen Lauf des Lebens; es verkörpert die instinktive Tiernatur, die Zauberkräfte der Weissagung; den Wind; die Wellen des Meeres. Das Pferd erscheint mit Fruchtbarkeitsgöttern und Vanen. Es kann vom Teufel geritten werden und wird dann phallisch oder vom Wilden Jäger oder dem Erlkönig, und dann trägt es den Tod. Das geflügelte wie auch das weiße Pferd bedeuten die Sonne oder das Kosmische Pferd und stellen den reinen Intellekt dar; das Makellose; die Unschuld; Leben und Licht, und es wird von Heroen geritten. Das Pferd kann als Opfertier an die Stelle des Stieres treten; beide verkörpern den Himmel und die Götter der Fruchtbarkeit, die männliche Zeugungskraft, die Fruchtbarkeit, wie auch die chthonischen und feuchten Mächte. Das weiße Pferd des Ozeans bezieht sich ebenfalls auf beide, das Prinzip des Feuers und des Wassers. Der Löwe, der das Pferd oder den Stier reißt, verkörpert die Sonne, die die Feuchtigkeit und die Nebel austrocknet. Das schwarze Pferd hat Funeralbedeutung, es kündigt den Tod an und symbolisiert das Chaos; es erscheint in den zwölf Tagen des Chaos zwischen dem alten und dem neuen Jahr. Das im Oktober geopferte Pferd bedeutete den Tod des Todes. *Buddhist.:* Das Unzerstörbare, die verborgene Natur der Dinge. Das geflügelte oder das Kosmische Pferd – »die Wolke« – ist eine Erscheinungsform von Avalokiteshvara oder Kwan-yin. Buddha verließ sein Zuhause einer Legende nach auf einem weißen Pferd. *Chin.:* Die Himmel; Feuer; ein *yang*-Tier; der Süden; Schnelligkeit; Ausdauer; gutes Omen. Das Pferd ist das siebente Symboltier der Zwölf Erdstämme. Sein Huf bedeutet Glück. Wenn das Kosmische Pferd solare Bedeutung annimmt, so steht ihm die Kuh der Erde gegenüber, aber wenn das Pferd mit dem Drachen erscheint, der den Himmel symbolisiert, dann stellt es die Erde dar. Das geflügelte Pferd, das das Buch der Lehre auf dem Rücken trägt, stellt Glück und Reichtum dar. In der Ehesymbolik bedeutet das Pferd Geschwindigkeit und begleitet den Löwen (die Stärke) als Symbol für den Bräutigam, während Blumen die Braut darstellen. Das Pferd symbolisiert auch die Fruchtbarkeit und Macht des Herrschers. *Christl.:* Die Sonne; Mut; Großherzigkeit. Später, in der Renaissance, wurde es Symbol sinnlicher Begierde. In der Katakombenkunst stellte es den schnellen Lauf des Lebens dar. Die vier Reiter der Apokalypse stehen für den Krieg, den Tod, die Hungersnot und die Pest. Das Pferd ist das Attribut der Heiligen Georg, Martinus, Mauritius und Viktor, die wilden Pferde gehören zum hl. Hippolyt. *Daoist.:* Das Pferd ist ein Attribut von Ch'ang Kuo, einem der acht daoist. Genien oder Unsterblichen. *Griech.:* Weiße Pferde ziehen den Sonnenwagen des Phoibos und werden auch – als das feuchte Prinzip – mit Poseidon als dem Gott des Meeres, der Erdbeben und des Frühlings assoziiert, der selbst als Pferd dargestellt sein kann. Die Dioskuren reiten weiße Pferde. Pegasos stellt den Übergang von einer Ebene zur anderen dar; er trägt Blitz und Donner für Zeus. Zentauren (Pferdmenschen) erscheinen häufig in den Riten des Dionysos. ↗ Zentaur. *Hinduist.:* Das Pferd ist das Fahrzeug, der Körper, und der Reiter ist der Geist. Manus Stute ist die vergöttlichte Erde. Kalkin, ein weißes Pferd, soll die letzte Inkarnation oder das letzte Fahrzeug des Vishnu sein, wenn er zum zehnten Male erscheint, um der Welt Frieden und Rettung zu bringen. Seine Inkarnation als Mann mit einem Pferdekopf heißt Hayagriva. Das Pferd ist der Wächter über den Süden. *Iran.:* Der Kampfwagen von Ardvisura Anahita wird von den vier weißen Pferden des Windes, des Regens, der Wolke und des Hagels gezogen. *Islam.:* Glück; Wohlstand. *Japan.:* Ein weißes Pferd ist das Fahrzeug oder eine Erscheinungsform einer Kwannon (dem *buddhist.* Avalokiteshvara *Indiens* und dem Kwan-yin *Chinas*), der Göttin der Barmherzigkeit; sie kann manchmal als weißes Pferd oder pferdeköpfig oder mit einer Pferdefigur in ihrer Krone erscheinen. Das schwarze Pferd ist das Attribut des Regengottes. *Kelt.:* Das Attribut oder die Gestalt von Pferdegottheiten wie z. B. Epona, dem Großen Pferd der Stutengöttin Medb von Tara und Macha von Ulster, Schützerin der Pferde, als chthonischen Gottheiten und Mächten der Toten. Das Pferd kann solar sein und für Männlichkeit und Fruchtbarkeit stehen; auch ein *Psychopompos* (Seelengeleiter) und Götterbote. *Mithraz.:* Weiße Pferde ziehen den Wagen von Mithras als Sonnengott. *Röm.:* Weiße Pferde ziehen die Wagen von Apollo und Mithras. Die von den Kelten übernommene Epona wurde die römische Pferdegöttin und

Schirmherrin der Pferde; sie war auch eine Funeralgottheit. Die Dioskuren reiten weiße Pferde. Das Pferd ist ein Attribut von Diana, der Jägerin. *Schamanist.: Psychopompos* für den Übergang von dieser Welt ins Jenseits. Das Pferd steht mit der Opferung im Zusammenhang und ist in Sibirien und im Altai ein Opfertier; seine Haut und sein Kopf haben rituelle Bedeutung, wobei die Haut – wie das Vlies – das Fett darstellt und der Kopf das Lebensprinzip enthält. *Skand.* und *German.:* Odin/Wotan heilig, der ein achtbeiniges Schlachtroß hatte, Sleipnir genannt. Das Pferd erscheint mit den Vanen, den Göttern der Felder, Wälder, der Sonne und des Regens. Die Wolken sind die Schlachtrosse der Walküren.

Pfirsich *Ägypt.:* Hathor und Harpokrates geweiht. *Buddhist.:* Zusammen mit der Zitrone und dem Granatapfel ist der Pfirsich eine der Drei Gesegneten Früchte. *Chin.:* Die Unsterblichkeit; der Baum des Lebens; Zauberfrucht; Frühling; Jugend; Ehe; Reichtum; Langlebigkeit; gute Wünsche. *Christl.:* Die Frucht der Erlösung; Pfirsich mit Blatt bedeutet Tugend des Herzens und der Zunge; die Tugend der Verschwiegenheit. *Daoist.:* Der Baum des Lebens im Kun-lun-Paradies, der Unsterblichkeit verleiht und die Speise der daoistischen Genien oder Unsterblichen darstellt. Pfirsich und Phönix zusammen sind ein Attribut von Si Wang Mu, der Göttin des Baumes der Unsterblichkeit und der Königin des Himmels. Ein Apotropaion: seine Steine werden bearbeitet und dienen als Amulett und Talisman. *Japan.:* Der Pfirsichbaum ist der Baum der Unsterblichkeit. Die Pfirsichblüte ist ein Zeichen des Frühlings; versinnbildlicht weiblichen Charme; Symbol der Ehe.

Pflanzen Symbolisieren Tod und Wiederauferstehung; die Lebenskraft; den Kreislauf des Lebens. Die Pflanzen- und Blumensymbolik steht in engem Zusammenhang mit der Großen Mutter, der Göttin der Erde, der Fruchtbarkeit und des Wachstums bzw. der Vegetation; sie wird auch mit der Fruchtbarkeit der lebenspendenden Wasser assoziiert; die mit Lebenssaft gefüllte Pflanze bedeutet Mutterschaft. Pflanzen und Blumen werden vielfach als mythische Ahnen angesehen und mit dem Mondkult assoziiert. Pflanzen und Bäume, die aus dem vergossenen Blut eines Gottes oder Heroen erwachsen, verkörpern die mystische Vereinigung zwischen dem Menschen und den Pflanzen und die Geburt von Leben aus dem Tod; Leben, das von einer Form in die andere überfließt, z. B. wuchsen Veilchen aus dem Blute des Attis, Weizen und Kräuter aus dem Leib des Osiris, der Granatapfel aus dem Blut des Dionysos, Anemonen aus dem Blut des Adonis und rote Rosen aus dem Blut Christi. In der *chin.* Symbo-

Pfirsich Shou-lao, der chinesische Gott der Langlebigkeit, hält auf dieser Speckstein-schnitzerei vom Ende des 18. Jahrhunderts den Pfirsich der Unsterblichkeit, des langen Lebens und Wohlergehens in der Hand.

Phönix Ein goldener Haarschmuck in Phönixgestalt aus der Zeit der T'ang-Dynastie verlieh seinem Träger den Schutz und die Majestät dieses Vogels; eines der Vier Heiligen Geschöpfe und Symbol der Unsterblichkeit, Vorzüglichkeit und unvergleichlichen Edelmuts.

lik ist die Pflanze *polyporus lucidus* das Kraut der Unsterblichkeit und die Nahrung der *daoistischen* Genien oder Unsterblichen.

Pflaume *Chin.:* Langlebigkeit; Winter; Schönheit; Reinheit; der Einsiedler; der Schüler (die unreife Frucht). Da sie im Winter blüht, bedeutet sie Stärke; Ausdauer; Triumph. Pflaumenbaum, Bambus und Pinie sind die »Drei Freunde des Winters«. *Christl.:* Die Frucht bedeutet Unabhängigkeit bzw. hinreichendes Auskommen; Treue. *Japan.:* Die Pflaumenblüte ist der Triumph des Frühlings über den Winter; Tugend und Mut, die über die Schwierigkeiten den Sieg davontragen; Ehe; Glücklichsein. Der Pflaumenbaum ist ein Wahrzeichen des Samurai.

Pflug/Pflügen Der Pflug ist ein Attribut von Göttern und Göttinnen des Ackerbaus wie z. B. der Demeter, des Triptolemos oder des Dionysos. Für *Nomaden* symbolisiert das Pflügen den »Fall« aus der Vollkommenheit ursprünglicher und paradiesischer Zeiten, niedrige Gesinnung, Eitelkeit und Unfähigkeit eines Volkes. Bei den *nordamerikan.* Indianern und anderen Nomadentraditionen ist das Pflügen böse und eine Verletzung des Leibes der Mutter Erde. Das Pflügen bezeichnet den Zerfall der ursprünglichen *prima materia* in die Mannigfaltigkeit der Schöpfung; die Öffnung der Erde für das Einfließen des Himmels; die Herrschaft des Menschen über die Erde; Fruchtbarkeit. Der Pflug ist phallisch, befruchtet die Erde; die Furche ist weiblich.

Pforte Symbolisiert, wie die ↗ Schwelle, den Eingang; die Kommunikation; den Eintritt in ein neues Leben; die Kommunikation zwischen den beiden Welten, zwischen den Lebenden und den Toten. Sie ist auch der schützende, Zuflucht bietende Aspekt der Großen Mutter. Im *Christentum* ist die Jungfrau Maria durch die Himmelspforte symbolisiert. Pforten und Portale werden gewöhnlich von Symboltieren wie Löwen, Drachen, Stieren, Hunden oder Fabelwesen bewacht. Am Haus des Osiris wird jede Pforte von einer Göttin bewacht, deren Namen man kennen muß. Die Pforten des Ostens und Westens sind die Türen des Welttempels, durch den die Sonne des Morgens und des Abends ein- und ausgeht. Die »Enge Pforte« ist der zentrale Punkt der Kommunikation zwischen dem Niederen und dem Höheren; sie ist der Übergang in »geistlicher Armut« für den Kandidaten der Initiation oder beim Tode, die zu neuem Leben führt. Wie das Nadelöhr symbolisiert sie die Raumlosigkeit der Seele beim ↗ Übergang. Die Pforte wird oft mit der Weisheit assoziiert (Sprüche 8,3); an Pforten saßen Könige zu Gericht, weil sie wohl als heilige Orte göttlicher Macht galten. Auch an Kirchenportalen wurde deshalb häufig Recht gesprochen ↗ Tür ↗ Übergang

Phallus Das männlich-schöpferische Prinzip; die zeugenden, generativen Kräfte der Natur und des Menschengeschlechts; das Wirken und Können des Schöpfers; der Strom des Lebens. Ein unheilabwendendes Symbol. Ityphallus-Figuren repräsentieren das Teilhaben von Mensch und Natur am Leben; Fruchtbarkeit; Zeugungskraft; Potenz; auch sind sie apotropäisch. Phallische Symbole sind der Lingam, die *hinduist.* Darstellung Shivas als Schöpfer; die Säule; der Obelisk; alles Spitze und Durchdringende, wie z. B. Schwert, Lanze und Pfeil. Aber das, was durchsticht, zerstört auch, daher Shiva als Schöpfer und auch als Zerstörer. In der *keltischen* Kunst ist die mit einem Kopf bekrönte Säule phallisch, da in der kelt. Tradition ein Zusammenhang zwischen dem Kopf und dem Phallus besteht, die beide Kraft und Fruchtbarkeit verkörpern; sie können aber auch Funeralbedeutung haben und Unheil abwenden. Auf *ägypt.* und *griech./röm.* Friedhöfen wurde der Phallus als Symbol der Auferstehung und Erneuerung des Lebens benutzt. Er kann in seiner Symbolik bloße physische Bedeutung haben, wie etwa in der Verehrung des Priapos, kann aber auch auf geistiger Ebene sinnbildhaft verwendet werden, wie z. B. im Hinduismus.

Phönix Ein universelles Symbol für Auferstehung und Unsterblichkeit, für Tod und Wiedergeburt durch das Feuer. Er ist ein Fabelwesen, das durch Selbstopferung stirbt. Er bleibt drei Tage tot (die Zeit, da kein Mond scheint) und erhebt sich am dritten Tage wieder aus der eigenen Asche; das ist lunare Symbolik; aber als der »Feuervogel« ist der Phönix ein universelles Sonnensymbol und verkörpert Königswürde, Adel und Einzigartigkeit. Er steht auch für Sanftmut, da er nichts zerstört, worauf er seine Füße setzt, und sich von nichts Lebendem nährt, sondern nur vom Tau lebt. Der Phönix steht in allen Paradiesgärten mit der Rose im Zusammenhang. *Ägypt.:* Wird mit Benu, dem Sonnenvogel, gleichgesetzt als Symbol für Sonne, Auferstehung und Unsterblichkeit und mit Re in Verbindung gebracht. Er ist als das spiralförmige Aufsteigen des Sirius gedeutet worden, das in alten Zeiten dem Anschwellen des Nils vorausging. *Alchimist.:* Die Vollendung des *magnum opus;* Verjüngung. *Aztek.*, *Maya* und *Toltek.:* Solar; Segen; Glück; er ist der Quetzal, der Begleiter des Quetzalcoatl. *Chines.:* Der Feng-huang oder Fung bzw. Fum; der »scharlachrote Vogel«, die »Substanz der Flamme«; er ist eines der Vier Geistbegabten bzw. Heiligen Geschöpfe und, wie der Drache und das Einhorn, mit denen er stets in Verbindung gebracht wird, sowohl *yin* als auch *yang*. Ist er der männliche Feng, wird er *yang*, solar, der Feuervogel; aber als der Huang ist er weiblich, *yin* und lunar. Wenn er mit dem Drachen als dem Symbol des Kaisers dargestellt ist, wird der Phönix ganz und gar weiblich und Symbol der Kaiserin, und zusammen repräsentieren sie die beiden Aspekte kaiserlicher Gewalt. Im weiblichen Aspekt bedeutet der Huang Schönheit, Zartheit des Gefühls und Frieden. Er ist auch ein Brautsymbol, das die »untrennbare Zusammengehörigkeit« bezeichnet, nicht nur für die Vermählten, sondern auch für alle Wechselbeziehungen zwischen *yin* und *yang* im Universum, im Reich der Dualität. Auch entstand der Phönix wie der Drache und das Einhorn aus verschiedenen Elementen und verkörpert den Kosmos in seiner Ganzheit. Er hat den Kopf eines Hahns (die Sonne), den Rücken einer Schwalbe, der einem Halbmond gleicht, seine Flügel sind der Wind, sein Schwanz stellt Bäume und Blumen dar, und seine Füße sind die Erde. Er hat fünf Farben, die die fünf Tugenden symbolisieren: »Seine Farbe erfreut das Auge, sein Kamm drückt Rechtschaffenheit aus, seine Zunge spricht Aufrichtigkeit, seine Stimme singt Melodie, sein Ohr erfreut sich der Musik, sein Herz steht im Einklang mit den Vorschriften, seine Brust enthält die Schätze der Literatur, und seine Sporen sind kraftvoll gegen Missetäter« (aus einem alten Ritual). Das Erscheinen des Phönix war in jeder Situation höchst glückverheißend und bedeutete Frieden und gütige Herrschaft oder das Erscheinen eines großen Weisen. Ein Phönixpaar bedeutete das Zusammenwirken von Kaiser und Weisheit. *Christl.:* Auferstehung; Christus wird von den Feuern der Passion verzehrt und darf am dritten Tag wieder auferstehen; Triumph über den Tod; Glaube; Beständigkeit. *Japan.:* Die Sonne; Aufrichtigkeit; Treue; Gerechtigkeit; Gehorsam. *Röm.:* Die Wiedergeburt und ewige Existenz des Römischen Imperiums; Auferstehung des Imperiums.

Phrygische Mütze »Die Mütze der Freiheit«; Befreitsein; Vornehmheit; ein Kennzeichen des Freiseins, denn Sklaven erhielten die Mütze, wenn sie die Freiheit erlangten. Sie wird auch als das Horn des Stiers gedeutet und gilt als phallisches Symbol. Die konische oder pyramidenförmige Mütze ist bei Osiris, Ganymed und dem jungen, von einem Hund und einem Adler begleiteten Zeus anzutreffen sowie in der *etrusk.* Kunst bei den Dioskuren.

Pilger/Pilgerfahrt Der Pilger ist ein Mensch, der direkt und zielstrebig einen Weg verfolgt, im Gegensatz zum ziellosen Wanderer; er sucht nach einem Ziel und bedeutet das Streben nach dem Heiligen. Kennzeichen des Pilgers sind: Wanderstab und Trinkschale oder Gurde; breitkrempiger Hut; in der *christl.* Wallfahrt der Palmwedel des Pilgers, der eine Wallfahrt in das Heilige Land unternommen hatte;

Pilz Auf diesem chinesischen Teller aus dem 18. Jahrhundert drückt der Pilz den Wunsch aus, daß denjenigen, die von ihm essen, wie den Unsterblichen, deren Speise er ist, Langlebigkeit und schließlich Unsterblichkeit zuteil werden möge.

Pinie Das Weihrauchfaß in Gestalt eines Pinienzapfens auf diesem alten nubischen Bronzeschrein symbolisiert die lebenerhaltende Macht und Fruchtbarkeit der Götter, zu deren Dienst und Verehrung der Weihrauch entzündet wurde.

der Krug oder die Glasflasche des Pilgers nach Canterbury; der Wanderstab und die Pilgermuschel des hl. Jakobus d. Ä. und die Schlüssel des hl. Petrus für die Pilgerfahrt nach Rom. Die Pilgerreise symbolisiert die Reise zurück ins Paradies oder zum Zentrum; der Mensch als Fremdling in der manifesten Welt reist zurück in seine wirkliche Heimat. Jegliche Pilgerfahrt ist mit Schwierigkeiten verbunden, und das ist symbolisch dafür, wie schwer es ist, das Paradies wiederzugewinnen oder geistige Erleuchtung zu finden. Symbole für die Pilgerfahrt sind ↗ Aufsteigen und ↗ Übergang. Schreine und Heilige Berge sind die Hauptzentren von Wallfahrten.

Pilgermuschel ↗ Muschelschale

Pilz *Chin.:* Langlebigkeit; Unsterblichkeit; Beharrlichkeit; ist auch zusammen mit Kranichen und Fledermäusen, die Symbole für Langlebigkeit und Glück sind, anzutreffen. Im *Daoismus* ist er eine Speise für die Genien oder Unsterblichen.

Pinie Rechtschaffenheit; Geradheit; Lebenskraft; Fruchtbarkeit; Charakterstärke; Verschwiegenheit; Einsamkeit; phallisch. Als immergrüner Baum bezeichnet sie Unsterblichkeit. Man nahm von ihr an, daß sie die Seele vor dem Verderben bewahre, daher wurde sie für Särge benutzt und auf Friedhöfen gepflanzt; sie ist ein Apotropaion. Der Pinienzapfen gleicht einer Flamme, ist phallisch und verkörpert männliche Schöpferkraft, Fruchtbarkeit und Glück. Bastius setzt den Pinienzapfen mit dem sich drehenden Kreisel als einem Wirbel oder Quirl gleich, d. h. den großen erzeugenden Kräften. *Ägypt.:* Symbol des Serapis, als sich sein Kult in Ägpyten entwikkelte. *Chin.:* Langlebigkeit; Mut; Treue; Standhaftigkeit im Unglück; Kennzeichen des Konfuzius. Die Pinie wird auch zusammen mit dem Storch und dem weißen Hirsch dargestellt. *Griech.:* Attribut des Zeus. Der Pinienzapfen als phallisches Symbol und als ein Zeichen für Fruchtbarkeit war ein Attribut des Dionysos und bekrönte seinen Thyrsosstab; er war auch ein Attribut der Artemis. Mit Asklepios wird er wegen seiner prophylaktischen Bedeutung assoziiert. *Japan.:* Langlebigkeit, und in dieser Bedeutung erscheint die Pinie auch auf Darstellungen mit dem Storch und dem weißen Hirsch. *Röm.:* Attribut von Jupiter und Venus; als die *pura arbor* versinnbildlicht sie Jungfräulichkeit und wird mit Diana in Verbindung gebracht; außerdem mit Mithras assoziiert. *Semit.:* Der Zapfen ist ein Lebenssymbol; Fruchtbarkeit. Der Baum ist dem phrygischen Attis und seiner Gattin Kybele geweiht; ein Pinienzapfen auf einer Säule ist ein Attribut Marduks.

Pipal-Baum ↗ Bodhi-Baum

Pirol *Indian.:* Harmonie; Gleichgewicht; er ist der Gegenspieler des Spechts.

Pisang *Chin.:* Selbsterziehung (ein Student, der sich kein Papier leisten konnte, schrieb auf Pisangblätter).

Planeten Insgesamt symbolisieren die großen Planeten die Vermischung und Wechselwirkung aller wesentlichen Kräfte des Universums und der Natur. Die Sonne ist in heliozentrischen Weltbildern das Zentrum des kugelförmigen Weltalls, und Mars, Jupiter und Saturn sind in der oberen Region, während Venus, Merkur und der Mond in der unteren Hälfte liegen. Die Planeten mit Ausnahme der Sonne haben einen desto höheren Rang, je weiter sie von der Erde entfernt sind. Im *Islam* beherrscht jeder Planet ein Klima.

SONNE Symbolisiert durch die Sonnenscheibe, manchmal mit Strahlen; den Kreis mit dem Mittelpunkt und unzählige Variationen der Scheibe und des Strahlenkreises; auch durch einen von einer unterschiedlichen Anzahl weißer oder goldener Pferde gezogenen Wagen. Die Sonne ist das Attribut aller Sonnengötter und des Erzengels Michael. Sie stellt das Zentrum dar; das Herz; das Zentrum intuitiver Erkenntnis; die Kraft des Fühlens und Glaubens; Empfindungen und Vorstellungen. Ihre Farbe ist Gold; Metall – Gold; Tag – Sonntag; Position – Zenit; Lebensalter – das des jungen Mannes; Blume – Wegwarte bzw. sonnenwendige Wolfsmilch.

MOND Die werdende Mutter oder junge Frau in einem Wagen, in der Hand einen Köcher, oder eine Jägerin zu Fuß mit Köcher und Hunden. Symbolisiert die Zeit; Bewegung; Fortpflanzung; die Kraft der Zeugung und Empfängnis; den Lebensgeist, der Leib und Seele zusammenhält; unwillkürliches und instinktives Handeln. Alle Himmelsköniginnen und Großen Mütter sind lunar. Farbe – Silber; Metall – Silber; Tag – Montag; Position – Nadir; Lebensalter – Kindheit; Blume – Päonie.

SATURN Ursprünglich der Herrscher des Goldenen Zeitalters und des siebenten Himmels, jetzt wird er als alter Mann mit einer Sense dargestellt; der Zerstörer; Tod und Wiedergeburt. In Gestalt des Kronos ist er Zeit und Schicksal und hält das Stundenglas in der Hand; bisweilen ist er krähenköpfig. Gott der Erde, der Vernunft und des Intellektes, des Kontemplativen und Rationalen; das Prinzip des analytischen Denkens im Menschen; auch Konzentration, Widerspruch und Sterilität. Saturn repräsentiert auch den bösen Geist, der in der Materie gebunden liegt, und wird mit Drachen, Giftschlangen, Füchsen, Katzen, Mäusen und Nachtvögeln in Zusammenhang gebracht. In der *Alchimie* ist der Saturn das Blei, das durch Transformation den leuchtenden Zustand erreicht, d. h. zu Gold wird. Im *Gnostizismus* wird er sowohl als Vater wie auch als Sohn, Graubart und Jüngling, dargestellt. Farbe – Schwarz; Metall – Blei; Tag – Sonnabend; Position – Norden; Lebensalter – Greisenalter; Blumen – Narzisse, weiße Sonnenwende.

Jupiter Eine sitzende, ehrwürdige Figur, manchmal in einem Wagen, mit Stab und Speer. Er ist der Schöpfer; die Seele; begrenzter Raum; die Kraft der Organisation; Entschlossenheit; Ausdruckskraft; Expansion; vom Intellekt geleiteter Wille; der Energische und Mutige; die Luft. Farben – Blau, Violett oder Orange; Metall – Zinn; Tag – Donnerstag; Position – Osten; Lebensalter – Reife; Blume – Ackermennige.

Mars Ein bewaffneter Mann, manchmal zu Pferde, trägt in der Regel ein Banner oder eine Lanze, bisweilen aber auch ein Schwert oder eine Peitsche. Stellt das Positive, Aktive und Männliche dar; die Leidenschaften; Leidenschaftlichkeit und Tapferkeit; das Feuer. Farbe – Rot; Metall – Eisen; Tag – Dienstag; Position – Süden; Lebensalter – Mannesalter; Blumen – Ackerminze, Pestwurz.

Venus Eine Frau, in verschiedener Gestalt, gewöhnlich voluminös bekleidet, mit einem Lorbeer in der Hand. Als Morgen- bzw. Abendstern kann sie entweder solar oder lunar sein und repräsentiert die Vereinigung der Gegensätze; sie folgt dem Mond und geht der Sonne voraus; als »Bogenschütze und Speerwerfer« bedeutet sie das Aufsteigen des neuen Mondes über dem Meer der Nacht, und sie verteidigt den Mond gegen alle Ungeheuer der Finsternis; sie steht für die Wasser; weibliche Passivität; die Leidenschaften; Begierde; das Verlangen; die kreative Mutter; die Synthese; die Einbildungskraft. Farben – Grün, Blaßgelb oder Türkis; Metall – Kupfer; Position – Westen; Tag – Freitag; Lebensalter – Jugend; Blumen – weiße Rose, Eisenkraut, Baldrian.

Merkur Ein junger Mann mit geflügelten Sandalen, einer Kappe und einem Heroldsstab. Andere Attribute sind Hahn und Widder. Sein Zeichen verbindet Sonne und Mond, Feuer und Wasser. Er ist der Bote; der Erwecker; Rhythmus; der Gott des Gerichts und der Initiation; der Mittler, der alle Widersprüche überwindet, und wie sein Zeichen die Gegensätze aufhebt, so verkörpert er das Männliche wie das Weibliche; er repräsentiert das Erläuternde; die Kraft, Empfindungen auszudrücken und zu interpretieren; analytisches Denken. In der *Alchimie* ist er die *quinta essentia*. Farben – Purpur oder Tiefblau; Metall – Quecksilber; Tag – Mittwoch; Position – Zentrum; Lebensalter – Jugend; Blume – Baldrian; Haselstrauch.

Günstige Planeten sind Jupiter und Venus, unheilvolle sind Saturn und Mars; ambivalent ist Merkur. Männlich sind Sonne, Jupiter, Saturn und Mars;

Planeten Auf einer Illustration aus einem persischen Manuskript des 14. Jahrhunderts blickt ein Astrologe aufmerksam hinauf in das Gewölbe des Nachthimmels, an dem er neun Zeichen der Haupt-Planeten und -Sterne sieht.

weiblich Mond und Venus; Merkur ist androgyn. In der *babylon.* Astrologie spielt Marduk die Rolle von Jupiter, Ištar die von Venus, Nabu entspricht Merkur, Ninib dem Saturn und Nergal dem Mars. Die *griech.* und *röm.* Planeten sind: Kronos – Saturn; Ares bzw. Herakles – Mars; Aphrodite bzw. Hera – Venus; Zeus – Jupiter; Hermes bzw. Apollon – Merkur. In der *chin.* Symbolik sind die Planeten: Jupiter (Suei-Sing) – der Wald, der Osten; Mars (Yong-Ho) – das Feuer, der Süden; Saturn (Chen-Sing) – die Erde, das Zentrum; Venus (T'ai-Po) – das Metall, der Westen; Merkur (Ch'en-Sing) – das Wasser, der Norden.

Platane *Christl.:* Die allumfassende Liebe Christi; Nächstenliebe; moralische Überlegenheit. *Griech.:* Gelehrsamkeit; Gelehrtentum. *Iran.:* Großartigkeit; Gelehrsamkeit. *Minoisch:* Dem Kult des kretischen Zeus geweiht.

Pokal ↗ Kelch

Polarstern ↗ Stern

Primel In *Europa* verkörpert die Primel Reinheit; Jugend; Keckheit; im *Keltischen* ist sie eine Zauberblume.

Prinz/Prinzessin Das Potential des Königtums; die Macht und Lebenskraft jugendlichen Königtums. Der Prinz wird mit dem König in Verbindung gebracht; er verkörpert die Fruchtbarkeit seines Volkes und Landes. Um die Hand einer Prinzessin anzuhalten, bedeutet in Mythos und Legende, nach dem höheren und höchsten Rang zu streben; eine Situation, die Gefahren mit sich bringt, die für den Bewerber entweder den Tod bedeuten oder ihn in einen höheren und vornehmeren Stand erheben können, und das gilt auch für das Streben und die Suche nach seelischen und geistigen Werten.

Prudentia In der *christl.* Kunst ist die Tugend Prudentia (Klugheit) wie alle (4, 7, 12 od. 15) Tugenden in der Regel als eine Frau, bisweilen doppel- oder dreiköpfig, dargestellt mit einem Spiegel und einer Schlange oder einem Sieb in der Hand und Salomo zu ihren Füßen.

Punkt ↗ Zentrum

Puppe Die Puppe ist häufig ein Bild für die Seele eines bestimmten Menschen, dem von geheimnisvollen Zaubermächten oder Hexereien durch die Puppe geschadet werden kann. Die Kornpuppe oder -jungfrau verkörpert die Saat, das Kind künftigen Wachstums und Erntens, und ist auch ein Bild für die Korngöttin, Mutter oder Jungfrau. ↗ Korn. Sie wird aus der letzten Getreidegarbe zur Erntezeit gemacht und unter Zeremonien in den Bauernhof getragen. Die Puppe wurde oft unter Klagen auf den Boden heruntergelassen, dann mit lauten Freudenrufen hochgehoben, um den Tod und die Wiederge-

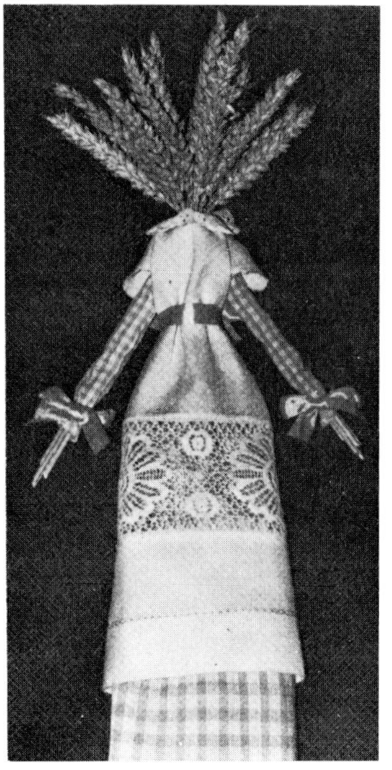

Puppe Die Kornpuppe, aus den letzten Halmen der Ernte und als Ebenbild der Großen Mutter gestaltet, wurde bis zur nächsten Ernte aufbewahrt und danach vernichtet; Symbol für Geburt, Wachstum, Tod und Wiedergeburt der Korngottheit.

Python Der Python des Apollon, dessen Priester Laokoon in Troja war, tötete Laokoon und dessen Söhne, da er den Zugang des hölzernen Pferdes zu ihrer Stadt ermöglichte.

burt der Korngottheit anzuzeigen. Im Fernen Osten fertigt man Reispuppen und dekoriert damit Schreine am Wege. Eine im Bauernhof aufgehängte Puppe hält Hexen, Feen und böse Einflüsse bis zur nächsten Ernte fern.

Pyramide Ein Weltzentrum und eine *axis mundi*, ein Bild des uranfänglichen Heiligen Berges, der häufig vierseitig dargestellt ist, wie z. B. der Berg Meru. Die Spitze der Pyramide symbolisiert das Ziel höchsten Strebens des Geistes in der Hierarchie und in der Initiation; sie kennzeichnet auch das Feuer, die Flamme, die solare, männliche Kraft. Die Stufenpyramide bedeutet die Struktur des Kosmos und die Ebenen des Bewußtseins; auch den Aufgang der Sonne am Firmament. *Platon* benutzt die Pyramide, um das Erd-Element geometrisch zu symbolisieren, wie der Kubus/Würfel für die Luft, das Oktaeder für das Feuer, das Ikosaeder für das Wasser und das Dodekaeder für den Äther stehen. In der Symbolik der *Azteken* ist die Pyramide die fünfte Sonne des Quetzalcoatl.

Python Die unheilvolle Macht der Finsternis und des weiblichen Erd-Prinzips; Attribut von Apollon, der den Drachen Python tötete und dort (in der Nähe von Delphi) ein Orakelheiligtum begründetete, in dem die Pythia weissagte.

Quaderstein *Ägypt.:* Das Material, das bearbeitet werden muß, um durch schöpferische Aktivität Vollendung zu erlangen; der unbehauene Stein steht für den noch nicht erneuerten Menschen, der vollendete Quaderstein für den göttlich inspirierten und vollkommenen Menschen.

Quadrat Die Erde, im Gegensatz zum Kreis für die Himmel; irdische Existenz; statische Perfektion; Unwandelbarkeit; Integration; es bezeichnet auch Ehrlichkeit; Geradheit; Integrität; Sittlichkeit. Es ist das Feststehende des Todes im Gegensatz zum dynamischen Kreis von Leben und Bewegung, während es in der Symbolik der Architektur das Unveränderliche von Gebäuden der seßhaften Menschen darstellt im Gegensatz zu der dynamischen und sich endlos bewegenden kreisförmigen Gestaltung der Zelte und Lager von *Nomaden.* Es verkörpert Begrenzung und damit Form. Das Quadrat ist die vollendete Form umfriedeter Orte, z. B. von Gärten, Kreuzgängen, Höfen usw., womit Dauer und Stabilität symbolisiert werden. In der sakralen Achitektur bezeichnet es transzendentes Wissen; die Urform, die allen Werken zugrunde liegt. Das Viereck bzw. Quadrat ist die Zusicherung von Dauer und Stabilität im Sinne eines Talismans. Die Umkreisung des Quadrats in einem geweihten Bauwerk, einem Tempel oder einer Kirche, ist die Transformation der Kugelform, des Firmaments, der Himmel, in die rechteckige Form der Erde und umgekehrt; sie ist die mystische Vereinigung der vier Elemente; die Erlangung der Einheit bei der Rückkehr zu uranfänglicher Einfachheit. *Buddhist.:* Das Quadrat bzw. der Würfel, auf dem ein Tschorten ruht, verkörpert die Ebene der Erde innerhalb der Seinsebenen. *Chin.:* Die Erde, das Unbewegliche, im Zusammenhang mit dem Kreis des Himmels, der sich dreht; das Quadrat und der Kreis zusammen (wie bei den alten *chin.* Münzen) sind die Vereinigung von *yin* und *yang*, Erde und Himmel und verkörpern auch den vollkommen ausgeglichenen Menschen. »Sich nach dem Quadrat zu richten«, »auf der Grundlage des Quadrats zu handeln«, d. h. recht zu handeln, ist die konfuzianische Maxime. Das Quadrat mit dem Zirkel bedeutet Ordnung; Anständigkeit; die Gesetze der Tugend; die Pfade der Weisheit; den wahren Führer. Das Quadrat mit dem Zirkel ist das Attribut von Nü-kua, die den zerbrochenen Stützpfeiler des Himmels reparierte. *Griech./Röm.:* Das Quadrat ist ein Symbol von Aphrodite/Venus für die weiblich-reproduzierende Kraft. *Hermet.:* Ein auf seiner Grundlinie stehendes Quadrat bedeutet Stabilität; steht es auf der Spitze, so bezeichnet das Bewegung; mit dem Kreis in der Mitte ist es die *anima mundi. Hinduist.:* Vor allen anderen Symbolen *Indiens* ist das Quadrat der Archetyp und das Modell für die Ordnung im Universum, der Stab der Proportion und das perfekte Maß für den Menschen. Es ist die Grundform des Tempels und jeglichen heiligen Zentrums und stellt ausgewogene Vollkommenheit der Form dar; Essenz, Raum; auch die Gegensatzpaare; die vier Richtungen; die vier Kasten usw. Das Quadrat und der Kreis sind beide Ornamente des Dharma, der Ordnung der Dinge im Kosmos und der Welt des Menschen. Das Quadrat am Grunde eines Stupa verkörpert die irdische Ebene. *Pythag.:* Das Quadrat symbolisiert die Seele.

Quarz Die Symbolik der *austral. Aborigines* schreibt dem Quarz die himmlische Macht des Lichtes zu.

Qubba Die *islam.* Qubba hat dieselbe Symbolik der Seinsebenen wie der ↗ Stupa.

Quelle Die Wasser des Lebens, wie z. B. die »Quelle des Lebens« oder die »Quelle der Unsterblichkeit«; ewiges Leben. In der Paradiesessymbolik liegt die Quelle der Wasser des Lebens, aus der die vier Flüsse des Paradieses gespeist werden, am Fuße des Lebensbaumes. Fontänen in der Mitte von quadratischen Plätzen, Höfen, Kreuzgängen, umzäunten Gärten usw. verkörpern das Kosmische Zentrum wie der im Zentrum des Paradieses gelegene Springquell, und außerdem sind sie die Quelle der lebendigen Wasser, der Jugend und der Unsterblichkeit. Eine Fontäne oder ein Wasserstrahl aus einem Munde ist ein Bild für die Macht des gesprochenen Wortes sowie für Belehrung und Erfrischung. »Fontänen des Lichts« sind symbolisch dafür, daß Licht und Wasser ein und dieselbe zentrale Quelle haben. Die versiegelte Quelle ist Jungfräulichkeit. *Christl.:* Erlösung und Reinigung durch die lebendigen Wasser; das Fließen des Logos; die Quelle des Lebens verleiht Unsterblichkeit und ist auch der Heilige Geist. Die versiegelte Quelle ist die Jungfrau Maria. *Islam.:* Eine Quelle bedeutet den plötzlichen Zugang zu Wissen oder die Öffnung des »Auges des Herzens«. Der Springquell der Gnade. Die Wasser des Lebens sind die Erkenntnis Gottes. *Jüd.:* Die Quelle der lebendigen Wasser ist Gott.

Qilin Das *chinesische* Fabelwesen, das auch bisweilen Einhorn genannt wird; es ist die Vereinigung der Kräfte *yin* und *yang: qi* steht für die männliche und *lin* für die weibliche Kraft. Das ganze Tier symbolisiert Wohlwollen, guten Willen und Fruchtbarkeit; es kündet die Geburt eines großen Weisen oder eines weisen Herrschers an. »Ein Qilin zu reiten« bedeutet, zum Ruhm aufzusteigen, und in der chinesischen Kunst sind Weise und Unsterbliche als Reiter auf einem Qilin dargestellt, womit ihre außergewöhnlichen Fähigkeiten zum Ausdruck gebracht werden sollen. Ein besonders kluges Kind ist der »Sohn eines Qilin«. Das Qilin ist ein Tier von großer Sanftmut und schlägt mit seinem Horn nicht zu, denn dieses ist sanft und bedeutet Güte; nur ein Horn zu haben, bedeutet die Einheit der Welt unter einem großen Herrscher. Das Qilin ist eine Inkarnation der fünf Elemente und der fünf Tugenden, und es hat fünf symbolische Farben. Wenn es nicht als Einhorn abgebildet ist, hat es als Mischwesen den Kopf eines Drachen mit einem einzelnen Horn, die Mähne eines Löwen, den Körper eines Hirschs und den Schwanz eines Büffels.

Quincunx In der Form eines Kreuzes ist er das Weltzentrum, die vier Himmelsrichtungen, die sich am fünften Punkt, im Zentrum, treffen; er ist der Punkt, an dem Himmel und Erde zusammentreffen.

Quintessenz ↗ Planeten

Quitte Ein *griechisches* Fruchtbarkeitssymbol, die Speise der Bräute: der »Apfel des Dionysos« und Venus geweiht.

Rabe Ein sprechender Vogel, daher Prophezeiungsattribut; im übrigen ambivalent; entweder solares Symbol oder Sinnbild der Dunkelheit des Bösen, für Weisheit oder die Zerstörung des Krieges. Raben und Wölfe sind häufig Vertraute und Begleiter von Totengöttern in primitiven Traditionen.

Quintessenz Die Quintessenz der Alchimie ist hier durch einen von Feuer umgebenen Adler in der Phiole des Alchimisten symbolisiert.

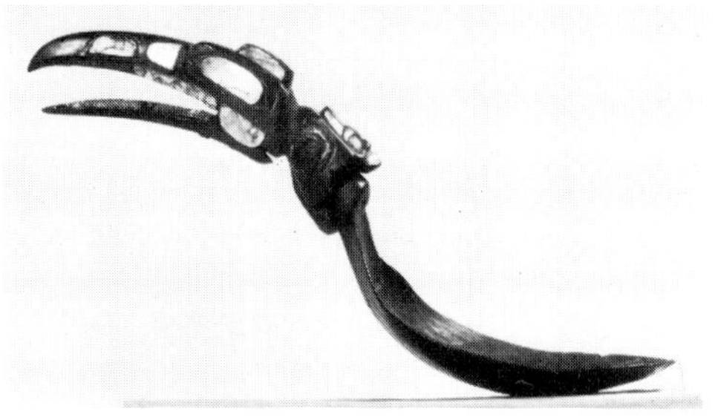

Rabe Für die kanadischen Tsimschia-Indianer symbolisierte dieser von ihnen gefertigte Rituallöffel mit einem Rabenkopf den ambivalenten Einfluß dieses schlauen Vogels.

Ägypt.: Zerstörung; Bosheit. *Alchimist.:* Zusammen mit dem Totenkopf und dem Grab ist der Rabe ein Symbol des Schwarzwerdens und der Abtötung, des *nigredo,* der ersten Stufe des Kleineren Werkes, und verkörpert die Absage an die Welt, das »Erde zu Erde«. *Chin.:* Eines der Symboltiere der Zwölf Erdstämme; er stellt die Macht dar. Ein dreibeiniger Rabe lebt in der Sonne und bedeutet ihre drei Phasen: Aufgang, Zenit und Untergang. *Christl.:* Der Teufel, der sich von Aas nährt; als ein Wesen, das anderen die Augen aushackt, verkörpert er den Teufel, der die Sünder blendet. Der Rabe ist ein Symbol der Sünde im Gegensatz zur unschuldigen Seele der weißen Taube. Der Rabe, den Noah aus der Arche aussandte, verkörpert Umherwandern, Ruhelosigkeit und das Unsaubere. Einer Legende nach sitzt der Rabe auf dem Baum der Erkenntnis, von dem Eva die Frucht pflückt. Er ist auch ein Bild für die Einsamkeit; daher für die heiligen Eremiten; so ist er ein Attribut des hl. Benedikt von Nutria, sowie außerdem des Propheten Elia. *Griech.:* Langlebigkeit; Helios/Apollon heilig; ein Bote des Sonnengottes; auch ein Attribut von Athene, Kronos und Asklepios. In der *orphischen* Kunst ist der Rabe des Todes mit dem Pinienzapfen und der Fackel des Lebens und des Lichts zusammen dargestellt. *Indian.:* Der ↗ Schelm bei den Indianern der östlichen Wälder. Ein Kulturheros und Demiurg. *Jüd.:* Aas; das Unreine; Tötung; Destruktion; Betrug. *Kelt.:* Für das Wahrsagen aus dem Flug und Geschrei der Vögel wird er mit dem Zaunkönig assoziiert; der »Heilige Rabe« ist ein Kriegszeichen und Attribut von Fruchtbarkeitsgöttinnen. Morrigan ist eine Rabengöttin, und Badb, der »Rabe des Kampfes«, verkörpert den Krieg; Blutvergießen; Grauen und Entsetzen; Bosheit. Der Held Bendegeit Bran hat einen Raben als Zeichen, und Lugh hat zwei Zauberraben. Ganz schwarz ist der Rabe ein böses Omen, aber mit einer weißen Feder wird er zum glückverheißenden Tier. *Mithrazist.:* Die erste Stufe der Initiation; der Diener der Sonne. *Skandin.* und *German.:* Odin/Wotan hat zwei Raben auf den Schultern, der eine ist Hugin, »das Denken«, und der andere ist Munin, »das Gedächtnis«, die überallhin gelangten und alles berichteten, was sie gesehen hatten. Der Rabe ist ein Emblem der Dänen und Wikinger.

Rachen Der Rachen eines Ungeheuers stellt entweder die Tore der Hölle oder den Eingang zur Unterwelt dar, oder er hat die Symbolik der zusammenschlagenden Felsen, des Nadelöhrs usw., die alle für die Gegenteile stehen, für Polarität und Dualität, die transzendiert werden muß, um geistliche Erleuchtung zu erlangen; ihn muß man durchschreiten im »zeitlosen Augenblick«. ↗ Übergang

Rad Solare Macht, die Sonne, die sich in den Himmeln dreht; die Sonne ist das Zentrum, und die Speichen des Rades sind ihre Strahlen. Das Rad ist ein Attribut aller Sonnengötter und ihrer irdischen Vertreter, der Könige; es symbolisiert weltumspannende Herrschaft; den Kreislauf des Lebens; Wiedergeburt und Auferstehung; Adel; Veränderbarkeit und Wechsel in der manifesten Welt; es kann auch die wirkliche Welt verkörpern, dargestellt durch den Kreisumfang als die Grenze der Manifestation mit dem Zentrum, dem ruhenden Punkt, dem »unbewegten Beweger« als dem Kosmischen Zentrum, von dem Strahlung und Macht ausgehen.
Das Rad ist darüber hinaus die Zeit, das Schicksal oder *karma,* »das Rad des Schicksals, das sich unbarmherzig und unaufhörlich dreht«. Der durch die Radien geteilte Kreis stellt die Perioden des Weltenzyklus dar. Die Rotation des Lebensrades, d. h. der ↗ Kreislauf der Wiedergeburten, ist zyklische Rotation, Veränderung, Werden, Dynamik. Das Rad wird mit dem Lotos und insbesondere mit dem *hinduist.* Chakra assoziiert. Das Wagenrad bedeutet Souveränität und Autorität. Das geflügelte Rad ist ein Bild für äußerste Schnelligkeit. *Buddhist.:* Der Kosmos; das Rad der Lehre und der Wahrheit; der Kreislauf der Wiedergeburten bzw. das Rad der Existenzen; die Symmetrie und Vollständigkeit des Dharma; die Dynamik friedlicher Veränderung; die Zeit; das Schicksal; Souveränität. Das Rad des Gesetzes und der Lehre zerstört die Illusion; seine Speichen sind die im Zentrum vereinigten religiösen Kräfte, auch die Strahlen des Lichts, das von Buddha ausgeht: »Er, der das Rad des Wortes und der Lehre dreht«, das sich zu drehen begann, als er zu Sarnath lehrte. Das Rad ist ein Symbol Buddhas. Das goldene Rad ist geistliche Macht. Es ist einer der Sieben Schätze des Weltenbeherrschers und erscheint als Symbol auf dem Fußabdruck Buddhas. *Chin.:* s. *Buddhist.* und *Daoist. Christl.:* Attribut der Heiligen Katharina, Erasmus, Euphemia und Quintinus. *Daoist.:* Die Welt der Erscheinungen. Das Rad steht ebenfalls für den Weisen, der das bewegungslose Zentrum erreicht hat und das Rad bewegen kann, ohne selbst bewegt zu werden, d. h. *wu-wei* – »Nichtaktion«. *Griech./Röm.:* Das Rad mit sechs Speichen ist ein Attribut von Zeus/Jupiter als Himmelsgott. Das Sonnenrad stellt den Sonnenwagen von Helios/Apollon dar und ist ein Attribut von Dionysos. Das Rad des Ixion. Das Rad symbolisiert auch das Schicksal. *Hinduist.:* Nichtendende, perfekte Vollendung; ein Attribut von Varuna und später von Vishnu. Das Rad, als ↗ Lotos stilisiert, stellt die ↗ Chakras dar. Es gibt auch das »Rad der Zeichen«, den Tierkreis, der den Kreislauf des Jah-

res, der Zeit und des Lebens darstellt, die alle von der Sonne abhängig sind. *Jain.:* Das sich ewig drehende Rad der Zeit. *Mithraz.:* Die Sonne, die sich in den Himmeln dreht. *Sumero-semit.:* Das Rad des Lebens und das Rad der Sonne sind Attribute der Sonnengötter Aššur, Šamaš, Baal sowie aller Kriegsgötter.

Radius Identität mit dem Zentrum, dem Wesentlichen, mit dem Kreisumfang als dem Existentiellen und Analogen. Radien verkörpern die alternierenden Kräfte aktiver und passiver Erzeugung; Sonnenstrahlen; Gleichheit; Im Rad des Lebens teilen die Radien bzw. Speichen den Kreisumfang in Perioden des Zyklus der Manifestation. Vier Radien in einem Kreis stehen häufig für die vier Flüsse des Paradieses und die Vierzahl. Diese Figur übernimmt auch die Symbolik des ↗ Kreuzes im ↗ Kreis.

Rassel Steht für Donner und Wind und bedeutet eine Beschwörung der Gottheit; sie wurde bei den dionysischen Mysterienriten, in den Steinzeitkulturen und in Initiations- und Regenmacherzeremonien unter den *austral. Aborigines* benutzt. Bei den *Indianern* symbolisiert sie eine Beschwörung des Großen Geistes; das äußere Zeichen des Allvaters der Stämme.

Ratte Ein Seuchentier; Tod; Verwesung; die Unterwelt. *Chin.:* Niedrige Gesinnung; Furchtsamkeit. Das erste Symboltier der Zwölf Erdstämme. *Christl.:* Das Böse. *Hinduist.:* Klugheit, Voraussicht bzw. Blick in die Zukunft. Die Ratte bzw. Maus ist das Reittier von Ganesha, dem Herrn der Hindernisse, und symbolisiert erfolgreiches Bemühen.

Rauch Eine Rauchsäule, die aus der Öffnung im Dach eines Tempels, von einem Haus oder aus der zentralen Öffnung eines Tipi oder einer Jurte aufsteigt, ist eine *axis mundi*, der Pfad, auf dem man vor Zeit und Raum entrinnen kann in das Ewige und Unbegrenzte; der Rauch ist zeitliche und räumliche Ausbreitung, die Verbindung von Feuer und Luft; er verkörpert auch das aufsteigende Gebet, eine Bitte an die Gottheit um ihre Gegenwart; er kann außerdem die durch das Feuer gereinigte, aufsteigende Seele verkörpern. Im *Christentum* wird der Rauch als ein Zeichen für die Kürze des Lebens und die Nichtigkeit von Ruhm, Zorn oder Entrüstung angesehen.

Rauchabzug Ein Rauchabzugskanal bzw. jede andere Öffnung im Dach eines Tempels, Tipis, Zeltes usw. stellt den Durchgang für das Entweichen in die Himmel dar; das Sonnentor; das Entkommen aus dem Zeitlichen in das Ewige, aus dem Raum in das Unbegrenzte. Sankt Nikolaus, der durch den Kaminschornstein herabkommt, symbolisiert Gaben, die direkt vom Himmel auf die Erde gebracht werden anstatt durch die irdische Pforte bzw. Tür.

Rad Das Glücksrad aus einem italienischen Wahrsagerbuch des 16. Jahrhunderts führt die ewige Wiederkehr von Glück und Unglück, Wohlstand und Armut, Stabilität und Veränderung vor Augen.

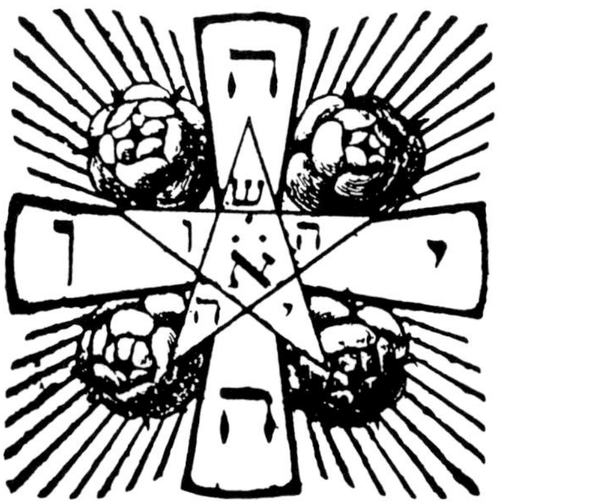

Rose Die kabbalistische »Rose Croix« (Rosenkreuz) enthält vier Rosen als Symbol für die Vollkommenheit der Vierheit.

Raum Geweihter Raum ist stets ein Kosmisches Zentrum, wie z. B. in der Symbolik von Tempeln, Kirchen, Tipis, Zelt-Hütten usw. und ist eine Stätte, an der Himmel und Erde einander begegnen und wo die Kommunikation zwischen beiden möglich wird. Das Einzelne/Das Individuelle mit Fenstern zur Außenwelt und Türen des Übergangs in andere Reiche. Ein völlig geschlossener Raum ist ein Bild für Jungfräulichkeit; das Bild findet auch bei Initiationsriten Verwendung.

Rausch Offenbarung; die überwältigende Macht göttlichen Besitzergreifens; die Freisetzung der Wahrheit.

Raute Das weiblich-schöpferische Prinzip; die Vulva; ein Lebenssymbol zahlreicher Fruchtbarkeitsgöttinnen.

Rebhuhn Fruchtbarkeit; Schöpferkraft. Im *Christentum* ist es ambivalent und verkörpert sowohl die Wahrheit Christi als auch Falschheit, Betrug und Arglist (Jer. 17, 11). Es kann auch den Teufel darstellen. Aphrodite heilig, dem *kretischen* Zeus und dem Sonnengott Talos.

Rebis Der Stein der Weisen der *hermet.* Philosophie und der *Alchimie;* er verkörpert das Erreichen der Einheit; den Androgyn; die Versöhnung aller Gegensätze; Ganzheit; Erleuchtung; Wiedererlangung des Zentrums.

Rechte ↗ Linke

Regen Göttlicher Segen; Offenbarung; das Herabsteigen himmlischer Kräfte; Glückseligkeit; Reinigung; Fruchtbarkeit; Durchdringung, sowohl in Gestalt der Befruchtung als auch spiritueller Offenbarung; in dieser Hinsicht berührt sich die Symbolik des Regens mit der der Sonnenstrahlen und des Lichts. Alle Himmelsgötter machen die Erde durch Regen fruchtbar. »Der Regen, der vom Himmel fällt, dringt in die Erde ein, so daß sie Pflanzen und Getreide für Menschen und Tiere hervorbringt« (Aischylos). Zeus befruchtet Danae als goldener Regen.

Regenbogen Transfiguration; himmlische Herrlichkeit; verschiedene Stufen des Bewußtseins; die Begegnung von Himmel und Erde; die Brücke oder Grenze zwischen dieser Welt und dem Paradies; der Thron des Himmelsgottes. Der Himmelsdrache wird ebenfalls mit dem Regenbogen assoziiert, denn auch er kann eine Brücke sein zwischen der einen und der anderen Welt. In der *afrikan.*, *ind.* und *indian.* Symbolik kann der Regenbogen auch ein Drache sein, der seinen Durst im Meere stillt. *Afrikan.:* In einigen Gebieten Afrikas wird der Himmelsdrache mit dem Regenbogen gleichgesetzt und ist ein Hüter von Schätzen; oder er umschließt die Erde. *Buddhist.:* Die höchste Stufe, die im Reich des *samsara* zu erlangen ist vor dem »klaren, hellen Licht« des Nirvana. *Chin.:* Der Himmelsdrache; die Vereinigung von Himmel und Erde. *Christl.:* Vergebung; Versöhnung zwischen Gott und Mensch; der Thron Christi beim Jüngsten Gericht, »durch den wir gegen die geistliche Sintflut geschützt sind« (Dante). *Griech./Röm.:* Das denkwürdige Zeichen, das Zeus für die Irdischen auf die Wolken schrieb. Bisweilen ist der Regenbogen auf dem Brustharnisch des Agamemnon in Gestalt von drei Schlangen abgebildet. Er ist die Personifikation der Iris, der geflügelte Bote der Götter und besonders von Zeus und Hera bzw. Jupiter und Juno. *Hinduist.:* Der »Regenbogenleib« ist die höchste Stufe, die der Yogi im Reiche des *samsara* erreichen kann; der Regenbogen ist auch der Bogen des Indra. *Indian.:* Eine Leiter, die Zugang zur anderen Welt verschafft. *Islam.:* Der Regenbogen hat vier Farben – Rot, Gelb, Grün und Blau –, die den vier Elementen entsprechen. *Skandin.:* Die Brücke Bilröst, der Schwankende Pfad, hinüber zum Asgard.

Reh Attribut der Anbeter von Bacchus und Orpheus, die Rehfelle und Rehledersandalen tragen; begleitet Diana.

Reiher Ein Sonnenvogel, dessen Symbolik vieles mit der des Storches und des Kranichs gemein hat; er bedeutet auch Wachsamkeit und Besonnenheit. Gleichzeitig ist er ein Wasservogel. *Ägypt.:* Er ist der erste, der nach dem Tode die Seele verwandelt. Benu wird als ein Reihervogel oder möglicherweise als der Phönix gedeutet, weil er ebenfalls Symbol der aufgehenden Sonne, der Wiedergeburt, der Rückkehr des Osiris und auch ein Vogel der Nilüberschwemmung und der Erneuerung des Lebens ist, denn er verläßt den Fluß und fliegt über die Felder, wenn der Nil ansteigt. *Buddhist.* und *Daoist.:* Übernimmt die Symbolik des ↗ Kranichs. *Chin.* und *Jap.:* Der weiße Reiher zusammen mit der schwarzen Krähe ist das *yin-yang;* Sonne und Mond; Licht und Finsternis; der eine ernst und ruhig, »der Denker«, und der andere schelmisch und schwatzhaft. Der Reiher verkörpert Feinfühligkeit und Feingefühl, denn er steigt aus dem Wasser auf, ohne Schlamm aufzurühren; in der Kunst steht er mit dem Weidenbaum im Zusammenhang.

Reis Hat teil an der Symbolik des ↗ Korns im Westen und ist als Grundnahrungsmittel göttlichen Ursprungs. Er kann Zauberkräfte haben und, wie das Manna, eine übernatürliche Speise darstellen, und er kann auf wunderbare Weise die Kornspeicher auffüllen. Er ist ein Symbol des Überflusses und der göttlichen Vorsehung und mußte erst nach dem Verlust des Paradieses und der Trennung von Himmel und Erde vom Menschen angebaut werden. Der Reis steht für Unsterblichkeit; Nahrung des

Geistes; ursprüngliche Reinheit; Ruhm; solare Macht; Erkenntnis; Überfluß; Glück und Fruchtbarkeit; und letztere ist seine Bedeutung, wenn er bei Hochzeiten über Bräute geworfen wird. In der *chin. Alchimie* wird roter Reis mit Zinnober assoziiert; mit rotem Schwefel im *Islam* und mit Schwefel im Werk der *Hermetik*.

Reise Reisen von Heroen symbolisieren die Fahrt über das Meer des Lebens, die Überwindung seiner Schwierigkeiten und die Erlangung der Vollkommenheit; sie sind auch Symbole der Transformation; die Suche nach dem Verlorenen Paradies; Initiation; das Bestehen von Prüfungen und Gefahren im Streben nach Vollkommenheit und Erkenntnis; Probe und Bewährung für den Charakter; der Übergang »von der Finsternis zum Licht, vom Tod zur Unsterblichkeit«; das Finden des spirituellen Zentrums. Solche Reisen sind die von Herakles, den Argonauten, Odysseus, Theseus, den Rittern der Tafelrunde usw. Die Symbolik der Reise ist auch eng verbunden mit der des Kreuzweges, der Wahl des Weges zur Rechten oder zur Linken.

Reiter Als derjenige, der auf dem Pferd sitzt, ist der Reiter der Geist, der den Körper führt; sein Streben verkörpert die Reise der Seele durch die Welt mit ihren Versuchungen, Hindernissen, Proben, Prüfungen und Beweisen des Charakters und ihre Entwicklung zur Vollkommenheit. Er symbolisiert auch denjenigen, der zur Initiation geht. Der Grüne Reiter ist entweder der Neugetaufte oder der Kandidat der Initiation, oder er verkörpert in Riesengestalt die Kräfte der Natur und manchmal auch den Tod. Der Rote Reiter ist der mit Blut getaufte Eroberer. Der Weiße Reiter bedeutet Unschuld, Reinheit, den Auserwählten, den Erleuchteten. Der Schwarze Reiter ist ein Bild für die Mächte des Bösen, der Sünde und der Buße, des Sühneopfers. ↗ Schach

Rentier Der *skandin.* Großen Mutter Isa bzw. Disa heilig.

Richtscheit In der sakralen Baukunst symbolisiert es transzendentes Wissen; das Urbild aller Werke. Es steht auch für Gerechtigkeit und Rechtschaffenheit. Ein *christl.* Attribut des hl. Thomas.

Richtschnur Die Perfektion der geraden Linie; Rechtschaffenheit. ↗ Richtscheit

Riese Die rohen Kräfte der Natur; Urmächte und -kräfte; das Elementare; Finsternis; Nacht; Winter. Der Riese kann Gutes oder Böses bewirken, die Menschen verteidigen oder ihr Feind sein. In der *skandin.* Mythologie sind die Frost- und Höllenriesen chthonische Mächte; Feuerriesen sind Bilder für die Macht des Feuers.

Ring Hat bis zu einem gewissen Grade an der Symbolik des ↗ Kreises teil, denn er steht für Ewigkeit, Beständigkeit, Göttlichkeit, Leben. Desgleichen verkörpert er Macht; Würde; unumschränkte Herrschaft; Kraft; Schutz; übertragene Macht; Vollendung; zyklische Zeit. Der Ring wird mit der Person identifiziert; und jemandem einen Ring zu schenken bedeutet Macht zu übertragen, Treue zu schwören, die betreffenden Personen miteinander zu verbinden. Er ist auch ein Symbol des Bindens: der Ehering bindet an den neuen Stand der Vereinigung, Vollkommenheit und Erfüllung. Der Kopf eines Tieres bzw. Ungeheuers mit einem Ring im Maul kennzeichnet einen Hüter des Weges; das offene Maul ist das Tor des Todes, und der Ring ist der Weg, die »Enge Pforte« (↗ Übergang) oder das »Tor der Erlösung«; gewöhnlich wird er als Türklopfer angebracht oder als Schlußstein eines Bogens; oder Ringe sind auch als Griffe an Urnen angebracht; allesamt Symbole des Eintritts oder des Übergangs. *Ägypt.:* Der Ursprung des Symbols Ring und Stab ist unbekannt, es wird als eine *axis mundi* bzw. das sich drehende Universum gedeutet; das All; Ewigkeit. *Chin.:* Ewigkeit; der Ursprung aller Schöpfung; Autorität; Würde. Ein ganzer Ring bedeutet günstige Aufnahme, Wohlwollen; ein zerbrochener Ring ist ambivalent und bedeutet entweder Ablehnung, Ungnade oder die beiden Hälften, die man bei einem Vertrag oder zur Erneuerung der Freundschaft behält. Ein vom Kaiser gesandter Ring war ein Befehl, an den Hof zurückzukehren; ein Halbring bedeutete Verbannung, Exil. *Christl.:* Ewigkeit; Vereinigung; geistliche Ehe mit der Kirche. Verschiedene Ringe bezeichnen das Amt des Trägers: der Saphir für Kardinäle und der Bischofsring, der den Bräutigam der Kirche bezeichnet. Ein neuer Papst trägt den Ring des Fischers als Kennzeichen des hl. Petrus. Attribut des hl. Eduard des Bekenners. *Hinduist.:* Der Flammenring um Shiva repräsentiert den kosmischen Kreislauf von Schöpfung und Zerstörung. *Sumero-semit.:* Der Ring, häufig in dreifacher Gestalt, ist ein göttliches Attribut und wird von allen Göttern getragen; zusammen mit Krone, Zepter und Sichel ist er ein Symbol des Königtums.

Ringelblume Treue. In der *chin.* Symbolik bedeutet sie Langlebigkeit, ist »die Blume der 10 000 Jahre«. Im *Hinduismus* ist sie die Blume von Krishna.

Roch ↗ Fabelwesen

Rock ↗ Fabelwesen

Rose/Rosette Ein äußerst komplexes Symbol; ambivalent, bedeutet sowohl himmlische Vollkommenheit als auch irdische Leidenschaft; die Blume ist beides: Zeit und Ewigkeit, Leben und Tod, Fruchtbarkeit und Jungfräulichkeit. Die Rose und die Lilie nehmen im Abendland den Platz ein, den im Orient der Lotos hat, und der Symbolgehalt der mystischen Rose entspricht sehr dem des Lotos. Die Rose bedeutet Vollkommenheit; das Pleroma (die Fülle der göttlichen Kraft und der idealen Welt); Vollendung; das Mysterium des Lebens; das innerste Zentrum des Lebens; das Unbekannte; Schönheit, Grazie; Freude; aber auch Sinnenlust; die Leidenschaften; und in diesem Sinne steht sie in Verbindung mit dem Wein, der Sinnlichkeit und Verführungskunst. In der Herzsymbolik nimmt die Rose den zentralen Punkt des Kreuzes ein, den Punkt der Einheit. Als die Blume der weiblichen Gottheiten steht sie für Liebe, Leben, Schöpfung, Fruchtbarkeit, Schönheit und auch Jungfräulichkeit. Die Vergänglichkeit der Rose steht für den Tod, die Sterblichkeit und die Sorge; ihre Dornen versinnbildlichen Schmerz, Blut und Martyrium. Als Begräbnisblume ist sie ein Bild für das ewige Leben, den ewigen Frühling und die Auferstehung.

Die Rose verkörpert auch Schweigen und Verschwiegenheit; eine Rose wurde in Ratsstuben aufgehängt oder abgebildet als Symbol für Verschwiegenheit und Diskretion. Die goldene Rose bedeutet Vollkommenheit; die rote Rose Begierde, Leidenschaft, Freude, Schönheit, Erfüllung; sie ist die Blume der Venus und das Blut von Adonis und Christus; die weiße Rose ist die »Blume des Lichts«, sie steht für die Unschuld, Jungfräulichkeit, geistige Entfaltung und Anmut; die rote und die weiße Rose zusammen stellen die Vereinigung von Feuer und Wasser dar und die Vereinigung der Gegensätze; die blaue Rose ist das Unerreichbare, das Unmögliche. Die Rose mit vier Blütenblättern ist ein Bild für die Vierteilung des Kosmos; die fünfblättrige ist der Mikrokosmos und die sechsblättrige als Gegenstück dazu der Makrokosmos. Die Rosette ist die Rose oder der Lotos von oben gesehen. Die »Windrose« wird als Kreis um das achtstrahlige Kreuz dargestellt, womit die vier Haupthimmelsrichtungen und die vier dazwischenliegenden Richtungen bezeichnet werden; sie hat somit teil an der Symbolik des Kreises, des Zentrums, des Kreuzes und der Radien des Sonnenrades. Der Rosengarten ist ein Symbol für das Paradies und der Ort der mystischen Veränderung, der Vereinigung der Gegensätze. *Ägypt.:* Rosen waren Isis geweiht, denn sie symbolisieren die reine, von der Fleischlichkeit befreite Liebe; sie wurden in den Mysterien von Isis und Osiris benutzt. *Alchim.:* Die Rose ist die Weisheit, und das *Rosarium* ist das Werk; die Rose steht auch für die Wiedergeburt des Geistes nach dem Tod des Zeitlichen. *Chin.:* Wohlgeruch; etwas Angenehmes inmitten von Elend und Verlassenheit; Wohlstand. Der Lotos trägt die metaphysische Symbolik. *Christl.:* In ihrer Schönheit, Vollkommenheit und ihrem Duft ist sie die Blume des Paradieses. Die weiße Rose ist Unschuld, Reinheit, Keuschheit, die Jungfrau Maria; die rote Rose ist Caritas und Martyrium und entsprang aus den Blutstropfen Christi auf Golgatha. Eine Rosengirlande ist himmlisches Entzücken, und die Jungfrau Maria ist die Rose des Himmels. Die Dornen der Rose sind die Sünden des Sündenfalls, und die »Rose ohne Dornen« oder die mystische Rose ist die Jungfrau Maria, die durch ihre Unbefleckte Empfängnis im Schoß ihrer Mutter frei ist von der Last der Sünde. Die goldene Rose ist ein Attribut des Papstes und bedeutet besonderen päpstlichen Segen. Die Rose ist ein Attribut der Heiligen Angelus, Cäcilia, Dorothea von Kappadokien, Elisabeth von Thüringen, Elisabeth von Portugal, Rosalia, Rosa von Lima, Rosa von Viterbo. *Griech./Röm.:* Die triumphierende Liebe; Freude; Schönheit; Begierde; Attribut von Aphrodite/Venus. Rosen wurden in *röm.* Begräbnisgärten als Symbole der Auferstehung und des ewigen Frühlings gepflanzt, oder die Rosen wurden zu den Rosalien mitgebracht und über die Gräber ausgestreut. Der *röm.*Kaiser trug eine Krone von Rosen. Eine rote Rose kann aus dem Blute des Adonis erwachsen, und die Rose ist ein Attribut der Aurora, des Helios, des Dionysos und der Musen. *Hinduist.:* Der Lotos gleicht im Symbolgehalt der mystischen Rose als eines geistigen Zentrums. *Islam.:* Die Rose symbolisiert das Blut des Propheten sowie seine beiden Söhne, Hassan und Hussein, seine beiden »Augen« oder »Rosen«. In der »Rose von Bagdad« versinnbildlicht der erste Kreis das Gesetz, der zweite den Weg, der dritte das Wissen, und die drei zusammen sind die Wahrheit und die Namen Allahs. *Jüd. (Kabbalist.):* Die Mitte der Rose steht für die Sonne, und die Blütenblätter stellen die unendliche, aber harmonische Mannigfaltigkeit der Natur dar. Die Rose entsprießt dem Lebensbaum. *Rosenkreuzer:* Das Rosenkreuz ist die Mystische Rose und steht für das Rad und das Kreuz; die Rose ist das göttliche Licht des Universums und das Kreuz die zeitliche Welt der Schmerzen und Opfer. Die Rose wächst am Lebensbaum, wodurch Wiedergeburt und Auferstehung versinnbildlicht werden sollen. Die Rose im Zentrum des Kreuzes ist die Vierzahl der Elemente und der Punkt der Vereinigung.

Rosenkranz Der Kreis der Ganzheit und der Zeit; Unaufhörlichkeit; endlose Fortdauer; Askese. *Buddhist.:* Die 108 Perlen stehen für die 108 Brahmanen, die bei der Geburt Buddhas zugegen waren; der Kreis ist das Rad der Lehre, auch der Kreislauf der Wiedergeburten, an dem die einzelnen Perlen der Manifestation aufgefädelt sind. *Christl.:* Der mystische Rosengarten der Jungfrau Maria; die 165 Perlen sind in Gruppen von fünf Dekaden aufgeteilt; jede dieser Gruppen hat ihre eigenen »Mysterien« der Freuden, Sorgen und Herrlichkeiten der Jungfrau Maria. Die großen Perlen stellen das »Pater Noster« dar und ein »Gloria«, die kleinen Perlen das »Ave Maria«. Attribut des hl. Dominikus. *Hinduist.:* Shiva ist das Nichtmanifeste, die Perlen sind die Vielfalt der Manifestation, und der Kreis ist die Zeit. Der Rosenkranz ist ein Attribut von Brahma, Shiva und Ganesha. Der Rosenkranz Shivas hat zweiunddreißig oder vierundsechzig Beeren vom Rudrakšha-Baum und begleitet gewöhnlich die Figur eines shivaitischen Heiligen. Andere Rosenkränze haben 108 Perlen aus Tulasi-Holz. *Islam.:* Die neunundneunzig Perlen sind die »Zirkular«-Zahl und entsprechen den Göttlichen Namen; die hundertste Perle, der Name des absoluten Seins, ist nur im Paradies zu finden.

Rosmarin *Europ.:* Sein bleibender Duft wird der Erinnerung, Beständigkeit und Hingabe an das Gedenken gleichgesetzt. Er ist auch eine Begräbnisblume und dem Ares geweiht.

Rot ↗ Farben

Rotkehlchen *Christl.:* Tod und Auferstehung. *German.:* Thor heilig; eine Erscheinungsform des Sturmwolkenvogels.

Rubin ↗ Edelsteine

Ruck ↗ Fabelwesen

Rückgrat Die Weltachse; Tragfähigkeit; Standhaftigkeit. Das Rückgrat des Osiris wurde nach seiner Zerreißung aufgerichtet; das war das *ägypt.* Djed-Symbol. Bei den *Ainu (Japan)* ist das Rückgrat Sitz des Lebens, und bei dem zuerst geschaffenen Menschen wurde das Rückgrat aus biegsamem Weidenholz gemacht. Im *Hinduismus* ist die Wirbelsäule der Durchgang für die erweckte Macht des Kundalini, das als Schlange zusammengerollt und schlafend am unteren Ende des Rückgrats liegt. Symbole für das Rückgrat sind alle Weltachsen, Berge, Säulen, Bäume, Hörner, Beine usw. Der Berg Meru ist ein Rückgrat der Welt.

Ruder Kraft; Geschicklichkeit; Wissen. Das Ruder ist der Stab oder Speer, der den uranfänglichen Ozean bewegt, auch die Schifferstange, die das Schiff der Toten über die Wasser zum anderen Ufer lenkt. In diesem Kontext stehen das Ruder, der Stab oder der Pfahl in Beziehung zur Symbolik des Goldenen Zweiges. In *Ägypten* stellte das Ruder Souveränität, Herrschaft und Tatkraft dar. Ein Attribut von Flußgöttern.

Rüstung Tapferkeit; Schutz. Im *Christentum* wird sie als Symbol des Schutzes gegen das Böse verwendet (Eph. 6, 11 ff.).

Rosenkranz Dame mit einem Rosenkranz von Aga Riza, Hofmaler bei Schah Abbas I. (1586–1629).

Saturn Saturn, wie er Wassermann und Widder beherrscht, mit der Sichel des Ackerbaus und der Zerstörung in der einen Hand und der Krücke der Altersschwäche in der anderen, obgleich er stark an Körperkraft scheint – insgesamt ein Symbol der für den Saturn typischen Melancholie.

Rute Macht; Autorität; Würde; eine *axis mundi;* hat teil an den Symbolik des ↗ Stabes. Die Rute ist ein Kennzeichen aller Zauberer; sie hat magische Kraft und kann Streitigkeiten beilegen; sie wird vom *Psychopompos* getragen, der die Seelen in die andere Welt und zum Gericht hinüberführt. Die blühende bzw. grünende Rute ist der Kosmische Baum im Sinne der Weltachse. Eine strahlende Rute ist ein Attribut von Göttern des Donners und Blitzes. Die Meßrute ist ein Attribut der Nemesis, die das Strafmaß zuteilt, und ein Symbol der Zeit. Rute und Schnur stehen im Zusammenhang mit den Sonnengöttern Šamaš und Marduk und manchmal mit Ea als dem Baumeister des Universums. In der *islam.* Symbolik erscheint sie als die Seele des Sünders, die in geistige Macht verwandelt wird.

Sack Verschwiegenheit; Zurückhaltung; Verborgenheit; die Winde; Aeolus hat einen Sack mit Winden. Der Sack des *kelt.* Meeresgottes Manannan enthielt alle Schätze der Welt.

Sackleinwand Trauer; Reue; Demütigung.

Safran In *Europa* bedeutet er Selbstlosigkeit; Demut; Entsagung; Liebe; Magie. Er ist das Sonnenkraut.

Saft Die Lebenskraft; Vitalität; Körperkraft. Der Saft hat Anteil an der Symbolik des Blutes. Die mit Saft gefüllte Pflanze verkörpert Mutterschaft; voll im Saft zu stehen, bedeutet Vitalität und Jugendlichkeit und, analog dazu, bedeutet »saftlos« alt geworden.

Säge Die goldene Säge ist die Sonne, die die Finsternis zerteilt; ein Attribut des Sonnengottes Šamaš. Im *Christentum* ist die Säge ein Attribut der Heiligen Euphemia und Simon Zelotes und, zusammen mit dem Richtscheit und dem Beil, des hl. Joseph; sie ist auch ein Attribut von Jesaja.

Salamander Gewöhnlich als kleine, flügellose Eidechse oder als kleiner Drache ohne Flügel dargestellt, manchmal hundeähnlich, den Flammen entspringend, die das Element Feuer verkörpern. Er ist das Tier des Feuers. Man hielt den Salamander für geschlechtslos, und deshalb stand er für Keuschheit. In der *christl.* Symbolik verkörpert er ausdauernden Glauben und den rechtschaffenen Menschen, der von den Feuern der Versuchung nicht verzehrt werden kann. In der *Heraldik* ist er das Bild für Tapferkeit und Mut, denen die Feuer des Schmerzes nichts anhaben können.

Salbung Konsekration; durch Salbung wird etwas oder jemand geweiht, würdig für ein Amt (Könige u. a.) oder entsündigt bzw. gereinigt. Wohlergehen; Freude; eine Infusion göttlicher Gnade.

Salz Leben; Unsterblichkeit; Unzerstörbarkeit; Beständigkeit; Treue; Freundschaft; Weisheit und Erkenntnis; die Seele. Später bedeutete es auch Wert; Pikanterie und Witz. *Alchim.:* Reinigung durch Destillation; Läuterung; das Feste; der kubische Stein; irdische Natur; der Körper, der das Aktive und das Passive, Geist und Seele vereint. »Überall dort, wo Metall ist, da sind Schwefel, Quecksilber und Salz; die drei sind Geist, Seele und Leib, die Natur des Metalls und des Menschen. Salz ist statisch und daher das natürliche Element in der Dreizahl der Stoffe; Salz ist nicht nur der physikalische, sondern auch der »astrale« Körper. Schwefel erzeugt Verbrennung, Quecksilber Verdampfung, Salz ... dient dazu, den flüchtigen Geist ›zu fixieren‹« (Valentinus). Es verkörpert das Prinzip des Nicht-Entflammbaren und der Festigkeit und, im mystischen Sinne, den Körper des Menschen. *Christl.:* Die Auserwählten; göttliche Weisheit; innerer Wert; Reinheit; Unzerstörbarkeit; Besonnenheit; Überlegenheit; Stärke (Matth. 5, 13; Mark. 9, 50; Kol. 4, 6). *Griech./Röm.:* Salz spielt in Opferriten eine bedeutende Rolle und hatte auch unheilabwendende Bedeutung; in Rom streute man es acht Tage alten Säuglingen auf die Lippen, um böse Geister fernzuhalten; das war vermutlich der Ursprung für den *christl.* Brauch, einem Neuling vor der Taufe Salz anzubieten. Bei einigen Weihezeremonien verwendete man Salz in geweihtem Wasser. *Jüd.:* Geistliche Erkenntnis. *Kelt.:* Der unzerstörbare Geist, dessen Gegenstück der vergängliche Körper war.

Samen Möglichkeit; verborgene Macht; das männliche Prinzip. Ein Symbol des Zentrums, aus dem der Kosmische Baum erwächst. Im *Hinduismus* ist der Samen der Göttliche Geist, Atman, im Zentrum des Seins, im Herzen. Der Samen im Zentrum des Hindutempels symbolisiert das Leben und Bewußtsein selbst.

Samenkorn Möglichkeit, Potenz; der Keim des Lebens; Fruchtbarkeit. *Chin.:* Gerechtigkeit, Gnade und Tugend, auf die alle Wesen ein Recht haben; der Kaiser; die Erde. *Christl.:* Die menschliche Natur Christi.

Sand Instabilität; Unbeständigkeit. Im *Islam* steht der Sand für Reinheit; denn wenn kein Wasser zur Verfügung steht, wird er für rituelle Waschungen verwendet.

Sandalen Geflügelte Sandalen verkörpern Schnelligkeit und sind ein Attribut der Götterboten, vor allem von Hermes/Merkur. ↗ Schuh

Saphir ↗ Edelsteine

Sardonyx ↗ Edelsteine

Sarg ↗ Truhe

Sarkophag Hat Teil an der Symbolik des ↗ Grabes als eines umfriedeten Ortes und des weiblich umschließenden Prinzips. Er steht auch für Tod und Sterblichkeit.

Saturn ↗ Planeten

Saturnalien Der dunkle Aspekt des Saturn; die Wintersonnenwende; der Tod des alten Jahres und die Geburt des neuen, der Tag des Erscheinens der unbesiegbaren Sonne; der Übergang vom Chaos zum Kosmos; die Aufhebung der Zeit. In den zwölf Nächten der Saturnalien kehren die Toten zurück. Es ist auch die Zeit der Opferung des alten Königs bzw. des an seiner Statt geopferten Sündenbockes zum Zeichen dahinschwindender Fruchtbarkeit und der Inthronisierung des neuen Königs als Symbol der Manneskraft. Die zwölf Tage des Chaos stehen symbolisch für die Abfolge der kommenden Monate des Jahres. Die Zeit des Chaos wird vom »Herrn der Unordnung« beherrscht bzw. vom König der Bohne und der Königin der Erbse. ↗ Transvestismus ist ein Wesenszug der Zeit des Chaos in Saturnalien, Orgien, Karnevals und dgl. und bedeutet eine Form der Rückkehr zum Chaos. *Babylon* beging die zwölf Tage des Zweikampfs zwischen Chaos und Kosmos. Für diese Zeit wurde ein – anschließend getöteter – Sklave König von Babylon.

Satyr Männlicher Geist profaner Natur; das Gefolge der Naturgötter Silvanus, Pan/Faunus, Dionysos/Bacchus. Sie verkörpern ungezähmte Natur, Zügellosigkeit und Wollust; sie haben Menschenköpfe mit Hörnern und Bocksbärten, Menschenhände und -arme, aber von der Taille abwärts Ziegenleiber. Sie können die Efeukränze des Dionysos und seinen Thyrsosstab tragen; weitere Attribute sind Weintrauben, Körbe voller Früchte, Krüge mit Wein, das Füllhorn und die Schlange; ihre weiblichen Gegenstücke bei den Bacchanalien waren die Mänaden.

Sau ↗ Schwein

Säugen Neugeborene; Annahme; Nächstenliebe. Die Muttergöttin wird häufig abgebildet, wie sie ein Neugeborenes säugt, oder als die große Ernährerin mit vielen Brüsten. In der *christl.* Kunst sind Darstellungen der Caritas weibliche Figuren, die ein Neugeborenes oder bisweilen auch zwei Kinder säugen. Das Säugen kann die heilsame Muttermilch, aber auch verderbenbringendes Aussaugen der Lebenskraft bedeuten.

Säule Die Weltachse; die senkrechte Achse, die Himmel und Erde trennt und verbindet, die sie sowohl voneinander scheidet als auch miteinander vereint; ein rituelles Weltzentrum; ein Omphalos. Säulen- und Baumsymbolik sind eng miteinander verbunden, und die Säule verkörpert häufig den Baum des Lebens. Sie symbolisiert auch Stabilität, den Inbegriff des Feststehenden und, nach Philo, die Vorstellung, daß Gott fest steht und Stabilität bedeutet

Satyr Eine Mänade und ein Satyr spielen zu den Bacchanalien Flöte und Panflöte, wie auf einer Schale im römischen Mildenhall-Schatz festgehalten.

Säule Auf diesem Kandelaber aus dem 1. Jahrtausend v. u. Z. stehen Pferd und Rad, hier Symbole von Erde und Himmel, durch eine gleichzeitig trennende und vereinende Säule miteinander in Verbindung.

im Gegensatz zum beständigen Wechsel des Menschlichen. Sie erhebt außerdem das Heilige oder göttlich Verehrte über das Profane oder Gewöhnliche. Eine Feucr- oder Rauchsäule zeigt die Anwesenheit einer Gottheit an. Eine zerbrochene Säule ist der Tod, Sterblichkeit. Eine Säule mit einem Menschenkopf an der Spitze bezeichnet einen Endpunkt oder eine Grenze. Säulen, die von Tauben bekrönt werden, stellen die prophetischen Frauen von Dodona dar. Eine Säule mit einem Delphin repräsentiert die männlichen und weiblichen Kräfte vereint; Liebe. Irminsul, die Himmelssäule der *Angelsachsen*, wurde von Karl dem Großen zerstört.
Zwei Säulen, davon häufig eine schwarz und eine weiß, oder eine geteilte Säule symbolisieren alle Zweipoligkeit; die dualistische Erscheinung der Götter oder die bisexuellen bzw. androgynen Götter; den Baum des Lebens und den Baum der Erkenntnis oder des Todes; die einander ergänzenden Gegensätze in der Dualität der Manifestation, ihr Gleichgewicht und ihre Spannung in vereinter Aktion. Die rechte Säule ist weiß, männlich, während die linke schwarz ist und weiblich, beide zusammen symbolisieren auch Zeit und Raum; geistliche und weltliche Macht; die Starken und die Schwachen; Spannung und Lösung; Aufwärts- und Abwärtsbewegung; Vernunft und Glauben; Gewalt und Freiheit; den Willen und das Gesetz usw., auch, daß jede Kraft eine Gegenkraft erfordert, jedes Licht einen Schatten wirft, allem Konvexen ein Konkaves gegenübersteht. Die beiden Säulen repräsentieren auch den Halt für den Himmel und bilden daher die Himmelspforte, den Weg, durch den man den Tempel oder die Kirche betreten muß; dieses Hindurchgehen zwischen zwei Säulen charakterisiert den Eintritt in das neue Leben oder in eine andere Welt bzw. in die Ewigkeit; daher der Anteil an der Tür- und Torsymbolik. Zwillingssäulen sind ein Bild der Himmlischen Zwillinge (↗ Zwillinge) und werden mit den *dadophoroi* assoziiert (↗ Fackel).
Im Falle von drei Säulen symbolisiert die mittlere entweder das Gleichgewicht und die vereinigende Kraft oder, wenn sie eine Bekrönung hat, den unmittelbaren Weg zur Erleuchtung oder zum Königreich; aber diesen Weg zu gehen ist nur möglich, wenn die beiden Seiten Gut und Böse in der Welt und in einem selbst versöhnt sind. Drei Säulen sind ein Symbol der Großen Mutter, der Mondgöttin und der drei Mondphasen. Sie repräsentieren auch Weisheit, Schönheit und Stärke oder Weisheit und Kraft mit der sie vereinenden Güte. Vier Säulen tragen die Welt an den Punkten der Himmelsrichtungen. *Ägypt.:* Der Djed-Pfeiler symbolisierte die Auferstehung des Osiris und sein Rückgrat in Form einer Baum-Achse, die Stabilität bedeutete. *Buddhist.:* Eine Feuersäule ist eine symbolische Darstellung Buddhas. *Chin.:* Rechtschaffenheit; der Weg. Die Säulen des Kaiserpalastes sind symbolisch die Stütze, die die Prinzen dem Kaiser bedeuten. *Christl.:* Die Martersäule ist ein Leidenswerkzeug. Eine Feuersäule führt den Zug durch die Wüste an. ↗ *Jüd./Griech./Röm.:* Symbol von Zeus/Jupiter. Die beiden Säulen auf dem Berg Lykaios sind Zeus geweiht und bedeuten auch die Dioskuren. Drei Säulen sind die Große Göttin und die Mondphasen. Die »Säulen des Herkules«, die das Mittelmeer im Westen begrenzen, sind heute ein Wahrzeichen *Spaniens. Hinduist.:* Im Tempel ist die Säule mit einer Krone auf der Spitze das architektonische Symbol des höchsten Punktes und der unmittelbare Weg für den Aufstieg des Geistes; doch er ist nur denen möglich, die sich aus dem Zentrum erheben, nachdem sie die Dualität überwunden haben und so aus der inneren Dunkelheit in das Licht der Höhe aufsteigen können. *Islam.:* »Die Säule der Gerechten ist die Erkenntnis Gottes« (Koran). Die fünf Säulen des Islam sind: das Bekenntnis; das rituelle Gebet; das Fasten im Ramadan; die Almosengabe; die Wallfahrt nach Mekka. *Jüd.:* Die Feuer- oder Rauchsäulen bedeuteten die Anwesenheit Gottes. Die beiden Säulen des Salomonischen Tempels waren Boas und Jachin, Stärke und Stabilität, »In Ihm ist Stärke« und »Der, der Beständigkeit verleiht«, weltliche und geistliche Macht, König und Priester, Thron und Altar; die eine Säule konnte nicht versinken und die andere nicht brennen. *Kabbalistik:* Drei Säulen verkörpern Weisheit, Stärke und die Schönheit. Die Säule kann eine Darstellung von Jahwe oder Abraham sein. *Mithrazist.:* Die Zwillingssäulen repräsentieren die *dadophoroi*, Cautes und Cautopates, den Stier und den Skorpion, Licht und Finsternis usw. *Sumero-semit.:* Die hölzerne Säule bzw. der Baumstamm ist eine Darstellung der semitischen Astoreth bzw. Aštart. Eine mit einem Löwenkopf bekrönte Säule symbolisiert Nergal; mit einer Speerspitze bekrönt, verkörpert die Säule Marduk; mit einem Widderkopf – Enki/Ea. Die Säule ist das »Rückgrat der Welt« bzw. die Weltachse. Die lunare Symbolik der drei Säulen tritt in Phönikien ebenso wie in Karthago auf.

Schach Das Königsspiel des Lebens; *ind.* Herkunft; der Konflikt zwischen den geistigen Mächten von Licht und Finsternis; Devas und Asuras; Engel und Dämonen im Kampf um die Herrschaft über die Welt; das Sein als ein Wirkungsfeld widerstreitender Mächte und Kräfte. Das schwarz-weiße bzw. rot-weiße Schachbrett symbolisiert die in regelmäßiger Abwechslung wirkenden Beziehungen in allen

Dualismen und Komplementärkräften in der Welt der Erscheinungen: das Negative und Positive; Nacht und Tag; Sonne und Mond; das Männliche und das Weibliche; Dunkelheit und Klarheit; das Hell und Dunkel des Mondes; Zeit und Raum usw.; auch das Auf und Ab des Lebens, in dem Gut und Böse, Glück und Unglück miteinander wechseln. Die vierundsechzig Felder werden manchmal als das Mandala Shivas in seinem Aspekt der Verwandlung interpretiert und beinhalten die vierfache Symbolik des 8 × 8, der Grundform eines Tempels, einer Stadt, die den Kosmos in allen seinen Möglichkeiten darstellt und die Kräfte, die im Universum und im Menschen wirken; das Schachbrett umfaßt somit die Symbolik kosmischer Vollkommenheit. Das indische runde Schachbrett versinnbildlicht Unendlichkeit und den Kreislauf der Wiedergeburten; jedes Spiel bedeutet eine Weltperiode, und das Wegnehmen der Figuren symbolisiert eine Periode der Gestaltlosigkeit. Die Bewegung der Figuren verkörpert die Realisierung aller Möglichkeiten in dieser Welt und im einzelnen Menschen in der Welt der Erscheinungen. Die Auswahl der Bewegung steht frei, aber sie ist für eine unausweichliche Folge von Wirkungen verantwortlich, die dadurch in Gang kommt; sowohl der freie Wille als auch das Schicksal sind beteiligt; der Geist ist Wahrheit, und in ihm ist der Mensch frei; außerhalb des Geistes ist er der Sklave des Geschicks.

Schachbrettmuster Die Mannigfaltigkeit des Dualismus in der Welt der Erscheinungen; Licht und Finsternis, Tag und Nacht usw. Schachbrett ↗ Schach

Schädel Die Vergänglichkeit des Lebens; die Nichtigkeit weltlicher Dinge; Tod; *memento mori;* der Mond; die Schatten; die sterbende Sonne; Totengötter; die Zeit. Andererseits ist der Schädel ein Symbol der vitalen Lebenskraft, die im Kopf enthalten ist. Der Schädel mit den gekreuzten Skelettknochen bedeutet Tod, wobei der Oberschenkelknochen auch eine Lebenskraft symbolisiert, nämlich die der Lenden; die Flagge mit Totenkopf und gekreuzten Skelettknochen ist ein Wahrzeichen von Piraten. *Alchimist.:* Zusammen mit dem Raben und dem Grab ist der Schädel ein Symbol der Schwärzung und des Absterbens der ersten Stufe des kleineren Werkes, das »Erde zu Erde«, und bedeutet Absage an die Welt; aber er ist auch das, was überlebt, und wird daher benutzt, um an das Leben und die Transmutation zu erinnern. *Buddhist. (Tantrisch):* Der mit Blut gefüllte Hirnschädel bedeutet Verzicht auf das Leben. Er ist ein Attribut des Totengottes Yama und der Tara in ihrem düsteren Aspekt. *Christl.:* Die Nichtigkeit weltlicher Dinge; Betrachtungen über

Schach In dieser spanischen Illustration »Christ und Moslem beim Schachspiel« hat der Künstler naiv, aber pointiert die Symbolbedeutung des Spiels einbezogen: die einander entgegenwirkenden Kräfte, die innerhalb eines eingegrenzten Aktionsbereichs aufeinandertreffen und miteinander kämpfen.

Schakal Der schakalköpfige ägyptische Gott Anubis nimmt einen mumifizierten Leichnam in seine Obhut und schickt sich an, die tote Seele in die Unterwelt zu geleiten.

den Tod, daher ein Attribut von Einsiedlern. Der Schädel mit dem Kreuz bedeutet ewiges Leben nach Christi Tod auf Golgatha, der »Schädelstätte«, wo Adams Schädel begraben liegen soll. Attribut des Apostels Paulus, der Kirchenväter und Ordensgründer wie Franz von Assisi sowie von Heiligen, z. B. Hieronymus und Maria Magdalena. *Griech./Röm.:* Attribut von Kronos/Saturn als Gott der Zeit. *Hinduist.:* Der mit Blut gefüllte Schädel stellt Verzicht auf das Leben dar; er ist ein Attribut von Kali/Durga. Der Schädel findet sich auch bei Yama als Totengott und bei Shiva und Kali als Zerstörer. *Maya:* Zusammen mit dem Skelett ist der Schädel ein Symbol für den Gott des Todes und der Unterwelt.

Schaf Blindes und törichtes Nachfolgen; Hilflosigkeit. *Chin.:* Das einsame Leben. Das achte der symbolischen Tiere der Zwölf Erdstämme. *Christl.:* Die Herde Christi; die Gläubigen; die Apostel.

Schafgarbe Ein Mittel gegen Hexerei. Die *chinesischen* Stöckchen, die man bei der *I-Ching*-Führung und -Weissagung verwendet, sind aus Schafgarbe.

Schakal Der Schakal, der bei Tage wie bei Nacht sehen kann, ist das Symbol des *ägyptischen* Anubis, des »Pfadfinders«, des »Wegbereiters«, eines Seelengeleiters, der die Seelen von dieser Welt in die andere geleitet; wird auch mit Friedhöfen assoziiert. Anubis ist als schwarzer Schakal oder schakalköpfig dargestellt. *Buddhist.:* Ein im Bösen verhafteter Mensch, der nicht in der Lage ist, das Dharma zu verstehen. *Hinduist.:* Schakale und Raben folgen der Zerstörerin Kali als Reiniger.

Schale ↗ Schüssel

Schatten Das negative Prinzip, das dem positiven der Sonne gegenübersteht. Bei einigen primitiven Stämmen kann der Schatten die Seele des Menschen darstellen; das kommt auch in Zauberei und Zaubersprüchen vor; man muß darauf achten, wohin der Schatten fällt, und darf nicht in den Schatten eines anderen Menschen treten.

Schatz Die Suche nach Schätzen hat zweifache Symbolik: entweder die Suche gilt irdischen Schätzen, wie z. B. Gold oder Edelsteinen, die gemeinhin in einer Höhle oder unter der Erde versteckt liegen und die zu finden Prüfungen und Drangsale mit sich bringt und, wo Habgier das Motiv ist, letztendlich zur Katastrophe führt; oder die Suche gilt geistigen Schätzen, die Symbol sind für esoterisches Wissen oder Erleuchtung, die Suche nach dem Zentrum, dem verlorenen Paradies, dem Gral usw., und das Ziel ist von Ungeheuern und Drachen bewacht; solches Suchen verkörpert das Verlangen des Menschen und die schließliche Entdeckung seiner eigenen wahren Natur. In vielen Fällen ist zur Überwindung der Prüfungen und Ungeheuer in den Legenden übernatürliche Hilfe nötig, denn Leiden und Bewährungsproben sind für das Erreichen geistiger Ziele erforderlich, und der Mensch ist aus sich selbst heraus ohne übernatürlichen Beistand dazu oft nicht in der Lage.

Schaukeln Hat dieselbe Bedeutung wie Schwingen; ein Fruchtbarkeitssymbol. Das Schaukeln einer Wiege, eines Stuhles usw. ist auch ein Bild für das Auf und Ab des Lebens.

Scheibe/Diskus Die Sonne; Erneuerung des Lebens; Vollendung; Göttlichkeit; Macht. Die geflügelte Scheibe wird verschieden gedeutet: als Macht bzw. Kraft vom Himmel; als Sonnengott; himmlisches Feuer. Die Sonnenscheibe kann mit den Flügeln des solaren Falken oder Adlers kombiniert sein; dann symbolisiert sie meist Göttlichkeit; Transfiguration; Unsterblichkeit; die Schöpferkraft der Natur; die dualen Mächte des einerseits lebenspendenden und schützenden und andererseits todbringenden Aspekts der Natur; oder sie wendet Unheil ab. Die Scheibe mit einem Loch in der Mitte bedeutet den Weltkreis mit dem Zentrum als der Leere, der transzendenten und einzigartigen Essenz. Dreht sich die Scheibe, so bedeutet das die Umdrehung des Universums auf seiner Achse. Die Sonnenscheibe mit der Mondsichel oder mit Hörnern symbolisiert die Einheit; das Zwei-in-Einem; die heilige Ehe des göttlichen Paares; vereinte Sonnen- und Mondgottheiten. *Ägypt.:* Der Sonnengott Re; Macht; Ruhm. Die Scheibe der aufgehenden Sonne bedeutet Erneuerung des Lebens; Leben nach dem Tode; Auferstehung. Die geflügelte Scheibe ist der »Große Gott, der Herr der oberen Regionen«. *Buddhist.:* Der Kreis ist der Kreislauf der Schöpfung, das Zentrum ist die Leere; Attribut von Vajrocana. *Chin.:* Die Sonne ist die »heilige Scheibe«; der Himmel; Göttlichkeit; geistige und himmlische Vollkommenheit. Scheiben mit sie umkreisenden, miteinander kämpfenden Drachen stellen die Leere dar. *Hinduist.:* Der Diskus gehört zu Brahma und Shiva. *Iran.:* Die geflügelte Scheibe als das Licht und die Macht des Lichts ist ein Symbol für Ahuramazda bzw. Hormuzd. *Jüd.:* »Die Sonne der Gerechtigkeit und Heil unter ihren Flügeln« (Mal. 4,2). *Sumero-semit.:* Die geflügelte Scheibe ist das Symbol oder die direkte Verkörperung der Sonnengötter, des *assyrischen* Aššur oder des *babylon.* Šamaš.

Scheiterhaufen *Christliches* Symbol der Qualen oder des Todes durch Feuer; Kennzeichen u. a. der Heiligen Agnes und Dorothea.

Schelm/Schalk/Gauner Tritt in der Symbolik der *Indianer* auf, in der *chinesischen* und *griechischen* Symbolik sowie im *pazifischen* Raum: als der Egoist oder auch als die Entfaltung des Heros aus dem unbewußten, chaotischen und amoralischen Wesen zum bewußt lebenden, integren und verantwortungsvollen Menschen. Der Schelm verkörpert auch das Leben dessen, der zu hinterlistigen und törichten Handlungen neigt; bisweilen wird er als der Schurke benutzt, um den Heros und das Gute besonders zur Wirkung zu bringen. Bei den Indianern wird er symbolisiert durch den Raben in den nordpazifischen Gebieten, den Coyoten in den westlichen Gebirgen und durch das Kaninchen oder den Hasen in den östlichen Wäldern. Der *skandinav.* Loki ist ein Schelm. Odysseus wird als listenreich beschrieben; auch Reineke Fuchs ist listig.

Schenkel Der Schenkel wird häufig als Symbol des Phallus benutzt und bedeutet daher Schöpferkraft, Zeugung und Stärke. Der Schädel und gekreuzte Schenkelknochen symbolisieren die beiden entscheidenden Quellen der Kraft des Menschen, den Kopf und die Lenden; sie besitzen magische Kraft, denn sie ziehen die Lebenskraft ab und sind daher Symbol des Todes. In *Ägypten* ist der Schenkel des Stieres oder des Nilpferdes »das phallische Bein des Seth«. Dionysos kam aus dem Schenkel von Zeus.

Schere Ambivalent, ein Symbol für Leben und Tod; sie bedeutet sowohl Vereinigung, da ihre beiden Teile zusammenwirken, als auch Trennung, denn mit ihr wird der Lebensfaden durchschnitten. Ein Attribut der Schicksalsgöttin Atropos, die den Lebensfaden abgeschnitten hat.

Schiff Schiffe haben eine ähnliche Symbolik wie Boote: sie tragen die Sonne und den Mond über die Meere, und die Erde ist ein Boot, das auf den Urwassern treibt. Schiffe mit Pferdeköpfen und -schweifen sind solar und nehmen in der Symbolik den Platz des Sonnenwagens ein. Köpfe von Frauenfiguren sind lunar, und das Schiff ist dann der schützende Aspekt der Großen Mutter, der Schoß, die Wiege, das weibliche Fahrzeug der Transformation und ein Erlöser und Beschützer auf dem Meer des Lebens. Als Träger von Sonne und Mond stellen Schiffe Schöpferkraft und Fruchtbarkeit der Wasser dar; sie versinnbildlichen ebenfalls Abenteuerlust; Erkundungsdrang; die Fahrt auf das Meer des Lebens, aber auch das Überqueren der Wasser des Todes; in diesem Zusammenhang haben Schiffe Anteil an der Symbolik der Brücke; denn sie stehen für die Überfahrt aus dieser Welt in das Jenseits. Das Schiff des Lebens, das auf die Wasser der Schöpfung hinausfährt, hat auch teil an der Axialsymbolik, insofern, als der Mast die *axis mundi* ist und auch die Bedeutung des Lebensbaumes hat. *Ägypt.:* »Sie glauben, daß Sonne und Mond nicht in einem Wagen

Scheibe Auf diesem Basaltrelief aus Nimrud (9. Jahrhundert v. u. Z.) ist eine Szene der Anbetung und Verehrung wiedergegeben, die unter dem Schutz der geflügelten Sonnenscheibe und ihres Gemahls, des Mondes, einer Verbindung aus reinem Licht und seiner dunklen Reflexion, stattfindet.

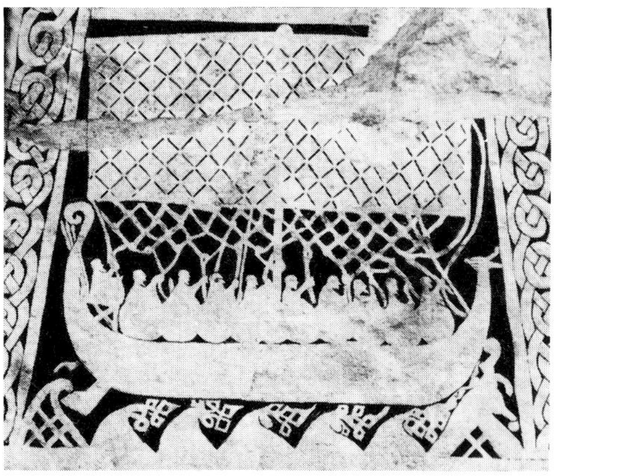

Schiff Das auf einem Gedenkstein der Wikinger eingeritzte Totenschiff betont, daß der Tod das Ende einer Reise und der Übergang zu einem neuen Ziel und Anfang ist.

fahren, sondern unentwegt in Booten die Welt umsegeln – und das bedeutet, daß sie ihre Nahrung und Erneuerung aus fruchtbarer Feuchtigkeit erhalten« (Plutarch). *Buddhist.:* Das Schiff bzw. Fahrzeug der Lehre setzt den Menschen in den Stand, den Ozean der Existenzen und Gestaltwandlungen zu überqueren, um das Ufer – das Nirwana – zu erreichen. *Christl.:* Die Kirche, die Arche, das Schiff der Erlösung; Sicherheit vor der Versuchung. Das Kreuz ist der Mast des Schiffes. Die Ruderer sind die Apostel. Vorbild ist die Arche Noah. Attribut der Heiligen Anselm von Canterbury, Nikolaus von Myra, Veit u. a. *Hinduist.:* »Ein Boot..., das die Menschheit in die Glückseligkeit hinüberträgt« *(Rigveda). Kelt.:* Attribut Manannans, des Herrn des Meeres, dessen Schiff ohne Segel oder Ruder nach seinem Willen fuhr. *Jap.:* Das Boot des Donnergottes Kami-nari verbindet Himmel und Erde. *Skand.:* Wird mit den Vanen als Fruchtbarkeitsgöttern assoziiert. Das magische Schiff ist ein Attribut Freyas.

Schild Obhut; die Zuflucht gewährende, schützende, weibliche Macht. Der Schild ist oft eine anikonische Darstellung einer Gottheit oder eines Heros. Neith, die *ägypt.* Göttin des Krieges, trug einen Schild als Attribut. In *Griechenland* war der Schild ein Attribut des Ares und der Athena, zusammen mit der Ägis Schutz bedeutend, wobei die Ägis wie ein Kleidungsstück über Schultern und Brust getragen und der Schild mit der Hand vor den Körper gehalten wurde. Der Schild mit dem Speer symbolisiert die Aufnahme der Epheben ins Mannesalter.

Schildkröte Die Wasser; der Mond; die Erdmutter; der Schöpfungsbeginn; die Zeit; Langlebigkeit oder Unsterblichkeit; Fruchtbarkeit; Regeneration. Die Schildkröte ist häufig als der Träger der Welt, als der Schöpfungsbeginn und als die All-Erhalterin dargestellt. *Ägypt.:* Zwei Schildkröten mit dem Zeichen der Waage symbolisieren das Maß der Flutwasser des Nils. *Alchimist.:* Die Schildkröte verkörpert die ungestalte Masse. *Chin.:* Zusammen mit dem Drachen, dem Phönix, dem *quilin* und dem Einhorn eines der vier geistbegabten bzw. heiligen Geschöpfe; sie verkörpert das Element des Wassers, das *yin*-Prinzip, den Winter, die nördliche Region und Schwarz, die Farbe des uranfänglichen Chaos. Die Schildkröte ist auch als der Schwarze Krieger bekannt, und dann wird sie zum Symbol der Stärke, Ausdauer und Langlebigkeit. Das Drachen- und Schildkrötenbanner wurde von der kaiserlichen Armee als Symbol der Unzerstörbarkeit getragen, da beide Geschöpfe jeden Zweikampf überleben; denn der Drache ist nicht in der Lage, die Schildkröte zu zermalmen, und die Schildkröte kann den Drachen nicht erreichen. Oft tritt die Schildkröte zusammen mit dem Kranich als Symbol der Langlebigkeit auf. Sie trägt die Welt, und ihre vier Füße sind die vier Enden der Erde. *Christl.:* Bescheidenheit in der Ehe; Frauen, die in ihre Häuser zurückgezogen leben wie die Schildkröte in ihrem Panzer; aber in der frühchristlichen Kunst bedeutete sie das Böse. *Daoist.:* Ihre Gestalt symbolisiert die Große Triade bzw. den gesamten Kosmos: ihr kuppelförmiger Rückenschild ist der Himmel, der Körper in der Mitte ist die Erde oder der Mensch als Mittler, und ihr Bauchpanzer verkörpert die Wasser. *Griech./Röm.:* Das weibliche Prinzip, die Fruchtbarkeit der Wasser; ein Attribut von Aphrodite/Venus, die dem Meer entstieg; auch ein Kennzeichen von Hermes/Merkur, der aus einem Schildkrötenpanzer eine Lyra herstellte. *Hinduist.:* Kasyapa, der Stern des Nordens; das erste Lebewesen; der Urahn. Eine Inkarnation von Vishnu, dem Erhalter; die Macht der Wasser. Der Bauchpanzer steht für die irdische Welt und der Rückenschild für die himmlisch-göttliche. Die Schildkröte trägt den Elefanten, auf dessen Rücken die Welt ruht, und die beiden, der männliche Elefant und die weibliche Schildkröte, verkörpern die beiden kreativen Kräfte. *Indian.:* Der Weltenbaum erwächst aus dem Rückenschild der Schildkröte. *Japan.:* Sie trägt die Wohnstatt der Unsterblichen und den Kosmischen Berg. Langlebigkeit; Glück; Stütze und Halt. Kennzeichen von Kumpira, dem Gott der Seefahrer, und ein Attribut der Göttin Benten. *Mexikan.:* Die Große Muttergöttin in ihrem schrecklichen Aspekt. *Sumer.:* Ea, dem Herrn der Tiefe, heilig.

Schilfgras/Binsen Schilfgrashalme oder Binsen symbolisieren historisch gewordene Zeit. *Ägypt.:* Königtum; der fruchtbringende Nil. *Chin.:* Erfolgreiche Staatsführung; ihr sehr schnelles Wachstum symbolisiert Fortschritt. *Christl.:* Christi Leiden und Tod am Kreuz; Demütigung; die Gläubigen, die aus den Wassern der Gnade leben; Attribut Johannes des Täufers. *Griech.:* Attribut von Pan; Musik; Harmonie.

Schirm/Sonnenschirm Die Sonnenscheibe bzw. das Sonnenrad; seine Stäbe sind die Strahlen der Sonne, und sein Griff ist die Weltachse; das Himmelsdach; Macht, sowohl weltliche als auch geistliche; die Sicherheit, die man unter den Zweigen des Weltenbaumes findet; in Gestalt des Sonnenschirms bedeutet er auch Wärme und Schutz. *Buddhist.:* Schutz; der Zustand des Nirvana jenseits von Begriff und Form. Im *chin. Buddhismus* hat Virudhaka bzw. Mo-li hung, der Hüter des Südens, den Schirm der Erdbeben, der Finsternis und des Chaos; er ist eine der Acht Kostbarkeiten. *Chin.:* Würde; hoher Rang; Schutz; Glück. *Hinduist.:* Herrschaft des Geistes in der ganzen Welt; königliche Würde; Schutz. Attribut Indras. *Maya:* Königtum; Würde, Rang, Attribut der Königin Moo.

Schlagen Auf die Brust oder die Oberschenkel schlagen, ist ein Ausdruck von Schmerz, Kummer oder Reue. An die Stirn schlagen, bedeutet Kummer, Scham oder Verwunderung. ↗ Auspeitschen

Schlamm Die von den befruchtenden Wassern fruchtbar gemachte empfangende Erde; die Quelle und Möglichkeit der Fruchtbarkeit und des Wachstums. Er repräsentiert auch den primitiven und sündigen Menschen.

Schlange Ein äußerst komplexes und universelles Symbol. Oft sind Schlange und Drachen austauschbar, und im Fernen Osten wird gar kein Unterschied zwischen ihnen gemacht. Die Symbolik der Schlange ist polyvalent: sie kann männlich, weiblich oder aus sich selbst entstanden sein. Als ein Tier, das tötet, ist sie Tod und Zerstörung; als eines, das periodisch seine Haut erneuert, ist sie Leben und Auferstehung; eingerollt wird sie mit den Zyklen der Manifestation gleichgesetzt. Sie begleitet alle weiblichen Gottheiten und die Große Mutter, und häufig ist sie so dargestellt, daß sie sie umwindet oder von ihnen in den Händen gehalten wird. Hier hat sie dann auch die weiblichen Charakteristika des Geheimnisvollen, Rätselhaften und Intuitiven; sie ist das Unberechenbare, das sich zeigt und plötzlich wieder verschwindet. Die Schlange wurde auch für zweigeschlechtig gehalten, ist das Attribut aller aus sich selbst heraus schaffenden Götter und steht für die schöpferische Kraft der Erde. Sie ist solar, chthonisch, ihre Symbolik findet bei Begräbnissen Verwendung, sie ist die Manifestation von Kraft in jeder Hinsicht und steht im engen Zusammenhang mit den Vorstellungen von Leben und Tod. Da sie unter der Erde lebt, hat sie Verbindung mit der Unterwelt und Zugang zu den Mächten der Allwissenheit und Zauberkraft der Toten. Die chthonische Schlange manifestiert die aggressiven Kräfte der Götter der Unterwelt und der Finsternis; sie ist in allen Kulturkreisen ein Initiator und Verjünger und »Herr des Erdinneren«. In ihrer chthonischen Bedeutung ist sie der Feind der Sonne und aller solaren und spirituellen Mächte und steht für die dunklen Kräfte der Menschheit. Hier sind das Positive und das Negative, Licht und Finsternis im Widerstreit miteinander, wie z. B. bei Zeus und Typhon, Apollon und Python, Osiris und Seth, Adler und Schlange usw.
Sie bedeutet auch ursprüngliche Instinkt-Natur, die aufwallende Lebenskraft, unkontrolliert und undifferenziert; potentielle Energie; animierenden Geist. Sie ist ein Vermittler zwischen Himmel und Erde, Erde und Unterwelt und wird mit Himmel, Erde und Wasser und insbesondere mit dem Kosmischen

Schildkröte Für die Azteken war die Schildkröte ein Symbol ausweichender, aufschneiderischer Feigheit; außen hart und innen weich und schleimig.

Schlange Eine Keramikfigurine der tiergestaltigen Menschenschlange aus der T'ang-Zeit, ein Zeichen des Jahres der Schlange, des sechsten Tieres im chinesischen Kreis der Zwölf Erdtiere.

Baum assoziiert. Sie ist auch der Wolkendrache der Finsternis und bewacht Schätze. Die Schlange kann die Sonnenstrahlen, den Lauf der Sonne, den Blitz und die Kraft der Wasser darstellen und ist ein Attribut aller Flußgottheiten. Sie ist Weisheit; Macht; List; Heimtücke; Verschlagenheit; Finsternis; das Böse, die Verdorbenheit und der Versucher. »Sie ist die personifizierte Schicksalsmacht, behende wie das Unglück, mutwillig wie die Vergeltung, unbegreiflich wie das Schicksal«. Kosmologisch gesehen, ist die Schlange der Urozean, von dem alles ausgeht und in den alles zurückkehrt, das uranfängliche, undifferenzierte Chaos. Sie kann auch die Welt tragen und erhalten und sie als ↗ Uroboros umkreisen, das Symbol zyklischer Manifestation und Wiedervereinigung. Sie ist der Gott, den man in frühen Kosmogonien findet und der später einer mehr psychologischen und geistig-religiösen Auslegung wich. Schlangen oder Drachen sind die Hüter der Schwelle, von Tempeln und Schätzen des esoterischen Wissens und aller Mondgottheiten. Sie sind Sturmmacher, Beherrscher der Mächte der Wasser, sie umkreisen das Wasser und halten das Wasser gefangen, sind aber zugleich auch Wasserbringer. Sie werden bei allen Beschwörungen der Toten, die die Wasser des Todes überquerten, angerufen. Da sich die Schlange ohne Beine oder Flügel bewegt, symbolisiert sie den alles durchdringenden Geist; ist sie die innere Natur des Menschen und das Gewissen, da sie Felsspalten durchdringt. Sie kann auch eine Erscheinungsform böser Mächte wie Hexen oder Zauberer sein und so den bösen und verderbten Aspekt der Natur darstellen. Die Himmelsschlange mit dem chinesischen Azurdrachen symbolisiert den Regenbogen, und beide können eine Brücke von dieser Welt in die andere schlagen. Ein Kind, das mit einer Schiange spielt, stellt das wiedergewonnene Paradies dar, das Freisein von Konflikten und das Ende der zeitlichen Welt; es hat dieselbe Symbolik wie die beieinanderliegenden Tiere Löwe und Lamm.

Die zusammengerollte oder verknotete Schlange steht für die Zyklen der Manifestation, auch verborgene Macht, die Triebkraft bzw. die Möglichkeit entweder für das Gute oder für das Böse. Rund um das Ei gewunden, bedeutet sie das Ausbrüten des Lebensgeistes, den Uroboros, die die Erde umkreisende Macht der Wasser. Um den Baum oder jedes andere axiale Symbol geschlungen, symbolisiert sie die Erweckung der dynamischen Kraft, den Genius alles Wachsenden, zyklische Existenz. Verbunden mit dem Baum des Lebens ist ihr Aspekt wohltätig, zusammen mit dem Baum der Erkenntnis ist sie böse und das Gift des Bösen der Welt der Manifestation. Eine Frau umschlängelnd, die die Große

Schlange Eine südindische Plastik des 19. Jahrhunderts zeigt eine kleinere weibliche Gottheit mit der Schlange der schöpferischen Energie, die aus ihrem Schoß hervortritt.

Mutter ist, die Mondgöttin, ist die Schlange solar, und beide zusammen verkörpern die Beziehungen zwischen dem Männlichen und dem Weiblichen. Wie die Kröte soll die Schlange ein Juwel im Kopf haben und Schätze und magische Ringe besitzen. Wenn der Adler oder der Hirsch zusammen mit der Schlange auftreten, sind diese beiden solar und manifestes Licht, während die Schlange die Finsternis, das Nicht-Manifeste und Chthonische darstellt; zusammen sind sie kosmische Einheit, Totalität; im Widerstreit miteinander stehen sie für die Dualität, die Gegensatzpaare und für die himmlischen und chthonischen Kräfte im Kampf miteinander. Häufig ist der Adler mit der Schlange in den Klauen dargestellt oder der Hirsch, wie er sie niedertrampelt, was beides den Sieg des Guten über das Böse, des Lichtes über die Finsternis, der himmlischen über die irdischen und der geistlichen über die weltlichen Mächte versinnbildlicht. Die feurige Schlange bzw. der Feuerdrache ist solar, Reinigung, die Verwandlung und Überschreitung des irdischen Seins. Als Gürtel oder Armband stellt die Schlange die ewige Wiederkehr der Alter dar; Aufeinanderfolge; den Zyklus von Auflösung und Wiedervereinigung. Rauten als Ornamente auf einer Schlange stehen manchmal für die phallische Schlange und die weibliche Vulva als die solar-lunare, männlich-weibliche Einheit, Dualismus und Wiedervereinigung, Versöhnung der Gegensätze, den Androgyn. Die widderköpfige Schlange ist ein Attribut aller gehörnten Götter als Symbol für Schöpferkraft und Fruchtbarkeit. Die Wellenform einer Schlange oder eines Drachens bedeutet kosmischen Rhythmus oder die Macht der Wasser. Eine geflügelte Schlange oder ein geflügelter Drache sind solar und versinnbildlichen die Einheit von Geist und Materie, die Vereinigung von Adler und Schlange und aller Gegensätze; sie stellen auch mit Leben erfülltes Verstehen dar. Zwei Schlangen zusammen symbolisieren die Gegensätze des Dualismus, die letztendlich vereinigt werden. Einen Baum oder Stab umwindend, sind sie die Spiralzyklen der Natur; die Sonnenwenden. Auf dem ↗ Caduceus stellen sie die homöopathischen Kräfte von Heilung und Gift, Krankheit und Gesundheit dar. Um alles andere gewunden, sind sie Zeit und Schicksal, die zwei großen bindenden Mächte. Zwei Schlangen oder Drachen, die einander in den Schwanz beißen, deuten darauf, daß, wenn auch in scheinbarem Gegensatz, die Kräfte und Dinge im Reich der Dualität eigentlich aus derselben Quelle und demselben Prinzip entspringen. Die Eier des Reptils bedeuten Wiedergeburt, und seine lidlosen Augen stehen für Wachsamkeit und damit Weisheit. Die Schlange hält oft die Frucht oder das

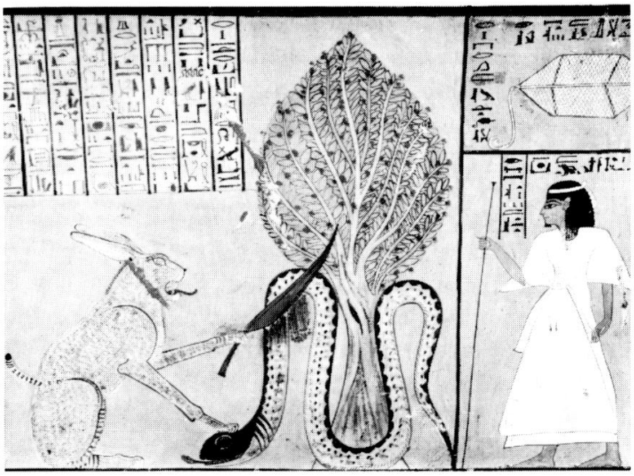

Schlange Eine Katze, in diesem Fall ein solares Tier, greift die sich wellenförmig bewegende und somit das Element des Wassers, die Vernichtung, Bösartigkeit und den Mißklang verkörpernde Schlange an, die sich auf dieser ägyptischen Wandmalerei des 14. Jahrhunderts v. u. Z. um den Baum des Lebens schlingt.

Schlange Die Schlange, Symbol der Heilung und daher Attribut des Aesculapius, auf einem römischen Medaillon des 2. Jahrhunderts.

Kraut der Unsterblichkeit. Manchmal teilt die Symbolik des Stiers und des Widders die der Schlange als phallische, Fruchtbarkeits- und Zeugungskraft. Der Regenbogen als Schlange, die ihren Durst im Meer löscht, kommt z. B. in der *französ.*, *afrikan.*, *ind.* und *indian.* Symbolik vor. *Afrikan.:* Ein königliches Emblem; ein Fahrzeug der Unsterblichkeit; Inkarnationen der Toten. Die Himmelsschlange ist u. a. der Regenbogen und umschließt die Erde oder ist ein Hüter von Schätzen oder ein Donnergeist und mit dem Blitz verbunden. Als Regenbogen löscht sie ihren Durst im Meer. Die Schlange kann ein Kulturheros oder ein mythischer Ahnherr sein, der den Menschen das Schmiedefeuer und das Korn gab. Sie ist verbunden mit den Wassern und der Schöpferkraft. Es kommt auch der Kult des heiligen Python vor. *Ägypt.:* Uräus, die Kobra, ist Symbol höchster göttlicher und königlicher Weisheit und Macht; Erkenntnis; Gold. Apophis, die Natter als Seth in seinem typhonischen Aspekt, ist die Schlange des Nebels, »der Dämon der Finsternis«, Zwietracht und Zerstörung; auch der böse Aspekt der sengenden Sonne. Schlangen an der Seite der Sonnenscheibe stehen für die Göttinnen, die als Königsschlangen die Feinde des Sonnengottes Re vertrieben. Zwei Schlangen sind Nus und Logos. Die Schlange mit dem Löwenkopf ist Schutz gegen das Böse. Buto, eine Schlangengöttin, nimmt die Form einer Kobra an. *Alchim.:* Die Schlange auf einem Pfahl ist die Fixierung des flüchtigen Quecksilbers, die Unterwerfung der Lebenskraft. Durch einen Kreis hindurchgehend bedeutet sie die alchimistische Fusion. *Austral. Aborig.:* Das männliche Prinzip; Blitz. Es besteht eine Verbindung zwischen der Gegenwart einer Schlange und Schwangerschaft. *Aztek.:* Die gefiederte Schlange, eine Kombination des Quetzal-Vogels mit der Schlange, ist die Sonne; der Geist; die Macht des Aufsteigens; Regen; Wind; Donner und Blitz; die Urbewegung von Wind und Wasser; der Atem des Lebens; Erkenntnis; die östliche Region; sie begleitet alle Regen- und Windgötter; sie ist ewige Schöpfung; nicht endende Zeit; ein Mittler zwischen Gott und Mensch. Sie ist der Weiße Gott, aus dessen schwarzen Eingeweiden der Regen fällt, und symbolisiert Quetzalcoatl, den Himmelsgott des Tierkreises, wenn sie solar ist; sie wird jedoch lunar, wenn sie die Erdmutter, die Schlangenfrau, Coatlicue, die einen Rock aus miteinander verwobenen Schlangen trägt, darstellt. Die Schlange kann ein Kulturheros und mythischer Ahnherr sein. Ein Raubvogel packt den Schlangengott, aus dessen Blut die Menschheit geboren ist – Symbol für die Zerstückelung der ursprünglichen Einheit und das Kommen der Vielfalt in der manifesten Welt. *Buddhist.:* Im Zentrum des Rades der Existenzen verkörpert die Schlange den Zorn, das Schwein daneben Habgier und Unwissenheit und der Hahn sinnliche Leidenschaft, und alle drei zusammen stellen die Sünden dar, die den Menschen an die Welt der Illusion und den Kreis oder das Rad der Existenzen binden. Schlangen sind mit mehreren großen Göttern Indiens verbunden: Vishnu ruht auf der Weltschlange Ananta; mit der Schlange Vasuki ist der Weltenberg Meru befestigt, und Nagas sind wohltätige schlangenköpfige Halbgötter. *Chin.:* Die Schlange wird selten vom ↗ Drachen unterschieden, aber wenn, dann wird sie negativ, übelwollend, zerstörerisch, hinterlistig und verschlagen, symbolisiert Kriecherei und ist eines der fünf giftigen Geschöpfe. Die Geschwister Fo-hi und Nu-kua sind manchmal als zwei Schlangen mit Menschenköpfen dargestellt, eine der seltenen Tier-Mensch-Kombinationen in der chines. Symbolik. Sie sind *yin-yang.* Die Schlange ist das sechste der Symboltiere der Zwölf Erdstämme. *Christl.:* Ambivalent, steht sowohl für Christus als Sinnbild der Weisheit und als am Baum des Lebens erhöhtes Opfer, als auch für den Teufel in seinem chthonischen Aspekt. Die Schlange oder der Drache ist Satan, der Versucher, der Feind Gottes, der den Sündenfall bewirkte; sie steht für die Mächte des Bösen, Zerstörung, das Grab; List und Schlauheit; ebenso für die Macht des Bösen, die der Mensch in sich überwinden muß. Dante setzt die Schlange mit den Verdammten gleich, aber wenn sie den Baum des Lebens umwindet, verkörpert sie die Weisheit und ist wohltätig, während sie im Zusammenhang mit dem Baum der Erkenntnis zum Sinnbild Luzifers wird, arglistig und böswillig. Die Schlange, die sich am Kreuz oder an einem Stock hochwindet, ist ein Urbild für Christus, der erhöht wird am Baum des Lebens zum Heil und zur Rettung der Welt; die Schlange, die sich am Kreuz windet, ist manchmal mit einem Frauenkopf dargestellt, der die Versuchung symbolisiert; die Schlange am Fuß des Kreuzes ist das Böse und verkörpert in dieser Stellung den Sieg Christi über das Böse und die Mächte der Finsternis. Im Christentum kann der Drache anstelle der Schlange auftreten und umgekehrt; wie die *babylonische* Tiamat, ist der Satan des Christentums »der große Drache, die alte Schlange, die da heißt der Teufel« (Offb. 12,9). Die böse Schlange ist Satan, der Drache der Apokalypse. Tertullian sagt, daß die Christen Christus »die Gute Schlange« nennen. Die Jungfrau Maria zermalmt den Kopf der Schlange der Eva, anstatt ihr zu erliegen. Die eherne Schlange des Moses weist auf die Kreuzigung Christi. *Gnost.:* Der Autor der göttlichen Gnosis. Die geflügelte Schlange ist Phanes, und mit einem Nimbus dargestellt, ist sie das Licht der Welt; Erkenntnis und Erleuchtung. *Griech.:* Weisheit; Erneuerung des Lebens; Auferstehung; Heilung und als solche Attribut von Asklepios, Hippokrates, Hermes und Hygieia; sie ist auch ein Aspekt von Asklepios als Retter und Heiler. Sie ist das Lebensprinzip; manchmal ist sie eine Tiergestalt von Zeus oder anderen Gottheiten; Athena heilig als Symboltier für die Weisheit und besonders Apollon zu Delphi als Symboltier für das Licht, das den Python der Finsternis und der Sintflut tötet. Apollon befreit nicht nur die Sonne von den Mächten der Finsternis, sondern macht die Seele frei in der Erleuchtung und dem Licht der Erkenntnis. Die Schlange steht in Beziehung zu Erlöser-Gottheiten der Mysterien und verkörpert auch die Toten oder tote Heroen: das Lebensprinzip, bzw. die Seele, verläßt den Menschen in Gestalt einer Schlange, und die Seelen der Toten können als Schlangen wieder auferstehen. Die Schlange ist ein Symbol von Zeus Chthonios; sie ist phallisch, und sie ist manchmal als Symbol der Lebenskraft um ein Ei geschlungen dargestellt; sie steht für die Leidenschaften, die sowohl das männliche als auch das weibliche Prinzip beleben. Frauen mit Schlangenhaaren, wie die Erinnyen, die Gorgonen und die Graien, versinnbildlichen die Mächte der Magie und Zauberkunst, die Weisheit und Schläue der Schlange. Zwei riesige Schlangen, die der gekränkte Apollon geschickt hatte, umschlingen Laokoon und seine beiden Söhne. Die drei Schlangen auf dem Brustharnisch des Agamemnon werden der Himmelsschlange in Gestalt des Regenbogens gleichgesetzt. Bacchanten tragen Schlangen. *Hinduist.:* Die Shakti; die Natur; kosmische Macht; das Chaos; das Amorphe; das Nicht-Manifeste; die Manifestation des *vedischen* Agni; das Feuer, die »wütende Schlange«; die dunkle Schlange bedeutet die Möglichkeit des Feuers. Als Kaliya, die von Krishna besiegt wird, der auf ihrem Kopf tanzt, ist die Schlange böse. Die Kobra ist ein Reittier Vishnus, und als solches steht sie für Erkenntnis, Weisheit und Ewigkeit. Seine beiden *nagas* verkörpern mit ihren ineinander verschlungenen Körpern die bereits befruchteten Wasser, und aus dieser Vereinigung erwächst die Erdgöttin, die Symbol für beide ist, die Erde und die Wasser. Vṛtra, der Bezwinger der Wasser, ist das unterirdische Dunkel, das die Wasser verschlingt und die Trockenheit bewirkt; er, wie Ahi, »der Droßler«, kann eine dreiköpfige Schlange sein, die von Indra getötet wird, der dann mit einem Donnerkeil die Wasser wieder befreit. Ineinander verschlungene Schlangen sind chthonisch. Zwei Schlangen in abwärts und aufwärts gerichteter Bewegung stehen für den Göttlichen Schlaf und das Göttliche Erwachen in den Nächten und Tagen Brahmas. Die Naga und Nagina sind Schlangenkönige und -königinnen oder Genien, oft eigenständige Gottheiten, ihre Darstellungen können verschiedene Gestalt annehmen: entweder vollständige Menschen oder Schlangen oder Menschen mit Kobraköpfen und -brillenzeichnungen oder auch mit ganz gewöhnlichen Schlangenköpfen oder Mensch von der Taille an aufwärts und von der Hüfte abwärts Schlange. Häufig haben sie dieselbe Symbolik wie der *chin.* Drache als Regenbringer und Träger der Lebenskräfte der Wasser, der Fruchtbarkeit und Verjüngung. Sie sind Hüter der Schwelle, der Tür und geistiger oder materieller Schätze und der Wasser des Lebens; sie sind auch Beschützer des Viehs. Ihre Bilder als Schlangenkönige und -königinnen finden sich unter Bäumen. Manchmal umwindet eine Schlange den Lingam Shivas. Zusammen mit dem Elefanten, der Schildkröte, dem Stier und dem Krokodil kann die Schlange ein Träger und Erhalter der Welt sein. Die Schlange symbolisiert auch das *kundalini* (verborgene Energie, schlafendes, noch nicht erwecktes Sein). *Indian.:* Das Geschöpf des Donners, der Blitz, der Regenmacher, der Feind des Donnervogels; lunare und magische Kraft; der Speer der Kriegsgötter. Ein Symbol der Ewigkeit und ein Vorbote des Todes. Die gehörnte Schlange ist der Wassergeist, die Fruchtbarkeit bringende Kraft des Wassers. Schlangen sind Mittler zwischen den Menschen und der niederen Welt. Der Große Manitou nimmt die Form einer Schlange mit Hörnern an, mit denen er die Kröte oder den Dunklen Manitou, das Böse, durchbohrt. *Inka:* Die Schlange und der Vogel sind der wohltätige Aspekt von Quetzalcoatl. *Iran.:* Ein Aspekt von Ahriman oder Anghra Mainyu, die Schlange der Finsternis, der Lügner. Die *pers.* Schlange Azi-dahak ist »der Droßler«, der Feind des Sonnengottes. *Islam.:* Eng verbunden mit dem Leben, denn die Schlange heißt el-hayyah, und das Wort für Leben ist el-hyat, und el-Hay ist einer der Hauptnamen Gottes und bedeutet das Beleben, das, was Leben verleiht, das Lebensprinzip noch mehr als das bloße Leben; das, was sowohl belebt als auch erhält, das Leben verleiht und das Lebensprinzip selbst ist. *Japan.:* Personifikation und Attribut Susanoos, des Gottes des Donners und der regenbringenden Stürme. *Jüd.:* Das Böse; die Versuchung; die Sünde; sexuelle Leidenschaft; die ins Sheol verdammten Seelen. Leviathan ist eine Schlange der Tiefe. Jahwe schleudert »die gekrümmte Schlange«, den Blitz (Hiob 26, 13). Die *Kabbala* zeigt Adam Kadom als einen Mann, der eine aufgerichtete Schlange am Nacken hält. *Kelt.:* Verbunden mit den heiligen

Wassern und Brunnen. Die gehörnte oder widderköpfige Schlange, welche in der *kelt.* und *gall.* Ikonographie häufig vorkommt, verkörpert Cernunnos, den Gott der Fruchtbarkeit und Manneskraft. Die Schlange ist ein Kennzeichen von Bridgit als einer Muttergöttin. Ein schlangenumwundener Kopf bedeutet Fruchtbarkeit und ist unheilabwendend. *Manich.:* Ein Symbol für Christus. *Maori:* Irdische Weisheit; einer, der im Sumpf wirkt und schafft; Bewässerung und Wachstum. *Minoisch:* Die Schlangensymbolik herrscht auf Kreta, und es scheint gewisse Beweise zu geben, daß es einen vor dem Götterglauben existierenden Schlangenkult gegeben hat. Die Große Göttin, Beschützerin des Hauswesens, wird mit Schlangen in den Händen dargestellt, und später wurden auch die Gottheiten, die ihr folgten, mit Schlangen in Verbindung gebracht. Auf antiken Münzen ist die Göttin auf dem Thron unter einem Baum dargestellt, und sie streichelt den Kopf einer Schlange; Schlangen- und Baumsymbolik stehen in enger Verbindung miteinander. Die Schlange ist ein Symbol der Fruchtbarkeit und im Kult der Eileithya, der Göttin der Kindgeburt, von Bedeutung. Die Schlange, die Polyides sah, trug ein Heilkraut, welches den Toten das Leben zurückgeben konnte. Die Schlange konnte eine Inkarnation der Toten sein, ein Ahnherr oder ein Geist, und auf einem Grabhügel bedeutete das Bild einer Schlange den Begräbnisplatz eines Heroen und war ein Symbol der Auferstehung und Unsterblichkeit. Später stellte die Schlange Asklepios, den heilenden Gott, dar. *Ozean.:* Ein Schöpfer der Welt. Die Anwesenheit einer Schlange wird mit Schwangerschaft assoziiert. An manchen Orten lebt die Weltenschlange unter der Erde und wird letzten Endes die Welt zerstören. *Röm.:* Schlangen wurden mit Erlösergottheiten assoziiert, mit Fruchtbarkeit und mit heilenden Gottheiten, wie z. B. Salus. Die Schlange ist ein Attribut von Minerva als Göttin der Weisheit. *Skandin.:* Die Midgard-Schlange umschlingt die Welt mit den endlosen Windungen der Tiefen des Ozeans. Die Schlange Nidhögg, der »Schreckliche Beißer«, welcher an der Wurzel des Weltenbaumes Yggdrasil lebt und ständig an ihm nagt, steht für die bösartigen Mächte des Universums. *Sumero-semit.:* Die *babylon.* Tiamat, die »Fußlose«, die »Schlange der Finsternis«, auch als Drache dargestellt, ist das Chaos, das Undifferenzierte, das Ungeteilte, Sinnenlust und Verderblichkeit, das von Marduk, dem Gott der Sonne und des Lichtes, zerstört wird. Der *assyr.-babylon.* Ea, als Lakhmu und Lakhamu des Meeres, hat die Gestalt männlicher und weiblicher Schlangen, die das männliche und weibliche Prinzip von Himmel und Erde gebären. Ištar, als die Große Göttin, ist mit der Schlange dargestellt. Der phrygische Sabazios hat eine Schlange als Hauptattribut, und in seinem Kult ließ die den Gottesdienst abhaltende Priesterin eine goldene Schlange als »Gott durch den Busen« durch ihre Gewänder zu Boden fallen. Die Korngöttin Nidaba läßt Schlangen von ihren Schultern springen, und die Schlange wird sowohl mit der Erdgöttin, die als sich um einen Stab windende Schlange dargestellt wird, als auch mit deren Sohn als Sterbendem Gott assoziiert, dem oft aus jeder Schulter eine Schlange wächst. Die auf einem Stab erhöhte und als Gott der Heilung angebetete Schlange war ein in Kanaan und bei den Philistern häufig wiederkehrendes Symbol. *Toltek.:* Der aus dem Rachen einer Schlange herausschauende Sonnengott symbolisiert den Himmel.

Schleier Finsternis, der Zustand vor der Morgendämmerung und vor der Erleuchtung, im Kosmischen wie im Geistigen; Dunkelheit, die dem Lichte weicht; Unergründbarkeit; verborgenes bzw. esoterisches Wissen; Heimlichkeit; die Illusion der manifesten Welt; Ignoranz; Geheimhaltung; die Dunkelheit der Trauer. Aber das, was verborgenhält, kann auch enthüllen: direkte und unverhüllte Wahrheit kann gefährlich sein; daher schützt der Schleier auch, die Wahrheit wie den, der sie erforschen will. Der Schleier trennt das Allerheiligste, den Höchsten Himmel, von der Heiligen Stätte, dem Tempel oder der Kirche auf Erden. Schleier verkörpern auch Unterordnung unter eine Autorität, deshalb der Schleier der Nonne und der Braut, der außerdem noch Entäußerung und Tod des bisherigen Lebens symbolisiert; die Häupter von Menschen, die geopfert wurden, waren häufig verschleiert oder mit Girlanden umwunden. Wie Hüte und Mützen, so schützt auch der Schleier das Leben im Kopf, in dem die Lebenskraft ihren Sitz hat. Er verhüllt auch die Persönlichkeit und gestattet das Einswerden mit anderen, wie das zu alten Zeiten bei der Priesterschaft war, und die angebetete Gottheit war oft verschleiert. Durch den Schleier zu schreiten, bedeutet Stufen der Initiation und die Erlangung esoterischen Wissens. Blaue Schleier stehen meist für Himmelsgötter oder -göttinnen. *Ägypt.:* Der Schleier der Isis, der Geheimnisse des Alls und der Schöpfung, »Ich bin alles, das war, ist und sein wird, und meinen Schleier hat noch kein Sterblicher gelüftet«. »Der Schleier ist das Weltall, das die Göttin webt« (Proklos). Er ist Offenbarung, Erleuchtung und Verborgenheit. *Buddhist.* und *Hinduist.:* Der Schleier der Illusion, *maya*, ist das Gewebe, aus dem die Welt der Erscheinungen gewoben ist; die Verhüllung der Wirklichkeit. *Christl.:* Bescheidenheit; Keuschheit; Absage an die Welt; die Trennung zwischen Juden und Nichtjuden, die durch Christus aufgehoben wurde, als der Vorhang im Tempel in zwei Teile zerriß. Der Lettner ist der Schleier vor der Bundeslade, der das Allerheiligste von dem irdischen Leib der Kirche trennt. Das Kreuz auf dem Altar wird symbolisch verhängt während der Zeit, da Christus im Grabe lag. *Griech./Röm.:* Ein Attribut von Hera/Juno. *Islam.:* Der Schleier ist in der religiösen Symbolik des Islam von besonderer Bedeutung; er verkörpert verborgenes Wissen und Offenbarung; Offenbarung ist das Abheben des Schleiers. Der Schleier enthüllt einerseits das Göttliche Sein, andererseits verhüllt er das absolute Sein, und das Gesicht Gottes wird durch Schleier des Lichts und der Dunkelheit verhüllt. Al Hallaj sagt, daß der Schleier ein Vorhang zwischen dem Suchenden und seinem Ziel ist. Ein Schleier trennt die Auserwählten von den Verdammten, die Gläubigen von den Ungläubigen. Gott spricht in der Offenbarung durch einen Schleier; und der Schleier des Namens bewahrt den Suchenden vor dem direkten Anblick, den er nicht ertragen würde. Die leidenschaftliche Natur des Menschen ist »verhüllte« Natur, denn sie sieht nicht das Licht; aber es ist der Mensch, nicht Gott, der in diesem Falle verhüllt ist. Der Schleier bedeutet auch Schande und Schuld. Die *Sufi* sagten, daß siebzigtausend Schleier Allah, die Eine Wirklichkeit, von der Welt der Materie und der Sinne trennen. *Jüd.:* Der Vorhang im Tempel und die Bundeslade sind der Ort, da das Allerheiligste, der Höchste Himmel, von der Heiligen Stätte, der Erde, getrennt wird. Seine vier Farben sind die vier Elemente: Erde, Wasser, Feuer, Luft. Moses verhüllte sein Gesicht und den strahlenden Glanz, der von ihm ausging, als er zum Volk Israel sprach. *Sumero-semit.:* Die Welt der Manifestation, die von der Großen Göttin gewoben wurde. Der Schrein des Gottes Nabu in Babylon wurde während der Zeit des Abstieges des Sterbenden Gottes in die Unterwelt verhüllt.

Schlinge ↗ Bande

Schloß Gehört mit zur Symbolik des umfriedeten Bezirks und der von Mauern geschützten Stadt und steht somit für das, was schwierig zu erreichen ist; geistliche Prüfung. Im Schloß befindet sich gewöhnlich ein Schatz oder ein Eingekerkerter, und es wird von einem Untier oder Bösewicht bewohnt, die zu überwinden sind, will man zu dem Schatz gelangen oder den Gefangenen befreien, die den Schatz esoterischen Wissens oder geistigen Strebens versinnbildlichen. Auch die Symbolik der ↗ Brücke spielt eine Rolle, wenn man nämlich den Wallgraben auf dem Weg zum Schloß überquert.

Schlund ↗ Rachen

Schlüssel Ein Axialsymbol, dem alle Kräfte des

Schleier Im Islam dürfen der Prophet und seine Familie nicht bildlich dargestellt werden, so daß der Maler dieser Szene, in der Fatima, Aischa und Umm Salama im Gespräch beieinander sitzen, sie verschleiert zeigte.

Schlüssel Die Schlüssel des hl. Petrus (Statue im Petersdom) symbolisieren die Gewalt, von der alles Lösen und Binden, Öffnen und Schließen, alle Gerechtigkeit und Gnade abhängig sind.

Öffnens und Schließens, des Bindens und Lösens eigen sind. Der Schlüssel bezeichnet auch Befreiung; Wissen; die Mysterien; Initiation. Er steht in engem Zusammenhang mit Ianus, dem »Binder und Löser«, dem »Erfinder der Schlösser« und Gott der Initiation; er hat die Schlüssel der Macht, um zu öffnen und zu schließen, und den Schlüssel zu der Tür, die den Zutritt zum Reich der Götter und Menschen gewährt; denn die Türen der Sonnenwende im Winter und im Sommer sind die *ianua coeli* im Steinbock, die Tür der Götter, der aufsteigenden und zunehmenden Kraft der Sonne, und die *ianua inferni* im Krebs, die Tür der Menschen und der absteigenden und schwindenden Kraft der Sonne. Silberne und goldene Schlüssel verkörpern zeitliche und ewige Macht, die kleineren und die größeren Mysterien sowie das irdische und das himmlische Paradies. *Alchim.:* Die Macht des Öffnens und Schließens, der Auflösung und Verschmelzung. *Christl.:* Attribut des hl. Petrus, von Christus ihm als Machtsymbol übergeben; kann so binden und lösen; auch ein Zeichen des Papstes. In der Folge wird Petrus mit dem Schlüssel zum Wächter der Himmelspforte. Die hl. Martha hat als gute Hausfrau ein Schlüsselbund bei sich. *Griech./Röm.:* Attribut von Hekate als Wächterin der Unterwelt; auch von Persephone, Kybele und Ianus. *Japan.:* Die drei Schlüssel zur Kornkammer sind Liebe, Reichtum und Glück. *Jüd.:* Die Schlüssel Gottes sind die Erweckung der Toten; Geburt und fruchtbringender Regen. *Kelt.:* Der Stallschlüssel ist ein Attribut von Epona, der Hüterin der Pferde. *Mithraz.:* Mithras hat die Schlüssel der Macht, um zu öffnen und zu schließen.

Schmelzofen ↗ Schmiede

Schmelztiegel *Alchim.:* Die Frau; die Grundsubstanz; das weibliche, empfangende Prinzip; in Verbindung mit der feurig-aktiven männlichen Schmiede gebraucht. Er wird bei der »trockenen« Methode verwendet, wobei die *materia* direkt dem Feuer ausgesetzt wird. Er ist der Schoß, in den alles zurückkehren muß, um vor der Regeneration und Wiedergeburt zu sterben; der Ort schwerer Prüfungen, Leiden und Initiationsverfahren vor der Wiedergeburt zu einem höheren Status. In ihm wird die *materia* geschmolzen, vereinigt und umgewandelt. Das Gefäß enthält die Urkräfte von Schwefel und Quecksilber (in Verbindung mit dem Salz der neuen Geburt), des Männlichen und Weiblichen, Flüchtigen und Festen, der Auflösung und endlichen Vereinigung.

Schmetterling Die Seele; Unsterblichkeit. Da er sich aus der irdischen Raupe über das Stadium der Auflösung in das himmlische geflügelte Geschöpf verwandelt, bedeutet er Wiedergeburt, Auferstehung. Wie die Doppelaxt ist er auch ein Symbol der Großen Göttin. *Chin.:* Unsterblichkeit; ein überreiches Maß an Muße; Freude. Zusammen mit der Chrysantheme steht der Schmetterling für Schönheit im Alter; zusammen mit der Feder bedeutet er Langlebigkeit. *Christl.:* Auferstehung; die Stadien seiner Entwicklung stehen für Leben, Tod und Auferstehung. Bisweilen in der Hand des Jesuskindes dargestellt. *Griech.:* Unsterblichkeit; die Seele; die Psyche in der griech. Kunst. *Japan.:* Ein eitles Weib; eine Geisha; ein wankelmütiger Liebhaber. Ein Schmetterlingspaar stellt eheliches Glück dar; ein weißer Schmetterling symbolisiert den Geist eines Toten. *Kelt.:* Die Seele; Feuer. *Maori:* Die Seele.

Schmetterlingspuppe Metamorphose; Verwandlung.

Schmied Der Schmiedegott ist ein Schöpfer, der der Erde Gestalt verleiht, ist Sohn und Mittler der höchsten Gottheit. Seine Attribute sind Donner und Blitz, Hammer, Zange und Amboß, und er beherrscht die Macht des Feuers. Im *Schamanismus* und im *pazifischen* Raum ist der Schmied göttlichen Ursprungs, und es besteht eine Verbindung zwischen Schamanen, den Herrschern, Helden und Schmieden. Das Schmiedehandwerk ist heilig und magisch, und der Schmied kennt die Initiationsgeheimnisse. Die Ausnahme stellen Hirtenvölker dar, bei denen er verachtet und als böse betrachtet wird – als »Huf«- bzw. »Grob«-Schmied –, sein Handwerk gilt als unsauber. Der Schmied ist häufig ein Kulturheros oder ein Ahne, besonders in *Afrika*, und er bewacht den Altar oder erhält die Traditionen der Gesellschaft. Bei den *Balten* gab ein Schmied der Sonne ihre Gestalt und schleuderte sie in den Himmel. Der Götterschmied schafft und ordnet die Welt und gewährt Anteil an der Kenntnis der Mysterien. Hephaistos/Vulcanus war der *griech./röm.* Schmiedegott, im *nördl. Europa* gibt es Wieland den Schmied. Ihre schöpferischen Fähigkeiten hatten die Schmiedegottheiten häufig mit körperlichen Gebrechen, z. B. Lahmheit, zu bezahlen.

Schmiede *Alchim.:* Das heilige Feuer des Schmelzofens; die verwandelnde Kraft der Flamme; die generative, männliche, aktive, angreifende Kraft im Zusammenwirken mit dem passiven, empfangenden, erduldenden weiblichen Schmelztiegel; die *matrix*, aus der die Metalle geboren werden.

Schnecke Als ein Tier, das erscheint und wieder verschwindet, ist die Schnecke lunar; ihr Haus ist von seiner Form her ein natürliches Symbol des Labyrinths, der Spirale und der unterirdischen Höhle. Die Seeschnecke (*buccinum*) ist ein Bild für den Androgyn, der die beiden Prinzipien Feuer und Wasser vereint darstellt. Bei den *Azteken* verkörpert die Seeschnecke den Mondgott und steht für Schwangerschaft und Gebären wie für Schöpferkraft. In *Ägypten* war die Nacktschnecke ein Symbol des Spermas und der Feuchtigkeit. Die Schnecke versinnbildlicht auch Trägheit und Wollust. Im *Christentum* bedeutet sie die Faulheit, die sich von Schlamm und Schleim ernährt.

Schnee Kälte; Frigidität. Schmelzender Schnee ist ein Bild für die Erweichung eines harten Herzens.

Schneeglöckchen *Europ.:* Reinheit; Demut; Hoffnung. Im *Christentum* ist es ein Zeichen der Jungfrau Maria und von Mariae Lichtmeß.

Schnitter ↗ Mähen ↗ Sense ↗ Skelett

Schnittpunkt Verbindung; die Vereinigung der Gegensätze; Kommunikation, denn der Schnittpunkt ist ein »Zentrum«, an dem Austausch stattfinden kann.

Schnur Das Leben des Individuums, das beim Tode zerreißt. Die silberne Schnur bindet beim Prozeß der Inkarnation die Seele an den Körper. An der Goldenen Schnur des Zeus hängt das Universum, sie ist das »Himmelstau«, von dem alle Dinge »herabhängen« bzw. an dem alle Dinge aufgefädelt sind. Die Schnur ist ambivalent; denn sie ist sowohl das, was bindet und begrenzt, als auch die Möglichkeit unbegrenzter Ausdehnung und Freiheit; sie kann den Menschen vorwärts führen oder ihn an sein Schicksal fesseln. Die *iran.* heilige Schnur wird dreimal um die Taille geführt, und das symbolisiert gute Gedanken, gutes Wort und gute Tat. Die geknotete Schnur, die ein *hinduistischer* Gläubiger oder Heiliger trägt, verkörpert die vielen Akte geleisteter Hingabe. Die Schnur um die Taille eines *christlichen* Mönches bindet ihn an sein Mönchtum und symbolisiert seine Verpflichtungen beim Zölibat. ↗ Knoten

Schoß Der Nährboden; die Große Mutter; die Erdmutter, daher »der Schoß der Erde«, dessen Hauptsymbol die Höhle ist. Die Sterbenden Götter, die in einer Höhle geboren werden, gehen so vom Schoß der Erde aus. Der Schoß ist auch das Nicht-Manifeste; die Totalität aller Möglichkeiten. Er wird symbolisiert durch den Brunnen und alle Wasser und alles, was umschließt. In der *Alchimie* verkörpert der Schoß ein Bergwerk, und die Erze sind der Embryo; Minerale werden aus der Erde geboren, und die Aufgabe des Menschen ist es, der Natur zu helfen und die Geburt zu beschleunigen.

Schreibfeder *Ägypt.:* Die Rohrfeder mit Schaft ist ein Bild für das Erwachen der Seele; Attribut von Thot. *Christl.:* Gelehrsamkeit; die Evangelisten; Attribut der Heiligen Augustinus, Bernhard und Thomas von Aquin. *Islam.:* Die Schreibfeder aus Schilfrohr symbolisiert den universellen Intellekt, das absolute Sein, von dem das Schicksal auf die Tafel der

Schmetterling Aus Mykene (etwa 1500 v. u.Z.) stammt dieses Schmetterlingsmotiv, eine Darstellung der Großen Mutter: wie sie trägt der Schmetterling alle seine bisherigen Inkarnationen und die Erwartung künftiger Generationen in sich. In der Form stellt es eine Nachahmung der minoischen Doppelaxt dar.

Schnitter Der Schnitter Tod fordert eine Seele auf dieser Vignette aus einem Stundenbuch vom Ende des 15. Jahrhunderts.

prima materia geschrieben wird; das Nichtmanifeste, auf dem die Feder Formen und Geschicke erschafft. Die Feder war das erste aus Licht Geschaffene; ihr Symbolgehalt ist auch phallisch.

Schriftrolle Gelehrsamkeit; Wissen; die Entfaltung von Leben und Erkenntnis; das Vergehen der Zeit; die Länge eines Lebens; das Verzeichnis des Rechts; das Schicksal. *Ägypt.:* Wissen; wird mit dem Papyrus als dem Wahrzeichen von Unterägypten in Verbindung gebracht. *Buddhist.:* Die Entfaltung der Lehre; die Rolle der Texte bzw. *sutras. Chin.:* Langlebigkeit; Gelehrtentum. *Christl.:* Das Buch des Lebens. Die siebenfach versiegelte Schriftrolle, die keiner lesen kann, hat teil an der Symbolik der Schicksalstafeln. Die Schriftrolle ist ein Attribut des hl. Jakobus d. Ä., wird aber auch mit Jesaja, Jeremia und den Propheten in Zusammenhang gebracht. *Griech.:* Attribut von Asklepios als Symbol medizinischer Gelehrsamkeit. *Jüd.:* Die Thora, das Heilige Buch, ist eine Schriftrolle.

Schuh Ambivalent, bedeutet Amtsgewalt und Freiheit, aber auch die Niedrigen und Demütigen. Der Schuh bedeutet Freiheit und Unabhängigkeit, denn der Sklave lief barfuß; auch Beherrschung, wie die Beherrschung des Schuhs die Beherrschung über die Person gibt; so überführt der Brautschuh die Braut in die Hände des Bräutigams. Das Ausziehen der Schuhe beim Betreten einer geweihten Stätte bedeutet das Zurücklassen irdischer Kontakte draußen, um in Ehrfurcht und Verehrung einzutreten und sich der Laster zu entledigen. In der *jüd.* Symbolik ist der Schuh etwas von geringem Wert. Im *Christentum* sind die Schuhmacherwerkzeuge ein Attribut des hl. Crispinus.

Schuppen Fischschuppen sind ein Bild für Panzer und Schutz; der Gott Ea, der Herr der Tiefe, wird gleichfalls mit Fischschuppen in seiner Ziegenfisch-Gestalt wiedergegeben; sie spielen in seinem Kult eine Rolle.

Schurz Handwerkliches Können; Fruchtbarkeit; er bezeichnet auch Sexualität. *Chin.:* Der Schurz war Teil der heiligen Insignien aus der Zeit des Kaisers Yu; er symbolisierte Unschuld und das Band der Freundschaft; er halbiert auch den Körper in den oberen und edleren und den unteren und unedleren Teil.

Schüssel/Schale: Eine Schüssel Wasser bedeutet das weibliche, empfangende Prinzip und Fruchtbarkeit. Die Almosenschüssel versinnbildlicht das Sich-Fernhalten vom Leben; Entsagung; die Aufgabe des eigenen Ichs. *Buddhist.:* Der Bettelnapf ist ein Attribut des Mönchs bzw. *bhikkhu.* Die sieben kleinen Schüsseln mit Wasser auf einem Schrein bedeuten die Sieben Gaben für einen Ehrengast; Wasser zum Trinken, zum Waschen, für Blumen, als Weihwasser, für Lampen, als Riechwasser und als Speise. *Hinduist.:* Die Schale mit Reis oder Edelsteinen ist ein Attribut von Ganesha, als Zeichen von Wohlstand.

Schütze ↗ Tierkreis ↗ Pfeil

Schwalbe Hoffnung; die Ankunft des Frühlings; Glück. *Ägypt.:* Isis als der Großen Mutter heilig. Schwalben sind »die unvergänglichen Sterne des Nordens« *(Pyramidentext),* die über den Baum des Lebens fliegen. *Chin.:* Kühnheit bei Gefahr; Pflichttreue; bevorstehender Erfolg; vorteilhafte Veränderung. *Christl.:* Die Menschwerdung; Auferstehung; da sie mit dem Frühling zurückkehrt, verkörpert sie neues Leben. *Griech./Röm.:* Aphrodite/Venus heilig. *Herald.:* Vogel, der jüngere Söhne (die kein Land besitzen) symbolisiert. *Japan.:* Treulosigkeit; aber auch häusliches Leben und mütterliche Fürsorge; in der Kunst assoziiert mit Wellen und Weidenbäumen. *Minoisch:* In der Kunst Kretas erscheint sie in Verbindung mit der Großen Mutter. *Sumero-semit.:* Attribut und Erscheinungsform der Göttin Nina als der Großen Mutter.

Schwan Da der Schwan die beiden Elemente Luft und Wasser symbolisch in sich vereint, ist er der Vogel des Lebens; der Anbruch des Tages; solar. Er bedeutet auch Einsamkeit und Zurückgezogenheit und ist der Vogel des Dichters; sein Todesgesang ist das Lied des Dichters; sein Weiß ist Aufrichtigkeit. Schwan und Gans sind oft als Symbole austauschbar. *Chin.:* Ein solarer, ein *yang*-Vogel. *Christl.:* Der weiße Schwan verkörpert Reinheit und Gnade und ist ein Bild für die Jungfrau Maria. Der Vogel, der mit ersterbendem Atem einen Gesang hervorbringt, ist Sinnbild von Märtyrern und christlicher Entsagung. Attribut der Heiligen Cuthbert, Hugo von Lincoln und Ludgerus. *Griech./Röm.:* Eine Erscheinungsform von Zeus/Jupiter, in der er Leda beiwohnt; Verliebtheit; Aphrodite/Venus heilig, auch Apollon als Gott der Orakel, da er in seinem Todesgesang prophezeit. Ein glücklicher Tod. *Hinduist.:* Der Schwan Hamsa ist geschnitzt bzw. eingemeißelt auf Tempeln zu finden und symbolisiert die völlige Vereinigung, der die himmlischen Wesen entgegenfliegen. Schwäne verkörpern auch Ein- und Ausatmen, Atem und Geist. Brahma reitet den Schwan Hamsa, eine Gans oder einen Pfau, und Schwan bzw. Gans sind sein Attribut; er ist der göttliche Vogel, der das Welten-Ei auf die Wasser legte, das goldene Ei, aus dem Brahma entsprang. Paramahamsa, der Große Schwan, ist der universelle Grund, das Selbst. *Kelt.:* Schwanengottheiten sind solar und wohltätig; sie besitzen die heilende Kraft der Sonne und der Wasser, sie werden mit dem Sonnenwagen assoziiert und stellen Wohlwollen und Güte dar, Liebe und Reinheit; ihre Musik hat Zauberkraft. Schwäne mit goldenen oder silbernen Ketten um den Hals sind die übernatürlichen Erscheinungen von Gottheiten.

Schwanz Gleichgewicht; Führung; daher Urteil und Anpassung.

Schwarz ↗ Farben

Schwefel In der *Alchimie* ist der Schwefel der Geist, das »nichtbrennende Feuer«, das männliche, feurige Prinzip; Trockenheit; Härte; Vereinigung; genaues und theoretisches Wissen. Der Schwefel »fixiert« das flüchtige Quecksilber, braucht aber die Wechselwirkung zwischen den beiden zeugenden Kräften, da er selbst unfruchtbar bleibt, bis er vom Quecksilber zum lebendigen Verständnis gelöst und dadurch frei wird von seinen Beschränkungen. Schwefel und Quecksilber sind die beiden fundamentalen Zeugungskräfte des Universums, die dadurch, daß sie aufeinander einwirken, flüchtig werden, sich also in Geist verwandeln. Im *Christentum* wird der Schwefel mit Hölle und Teufel in Verbindung gebracht. ↗ Salz

Schwein Das Schwein ist ein Fruchtbarkeitssymbol, daher bedeutet es Wohlstand; aber es steht auch für Gefräßigkeit, Habgier, Wollust, Zorn und ungezügelte Leidenschaft und für das Unreine. Die Sau wird mit der Großen Mutter in Verbindung gebracht und hat lunare, Himmels- und Fruchtbarkeitssymbolik. *Ägypt.:* Als fruchtbares Tier Isis als der Großen Mutter heilig; aber es galt als unrein. Symboltier des Seth in seinem typhonischen Aspekt. *Buddhist.:* Das Schwein verkörpert Ignoranz und Habgier und ist eines der drei Geschöpfe, die die Sünden versinnbildlichen, welche den Menschen an die Welt der Illusion, der Sinne und der Wiedergeburt binden. Im *tibetanischen* Buddhismus ist die Diamantbache, die Vajravarahi, eine Große Mutter und Himmelskönigin. *Chin.:* Das Schwein bedeutet ungezähmte Natur, voller Begierden und Schmutz von Natur, doch nützlich und Fruchtbarkeit bringend, wenn gezähmt. *Christl.:* Satan; Unkeuschheit (Luxuria) und Unmäßigkeit (Gula). In allegorischen Darstellungen wird die Synagoge auch auf einem Schwein reitend dargestellt. Attribut des hl. Antonius des Einsiedlers, als des Schutzpatrons des Viehs; er sollte gegen die Viehseuche helfen. *Griech.:* Schweine waren ein Symbol von Eleusis und wurden Ceres und Demeter als Fruchtbarkeitsgöttinnen geopfert. *Hinduist.:* Die Diamantbache, Vajravarahi, Königin des Himmels, ist der weibliche Aspekt von Vishnus dritter Inkarnation als Eber und ist eine Quelle des Lebens und der Fruchtbarkeit. *Indian.:* Ein lunares und Donnertier und ein Regenbringer.

Schurz Ein Freimaurerschurz aus dem 18. Jahrhundert, der zur rituellen Kleidung gehörte, hat als zentrales Ornament den Pelikan in seiner Frömmigkeit, wahrscheinlich eine Anspielung auf das Gelübde des Freimaurers, gute Werke zu vollbringen.

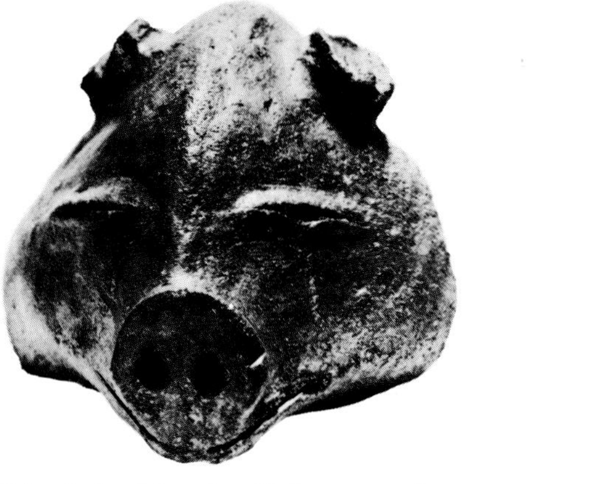

Schwein In vielen alten Kulturen war das Schwein Symbol der außerordentlich fruchtbaren – aber möglicherweise verschlingenden – Großen Mutter; dieser Terrakotta-Kopf eines Schweines (5. Jahrtausend v. u. Z.) war vermutlich eine Votivdarstellung der Göttin.

Islam., *Jüd.:* Das Unreine, eine verbotene Speise. *Kelt.:* Das Schwein ist ein Attribut von Manannan, der überirdische Nahrung beschaffte durch seine Schweine, die getötet und verzehrt wurden und täglich wiederkehrten. *Ozean.:* Die Sau ist lunar und bedeutet Fruchtbarkeit. *Röm.:* Schweine wurden Mars als Gott der Vegetation geopfert, auch der *tellus mater* und Ceres zur Zeit der Ernte. *Sumero-semit.:* Unreines Tier, Attribut von Tiamat.

Schwelle Übergang vom Profanen zum Heiligen, vom äußeren profanen Raum zum inneren geweihten Raum; Eintritt in eine neue Welt. Als ein Grenzsymbol ist sie die Linie des Zusammentreffens von Natürlichem und Übernatürlichem; diese wird rituell in der Zeremonie des »Niederreißens der Schranken« bekräftigt, wodurch der Bereich des Raumes in der gleichen Art und Weise neubestimmt wird wie in Neujahrsfeiern die Zeit. Das Versinken im Wasser, das Betreten eines dunklen Waldes oder eine Tür in einer Wand sind Schwellensymbole für das Betreten des gefahrvollen Unbekannten. Vestalische Göttinnen der Jungfräulichkeit sind Göttinnen der Schwelle, wie z. B. die Laren. Wächter an der Schwelle, die zu überwinden ist, bevor man den geheiligten Bereich betreten kann, sind Drachen, Schlangen, Ungeheuer, Hunde, Skorpion-Menschen, Löwen usw.

Schwert Macht; Schutz; Autorität; Königswürde; Führerschaft; Gerechtigkeit; Mut; Stärke; Wachsamkeit; physische Vernichtung; Mäßigung und Enthaltsamkeit. Es ist auch das männliche Prinzip, die aktive Kraft, und zusammen mit der Scheide als dem empfangenden weiblichen Prinzip ist es phallisch. Auf metaphysischer Ebene ist das Schwert Symbol für Einsicht und Urteilskraft; die durchdringende Kraft des Intellekts; geistige Entscheidung; die Unverletzlichkeit des Heiligen. Es besitzt übernatürliche Kräfte, sowohl auf als auch unter der Erde und auch unter Wasser, und es steht im Zusammenhang mit Riesen und übernatürlichen Wesen; auch der kosmische oder Sonnenheld, der Besieger von Drachen und dämonischen Mächten, trägt ein Schwert. Es ist ein Unterscheidungsmerkmal zur Kennzeichnung der höheren Adelsränge, während die Lanze die niederen bedeutet. Das Schwert trennt und scheidet Leib und Seele, Himmel und Erde; und das Flammenschwert trennt den Menschen vom Paradies. Das zweischneidige Schwert symbolisiert die Dualität der Kräfte und die entgegengesetzt wirkenden Ströme in der Manifestation: Schöpfung und Zerstörung, Leben und Tod, Kräfte, die ihrer Erscheinung nach Gegensätze sind, in Wirklichkeit aber einander ergänzen und eins sind. Die vier Schwerter des Monarchen bei der Krönung sind (1) das Schwert der Staatsgewalt, (2) das *curtana* oder stumpfe Schwert der Gnade, (3) geistliche Gerechtigkeit und (4) weltliche Justiz. *Alchimist.:* Das Schwert bedeutet das reinigende Feuer, das tötet und wiederbelebt wie der durchdringende Geist. *Buddhist.:* Einsicht und Urteilskraft, die die Unwissenheit an den Wurzeln abschneidet. »Wie das Schwert Knoten durchschneidet, so sollte der Intellekt die verborgensten Winkel buddhistischen Denkens durchdringen.« Manjusri als Verkörperung des Wissens trägt das Schwert des Wissens in seiner rechten Hand. Die Spitze des Schwertes des Wissens sendet das Licht des unzerstörbaren Vajra aus, das die Feinde des Dharma vertreibt. *Chin.:* Durchdringende Einsicht; ein wellenförmiges Schwert ist ein Bild für einen im Wasser schwimmenden Drachen. *Christl.:* Christi Passion; Märtyrertum. Das Flammenschwert an jedem Tor bzw. in jeder Ecke des Paradieses trennt den Menschen vom Paradies. Das Schwert ist ein Kennzeichen des Erzengels Michael und der Heiligen Adrianus, Agnes, Alban von England, Barbara, Euphemia, Justinia, Katharina von Alexandria, Martin, Paulus, Petrus des Märtyrers, Georg von Kappadokien, Jakobus d. Ä. (von Compostella). *Daoist.:* Durchdringende Einsicht, Sieg über die Unwissenheit. *Griech.:* Das Damokles-Schwert ist ein Sinnbild für Gefahr inmitten scheinbaren Glücks; stets drohende Gefahr; Vergeltung. *Hinduist.:* Das hölzerne Schwert *vedischer* Opferriten symbolisiert den Blitz und hat dieselbe Bedeutung wie der ↗ *vajra*. Er ist ein Attribut der Kriegerkaste. *Islam.:* Das Schwert ist Symbol des Heiligen Krieges und der Gläubigen im Kampf gegen die Ungläubigen und des Menschen im Kampf gegen seine eigene Bosheit. *Japan.:* Mut; Stärke. Es ist einer der Drei Schätze, die anderen beiden sind der Spiegel für die Wahrheit und das Juwel für das Mitleid. *Kelt.:* Attribut des Heldenkönigs Nuada; wird mit den übernatürlichen Unterwassermächten assoziiert. Das Schwert ist der aktive Aspekt des Willens, zu dem der Kristall als der passive gehört. *Skandin.:* Ein Attribut von Freyr, denn sein Schwert kämpfte ganz von selbst. Surt, der Feuerdämon, trägt ein lohendes Schwert.

Schwingen Schwingen und Schaukeln werden mit Fruchtbarkeitsriten in Verbindung gebracht und symbolisieren auch »das Auf und Ab des Lebens«.

See Das weibliche, feuchte Prinzip; oft der Aufenthaltsort von Ungeheuern oder magischen weiblichen Mächten, wie z. B. »Die Frau vom See«. In der *chin.* Symbolik ist der See der Dui (↗ Ba Gua), die gesammelten Wasser, empfangende Weisheit, Absorption, das Feuchte und Passive. In *Ägypten* verkörperte er die Niederen Wasser.

Schwert Gott, der Vater und gekrönte Allerhöchste Richter, führt in dieser Szene des Jüngsten Gerichts aus einem französischen Stundenbuch des frühen 15. Jahrhunderts sein Schwert der Gerechtigkeit und Herrschergewalt.

Seeigel *Kelt.:* Das »Schlangenei«, verborgene Kraft; die Nachkommen; das Leben.

Seele In der Regel als auffliegender Vogel oder Schmetterling dargestellt. In der *christl.* Kunst wird sie bisweilen als ein kleines Kind abgebildet, das nackt aus dem Munde kommt und so die Neugeburt andeutet. In *Ägypten* ist sie ein Vogel, oft mit Kopf und Händen eines Menschen. In *Griechenland* und anderenorts verließ die Seele den Körper in Gestalt einer Schlange.

Seeschildkröte Langlebigkeit; Langsamkeit; Schlüpfrigkeit. Phallisch. *Ägypt.:* Dürre; ein Feind des Sonnengottes. *Chin.:* Attribut des Gottes der Prüfungen. *Indian.:* Der Feigling; Prahler; Lüstling; das Irdische; der Winter. Kann im Symbolgehalt durch den Blutegel ersetzt werden. *Maori:* »Der Landarbeiter«; Ackerbau; Erfolg bei der Ernte. ↗ Schildkröte

Seestern *Europ.:* Der Stern des Meeres; Göttliche Liebe; die unauslöschliche Macht der Liebe. Im *Christentum* ist er ein Symbol für die Jungfrau Maria als die Stella Maris.

Segel Der Geist als Atem oder Wind; die Luft; die Winde. Als Attribut von Fortuna bezeichnen sie die Unbeständigkeit. In der mittelalterlichen *christl.* Ikonographie können Segel den Heiligen Geist darstellen. Sie verkörpern auch Fruchtbarkeit, Schwangerschaft, zunehmende Macht, stehen andererseits aber auch in Beziehung zum ↗ Leichentuch und teilen einige Aspekte seiner Symbolik.

Seil Wie die ↗ Schnur und alle ↗ Bande bindet das Seil und setzt Grenzen, läßt jedoch andererseits auch die Möglichkeit unendlicher Ausdehnung und Freiheit; es kann Zugang zum Himmel gewähren und wird mit Riten des Übergangs in Zusammenhang gebracht, daher auch mit der Leiter, der Brücke, dem Baum, dem Berg usw. Das Seil kann auch die die Erde oder das Welten-Ei umgebende Schlange bedeuten. In Gestalt einer Schlinge kann es Tod und Verzweiflung darstellen. *Aborigines:* Der Medizinmann erzeugt aus seiner eigenen Nabelschnur das Seil des Zugangs zu anderen Welten. *Bon-Bon:* In der vorbuddhistischen Religion von Tibet waren Himmel und Erde durch ein Seil miteinander verbunden, und die Götter kamen an ihm herab, um sich unter die Menschen zu mischen; nachdem es durchschnitten worden war, konnten nur noch Seelen an ihm zum Himmel aufsteigen. Das Durchschneiden des Seiles machte den Menschen unsterblich. *Christl.:* Christi Leiden und Verrat. *Griech.:* Zusammen mit der Vase ein Attribut der Nemesis. *Hinduist.:* Mystisch-religiöse Erkenntnis ist das unsichtbare Seil des Aufstiegs. Der indische Seil-Trick symbolisiert den magischen Aufstieg zum Himmel, der Irdisches überschreitet; eine dekadente Variante des unsichtbaren Seiles geistigen Aufsteigens. *Sumero-semit.:* Das *akkadische* »Seil der Welt« repräsentiert die die Welt umgebenden Wasser, die Himmel und Erde miteinander verbinden. Der babylonische Wassergott wurde häufig das »Seil« bzw. das »Band« des Universums genannt. In der sumerischen Ikonographie stellt ein Seil, das durch eine geflügelte Tür läuft, das Band der Vereinigung zwischen Gott und Menschen dar, ein mystisches Bindeglied.

Sense Der Tod; die Zeit; das Abschneiden des Lebens; ein Attribut von Kronos/Saturn und der Figuren des Schnitters und Todes. Die Sense symbolisiert auch die Ernte, die ihrerseits Tod und Wiedergeburt in sich vereint, die zerstörerischen und schaffenden Kräfte der Großen Mutter.

Sepiroth In der *Kabbala* sind die Zehn Sepiroth die Hauptaspekte von Gott; seine göttlichen und unbegrenzten Wesenheiten sowie die Sphären bzw. Emanationen des Ain Soph, in der Regel dargestellt durch den Lebensbaum. Die erste ist die Monade, die Erste Ursache, aus der sich die anderen neun bildeten, bestehend aus drei Trinitäten: jede eine Abbildung der ursprünglichen Dreiheit aus Männlichem, Weiblichem und einigender Intelligenz.

Seraphim Göttliche Liebe; göttlicher Zorn; die Leidenschaft der Hingabe, »das Feuer der Nächstenliebe« (Dante). Bei Jesaja (6,2) steht: »Ein jeglicher hatte sechs Flügel: mit zweien deckten sie ihr Antlitz, mit zweien ihre Füße, und mit zweien flogen sie.« In der *Heraldik* ist der Seraph mit dem Kopf eines Kindes dargestellt und mit drei Paar Flügeln. Die höchste der neun Engelshierarchien.

Sichel Sterblichkeit; der Tod als der Sensenmann; Attribut von Kronos/Saturn als Gott der Zeit und der Ernte; begleitet das Gerippe oder den alten Mann als Personifikation des Todes. In *Sumer* war sie Symbol der Königswürde. Oft von Priapos getragen als Symbol der Fruchtbarkeit.

Sieb Regenwolken und Schöpferkraft; auch der Akt der Reinigung durch Aussieben des Wertlosen, folglich Selbsterkenntnis; Kritik; Gewissen; Erwählung; Auswahl. Im *Christentum* verkörperte es das Aussieben der Ungläubigen von den Gläubigen, die Taufe durch den Wind. Es ist ein Attribut der Prudentia (Klugheit) und steht auch für die Kräfte, mit denen das Gewissen etwas akzeptiert oder zurückweist. Im *Hinduismus* ist der Himmel ein Sieb, durch das der Soma-Saft gepreßt wird, der dann als fruchtbringender Regen fällt (↗ Soma); es stellt auch die eigenwillige Verteilung der Gaben durch die Götter dar. In den *Orphischen Mysterien* war das Sieb ein Reiniger und wurde symbolisch als Wiege be-

Seele Die Seele des hl. Stephanus, des ersten christlichen Märtyrers, wird von Engeln in den Himmel erhoben, sowie sie seinen Mund verlassen hat. Diese Plastik seines Steinigungstodes befindet sich an der Kirche von St. Trophime in Arles.

nutzt. In der *ägypt.* Symbolik deutete es auf die Auswahl der Kräfte hin, die eingesetzt wurden. Das Sieb ist ein Fahrzeug für Hexen.

Sieg Symbole des Sieges sind die Palme, die Krone bzw. der Kranz, Girlanden, Kränze aus Lorbeer, Efeu, Myrthe usw. (↗ Kranz), der Triumphbogen, Flügel. Vier geflügelte Siegesfiguren tragen den Thron von Zeus.

Siegel Autorität; Macht; Besitz, Individualität; auch Geheimhaltung; Jungfräulichkeit; Vertragsabschluß.

Silber Der Mond; Jungfräulichkeit; der weibliche Aspekt, während das Gold der männliche ist; die Königin, und der König ist das Gold. *Alchimist.:* Der jungfräuliche Zustand der *prima materia; luna* »die geläuterten Gemütsbewegungen«. *Chin.:* Reinheit; Klarheit; das lunare *yin. Christl.:* Keuschheit; Reinheit; Beredsamkeit.

Sirat ↗ Brücke

Sirene Versuchung; weibliche Verführung; Täuschung; die Ablenkung des Menschen von seinem wahren Ziel; Verlockung zu vergänglichen Reizen und spirituellem Tod; die in den Zauber des Sinnlichen befangene Seele. Vogelsirenen in *Ägypten* waren vom Körper getrennte Seelen; in der *griech.* Mythologie verkörperten sie böse, blutgierige Seelen.

Sistrum Die Bewegung der Elemente: »Das Sistrum zeigt, daß alles, was existiert, in Bewegung gebracht werden sollte und nie aufhören dürfte, sich zu bewegen« (Plutarch). Es hieß auch, daß das Sistrum die Bewegung von Engelsschwingen verkörperte. In der *ägyptischen* Kunst ist es ein Kennzeichen von Isis als Himmelskönigin.

Skalp Kriegerischer Erfolg. Der Skalp teilt mit dem Kopf die Symbolbedeutung, daß er die »Kraft« der Person in sich faßt; den Skalp zu erbeuten, bedeutet, ihre Kraft zu erobern.

Skarabäus *Ägypt.:* Die Sonne; die Bahn der Sonne; aus sich selbst schaffende Kraft; Chepre, der Gott der Schöpfung; Auferstehung; Unsterblichkeit; göttliche Weisheit; die herrschende Vorsehung, die die erzeugenden Kräfte der Natur leitet und ordnet. Da man annahm, es gäbe nur männliche Tiere, war der Skarabäus auch ein Bild für Männlichkeit und Zeugungskraft des Lebens. Im *Kongo* ist er lunar und ein Symbol ewiger Erneuerung.

Skelett Tod; Sterblichkeit; das rasche Vorübergehen von Zeit und Leben. Zusammen mit der Sense und dem Stundenglas bezeichnet das Skelett den Schnitter, der das Leben abschneidet; es kann auch den Mond symbolisieren, die Schatten, die Totengötter und wird ganz besonders mit dem Toten- und Unterweltgott der *Maya* in Zusammenhang gebracht. In der *Alchimie* stellt es das Stadium der Zer-

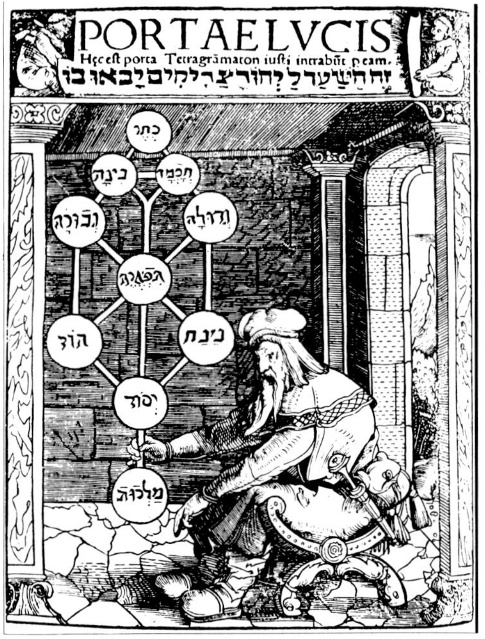

Sepiroth In einem kabbalistischen Traktat des 5. Jahrhunderts wird der Baum Sepiroth als das Portal des Lichtes illustriert. Es ist dies die Pforte des Tetragrammatons: Die Gerechten werden durch sie in die Ewigkeit eingehen.

Sonne Eine Keilschrift-Tafel aus dem 9. Jahrhundert v. u. Z. zeigt die Neugründung des Sonnentempels durch den babylonischen Herrscher Nabu-apal-iddina, der in anbetender Haltung neben der Strahlenscheibe, dem Symbol der Gegenwart der Sonne, sitzt.

setzung im Werk dar und wird durch die Farbe Schwarz symbolisiert. ↗ Schädel

Skorpion Tod; zerstörende Kraft; Unglück; Finsternis. *Ägypt.:* Attribut von Seth in seinem typhonischen Aspekt; auch von Selket, der Beschützerin der Särge. Sieben Skorpione begleiteten Isis auf ihrer Suche nach Osiris. *Christl.:* Das Böse; Marter; Verrat; Judas Ischarioth. *Jüd.:* Gift; Tod. *Mithrazist.:* Die *dadophoroi* mit auf- und abwärtsgehaltener ↗ Fackel sind der Stier und der Skorpion für Leben und Tod, auf- und untergehende Sonne usw. *Sumero-semit.:* Skorpione oder Skorpionmenschen bewachten das Tor zur Sonne, zum Gebirge des Ostens und das Doppeltor. Skorpione wurden mit Ištar bzw. Nina in Zusammenhang gebracht und waren ein Attribut des *phrygischen* Sabazios. ↗ Tierkreis

Sohn Ebenbild; das lebende Abbild; das *alter ego.*

Soma Ist sowohl eine Pflanze als auch ein Gott, die Inkarnation eines *vedischen* Gottes und seinem Ritual geweiht; kann im Bild als Stier, Vogel, Embryo oder Riese dargestellt sein. Er symbolisiert göttliche Macht und göttliches Verstehen; Inspiration; den Ernährer aller Dinge. Das Sieb, durch das der Soma-Saft aus der Pflanze gepreßt wird, ist der Himmel, der Saft ist der Fruchtbarkeit bringende Regen und das Geräusch, daß bei seinem Herabfallen entsteht, und seine gelbe Farbe sind Donner und Blitz. Er kann auch als kupferfarbener Mann dargestellt sein mit roten Fähnchen hinter einem dreirädrigen Wagen, der von einer gescheckten Antilope oder zehn weißen Pferden gezogen wird.

Sonne Die höchste kosmische Macht; die allsehende Gottheit und ihre Macht; Gottesoffenbarung; das Herz des Kosmos; das Zentrum des Seins und intuitiver Erkenntnis; »die Intelligenz der Welt« (Macrobius); Erleuchtung; das Auge der Welt und das Auge des Tages; das Unbesiegte; Herrlichkeit; Glanz; Gerechtigkeit; Königlichkeit. »Sie ist das sichtbare Abbild göttlicher Güte ... das transzendente Urbild des Lichtes« (Dionysios: *Areopagita*). »Es gibt nichts Sichtbares auf der ganzen Welt, das es mehr verdiente, als Symbol für Gott zu dienen, als die Sonne, die zuerst sich selbst und danach alle Körper des Himmels und der Welt mit sichtbarem Leben erleuchtet« (Dante). Es wird unterschieden zwischen sichtbaren und unsichtbaren, sinnlich wahrnehmbaren und durch den Verstand erkennbaren, äußeren und inneren Sonnen.

In den meisten Überlieferungen ist die Sonne der universelle Vater und der Mond die Mutter, von denen die bekannten Ausnahmen abweichen: in der Symbolik der *nordamerikan. Indianer*, der *Maori*, der *Germanen*, des *pazifischen* Raumes und der *Japaner* ist der Mond die männliche und die Sonne die weibliche Macht. Sonne und Regen sind die wichtigsten fruchtbar machenden Kräfte, deshalb der Bräutigam als Sonnengott und die Braut als Mondgöttin, der Himmelsvater und die Erdmutter. Die Sonne, die beständig auf- und untergeht und deren Strahlen lebenspendend oder zerstörend sein können, symbolisiert sowohl das Leben als auch den Tod und die Erneuerung durch den Tod. Eine Sonnenscheibe mit von ihr ausgehenden Wasserströmen verkörpert die für alles Leben notwendige Verbindung von Sonne und Wasser, Wärme und Feuchtigkeit. Sonne und Herz mit Strahlenkranz haben an der Symbolik des Zentrums teil, nämlich als dem Sitz der Erleuchtung und Intelligenz. Die Sonne im Streit mit der Schlange ist ein Bild für den Kampf des Lichtes gegen die Finsternis und der himmlischen gegen die irdischen Mächte. Der Stillstand der Sonne ist die Zeitlosigkeit; das Ewige Jetzt; Erleuchtung; Entrinnen aus der Zeit und dem Kreislauf der Wiedergeburten. Sonne und Mond zusammen bezeichnen die Vereinigung der männlichen und weiblichen Kräfte. Sonnensymbole sind das sich drehende Rad, die Scheibe, der Kreis mit dem Mittelpunkt, der Strahlenpunkt, die Svastika, gerade oder wellenförmige Strahlen, die das Licht und die Wärme der Sonne verkörpern, leuchtende Sonnenwagen mit Sonnengöttern, die weiße oder goldene Pferde führen oder die Welt in Sonnenschiffen kreuzen, ein Strahlengesicht, ein Auge, ein bronzener Mann, eine Spinne inmitten ihres Netzes, dessen Fäden in alle Richtungen verlaufen, Sonnenvögel und -tiere, wie z. B. Adler, Falke, Schwan, Phönix, Hahn, Löwe, Widder, ein weißes oder goldenes Pferd, die geflügelte oder gefiederte Schlange, der chinesische Drache. Die weiße Sonne steht mit solaren Tieren in Zusammenhang, aber der *sol niger* wird mit der Schlange und chthonischen Mächten in Verbindung gebracht. In den Symboltraditionen von Jägerstämmen ist die Sonne der Große Jäger. Manchmal ist die Sonne als die Frucht am Baum des Lebens dargestellt. »Kinder der Sonne« sind königliche, inkarnierte Götter. *Afrikan.:* Bei einigen Stämmen ist die Sonne die weibliche Macht, die Mutter; bei anderen ist sie die höchste Gottheit. *Ägypt.:* Die aufgehende Sonne ist Horus; Re ist die Sonne im Zenit und Osiris die untergehende Sonne. Das rechte Auge ist die Sonne und das linke der Mond. Horus im Streit mit Seth in Gestalt der Schlange Apophis ist die Sonnenkraft im Kampf mit der Finsternis. Die geflügelte Sonnenscheibe ist die solare Macht von Re und Aton und die Erneuerung des Lebens. *Alchimist.:* *Sol* ist der Intellekt; *sol* und *luna* sind Gold und Silber, König und Königin, Seele und Körper usw. Der *sol niger* ist die *prima materia*. Das Planetenzeichen der Sonne, der Kreis mit dem Mittelpunkt, ist ein Symbol für die Vollendung des Großen Werkes. *Astrolog.:* Leben; Lebenskraft; der gestaltgewordene Charakter des Einzelnen; das Herz und seine Begierden. *Aztek.:* Reiner Geist; die Luft; Quetzalcoatl; der Adler verkörpert die aufgehende Sonne und den himmlischen Aspekt, und entweder der Tiger oder der stürzende Adler ist der untergehende und irdische Aspekt. Die gefiederte Schlange ist solar. *Azteken* und *Inkas* waren »Kinder der Sonne«. *Buddhist.:* Das Licht Buddhas; der Sonnen-Buddha. *Chin.:* Das *yang*, »das Große Männliche Prinzip«, die Himmel; das Auge des Tages; die aktive Kraft, die die Erde fruchtbar macht; Macht. Zehn Sonnen auf einem Baum bezeichnen das Ende eines Zyklus. Der Hahn und der dreibeinige »rote« Rabe wohnen in der Sonne, und die drei Beine verkörpern die aufgehende, die Mittags- und die untergehende Sonne. *Christl.:* Gott, der Vater, der Beherrscher und Erhalter der Welt, strahlendes Licht und die Liebe; Christus, »die Sonne der Gerechtigkeit«; der Logos; das göttliche Wesen im Menschen. Sonne und Mond auf Darstellungen der Kreuzigung verkörpern die beiden Naturen Christi und die Mächte der Natur, die dem Herrn der Welt Ehrerbietung erweisen; außerdem kennzeichnen sie die Apokalypse. Einer Legende nach ist die Sonne der Wohnsitz des Erzengels Michael, und der Mond ist der von Gabriel. Der hl. Thomas von Aquin wird oft mit der Sonne auf der Brust wiedergegeben. *Daoist.:* Die Sonne ist *yang* und die große Himmelsmacht; Sonne und Mond zusammen symbolisieren übernatürliches Sein, das ein heiliges Strahlen ist. *German.:* Die Sonne ist weiblich und die Mutter, und der Mond ist der Vater. *Griech.:* Die Sonne ist das Auge des Zeus. Apollon als Sonne tötet die Pythonschlange der Finsternis. In der *Orphik* ist die Sonne der »Allvater«, »der große Erzeuger und Ernährer aller Dinge, der Herrscher der Welt«. *Hermet.:* »Die Sonne ... ist das Abbild des Schöpfers.« *Hinduist.:* »Der göttliche Lebensspender«; das Auge von Varuna; Indra ist solar und überwindet Vrtra, den Drachen des Chaos und der Finsternis. Shiva ist auch die Sonne, deren Strahlen die schaffende Shakti sind, die das Leben in die Welt bringt. Die Sonne ist die »Weltentür«, das Eingangstor zum Wissen, Unsterblichkeit. Der dreifache Baum mit drei Sonnen ist ein Bild für die Trimurti. Ein Baum mit zwölf Sonnen verkörpert die Adityas, die Zeichen des Tierkreises und die Monate des Jahres. Diese zwölf Formen der Sonne erscheinen am Ende eines Zyklus der Manifestation alle gleichzeitig als eine. *Inka:* Die Sonne wurde in Menschengestalt dargestellt, ihr Ge-

Sonne Für die Azteken wurde die aufgehende Sonne durch den Adler symbolisiert. Dieses Beispiel stammt aus einem Fresko der Teotihuateca-Indianer.

Sonne Eine seltene Darstellung von Christus als Helios, dem Sonnengott, wahrscheinlich aus der Zeit Konstantins. Es sind dieselben Attribute zu sehen wie bei Mithras und Sol – die springenden Pferde, der wehende Mantel und die Strahlen aus dem Haupt.

sicht war eine strahlende Scheibe, und sie war »der Ahn«. *Iran.:* Ahuramazda. »Wer die Sonne verehrt, die unsterbliche, glänzende, schnell reisende, der verehrt Ahuramazda.« Die geflügelte Sonnenscheibe stellt ebenfalls Hormuzd bzw. Ahuramazda dar. *Islam.:* Das Auge Allahs, alles sehend und allwissend. »Die Sonne, die wir sehen, ist das Spiegelbild der Sonne hinter dem Schleier« (Rumi). Das Herz des Weltalls und »das Zeichen Gottes im Himmel und auf Erden«. *Japan.:* Die Sonne ist eine Herrin und die Schlangengottheit Amaterasu, »sie, die die große Sonne besitzt«, aus Izanagis linkem Auge geboren, und aus der der Mikado als die aufgehende Sonne zu entstammen behauptet. Das Wahrzeichen von Japan. *Jüd.:* Göttlicher Wille und göttliche Fügung. *Maori:* Sonne und Mond sind die Augen des Himmels. *Mithrazist.:* Mithras ist ein Sonnen- und Lichtgott. Die Sonne, ihr Viergespann und die Cautes sind gewöhnlich auf der rechten Seite abgebildet und der Mond und die Cautopates auf der linken. *Ozean.:* Die Sonne ist in den meisten Fällen die Mutter des Alls, der Mond ist der Vater, und die Sterne sind die Kinder; in einigen Gebieten sind Sonne und Mond die Kinder des ersten Mannes und der ersten Frau. Die Sonne ist »der große Augapfel«. *Platon:* »Der Schöpfer der Sichtbarkeit ..., der Zeugungskraft, der Nahrung und des Wachstums« *(Der Staat).* Die Wärme und das Licht der Sonne sind Schöpfertum und Weisheit. *Skandin.:* Das Auge Odins/Wotans, des Allsehenden. Die Sonne wird als Sonnenschlange abgebildet. *Slaw.:* Der Sonnengott wird als schöner junger Mann dargestellt oder bisweilen auch als täglich neu geboren und wieder sterbend; in der Symbolik der Slawen können Sonne und Mond die Geschlechter wechseln. *Sumero-semit:* Die Sonnengötter Šamaš und Aššur werden von der geflügelten Sonnenscheibe verkörpert.

Sonnenblume Anbetung; Verblendung, die sklavisch der Sonne folgt; die Blüte, die dauernd ihre Stellung verändert, ist ein Bild für Unzuverlässigkeit und falsche Reichtümer. Im *Griechischen* ist sie ein Symbol für Clytie, die in eine Sonnenblume verwandelt wird, nachdem sie sich durch Verrat die Liebe des Sonnengottes Apollon verscherzt hat. Im *Mithrazismus* ist sie ein Attribut des Sonnengottes Mithras. In der *chin.* Symbolik verkörpert sie Langlebigkeit und besitzt magische Kräfte.

Sonnenschirm ↗ Schirm

Sonnentanz *Indian.:* Die Wiederkehr der Sonne und universelle Schöpfung; Vereinigung mit der Kraft der Sonne. Das Hin- und Herfluten des Tanzes verkörpert das Auf- und Untergehen der Sonne sowie die Phasen der Atmung und den Herzschlag. Ein Sonnentanzzelt ist ein Weltbild, die achtundzwanzig Pfosten (die Vier und die Sieben sind heilige Zahlen) bezeichnen den Mondmonat, und ein jeder von ihnen verkörpert eine bestimmte Erscheinung in der Schöpfung; der Kreis, den die Pfosten bilden, bedeutet die gesamte Schöpfung, und der Baum in der Mitte ist das Heilige Zentrum.

Sonnenwende Zur Wintersonnenwende gebiert die Große Mutter, die Himmelskönigin, den Sohn des Lichts. Der Vollmond ist im Nadir zu sehen und das Sternbild der Jungfrau steigt im Osten auf. Die *ianua coeli,* die Wintersonnenwende im Zeichen des Steinbocks, ist die »Tür der Götter« und symbolisiert das Aufsteigen und die wachsende Kraft der Sonne. Die Sommersonnenwende im Zeichen des Krebses, die *ianua inferni,* ist die »Tür der Menschen« und bedeutet das Absteigen und die schwindende Kraft der Sonne.

Spange Schutz, Selbstverteidigung. *Ägypt.:* Die Spange der Isis bzw. ihr Gürtel ist ihr Schutz; Stärke; Macht; das Blut bzw. die Lebenskraft der Isis, die ihre Gunst und die ihres Sohnes Horus zusicherte.

Specht Ein prophetischer Vogel; magische Kraft; ein Wächter über Könige und Bäume. In der *griech./röm.* Mythologie ist er u. a. Zeus/Jupiter, Ares/Mars und Silvanus geweiht; er bewachte Romulus und Remus. Der Specht ist der *arische* Vogel der Sturmwolke. In der *christl.* Symbolik ist er der Teufel und die Ketzerei, die den Glauben und die menschliche Natur untergraben. Für die *urgeschichtlichen Indianer* war er ein Kriegsvogel.

Speer Ein Symbol für die Weltachse; das männliche Prinzip; phallisch; lebenspendende Kraft; Fruchtbarkeit; Tapferkeit des Kriegers; der Stab des Zauberers. Attribut von Kriegern und Jägern. *Chin.:* Das Zeichen verschiedener kleinerer Götter. *Griech./Röm.:* Speer und Schild der *epheboi* symbolisieren die Initiation als Aufnahme ins Erwachsenenalter, Tapferkeit des Erwachsenen. Attribut von Athene/Minerva und Ares/Mars. *Kelt.:* Der Speer mit der Schlinge ist der »lange Arm« des Lamfhada bzw. Lug. *Skandin.:* Der von Zwergen geschmiedete Speer Gungnir, den Odin benutzte, traf sein Ziel von allein.

Speichel Die Persönlichkeit; das Siegel guten Glaubens; ein Gegenmittel gegen den bösen Blick; Heilkräfte. Ausspucken kann auch Verachtung bedeuten.

Sperling *Christl.:* Niedrigkeit; Bedeutungslosigkeit; auch Geilheit und Wollust. *Griech.:* Ein Attribut von Aphrodite. *Japan.:* Loyalität.

Sphinx Das Mysteriöse; das Rätselhafte; Macht; Re, der Gott der aufgehenden Sonne; Weisheit; Königswürde; Wachsamkeit; Stärke. Mit dem Kopf eines Mannes oder einer Frau, dem Leib eines Stiers, den Füßen eines Löwen und den Flügeln eines Adlers verkörpert sie die vier Elemente und die Verbindung körperlicher mit geistiger Kraft, die natürliche und überirdische Macht, die im Pharao Gestalt angenommen hat. Die Androsphinx hat einen Menschenkopf und stellt die Einheit intellektueller und physischer Kräfte dar; die Criosphinx hat einen Widderkopf und ist ein Bild für das Schweigen; die Hieracosphinx ist falkenköpfig und solar; eine Sphinx mit vollständigem Löwenleib und ohne Flügel bedeutet Macht. Die Sphinx von *Theben* hat Funeralbedeutung, ist Beschützerin von Gräbern, kennzeichnet mutwillige Zerstörung und ist ein Feind der Menschheit. Die *griechische* Sphinx ist frauenköpfig; die *kretische* (*minoische*) Sphinx trägt die »Lilienkrone«. Die menschenköpfige Sphinx wird auch gedeutet als der menschliche Geist, der die tierischen Instinkte überwindet.

Spiegel Wahrheit; Selbsterkenntnis; Weisheit; Verstand; die Seele, der »Spiegel des Universums«; die Widerspiegelung der übernatürlichen und göttlichen Intelligenz; der helle, glänzende Schein göttlicher Wahrheit; die höchste Intelligenz, die sich in der Sonne, dem Mond und den Sternen spiegelt. Das Bild im Spiegel ist die manifeste und zeitliche Welt, auch die Selbsterkenntnis des Menschen. Der Spiegel ist solar in Gestalt der Sonnenscheibe, von Himmel und Licht, sowie auch lunar als das reflektierte Licht des Mondes. Man schreibt ihm auch magische Eigenschaften zu, und er ist das Tor zum Reich der Umkehrungen. Hängt er in einem Tempel oder einem Grabmal mit der Glanzfläche nach unten, so schafft er eine »Lichtachse«, den Weg des Aufstiegs der Seele. *Buddhist.:* Die Seele im Zustand der Reinheit; reflektierte Wahrheit; der erleuchtete Verstand; Gestalt; der widergespiegelte Körper; Aufrichtigkeit; Reinheit. In seinem Symbolgehalt als reflektiertes Licht ist er ein Bild für das *samsara.* Er ist eines der Acht Kostbaren Dinge des chinesischen Buddhismus. *Chin.:* Aufrichtigkeit; ein quadratischer Spiegel ist die Erde, ein runder bezeichnet die Himmel. Der Buckel in der Mitte eines Metallspiegels ist die Achse und das Gleichgewicht zwischen den Kräften; er bedeutet auch, das Zentrum und die Sonnentür oder das Tor des Himmels zu erreichen. *Christl.:* Ein fleckenloser Spiegel ist ein Bild für die Jungfrau Maria; sie wird auch der »Spiegel der Gerechtigkeit« genannt. *Daoist.:* Selbsterkenntnis. Schaut man in sein eigenes Wesen hinein, so wird das Böse abgetötet, man erblickt die Schrecken seiner Widerspiegelung; »Wenn sich das Böse selbst erkennt, so zerstört es sich.« Der Spiegel symbolisiert

Specht Eine indianische Muschelscheibe aus dem 11. Jahrhundert ist mit kreisenden Spechten verziert, wilden Symbolen des Krieges, des Sittenverfalls, der Verführung zum Bösen und des plötzlichen Angriffs.

Sphinx Das schicksalhafte Zusammentreffen des Ödipus mit der rätselhaften Sphinx – mit Frauenkopf, Löwenleib und Adlerflügeln – ist auf dieser attischen Schale festgehalten.

auch den Geist des Weisen und die Ruhe des Weisen: »Der Geist des Weisen, der in sich ruht, wird zum Spiegel des Universums« (Tschuan Dsu). *Hinduist.:* Eine Mahnung, daß alle Abbilder und Formen bloße Reflexionen sind, nur Erfindungen des Denkens, erzeugt von dem Zustand des *karma*. *Islam.:* »Gott ist der Spiegel, in dem du dich selbst erkennst, du sein Spiegel bist« (ibn Arabi). »Das Universum ist der Spiegel Gottes ... der Mensch ist der Spiegel des Universums« (ibn al-Nasafi). *Japan.:* Der *kagami*, der »Spiegel der Anklage«, reflektiert die Wahrheit und enthüllt die Verfehlungen; der Spiegel ist auch die göttliche Sonne. In den Heiligen Spiegel tritt eine Gottheit bei rituellen Zeremonien ein, um sich kundzutun. Der Spiegel ist zusammen mit dem Schwert und dem Juwel einer der Drei Schätze und steht für die Wahrheit, Symbol der Sonnengöttin Amaterasu. *Mexikan.:* Ein Attribut von Tezcatlipoca, dem »glänzenden« oder »rauchenden« Spiegel, sowohl solar als der Sonnengott als auch lunar, der Gott des Abends.

Spiegelbild Ein Spiegelbild im Wasser, in einem Fluß oder Glas verkörpert die zeitliche, vergängliche Welt der Erscheinungen. Es kann auch Symbol für die Wahrheit sein. Es ist »ein bewegliches Abbild der Ewigkeit« (Platon).

Spindel/Spinnen Die Spindel ist ein Attribut aller Muttergöttinnen, Mondgöttinnen und Weberinnen des Schicksals. Alle Schicksalsgöttinnen sind Spinnerinnen und Weberinnen und sind in ihrer dreifachen lunaren Gestalt und in Dreiergruppen dargestellt als Geburt, Leben und Tod; Vergangenheit, Gegenwart, Zukunft usw. Von den dreien in der Gruppe sind gewöhnlich zwei gut und hilfreich, und eine ist böse und grausam, und diese dritte schneidet den Lebensfaden ab. Die Spinnwirtel symbolisieren die Umdrehungen des Universums, und Spinnen und Weben sind Bilder für das weibliche Prinzip mit seiner Fähigkeit, das Schicksal zu weben und den Schleier der Welt der Illusion. Die Nereïden haben eine goldene Spindel. *Gälische* Feen spinnen und weben für auserwählte Menschliche. ↗ Spinne; ↗ Weben

Spinne Die Große Mutter als Weberin des Schicksals wird bisweilen als riesige Spinne dargestellt. Alle Mondgöttinen sind Spinnerinnen und Weberinnen des Schicksals, und die Weltenspinne, die Große Spinne oder der Große Weber ist auch der Schöpfer, der aus seiner eigenen Substanz den Lebensfaden spinnt, alle Menschen über das Band der Nabelschnur an sich bindet und sie an das Gewebe des Modells der Welt anbindet oder in dieses hineinverwebt. Die Spinne inmitten ihres Netzes verkörpert auch ein Weltzentrum; desgleichen kann

Spiegel Auf der Rückseite dieses chinesischen Spiegels aus der Han-Zeit gleicht der Buckel in der Mitte, die Achse des Universums, die Spannung aus zwischen dem ihn umgebenden Kreis – den Himmeln, der wahren Welt – und dem äußeren Quadrat – der Erde, dem Reich der Erscheinungen und Widerspiegelungen.

Spinne Für die Indianer machte die Spinne diese Muschelscheibe zu einem Schutzamulett gegen die Gefahren des Windes, des Regens und all der Naturkräfte des Wetters, die ihr leicht zerstörbares Gewebe bedrohen könnten.

sie die Sonne sein, die von ihren in alle Richtungen scheinenden Strahlen umgeben ist, oder der Mond als der Zyklus von Leben und Tod in der manifesten Welt oder auch das Jahr, das das Gewebe der Zeit webt. *Ägypt.:* Attribut von Neith als der Weberin der Welt. *Christl.:* Der Teufel, der die Sünder umgarnt; der Geizhals, der den Armen das Blut aussaugt. Eine Spinne über einem Kelch ist ein Attribut des hl. Norbert. *Griech.:* Attribut von Athene als Weberin der Welt und von Persephone, Harmonia und den Schicksalsgöttinnen, den Moiren, als Weberinnen des Schicksals; Erscheinungsform von Arachne. *Hinduist./Buddhist.:* Die Weberin des Gespinstes der Illusion, *maya*, auch der Schöpfer, der den Faden aus seiner eigenen Substanz spinnt. *Indian.:* Wind und Donner; Schutz vor Schaden. *Ozean.:* Auf einigen Inseln ist die Alte Spinne der Schöpfer des Universums. *Röm.:* Glück. *Skandin.* und *German.:* Holda und die Nornen sind Spinnerinnen und Weberinnen des Schicksals. *Sumero-semit.:* Attribut von Ištar und Atargatis als Weberinnen der Welt und des Schicksals. ↗ Spindel ↗ Weben ↗ Gewebe

Spinnen ↗ Spindel

Spinnrocken Die Zeit; die Schöpfung; das Attribut aller Göttinnen des Spinnens, Webens und des Schicksals. Athene ist die Beschützerin des Spinnens und Webens. Ein Symbol der Arbeit der Frauen. ↗ Spinne ↗ Weben

Spirale Ein äußerst komplexes Symbol, das seit dem Paläolithikum verwendet wird und im vordynastischen *Ägypten*, auf *Kreta*, in *Mykene*, *Mesopotamien*, *Indien*, *China*, *Japan*, im *präkolumbianischen Amerika*, in *Europa*, *Skandinavien* und *Großbritannien* anzutreffen ist; es tritt auch im *pazifischen* Raum auf, jedoch nicht auf *Hawaii*. Die Spirale verkörpert sowohl solare als auch lunare Mächte auf verschiedene Weise; die Luft; die Wasser; den grollenden Donner und den Blitz; sie ist auch ein Wirbel; die große Schöpferkraft; Emanation. Die Spirale kann sich ausdehnen und zusammenziehen und daher das Anwachsen und Schwinden der Sonne, das Zu- und Abnehmen des Mondes und, analog dazu, Wachstum und Expansion einerseits und Tod und Kontraktion andererseits, Auf- und Abwickeln, Geburt und Tod darstellen und auch Kontinuität bedeuten. Sie kann außerdem das sich drehende Himmelsgewölbe darstellen; den Lauf der Sonne; die wiederkehrenden Jahreszeiten; die Rotation der Erde. Als der Luftwirbel bei Gewitterstürmen und die Bewegung der Wasser bedeutet sie Fruchtbarkeit und den dynamischen Aspekt der Dinge. Als der ↗ Wirbelwind wird sie mit dem aufsteigenden *chinesischen* Drachen in Verbindung gebracht, und die Spirale

Spirale Die offensichtlich dekorativen Spiralen auf dieser türkischen Schüssel aus dem 16. Jahrhundert ziehen sich nach ihre Mitte hin zusammen und verstärken damit die umschließende und schützende Funktion für den Gegenstand, den sie verzieren.

Springbrunnen/Fontäne Der Springbrunnen in Van Eycks »Anbetung des Lammes« ist die Quelle des ewigen Lebens in dem Paradiesesgarten, wo das sanftmütige, aber triumphierende Lamm die Versöhnung und Erlösung durch sein eigenes herausströmendes Blut symbolisiert.

und der Wirbelwind haben besonders als Manifestation der Energie in der Natur die gleiche Symbolik. Spiralen bzw. Wirbel werden mit dem Spinnen und Weben des Lebens und des Schleiers der Muttergöttin, der Beherrscherin des Schicksals und der Weberin des Schleiers der Illusion, in Zusammenhang gebracht. Die Spirale hat auch teil an der Symbolik des ↗ Labyrinths und dem durchtanzten bzw. durchlaufenen »Irrgarten«. Auf der metaphysischen Ebene symbolisiert die Spirale die Reiche des Seins, der verschiedenen Modalitäten eines Wesens, die Wanderungen, das Umherirren der Seele in der Manifestation und ihre schließliche Rückkehr zum Zentrum.

Die Doppelspirale stellt das Anwachsen und Abnehmen solarer oder lunarer Kräfte dar sowie den Rhythmus von Evolution und Involution, Leben und Tod usw. Sie kann auch die beiden Hemisphären verkörpern; die beiden Pole; Tag und Nacht; alle Rhythmen der Natur; *yin und yang*; Shakta und Shakti; das Manifeste und das Nichtmanifeste; auch die Kontinuität zwischen wiederkehrenden Kreisläufen. Als Bild für Donner und Blitz und die Regenwolken ist sie auch ein Fruchtbarkeitssymbol. Die Spirale kann auch Flamme und Feuer verkörpern wie z. B. in der *kelt.* Symbolik. In der Tradition der *Maori* bedeutet sie das männliche Prinzip und ist phallisch, obwohl sie in der Regel mit der weiblichen Vulva als der Spirale der Seemuschel assoziiert wird. Auf *Kreta* und in *Mykene* stehen die eingerollten Tentakel des Oktopus in Beziehung zu Spirale, Donner, Regen und Wasser. In *China* bilden Daoismus und Buddhismus die »Kostbare Perle« oder die »Drachenkugel« bisweilen in Spiralform ab; die Doppelspirale übernimmt die Symbolik des *yin-yang*.

Die Spirale wird durch alles symbolisiert, was schnecken-, schrauben- oder spiralförmig ist: Schneckenhäuser, Seemuscheln, das Ohr, die Tentakel des Oktopus, Tierhörner, Tiere, die sich – wie Hund und Katze – einringeln, durch die zusammengerollte Schlange, durch Pflanzen, die spiralförmig wachsen, wie z. B. Efeu, Tannenzapfen und die sich entfaltenden Wedel von Farnen. Sie wird auch mit Götter- und Königsohren, mit regenbringenden Tieren und Reptilien assoziiert und mit der zusammengerollten und schlafenden Schlange *kundalini*. Götter des Wirbelwindes oder der Elemente und der Bewegung, wie z. B. Rudra und Pushan, lassen ihr Haar spiral- oder muschelförmig flechten. Die Spirale steht auch mit dem ↗ Omphatos als einem Kraft- und Lebenszentrum in Zusammenhang.

Spitze Himmelwärts gerichtetes Trachten und Streben; auch ein phallisches Symbol. Im *Christentum* ist die Spitze des Kirchturms der himmelwärts weisende Finger Gottes.

Springbrunnen ↗ Quelle ↗ Brunnen

Springen Ambivalent; es ist Ausdruck der Freude, aber in *China* und *Ägypten* bedeutete es Kummer.

Springkraut ↗ Melisse

Stab Männliche Kraft; Autorität; Würde; magische Kraft; Reisen; Pilgerfahrt; er ist auch ein Sonnen- und Axialsymbol. Der Stab ist ein Attribut aller Guten Hirten. *Ägypt.:* Krummstab und Fliegenwedel sind die Hauptattribute von Osiris als Richter der Toten; der Stab mit der Schreibfeder ist ein Bild für die Seelenerweckung und Attribut von Thot. *Buddhist.:* Recht und Ordnung; ein Symbol für Buddhas Amtsstab, d. h. seine Lehre. *Christl.:* Christus als der Gute Hirte; Pilgerfahrt. Der Bischofsstab bedeutet Macht und Autorität; der vor hohen Würdenträgern hergetragene Stab bezeichnet die Würde des Amtes; der Pilgerstab ist Kennzeichen der Heiligen Jakobus d. Ä., Johannes des Täufers, Hieronymus, Christophorus, Philippus (Apostel) und Ursula. Der blühende Stab ist ein Attribut der Heiligen Aaron, Etheldreda und Josephs, des Nährvaters Jesu. Moses verwandelt einen Stab in eine Schlange und benutzt ihn auch zu anderen Wundertaten. *Griech./Röm.:* Der Heroldsstab in Gestalt des Caduceus ist das Hauptattribut von Hermes/Merkur. *Hinduist.:* Die drei Stöcke des Stabes der *vishnuitischen* Tradition symbolisieren die drei Realitäten bzw. die drei *guna*, die die Welt der Erscheinungen bilden, oder die Kontrolle des Gedankens, des Wortes und der Tat des Heiligen oder Weisen.

Stachelstock Aktion; Beherrschung; Bewegung. *Chin.:* Macht; geistliche Autorität. *Hinduist.:* Aktion; der Elefanten-Stachelstock ist ein Attribut von Ganesha.

Stamm ↗ Stiel

Stechpalme Gutwilligkeit; Freude; ein Attribut von Sonnengöttern. In *Rom* war die Stechpalme Saturn geweiht und wurde bei den Saturnalien als Symbol für Gesundheit und Glück verwendet. Im *Christentum* ist sie manchmal als der Baum des Kreuzes dargestellt (wie auch Eiche und Espe), ihre stachligen Blätter bedeuten die Dornenkrone und die Passion und ihre roten Beeren das Blut Christi. Sie ist ein Attribut des hl. Hieronymus und Johannes des Täufers. Sie hat unheilabwendende Bedeutung.

Stein Stabilität; Dauerhaftigkeit; Zuverlässigkeit; Unsterblichkeit, Unvergänglichkeit; das Ewige; innerer Zusammenhalt; die Unzerstörbarkeit der Höchsten Realität. Statisches Leben. Ein Stein, ein Fels, ein Berg, ein Baum oder Gehölz, die als Symbole alle miteinander im Zusammenhang stehen, können jeder für sich den Kosmos in seiner Gesamtheit darstellen. Steine stehen an geweihten Stätten häufig zusammen mit Bäumen oder allein, um einen heiligen Ort oder ein religiöses Ereignis zu bezeichnen; auch in Gestalt des geweihten Altars stehen Steine mit dem Baum in Zusammenhang: der Stein als das Dauerhafte und Umschließende und der Baum als das sich Verändernde und Ausbreitende. In *urgesellschaftlicher* Symbolik können Menschen aus Steinen geboren werden, d. h., dort haben Steine lebenspendende Fähigkeiten, oder Menschen können in heilige Steine verwandelt werden. Dies wird als Mondkult gedeutet, denn es symbolisiert den Mond als sowohl der Fruchtbarkeit wie auch der Kälte verbunden oder mit der gefrorenen Erde des Winters, aus der der Frühling geboren wird. Besondere Steine haben ihre eigene Qualität, wie z. B. Jade, Edelsteine und Perlen; schwarze Steine, wie die Ka'aba, der schwarze Stein der Kybele, schwarze Jade und schwarze Perlen sind bisweilen symbolisch für das Welten-Ei, oder sie sind ein ↗ Omphalos.

Hohe, aufrecht stehende Steine, Säulen oder Pfeiler sind eine *axis mundi*, die auch durch den Baum oder Berg bzw. den Baum auf einem Berg oder einer Säule symbolisiert wird, und verkörpern den letztendlichen Halt für alle Dinge im Universum; sie sind auch ein Omphalos, ein Fixpunkt oder ein feststehendes Zentrum, an dem der Mensch das Paradies zurückgewinnen oder Erleuchtung finden kann. Konische Steine und Steinhügel teilen die Symbolik der aufrecht stehenden Steine, und sie können alle auch phallische Bedeutung haben. Kubische Steine stehen für Stabilität und statische Vollkommenheit und sind in dieser Symbolik die Grundsteine sakraler Bauwerke. Der Grundstein ist der Fels, auf den sich das Universum gründet, der Grundpfeiler der Erde und die Quelle der Wasser des Lebens, der Fels, der den Sieg davonträgt über den Hades und die Unterwelt.

Kugelförmige Steine sind Bilder für den Mond und daher für das weibliche Prinzip und alle Mondgöttinnen. Unbehauener Stein ist die *prima materia*, das Weibliche, und ist in Zusammenhang zu sehen mit den männlichen Symbolen des Meißels und aller Schneidgeräte, die der *prima materia* Form und Gestalt verleihen. Der bearbeitete oder polierte Stein steht für den Charakter, an dem gearbeitet worden ist, damit er Vollkommenheit erlangte.

Ein zerbrochener Stein oder Pfeiler bedeutet Tod, Desintegration oder Zerstückelung. Schwere Steine oder Felsbrocken, die einen Brunnen, eine Quelle oder eine Höhle mit einem Schatz verdecken und so den Zugang zu den Wassern des Lebens, die aus dem Felsen springen, unmöglich machen, symboli-

Stein Der delphische »Nabel der Welt«, der Stein, der als das beständige, zuverlässige und unzerstörbare Zentrum galt, von dem der gesamte Kosmos ausstrahlt und auf den er wieder zurückgeht, um Stabilität und Bewegung zu erlangen.

Stein Unter den aufrecht stehenden Steinen gilt der Kromlech in der Regel als Symbol für den Mutterschoß im Gegensatz zur phallischen Bedeutung des Menhir. Der abgebildete befindet sich in Malabar, Südindien.

sieren die Schwierigkeiten und erforderlichen Bedingungen, die überwunden bzw. begriffen und erfüllt werden müssen, bevor die Wasser des Lebens oder die esoterischen Schätze verborgenen Wissens zu finden sind; manchmal wird der Fels auf wunderbare Weise zertrümmert, damit die Wasser hervorbrechen können oder die Höhle sich öffnen kann. Die ↗ Steinaxt ist die symbolische Darstellung einer Gottheit oder ihrer übernatürlichen Macht. Donnersteine verkörpern die Macht von Donner, Blitz und Sturm und Regen, die Macht dessen, das zerschlägt und zerbricht.

Ein Baitylos ist eine Stätte, an der die Gottheit wohnt; ein Omphalos; die Wohnstatt des Sonnengeistes; Wohnungen der Totengeister; der Ort der Begegnung zwischen Himmel und Erde; das Heilige; geweihter Boden. Baitylien sind auch prophetische Steine, »Steine, die sprechen«, aus denen die Stimme der Gottheit oder des Orakels spricht, wie z. B. aus dem Omphalos von Delphi. Diese Steine sind der Legende nach vom Himmel gefallen und können entweder die Wohnstatt der Gottheit sein oder ihre abstrakte Darstellung. Bei allen *Nomaden-* und *Jägerstämmen* sind Steine die »Knochen der Mutter Erde«. *Ägypt.:* Wahrheit, »die harten Steine der Wahrheit«; grüne Steine bedeuten Jugend und Unsterblichkeit. *Alchimist.:* Der verborgene Stein ist die *prima materia.* Der Stein der Weisen, der Rebis, ist das höchste Ziel, das »Doppelwesen« des Androgyns der Geheimwissenschaft; die Versöhnung aller Gegensätze; die Erlangung der Einheit; das Wiederfinden des Zentrums; Vollkommenheit; absolute Wirklichkeit; die *petra genetrix;* der, der alles nach seinem Willen bewegt; geistig-religiöse, geistig-sinnliche und moralische Integrität des Menschen; das befreite, in sich vereinigte Selbst; der sichtbar gemachte *spiritus mundi. Arab. (Vor-islam.):* Steine wurden als Symbole von Manat verehrt; die Anbetung von Steinen und Bäumen war weit verbreitet. *Buddhist.:* Schwarze Kieselsteine sind die bösen Taten, und weiße Kieselsteine sind die guten Taten, und sie werden auf der Waage der Gerechtigkeit gewogen. *Chin.:* Zuverlässigkeit; Härte. Steinglocken sind ein Fruchtbarkeitssymbol und unheilabwendend. *Christl.:* Sicherer Grund; Unzerstörbarkeit; der hl. Petrus als der Grund der Kirche. Christus war der Stein, den die Bauleute verworfen haben und der zum Eckstein wurde. *Griech./Röm.:* »Die Knochen der Mutter Erde« (Ovid). Der schwarze Stein ist ein Symbol für Kybele, die als Göttin des Berges auch durch einen kegelförmigen Stein dargestellt wird. Der quadratische Stein ist ein Attribut von Aphrodite/Venus. Steine werden häufig mit Kronos/Saturn assoziiert und mit dem Apollonkult, insbesondere der Omphalos zu Delphi und der kubische Altar in Delos. Hermes ist der Gott der Steine und kann durch einen Steinhügel oder -haufen verkörpert sein. *Hinduist.:* Stein als Ausdruck für Stabilität ist die Basis des Tempels und des Altars. Kegelförmige Steine, wie z. B. der Lingam, sind eine anikonische Erscheinungsform von Shiva als Schöpfergott. *Indian.:* Steine sind die Knochen der Mutter Erde. *Islam.:* Der schwarze Stein, die Ka'aba, ist ein Würfel und ein Omphalos, ein Ort der Gemeinschaft zwischen Gott und Mensch. *Japan.:* Steine und Felsen sind im Shintoismus heilige Dinge. *Jüd.:* Der Stein Jakobs war ein Ort der Begegnung und Kommunikation zwischen Himmel und Erde. Die Steine aus dem Flusse Jobel waren unzerstörbar und bildeten das Fundament für die Stadt Jerusalem. Der Grundstein des Tempels war ein Zentrum der Welt. *Kelt.:* Schwankende Steine sind prophetisch. *Ozean.:* Aus Felsen sind alle Dinge dieser Welt entstanden. *Sumero-semit.:* Kegelförmige Steine und Säulen sind die Hauptsymbole und Darstellungen von Aštoreth/Aštart und anderen *semit.* Gottheiten.

Steinbock In Ägypten Seth und Reschep heilig; gleiche Symbolik wie ↗ Gazelle ↗ Tierkreis ↗ Fabelwesen.

Stengel ↗ Stiel

Sterbende Götter In Fruchtbarkeitsreligionen symbolisieren Sterbende Götter den Zyklus von Tod und Wiedergeburt, Tod und Erneuerung in der Pflanzenwelt; das Leben als ewiges Sterben und ewige Wiedergeburt. Sterbende Götter verbinden das männliche und weibliche Prinzip der Vegetationsgötter und Großen Mütter, deren Symbol der Baum ist. Sie sind oft zerstückelt und verstreut, als Symbol für das Ende der ursprünglichen Einheit und den Beginn der Aufspaltung in der Manifestation und Zeit, und verkörpern auch die Übertragung des Lebens auf die Mannigfaltigkeit der Schöpfung. Die Symbolik der Sterbenden Götter umfaßt folgende Charakteristika: Durch einen Stern bei der Geburt angekündigt oder mit einem Licht verbunden; von einer Jungfrau in einer Höhle geboren; manchmal von weisen Männern besucht; als Kind unterrichtet der Gott seine Lehrer; sagt seinen eigenen Tod und sein zweites Erscheinen voraus; stirbt an einem Baum; steigt für drei Tage in die Erde (während des Neumondes) und wird wieder erweckt. Er ist gewöhnlich als schöner junger Mann oder als Hermaphrodit dargestellt; er erreicht niemals das reife Mannesalter; wird immer mit dem Vater identifiziert. Die Schreine Sterbender Götter sind Stätten der rituellen Wiederholung der Passion und Opferung und Wehklage zu Gott, dem König und dem Opfer. Er unterwirft sich geduldig seinem Schicksal, denn er ist Mensch geworden, um die Menschheit zu unterweisen und zu retten; der göttliche Gefangene bewahrt würdiges Schweigen vor seinen Richtern, die Augen haben, aber nicht sehen und wissen können, was sie tun. Alle Religionen der Sterbenden Götter sind Initiationsreligionen, und der Kandidat für die Initiation muß ebenfalls der Welt entsagen. Sterbende Götter sind: Osiris, Dionysos, Tammuz/Dumuzi, Attis, der *kretische* Zeus, Men, Orpheus, Mithras, Baal, Baldur, Adonis, Wotan/Odin usw. Baldur kehrt nicht jeden Frühling zur Erde zurück, aber er erwartet das Ende der alten und den Beginn der neuen Ordnung. Der *christliche* Jesus stirbt nur einmal und fährt in den Himmel auf, um dort bis zu seinem Wiedererscheinen zu bleiben. Die Suche nach dem toten Gott durch seine Schwester oder Gattin gibt es in *kanaanitischen, mesopotamischen* und *ägyptischen* Ritualen des Tammuz, Marduk und Osiris. In den kanaanitischen und *babylonischen* Todes- und Wiedergeburtsriten kann das Lamm als Stellvertreter des Sterbenden Gottes stehen.

Stern Die Gegenwart einer Gottheit; höchste Herrschaft; das Ewige; das Unsterbliche; das Ziel höchsten Strebens; der Engelsbote eines Gottes; die Hoffnung (denn er leuchtet in der Dunkelheit); die Augen der Nacht. Sterne sind Kennzeichen aller Himmelsköniginnen, die auch häufig eine Sternenkrone tragen. Der Stern ist vor allen Dingen ein Symbol von Ištar oder Venus als der Morgen- und Abendstern. Der Polarstern bezeichnet den Dreh- und Angelpunkt am Firmament und ist das Tor des Nachthimmels. Er ist ein Symbol für Beständigkeit und wird als solcher in den *hinduist.* Hochzeitsriten hervorgehoben. Der vierstrahlige Stern ist ein Symbol für Šamaš als Sonnengott und Gott der Liebe und Gerechtigkeit, der fünfzackige Stern mit der Spitze nach oben bedeutet Sehnsucht; Licht; das Spirituelle; Bildung. Mit der Spitze nach unten zeigend, bedeutet er das Böse; Hexerei; *schwarze Magie.* Der sechszackige Stern ist ein Bild für die Schöpfung und außerdem der Davidsstern. Er ist die Verbindung des männlichen und des weiblichen Dreiecks und von Feuer und Wasser (↗ Dreieck). Der achtzackige Stern in einem Kreis ist eine abstrakte Darstellung für Gula, Gemahlin von Šamaš. *Ägypt.:* Isis trägt als die Himmelsgöttin eine Sternenkrone. *Aztek.:* Der Morgenstern ist die aufsteigende, geistige, männliche Kraft der Sonne und der Abendstern die herabsteigende, irdische, weibliche Kraft des Mondes. *Chin.:* Ein Stern oder mehrere Sterne zusammen mit der Sonne und dem Mond sind ein Bild für die Weisheit der Herrscher. *Christl.:* Göttliche Führung und Gunst; die Geburt Christi; der Stern von Betlehem steht auch mit den

Stern Auf einer alchimistischen Zeichnung von Pan als Merkur aus dem 14. Jahrhundert findet sich im Hintergrund der Stern des Strebens und der Vollkommenheit.

Steuerruder Fortuna auf einem pompejanischen Wandgemälde hält das Steuerruder ihrer Herrschaft über das Schicksal der Menschen in der Hand.

heiligen Drei Königen im Zusammenhang und ist ein Hinweis auf den Erlöser. Der achtstrahlige Stern ist ein Christussymbol. Die Jungfrau Maria als Himmelskönigin trägt eine Sternenkrone, ebenso als die *stella maris*. Die zwölf Sterne sind die zwölf Stämme Israel und die Apostel. Attribut der Heiligen Athanasia, Bruno, Dominikus, Hubertus, Nicolaus und Suitbertus. *Griech./Röm.:* Nach Hesiod sind die Sterne die Blutstropfen des Uranos. Venus ist sowohl der Morgen- als auch der Abendstern. Planetengötter sind häufig mit einem Stern auf der Stirn oder über dem Kopf dargestellt. *Islam.:* Göttlichkeit; höchste Herrschaft. Der Stern wird oft zusammen mit der Mondsichel abgebildet. *Maori:* Führung zum Sieg des Guten über das Böse. *Mithraz.:* Die allsehenden Augen des Gottes Mithras. *Ozean.:* Sterne sind Kinder der Mutter Sonne und des Vaters Mond. *Sumero-semit.:* Ištar ist der Morgen- und der Abendstern; sie und Aštart sind in der Kunst häufig als sternenbekrönte Himmelsköniginnen dargestellt.

Steuerruder Führung; Kontrolle; Sicherheit; ein Attribut von Tyche/Fortuna als Schicksalsgöttin und von Abundantia.

Stiefmütterchen *(viola tricolor) Christl.:* Ein Symbol für den Sonntag Trinitatis. *Europ.:* Erinnerung; Meditation; Gedenken.

Stieglitz (Distelfink) In Darstellungen der *christlichen* Kunst steht der Stieglitz im Zusammenhang mit den Leiden Christi und mit Christus als dem Erlöser, denn der Vogel wird mit Dornen und Disteln in Verbindung gebracht. Er bedeutet auch Fruchtbarkeit und Ritterlichkeit.

Stiel Der Stiel einer Pflanze symbolisiert wie der Stamm eines Baumes die manifeste Welt, die mittlere der drei Welten, während die Wurzeln die Unterwelt versinnbildlichen und die Zweige bzw. Blumen die Himmel.

Stier Ambivalent; in der Regel ist der Stier das männliche Prinzip in der Natur, die solare, zeugende Kraft, die allen Himmelsgöttern heilig ist; Fruchtbarkeit; männliche Zeugungskraft; Königswürde; der König; aber er verkörpert auch die Erde und die feuchte Macht der Natur, wenn er zum Mondtier wird, das Göttinnen reiten, was dann die Zähmung der männlichen und animalischen Natur bedeutet. Einen Stier zu reiten oder daß Stiere einen Wagen ziehen, ist auch ein Sonnenkrieger-Attribut, das mit der Vorstellung von Himmel, Sturm und Sonnengöttern verbunden ist; das Brüllen des Stiers verkörpert Donner, Regen und Fruchtbarkeit.
Da der Stier die Zeugungskraft verkörpert, wird er mit der fruchtbaren Wirkung der Sonne, des Regens, des Sturmes, des Donners und des Blitzes assoziiert und aus diesem Grunde sowohl mit dem trokkenen als auch mit dem feuchten Prinzip. Himmels- und Wettergötter in Gestalt des Stiers gibt es von den frühesten Aufzeichnungen an, und häufig sind sie mit einer Göttin als ihrer Gemahlin dargestellt. Das Stieropfer kommt bei der Verehrung von Attis und Mithras und in uralten Neujahrsfeiern vor. Stiersymbolik ist allen sumerischen und semitischen Kulten eigen. Der Stier-Mensch ist üblicherweise ein Hüter, der ein Zentrum, einen Schatz oder Türen bewacht; er wehrt das Böse ab, d. h. ist apotropäisch. Ein Stierhaupt (der bedeutendste Teil, da er das Lebensprinzip einschließt) bedeutet Opfer und Tod. Die Tötung eines Stiers zum Neuen Jahr symbolisiert den Tod des Winters und die Geburt der schöpferischen Lebenskraft. *Ägypt.:* Der Stier Apis war ein Avatar des Osiris und »das zweite Leben und der Diener von Ptah«. Er wurde auch in Gestalt von Mnevis verehrt und war dem Sonnengott Re heilig, der als Stier des Himmels täglich die Himmelsgöttin Nut befruchtete. *Altnord.:* Attribut des Thor und Freyja heilig. *Buddhist.:* Der Stier bedeutet das moralische Selbst, das Ich, und ist ein Attribut des Totengottes Yama, der bisweilen auf einem Büffel reitet. *Chin.:* Eines der Tiere der Zwölf Erdstämme. *Christl.:* Rohe Gewalt, aber auch Fruchtbarkeit und Stärke. Er ist Symbol des Evangelisten Lukas; in bezug auf Christus weist er auf den Opfertod hin. Die zwölf Stiere des ehernen Meeres werden als die zwölf Apostel aufgefaßt. Attribut des hl. Eustachius, der in einem Messingstier gemartert wurde, sowie u. a. der Heiligen Isidor und Sylvester. *Griech.:* Attribut und Erscheinungsform des Zeus als Himmelsgott; ebenso des Dionysos, der gehörnt und gelegentlich stierköpfig war, wenn er das männliche Prinzip verkörpern sollte. Poseidon heilig, dessen Weinträger auf Ephesos Stiere waren. Als Symbol der feuchten Macht war der Stier ein Attribut von Aphrodite. Das Ungeheuer Minotauros war stierköpfig. *Hinduist.:* Stärke; Geschwindigkeit; Fruchtbarkeit; die reproduktive Kraft der Natur; der Stier Nandi ist ein Fahrzeug des Gottes Shiva, der einen Stier reitet, aber manchmal auch eine Inkarnation des Gottes; außerdem eine Gestalt des Indra in seinem Fruchtbarkeitsaspekt. Der Stier ist auch der Lebensatem von Aditi, dem Allumfassenden. Die durch Soma verliehene Macht wird häufig mit der des Stieres gleichgesetzt. Rudra vereinigt sich mit der Kuh-Göttin. *Iran.:* Die Seele der Welt; seine zeugende Macht wird hinsichtlich der Fruchtbarkeit mit dem Mond und den Regenwolken in Beziehung gebracht. Der Stier war das zuerst erschaffene Tier und wurde von Ahriman erschlagen; aus der Seele des Stiers erwuchs dann der Keim aller späteren

Schöpfung. *Jüd.:* Jahwe ist der »Stier Israels«, deshalb ist er die Macht Jahwes. 12 eherne Rinder tragen das Bronzebecken für rituelle Waschungen im Salomontempel in Jerusalem; sie verweisen auf die zwölf Stämme Israels. *Kelt.:* Göttliche Macht und Stärke. Bei den *Druiden* ist der Stier die Sonne und die Kuh die Erde. *Minoisch:* Der Große Gott. Der Stier wurde dem Erd- und Erdbebengott geopfert: »An Stieren ergötzt sich der Erderschütterer.« (Homer). In einigen Gesellschaftsformen nahm man an, daß der Stier die Erdbeben verursachte, indem er die Erde auf seinen Hörnern schüttelte und sein Gebrüll hernach zu hören war. In *Kreta* ist er als die Darstellung der reproduzierenden Kraft in der Natur anzutreffen. *Mithrazist.:* Der Sonnengott; das Stieropfer war das Hauptritual im Mithrazismus. Es verkörpert ebenfalls den Sieg über die animalische Natur des Menschen und das Leben durch den Tod. Stier und Löwe zusammen verkörpern den Tod. *Röm.:* Attribut von Jupiter als Himmelsgott; dem Mars geopfert. *Sumero-semit.:* Der Himmelsstier pflügte die große Himmelsfurche; Aššur und Adad, die auf Stieren reiten, sind »Stiere des Himmels«; Marduk wird mit Gudibir, dem »Lichtstier«, identifiziert. Die Sonne, Enlil bzw. Enki, ist der »wilde Stier des Himmels und der Erde«; Sin, ein Mondgott, nimmt auch die Gestalt eines Stieres an; Teschub, der *hethitische* Sonnengott, hat Stiergestalt; der *assyrische* und *phönikische* Baal bzw. Bel, ein Sonnengott der Fruchtbarkeit des Bodens und der Herden, war durch den Stier versinnbildlicht; der *akkadische* »Leitstier« beginnt das Tierkreis-Jahr. Geflügelte Stiere sind Schutzgeister. *Tierkreis:* Taurus, der Stier, ist ein Sonnensymbol und verkörpert das alles erneuernde Wiedererwachen des Frühlings. ↗ Tierkreis

Stirnlocke Die Krönung des Kopfes, der Punkt völliger Beherrschung. Jemanden bei der Stirnlocke bzw. beim Schopfe zu packen bedeutet, die Herrschaft über den betreffenden Menschen bzw. das betreffende Tier zu erlangen oder eine Gelegenheit zu ergreifen.

Stock Autorität. In der *indianischen* Symbolik steht er stellvertretend für Strafe und Schmerz.

Stola *Christl.:* Das Joch Christi; die priesterliche Macht und Würde.

Stolz Symbolisiert durch den Löwen, den Adler, den Pfau, den Spiegel oder einen gefallenen Reiter. Eine solare Eigentümlichkeit.

Storch Wie Adler und Ibis ist auch der Storch ein Vernichter von Reptilien in ihrem unheilvollen Aspekt und somit ein solarer Vogel; aber als Wasservogel und Fischer wird er mit den Wassern der Schöpfung assoziiert. Kinder, die »der Storch

Stier Die kretischen Stierspringer – hier auf einem minoischen Onyxsiegel – symbolisierten gleichzeitig Huldigung und Herausforderung an die Macht des Großen Gottes, des »Erd-Erschütterers«, der im Stier personifiziert ist.

Strauß Eine aus der 21. Dynastie stammende ägyptische Figur des Osiris ist mit doppelten, gegenständig angeordneten Straußenfedern bekrönt, die die Wahrheit und die Gerechtigkeit darstellen, welche der Gott als Richter über die Toten in vollendetem Gleichgewicht halten muß.

bringt«, liegen im Schoß der Mutter Erde und in den schaffenden Wassern und werden von Störchen gefunden, die nach Fischen suchen. Der Storch symbolisiert auch die Ankunft des Frühlings und neues Leben und ist ein Vogel mit guter Vorbedeutung. *Ägypt.:* Kindliche Liebe und Ehrfurcht; vom Storch nahm man an, daß er seine Eltern im Alter ernährte. *Chin.:* Langlebigkeit; Glück und Zufriedenheit im Alter; Kindesliebe; der Eremit, der Würdevolle, Zurückhaltende und Einsame. *Christl.:* Keuschheit; Reinheit; Frömmigkeit; Klugheit; Wachsamkeit. Als Vorbote des Frühlings wurde er auch zum Symbol neuen Lebens bei der Ankunft Christi und der Verkündigung Mariae. *Griech.:* In den Mysterien verkörperte die Storchengöttin das Urbild der Frau, die Leben bringt und alles nährt. Attribut von Hera. *Röm.:* Frömmigkeit; kindliche Ergebenheit; Attribut von Juno.

Strahlen Die Sonne; göttlicher Glanz; göttliche Gunst; die *corona radiata* ist das »Haar des Sonnengottes«, die goldenen Strahlen von Helios. Ein doppelter Strahlennimbus kennzeichnet den dualen Aspekt einer Gottheit. Von den Schultern des *babylon.* Sonnengottes Šamaš und des *kanaanäischen* Schemesch ausgehende Strahlen bezeichnen den *sumero-semitischen* Sonnengott. Geradlinige Strahlen verkörpern gewöhnlich das Licht der Sonne und wellenförmige ihre Wärme. »Herabsteigende Strahlen ... zeigen an, daß die Himmelskraft in den Strahlen wohnt, die die Sonne zur Erde niedersendet«, und aufsteigende Strahlen waren »ein Zeichen dafür, daß (ihre) Kraft ... alles zum Leben erweckt, was die Erde hervorbringt« (Macrobius).

Strahlenkranz Reine Geistigkeit; Weisheit; Heiligkeit; Reinheit des Herzens; das Übernatürliche. Symbolisiert durch die Sonnenstrahlen, die Aureole, die ↗ Mandorla.

Strauß Die Straußenfeder stellt die Wahrheit und Gerechtigkeit dar (da alle Federn völlig gleich sind). In *Ägypten* kann man sie auf den Köpfen von Gottheiten als den »Herren der Wahrheit« in Szenen des Gerichts über die Toten dargestellt sehen. Sie ist ein Attribut von Maat, der Göttin der Wahrheit, Gerechtigkeit und Gesetzlichkeit, von Amentet als Göttin des Westens und der Toten und von Schu für Luft und Raum. In der *semit.* Mythologie ist der Strauß ein Dämon und kann einen Drachen repräsentieren. Im *Zoroastrismus* ist der Strauß der göttliche Sturmvogel. Das in Tempeln, koptischen Kirchen, Moscheen und gelegentlich über Grabmälern aufgehängte Straußenei steht für Schöpfung; Leben; Auferstehung; Wachsamkeit. Bei den *Dogon* in *Afrika* bedeutet der Strauß sowohl Licht als auch Wasser.

Stroh Leere; Fruchtlosigkeit; Tod; Schwäche; Wertlosigkeit; das Vergängliche.

Strömen Göttliche Kraft, entweder in Gestalt von Strahlen, die der Sonne entströmen, oder von Wasser aus Quellen, Springbrunnen, Vasen usw. Ströme, die von einer Vase oder dem Körper einer Gottheit ausgehen, stellen die Ausgießung der Wasser göttlicher Großzügigkeit, des Lebens und der Fruchtbarkeit dar, wie etwa die vier Ströme des Paradieses, die dem Baum des Lebens entspringen. ↗ Fluß

Strudel Die ↗ Spirale als die Quelle des Lebens und der natürlichen Energie oder magischen Kraft. Hesiod sagt, daß Aphrodite den strudelnden Wassern entstieg. In der *hinduist.*, *skandin.* und *gall.* Mythologie gilt der Strudel als eine lebenspendende Kraft. Wasserwirbel in Verbindung mit Drachen sind in *China* und *Japan* ein Zentrum der Schöpfermacht. Die *sumer.* Seeschlangen-Göttin wird mit dem Wasserwirbel in Verbindung gebracht. Im *Hinduismus* »umschließt er den Embryo«.

Stufen ↗ Aufsteigen; Ränge in der hierarchischen Welt und die Kommunikation zwischen diesen Rängen bzw. Graden oder Ebenen; Gemeinschaft zwischen Himmel und Erde; das Überschreiten des profanen Raums und das Eintreten in geweihten Raum, Stufen zu einem Altar oder Thron hinauf symbolisieren den Priester, König oder Herrscher, der die Autorität oder Erlaubnis des Himmels besitzt, die zum Himmel führenden Stufen hinaufzuschreiten. *Ägypt.:* Osiris ist der »Gott der Treppen«, die zum Himmel führen; die neun Stufen zu seinem Thron hinauf sind die Tage der alten ägyptischen Woche, und die vierzehn Stufen stellen die Tage des zunehmenden Mondes bis zum Vollmond dar. *Buddhist.:* Die Stufen zum Thron Buddhas verkörpern das Ersteigen der kosmischen Stufen, der sieben Planetenhimmel, was bedeutet, Zeit und Raum zu überschreiten, auch das Zentrum im siebenten Himmel zu erreichen, die höchste Seinsebene. *Hinduist.:* Die drei Stufen bzw. Schritte des Vishnu bedeuten u. a. die drei Manifestationen des Lichts: die Sonne, den Blitz und das Feuer; auch die aufgehende, die im Zenit stehende und sinkende Sonne; die Erde, die Luft und den Himmel; die drei Stufen, über die die Herrschaft über das Universum erlangt wurde. *Indian.:* Die Monate sind die »Stufen des Jahres«. *Mithraz.:* Die sieben Stufen der verschiedenen Metalle, die den größeren Planeten entsprechen, sind die sieben Stufen des Aufsteigens des Neulings bei der Initiation. *Pars.:* Die drei Stufen an einem Altar bedeuten die drei Grade der Initiation. *Sumer.:* Die Stufen des Zikkurat bzw. des Heiligen Berges verkörpern die Himmel und waren von verschiedenen symbolischen Farben.

Stundenglas Zeit; Vergänglichkeit; die Geschwindigkeit, mit der das Leben verrinnt; das Ablaufen der Frist; der Tod. Die beiden Teile verkörpern auch die zyklische Wiederkehr von Leben und Tod; Himmel und Erde; der herunterrinnende Sand ist die Anziehungskraft der niederen Natur, der Welt. Das Stundenglas ist ein Attribut des Schnitters, des Todes, des »Sensenmannes«, der als Gerippe das Stundenglas zusammen mit der Sense in der Hand hält. In der *christlichen* Kunst ist die Figur der Temperantia (Mäßigkeit) häufig mit einem Stundenglas in der Hand dargestellt. Es ist auch ein Symbol der ↗ Umkehrung.

Stupa/Tschorten *Buddhist.:* Heiligtum. Die Lehre; Erleuchtung; das Nirvana. Die quadratische oder kubische Basis stellt die Erde dar, die verschiedenen Stufen sind die Daseinsebenen, das Rund der Kuppel bedeutet die Himmel. Er ist auch ein Symbol der fünf Tathagatas (Dhyani-Buddhas) als Erscheinungsformen des Absoluten und des fünffachen Aspekts des Menschen (↗ Zahlen, Fünf). Der Pfahl an der Spitze der Kuppel ist die Weltachse und ein Weltzentrum, und die Reihe von Scheiben darauf stellt dar, wie sich darüber Welt um Welt erhebt. Die *islam.* Qubbah hat die gleiche Form und Symbolik für die Daseinsebenen.

Sturm ↗ Unwetter

Stute ↗ Pferd ↗ Hengst

Süden Dargestellt durch die Mittagssonne; das Feuer; Wärme; Jugend; Sommer; das männliche Prinzip; nur in *Ägypten* nicht, wo er die Dunkelheit und das weibliche Element, die Gegend der Hölle und des Gottes Amset ist; auch in *Indien* ist der Süden oft die Nachtregion und weiblich. In *China* wurde er durch den Phönix und die Farbe Rot symbolisiert. In der *jüd.* Symbolik wird er als der geflügelte Löwe dargestellt.

Sündenbock Übertragene Schuld; Entkommen vor den Folgen der Sünden; Läuterung von Sünden; Überwindung der Vergangenheit und ihrer Folgen durch das Tragen der Sünden anderer oder einer ganzen Gemeinschaft, die dadurch frei werden. Beim Königsopfer (↗ Opfer) wurde später anstelle des Königs bei Fruchtbarkeitsopferriten ein Sündenbock geopfert. Im *Christentum* ist der Sündenbock ein Symbol für Christus, der die Sünden der Welt trägt.

Sündenfall Der Sündenfall des Menschen ist eine Verstrickung in die materielle und individuelle Welt; der Mensch, der seine göttliche Herkunft und Natur vergißt; der Verlust des Paradieses; die dem Menschen und der Manifestation eigene Dualität.

Svastika Eines der ältesten und komplexesten Symbole, prähistorisch und universell verwendet. Sie war in ganz *Asien* sowie in der vorarischen Kultur des *Industales* weit verbreitet, von den *Jaina* im *Buddhismus* und von den Anbetern Vishnus wurde sie weithin verwendet; sie war im *präkolumbianischen Amerika* allgemein bekannt, im Norden wie im Süden, häufig vorkommend bei den *Hethitern* und auf Keramiken in *Zypern* und *Troja* zu finden, trat verhältnismäßig früh in *Mittel-, West- und Nordeuropa* auf, in Island, Lappland, Finnland, im vorchristlichen Irland und Schottland sowie bei den Briganten in England, wo sie mit der heidnischen Bridgit bzw. Bride in Zusammenhang stand. In *Ägypten* tauchte die Svastika erst einige Jahrhunderte v. u. Z. auf. Sie ist das allgemeingültige Sonnensymbol, denn man findet sie häufig zusammen mit der Sonnenscheibe. Ihre genaue Symbolik ist jedoch unbekannt; daher wurde sie verschieden gedeutet: als die sich drehende Sonne; das Strahlenrad der Mittagssonne; der Sonnenwagen; der Pol und die sich um ihn drehenden Sterne; die vier Himmelsrichtungen; die vier Viertel des Mondes; die vier Winde und die vier Jahreszeiten; ein Bewegungsrhythmus des Wirbelwindes; die Kreisbewegung um die Erde; das Zentrum; Schöpfungskraft in Bewegung; die Erzeugung und Fortpflanzung der Zyklen; die Drehbewegung des Lebensrades; das Kreuz als Verkörperung der vier Viertel, über die sich die Sonnenkraft bewegt und es dabei in einen Kreis verwandelt, d. h. die Verwandlung des Kreises in ein Quadrat und die Quadratur des Kreises; das Kreuz, dessen vertikale und horizontale Linie den Geist und die Materie und die vier Stufen der Existenz verkörpern.

Die Svastika wird auch als Darstellung der menschlichen Gestalt gedeutet mit zwei Armen und zwei Beinen bzw. als die Vereinigung des männlichen und weiblichen Prinzips; als das Dynamische und das Statische; Beweglichkeit und Unbeweglichkeit, Harmonie und Gleichgewicht; als die beiden komplementären Phasen der Bewegung, die zentrifugale und die zentripedale, Einatmen und Ausatmen, vom Zentrum ausgehen und dorthin wieder zurückkehren, Anfang und Ende. Andererseits wird sie als eine Version des Labyrinths gedeutet; von Wasser in Bewegung; oder als eine mögliche Darstellung des zickzackförmigen Blitzes, einer Kombination der beiden Z-Formen des Blitzes; als die beiden Reibhölzer zum Feueranzünden und die Wirbelbewegung des Feuerrades; die beiden gekrümmten Stäbe, die die *vedische* Königin Arani hatte, um das Feuer zu erzeugen; oder auch als das Aleph der *Kabbala*, Symbol der uranfänglichen Bewegung des Großen Atems, der das Chaos in das schöpferische Zentrum wirbelte; als die *skandinavische* Sonnenschlange in

doppelter Gestalt. Andere sind der Auffassung, daß die Svastika aus einer Kreuzung des Mäanders entstand oder eine abgewandelte Form des Taukreuzes darstellt. Sie ist außerdem als Symbol der Ergebung und Entsagung gedeutet worden, wie die auf der Brust gekreuzten Arme in einer Haltung der Unterwürfigkeit.
Die Svastika tritt sowohl mit Göttern als auch mit Göttinnen auf. Ihre Darstellung mit dem weiblichen Prinzip hat zu der Annahme geführt, daß sie die vier Mondphasen darstellt, aber in der Hauptsache wird sie mit solaren und schöpferischen Symbolen, wie z. B. dem Löwen, dem Widder, dem Hirsch, dem Pferd, mit Vögeln und dem Lotos assoziiert. Sie findet sich auf Altären, Figuren, Priestergewändern, Urnen, Vasen, Geräten, Keramiken, Waffen, Schilden, Kleidern, Münzen, Spinnwirteln. In allen Fällen ist sie ein Glückssymbol; ein Zeichen guter Vorbedeutung; sie bedeutet gute Wünsche; Segnungen; Langlebigkeit; Fruchtbarkeit; Gesundheit und Leben. Es gibt eine rechtsläufige und eine linksläufige Form der Svastika, die man als Symbole für den männlichen und weiblichen, ihren solaren und lunaren Aspekt nimmt; für die Bewegungsrichtung im und entgegen dem Uhrzeigersinn; möglicherweise auch für die beiden Hemisphären, die himmlischen und chthonischen Mächte; die aufsteigende Frühlingssonne und die absteigende Herbstsonne. Zeugnis dafür, daß die rechtsläufige Svastika ein Zeichen des Weiblichen ist, sind Darstellungen auf Bildern von Artemis und Astarte, auf denen sie auf dem Vulva-Dreieck abgebildet ist. In *China* werden die beiden Formen der Svastika zur Darstellung der Kräfte *yin* und *yang* benutzt. Ineinander verschränkte Svastiken, die man als »Salomonsknoten« bezeichnet, symbolisieren die Unerforschlichkeit und Unendlichkeit des Göttlichen. Die Svastika, die die Vollendung der Schlüsselsymbolik darstellt, steht auch für den Schlüssel selbst. *Buddhist.:* Das Siegel von Buddhas Herz; die esoterische Lehre Buddhas; der Kreislauf der Wiedergeburten. Eines der Acht Glückszeichen, und sie erscheint auf dem Fußabdruck Buddhas. *Chin.:* »Die Summe glückbringender Zeichen der Zehntausend Wirksamkeiten«. Sie ist die frühe Form des Schriftzeichens *fang*, das die vier Viertel des Raumes und die vier Weltgegenden bezeichnet. Als Randverzierung bedeutet es *wan dsu*, die Zehntausend Dinge oder Zusammenhängenden Reihen, d. h. unendliche Dauer ohne Anfang und Ende, unaufhörliche Erneuerung des Lebens, ununterbrochene Fortdauer. Sie symboliert auch Vollkommenheit; gesetzmäßige Bewegung; Langlebigkeit; Seligkeit; gute Vorbedeutung; gute Wünsche. Die blaue Svastika bezeichnet un-

Svastika Der Buddha in dieser Sanskrit-Handschrift aus dem 9. Jahrhundert trägt die Svastika auf der Brust, das Siegel seines Herzens und Symbol des Kreislaufs der Wiedergeburten.

endliche himmlische Tugenden; die rote – unendliche heilige Tugenden des Herzens Buddhas; die gelbe – nie endenden Wohlstand; die grüne – unendliche Erfolge im Ackerbau. Die Svastika im Uhrzeigersinn ist *yang*, die entgegengesetzte ist *yin*. *Christl.:* Die Svastika war in den Katakomben häufig als Symbol für Christus als die Macht der Welt zu finden. Im Mittelalter war sie das *Gammadion*, die Figur aus vier Gammas, das verwendet wurde, um Christus als den Eckstein zu symbolisieren oder auch die vier Evangelisten mit Christus als ihrer Mitte. *Gnost.:* Entsagung oder Verzicht. *Griech.:* Ein Attribut von Zeus als Himmelsgott und von Helios als Sonnenkraft; tritt auch bei Hera, Ceres und Artemis auf. *Hethit.:* Als Sonnensymbol weithin verwendet. *Hinduist.:* Der Ursprung des Wortes Svastika ist – »Es ist gut«. Leben; Bewegung; inneres und äußeres Glück. Bisweilen findet man die Svastika als Siegel auf Krügen für heiliges Wasser aus dem Ganges. *Indian.:* Glück; Fruchtbarkeit; Regen. *Islam.:* Bei den asiatischen Moslems bezeichnet die Svastika die vier Himmelsgegenden und die Herrschaft über die vier Jahreszeiten durch Engel – jeder an einem Punkt: im Westen der Richter; im Süden der Tod; im Norden das Leben; im Osten der Verkünder. *Jain.:* Die göttliche Kraft, der Schöpfer des Himmels und der Erde. Die vier Arme verkörpern die vier Seinsstufen; das Leben des Protoplasmas, Pflanzen- und Tierleben, menschliches Leben, himmlisches Leben. Stehen drei Kreise darüber, so bedeutet sie die Drei Edelsteine des rechten Glaubens, des rechten Wissens und des rechten Verhaltens; steht die Mondsichel darüber, so bezeichnet sie die Stufe der Befreiung, d. h. der zunehmende Mond wird immer voller; mit einem einzigen Kreis über der Mondsichel ist sie der Zustand des völligen Bewußtseins, der Allwissenheit. *Japan.:* Das Herz Buddhas; gütiges Geschick; gute Wünsche. *Kelt.:* Glück; bei Darstellungen von Donnergöttern zu finden. *Manich.:* Die Svastika ist das Kreuz der Manichäer und übernimmt die gesamte Kreuzsymbolik. *Röm.:* Ein Symbol für Jupiter Tonans und Pluvius. *Semit.:* Sie begleitet andere Sonnensymbole, aber man findet sie auch als die weibliche Schöpferkraft auf dem Dreieck der Aštart dargestellt. *Skand.* und *Germ.:* Die Streitaxt oder der Hammer von Thor, dem Gott der Luft, des Donners und des Blitzes; Glück. In *Litauen* ist sie ein Talisman und bedeutet Glück; hier wird ihr Sanskrit-Name verwendet.

Sykomore Der »Maulbeerfeigenbaum« ist der *ägyptische* Lebensbaum, »die Pharaonenfeige«, das »Holz des Lebens«; sie ist ein Bild für Nut, die Göttin der Himmel. Aus ihrer Frucht fließt eine milchige Substanz, und daher wird sie mit der Muttergöt-

Svastika Die aus vier Frauen und ihrem Haar gebildete Svastika auf dieser sumerischen Keramik aus dem 5. Jahrtausend v. u. Z. bedeutet die weibliche Schöpferkraft.

Sykomore Die Sykomore, für die alten Ägypter der Baum des Lebens, war das Emblem von Nut, der Himmelsgöttin. Diese Wandmalerei stammt von einem Grabmal der 19. Dynastie.

tin Hathor assoziiert, die in Kuhgestalt Göttin der Nahrung, Erzeugung, Fruchtbarkeit und Liebe ist. Der Baum wird auch mit der vielbrüstigen Artemis von Ephesos in Verbindung gebracht, da die Feige der Sykomore am Stamm, nicht an den Zweigen des Baumes wächst.

Tafel/Täfelchen Das Schicksal; die Aufzeichnung vergangener Großtaten und der Zukunft. Schicksalstafeln in den Händen eines Gottes, Königs oder Priesters bedeuten Zugang zu esoterischem und magischem Wissen. Eine Begräbnis- oder Ahnentafel schafft eine Ruhestatt für die Seele des Toten, die sonst verlorenginge, umherirrte oder ein böser Geist würde. *Chin.:* Würde; gutes Omen. Eine Tafel mit dem Fruchtbarkeitskorn wurde vom Kaiser an seine Gemahlin überreicht. Eine Tafel aus grüner Jade diente beim Frühlingsfest als Symbol des Frühlings und versinnbildlichte den Osten. Eine hammerförmige Tafel in den Händen des Kaisers ist die Tafel der Macht. Der Stern Aldebaran war der Gott der Tafeln. *Christl.:* Auf den Himmlischen Tafeln steht die Zukunft der Menschheit geschrieben. Die Schriftrolle bzw. das Buch mit sieben Siegeln, die keiner lösen kann, bedeutet die Schicksalstafel. *Griech./Röm.:* Eine Tafel, auf der der Name des Feindes geschrieben stand, verlieh Macht über den Betreffenden und wurde in Zaubern und Verwünschungen gegen ihn benutzt. Bei *orphischen* Begräbnisriten standen Initiationsformeln und Beschwörungen auf Tafeln; duch diese beherrschte man auch die Toten. Das Täfelchen mit dem Griffel ist Attribut der Kalliope. *Islam.:* Die *prima materia*, auf der das Schicksal und die göttlichen Pläne geschrieben stehen. Die »Bewachte Tafel« erstreckt sich vom Himmel bis zur Erde und ermöglicht die Kommunikation zwischen ihnen; sie ist aus Perlen gefertigt, und ihre beiden Oberflächen aus Rubinen und Smaragden verkörpern die Oberen und Unteren Wasser, und zusammen mit der Tinte symbolisiert die Schrifttafel alle Möglichkeiten in der Manifestation. *Jüd.:* Die Gesetzestafeln sind die Gebote Gottes. *Sumero-semit.:* Der Besitz der Schicksalstafeln verleiht Allmacht und magische Kräfte und leistet Beistand bei der Überwindung der Mächte des Chaos und des Bösen; sie halfen Marduk, Tiamat zu bezwingen. Schrifttafeln sind aufgezeichnetes Schicksal; Nabu, der sumerische Schreiber der Götter, besitzt auch die Schicksalstafeln. Aldebaran ist der Stern der Schrifttafel, denn seine Aufgabe war es, die Entscheidungen der Götter, die sie auf ihren Frühlingsberatungen trafen, auf die Schicksalstafeln zu schreiben.

Tafelrunde Das Rund der Tafel ist das der Himmel, der Vollkommenheit, Ganzheit, Totalität und ein Kosmisches Zentrum; und die Radien des Kreises stellen die Gleichrangigkeit dar, »keiner ist der letzte«. In der *christl.* Symbolik der Tafelrunde bedeutet es die letzte gemeinsame Mahlzeit Christi und seiner Jünger, bei der er den Verrat durch Judas ankündigt.

Tage Häufig gebraucht, um lange Zeiträume zu symbolisieren, z. B. die Tage und Nächte des Brahma und die *sumer.* und *jüd.* Schöpfungstage. Im *Hind.* werden Tag und Nacht durch das Öffnen und Schließen von Shivas Augen hervorgebracht.

Tal Leben; Fruchtbarkeit; Ackerbau; Herden; der schützende weibliche Aspekt. In der *chinesischen* Symbolik ist das Tal der *yin*-Zustand, das Schattendasein, während der Berg das *yang* und das Sonnige darstellt; das Niedrige und das Hohe.

Tamariske Aus der Tamariske, so nahm man an, wurde das Manna ausgeschieden. *Ägypt.:* Osiris geweiht, dessen toter Körper in einer Tamariske verborgen war. *Sumero-semit.:* Tammuz und Anu geweiht. Ein Baum des Lebens. Die Tamariske wurde zusammen mit der Dattelpalme im Himmel geschaffen.

Tamburin Die Zauber-Trommel des *Schamanen.* Das Tamburin wurde mit der Trommel und dem ↗ Becken bei ekstatischen Tänzen und Orgien verwendet; die Mänaden bzw. Bacchantinnen, die Verehrerinnen des Dionysos, tragen Tamburins. Attribut von Herakles und Erato. Im Kybele-Attis-Kult trank der Jüngling bei der Initiation aus dem Becken und aß vom Tamburin.

Tanne Kühnheit; Integrität. In der *chin.* Symbolik bezeichnet sie den Auserwählten und die Geduld. In *Europa* ist sie Pan und Wotan geweiht. Etwa seit dem 16. Jh. bildete sich u. a. in *Deutschland* der mit Lichtern und Schmuck besteckte Tannenbaum als Attribut des Weihnachtsfestes heraus.

Tanz/Tanzen Kosmische schöpferische Energie; die Umwandlung des Raumes in Zeit; der Rhythmus des Universums; Nachahmung des göttlichen »Spiels« der Schöpfung; die Verstärkung von Kraft, Emotion und Aktivität. Rundtänze folgen dem Lauf der Sonne am Himmel und können auch einen geweihten Raum umschließen. Schwerttänze und Moriskentänze sind sympathetische *Magie*, um der Sonne, besonders im Frühling, auf ihrem Weg zu helfen. Tanzen um einen Gegenstand herum schließt diesen in einen magischen Kreis ein, der ihn sowohl schützt als auch stärkt. Kettentänze symbolisieren die Verbindung von Männlichem und Weiblichem, Himmel und Erde. Trojanische oder Labyrinth-Tänze waren wahrscheinlich unheilabwendend und verliehen dem Gegenstand in der Mitte Kraft oder, wenn sich eine Jungfrau in der Mitte befand, was oft der Fall war, repräsentierte die Erlangung des Objektes oder das Erreichen des Zentrums ein Ziel (entweder der Initiation oder der Wiedergewinnung des Paradieses). Faden- oder Seiltänze stellen den Faden der Ariadne dar oder geheimes Wissen, die den Weg sowohl in das Labyrinth als auch wieder heraus zeigen; das Seil oder der Faden wird auch als Nabelschnur gedeutet. Im *Hinduismus* ist der Tanz Shivas die ewige Bewegung des Universums, das »Spiel« der Schöpfung, in dem Shiva der Schöpfer, Erhalter und Zerstörer der Welt ist. Er tanzt auf dem besiegten Dämon des Chaos und der Materie und der überwundenen Unwissenheit; der Tanz symbolisiert die Befreiung, die der Zerstörung der Illusion folgt; wenn er auf der Figur eines liegenden Kindes tanzt, ist sein Tanz so leicht, daß er das Kind unter seinen Füßen nicht verletzt; und wenn er mit einer Frau tanzt, ist der Tanz sanft, anmutig und natürlich wie das wahre Spiel der Geschlechter; aber wenn er allein tanzt, nimmt er die Symbolik des Einsiedlers und unnatürlichen Asketen an und wird heftig und zerstörerisch. Obwohl der Tanz vor allem eng mit Shiva-Nataraja, dem Herrn des Tanzes, verbunden ist, werden viele andere hinduistische Gottheiten auch mit Tanz und Musik in Verbindung gebracht. Vishnu tanzt, und Krishna tanzt auf dem Kopf der Schlange Kaliya. In nachvedischen Texten ist Tanzen verbunden mit Altern und Sterben. Nach den *Upanischaden* ist Sterben ein Tanz, denn der Tanz wird im Moment seiner Erschaffung auch wieder zerstört, aber ebenso wie das Sterben ist er auch befreiend. *Dionysisches/Bacchantisches* wildes Tanzen steht symbolisch für emotionales Chaos. Im *Christentum* enthält die Offenbarung des Johannes einen Rundtanz, bei dem sich die zwölf Apostel um Jesus als das Zentrum drehen, den er »ein Mysterium« nannte. Im *Islam* stellen die Derwische die Bewegung eines Planeten um seine eigene Achse und um die Sonne dar; auch die Zyklen des Seins und den sie umkreisenden Geist.

Tarock Der Ursprung der Tarock-Karten ist unbekannt, und die ihnen zugeschriebene Symbolik ist ganz unterschiedlich. Es gibt zweiundzwanzig größere Geheimnisse bzw. Rätsel, die mit den Buchstaben des *hebräischen* Alphabets identifiziert werden, und man behauptet von ihnen, daß sie eine Symbolik esoterischer Kenntnisse, Philosophie und Wissenschaft bilden, die alle geistigen und materiellen Erfahrungen des Menschen in der Welt der Erscheinungen umfassen, und auch den Weg des Jünglings bei der Initiation von der Unwissenheit zur Erleuchtung verfolgen. Es gibt daneben noch sechsundfünfzig kleinere Geheimnisse, die in vier Farben mit Bilder- und Zahlenkarten unterteilt sind.

Tau Das Licht der Morgendämmerung; Erfrischung des Geistes; Segnung, Gabe Gottes. Süßer Tau ist Friede und Wohlergehen. Tau kann aber auch Unbeständigkeit, Illusion und Flüchtigkeit verkörpern. Er wird in Beziehung gebracht zum Mond, zum Einbruch der Nacht und zum Schlaf. *Chin.:* Unsterblichkeit. Der Baum des Süßen Taus wächst auf dem heiligen Berg Kwan-lung, der *axis mundi*, und hat den gleichen Symbolgehalt wie der Baum des Lebens. *Jüd.:* In der *Kabbala* bedeutet er die Auferstehung. Aus dem Baum des Lebens tritt der Tau des Lichts hervor, und durch ihn werden die Toten zum Leben wiedererweckt. *Kelt.:* Die heiligste Gestalt des Wassers bei den *Druiden*. *Mexik.:* Der Tau des heiligen Kaktus Peyotl, der am Schnittpunkt der beiden im rechten Winkel zueinander stehenden Durchmesser eines Kreises zu finden ist, ist der Tau der Unsterblichkeit. *Neoplat.:* Tau ist die natürliche Umhüllung der Seelen; Fortpflanzung. *Röm.:* Das Sperma Jupiters.

Taube Der Lebensgeist; die Seele; der Übergang von einer Seinsart bzw. Welt in die andere; der Geist des Lichts; Keuschheit (jedoch in einigen Traditionen Laszivität); Unschuld; Sanftmut; Frieden. Tauben sind allen Großen Müttern und Himmelsköniginnen geweiht und symbolisieren Weiblichkeit und Mütterlichkeit; zwei Tauben begleiten oft die Muttergöttin. Die Taube mit einem Olivenzweig ist ein Symbol des Friedens, auch der Erneuerung des Lebens; sie ist ein Attribut von Athene. Aus einer Schale trinkende Tauben stellen den Geist dar, der die Wasser des Lebens trinkt. Heilige Tauben werden mit Funeralkulten assoziiert. *Ägypt.:* Unschuld. Die Taube sitzt in den Zweigen des Lebensbaumes und erscheint mit der Frucht des Baumes und mit Vasen voller Wasser des Lebens. *Chin.:* Langlebigkeit; Treue; Redlichkeit; Kindesliebe; Laszivität; wird auch mit der Erdmutter assoziiert. *Christl.:* Der Heilige Geist; Reinheit; vom Geist inspiriertes Denken; Frieden; Taufe; die Verkündigung Mariae; die Wasser der Schöpfung. Sieben Tauben bedeuten die sieben Gaben des Geistes; ein Schwarm Tauben steht für die Gläubigen; eine Taube mit einem Olivenzweig ist Frieden, Vergebung und Erlösung; wie die Taube aus Noahs Arche den Olivenzweig des Friedens zwischen Gott und den Menschen zurückbrachte und wie sie keine Ruhestatt außerhalb der Arche fand, so findet der Christ keine Geborgenheit außerhalb der Kirche. Die Taube mit dem Palmenzweig ist der Sieg über den Tod. Eine weiße Taube ist die errettete Seele, die gereinigte Seele im Gegensatz zum schwarzen Raben der Sünde. Tauben in einem Weinstock sind die Gläubigen, die Zuflucht in Christus suchen. Zwei Tauben zusammen stehen für eheliche Zuneigung und Liebe. Eine Taube auf Josephs Stab symbolisiert den Ehemann einer reinen Jungfrau. Die Taube ist das Attribut der Heiligen Benedikt, Gregor und Scholastica. *Griech./Röm.:* Liebe; Erneuerung des Lebens; ein Attribut von Zeus, der von Tauben genährt wurde. Die Taube mit einem Olivenzweig ist ein Attribut von Athene und steht für die Erneuerung des Lebens. Die Taube ist Adonis und Bacchus geweiht als den Erstgeborenen aus Liebe und auch Venus als Göttin der Sinnenlust. Eine Taube mit einem Stern ist ein Attribut von Venus Mylitta. *Hinduist.:* Yama, der Totengott, hat Eulen oder Tauben als Boten. *Iran.:* Ahriman geweiht, dem Gott des Krieges; aber eine Taube, die ein Schwert trägt, kündet das Ende eines Krieges an. *Japan.:* Langlebigkeit; Ehrerbietung. *Jüd.:* Weiße Tauben, als Zeichen der Reinheit, waren Opfergaben im Tempel zur Reinigung. Ein Symbol für Israel. Im Alten Testament symbolisiert die Taube Naivität; Harmlosigkeit; Unschuld; Demut; Aufrichtigkeit; Tempelschlaf. Verkörpert die Seele des Toten. *Manich.:* In der christlich-manichäischen Ikonographie ist die dritte Person der Dreieinigkeit bisweilen als weiße Taube dargestellt. *Minoisch:* In der minoischen Kunst mit der Großen Mutter assoziiert; Tauben und Schlangen, die Luft und die Erde symbolisierend, waren ihre Attribute. *Pars.:* Das höchste Wesen. *Sumero-semit.:* Göttliche Macht; Aštart geweiht und ein Attribut von Ištar als der Großen Mutter. Eine Taube wurde am siebenten Tage der Sintflut aus der *babylonischen* Arche ausgesandt.

Taufbecken *Christl.:* In quadratischer Form ist es ein Bild für die Heilige Stadt; als Fünfeck für die fünf Wunden Christi; als Achteck verkörpert es die ↗ Zahl Acht, die Regeneration bedeutet.

Taufe Initiation; Tod und Wiedergeburt; Regeneration; Erneuerung; sie bedeutet, der titanischen Natur des Menschen zu ersterben und aus Wasser, Feuer oder Wind in das göttliche Wesen wiedergeboren zu werden. Die Taufe verkörpert die Rückkehr in das Undifferenzierte; die Auflösung der Form und die Wiedereingliederung in den Zustand der Präformation; die Überquerung des Meeres des Lebens; das Wiederauftauchen aus dem Wasser stellt Wiedergeburt und Auferstehung dar. Die Feuertaufe symbolisiert Reinigung und das Abbrennen des Unreinen. Die Windtaufe bedeutet die Absonderung der Spreu. Sie ist ein Ritus des ↗ Überganges, des Heraustretens aus der Dunkelheit des Schoßes an das äußere Licht, folglich des Überganges der Seele aus Materie in Geist. ↗ Immersion

Taukreuz Leben; der Schlüssel zu höchster Gewalt. Es ist das Kreuz des Mithrazismus und Thors Hammer und, in Gestalt eines Hammers, ein Attri-

Tanz Eine Bisonhaut der nordamerikanischen Prärie-Indianer aus dem 19. Jahrhundert erinnert an den Sonnentanz, der den Lauf der Sonne durch den Himmel nachgestaltet und bekräftigt und gleichzeitig den Tänzern die Möglichkeit gibt, daran teilzunehmen.

Tanz Für die Derwische bietet der Tanz die traditionelle Möglichkeit der Vereinigung mit Gott, dessen Gegenwart und Gnade zum Tänzer herabsteigen durch seinen erhobenen Arm, dann durch seinen Körper und Geist hindurchgehen und sich über den herabhängenden Arm mit der Erde vereinigen.

but von Donner- und Schmiedegöttern. In der *Heraldik* ist es das Krückenkreuz. Es ist Vorbild für das Kreuz Christi und das Zeichen der Gerechten, das ihnen auf die Stirn geschrieben ist. ↗ Kreuz

Taurus ↗ Stier

Tauziehen Steht symbolisch für die Kraftprobe zwischen den Himmelsgöttern und der Erde bzw. zwischen Zeus und anderen Göttern.

Tempel Ein *imago mundi;* ein Mikrokosmos; ein geistliches Weltzentrum; das irdische Gegenstück des himmlischen Urbildes; die Wohnstatt der Gottheit auf Erden; die schützende Macht der Großen Mutter; der Ort, da die drei Welten einander begegnen, denn hier besteht Verbindung zum Himmel, zur Erde, zur Unterwelt und zu ihren Wassern; Gleichgewicht. Häufig ist ein Tempel symbolisch der höchste Punkt im Land. Tempel versinnbildlichen bisweilen den Aufbau des Kosmos und manchmal die religiöse Beziehung zwischen Göttern und Menschen. Als Abbild des kosmischen Aufbaus sind die übereinanderliegenden Stufen bzw. Reihen des Gebäudes die horizontalen Seinsebenen mit ihren endlosen Varianten und Abstufungen des Seins; er ist axial und ein vertikales Band zwischen Himmel und Erde und Erde und Unterwelt; die Stufen bedeuten Aufstieg zu den Himmeln und den geistlichen Aufstieg des Gläubigen; der Tempel ist auch ein Abbild des Heiligen Berges. Die Mittelsäule des Tempels ist sowohl die *axis mundi* als auch der Kosmische Baum.

Der Fels- oder Höhlentempel symbolisiert die Rückkehr zum Zentrum, zur Natur, zum ureigensten Selbst des Menschen, dem lebenden Felsen und dem Schoß der Wiedergeburt. Der Rundtempel verkörpert die Vollkommenheit des Kreises oder der Kugel und göttliche Vollkommenheit. *Hinduistische* Tempel sind nach dem Muster des Weltalls gebaut oder stellen Abbilder des Makrokosmos dar, sie widerspiegeln ein ↗ Mandala. Das Quadrat ist die Grundform *hinduistischer* Architektur, die Ordnung, Stabilität und Endgültigkeit versinnbildlicht. Die Grundfläche des Tempels ist in vierundsechzig Quadrate aufgeteilt: das Mandala, der kosmische Grundriß. Himmel und Erde treffen sich an den Toren bzw. Türen, die in die vier Himmelsrichtungen zeigen. Die Krone in der Mitte steht für die göttliche Herrlichkeit, und die darüberliegende Öffnung ermöglicht den Ausgang aus der Welt in den Himmel und den Eingang ins Göttliche. Die Dunkelheit im Tempel bedeutet, daß der Mensch des Lichtes von außerhalb seiner selbst bedarf, und daß der Tempel durch die Gottheit von Licht erfüllt wird.

Der Tempel zu *Jerusalem* war ein *imago mundi* und ein Kosmisches Zentrum, ein Ort der Vereinigung

Taube In Poussins »Verkündigung« symbolisiert die über dem Haupt der Jungfrau Maria schwebende Taube gleichzeitig den befruchtenden Geist, von dem sie empfängt, den der Mutter Gottes und Himmelskönigin geweihten heiligen Vogel wie auch Marias demütige Unschuld.

Taufe Der aus dem 12. Jahrhundert stammende Psalter von Winchester zeigt die Taufe Jesu durch Johannes den Täufer und einen Engel, der mit einem Gewand in den Händen wartet, das Jesu »neues Leben« durch die Taufe symbolisiert.

zwischen Gott und Israel; er verkörperte den Beginn der kosmischen Zeit und war der Wohnort bzw. das Haus Gottes auf Erden, ein Bild der Himmlischen Bundeslade. Nach Josephus bedeuteten die drei Teile des Heiligtums die drei Weltgegenden: der Vorhof – die unteren Regionen, das Meer; der hintere Teil der Stiftshütte mit der Bundeslade – die Erde; das Allerheiligste – den Himmel. Der *sumer.* Tempel bzw. Zukkurat bestand aus sieben Stufen des Auf- und Abstieges und bildete das vertikale Band zwischen Himmel und Erde bzw. Erde und Unterwelt und den Wassern und das horizontale Band zwischen den Weltgegenden.

Temperantia In der *christl.* Kunst dargestellt als Frau mit Schwert oder zwei Mischgefäßen und Scipio Africanus zu ihren Füßen; weitere Attribute sind eine Uhr oder ein Stundenglas, Gebiß und Zaumzeug, mit Wasser gemischter Wein, eine Windmühle.

Tenne Ein geweihter Ort, wo das lebenspendende Korn aus der Ähre gelöst wird; sie verkörpert auch die Fruchtbarkeit der Erde.

Tetraktys ↗ Zahlen, Vier

Tetramorph Im *Christentum* bilden die Evangelisten einen Tetramorph; sie sind entweder von diesen vier geflügelten Wesen begleitet oder werden von ihnen selbst symbolisiert. Allmählich bildete sich ein Sinnbezug zu den wichtigsten Heilstatsachen heraus: Matthäus, der als Mensch oder Engel dargestellt ist und die Menschwerdung Christi verkörpert, die Inkarnation; Markus, als geflügelter Löwe, steht für die Auferstehung Christi; Lukas, ein geflügelter Stier, das Opfertier, symbolisiert das Sühneopfer Christi und seine Priesterschaft; Johannes, ein Adler, stellt die Himmelfahrt und die göttliche Natur Christi dar.
Die vier Cherubim, bisweilen dargestellt als mystisches Gebilde mit vier Köpfen (Mensch, Löwe, Stier und Adler), bilden den Thronwagen Gottes und bewachen das Paradies. Sie sind auch Sinnbild der Vierheit der Elementargewalten und tragen die Flammenschwerter des Urteilsspruchs, mit denen sie Eingang und Zentrum des Paradieses bewachen, das dem sündigen Menschen unzugänglich ist. In *Ägypten* wurden die vier Söhne des Horus manchmal als Tetramorph mit einem Menschenkopf und drei Tierköpfen dargestellt.

Thron Der Sitz von sowohl geistlicher als auch weltlicher Autorität, Erkenntnis und Herrschaft. Der Thron steht auf einem erhöhten Podium als ein Weltzentrum zwischen Himmel und Erde. Er symbolisiert auch die auf wundersame Weise Geborenen, die auf Thronen spezieller Symbolik dargestellt werden, z. B. dem Drachen-, Lotos- oder Löwen-

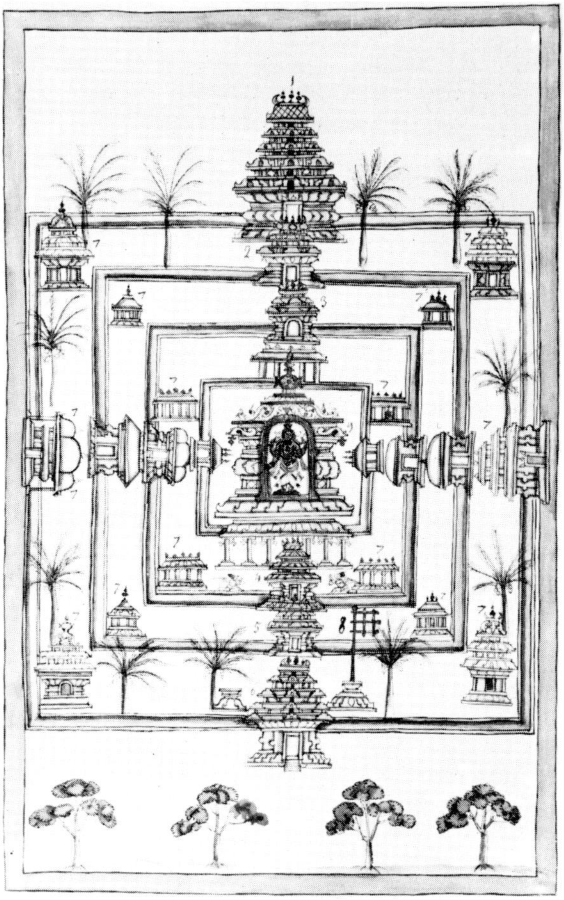

Tempel Der Bauplan des Tempels zu Conjeeveram zeigt, wie der Bau in Form eines Mandala angelegt ist, dessen vier Tore zum Zentrum führen, in dem Vishnu, seine schützende Gottheit, residiert.

thron. Der Schoß der Großen Mutter als Himmelskönigin ist ein Symbol für den Thron. Der Thron bringt eine Beziehung zwischen Gott und Mensch bzw. zwischen Herrscher und Untertan zum Ausdruck. *Ägypt.:* Die Himmelskönigin Isis ist »der Sitz« und »der Thron«, Symbole für den Schoß der Großen Mutter, die Erde. Der Thron verkörpert auch die göttliche und weltliche Herrschaft der Pharaonen. *Buddhist.:* Der Diamant-Thron *vajrasana* am Fuße des Baumes der Erleuchtung ist das Kosmische Zentrum, der feste Punkt, um den sich die Welt dreht, die Stätte äußerer und innerer Erleuchtung. Buddha ist auf einem Diamant-, Lotos- oder Löwen-Thron sitzend dargestellt. Der leere Thron verkörpert manchmal Buddha, da seine Züge zu herrlich sind, um abgebildet zu werden. Der Thron der Lehre ist die Lehre Buddhas und die Fähigkeit, so zu werden wie Buddha. *Christl.:* Bischöfliche und weltliche Würde und Herrschaft; Autorität; Rechtsprechung. Der Thron Gottes ist von Gold. Die Jungfrau Maria ist der Thron der Weisheit. *Hinduist.:* Der Thron steht wie der Tempel auf der Basis des heiligen Quadrats und seiner Gegensatzpaare; diese werden dann im Thron selbst durch Ordnung und Chaos, Wissen und Nichtwissen, Souveränität und Anarchie vertreten: Die Beine als Vertikale stellen die positiven Werte dar, die Querverstrebungen verkörpern die negativen und horizontalen. Die Symbolik des Diamant-Throns ist im *Hinduismus* die gleiche wie im *Buddhismus. Iran.:* Der *pers.* Königsthron ist der Pfauenthron. *Islam.:* »Sein Thron war auf dem Wasser« *(Koran).* Der Thron, der die Welt umschließt, wird von acht Engeln gehalten. *Jüd.:* Der durch Hesekiel offenbarte Gottesthron ist der »Niedere Thron« als Gottes Haus oder Aufenthalt auf Erden im Tempel, einem Kosmischen Zentrum, gegenüber dem Höheren oder Himmelsthron im Neuen Jerusalem; er wird von vier lebendigen Geschöpfen mit Löwen-, Stier-, Adler- und Menschengesicht, dem Tetramorph, gehalten. *Sumero-semit.:* Sowohl die Autorität als auch die göttliche Macht der Könige und der Schoß der Großen Mutter, die Erde.

Thule Das hyperboreïsche, uranfängliche geistige Zentrum; der »Fixpunkt« (Aristoteles); der Punkt, an dem Himmel und Erde zusammentreffen. Die Inseln der Seligen; das Paradies; die Weiße Insel; der Weiße Berg; die Grüne Insel; die Juweleninsel; Avalon.

Thyrsos Ein mit Wein oder Efeu bzw. mit einer Verzierung aus Bändern umwundener Stab mit einem Pinienzapfen an der Spitze. Er ist ein phallisches Symbol, die Lebenskraft, wird hauptsächlich mit Dionysos/Bacchus in Verbindung gebracht, findet sich aber auch in *Ägypten, Phönikien* und bei den *Hebräern.*

Tiara ↗ Krone

Tiere Triebleben; Fruchtbarkeit und trächtiges Leben; die Instinkts- und Gefühlstriebe, die überwunden werden müssen, bevor der Mensch in die Reiche des Geistigen vordringen kann; passives Beteiligtsein; das Animalische im Wesen des Menschen. Tiergestaltigkeit wird von Porphyrios folgendermaßen erklärt: »In der Gestalt von Tieren beten die Ägypter die universale Macht an, die die Götter in den vielfältigen Formen der lebenden Natur offenbaren«. Freundschaft mit Tieren und die Fähigkeit, mit ihnen zu reden, symbolisiert die Wiederherstellung des paradiesischen Zustandes, des Goldenen Zeitalters, und die Rückkehr des Menschen ins Paradies. Tiere, die den Menschen begleiten oder ihm auf sein Bitten hin helfen, stellen die verschiedenen Aspekte seines eigenen Wesens dar oder die instinktiven und intuitiven Kräfte der Natur im Unterschied zu Intellekt, Willen und Verstand. Tiere, die in Mythos und Legende erschlagen oder gezähmt werden müssen, stehen für die unter Kontrolle gebrachten animalischen Triebe des Menschen. Der Kampf zwischen Mensch und Tier kann vorbeugende Bedeutung haben. Das Tragen von Tierfellen und -masken stellt den paradiesischen Zustand des Verständnisses und der sprachlichen Verständigung zwischen Mensch und Tier wieder her; es bedeutet auch Zugang zu kreatürlicher und instinktiver Weisheit. Tiere, die mit Bestattungsriten in Zusammenhang stehen, wie etwa ein Löwe oder ein Hund mit Beute in den Pfoten, stehen für den alles verschlingenden Tod. Paare von Sonnen- und Mondtieren, z. B. Löwe und Einhorn, Eber oder Stier und Bär stellen die beiden widerstreitenden Mächte des Universums dar, das Positive und das Negative, das Männliche und das Weibliche, aber einige Tiere können – je nach den Umständen – als Sonnen- oder Mondtiere auftreten, wie z. B. der Eber und der Bär. Bei den *Maori*, den *Indianern* und verschiedenen *afrikan.* Stämmen stehen die Tiere für die Ahnen. Eine Muttergöttin ist in der Regel die Herrin der Tiere. Shiva in seinem Aspekt als Pashupati ist der Herr der Tiere; in vielen Religionen stellen Statuen solcher »Herren der Tiere« Götter mit Kulttieren dar.

Tierkreis Die Reihe der zwölf Sternbilder, die von der Sonne in einem Jahr durchlaufen werden; ein Symbol für die Beziehungen im Universum und für zyklische und periodische Transformation; er ist das Rad des Lebens; ein Urbild; die Harmonie der Vielen und des Einen; der Abfall in die Welt der Erscheinungen und die Errettung aus ihr. Platon nennt

die zwölf Zeichen die »Pforten des Himmels«. Ptolemäus sagt, daß die Zeichen abwechselnd männlich und weiblich sind, »wie die Nacht dem Tag folgt, und wie das Männliche sich mit dem Weiblichen paart«, solar und lunar. **Die männlichen Zeichen** sind Widder, Zwillinge, Löwe, **Waage, Schütze,** Wassermann, und die weiblichen sind Stier, Krebs, Jungfrau, Skorpion, Steinbock, Fische. In der *christl.* Ikonographie wiederum können die Tierkreiszeichen auch dem menschlichen Körper zugeordnet werden.

Tiger Ambivalent, sowohl solar als auch lunar, Schöpfer und Zerstörer. Eine himmlische und solare Macht ist der Tiger, wenn er im Kampf mit der Schlange dargestellt ist; im Widerstreit mit dem Löwen bzw. dem Drachen des Ostens ist er lunar, chthonisch, unheilvoll. Er symbolisiert auch Königswürde; Grausamkeit; Stärke; er kann eine Manifestation der Erdmutter sein. *Ägypt.:* Ein Attribut von Seth als dem Zerstörer des Osiris; Seth in seinem typhonischen Aspekt. *Alchimist.:* In der *chin.* Alchimie repräsentiert der Tiger das Blei und Körperkraft. *Buddhist.:* Eines der Drei Geistlosen Geschöpfe des *chin.* Buddhismus, Sinnbild des Zorns, während der Affe Habgier und der Hirsch die Liebeskrankheit verkörpert. *Chines.:* König der wilden Tiere und Herr der Landtiere. Wenn der Tiger in der *chin.* Symbolik als *yang*-Tiger auftritt, nimmt er den Platz des Löwen des Westens ein und stellt Autorität, Mut, militärische Tapferkeit und die Wildheit, die zum Schutz notwendig ist, dar. Im Widerstreit mit dem *yang*-Himmelsdrachen wird der Tiger zum *yin*-Tier und steht für die Erde; die beiden zusammen stellen die widerstreitenden Kräfte, Geist und Materie, dar. Der Tiger ist das dritte der Symboltiere der Zwölf Erdstämme und das Zeichen militärischer Beamter vierter Klasse; er ist auch das Wahrzeichen der Spieler. Der Gott des Reichtums reitet einen Tiger, der die Geldkisten bewacht; die Göttin des Windes reitet ebenfalls auf einem Tiger. Er ist der Hüter von Gräbern und verscheucht böse Geister. Da er im Dunkeln sehen kann, ist er chthonisch; lunar ist er, insofern er die wachsende Kraft des Neumondes verkörpert, der dargestellt ist als ein Kind, das einem Tigerrachen entflieht – das Kind ist »der Vorfahr der Menschen«, d. h. der Menschheit, und der Tiger stellt die Mächte der Finsternis dar, denen der Neumond, das Licht, entkommt. Der Weiße Tiger ist die westliche Region, die Zeit des Herbstes und des Elementes Metall, sein Kopf muß immer nach Süden und sein Schwanz nach Norden gerichtet sein; der Blaue Tiger verkörpert das Pflanzenleben, den Osten und den Frühling; der Rote Tiger ist das Feuer, der Süden und der Sommer; der Schwarze Ti-

Thyrsos Eine rasende Mänade auf einer griechischen Vase des 6. Jahrhunderts v. u. Z. umklammert einen Thyrsos, während sie sich mit entblößtem Busen in die heftige Erregung der Vereinigung mit Dionysos/Bacchus steigert.

Tierkreis Ein mit den Zeichen des Tierkreises verzierter Teller (Iran, 16. Jahrhundert); bemerkenswert, wie das Zeichen der Jungfrau auch die Augen des Mondes, des Weiblichen und beständig Wachenden enthält.

ger ist das Wasser, der Norden und der Winter; der Gelbe Tiger ist das Zentrum, die Sonne, der Herrscher. »Einen Tiger reiten« symbolisiert die Begegnung und Konfrontation mit gefährlichen und elementaren Kräften. *Griech.:* Tiger können die Leoparden ersetzen, die den Wagen des Dionysos/Bacchus ziehen. *Herald.:* Der Tiger als Wappentier repräsentiert Ungestüm und Stärke. *Hinduist.:* Das Wahrzeichen der Kshatriyas, der Fürsten- und Kriegerkaste. Durga als Zerstörerin reitet einen Tiger, und Shiva als Zerstörer trägt bisweilen ein Tigerfell. *Japan.:* Wenngleich der Tiger in Japan ein Fabeltier ist, wird er verwendet, um Mut zu bezeichnen, und als Attribut von Kriegshelden. *Schamanist.:* Übermenschliche Kräfte; er ist ein Bote der Waldgötter, und auf ihm reiten Götter, Unsterbliche und Geisterbeschwörer.

Tisch ↗ Tafel

Titanen Die Kräfte der Manifestation. Im *Buddhismus* sind sie als Übermenschen mit den Schwächen der Kriegslust, des Ehrgeizes und Neides, die zu ihrer letztendlichen Zerstörung führen, dargestellt.

Tod Der unsichtbare Aspekt des Lebens; Allwissenheit, da ja die Toten allsehend sind. Der Tod nach dem irdischen Leben geht der spirituellen Wiedergeburt voraus; bei der Initiation wird die Finsternis erfahren, bevor sich die Geburt des neuen Menschen vollzieht, die Auferstehung und Reintegration. Der Tod ist auch der Übergang von einer Seinsart in die andere, die Wiedervereinigung des Körpers mit der Erde und der Seele mit dem Geist. Der Tod ist oft als ein Gerippe mit Schwert, Sense, Sichel oder Stundenglas dargestellt; andere Symbole des Todes sind der Schleier, die Schlange, der Löwe, der Skorpion, die Achse, der Trommler. Im *Hinduismus* wird der Tod als Tänzer symbolisiert, manchmal als ein schönes Mädchen. Shiva ist u. a. ein Gott des Tanzes und des Todes.

Tonsur Das Ausrasieren des Haares ist symbolisch für den Verzicht auf die Zeugungskräfte der Natur; spirituelle Umwandlung; nackt sein wie ein neugeborenes Kind; das asketische Leben; das Betreten des geistlichen Pfades der Selbstverleugnung und Absage an die Welt; Konsekration. Die Tonsur kann auch an der Symbolik der Sonnenscheibe, der Krone und der Kuppel teilhaben. Im *Christentum* verkörpert sie sowohl die Dornenkrone als auch den Verzicht auf die Erfüllung fleischlicher Begierden.

Topas ↗ Edelsteine

Topf ↗ Kessel

Tor ↗ Tür

Totem/Totempfahl Darstellungen von Schutzgottheiten, Naturgeistern bzw. -kräften, die in der Regel die mythischen Ahnentiere eines Stammes verkörpern; Totemtiere gelten als Beschützer des Stammes.

Trankopfer ↗ Opfer

Transfiguration Eine Manifestation von Göttlichkeit bzw. göttlicher Macht; die sichtbare Form der Gottheit. *Buddhist.:* Buddha strahlte drei Meilen um sich Licht aus. *Christl.:* Christi Verklärung war die sichtbare Form seiner göttlichen Natur. *Hinduist.:* Die Manifestation von Krishna als Arjuna. *Schamanist.:* Lichtausstrahlung ist Zeichen übernatürlicher Kräfte.

Transformation Die Verwandlung des Heros oder der Heroine aus der Gestalt eines gefangengehaltenen Tieres, Vogels oder anderen Wesens verkörpert die Befreiung der Seele, gemeinhin nach Prüfung und Proben oder durch die Vermittlerrolle selbstloser Liebe, aus den äußeren Grenzen; den Beschränkungen der materiellen Welt; oder auch die innere Transformation der auf die niederen Dinge gerichteten Natur des Menschen.

Transvestismus Symbolisiert die Identität mit den Eigenschaften des ursprünglichen Trägers; die Rückkehr zum uranfänglichen Chaos. Orgien, die Saturnalien, die zwölf Tage nach Weihnachten, Karnevalsfeiern, »Maskenbälle« beinhalten alle den Transvestismus als Symbol der noch nicht differenzierten, ursprünglichen Einheit; man bedient sich seiner auch bei der Anbetung androgyner Gottheiten. Transvestismus trifft man auch im *Schamanismus* an und bei vielen Initiationszeremonien, wo er auch Identitätsverlust bedeuten kann, d. h. Tod vor der Wiedergeburt. Frauenkleidung oder die Kleider der Mutter zu tragen, symbolisiert bei Initiationsriten die Rückkehr zum Mutterschoß.

Treppen Transzendenz; der Übergang zu einer neuen ontologischen Stufe bzw. Ebene. Spiralförmige Treppen sind ein Bild für die Bewegung der Sonne; Wendeltreppen symbolisieren das Geheimnisvolle. Die Treppen des Salomonischen Tempels führten zur Mittleren Kammer der unbekannten Zukunft. Osiris ist der »Gott der Treppen«, die zum Himmel führen. ↗ Leiter ↗ Stufen ↗ Aufsteigen

Triade Triaden unterscheiden sich von Trinitäten (Dreieinigkeiten) dadurch, daß letztere ein Drei-in-

Tierkreis Auf diesem Relief aus Modena ist der von einer Schlange umwundene Leib des Mithras von den zwölf Zeichen des Tierkreises umgeben, die – beim Stier beginnend – im umgekehrten Uhrzeigersinn zu lesen sind.

Einem sind, während die Glieder einer Triade eigenständig sind, wie z. B. die *astrologische* Triade Sonne–Mond–Venus, die *zoroastrische* Feuer–Licht–Äther und die *daoistische* Große Triade Himmel–Mensch–Erde, des Göttlichen, Menschlichen und Naturhaften, in der der Mensch der Mittler ist zwischen dem Himmlischen und dem rein Irdischen. Die Triade ist – wie die Trinität – häufig durch ein Dreieck symbolisiert, manchmal durch einen Dreizack. Im *Daoismus* verkörpert die Schildkröte, eines der Vier Geistbegabten Geschöpfe, die Triade mit ihrem oberen Panzer als dem Himmelsgewölbe, dem unteren Panzer als den Wassern und der Erde und dem darin befindlichen Körper als dem Menschen. In Triaden von Geburt, Leben und Tod sind oft drei Göttinnen dargestellt als Jungfrau, Braut und Alte, wie z. B. Persephone, Demeter und Hekate. Sie sind auch ein Bild für den zyklischen Charakter des Universums.

Trigramme *Chines.:* Das Trigramm beruht auf der Symbolik der Zweiergruppe des *yin-yang* und dem daraus entstehenden zwischen ihnen vermittelnden Dritten, das sich aus dem ursprünglichen Paar ergibt. Es verkörpert auch die drei Stadien des Menschen; Körper, Seele und Geist; die irrationalen Emotionen, den rationalen Geist-Sinn und den über dem Rationalen gelegenen Intellekt. ↗ Ba Gua

Trimurti Götterdreiheit; im *Hinduismus* ist es Brahma als der Schöpfer, Vishnu als der Bewahrer, Shiva als der Zerstörer; aber es ist auch Shiva in seinen drei Aspekten als Schöpfer, Erhalter und Zerstörer; Entfaltung, Erhaltung, Ende. ↗ Trinität

Trinität Von der Triade zu unterscheiden als eine Einheit, ein Drei-in-Einem und Eins-in-Dreien, und so die Einheit in der Verschiedenheit symbolisierend; das Dritte, das die Gegensätze vereinigt; der Katalysator; »Die Mitte, die als Mittler wirkt und die anderen beiden zu einer einzigen vollständigen Ordnung verbindet« (Proklos). *Ägypt.:* Vater, Mutter, Sohn: Osiris, Isis, Horus. *Buddhist.:* Das Triratna-Symbol (»Die Drei Kleinodien«): Buddha, Dharma (»Die Lehre«), Samgha (»Die Mönchsgemeinde«); auch die Buddhas, die Söhne der Buddhas und Dharmakaya. *Christl.:* Vater, Sohn und Heiliger Geist oder Maria, Joseph und Jesus. Symbole für die Dreieinigkeit sind: die Hand für den Vater, das Lamm für den Sohn und die Taube für den Heiligen Geist; Symbolfarben sind dafür: gelb, rot und grün, und symbolische Eigenschaften: Nächstenliebe, Glaube und Hoffnung; andere Symbole sind das Dreieck, drei ineinander verflochtene Dreiecke oder Kreise und das Dreiblatt. *Griech./Röm.:* Zeus, Poseidon, Hades; Jupiter, Neptun, Pluto; Himmel, Ozean und Unterwelt. *Hinduist.:*

Trinität Bellejambes »Glorifizierung der Dreieinigkeit« stellt den Vater in der päpstlichen Amtstracht der Machtvollkommenheit, den Sohn als den gekreuzigten Erlöser und den Geist als überirdische Taube dar.

Trommel Für diesen asiatischen Schamanen ist seine Trommel aus dem Holz des heiligen Baumes und der Haut eines geweihten Tieres das Instrument, durch das er seine heilige Macht in Rhythmus und Klang umsetzt, die seine ihm hilfreichen Geister zusammenrufen.

Trimurti (»Die Dreigestalt«), auch das dreifache Brahman, das AUM, das unvergängliche Wort; die Götter Brahma, Vishnu und Shiva. *Jüd. (Kabbala):* Die ursprüngliche Trinität des Männlich-Weiblichen und der vereinigenden Intelligenz. Sephiroth. *Kelt.:* Es gibt zahlreiche Trinitäten, die drei Bridgits sind Drei-in-Einer in Gestalt der lunaren Großen Mutter, und die Familie ist Drei-in-Einem. *Skandin.* und *German.:* Odin, Thor, Frigg; Wotan, Donar, Freyja.

Trinken Eine göttliche Flüssigkeit zu trinken, wie z. B. Wein, Soma, Nektar, Wasser, Milch usw., bedeutet das symbolische Einsaugen göttlichen Lebens und göttlicher Kraft. Aus demselben Becher zu trinken, ist in Riten ein Zeichen für Vereinigung, Ehe und das Ende eines einsamen Lebens.

Tripitaka ↗ Korb

Trisula ↗ Dreizack

Trockenheit Das solare, feurige, positive bzw. männliche Prinzip.

Trommel Klang; der Urlaut; die Rede; göttliche Wahrheit; Offenbarung, mündliche Überlieferung; der Rhythmus des Alls. Attribut aller Donnergötter. Trommel, Becken und Tamburin wurden bei ekstatischen Tänzen verwendet. *Afrik.:* Das Herz; magische Kraft. *Buddhist.:* Die Stimme der Lehre; frohe Nachricht; der Trommelschlag des Dharma erweckt die Unwissenden und Trägen. *Chin.:* Die Stimme des Himmels. Ein Kennzeichen des daoistischen Genius bzw. Unsterblichen Chang Kuo-lao. *Griech.:* Sexuelle bzw. bacchantische Exzesse; bei ekstatischen Tänzen verwendet. *Hinduist.:* Attribut von Shiva und Kali als Zerstörer; auch von Durga. Sarasvati, die Göttin der Musik und der Künste, hat die Trommel als Kennzeichen. Von Shivas Trommel ertönt der Urton der Schöpfung. *Japan.:* Die Trommel ruft zum Gebet; sie steht mit dem Hahn in Zusammenhang. *Phryg.:* Ein Attribut der Großen Mutter bzw. von Kybele und ihren Ebenbildern. In ihren Riten wurden Trommel, Becken und Tamburin bei ekstatischen Tänzen benutzt. *Schaman.:* Magische Kraft zur Beschwörung der Geister; die Trommel ist symbolischerweise aus dem Material des Kosmischen Baumes gefertigt.

Truhe/Sarg Übernimmt dieselbe Symbolik wie das Grabmal, wohin Sterbende Götter und Erlöser gelegt wurden, der *regressus ad uterum*; der mystische Schoß der zweiten Geburt, daher Erlösung, Auferstehung, Errettung.

Truthahn Der heilige Vogel der *Tolteken.* Der »mit Juwelen besetzte Vogel«, rituelle Speise bei Dankgebeten und Lustbarkeiten. Truthahn, Pfau und Fasan werden mit Donner und Regen assoziiert, da sie vor Gewitterstürmen unruhig werden.

Tschorten ↗ Stupa

Tulpe Das *pers.* Symbol vollkommener Liebe. Wahrzeichen des *türk.* Herrscherhauses Osman und *Hollands.*

Tumulus Ein künstlicher Hügel, der die Symbolik des ↗ Berges übernimmt und eine Weltachse darstellt.

Tür Hoffnung; günstige Gelegenheit; Übergang von einer Stufe oder Welt zur anderen; Eingang zu einem neuen Leben: Initiation; der schützende Aspekt der Großen Muttergöttin. Die offene Tür bedeutet sowohl die Chance als auch Befreiung. *Christl.:* Christus spricht: »Ich bin die Tür« (Joh. 10, 7–9). Die drei Türen einer Kathedrale oder Kirche können Glauben, Hoffnung und Liebe bedeuten. *Hinduist.:* In Türpfosten geschnitzte Bildnisse von Gottheiten bedeuten Göttlichkeit, durch die der Mensch in die Höchste Gegenwart eintritt. *Mithraz.:* Der Eingang in die sieben Zonen des Paradieses oder in die Höhle der Initiation. *Röm.:* Ianus ist der Gott des Tores und hält die Schlüssel der Macht zum Öffnen und Schließen in der Hand. *Tierkreis:* Die Sommersonnenwende im Krebs ist die »Tür der Menschen« und symbolisiert die sterbende Macht und das Absteigen der Sonne, die *ianua inferni.* Die Wintersonnenwende im Steinbock, die »Tür der Götter«, ist das Aufsteigen und die zunehmende Kraft der Sonne, die *ianua coeli.* Diese Türen stehen auch im Zusammenhang mit den Seelen, die die Welt betreten und verlassen.

Turban Ruhm; die Herrlichkeit der Sonne. *Christl.:* Kennzeichen des Orientalen oder Heiden. *Islam.:* Die Krone bzw. das Diadem; geistliche Autorität. Er ist unentbehrliches Kennzeichen der Scheiche. *Jüd.:* Der weiße Turban des Leviten verkörpert den Vollmond, die sich windende Schlange des Mondgottes (*levi* / Schlange).

Turm Aufstieg, auch Wachsamkeit; hat teil an der Symbolik der ↗ Leiter, und der runde Turm hat Gemeinsamkeiten mit der der ↗ Säule. Befindet sich in dem Turm eine Jungfrau, Prinzessin o. ä., übernimmt er die Bedeutung des umfriedeten Raumes oder des Gartens hinter Mauern (↗ Garten). Im *Christentum* stellt dieses Bild die Jungfrau Maria und die Kirche dar, und er ist ein Attribut der hl. Barbara. Der Elfenbeinturm symbolisiert das Unzugängliche, auch das weibliche Prinzip und Jungfräulichkeit. Der Turmbau zu Babel ist Ausdruck des Hochmuts und der Anmaßung gegenüber Gott; das Bild bezieht sich sicher auf einen Tempelturm (Zikkurat) der Babylonier.

Übergang Das Überwechseln von einer Ebene in eine andere, von dieser Welt in die andere bzw.

transzendente Welt. Die Symbolik des »schwierigen Übergangs« bezieht sich auf den vom Profanen zum Heiligen; von der Rückkehr zum Paradies; der Erlangung höherer Ebenen des Bewußtseins. In Symbolen für den Übergang wird häufig ein Paradoxon verwendet, das die Grenzen des vernünftig denkenden Geistes überschreitet, z. B. die Enge Pforte, das Nadelöhr; der schmale oder gefährliche Grat bzw. die sehr schmale Brücke; die Schwertbrücke; der Ring im Maul eines Ungeheuers; das Durchkommen zwischen zwei Mühlsteinen; die zusammenschlagenden Felsen; die Wand ohne Tür; Skylla und Charybdis usw. Auch die Symbolik der Fähigkeit, Zeit und Raum zu überschreiten, wird verwendet. Der Übergang ist dem profanen, materiellen Körper unmöglich; daher ist er nur auf der Ebene des Geistes und im »zeitlosen Augenblick« zu bewältigen, auf Wegen, die den physischen Sinnen nicht zugänglich sind. Seele und Geist transzendieren das Physische. Es ist der »Weg« des *Daoismus, Hinduismus* und *Buddhismus,* die »Enge Pforte« des *Christentums* und die *Tariqah* des *Islam.* Riten des Übergangs beruhen häufig auf anfänglicher Teilung, der ein Übergangsstadium folgt in das Endstadium der Einheit. ↗ Brücke

Udjat-Auge Das Auge des Horus (↗ Auge); ein Schutzzeichen gegen das Böse.

Ulme *Christl.:* Erhabenheit; ihr stattlicher Wuchs und die Ausdehnung der Zweige sind die Stärke und Kraft der Heiligen Schrift für die Gläubigen.

Umgang Fixiert an besonderer, geheiligter Stätte, wie z. B. in einem Tempel oder einer Kirche, die Weltachse; verkörpert auch die Relation und Harmonie von Bewegung und Ruhe, dem Manifesten und der Höchsten Realität; der Umgang legt die Grenze zwischen dem Sakralen und dem Profanen fest; er ist auch eine Nachahmung der Sonnenbahn. Rituelles Abschreiten eines Kreises wurde auch mit den Umlaufbahnen des Großen Bären in Zusammenhang gebracht, der die Jahreszeiten ankündigt und bestimmt. Das *hinduist.* und *buddhist.* Umgehen eines geheiligten Gegenstandes (Pradashina), wobei man diesen immer rechts von sich hat, versinnbildlicht das Umkreisen der Welt, des Alls, das enthalten ist im Selbst; es ist eine Pilgerreise, um das Selbst zu finden. Im *Islam* gehören die sieben Umrundungen der Ka'aba (die Umra), die der Pilger entgegen dem Uhrzeigersinn unternimmt, zur Wallfahrtspflicht des Muslims (Haddsch).

Umhang ↗ Mantel

Umkehrung Die Wechselwirkung der Gegensätze; die eine Qualität führt zur Entstehung ihres Gegenteils: der Tod bringt das Leben hervor, das Gute läßt das Böse entstehen usw. Symbole der Umkehrung sind das Stundenglas; der mit der Wurzel nach oben wachsende Baum, das Doppeldreieck bzw. der »Davidsstern«, die Doppelspirale, der Buchstabe X, der mit dem Kopf nach unten gehängte Mensch.

Umkreis Begrenzung; die Welt in Manifestation; Umschließung; Rotation; Bewegung. Wird dargestellt durch die Zahl Neun (↗ Zahlen).

Umschließen Alle umschließenden Formen sind Symbole der Großen Mutter in ihrem Aspekt des Schutzes, der Zuflucht und Nahrung und des Mutterschoßes. Symbolisiert durch die Höhle, die Stadt, den Tempel, die Kirche, das Haus, das Zelt, das Tor, die Tür, den Zaun, das Grab, die Mauer, die Truhe, den Kessel, den Kelch, den Becher usw. und durch das Meer und alle Wasser, besonders durch die Quelle. Das Umschließen in Verbindung mit dem Mutterschoß verkörpert wiederum auch die Fruchtbarkeit.

Unsichtbarkeit Tod; Magische Kraft, Zaubermächte. Symbolisiert durch den Mantel, den Umhang, den Schleier, die Kapuze und die Kappe oder den Hut.

Unwetter Die Schöpfungskraft, der Bringer fruchtbarmachenden Regens. Der Donner ist die Stimme des Sturmgottes, und der Blitz bringt Fruchtbarkeit und Helligkeit.

Ur (Stier) Das Symboltier des *assyr./sumer.* Bel/Marduk oder Enlil, des Herrschers über Himmel, Erde und Schicksal.

Uräus *Ägypt.:* Königswürde; unumschränkte Herrschergewalt; Macht; Licht; die Mächte des Lebens und des Todes; die Kraft zu herrschen; Vernichtung der Feinde; das Auge von Re.

Urna ↗ Drittes Auge

Urne Das weiblich-empfangende und umschließende Prinzip. Drapierte Urnen bedeuten Tod. Urnen, aus denen Flammen schlagen, versinnbildlichen die Auferstehung, das Leben, das aus dem Tode hervorgeht. *Röm.* Urnen, die als Behältnisse bei der Stimmabgabe benutzt wurden, verkörpern auch das Schicksal. Die Urne ist ein Zeichen des Wassermannes.

Urim und Thummim Sie sind auf dem Ephoden des *jüdischen* Hohepriesters abgebildet und symbolisieren Licht und Vollkommenheit.

Uroboros Dargestellt als Schlange oder Drache, sich in den eigenen Schwanz beißend. »Mein Ende ist mein Anfang«. Symbolisiert das Undifferenzierte; die Totalität; uranfängliche Einheit; Selbstgenügsamkeit. Er zeugt, ehelicht, befruchtet und tötet sich selbst. Er ist der Zyklus von Desintegration und Reintegration; von Kraft, die sich fortwährend verbraucht und erneuert; der ewige Kreislauf, zyklische Zeit; die vereinten uranfänglichen Eltern; der Androgyn; die uranfänglichen Wasser; die Finsternis vor der Schöpfung; die Behinderung der vollen Entfaltung des Universums vor dem Kommen des Lichts; die Möglichkeit vor der Verwirklichung. In der Grabkunst stellt der Uroboros Unsterblichkeit, Ewigkeit und Weisheit dar. In vielen Mythen umschließt er die ganze Welt und ist der Lauf der Wasser, die die Erde umkreisen. Er kann die Welt tragen und auch erhalten und kann Tod in das Leben bringen, aber auch Leben in den Tod. Scheinbar unbeweglich, ist er andererseits ein *perpertuum mobile*, immerzu auf sich selbst zurückprallend. In der *orphischen* Kosmologie umschließt er das Welten-Ei. Macrobius bringt ihn mit der Bewegung der Sonne in Verbindung. Alpha und Omega werden häufig mit dem Uroboros dargestellt. *Ägypt.:* Der Kreis des Universums; der Pfad des Sonnengottes. *Alchimist.:* Die ungeminderte Kraft der Natur; verborgene Macht; die nicht geformte *materia;* das *opus circulare* von chemischen Substanzen im hermetischen Gefäß. *Buddhist.:* Das Rad des *samsara*. *Griech.:* In der *orphischen* Symbolik ist er der Kreis um das Welten-Ei und ist das Äon, die Lebensspanne des Universums. *Hinduist.:* Das Rad des *samsara*. Als verborgene Energie teilt der Uroboros die Symbolik des *kundalini*. *Sumero-semit.:* Das All-Eine.

Vajra *Hinduist.-Buddhist.:* Der Donnerkeil bzw. das Diamant-Zepter, in der Form zweier Rücken an Rücken liegender Dreizacke Shivas, symbolisch für seine Aspekte als Blitz und als Regenmacher; Indra trägt ihn als Zeichen weltlicher Macht und Agni als Zeichen der Macht des Geistes. Als die Waffe aus Diamant ist er das unzerstörbar Harte und verkörpert die Kraft des Geistes; als die Doppelkeule ist er Donnerkeil und Blitz und symbolisiert die Kräfte sowohl der Zerstörung als auch der Fruchtbarkeit, todbringend und lebenspendend, die miteinander wechselnden und einander ergänzenden Kräfte des Universums. Er ist der Wurfspeer des Drachentöters und der Lichtstrahl; Zeugungskraft. Er bedeutet vom Mitleid getriebene Tatkraft. Der Schaft ist die Weltachse, die sich zwischen Himmel und Erde erstreckt, die ihrerseits, einander spiegelgleich, von seinen beiden Enden versinnbildlicht wird. Der vierfache bzw. gekreuzte Vajra gehört zur Symbolik des Rades. Der »Diamant« symbolisiert das Reine und Unzerstörbare und den Menschen, den nichts verletzen oder stören kann. Die Diamantsitz-Haltung Buddhas ist das Bild für seinen Zustand ewiger Transzendenz. ↗ Dorje

Vase Die Vase, der Wassertopf und der Wasserkrug symbolisieren die Kosmischen Wasser; die Große Mutter; den Mutterboden; das weiblich-emp-

Urne Auf diesem Denkmal für John Donne von Nicholas Stone steht die in ein Leichentuch gehüllte Figur des Dichters auf einer Begräbnisurne.

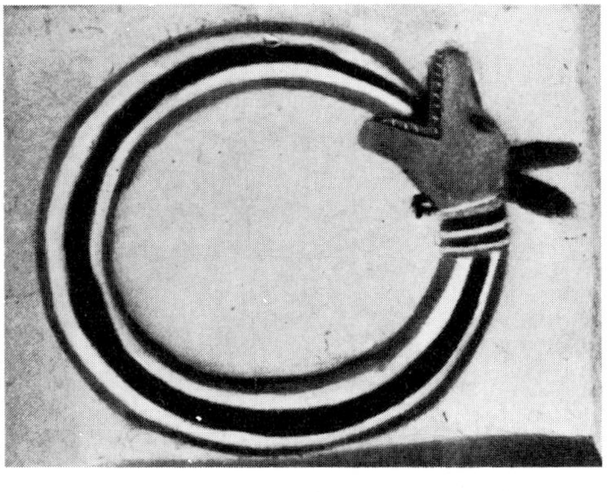

Uroboros Der sich in den Schwanz beißende Uroboros, der ewige Kreislauf von Des- und Reintegration, ist ein überall bekanntes Symbol. Dieser stammt aus Westafrika.

fangende Prinzip; Aufnahme; Fruchtbarkeit; das Herz. Die Symbolik der Vase steht häufig im Zusammenhang mit der des Lebensbaumes. Eine Vase, aus der Flammen schlagen, ist ein Bild für die Vereinigung von Feuer und Wasser; eine Vase voller Wein bedeutet Inspiration; eine gefüllte Vase, die nicht tönt, ist der Mensch mit hohem Wissen; eine Vase voller Blumen oder sprießender Zweige ist ein Bild für die Fruchtbarkeit der Wasser; eine überfließende Vase, gewöhnlich in den Händen einer Gottheit, bedeutet eine gütige weibliche Gottheit oder die Große Mutter, die die Wasser des Lebens und der Fruchtbarkeit über die ganze Welt ausgießt; in den Händen eines Mannes bezeichnet die überfließende Vase ein Trankopfer an eine Gottheit. Vase für Bestattungen ↗ Urne. *Ägypt.:* Das Herz; die Wasser; der Mutterboden; die belebenden Kräfte der Natur; Attribut von Osiris und Isis. *Buddhist.:* Eines der glückverheißenden Zeichen auf dem Fußabdruck Buddhas, das Sieg des Geistes und Sieg über Geburt und Tod bezeichnet. *Chin.:* Ewige Harmonie; die Vase mit Blumen ist ein chinesisch-buddhistisches Symbol für Harmonie und Langlebigkeit. Die Vase mit dem Wasser des Lebens ist ein Attribut einer Kwan-yin und steht für Mitleid und Fruchtbarkeit. *Christl.:* Eine Vase mit einer Lilie ist ein Bild für die Verkündigung; eine leere Vase auf einem Grab bedeutet, daß die Seele den Leib verlassen hat. Ein vasenförmiges Salbgefäß ist ein Attribut der hl. Maria Magdalena. *Griech./Röm.:* ↗ Urne. Das Weingefäß eines Satyrs und ein Attribut von Hebe. *Hinduist.:* Die Kraft der Shakti. *Kelt.:* Die heilenden Wasser; ein Attribut von Muttergöttinnen. *Sumero-semit.:* Ein Attribut von Großen Müttern für die fruchtbar machenden Kräfte der Wasser. Die Vase wird häufig in Szenen dargestellt, in denen Trankopfer an die Götter ausgeschenkt werden. Anu wurde oft durch die von den Wassern des ewigen Lebens überfließende Vase symbolisiert. *Tierkreis:* Ein Attribut des Wassermannes.

Vater Die Sonne; der Geist; das männliche Prinzip; traditionelle Kräfte von Recht und Ordnung im Gegensatz zu den weiblichen Mächten des Instinkts. Der Himmelsgott ist der All-Vater. In Mythos und Legende symbolisiert die Figur des Vaters körperliche, geistige und geistliche Überlegenheit. »Vater Zeit« – gleichgesetzt mit Kronos und Saturn – hält eine Sense und/oder Sichel in der Hand als Gott des Ackerbaus und als der Schnitter Zeit. Ein Stundenglas ist auch sein Attribut.

Vegetation Leben ohne Bewußtsein; Tod und Auferstehung; Fruchtbarkeit; Nahrung; Überfluß; Inaktivität; Bewegungslosigkeit.

Veilchen Verborgene Tugend und Schönheit; Bescheidenheit. Im *Christentum* steht es für die Demut des Fleisch gewordenen Sohnes Gottes; das weiße Veilchen ist ein Attribut der Jungfrau Maria und der hl. Fina. In der *griech.* Mythologie ist es die Blume von Io und Ares; Veilchen wuchsen aus dem Blute des Attis.

Venus ↗ Planeten

Verbene ↗ Eisenkraut

Verbundene Augen ↗ Blindheit

Verdampfung Transformation; der Übergang von den niederen zu den höheren Wassern; steht mit der Symbolik von Sonne, Regen, Feuer und Wasser als entgegengesetzten und komplementären Kräften im Zusammenhang. Da Dampf entsteht, verkörpert sie Läuterung durch Feuer und Wasser, wie z. B. in den *indian.* Schwitzhütten.

Vereinigung Symbole der Vereinigung sind alle gepaarten Gegensätze; der vollständige Kreis; zwei ineinandergreifende Kreise; das doppelte Dreieck; der Androgyn; Bäume mit ineinander verschlungenen Zweigen; das Horn des Einhorns; das *yin-yang*-Symbol; der Lingam und die Yoni.

Vergoldung Die Vergoldung oder auch die Rotbemalung assoziieren einen Gegenstand mit solarer Bedeutung und verkörpern das Strahlen göttlicher Kraft oder der Macht von Feuer und Flamme.

Verlorener Gegenstand Das Suchen nach dem verlorenen Gegenstand ist die Suche nach Leben, Unsterblichkeit, geistigen Schätzen, Erleuchtung, der »kostbaren Perle«. Sie symbolisiert auch die Suche nach dem Verlorenen Wort, dem Heiligen Gral oder nach dem Paradies.

Vertikale Die Vertikale ist das Essentielle und Transzendente, während die Horizontale die Ebene des Seins verkörpert; die Vertikale steht für die Höhe und das Streben nach dem Geistigen; und die vertikale Achse ist die Verbindungslinie zwischen dem Heiligen und dem Profanen, zwischen dieser Welt und der höheren.

Vesica Piscis Ein aufrecht stehendes Oval bzw. eine Mandelform, die häufig Heiligenfiguren umgibt; wird gebildet aus zwei ineinandergreifenden Kreisen und ist eine Grundform in der sakralen Geometrie. ↗ Mandorla

Vielzahl ↗ Mannigfaltigkeit

Vier ↗ Zahlen

Vierzahl ↗ Zahlen, Vier

Vierzig ↗ Zahlen

Viper *Ägypt.:* Ein Sonnentier; Königswürde; Herrschaft und Macht. *Christl.:* Das Böse; das Gift der Bosheit. *Griech.:* Schützende und wohltätige Macht.

Vlies Repräsentiert das Fett, das als die Lebenskraft des Schafes angesehen wurde, und demzufolge alles Lebenerhaltende wie Vieh, Getreide usw., auch Nachkommenschaft und Langlebigkeit.

Vögel Transzendenz; die Seele; ein Geist; göttliche Offenbarung; Geister der Luft; Geister der Toten; Aufstieg zum Himmel; die Fähigkeit, mit Göttern zu sprechen oder in ein höheres Bewußtseinsstadium einzugehen; das Denken; Imagination. Große Vögel werden oft mit Sonnen-, Donner- und Windgöttern identifiziert, und ihre Zungen verkörpern den Blitz. Vögel gehören zur Baumsymbolik; die göttliche Macht steigt in den Baum herab oder auf dessen Symbol, eine Säule.

Zwei Vögel auf einem Baum, manchmal einer dunkel und einer hell, bedeuten Dualismus, Dunkelheit und Licht, Nacht und Tag, das Nichtmanifeste und das Manifeste, die beiden Hemisphären. Vögel erscheinen oft auf den Zweigen des Lebensbaumes mit der Schlange unten am Stamm; diese Kombination stellt eine Vereinigung von Luft und Feuer dar, aber Vogel und Schlange im Konflikt miteinander versinnbildlichen Kampf zwischen solaren und chthonischen Mächten. Vögel als Fabeltiere sind auch Darstellungen der Feindschaft zwischen den himmlischen Reichen und Mächten und der erdgebundenen Schlange. Vögel begleiten häufig den Heros, wenn er den Drachen sucht oder erschlägt, indem sie ihm geheimen Rat geben, und der Heros versteht die Sprache der Vögel. Diese Fähigkeit symbolisiert Verbindung mit dem Himmel oder die Hilfe himmlischer Mächte, wie z. B. der Engel. Ein Vogel auf einer Säule bedeutet die Vereinigung von Geist und Materie, oder er ist Symbol eines Sonnengottes. Ein Käfig mit Vögeln verkörpert nach Platon den Geist. Scharen fliegender Vögel bedeuten magische oder übernatürliche Kräfte, die mit Göttern oder Heroen einhergehen. Viele Fabelwesen haben Körperteile von Vögeln wie z. B. Schnabel oder Klauen. *Ägypt.:* Der menschenköpfige Vogel repräsentiert die Macht der Seele, den Körper nach freiem Willen zu verlassen. Der Vogel Benu verkörpert die Seele des Osiris und wird zuweilen mit dem ↗ Phönix gleichgesetzt; er ist das schöpferische Prinzip, der Erzeuger des Welten-Eies. Beim Tode verläßt die Seele, das Ka, den Körper in Gestalt eines Vogels. *Alchimist.:* Zwei streitende Vögel bedeuten die Doppelnatur des Merkur, des philosophischen Quecksilbers, des *nous;* das gleiche kann aber auch durch auf und ab fliegende Vögel dargestellt werden. *Altnord.:* Der vom Körper befreite Geist; Weisheit; ↗ Rabe. *Buddhist.:* Ein Vogel ist ein Symbol des Höchsten Buddha; er bezeichnet auch günstige Vorbedeutung. *Chin.:* Die meisten Vögel, aber besonders der Hahn, der Kranich und der Pfau, sind Sonnen- bzw. *yang*-Tiere und symbolisieren Langle-

Vogel Auf einem ägyptischen Papyrus aus dem 13. Jahrhundert v. u. Z. schwebt der Ba, der Vogel der Seele, über einer Mumie, bevor er seinen Flug in das Leben nach dem Tode antritt.

Vögel Die Vögel auf diesem Geistertanzkostüm der Arapaho-Indianer aus dem 19. Jahrhundert stellen die Geister der Führung und Stärkung dar, mit denen die Tänzer während ihres Rituals in Verbindung zu treten hofften.

bigkeit und Glück. *Christl.:* Geflügelte Seelen; das Geistige; Vögel in Weinranken können Seelen im Paradies sein, aber auch Räuber. Das Jesuskind wird oft mit einem (Disteln fressenden) Stieglitz in der Hand dargestellt. Vögel wie Amsel, Eule und Rabe haben dagegen negative Bedeutung. *Daoist.:* Die dreibeinige rote Krähe ist das solare *yang*-Prinzip; sie lebt in der Sonne und kann auch die Große Dreiheit symbolisieren, die drei großen Mächte der Welt, Himmel, Erde, Mensch. ↗ Hahn ↗ Adler ↗ Phönix und ↗ Rabe usw. *Hinduist.:* Intelligenz, »Intelligenz ist der schnellste aller Vögel« (*Rigveda*); »wer versteht, hat Schwingen« *(Pancavimsa Brahmanas)*. Garuda ist der Vogel des Lebens, der Himmel, die Sonne, der Sieg; er ist ein Reittier Vishnus, des Schöpfers und Zerstörers aller Dinge, und manchmal dem Phönix gleichgestellt. *Islam.:* Der Legende nach die Seelen der Gläubigen, die auf dem Baum des Lebens wohnen. Seelen von Ungläubigen gehen in Raubvögel ein. *Japan. (Shinto):* Das schöpferische Prinzip. *Kelt.:* Ambivalent; Vögel bedeuten Göttlichkeit und die glückliche andere Welt, andererseits magische Macht und Böswilligkeit, wie das auch bei Rabe und Zaunkönig der Fall ist. Die Tuatha können als Vögel mit schillerndem Gefieder auftreten und mit goldenen Fesseln aneinander gekettet sein, wenn sie ein wichtiges Ereignis prophezeien. Vögel sind auch Boten der Götter. *Maori:* Der Vogel Man ist die Gottheit, der Allessehende, Alleswissende; Stärke und Tapferkeit. *Schamanist.:* Aufstieg zum Himmel; magische Reise sowie Reise als Medium; Vogelkleider und -federn werden von Schamanen bei ihren Riten getragen; Vogelkleidung kann der Seele Schwingen verleihen.

Volute ↗ Spirale

Vorhängeschloß *Chin.:* Langlebigkeit (es verbindet fest mit dem Leben); Gesundheit.

Waage Gerechtigkeit; Unparteilichkeit; göttliches Gericht; die gegeneinander abgewogenen Verdienste und Mängel des Menschen. Das Gleichgewicht aller Gegensätze und komplementären Erscheinungen; die ausgleichende Gerechtigkeit; der ↗ Androgyn. Die Waage der Justitia verkörpert das Gleichgewicht; Gleichheit; Gerechtigkeit; Harmonie; göttliche Weltordnung und verständige Handhabung ihrer Lehren. Im *Christentum* ist sie ein Attribut des Erzengels Michael, der beim Jüngsten Gericht die Seelen wägt. Sie ist auch ein Symbol für das Tierkreiszeichen der Waage und für Themis, die griechische Göttin des Rechts, der Ordnung und der Wahrheit. ↗ Tierkreis

Wacholder *Griech./Röm.:* Schutz; Vertrauen; Tatkraft; Hermes/Merkur geweiht.

Wachs Biegsamkeit; Unaufrichtigkeit. Wachs, als Fett betrachtet, enthält die Lebenssubstanz, und folglich werden in Hexerei und Zauberkunst Wachsbilder verwendet, um Macht über Menschen zu erlangen.

Wachsamkeit Symbole der Wachsamkeit sind der Hahn (besonders in Gestalt der Wetterfahne), der Kranich, die Gans, der Löwe, der Hund und alle Wächtergestalten wie z. B. Schlangen, Drachen und Ungeheuer usw. Im Reich der Seele und des Geistes hindern Wächter den Menschen daran, zu weit oder zu schnell zu gehen und mehr an okkultem oder esoterischem Wissen kennenzulernen oder zu sehen, als er ertragen kann.

Wachtel Steht in Zusammenhang mit der Nacht, aber auch mit Glück und Frühling; sie steht für Verliebtheit. *Chin.:* Mut; militärischer Eifer; der Sommer; auch Armut (geflickte Kleidung). *Griech.:* Der Frühling; Erneuerung des Lebens; Attribut und Erscheinungsform von Asteria; im Zusammenhang mit Zeus und Latona in Delos, daher mit Appollon und Diana. *Hinduist.:* Die Asvins als Tag und Nacht, Licht und Dunkelheit, geben der Wachtel, die der Wolf verschlungen hatte, das Leben wieder; d. h. die Wachtel zieht im Winter weg, kehrt aber mit der Sonne im Frühling zurück. *Jüd.:* Wundersame Nahrung in der Wüste, aber die Speise des Zorns und der Sinneslust. *Phönik.:* Wurde Melkarth geopfert, nachdem er die Finsternis in Gestalt von Typhon und Sephon geschlagen hatte. *Röm.:* Mut; Sieg in der Schlacht. *Russ.:* In der russischen Folklore sind die Wachtel und der Hase Sonne und Mond, die von der Jungfrau Morgendämmerung gefunden werden. Wahrzeichen der Sonne, des Frühlings und des Zaren.

Waffen Macht, oft übernatürliche Macht; Herrschaft; Schutz; auch Zerstörung. Die Aneignung von Waffen symbolisiert die Erlangung der Kräfte des Besiegten. Das Spiel mit Waffen ist der Triumph der Liebe über den Krieg. Waffen der Zerstörung in den Händen von Göttern symbolisieren auch Befreiung, da sie die Unkenntnis zerstören und des Menschen niederes Selbst, um das Bewußtsein und das Wissen zu befreien.

Wagen Das menschliche Fahrzeug des Körpers, zu dem das Pferd als das solare Fahrzeug des Geistes gehört. Von weißen oder goldenen Pferden oder zuweilen auch von Greifen gezogene Wagen sind Attribute von Himmelsgöttern, die den Sonnenwagen über den Himmel fahren. Feuerwagen bedeuten Aufstieg zum Himmel durch den Geist, durch Gottheiten oder Heilige. Sieger und Heroen werden häufig als Wagenlenker dargestellt; das sind dann Schlachtensymbole. Die Eigenschaften und die Absichten des Wagenlenkers werden durch das Gespann symbolisiert, z. B. weiße Pferde bedeuten Geistigkeit, Reinheit, Sonnenkraft, während Freyjas Katzengespann lunare und magische Kräfte verkörpert. Der Wagenlenker steht für den Verstand, die Intelligenz bzw. den Geist, der den Körper leitet. Die beiden Räder symbolisieren Himmel und Erde. *Altnord.* und *German.:* Thors Wagen wird von zwei solaren Böcken oder Ziegen gezogen; Freyjas Wagen von lunaren Katzen. *Buddhist.:* Der Sonnenwagen ist das Große Fahrzeug Suryas. *Christl.:* Kampfwagen, Wagen, Karren oder Arche können in der Legende die Kirche als ein Gefährt versinnbildlichen, das die Gläubigen in den Himmel bringt; der Wagen, meist von Symboltieren gezogen, bedeutet Triumph. *Griech./Röm.:* Das Fahrzeug aller Sonnengötter, die die solaren Weißen Pferde führen, die ihrerseits – entweder als das solare oder als das feuchte Prinzip – die Sonne und den Mond über den Himmel fahren, z. B. Apollon als Sonnengott und Poseidon als Gott des feuchten Elements. Wagen und Pferde sind auch kriegerische Attribute des Kriegsgottes Ares/Mars. Kybele fährt einen Wagen, der von Löwen gezogen wird; Tritonen, auf Muschelhörnern blasend, ziehen den Wagen Poseidons; Sabazios fährt einen Sonnenwagen. Jupiter Dolichenus fährt in einem von Stieren gezogenen Wagen. Tauben ziehen den Wagen der Venus, Hirsche den von Diana, Pfauen den Wagen der Juno, Hunde den von Hephaistos/Vulcanus, Adler den Wagen des Zeus/Jupiter, Ziegen oder Leoparden den von Dionysos/Bacchus und Eros/Cupido, und schwarze Pferde ziehen den Wagen von Pluto. *Hinduist.:* Das »Fahrzeug« des Wesens in der Manifestation; der Wagenlenker ist das Selbst, das den Pferden die Richtung weist, wie es durch Krishna symbolisiert wird, der zwar fährt, aber nicht an dem Schlachtgetümmel um ihn herum beteiligt ist; die Pferde stehen für die körperlichen Lebenskräfte; die Zügel bedeuten die Intelligenz und den Willen des Wagenlenkers; die Wagenachse verkörpert die Weltachse und die beiden Räder Himmel und Erde, die durch die Achse miteinander verbunden sind; ihre Umdrehungen sind die Zyklen der Manifestation. Savitar fährt einen Wagen mit leuchtenden Pferden; Soma hat den dreirädrigen Mondwagen, den der Buntbock oder zehn weiße Pferde ziehen; die Asvins, die Zwillingsmächte, fahren einen dreirädrigen Wagen; Ushas, die Göttin der Morgenröte, fährt einen Wagen, den Kühe oder rote Pferde ziehen; Indra fährt in einem goldenen Wagen; Shiva lenkt einen von Mondgazellen oder -antilopen gezogenen Wagen. *Iran.:* Der Wagen der Magier wird von vier Pferden gezogen, die die Elemente symbolisieren. Anahita, die Fruchtbarkeits-

Wachtel Ein Wachtelpaar im Liebesspiel bildet den Körper dieses chinesischen Weingefäßes aus dem 18. Jahrhundert.

Wagen Ein alter skandinavischer Sonnenwagen verbindet die Symbolik des Pferdes für das Triebhafte und Irdische mit der der göttlichen und den Geist verkörpernden Sonnenscheibe.

göttin, hatte einen Wagen, den vier weiße Pferde zogen – Wind, Regen, Wolke, Hagel. Sie erscheint mit Mithras. *Kelt.:* Flidass, die Göttin der Jagd und der Wildgeschöpfe, hat einen von Hirschen gezogenen Wagen. Der Sonnenwagen wird bisweilen von einem weißen Schwan oder mehreren weißen Schwänen gezogen.

Wägen Die Seelen werden gewogen, um Verdienst und Schuld einzuschätzen. In der *ägypt.* Symbolik wägt Osiris das Herz gegen die Feder der Wahrheit. Dieselbe Symbolik des Wägens auf der Waage findet man im *Hinduismus* und im *Christentum* (Erzengel Michael); im *Islam* ist der Erzengel Gabriel der »Seelenwäger«. ↗ Waage

Wal Die Macht der kosmischen Wasser, deshalb Wiedergeburt, sowohl im Kosmos als auch beim einzelnen; auch das verschlingende Grab. Der Bauch des Wales ist sowohl ein Ort des Todes als auch der Wiedergeburt, wie im Alten Testament Symbol von Jonas; vom Wal verschlungen zu werden, bedeutet das Eintreten in die Finsternis des Todes, und aus dem Wal herauszukommen nach den traditionellen drei Tagen des Neumonds bedeutet das Heraustreten aus der Höhle der Initiation in ein neues Leben, Auferstehung. Im *Christentum* stellt der Wal den Teufel dar, seine Kieferbacken sind die Tore zur Hölle, und sein Bauch ist die Hölle.

Wald Das Reich der Psyche und das weibliche Prinzip. Ein Ort der Prüfung und der Initiation, ein Ort der Finsternis und unbekannter Gefahren. Der Eintritt in einen dunklen verzauberten Wald ist ein Schwellensymbol; die Seele, die in die Gefahren des Unbekannten eintritt; das Reich der Toten; die Geheimnisse der Natur und die Welt des Geistes, die der Mensch durchdringen muß, um seine Bedeutung zu erfahren. Er kann auch den Mangel an geistiger Einsicht und Licht bedeuten, die in der Finsternis und ohne göttliche Führung verlorengegangene Menschheit. Das Zurückweichen in den Wald ist das symbolische Sterben vor der Wiedergeburt in der Initiation. *Austral. Aborig.:* Das Jenseits; das Schattenreich; der Ort der Initiation. *Druid.:* Die Sonne und der Wald sind eine Ehe eingegangen als Mann und Frau, Licht und Finsternis. *Hinduist.:* Der »Waldbewohner« ist einer, der die aktive Welt verlassen hat, um ein Leben der Kontemplation und Meditation zu führen, der »dieser Welt gestorben« ist. *Schaman.:* Der Ort, an dem die Geister wohnen.

Walnuß Teilt mit allen Nüssen die Symbolik verborgener Weisheit, auch der Fruchtbarkeit und Langlebigkeit; in dieser Bedeutung wurde die Walnuß bei *griech.* und *röm.* Hochzeiten gereicht. Sie bedeutet auch Stärke in Not und Unglück, jedoch ebenfalls Selbstsucht, denn unter dem Walnußbaum

Wägen Das Gericht nach dem Tode; das Wägen der Seele. Ein Altarbild aus Katalonien zeigt, wie eine Seele – trotz der Versuche durch zwei Teufel, das Urteil zu fälschen – im Himmel empfangen wird.

Wandern Gustave Dorés Lithographie zeigt den »Ewigen Juden« auf seiner Wanderung auf dem Wege über einen Friedhof, und dabei fällt sein Schatten auf die Umrisse des kreuztragenden Christus, der legendären Ursache seines Exils.

wächst nichts anderes. Die Karyatiden sind Nußbaum-Nymphen.

Wanderer/Wandern Im Gegensatz zum Pilger, der einen geraden und zielgerichteten Weg verfolgt, bewegt sich der Wanderer ziellos voran. Der Wanderer steht auch symbolisch für die Bewegung des Springers im Schach, wo er der fahrende Ritter bzw. »Wanderer« ist, der sich auf die Reise oder ein Abenteuer begibt, ohne zu wissen, wohin ihn das führen kann. Im *Buddhismus* symbolisiert das Wandern das *samsara*, den Zustand des im Kreislauf von Geburt und Tod befangenen Menschen, bis Erleuchtung und Befreiung erlangt sind und das »bewegungslose« Zentrum erreicht ist.

Wappenlilie Die stilisierte Lotosblüte oder Lilie, die Blume oder die Flamme des Lichtes und des Lebens; die Himmelskönigin und die dreifache Majestät Gottes bzw. der Dreieinigkeit; Königswürde. Sie wird auch mit dem Androgyn in Verbindung gebracht als der männlichen Trinität, kombiniert mit dem weiblichen Kreis und verbunden mit dem Dreizack, dem Herolds- und dem Bacchusstab; da sie einer Lanzenspitze ähnelt, ist sie auch phallisch und repräsentiert männliche und militärische Macht. Attribut der Bourbonen-Könige von *Frankreich* und der Heiligen Ludwig von Frankreich und Ludwig von Toulose.

Waschung ↗ Ablution

Wasser Die Wasser sind die Quelle aller Möglichkeiten des Seins; sie sind Ursprung und Grab aller Dinge im Universum; das Undifferenzierte; das Nichtmanifeste; die erste Form der Materie. Alle Wasser sind symbolisch für die Große Mutter und stehen in Zusammenhang mit der Geburt, dem weiblichen Prinzip, dem Weltenschoß, der *prima materia*, den Wassern der Fruchtbarkeit und Stärkung und mit der Quelle des Lebens. Das Wasser ist das flüssige Gegenstück zum Licht. Die Wasser werden gleichgesetzt mit dem beständigen Fließen der manifesten Welt, mit dem Unbewußten, dem Vergessen; sie lösen immer auf, zerstören, reinigen, »waschen hinweg« und regenerieren; sie werden mit der Feuchtigkeit assoziiert, mit der zirkulierenden Bewegung des Blutes und mit dem Saft des Lebens, im Gegensatz zur Trockenheit und zum statischen Zustand des Todes; sie lassen wieder aufleben und flößen neues Leben ein, daher auch Taufe mit Wasser oder Blut in Initiationsreligionen, in denen Wasser oder Blut auch das alte Leben hinwegwäscht und das neue heiligt. Die Immersionstaufe in Wasser symbolisiert nicht nur die Rückkehr zum ursprünglichen Zustand der Reinheit, das Absterben des alten Lebens und die Wiedergeburt in ein neues, sondern auch das Eintauchen der Seele in die manifeste Welt. Die Wasser des Ursprungs oder der Quelle des Lebens entspringen aus der Wurzel des Lebensbaumes in der Mitte des Paradieses. Als Regen ist das Wasser die fruchtbringende Macht des Himmelsgottes der Fruchtbarkeit. Als Tau ist es die Segnung und Gnade, geistliche Erquickung und das Licht der Morgendämmerung.

In das Wasser zu tauchen, bedeutet die Suche nach dem Geheimnis des Lebens, dem allerletzten Mysterium. Auf den Wassern zu gehen, steht für das Überschreiten der Welt der Erscheinungen; alle großen Weisen gehen auf Wassern. Fließendes Wasser ist das »Wasser des Lebens« oder »lebendes Wasser«. Die Wasser zu durchschreiten, bedeutet den Übergang von einem ontologischen Zustand in einen anderen bzw. von einer Ebene in die andere; es bedeutet auch Trennung oder Aufhebung, wie beim Überqueren des Meeres oder Flusses des Todes; aber wie das Wasser die Macht des Lebens und auch die des Todes sein kann, so kann es auch beides: trennen und einen.

Wasser und Feuer sind die beiden miteinander im Widerstreit stehenden Elemente, die letztendlich einander durchdringen und sich vereinigen werden. Sie verkörpern alle Widersprüche in der Welt der Elemente. In einem Zustand des Konflikts sind Hitze und Feuchtigkeit notwendig für alles Leben, aber »brennendes Wasser« bedeutet die Vereinigung der Gegensätze. Feuer und Wasser werden auch mit den beiden großen Prinzipien, dem Himmelsvater und der Erdmutter assoziiert, aber der Himmelsvater kann auch die befruchtende Feuchtigkeit des Regens, der auf die Erde fällt, verkörpern. Wasser mit Wein bedeutet die Verschmelzung menschlichen Lebens mit göttlichem oder das Göttliche, das sich unsichtbar mit dem Menschlichen vermischt. Umgebendes Wasser, z. B. ein Wassergraben, ein Graben, eine Rinne usw., dient nicht nur der Verteidigung, sondern das Wasser macht den Ort, den es umschließt, rein und umgibt geweihten Raum. Wasser mit Lehm steht für die Schöpfung und verkörpert auch den Töpfer als den Gestalter des Universums. Tiefe Wasser, z. B. Meere, Seen, Brunnen, werden mit dem Reich der Toten assoziiert oder sind die Wohnung übernatürlicher Wesen und eng verbunden mit der Großen Mutter.

Die flachen Wasser sind das Chaos oder die sich ständig verändernde sichtbare Welt, und die tiefen Wasser sind das Reich der vereinigenden Wasser; diese stehen auch in Verbindung mit den Kleinen und Großen Mysterien, und alle zusammen bilden die Vollkommenheit des Einen und verkörpern universelle Regeneration. Wogen schlagende Wasser sind ein Bild für Unbeständigkeit, Illusion und die

Nichtigkeit des Lebens, »die scheinbare Fortbewegung von Gefühlen und Gedanken«. Fließendes Wasser steht für das Leben, die »Wasser des Lebens«; so der Fluß, der Springquell, die Quelle des Lebens, symbolisiert durch die Wellenlinie, Spirale oder den Mäander.
Die Wasser können, wie der Baum, der Hain, der Stein, der Berg, den Kosmos in seiner Ganzheit darstellen. Symbole der lebenspendenden, lebenzerstörenden, der trennenden und der vereinigenden Kräfte des Wassers sind häufig Mischwesen, Ungeheuer oder Drachen, Schlangen, der Falke, der Löwe, das Krokodil und der Wal, während seine nährende und befruchtende Kraft durch die Kuh, die Gazelle und vor allem durch den Fisch dargestellt wird. Von großer Bedeutung ist das Wasser in magischen Riten. ↗ Elemente. *Ägypt.:* Geburt, Regeneration; Wachstum; die Fruchtbarkeit der Wasser des Nil; symbolisiert durch den Gott Hapi, der Wasser aus zwei Gefäßen schüttet. *Azteken* und *Inka:* Die Wasser sind das Urchaos. *Buddhist.:* Das ständige Fließen der manifesten Welt. »Das Überqueren des Stromes« ist häufig ein Symbol für das Durchschreiten der Welt der Illusion, um die Erleuchtung und das Nirvana zu erlangen. Urwassern entsprang der Stengel des großen Lotos, die Weltachse. *Chin.:* Das lunare, das *yin*-Prinzip, symbolisiert durch das Trigramm Kan (↗ Ba Gua), dem das Feuer als solare *yang*-Macht gegenübersteht. Das Wasser steht für Reinheit, die Nordregion, und sein Symbol ist die Schwarze Schildkröte, denn Schwarz war die Farbe des Urchaos. *Christl.:* Die Wasser der Regeneration; Erneuerung; Reinigung; Heiligung; Erquickung; Taufe. Ein Wasserquell stellt Christus als die Quelle des Lebens dar; der reine Springquell verkörpert auch die Jungfrau Maria, Wasser mit Wein gemischt ist das Passive, an dem der Geist wirkt, »geboren aus Wasser und Geist«. Die Verschmelzung des Menschlichen und des Göttlichen bei der Fleischwerdung. Nach dem hl. Cyprianus ist Christus der Wein, und das Wasser ist die Gemeinde als der Leib Christi. Der ↗ Tau ist das Symbol für Segnung. *Daoist.:* Die Stärke der Schwachheit; die Kraft der Anpassung und Ausdauer; die Veränderlichkeit des Lebens als Gegenstück zur Starrheit des Todes. Wasser ist der Ausdruck der Lehre des *wu-wei:* indem es am Punkt des Widerstandes nachgibt, umschließt es ihn und reicht darüber hinaus, und schließlich trägt es selbst den härtesten Fels ab. *Griech./Röm.:* Aphrodite/Venus entstieg den Wassern; Poseidon/Neptun beherrscht die Macht der Wasser. Der Fluß Lethe bedeutet Vergessen, und der Styx wird nach dem Tode überquert. *Hinduist.:* Agni wird aus den Wassern und der Erde geboren und ist die Säule, die alles Sein trägt. Varuna ist der Beherrscher der Wasser. Vishnu schläft auf den Wassern, auf der Schlange, und aus seinem Nabel wächst manchmal eine Lotosblume, auf der Brahma thront: »Er, der auf den Wassern wandelt«. *Indian.:* Die fließende Macht des Großen Geistes, Wassergeister sind Verführer zum Bösen; sie sind Versucher und stehen für Veränderung und Zerfall und sowohl für den lebengebenden als auch für den lebennehmenden Aspekt; sie tragen die Erde und sind statisch, im Gegensatz zum bewegten Aspekt des Himmels. *Iran.:* Apo, das Wasser, ist solare und lunare Macht und auch der Urozean. *Islam.:* Wasser bedeutet Gnade; Gnosis; Reinigung; Leben. Als Regen oder Quelle ist Wasser göttliche Offenbarung der Wirklichkeit. Es bedeutet auch Schöpfung: »Und er ists, der aus Wassern den Menschen erschaffen« (*Koran* 25, 56.). *Jüd.:* »Das Wasser der Thora« sind die lebenspendenden Wasser des heiligen Gesetzes. Die Wasserquelle, die den Israeliten ständig zur Verfügung steht, ist nach Philo die Weisheit, der Logos. Bei der Schöpfung »schwebte der Geist über den Wassern«. *Kelt.:* Die Wasser, Seen, heiligen Brunnen usw. haben magische Eigenschaften und sind der Aufenthaltsort übernatürlicher Wesen, wie z. B. der Frau vom See; sie gewähren auch Zutritt zur anderen Welt, und die Kräfte der Wasser stehen für die Weisheit der anderen Welt und die Vorsehung der Götter. Das kelt. Paradies, das Land der ewigen Jugend, ist entweder jenseits der Wasser oder unter ihnen oder, wie die Grüne Insel (Irland), von Wasser umgeben. *Mandä.:* Wasser und Wein verkörpern die Einheit von Vater und Mutter des Alls. *Maori:* Das Paradies ist unter den Wassern, die die ursprüngliche Vollkommenheit symbolisieren. *Skand.* und *German.:* Die Wasser, in denen die Midgard-Schlange hauste, umkreisten die Erde, und die Unterwelt war ein Ort der Nebel. Der Yggdrasil hatte seine Wurzeln in der Unterwelt, und aus ihnen entsprang die Quelle Hvergelmir, der Ursprung der Flüsse. *Sumero-semit.:* Apsu, die Urwasser, existierten am Anfang, und Tiamat war das Meer und das Chaos. Die Wasserdämonen Lahmu und Lahamu wurden als Schlangen aus den Wassern geboren. Marduk, der Gott des Lichtes, erschuf die Erde durch die Überwindung Tiamats, des Chaos und des Nichtmanifesten. Ea ist der Herrscher der Tiefen und der »Gott mit den Strömen«, der ein Gießgefäß bei sich hat oder von dessen Armen und Händen Wasser fließen.

Wassermann ↗ Tierkreis

Weben Die Urweberin, die Große Weberin, erschafft das Universum und webt auf dem Webstuhl des Lebens das Schicksal aller. Alle Göttinnen des

Schicksals und der Zeit sind Spinnerinnen und Weberinnen. Die Weberin ist auch die Kosmische Spinne, und der Faden der Großen Weberin ist die Nabelschnur, die den Menschen an seinen Schöpfer und an sein eigenes Schicksal bindet und durch die er in das Weltgefüge und -gewebe eingesponnen ist. Der Kettfaden ist die senkrechte Ebene, die alle Stufen der Existenz miteinander verbindet; das qualitative Wesen der Dinge; das Unveränderbare und nicht Veränderliche; die *forma;* das männliche, Aktive und Direkte; das Licht der Sonne. Der Schußfaden ist das Horizontale; das Sein in Zeit und Raum; das Quantitative, Kausale und Vergängliche; das Veränderbare und Zufällige; das Menschsein, die *materia,* weiblich und passiv; das reflektierte Licht des Mondes. Kett- und Schußfaden in ihrer Beziehung zueinander bilden an jedem Faden ein Kreuz, und das Kreuzen symbolisiert die Vereinigung der Gegensätze, das männliche und das weibliche Prinzip vereint. Regelmäßig abwechselnde Farben stellen die dualistischen, aber einander ergänzenden Kräfte des Universums dar. Nacht und Tag sind zwei Schwestern, die das Gewebe der Zeit weben, das räumlich-zeitliche Gefüge kosmischer Schöpfung. *Ägypt.:* Neith hat als Weberin der Welt die Spinne als Attribut. *Buddh.:* Weben steht für das Gewebe des *samsara,* der Illusion, des *maya,* des bedingten, zufälligen und immerwechselnden Seins. *Chin.:* Der regelmäßige Wechsel von *yin* und *yang. Griech./Röm.:* Athene/Minerva ist eine Weberin der Welt, wie auch Harmonia. Die Schicksalsgöttinnen, die Moirai, weben des Gewebe des Schicksals. *Hinduist.:* Brahma, das Höchste Prinzip, ist »der, auf dem die Welten als Kett- und Schußfaden gewebt werden« (*Upanischaden*). Das Weben ist ebenfalls der Lebensatem, und alles im Kosmos ist durch ein unsichtbares Gewebe miteinander verbunden. *Skand.* und *German.:* Holda und die Nornen sind Weberinnen des Schicksals. Die Walküren weben das Gewebe des Sieges: in den Kettfaden aus Eingeweiden auf Speerspitzen weben sie mit Pfeilen den roten Schußfaden. *Sumero-semit.:* Ištar und Atargatis sind Weberinnen des Weltgefüges und des Schicksals und Schneiden den Faden des Lebens ab. ↗ Spinne ↗ Gewebe

Webstuhl Das Geschick; die Zeit; das Weben des Schicksals. Attribut von Penelope und Arachne. ↗ Weben

Weg ↗ Aufsteigen ↗ Hinabsteigen ↗ Übergang ↗ Pilger

Weide Ein Baum mit Zauberkräften, der Mondgöttin geweiht. Die Trauerweide stellt Trauer und unglückliche Liebe dar und hat Funeralbedeutung. *Buddhist.:* Sanftmut. *Chin.:* Frühling; Weiblichkeit;

Weide Auf dieser koreanischen Flasche (11.–13. Jahrhundert) steht die Weide für die weibliche Tugend der Geduld in Trübsal. Sie ist auch der Baum von Kwan-yin, der Göttin der Gnade.

Weinbeeren Die Weinbeeren und der Weizen auf Botticellis »Madonna der Eucharistie« sind Sinnbild des christlichen Wunders der Wandlung von Christi Leib und Blut in Brot und Wein.

Sanftmut; Anmut und Charme; künstlerisches Geschick; Abschied. Die Weide ist ein Attribut der Kwan-yin, die mit einem Weidenzweig die Wasser des Lebens versprengt. Ein lunarer, ein *yin*-Baum. *Daoist.:* Stärke in der Schwäche; im Gegensatz zur Eiche, die sich dem Sturm entgegenstellt und durch ihn gebrochen wird, biegt sich die Weide, gibt nach, springt zurück und überlebt. *Griech./Röm.:* Europa geweiht, ein Attribut von Artemis; ein Zeichen der Kindgeburt. *Jüd.:* Trauer – das Weinen unter den Weiden an den Flüssen von Babylon im Exil. Beim Laubhüttenfest gibt es einen Tag der Weiden. *Japan.:* Geduld; Ausdauer. Sie ist besonders bei den Ainu heilig, denn das Rückgrat des ersten Menschen war der Legende nach aus Weidenholz gemacht. *Kelt.:* Wird mit Esus assoziiert, der in Darstellungen den Weidenbaum fällt. *Sumero-semit.:* Ein Attribut von Tammuz/Dumuzi; Sieg; Frohlocken; Freude. Die Weide ist der Weltenbaum von *Akkad.*

Weihnachtsbaum Der immergrüne Baum steht für die Wintersonnenwende, das Neue Jahr und einen Neubeginn. Er ist der Baum der Wiedergeburt und Unsterblichkeit, der Baum des Paradieses der Lichter und Gaben, der in der Nacht leuchtet. Jedes Licht ist eine Seele, und die Lichter stellen auch die Sonne, den Mond und die Sterne dar, die an den Zweigen des Weltenbaumes scheinen. Die Pinie, die Attis, Atargatis und Kybele geweiht war, wurde mit Gold- und Silberschmuck, mit Glocken und anderem behängt; in ihren Zweigen saß der heilige Vogel, und unter ihr wurden die Opfergaben ausgebreitet; der Baum wurde anschließend verbrannt. Der Julfest-Baum war die dem Wotan/Odin geweihte Fichte bzw. ↗ Tanne.

Weihrauch Huldigung an die Gottheit; Reinigung; erinnert an den »flüchtigen und fast unmerklichen Körper«, der aufsteigt als geistige Substanz; der »Wohlgeruch, der gottähnlich macht«; ein Medium für den Übergang des »Ebenbildes« in der Kommunikation zwischen Menschen und Göttern; ein Stoff, der die Seele zum Himmel trägt; das zum Himmel aufsteigende Gebet; der Wohlgeruch der Tugend und der Duft eines lauteren Lebens. Weihrauch wirkt auch unheilabwendend, schlägt Dämonen in die Flucht und treibt böse Geister aus. Als das von Bäumen ausgeschwitzte Harz, das man für die Seelensubstanz hielt, verkörpert er »die Tränen der Großen Mutter«. Pinie und Zeder, aus denen dieses Harz gewonnen wird, sind von großer Lebenskraft, und man nahm an, daß ihr Holz nicht faulen kann; die gleichen Eigenschaften mußte demnach ihre Seelensubstanz haben. Der Weihrauch galt auch als Symbol für das Brandopfer und wurde selbst als solches verwendet. ↗ Pinie ↗ Zeder

Weihrauchfaß Darbringung von Gebeten an die Gottheit. *Christl.:* Zu Gott emporsteigendes Gebet (Ps. 141,2). Attribut der Heiligen Laurentius, Maurus, Stephanus. ↗ Weihrauch

Wein Der Saft des Lebens, Offenbarung; Wahrheit (*in vino veritas);* Vitalität; aber er ist auch das Blut des Todes bei der Opferung. Wein und Blut sind, außer im *Zoroastrismus,* austauschbare Symbole. Wein kann auch in Feuer übergehen. Wein in den Sakramenten ist Weisheit, die man aus dem Becher trinkt, aus dem der Gottheit geopfert wird, bzw. aus dem Gral; oder der Wein wird zum Blut der Gottheit, das bei der Initiation Macht des Geistes oder des Lebens verleiht oder zur Erinnerung an ein Opfer durch die Gottheit dient. Korn und Wein zusammen sind sowohl solarer als auch göttlicher Natur; sie bedeuten auch Wärme und Jugend.

Wein und Wasser sind solar und lunar, Feuer und Wasser, die beiden großen Mächte des Universums; sie stehen auch für die Verschmelzung der göttlichen und menschlichen Natur oder der unsichtbar mit der Menschheit eins gewordenen Gottheit. Wein und Brot sind das ausgewogene Ergebnis der Arbeit und Geschicklichkeit des Menschen im Ackerbau; auch sind der männliche Wein und das weibliche Brot die Vereinigung des Flüssigen und Festen; der Wein ist die göttliche Ekstase, und das Brot ist die sichtbare Manifestation des Geistes, der stirbt und wieder erwächst. Auf die Erde geschüttet, ist Wein ein Trankopfer für chthonische Mächte oder für die Toten bei Bestattungsriten. Häufig wird Wein als Symbol der Fruchtbarkeit rituell bei Hochzeiten getrunken.

In der klassischen *griech./röm.* Mythologie wird Wein hauptsächlich mit Dionysos/Bacchus assoziiert. Seine berauschenden Kräfte gelten als Manifestation göttlichen Besitzergreifens vom Menschen. Im *Christentum* symbolisieren Wein und Brot beim Abendmahl nach Matthäus, Markus und Lukas Blut und Leib Christi; eine Erinnerung an das letzte Abendmahl. Im *Islam* ist der Wein das Getränk der Auserwählten im Paradies im Gegensatz zum Wasser für die Gläubigen auf Erden.

Weinberg ↗ Weinstock

Weinen Kummer; Trauer. Rituelles Weinen war ein Teil der Zeremonien um den Sterbenden Gott. Tammuz/Dumuzi war der Herr des Weinens.

Weinstock / Weinberg Schöpferkraft; ein Lebensbaum und in einigen Kulturkreisen ein Baum der Erkenntnis, in anderen Sterbenden Göttern geweiht. Der Weinstock voller Trauben verkörpert Fruchtbarkeit; Leidenschaft; die wilde Rebe bedeutet Falschheit und Treulosigkeit. *Ägypt.:* Osiris geweiht. *Buddhist.:* Die umschlingende Rebe heftigen Verlangens und Begehrens muß mit der Wurzel ausgerissen werden. *Christl.:* Christus ist der Wahre Weinstock, und die Jünger sind die Reben (Joh. 15); der Weinberg verkörpert auch die Kirche und die Gläubigen. Ist er als Baum des Lebens dargestellt, mit Tauben in den Zweigen, so symbolisiert er die in Christus ruhenden Seelen und die Fruchtbarkeit des Geistes. Der Weinstock mit den Kornähren ist ein Bild für die Eucharistie. *Griech./Röm.:* Vor allem als Baumsymbol für Bacchus/Dionysos verbreitet zu finden; auch Apollon geweiht. *Jüd.:* Der Weinstock verkörpert die Israeliten als das auserwählte Volk; zusammen mit dem Feigenbaum ist er ein Sinnbild für Frieden und Reichtum. *Sumero-semit.:* Tammuz und Baal geweiht; Attribut von Geštinanna, der Göttin der Weinrebe.

Weintraube Attribut von Gottheiten des Ackerbaus und der Fruchtbarkeit, verkörpert den Wein des Lebens, daher auch Unsterblichkeit; wird besonders mit Dionysos/Bacchus assoziiert. Sie symbolisiert auch das Opfer durch die Verbindung von Wein und Blut; in dieser Symbolik wird sie in der *christl.* Ikonographie gebraucht: Christus in der Kelter ist im Mittelalter eine direkte bildliche Vorstellung zum Abendmahlwein als Blut Christi.
Bisweilen werden Weintrauben verwendet, um Evas Scham zu bedecken, im Gegensatz zum männlichen Feigenblatt. Die Weintraube übernimmt zudem die Symbolik des Weines für die berauschende Wirkung, Gastfreundschaft, Orgie und Jugend.

Weiß ↗ Farben

Weißdorn *Europ.:* Eine Wunderblume; unheilabwendend. Ein Maiblütenkranz symbolisiert Jungfräulichkeit, Keuschheit oder wunderbare jungfräuliche Empfängnis. Der Weißdorn wurde die *griech.* Hochzeitsblume; Hymen, Chloris, Hekate, Flora und der *röm.* Maia geweiht; er schützte gegen Zauberei. Geister und Feen treffen sich an Weißdornbüschen.

Weizen ↗ Korn

Wellen Wie das Wasser in unaufhörlicher Bewegung, bedeuten Wellen Veränderung, Wandel, Illusion, Nichtigkeit, Betriebsamkeit.

Weltgegenden ↗ Norden ↗Süden ↗ Osten und ↗ Westen. Die *chin.* und auch die *toltek.* Astronomie teilen beide die Welt in fünf Gegenden ein und haben das Zentrum als fünfte. Die Himmelsrichtungen spielen bei Begräbniszeremonien und -bräuchen eine bedeutende Rolle. Es gibt vier *sumero-semitische* Götter, die mit den vier Himmelsrichtungen identifiziert werden.

Wermut Bitterkeit; Not; Qual; Ares/Mars geweiht. ↗ Artemisia

Westen Der Herbst; die sterbende Sonne; die

Weinstock Die Seereise des Dionysos auf einer griechischen Vase des 6. Jahrhunderts v. u. Z. mit dem Weinstock des Gottes als Hauptmast des Schiffes.

Weinstock Die Weinrebe als Symbol des christlichen Abendmahls am Kapitell einer Säule in der spanischen Kirche San Pedro de la Nave.

mittleren Jahre. Die westliche Richtung wird universell mit dem Sterben in Zusammenhang gebracht; »nach Westen gehen«. *Ägypt.:* Die Region des falkenköpfigen Gottes, der den Westen symbolisiert. *Chin.:* Herbst; Trockenheit; Kummer; das Element Metall, die Farbe Weiß; das Tier ist der Weiße Tiger. *Christl.:* Ort der Finsternis, Sitz der Dämonen und des Teufels, daher besonderer Schutz der Westseiten von Kirchen – Michaeldarstellungen (M. als Teufelsbezwinger) oder Darstellungen des Jüngsten Gerichts. *Indian.:* Wohnsitz des Donners. *Jüd.:* Dargestellt durch den geflügelten Menschen.

Widder ↗ Tierkreis; Männlichkeit, die männliche Zeugungskraft; schöpferische Energie; Zeugungsfähigkeit, daher seine Assoziierung mit Sonnen- und Himmelsgöttern als Symbol für die Erneuerung der Sonnenenergie. Im *Tierkreis* verkörpert der Widder die erneuerte Sonnenkraft des Frühlings im Jahreskreis. Die spiralförmig gewundenen Hörner des Widders dienen als Donnersymbol und können sowohl mit Sonnengöttern als auch mit Mondgöttinnen in Verbindung gebracht werden. Der Widder ist außerdem in vielen Religionen ein Opfertier. *Ägypt.:* Zeugung; Sonnenenergie; schöpferische Wärme; die Erneuerung der Sonnenenergie im Jahr; die Personifizierung des Amun-Re. Der widderköpfige Chnum wurde später Chnum-Re. Der Widder von Mendes ist ein Attribut des Osiris. *Buddhist.* (*Tibetisch*): Der Widderkopf ist das *dorje* Lak-pa. *Christl.:* Christus als das Leittier der Herde; auch als das Opfertier, das typologisch vorgebildet war in dem Widder, der an Stelle Isaaks geopfert wurde. *Griech./Röm.:* Zeus/Sabazios als dem Widdergott heilig; Fruchtbarkeit; Zeugungskraft. Dionysos als dem Erzeuger heilig; der Widder von Mendes war Pan heilig. Auf Zypern wurde der Widder mit Aphrodite in Zusammenhang gebracht. Das Zeichen war Mars im Tierkreis. *Hinduist.:* Dem *vedischen* Feuergott Agni heilig; das heilige Feuer. *Kelt.:* Fruchtbarkeit; chthonisch; ein Attribut von Kriegsgöttern, wie auch die widderköpfige Schlange mit dem gehörnten Gott Cernunnos assoziiert wird. *Skandin.:* Thors Wagen wird von Widdern gezogen. *Sumero-semit.:* Ein Widderkopf auf einer Säule personifiziert Ea, den Herrn des Ozeans und des Schicksals. Der *phönikische* Baal/Ammon wird als Himmels- und Fruchtbarkeitsgott in der Regel mit Widderhörnern dargestellt. Rashap ist mit Widderhörnern dargestellt, und sein Thron wird von Widdern getragen.

Wiege Die kosmische Barke; das Schiff des Lebens, das auf dem Urozean schaukelt; neues Leben; ein Neubeginn. Die Wiege ist aus ↗ Holz gebaut, das bei der Geburt, im Leben und beim Tode Schutz gewährt.

Wellen Ein Detail von einem chinesischen Gemälde aus dem 12. Jahrhundert, auf dem die Wellen des Meeres zu einer Spirale der Schöpfung und des Fließens gewunden sind.

Widder Der ägyptische Gott Chnum, dessen Widderkopf seine Verschmelzung mit dem Sonnengott Re symbolisiert.

Wind Der Geist; der Lebensatem des Universums; die Macht des Geistes bei der Erhaltung des Lebens, daher die symbolische Verbindung des Windes mit Bändern, Seilen, Fäden usw. »Das Seil des Windes ... Der Faden ist wie der Wind« *(Upanischaden)*. Der Wind ist auch das Nicht-Greifbare; Vergängliche; Nicht-Körperliche; schwer zu Bestimmende. Winde sind Götterboten und können die Anwesenheit einer Gottheit anzeigen, besonders der ↗ Wirbelwind. Wind und Feuer zusammen bedeuten die Berg- und Vulkangötter. In *China* ist *feng shui*, »Wind und Wasser«, die Wissenschaft vom Suchen nach günstigen Aspekten. Die Vier Winde, die mit Äon assoziiert werden, sind meist als Kinder oder Kinderköpfe, die aus den Wolken hervortreten, oder als bartlose Männer, die pusten oder Hörner blasen, dargestellt. Der Wind wird bisweilen durch Flügel oder durch den Fächer symbolisiert. Aiolos ist der Gott der Winde und aller Instrumente, die durch den Wind Töne hervorbringen.

Winde Sich-Anklammern; Demut; Unsicherheit; Sich-Einschmeicheln. *Chines.:* Liebe und Ehe; Abhängigkeit; Morgendämmerung; Vergänglichkeit.

Windmühle Hat die Symbolik des ↗ Windes und der Luft; ist auch ein Bild für Ernte und Fruchtbarkeit. Zusammen mit der ↗ Waage kann sie in der *chin.* Ikonographie ein Symbol der Enthaltsamkeit sein.

Wirbelwind Kreisende, solare und schöpferische Bewegung; Aufsteigen und Absteigen. Wirbelwinde gelten als eine Manifestation von Energie in der Natur, die aus einem Machtzentrum erwächst, das mit Göttern, übernatürlichen Kräften oder Wesen in Verbindung stand, die auf Wirbeln dahinfahren oder aus ihnen sprechen. Der Wirbelwind wird so zu einem Fahrzeug für die Gottheit in *Hesekiels* Vision. Ein Wirbelwind konnte dem fruchtbaren Regen vorausgehen und stand deshalb mit Regen-, Wind- und Donnergottheiten im Zusammenhang. In *China* und *Japan* wurde er als Donnersymbol mit dem aufsteigenden Drachen assoziiert. Der *vedische* Rudra, Gott des Donners und des Wirbelwindes, hat zu einer Spirale geflochtenes Haar. In *Ägypten* ist der Wirbelwind ein Aspekt von Typhon; in der *indian.* Symbolik ist er der Große Geist und seine Macht. In der *Zauberkunst* ist er ein Bild für den Teufel, der mit einer Hexe tanzt, und Hexen, Zauberer und böse Geister reiten auf Wirbelwinden. Der Wirbelwind kann auch Seelen in die andere Welt tragen. Er übernimmt in manchen Zusammenhängen die Symbolik der ↗ Spirale.

Wolf Die Erde; das Böse; das alles Verschlingende; Wildheit. Wölfe und Raben sind oft Begleiter von Totengöttern in Naturreligionen. *Ägypt.:* Symboltier der alten Götter Chontamenti und Upuaut. *Alchim.:* Der Wolf mit dem Hund steht für die Doppelnatur von Merkur, dem philosophischen Quecksilber. *Aztek.:* Der heulende Wolf ist der Gott des Tanzes. *Chin.:* Raubgier, Habgier. *Christl.:* Das Böse; der Teufel, der Verderber der Herde; die halsstarrigen Menschen (vom Wolf nahm man an, daß er den Hals nicht drehen könnte); Grausamkeit; Ketzerei; Sinnbild des falschen Propheten. Attribut des hl. Franz von Assisi, der den Wolf zähmte. *Griech./Röm.:* Ares/Mars als Gott der Wildheit geweiht; auch Apollon und Silvanus heilig. Eine Wölfin nährte Romulus und Remus und ist in der *röm.* Kunst vielfältig dargestellt; der Wolf bedeutet auch Tapferkeit. *Hinduist.:* Die Asvins retten die Wachtel des Tages vor dem Wolf der Nacht. *Jüd.:* Blutdurst; Grausamkeit; der verfolgende Geist (Mos.49,17). *Kelt.:* Ein Wolf verschlingt die Sonne, den Himmelsvater, zur Nacht. *Skandin.* und *Germ.:* Ein Siegbringer; das Reittier von Odin/Wotan. Fenrir, der kosmische Wolf, brachte uns das Böse. *Zauberkunst:* Ein Reittier von Hexen und von Zauberern; eine äußere Gestalt dafür, wie man sich den Werwolf vorstellte.

Wolken Himmel, Luft, Vergehen, Regen oder ein himmlischer Zustand, z. B. wenn ein Engel oder Mensch auf einer Wolke stehend dargestellt ist oder wenn eine göttliche Hand aus einer Wolke herauszeigt. Eine Lichtwolke bedeutet eine göttliche Erscheinung. »Unter einer Wolke« leben, bedeutet Ungnade. *Altnord.:* Die Schlachtrosse der Walküren sind Wolken. *Chin.:* Fruchtbarkeit; der Wolkendrache; der Segen des Regens; gute Taten; sichtbarer Atem; die Lebenskraft. Wolken, die den wiederbelebenden Regen freilassen, bedeuten auch Mitleid, da sie alles Lebendige bedecken und schützen. *Christl.:* Der unsichtbare Gott, der den Himmel verhüllt; Wolken verhüllen andererseits auch Gott, wie die Wolke auf dem Berg Sinai und die Wolkensäule. Eine Hand oder Hände, die aus einer Wolke sichtbar werden, bedeuten göttliche Allmacht. Ein Wolkensaum bedeutet in der Darstellung den Himmel. *Griech.:* Wolken sind die Herden Apollons. *Indian.:* Fruchtbarkeit.

Worfeln Scheidung; das Trennen des Guten vom Schlechten, der »Spreu vom Weizen«. Die mystische Kornschwinge wird mit Fruchtbarkeitsriten assoziiert.

Wort Das Wort bzw. der Logos ist der heilige Klang, das Erste im Prozeß der Manifestation. Das gesprochene Wort hat Schöpferkraft; die *mittelamerikan.* Götter Quetzalcoatl und Hurakan schufen die Welt, indem sie das Wort »Erde« sprachen. Ein Erlöser ist immer die Verkörperung des Wortes. Im

Hinduismus und *Buddhismus* ist das Wort als das *Dharma* das Unaussprechliche. ↗ OM (AUM). Das *Christentum* ist wie *Judentum* und *Islam* eine Religion des Buches bzw. des Wortes. Bei Moses (1,2) ist zu finden, daß die Benennung einer Sache zu ihrem Besitz verhilft; und bei Joh. (1,1) heißt es: »Im Anfang war das Wort, und das Wort war bei Gott und Gott war das Wort...«.

Würfel Würfeln bedeutet Schicksalsmacht, das Unwiderrufliche; Wankelmut. Einen Würfel in zwei Stücke brechen, bedeutet einen Freundschaftsvertrag oder dessen Erneuerung. Im *Hinduismus* übernimmt der Würfel die Symbolik des ↗ Kubus und bedeutet das Quadrat der heiligen Vier, die Zyklen der *yugas* (Weltalter) usw. Im *Christentum* ist er eines der Leidenswerkzeuge Christi.

Wurm Tod; Zersetzung; die Erde. Die Schlange wird bisweilen als der »Große Wurm« bezeichnet.

Wüste Verlassenheit; aber auch ein Ort der Kontemplation, Stille und göttlichen Offenbarung.

X Ein Symbol der ↗ Umkehrung. Als die *römische* Zahl Zehn übernimmt es die Symbolik der Vollkommenheit und Vollständigkeit dieser Zahl, und als die *crux decussata*, das Schrägkreuz, ist es die in sich vollendete Figur der Vollständigkeit und des Gleichgewichts. Die *Römer* benutzten es als Grenzkreuz, daher kann es eine Grenze bzw. Schranke symbolisieren. Im *Christentum* ist es das Gabelkreuz des hl. Andreas. Es hat auch teil an der gesamten Symbolik des ↗ Kreuzes.

Y Als Gabel bzw. *furca* (Kreuz) bezeichnet das Y die Gestalt des Menschen; *Pythagoras* bezeichnete es als das Symbol des menschlichen Lebens; der Fuß ist die Unschuld des Kindes, und die auseinanderstrebenden Arme stehen für die Wahl zwischen Gut und Böse im Leben des Erwachsenen; sie sind auch die Lebenspfade zur Rechten und zur Linken, Tugend und Laster, die Scheide- und Kreuzwege, deren Hüter Götter wie Ganesha und Ianus sind. In der *Alchimie* steht es für den Androgyn. Im *Christentum* ist es das Kreuz auf den Gewändern und auch das Kreuz der Schächer von Golgatha.

Yggdrasil Der *skandin.* Weltenbaum, die Mächtige Esche, der Immergrüne, die Quelle des Lebens, ewiges Leben und Unsterblichkeit. Die Götter hielten unter seinen Zweigen Rat. Seine Wurzeln waren in der Tiefe der Unterwelt, sein Stamm ging senkrecht durch die Wellen, die Erde und die Welt der Menschen, so die drei Reiche verbindend, die Zweige waren die Himmel und überschatteten Walhall. Aus der Wurzel entsprang die Quelle Hvergelmir, die Quelle der Flüsse, der irdische Zeitstrom.

Wölfe Die Zwillingswölfe auf einer Geldbörse von einer Schiffsbestattung in Sutton Hoo (7. Jahrhundert) sind Schutztiere des Siegeszaubers.

Wolken Die in den Lack einer chinesischen Dose eingearbeiteten Wolken verkörpern Fürsorge und Schutz für die in ihr enthaltenen Schätze, und ihre acht Seiten sind ein Omen und Glückssymbol.

Die Wurzel wurde ständig von Nidhogg attackiert, dem Schrecklichen Nager, der die bösen Kräfte des Universums verkörpert. Wotans Schlachtroß fraß von seinen Blättern, und in den Zweigen lagen Adler und Schlange, die Symboltiere für Licht und Finsternis, in ständigem Kampf miteinander. Das Eichhörnchen, ein Unheilstifter, schürte ständig den Streit zwischen den beiden Mächten. Die vier Hirsche in den Zweigen – die vier Winde – weideten ebenfalls an den Blättern, die stets aufs neue nachwuchsen, und das Blattwerk war ständig grün. Der Sonnenhahn – die Wachsamkeit – war manchmal auf den Zweigen dargestellt. Wotan opferte sich selbst und hing neun Nächte lang vom Yggdrasil als ein Opfersymbol der Verjüngung.

Yin-yang *Chin.:* Das *yin*, das durch die unterbrochene Linie – – dargestellt wird, ist das weibliche Prinzip, und das *yang*, die durchgehende Linie ——, das männliche; beide zusammen symbolisieren alle komplementären Gegensätze im dualistischen Universum, unter den wirkenden Kräften, Qualitäten, im menschlichen Leben, im Tier- und Pflanzenleben.

Das *yin* symbolisiert ebenfalls die Urwasser, die passive, weibliche, instinktive und intuitive Natur, die Seele, die Tiefe, die Kontraktion, das Negative, das Weiche und Geschmeidige; es wird durch alles, was dunkel ist und zum feuchten Prinzip gehört, symbolisiert, wie z. B. die Farbe Schwarz, die Erde, das Tal, Bäume, Nachttiere und Wesen, die in den Wassern oder an feuchten Orten leben, sowie durch die meisten Blumen.

Das *yang* ist das aktive Prinzip, der Geist, das Rationale, die Höhe, die Ausdehnung, das Positive, das Harte und Unnachgiebige und wird dargestellt durch alles, was hell, trocken und hoch ist, wie der Berg, die Himmel, alle Sonnentiere und -vögel. Die Fabelwesen Drache, Phönix und *qilin* können alle sowohl das *yin* als auch das *yang* darstellen und bedeuten das vollkommene Wechselspiel zwischen den beiden Kräften oder »Essenzen« in der Einheit; dies gilt auch für den ↗ Lotos unter den Blumen.

Das *yin-yang*-Symbol, das *ta-ki*, stellt das vollkommene Gleichgewicht der beiden großen Kräfte im Universum dar; jedes trägt in sich den Embryo der anderen Kraft, was bedeutet, daß es kein ausschließlich männliches oder weibliches Wesen gibt, sondern daß jedes den Keim des anderen in sich birgt und sich ein ständiger Wechsel vollzieht. Die beiden Kräfte sind enthalten im Kreislauf zyklischer Umwälzung und Dynamik der Totalität. Das Ganze bildet das Welten-Ei, den uranfänglichen Androgyn, die Vollkommenheit des Gleichgewichts und der Harmonie, die reine Essenz, die keines von beiden

Würfel Diese Seite aus einem Wahrsagebuch des 16. Jahrhunderts zeigt, wie Schicksal und Zukunft eines Menschen mit drei Würfeln vorausgesagt werden können; die Konfigurationen der Punkte werden mit Hilfe der Zahlenlehre, Astrologie und Alchimie gedeutet.

und doch beides ist. Die beiden Kräfte werden als wechselseitig voneinander abhängige Partner in Spannung zusammengehalten, aber nicht in Antagonismus, eins im Wesentlichen, aber zwei in der Manifestation.

Yoni Wird durch das U symbolisiert, bedeutet das weibliche, empfangende, passive Prinzip, bildet das Gegenstück zum Lingam als dem männlichen und aktiven. Sie wird auch durch alles, was hohl, aufnahmefähig oder konkav ist, dargestellt.

Ysop Purgativum; Reinigung; eine apotropäische Pflanze. Im *Christentum* bedeutet er Buße; Demütigung; seine reinigenden Eigenschaften versinnbildlichen wiedergewonnene Unschuld und daher die Taufe.

Yggdrasil Yggdrasil, der Weltenbaum, wächst aus der niederen Welt durch die Welt der Menschen in das Reich der Götter und vereint sie alle drei miteinander.

Z ↗ Zickzack

Zahlen In vielen Kulturtraditionen, besonders in *Babylon*, im *Hinduismus* und bei Pythagoras, ist die Zahl ein grundlegendes Prinzip, von dem die gesamte objektive Welt ausgeht; sie ist der Ursprung aller Dinge und die dem Universum zugrundeliegende Harmonie. Sie ist auch das universelle Grundprinzip der Proportion in den bildenden Künsten und des Rhythmus in Musik und Dichtkunst. In der *hermet.* Philosophie wird die Welt der Zahlen der Welt der Vernunft gleichgesetzt. Zahlen sind nicht nur Quantitäten, sondern auch symbolische Qualitäten. *Chin.:* Ungerade Zahlen sind *yang*, himmlisch, unwandelbar, glückverheißend; gerade Zahlen sind *yin*, irdisch, veränderlich, unheilvoll. *Christl.:* Bereits in der Bibel ist eine vielfältige Zahlensymbolik zu finden. *Griech.:* »Alles ist nach Zahlen geordnet« (Pythagoras). Für Platon sind Zahlen die Harmonie des Universums; für Aristoteles war die Zahl »der Ursprung und sozusagen die Substanz aller Dinge, und sie stellte sozusagen ihre Affekte und Zustände dar«. Ungerade Zahlen sind männlich und gerade Zahlen weiblich. »Opfere den himmlischen Göttern mit einer ungeraden Anzahl und den irdischen mit einer geraden« (Plutarch). Die pythagoreischen Zahlen bezeichnen sowohl Quantitäten als auch Qualitäten. *Hinduist.:* Zahlen sind die ursprüngliche Substanz des Universums.

NULL Nicht-Existenz; Nicht-Sein; das Nicht-Manifeste; das Unbegrenzte; das Ewige; das Fehlen jeglicher Qualität und Quantität. In der *Kabbala* ist sie das Unbegrenzte; grenzenloses Licht; das Ain; für *Pythagoras* ist die Null die vollendete Form, die Monade, das, wovon alles ausgeht und worin alles enthalten ist. Die Null steht auch für das Welten-Ei; den uranfänglichen Androgyn; das Vollständige. Als ein leerer Kreis stellt sie sowohl das Nicht-Sein des Todes als auch die Totalität des Lebens dar, die beide im Kreis zusammengefaßt sind, und hat an der Symbolik des ↗ Kreises teil. Als eine Ellipse gesehen, stehen die zwei Seiten für Auf- und Abstieg, Evolution und Involution. Vor der Eins ist nur die Leere bzw. das Nicht-Sein; der Gedanke; das letzte Mysterium, das unfaßbare Absolute.

EINS Uranfängliche Einheit; der Anfang; der Schöpfer, der Erste Beweger; die Summe aller Möglichkeiten; absolutes Sein; das Zentrum; das Unteilbare; das noch im Keim Befindliche, Unentwickelte; Isolation; ein Aufsteigen und Sich-Erheben, das Prinzip, das zur Dualität führt und von daher zur Vielfalt und wieder zurück zur endgültigen Einheit. *Chin.: yang;* männlich; himmlisch; glückverheißend. Die Monade. *Christl.:* Gott, der Vater; die Gottheit. *Daoist.:* »Das Dao erzeugt die Eins, die Eins erzeugt die Zwei, die Zwei erzeugt die Drei, und die Drei erzeugt alle Dinge.« *Jüd.:* Adonai, der Herr, der Höchste, das »Ich bin«; die verborgene Intelligenz. *Pythag.:* Der Geist, Gott, von dem alle Dinge ausgehen; das absolute Sein; die Monade.

ZWEI: Dualität, periodischer Wechsel; Mannigfaltigkeit; Konflikt; Abhängigkeit; Andersartigkeit; der statische Zustand; das Verwurzelte, daher Gleichgewicht, Stabilität; Reflexion, die entgegengesetzten Pole, die Doppelnatur des Menschen; Begierde, denn alles, was in Dualität manifest ist, existiert in Gegensatzpaaren. Wie die Eins einen Punkt darstellt, steht die Zwei für eine Strecke. Die Zweizahl ist die erste, die von der Einheit abweicht, folglich symbolisiert sie auch die Sünde, die vom ursprünglichen Guten abweicht und somit das Vergängliche und Verderbliche darstellt. Doppel-Tiere derselben Symbolik, wenn auch verschiedener Spezies, z. B. zwei Löwen oder ein Löwe und ein Stier, die beide solar sind, stehen für zweifache Kraft. *Alchimist.*: Die Gegensätze, Sonne und Mond, König und Königin, Schwefel und Quecksilber, anfänglich antagonistisch, aber am Ende aufgelöst und vereint im Androgyn. *Buddhist.*: Die Dualität des *samsara*, das Männliche und das Weibliche; Theorie und Praxis; Weisheit und Methode; auch der Blinde und der Lahme vereint, um den Weg zu sehen und ihn zu gehen. *Chines.*: *yin*, weiblich; irdisch; unheilvoll. *Christl.*: Christus mit zwei Naturen, Gott und Mensch. *Daoist.*: Das Gua; die Zwei Determinanten, das *yin-yang*. Zwei ist eine schwache *yin*-Zahl, da sie kein Zentrum hat. *Hinduist.*: Dualität, Shakta-Shakti. *Jüd.*: Lebenskraft. In der *Kabbalistik*: Weisheit und Selbstbewußtsein. *Platon.*: Platon sagt, daß die Zwei eine Zahl ohne Bedeutung ist, da sie Beziehung bedeutet, die den dritten Faktor einführt. *Pythag.*: Die Dyade, das geteilte irdische Sein.

DREI: Vielfalt; Schöpferkraft; Wachstum; vorwärts

Yin-Yang Das *yin-yang*, das höchste und untrennbare Symbol der Integrität und kreativen wechselseitigen Ergänzung der Gegensätze im gesamten Universum, bildet das Dekor eines chinesischen Tuschesteins aus dem 17. Jahrhundert.

Drei (Zahlen) Die drei Götter der hinduistischen Trinität, Brahma, Shiva und Vishnu, sind auf diesem Relief aus dem Tempel von Adhipuricvara in der einen, aber dreifältigen Macht von Schöpfung, Erhaltung und Zerstörung vereint.

gerichtete Bewegung, die die Dualität überwindet; Ausdruck, Synthese. Die Drei ist die erste Zahl, auf die das Wort »alles« zutrifft, und »Die Triade ist die Zahl des Ganzen, insofern sie einen Anfang, eine Mitte und ein Ende hat« (Aristoteles). Die »Kraft der Drei« ist universell und ist die dreigeteilte Natur der Welt: Himmel, Erde und Wasser; sie ist der Mensch als Körper, Seele und Geist; Geburt, Leben und Tod; Anfang, Mitte, Ende; Vergangenheit, Gegenwart, Zukunft; die drei Mondphasen usw. Die Drei ist die »himmlische« Zahl, die die Seele darstellt, so wie die Vier der Körper ist; zusammen sind die beiden gleich sieben und bilden die Siebenzahl bzw. die biblische Woche; während 3 × 4 gleich zwölf ist, die Zahl der Tierkreiszeichen und der Monate des Jahres usw. Die Dreizahl kann geteilt werden in Dualität und Einheit; sie ist die »starke« Zahl der daoistischen Symbolik, da sie einen Mittelpunkt des Gleichgewichts hat. Die Drei stellt die allumfassende Gottheit dar – Vater, Mutter, Sohn, die sich auch in der menschlichen Familie widerspiegelt. Während einmal oder zweimal möglicher Zufall ist, bedeutet dreimal Gewißheit und Macht, z. B. der Dreimal-Größte Hermes; der Dreimal-Edle Herr; die Dreimal-Glücklichen Inseln. In der Folklore gibt es drei Wünsche, drei Versuche, drei Prinzen oder Prinzessinnen, Hexen, Schicksalsschwestern, Feen (oft zwei gute und eine böse). Da die Drei ein Äquivalent für die Vielen ist, kann sie eine große Zahl symbolisieren oder eine Menge. Es gibt unzählige Dreiheiten von Göttern und Mächten, und dreieinige Gottheiten und dreifache Göttinnen sind in der *semit.*, *griech.*, *kelt.* und *german.* Religion von Bedeutung; häufig sind sie verschiedene Aspekte oder Möglichkeiten einer Gottheit. Das Hauptsymbol der Drei ist das ↗ Dreieck, und drei ineinandergreifende Kreise oder Dreiecke können für die unauflösliche Einheit der drei Personen einer Dreieinigkeit stehen. Andere Symbole sind der Dreizack, die Lilie; das dreiblättrige Kleeblatt; Dreiblatt; der dreifache Donnerkeil; Trigramme usw. Lunare Tiere sind oft dreibeinig, für die drei Phasen des Mondes; und mancherorts, wie z. B. in *Frankreich*, glaubte man, daß es drei Hasen oder Menschen im Mond gibt. *Afrikan.* (Aschanti): Die Mondgöttin besteht aus drei Personen, zwei schwarzen und einer weißen. *Ägypt.*: Thot ist der Dreimal-Große. *Alchim.*: Die Dreiheit; Schwefel, Quecksilber und Salz stehen für Geist, Seele und Körper. *Buddhist.*: Triratna, die Drei Kleinodien, Buddha, Dharma und Samgha. *Chin.*: Heiligkeit; die glückverheißende Zahl; die erste ungerade, *yang*-Zahl. Die Mondkröte bzw. der Mondvogel sind dreibeinig. ↗ *Daoist.* (s. u.). *Christl.*: Die Trinität, die Seele, die Vereinigung von Körper und Seele im Menschen und in der Kirche. Die Weisen aus dem Morgenland überreichen drei Gaben an Christus als Gott-König-Opfer; es gibt drei Gestalten der Verwandlungen, Versuchungen, Verleumdungen durch Petrus, Kreuze auf dem Kalvarienberg, Golgatha; drei Tage lang ist Christus tot, dreimal erscheint er nach seinem Tode, es gibt drei Marien und drei Eigenschaften bzw. theologische Tugenden: Glaube, Hoffnung und Liebe. *Daoist.*: Die große Dreiheit ist Himmel-Mensch-Erde. Die Drei ist die erste »starke« Zahl, denn wenn sie geteilt wird, bleibt ein Zentrum übrig, der Mittelpunkt des Gleichgewichts. Sie ist *yang*, glückverheißend und auch symbolisch für die Vielzahl. *Griech./Röm.*: Das Schicksal, die Moiren, die in Gestalt von Moira drei-in-einem sind; Hekate ist dreifältig; die Erinnyen sind drei-in-einem wie die Gorgonen als Medusa. Es gibt drei Grundtugenden, Grazien, Sirenen, Horen, Hesperiden, Graien. Kerberos/Zerberus ist dreiköpfig und Skylla dreischwänzig; die Chimaira hat einen Körper aus drei verschiedenen Teilen. Die Drei, die Vier und ihre Summe, die Sieben, sind Aphrodite/Venus, der Königin der drei Welten und der vier Elemente, heilig. *Hermet.*: Die Höchste Macht, »Trismegistus«, der Dreimal-Große. *Hinduist.*: Trimurti, die dreifache Kraft der Schöpfung, Zerstörung und Erhaltung. Es gibt verschiedene Dreiheiten von Göttern; der Mondwagen hat drei Räder. *Japan.*: Die Drei Kleinodien sind der Spiegel, das Schwert und der Edelstein – Wahrheit, Mut und Mitgefühl. *Jüd.*: Grenzenloses Licht; heiligende Intelligenz. In der Kabbalistik steht die Drei für Verstehen und die Dreiheit männlicher, weiblicher und vereinigender Intelligenz. *Maori*: Der Große Geist, der Göttliche Schöpfer, ist eine Dreiheit von Sonne, Mond und Erde; der Gott der Natur, der Vergangenheit, Gegenwart und Zukunft; Geist, Charakter und Körperlichkeit, symbolisiert durch drei erhobene Finger. *Mexikan.*: Die Dreiheit wird durch drei Kreuze repräsentiert, ein großes und zwei kleinere. *Pythag.*: Vollendung. *Skandin.* und *German.*: Das Schicksal in Gestalt der drei Nornen Mani, Nyi, Nithi, die auch den Mond darstellen, den Vollmond, den zunehmenden und den abnehmenden Mond. In der germanischen Mythologie ist der Mond das Schicksal, und Holda, die Mondgöttin, bildet zusammen mit ihren beiden Töchtern eine Dreiheit. Der Hase im Mond hat drei Beine. Thor ist bisweilen mit drei Köpfen dargestellt, und das Dreibein bzw. Dreiecksornament ist ein Symbol Odins/Wotans. Die Drei ist die Glückszahl. »Aller guten Dinge sind drei.« *Slaw.*: Der Mondgott ist dreiköpfig. *Sumero-semit.*: Es gibt zahlreiche Dreiheiten.

VIER Aus der Vier geht die erste räumlich-körperli-

Vier (Zahlen) Die vier Kanopen, deren Deckel mit den Köpfen der Horuskinder Amset, Hopi, Duamutef und Senuf, der Hüter der vier Himmelsrichtungen, dekoriert sind, waren die Behältnisse für die inneren Organe eines mumifizierten Ägypters.

Sechs (Zahlen) Hildegard von Bingen (12. Jahrhundert) sah in ihren mystischen Visionen die sechs Tage der Schöpfung, wie sie hier in einer Handschrift ihrer Abhandlungen illustriert sind: ihre einzelnen Darstellungen in dem Kreis ihrer Gesamtheit als Teile eines einzigen Prozesses vereinigt.

che Figur hervor; sie ist das Raumschema bzw. die Ordnung der Manifestation, das Statische im Gegensatz zum Kreisenden und Dynamischen. Sie bedeutet Ganzheit; Totalität; Vollendung; Zusammengehörigkeit; die Erde; Ordnung; das Rationale; Dimension; Relativität; Gerechtigkeit. Es gibt vier Himmelsrichtungen, Jahreszeiten, Winde, Seiten des Quadrats, Arme des Kreuzes, Flüsse des Paradieses und der Hölle, Meere, heilige Berge, Tag- und Nachtwachen, Mondviertel, Teile des Tetramorphs. Die göttliche Quaternität steht der Trinität gegenüber. Vier ist im Alten Testament eine symbolische Zahl. Die vier Flüsse des Paradieses, die das Kreuz bilden, die vier Enden der Erde usw. sind in der Symbolik fast universell. Die Vierzahl kann dargestellt sein in Gestalt des vierblättrigen Kleeblatts, des Quadrats und des Kreuzes. *Ägypt.:* Die heilige Zahl der Zeit, das Maß der Sonne. Vier Säulen stützen das Himmelgewölbe; die vier Kanopen, die an den vier Ecken um den Toten stehen, werden von den vier Söhnen des Horus bewacht, die mit den vier Himmelsrichtungen in Zusammenhang stehen. *Buddhist.:* Der Damba-Baum des Lebens hat vier Zweige, und aus seinen Wurzeln entspringen vier heilige Flüsse des Paradieses, die die vier grenzenlosen Wünsche darstellen: Mitgefühl, Zuneigung, Liebe und Unvoreingenommenheit, die vier Richtungen des Herzens. Im *chin. Buddhismus* sind die vier himmlischen Wächter der Himmelsgegenden: Mo-Li Ch'ing, der Osten, mit dem Jadering und dem Speer; Virupaksha, der Westen, der Weitblikkende mit der viersaitigen Gitarre; Virudhaka, der Süden, mit dem Schirm des Chaos, der Dunkelheit und der Erdbeben; Vaisravenna, der Norden, mit den Peitschen, der Leopardenfelltasche, der Schlange und der Perle. *Chin.:* Vier ist die Zahl der Erde, symbolisiert durch das Quadrat. Es gibt vier Ströme der Unsterblichkeit. Die Vier ist eine gerade, eine *yin*-Zahl. *Christl.:* Die Zahl des Körpers, während die Drei die der Seele ist. Es gibt die vier Flüsse des Paradieses, die vier Evangelien, Evangelisten, Erzengel, Hauptteufel, Kirchenväter, Großen Propheten, Grundtugenden (Klugheit, Starkmut, Gerechtigkeit und Mäßigkeit), Winde, aus denen der Eine Geist kommen wird, Reiter der Apokalypse, Teile des Tetramorphs. *Daoist.:* Die vier himmlischen Wächter sind: Li mit der Pagode; Ma mit dem Schwert; Cho mit zwei Schwertern; Wen mit einer mit Spitzen versehenen Keule. Es gibt vier mit Geist begabte bzw. heilige Geschöpfe: den Drachen, den Phönix, das Qilin bzw. Einhorn und die Schildkröte, die auch die Himmelsgegenden verkörpern. *Griech.:* Die heilige Zahl des Hermes. *Hermet.:* Die göttliche Quaternität; Gott. *Hinduist.:* Totalität; Vollkommenheit; Vollendung. Brahma, der Schöpfer, ist viergesichtig. Der Tempel ruht auf den vier Seiten des Quadrats, und das symbolisiert Ordnung und Endgültigkeit. Es gibt vier Tattvas, die vier Körper des Menschen und Reiche der Natur (Tiere, Pflanzen, Mineralien, Geist) und vier *yugas.* Es gibt vier Kasten und vier Gegensatzpaare. *Jüd.:* Meßkunst; Wohltätigkeit; Intelligenz. In der *Kabbalistik* ist sie Erinnerung; die vier Welten der Kabbala; die vier Richtungen des Raumes bzw. Weltgegenden und die vier Ebenen des hierarchischen Organismus der Thora. *Maya:* Vier Riesen halten das Himmelsdach. *Pythag.:* Vollendung; harmonische Proportion; Gerechtigkeit; die Erde; die Vier ist die Zahl des Pythagoreischen Eides. Vier und Zehn sind Gottheiten; der Tetraktys 1 + 2 + 3 + 4 = 10. *Skandin.:* Vier Flüsse von Milch fließen durch Asgard. *Sumero-semit.:* Vier Sterngötter werden mit den vier Himmelsrichtungen identifiziert.

Fünf Der menschliche Mikrokosmos; die Zahl des Menschen, der mit ausgestreckten Armen und Beinen ein Fünfeck bildet. Das Fünfeck, das ohne Ende ist, hat teil an der Symbolik der Vollendung und Kraft des Kreises, und die Fünf ist eine Zirkularzahl, da sie sich, wenn sie potenziert wird, in der letzten Stelle immer wieder selbst schafft. Wie der Kreis symbolisiert das Fünfeck das Ganze; der ↗ Quincunx ist die Zahl des Zentrums und des Zusammentreffens von Himmel und Erde sowie der vier Himmelsrichtungen und des Zentrums. Die Fünf ist ebenfalls die Gottheit als der zentrale Schöpfer mit den vier großen Kräften. Fünf ist die Ehezahl des *hieros gamos* als der Verbindung der weiblichen, geraden Zahl Zwei mit der männlichen, ungeraden Drei. Sie symbolisiert auch Meditation; Religion; Mittlertätigkeit; Wirksamkeit; Vielseitigkeit und, außer im Osten, die fünf Sinne. Fünfblättrige Blumen und fünfzackige Blätter stehen für den Mikrokosmos. Der fünfzackige Stern stellt wie das Fünfeck die integre Individualität dar und steht auch für geistiges Streben und Bildung, wenn er aufwärts zeigt, während er abwärts gerichtet ein Symbol der Zauberkunst und schwarzen Magie ist. Die fünf Finger bildeten den ersten Rechenmechanismus. *Alchimist.:* Die fünfblättrige Blume und der fünfzakkige Stern symbolisieren die Quintessenz. *Buddhist.:* Das Herz hat vier Richtungen, die zusammen mit seinem Zentrum fünf ergeben und für Universalität stehen; das gleiche wird durch den von vier Inseln umgebenen Heiligen Berg symbolisiert. Es gibt die fünf Tathagatas: Vairocana, den Sonnensproß, dessen Attribute das Rad, das Zentrum und die Farbe Weiß sind; Akshobhya, den Unerschütterlichen mit dem *vajra,* der Osten, Blau: Ratnasambhava, der seinen Ursprung im Juwel hat, das Juwel, der Süden, Gelb; Amitabha, unermeßliches Licht, der Lotos, der Westen, Rot; Amoghasiddhi, die fehlerlose Vollendung, das Schwert, der Norden, Grün. *Chin.:* Es gibt fünf Elemente; Atmosphären; Zustände; Planeten; heilige Berge; Körner; Farben; Geschmacksvarianten; Gifte; mächtige Zauber; Grundtugenden; Segnungen; ewige Ideale; Beziehungen der Menschen. *Christl.:* Die Fünf stellt den Menschen nach dem Sündenfall dar; es gibt fünf Sinne; Punkte des Kreuzes; Wunden Christi; Fische, die die Fünftausend speisten; Bücher Moses. *Griech./Röm.:* Die Ehezahl, Liebe und Vereinigung; die Zahl der Venus, und Venusjahre sind in Gruppen zu je fünf gefaßt. Apollon hat als Gott des Lichts fünf Eigenschaften: Allmacht, Allwissenheit, Allgegenwart, Ewigkeit und Einheit. *Hinduist.:* Die Fünfergruppen der Welt; die fünf Elemente der feinen und groben Zustände; die Grundfarben; Sinne; die fünf Gesichter Shivas und die zweimal fünf Inkarnationen Vishnus. *Islam.:* Die fünf Säulen der Religion; die fünf Arten der göttlichen Gegenwart; Grunddogmen; Taten; fünfmal täglich Gebet. *Jüd.:* Stärke und Strenge; grundlegende Intelligenz. In der *Kabbala* bedeutet die Fünf Furcht. *Pars.:* In parsischen und mandäischen Riten eine bedeutsame Zahl, möglicherweise mit den fünf heiligen eingeschalteten Lichttagen. *Pythag.:* Der *hieros gamos,* die Ehe von Himmel und Erde; Licht; Apollon als Gott des Lichts und seine fünf Eigenschaften.

Sechs Gleichgewicht; Harmonie; die vollkommene Zahl innerhalb der Dekade: 1 + 2 + 3 = 6. Sie symbolisiert auch die Einheit der Polarität, denn der Hermaphrodit wird durch die beiden ineinander verflochtenen Dreiecke repräsentiert, das aufwärts weisende als das Männliche, das Feuer, die Himmel, und das abwärts weisende als das Weibliche, die Wasser und die Erde. Sechs bezeichnet auch die Liebe; Gesundheit; Schönheit; glücklichen Zufall; Glück; im Okzident ist die Sechs der Gewinnwurf beim Würfeln. Es gibt sechs Strahlen des Sonnenrades und die ineinander verflochtenen Dreiecke; der sechszackige Stern bzw. das Salomonsiegel stellt auch vollendetes Gleichgewicht dar. *Chin.:* Das Universum hat die Zahl Sechs, denn mit den vier Himmelsrichtungen und dem Oben und Unten hat es sechs Richtungen; es gibt sechs Sinne (das Denken ist der sechste), der Tag und die Nacht haben je sechs Abschnitte. *Christl.:* Vollkommenheit; Vollendung; die sechs Tage der Schöpfung. *Jüd.:* Die sechs Tage der Schöpfung; Meditation; Intelligenz. In der *Kabbala* bedeutet sie Schöpfung und Schönheit. *Pythag.:* Glücklicher Zufall; Glück. *Sumer.:* Die sechs Tage der Schöpfung.

Sieben Die Zahl des Universums, des Makrokosmos. Vollständigkeit; eine Totalität. Da in ihr die Drei der Himmel und die Vier der Erde und des Körpers enthalten sind, ist sie die erste Zahl, die sowohl das Geistliche als auch das Weltliche umspannt. Sie bedeutet Perfektion; Sicherheit; Sichersein; Ruhe; Fülle; Reintegration; Synthese, auch Jungfräulichkeit, und damit ist sie die Zahl der Großen Mutter. Es gibt sieben kosmische Ebenen, Himmel, Höllen, große Planeten und Metalle der Planeten, Kreise des Universums, Strahlen der Sonne, Lebensalter des Menschen, Säulen der Weisheit, lunare Einteilungen des Regenbogens, Tage der Woche, Noten der Tonleiter, Weltwunder usw. Der siebente Sonnenstrahl ist der Pfad, auf dem der Mensch von dieser Welt in die andere hinübergeht. Der siebenköpfige Drache tritt in *Indien, Persien*, dem *Fernen Osten*, besonders in *Kampuchea*, sowie in *keltischen* und *Mittelmeer*mythen auf. *Ägypt.:* Die Priesterinnen der Hathor haben sieben Krüge; die sieben Töchter des Re machen sieben Knoten in ihre sieben Tuniken; die sieben Falken des Re sind die sieben Weisen; sieben Kühe mit dem Bullen stellen zusammen Fruchtbarkeit dar; es gibt sieben Häuser der Unterwelt mit dreimal sieben Toren. Die Zahl ist Osiris heilig. *Alchimist.:* Es sind sieben Metalle an dem Werk beteiligt. *Astrolog.:* Die sieben Sterne des Großen Bären sind »unzerstörbar«, d. h., sie sind das ganze Jahr über zu sehen. Es gibt sieben Plejaden, Große Planeten, Sonnenstrahlen. *Buddhist.:* Die Zahl des Aufstiegs und des Aufsteigens zum Höchsten und des Erreichens des Zentrums. Die sieben Schritte Buddhas symbolisieren den Anstieg der sieben kosmischen Ebenen, die Raum und Zeit transzendieren. Die siebenstöckige *prasada* von Borobodur ist ein Heiliger Berg und eine *axis mundi*, die im transzendenten Norden kulminiert und dort das Reich Buddhas erreicht. *Chin.:* Es gibt sieben Feen und sieben Tiergeister. *Christl.:* Der siebente Strahl in der Mitte der sechs Strahlen der Schöpfung repräsentiert Gott. Es gibt sieben Sakramente; Gaben des Geistes; die sieben theologischen und Grundtugenden; Todsünden; Stufen bzw. Berge im Höllenfeuer; freie Künste; Kristallkugeln, in denen sich die Planeten befinden; große Propheten; Engel der Göttlichen Gegenwart; durch Christus ausgetriebene Teufel; Zeiten des Fastens und der Buße; Freuden und Schmerzen Mariae; Meister der Christenheit; Konzile der frühen Kirche; der siebente Tag nach den sechs Tagen der Schöpfung war einer der Ruhe. Im Alten Testament gibt es die sieben Altäre von Baalam; Ochsen und Widder für die Opferung; Posaunen; Umkreise Jerichos; siebenmal badete Naaman im Jordan; die Sieben ist die Zahl von Samsons Fes-

Sieben (Zahlen) In dieser Bronzegruppe aus Kaschmir (11. Jahrhundert) stehen die sieben Planeten, jeder mit seinem Symbol, Arm in Arm und stellen die Bedeutung dieser Zahl dar: Vollständigkeit, Totalität und Synthese.

Acht (Zahlen) Jede der acht Seiten dieses chinesischen Weihrauchfasses aus Messing (19. Jahrhundert) trägt eines der acht Grundtrigramme, die alle beherrscht und zusammengefaßt werden von dem zentralen und vereinenden *yin-yang*-Symbol des vollkommenen Rhythmus und der Vereinigung der Gegensätze.

seln; das durch Elisha von den Toten auferweckte Kind nieste siebenmal; die Arche ruhte im siebenten Monat, und die Taube wurde am siebenten Tag ausgesandt. *Griech./Röm.:* Dem Apollon heilig, dessen Lyra sieben Saiten hat, und der Athene/Minerva und dem Ares/Mars; Pan hat sieben Flöten; es gibt die sieben weisen Männer Griechenlands. *Hinduist.:* Es gibt die sieben Juwelen der Brahmanas und der Sage nach sieben Götter vor der Sintflut, und sieben Männer wurden von ihr errettet. *Islam.:* Die erste vollkommene Zahl; es gibt sieben Himmel, Klimate, Erden und Meere, Farben, Propheten, aktive Kräfte, Zustände und Stationen des Herzens; die Ka'aba wird siebenmal umgangen. *Jüd.:* Geheime Intelligenz. Es gibt sieben große Festtage im jüdischen Jahr; die Menorah hat sieben Arme; den Tempel zu bauen, dauerte sieben Jahre, es gibt sieben Säulen der Weisheit. *Magie:* Man bindet sieben Knoten in ein Seil, um durch Zauber zu fesseln; und Zauberformeln werden siebenmal gesprochen. *Mithrazist.:* Die Höhle des Mithras hat sieben Türen und Altäre und eine Leiter mit sieben Sprossen, die die sieben Stufen der Einführung in die Mysterien symbolisieren. *Pythag.:* Die kosmische Zahl, da sie die Drei des Himmels und die Vier der Welt enthält; der Gott der Welt; Vollkommenheit. *Sumero-semit.:* Es gibt sieben Abschnitte des Mondes und Tage der Woche. »Du sollst scheinen mit Hörnern, um sechs Tage zu bestimmen, und am siebenten mit einer halben Krone«, wodurch der siebente in Gegensatz zur Sonne gebracht wird und Dunkelheit und Unheil symbolisiert, und deshalb ist es gefährlich, am siebenten Tag irgendetwas zu unternehmen, der zu einem Tag der Ruhe wird. Es gibt sieben Zonen der Erde; Himmel, symbolisiert durch die Stufen des Ziqqurats; Zweige des Lebensbaumes, von denen jeder sieben Blätter hat; Tore der Hölle; Dämonen der Tiamat und Winde, sie zu zerstören; Farben; Siegel; Schicksalsmächte.

ACHT Im Bereich des Spirituellen ist die Acht das Ziel des Eingeweihten, der durch die sieben Stufen oder Himmel gegangen ist, und somit ist sie die Zahl des Wiedergewonnenen Paradieses; Regeneration; Auferstehung; Glückseligkeit; vollendeter Rhythmus; der achte Tag schuf den neuen Menschen voller Anmut. Nach den sieben Tagen des Fastens und der Buße wird der achte Tag der der Fülle und Erneuerung. Als 7 + 1 ist sie die Zahl der Oktave und des Wiederbeginns. Es gibt acht Wind- und dazwischenliegende Richtungen des Raumes. Acht stellt auch die Gegensatzpaare dar. Das Achteck ist der Beginn der Transformation des Quadrates in den Kreis und umgekehrt. Acht ist eine kaiserliche Zahl (achteckig sind der Grundriß der Reichskrone, der Innenraum der Pfalzkapelle Aachen, das Kaiserschloß Castel del Monte in Apulien). *Ägypt.:* Die Zahl des Thot. *Buddhist.:* Erfüllung; alle Möglichkeiten. Es gibt Acht Glückszeichen. *Chin.:* Das Ganze; alle Möglichkeiten in der Manifestation; Glück. Das ↗ Ba Gua ist das Schema, das die acht Trigramme und Gegensatzpaare bezeichnet, in der Regel in einem Kreis angeordnet, dessen Peripherie Raum und Zeit symbolisiert. Es gibt acht Freuden der menschlichen Existenz. *Christl.:* Regeneration; Wiedergeburt. Das Taufbecken ist achteckig, symbolisch als der Ort der Wiedergeburt. Es gibt acht Seligpreisungen. *Daoist.:* Alle Möglichkeiten in der Manifestation, und das Ba Gua repräsentiert die in der phänomenalen Welt wirkenden Kräfte. Es gibt acht daoistische Genien bzw. Unsterbliche. *Hermet.:* Die magische Zahl des Hermes. In der hermetischen Theologie gibt es einen höchsten Gott Thot/Hermes, den Erfinder der Zahlen und der Geometrie, und acht Nebengötter. *Hinduist.:* 8 × 8 ist die Ordnung der auf Erden errichteten Himmelswelt. Tempel sind nach dem Vorbild des ↗ Mandala gebaut, auf der Grundlage der 8 × 8-Symbolik. Es gibt acht Weltgegenden; Sonnen; Abschnittte des Tages; Chakras. *Islam.:* Der Thron, der die Welt umschließt, wird von acht Engeln gehalten, die sowohl den acht Teilen des Raumes als auch den acht Gruppen von Buchstaben im arabischen Alphabet entsprechen. *Japan.:* Acht sind die »Vielen«; es gibt acht Götter in den Himmeln. *Jüd. (Kabbala):* Vollkommene Intelligenz; Glanz; der Zahlenwert von IHVH, die »Zahl des Herrn«. Der Tempel wurde am achten Tag geweiht. *Platon.:* Nach Plato gibt es acht Sphären unterschiedlicher Farben, die die leuchtende Himmelssäule umgeben. *Pythag.:* Solidität, Stabilität. *Sumero-semit.:* Die magische Zahl von Nebo.

NEUN Aus dem allmächtigen 3 × 3 bestehend, ist sie die Dreifache Triade; Vollendung; Erfüllung; Anfang und Ende; das Ganze; eine Himmels- und Engelszahl; das Irdische Paradies. Es ist eine »unzerstörbare« Zahl. Neun ist auch die Zahl des Kreisumfangs, daher seine Einteilung in 90 Grad und in 360 Grad für den vollständigen Umkreis. Sie wird durch die Figur der beiden Dreiecke symbolisiert, die wiederum ein Symbol der Prinzipien des Männlichen und Weiblichen, von Feuer und Wasser, Berg und Höhle ist. *Buddhist.:* Die höchste spirituelle Macht; eine himmlische Zahl. *Chin.:* Himmlische Macht, denn das 3 × 3 ist die glückbringendste aller Zahlen. Sie stellt auch die acht Richtungen mit dem Zentrum als dem neunten Punkt dar, was bedeutet: in der Halle des Lichts. Es gibt neun große soziale Gesetze und Beamtenklassen. In der Landaufteilung für *feng shui* gibt es acht äußere Quadrate für die

Kultivierung des Landes durch Pächter, und das mittlere und neunte ist ein »Gottesacker«, der Shang-ti, dem höchsten Herrscher, geweiht ist; es wird auch das »Kaiserfeld« genannt, was seine Position als himmlische Machtübertragung andeutet. *Christl.:* Die Neun kommt in der christlichen Symbolik wenig vor. Es gibt dreifache Triaden von Engelschören und neun Sphären und Ringe um die Hölle. *Griech./Röm.:* Es gibt neun Musen. *Hind.:* Die Zahl des Agni, Feuer; das Quadrat der Neun bildet das aus 81 Quadraten bestehende Mandala, führt zum Universum und schließt es ein. *Jüd.:* Reine Intelligenz; Wahrheit, da sie sich selbst reproduziert, wenn sie multipliziert wird. In der *Kabbala* symbolisiert sie Grundlegung. *Kelt.:* Eine äußerst bedeutungsvolle Zahl in der kelt. Tradition; eine Zahl des Zentrums, denn die acht Richtungen und das Zentrum ergeben neun. Die Dreifachen Göttinnen sind dreimal drei; es gibt neun keltische Jungfrauen; neun weiße Steine symbolisieren die neun Jungfrauen, die Bridgit begleiten; die Neun steht in Verbindung mit den Beltaner Feuerriten, welche von 81 Männern gepflegt wurden, jedesmal neun. *Maya:* Es gibt neun Unterwelten, und jede wird von einem Gott beherrscht. *Pythag.:* Die Grenze der Zahlen, denn alle anderen existieren in ihr und kehren in ihr wieder. *Skandin.:* Odin/Wotan hing neun Tage und Nächte lang auf der Weltenesche Yggdrasil, um die Geheimnisse der Weisheit für die Menschheit zu erkennen. Skeldi, die nordische Persephone, die Göttin des Schnees, lebte drei Monate in einem Berg und neun Monate an Niords Meer. Neun ist in der *skandinavisch-germanischen* Symbolik die heilige Zahl.

Zehn Die Zahl des Kosmos; das Paradigma der Schöpfung. Die Dekade enthält alle Zahlen und folglich alle Dinge und Möglichkeiten; sie ist die Wurzel bzw. der Wendepunkt allen Zählens. Sie ist das alles Umschließende; Gesetz; Ordnung; Herrschaft. Der Tetraktys $1 + 2 + 3 + 4 = 10$ symbolisiert Göttlichkeit. Zehn basiert auf den beiden Händen, bedeutet Vollständigkeit und ist die Grundlage allen Zählens. Ihre höheren Bereiche der Vollständigkeit – 100 und 1000 – sind die Grundlage aller *hinduistischen* Kosmologie und in *China* symbolisieren die Zehntausend Dinge, d.h. das Unzählbare, die gesamte Manifestation. Zehn ist auch die Zahl der Vollendung von Reisen und der Rückkehr zum Ausgangspunkt: Odysseus wanderte neun Jahre und kehrte im zehnten heim; Troja war neun Jahre belagert und fiel im zehnten. Sie ist ebenfalls die Summe der Zahl Neun des Kreisumfangs plus Eins des Zentrums, folglich Vollkommenheit. Sie wird auch durch den Maibaum symbolisiert: die Eins der Achse mit dem Kreis, der rund um diese getanzt

Neun (Zahlen) Neun mal neun Quadrate, die zu neun quadratischen Gruppen geordnet sind, aus denen wiederum jedes aus neun besteht, bilden diese indische Figur aus dem 18. Jahrhundert. Sie wurde zur Berechnung astronomischer Perioden benutzt und diente auch als Meditationshilfe.

Dreizehn (Zahlen) In seinem »Abendmahl« erfaßt Leonardo da Vinci die dreizehn Figuren in dem Moment der unheilvollen Bestürzung und Gemütsbewegung, da der Verrat und die Treulosigkeit des Judas bekannt werden.

wird. *Chin.:* Dargestellt durch ein Kreuz, das zentral durch das Schriftzeichen *chi* gebildet wird und das Ich symbolisiert, das in beide Richtungen weist und sowohl *yin* als auch *yang* ist; die vollkommene Figur. Die Zehn Himmlischen Stämme (Kan) stehen möglicherweise im Zusammenhang mit den Namen der Zehntagewoche auf der Grundlage der üblichen zyklischen Berechnung (↗ Sechzig). *Christl.:* Es gibt die Zehn Gebote; die Gleichnisse mit den zehn Lampen, Jungfrauen und Talenten. Der Zehnte war Gott zu zollen. *Hinduist.:* Die höheren Stufen der Zehn, d. h. 100 und 1000, sind die Grundlage der gesamten hinduistischen Kosmologie. *Islam:* Die Abgabe des Zehnten ist von großer Bedeutung (Almosen). *Jüd.:* In der Kabbala ist sie der Zahlenwert für *yod*, das Ewige Wort, den ersten Buchstaben des göttlichen Namens; widerscheinende Intelligenz; göttliche Unterstützung; der Dekalog; das Königreich; die Zehn Namen Gottes; die Zahl der Sepiroth, die Sphären bzw. Emanationen des Ain Soph, in der Regel symbolisiert durch den Lebensbaum; das Erste ist die Monade, die Erste Ursache der anderen neun, welche aus drei Trinitäten zusammengesetzt sind, jede ein Abbild der ursprünglichen Dreiheit der männlichen, weiblichen und der vereinigenden Intelligenz; der zehnte, Adonai, stellt die mystische Rückkehr zur Einheit dar. Im Tempel Salomos gab es zehn Becken, Tische und Leuchter; die Cherubim waren zehn Ellen groß, und zehn Leviten hielten Gottesdienst vor der Arche. *Pythag.:* Die Monade, der Wiederbeginn einer Reihe und unendliche Ausdehnung; Vollkommenheit. *Röm.:* Die Zahl wird durch das X ausgedrückt, die vollendete Figur; Vollendung. *Sumero-semit.:* Der zehnte Tag des Frühlingsfestes wurde mit einer Prozession begangen, an der alle Götter beteiligt waren.

Elf Sünde; Übertretung; Gefahr. Da die Zehn die vollendete Zahl und das Gesetz ist, stellt die Elf die Überschreitung von beiden dar.

Zwölf Die Zwölfheit ist ein vollständiger Zyklus; kosmische Ordnung. Als 3 × 4 ist sie sowohl geistliche als auch weltliche Ordnung, das Esoterische und das Exoterische. Es gibt die zwölf Zeichen des Tierkreises und Monate des Jahres, von denen sechs männlich und sechs weiblich sind; zwölf Stunden des Tages und der Nacht; Früchte des Lebensbaumes usw.; es gibt auch die zwölf Tage der Rückkehr zum Chaos zur Zeit der Wintersonnenwende, wenn die Toten zurückkehren, wie sie in den Saturnalien in Rom und den zwölf Tagen nach Weihnachten gefeiert wurden; diese Feierlichkeiten sind ebenfalls in der *vedischen, chinesischen, heidnischen* und *europäischen* Symbolik zu finden. Die Tage sollen den meteorologischen Verlauf der zwölf Monate des kommenden Jahres vorhersagen. *Ägypt.:* Es gibt zwölf Höllentore, in denen Re die Stunden der Nacht verbringt. *Buddhist. (Lamaist.):* Es gibt zwölf Mitglieder des Rates des Dalai Lama. *Chin.:* Die Zwölf Erdstämme ↗ Tierkreis. *Christl.:* Es gibt zwölf Früchte des Geistes; Sterne für die Stämme Israels und die Apostel; Tore und Grundsteine der Heiligen Stadt; Tage nach Weihnachten. *Griech./Röm.:* Herodot spricht von zwölf Olympischen Göttern und Göttinnen; Hesiod erwähnt zwölf Titanen. Zwölf ist auch die Zahl der Gesetzestafeln und der Tage und Nächte der Saturnalien. *Hermet.:* Es gibt zwölf Monate des Jahres und zwölf Plagen. *Jüd.:* Es gibt zwölf Früchte des Lebensbaumes; Tore der Himmlischen Stadt; Brote auf der Tafel im Tempel, welche die zwölf Monate des Jahres darstellten; Edelsteine auf Aarons Brustschild; Stämme Israels; Söhne Jakobs. *Kelt.:* Es gibt zwölf Paladine bzw. Ritter Karls des Großen und Ritter der Tafelrunde. *Mithrazist.:* Mithras hatte zwölf Schüler. *Röm.:* Zwölf *flamines minores* folgten dem *Pontifex Maximus* bei heiligen Riten. *Sumero-semit.:* Es gibt zwölf Tage des Kampfes zwischen Chaos und Kosmos.

Dreizehn Im *Christentum* gibt es dreizehn Tenebrae bzw. Fastenleuchter, Kerzen, die, eine nach der anderen, gelöscht werden und so die Dunkelheit auf Erden bei Christi Tod symbolisieren. Dreizehn wird als Unglückszahl angesehen, da sie die Zahl des Judas Ischarioth bei Jesus und den Zwölf Jüngern ist; sie ist ebenfalls die Zahl einer Hexenhöhle. Es gibt dreizehn Himmel bei den *Maya*, die jeder von einem Gott beherrscht werden. Dreizehn ist eine bedeutende Zahl im Kalender der *Azteken*, der in Dreizehntage-Perioden eingeteilt ist; sie war auch die Zahl, die in der *Wahrsagerei* benutzt wurde.

Zwanzig Als die Summe von Fingern und Zehen hat die Zwanzig die Bedeutung des ganzen Menschen, und man zählt nach Zwanzigergruppen.

Vierzig Prüfung; Bewährungsprobe; Initiation; Tod. Als ein Vielfaches von vier ist sie Ganzheit und Totalität. Die Bedeutung der »Vierzig Tage« stammt wahrscheinlich aus dem vierzigtägigen Verschwinden der Plejaden in *Babylonien*, einer Zeit des Regens und Sturms, der Überschwemmungen und Gefahren. Die Wiederkehr der Plejaden war eine Zeit der Freude, und ein Bündel aus vierzig Schilfrohren wurde als Symbol für die vierzig Tage der bösen Macht verbrannt. Die *römische* »Quarantäne« hielt die Schiffe vierzig Tage in Isolation. Verschiedene Tempel in *Persien*, *Baalbek*, bei den *Druiden* und die Tempel bei Hesekiel hatten vierzig Säulen. *Ägypt.:* Die vierzig Tage des Todes und des Fernbleibens von Osiris sind eine Zeit des Fastens. *Christl.:* Es gibt vierzig Tage der Fastenzeit, von Christi vierzig

Tagen in der Wüste her; Tage der Auferstehung, von Ostern bis Himmelfahrt; Zeit des Vorrechts bzw. Schutzes an heiliger Stätte. Im Alten Testament gibt es die vierzig Tage Moses' auf dem Berge Sinai; Elia hielt sich vierzig Tage lang verborgen; die Sintflut; Zeit der Prüfung für Ninive unter Jona; die vierzig Jahre, die die Juden durch die Wüste wanderten; unter dem Joch der Philister; Herrschaft Davids; Herrschaft Salomos; Eli, Israel richtend; Hesekiel duldete die Frevelhaftigkeit Israels vierzig Tage. *Islam:* Die Zahl der Verwandlung und des Todes, aber auch der Aussöhnung und der Rückkehr zur Lehre. Mohammed empfing seinen »Ruf« im Alter von vierzig Jahren. *Mithrazist:* Vierzig wird als die Anzahl der Tage von Initiationsriten, von Festen und Opfern angesehen.

FÜNFZIG Nach der Vollendung des Kreises von 7 × 7 Jahren wird das fünfzigste ein Großes Jahr, ein Jubiläumsjahr, eine Rückkehr zum Anfang und zum Urzustand und so ein Neubeginn. Fünfzig Tage nach Ostern ist Pfingsten.

SECHZIG Die Zahl der Zeit in Minuten und Sekunden. Als dreimal zwanzig ist sie eine »runde Zahl«. Sie kommt häufig in Sagen vor. In *Ägypten* stand sechzig für Langlebigkeit. Sie ist die *chinesische* Zahl, ein »Sechziger-Zyklus«, im Westen als »Chinesischer Zyklus« bekannt. Durch das wechselseitige Ineinandergreifen der Zehn Himmelsstämme *(kan)* und der Zwölf Erdstämme *(chih)* wird im sechzigsten Jahr ein vollständiger Kreis mit allen seinen Kombinationen geschlossen, dann wiederholt er sich. Sechs Kreise umfassen annähernd ein Tropenjahr.

SIEBZIG In der Symbolik der *Kabbala* sind die siebzig Arme des Kandelabers die Dekane, die zwölf Abschnitte des Tierkreises der sieben Planeten zu je zehn. Siebzig ist die dem menschlichen Leben zugemessene Zeitspanne.

666 Ambivalent, sowohl die »Zahl des Tiers« als auch die Zahl Hakathriels, des Engels der Hoheit. Im *Christentum* ist sie das Zeichen des Tieres, der Antichrist. In der *Kabbala* ist es die Zahl von Sorath, dem solaren Dämon, der dem Erzengel Michael gegenübersteht. Sie ist die solare Zahl, die Summe des Quadrats der Sonne, eine Grundzahl in der heiligen Geometrie.

Zähne Angriff und Verteidigung; die Zähne zu zeigen, bedeutet Verteidigung und Feindschaft. In *China* symbolisierten Zähne Hader und Krieg.

Zange Mit Hammer und Amboß ein Attribut aller Schmiede- und Donnergötter, wie z. B. Hephaistos, Vulcanus und Thor. Attribut des *christlichen* Bischofs Eligius.

Zapfen (↗ Pinie) Fruchtbarkeit; Glück. Attribut des Dionysos und »das Herz des Bacchus« genannt; auch ein Attribut von Sabazios, Serapis, Kybele, Astarte von Byblos und Artemis in *Pamphylien.* Der weiße Pinienzapfen ist ein Kennzeichen von Aphrodite. Die konusförmige Kopfbedeckung wurde von *sumer.* und *ägypt.* Königen und Priestern getragen. Bastius sagt, daß der Pinienzapfen und der Kreisel dieselbe Symbolik wie der Wirbel oder die Spirale haben, nämlich die der großen generativen und schöpferischen Kraft. Der Pinienzapfen symbolisiert den Lebensbaum und ist mit dem Lebensbrunnen verbunden.

Zauberin Das weibliche Prinzip in seinem bindenden und zerstörerischen Aspekt; die fesselnde Macht des Lebens; die Illusion der *maya,* der als Täuschung empfundenen realen Welt; Selbsttäuschung.

Zaubernuß Sie hat dieselbe Symbolik wie der ↗ Haselnußstrauch, steht aber auch für Schutz gegen Feen, Hexen und böse Geister. Sie wird bei der *Wahrsagerei* benutzt.

Zauberstab Macht; Leitfähigkeit für übernatürliche Kraft; Attribut aller Magier, Schamanen und Medizinmänner. Als Symbol wird er auch mit der Keule, dem Zepter und dem Dreizack in Verbindung gebracht. Der Stab des Hypnos hatte die Macht, Schlaf und Vergessen zu bringen. Der *gälische* »weiße Stab« magischer Kraft war aus Eibenholz; der *kelt.* Zauberstab war aus Haselholz.

Zaumzeug Zucht; Beherrschung. Attribut von Nemesis und Fortuna. In der *christl.* Kunst bisweilen Element der Darstellung von Temperantia.

Zaunkönig »Der kleine König«, im Westen wird er oft als der König der Vögel bezeichnet; er kann anstelle der Taube die Darstellung des Geistes übernehmen; aber er kann auch eine Hexe bedeuten, und dann wird er unglückverheißend. Es bedeutet mancherorts sehr großes Unglück, einen Zaunkönig zu töten; aber in *England* und *Frankreich* wurde er zur Weihnachtszeit gejagt, getötet, auf einen Stab gespießt und in einer Prozession herumgetragen und schließlich als Symbol für den Tod des alten Jahres in einem Kirchhof begraben.

Zeder Stärke; Hoheit; Unzerstörbarkeit. Wahrzeichen des *Libanon. Christl.:* Majestät; Würde; Schönheit; Christus (Hes. 17, 22). *Jüd.:* Das heilige Holz für den Salomonischen Tempel. *Sumer.:* Der Kosmische Baum; der Baum des Lebens; er besaß magische Eigenschaften und war Tammuz geweiht.

Zehntausend Dinge In der *chinesischen* Symbolik ist *wan,* das so viel wie 10 000 bedeutet, das Unzählbare, d. h., jegliches Sein in der Welt der Erscheinungen, die gesamte Schöpfung, die Ergebnis der Wechselwirkung der beiden Urkräfte *yin* und *yang* ist.

Zeit Der Schöpfer und Zerstörer. »Die Zeit hat alles hervorgebracht, was ist und sein wird.« (*Bhagavadgita*). »Die Zeit, die immer weiter fortschreitet, zerstört die Welt« (*Upanischaden*). Die Zeit ist Ausgehen von und Rückkehr zu den Ursprüngen, sie ist eine destruktive Kraft, aber auch eine, die die Wahrheit enthüllt. »Es war einmal« symbolisiert das Goldene Zeitalter, als alle Dinge möglich waren. Der Stillstand der Zeit ist der Durchbruch zur Erleuchtung; Ewigkeit. Die Schwarze Kali stellt die Zeit als die Verschlingende dar, als den unbarmherzigen Zerstörer. Schwarze Jungfrauen repräsentieren das Undifferenzierte, die *prima materia*, den irrationalen, lunaren, dunklen, weiblichen Aspekt der Zeit. Symbole der Zeit sind das Stundenglas, die Uhr, die Sichel, die Schlange, das sich drehende Rad, der Kreis als endloser Zyklus, aber auch als kosmische Vollendung, die Sense, der Schnitter, der auch Kronos/Saturn als Zeit ist. Lunare Tiere und Symbole stehen ebenfalls im Zusammenhang mit der Zeit.

Zelt *Indian.:* Im Schwitzzelt der Reinigung und Wiedergeburt bedeutet das ganze Zelt den Leib des Großen Geistes; die kreisrunde Form ist die Welt in ihrer Totalität; der Dampf ist das sichtbare Bild des Großen Geistes, der eine Reinigung und geistige Wandlung bewirkt. Wer aus dem dunklen Zelt herauskommt, läßt alle Unreinheiten und Irrtümer hinter sich. Das Sonnentanzzelt ist auch ein heiliges Zentrum; der Pfosten in der Mitte ist die Weltachse, die Himmel und Erde verbindet, die Kommunikation zwischen ihnen ermöglicht und zur Sonne führt, dem Symbol des Großen Geistes. Die Öffnung an der Spitze eines Zeltes bzw. Tipis schafft ebenfalls Zugang zu den Himmeln und zu der Macht des Geistes.

Zenit Die höchste Spitze; das Höchste; symbolisiert durch alle Gipfel, z. B. Berge, Pyramiden, Kirchtürme, Stupas, Säulen und die zentrale Öffnung zum Himmel in Tempeln, heiligen Hütten und Zelten, Tipis usw.

Zentaur Die niedere Natur des Menschen, die tierische Natur in Verbindung mit seiner höheren menschlichen Tugend und Urteilskraft; die ungestümen und die sanften Aspekte der Natur und der Konflikt zwischen diesen Gegensätzen. Das ↗ Pferd stellt die solare Kraft dar und ist der Träger des richtungweisenden menschlichen Geistes; der Zentaur ist eine Kombination blinder Gewalt und leitenden Geistes. *Christl.:* Sinnenlust; Leidenschaften; Ehebruch; rohe Gewalt; der zwischen Gut und Böse, zwischen tierischer und geistiger Natur zerrissene Mensch; der Ketzer; eine Inkarnation des Teufels. Der Bogen und die Pfeile sind die glühenden Stachel des Bösen. *Griech.:* Der Zentaur Cheiron, der Achilles lehrte, personifizierte die Weisheit. Zuweilen begleiten Zentauren Dionysos/Bacchus.

Zentrum Totalität; Ganzheit; absolute Realität; reines Sein; der Ursprung jeglicher Existenz; nichtmanifestes Sein; die Weltachse; der Pol; der Punkt, um den sich alles dreht; das Paradies; das Potentielle; der Punkt, der die Gesamtheit aller Möglichkeiten in sich birgt; geweihter Raum; eine Unterbrechung im Raum und der Ort der wechselseitigen Kommunikation zwischen den drei Welten, an dem Zeit und Raum transzendiert werden; eine Achse, die den Kosmos sowohl vertikal als auch horizontal vereinigt; der Kreuzungspunkt von Makrokosmos und Mikrokosmos; kosmische Ordnung; der »Angelpunkt des Gesetzes«; der Punkt der Auflösung und Harmonie, an dem alle Gegensätze aufgehoben werden; das Ewige Jetzt; der »Ruhepunkt«; der »unbewegte Beweger« des Aristoteles. Das Zentrum ist auch der Ausgangspunkt der Abreise und der Punkt der Wiederkehr; alles geht von ihm aus, dreht sich um das Zentrum und kehrt in den beiden Komplementärbewegungen zu ihm zurück, zentrifugal und zentripedal, auch symbolisiert im Aus- und Einatmen. Die Bewegung vom Zentrum zur Peripherie bedeutet die Reise in die Manifestation und Mannigfaltigkeit, während die Rückreise der Weg in das geistige Zentrum, die Einheit, das Eine, ist. Das Zentrum ist auch der Punkt, von dem der Raum entsteht, von dem die Bewegung ausgeht und aus dem die Form hervorgeht, sowohl der Punkt der Expansion als auch der Kontraktion, der die Mannigfaltigkeit zur Einheit zurückführt, zur Harmonie, Erkenntnis und Erleuchtung.

Die Sonne oder die Erde repräsentieren das Zentrum des Universums, wie das Herz der »innere Ort«, das Zentrum des Menschen, ist. Der Herd im Haus und der Altar im Tempel oder in der Kirche bilden ebenfalls ein Zentrum. Das Feststehen des Zentrums symbolisiert Ewigkeit und vollkommene Simultaneïtät. Jede Mittelprojektion, wie z. B. der zentrale Buckel auf einem antiken Metallspiegel oder die augenähnliche Öffnung in einer Kuppel, bezeichnet die Sonnentür bzw. die Himmelspforte, den höchsten Punkt des Universums und das obere Ende der Weltachse, einen Punkt der Kommunikation zwischen Himmel und Erde; diese Symbolik ist in vielen orientalischen Traditionen zu finden und war auch im *Christentum* üblich. Symbole für das Zentrum sind der Pfeiler, der Kosmische Baum, der Heilige Berg, das Herz, der Feueraltar, die Quelle bzw. der Brunnen des Lebens, der Herd, die Spirale, das Labyrinth, die Pyramide bzw. jeder geweihte Raum. Auf dem Kreuz wird der zentrale Punkt bisweilen durch einen Edelstein oder eine Blume kenntlich gemacht. *Buddhist.:* Reines Sein; Erleuchtung; Nirvana. *Chin.:* Vollkommener Frieden; göttliche Immanenz; Stille; Einssein mit dem Willen des Himmels; der »Angelpunkt des Gesetzes« (Chuang Dshu); die unverrückbare Mitte. *Daoist.:* Das *dao;* Reines Sein; »nichts als Unendlichkeit, die weder dieses noch jenes ist« (Chuang Dshu). *Hinduist.:* Reines Sein; Einheit; Išvara; der Ort des Unbedingten; Brahman, »die dunkle Quelle allen Lichts«; der Punkt jenseits der Zeit. Die Chakras sind die symbolischen geistigen Zentren des Körpers. *Indian.:* Der Große Geist, der das Zentrum darstellt, gleichzeitig aber auch überall wirksam ist. *Islam.:* Der Punkt; die »Göttliche Wohnstatt«; der »Göttliche Standort« von Harmonie, Gleichgewicht und Ordnung. *Jüd.:* Die Schechina, die zentrale Gegenwart Gottes; der Heilige Ort; der Innere Palast, in dem Gott wohnt; das Eine; der Anfang des Seins; der Gedanke.

Zepter Göttliche oder königliche Macht; unumschränkte Herrschaft; Amtsgewalt und priesterliche Autorität; die Übertragung der Lebenskraft; der Zauberstab; es ist ein Attribut von Himmelsgöttern, Monarchen und Magiern. *Ägypt.:* Attribut von Osiris als Richter der Toten. *Buddhist.:* Das Diamant-Zepter bedeutet die höchste Gewalt; das *dharma;* Gerechtigkeit; Autorität; die sieben positiven und beständigen Tugenden. ↗ *dorje. Chin.:* Höchste Herrschergewalt; das *ju-i;* die Macht des Glaubens; Schutz gegen das Unverhoffte und Wegweiser; ein Attribut des Gottes der Gelehrsamkeit und Literatur. *Christl.:* Autorität; ein Kennzeichen des Erzengels Gabriel. *Griech./Röm.:* Ein Attribut des Himmelsgottes Zeus/Jupiter als Zeichen höchster Macht, auch von Juno und Kybele sowie eines römischen Konsuls. *Hinduist.:* Die höchste Autorität, das *dharma;* ein Attribut von Indra, der die kosmische Ordnung aufrechterhält, und von Vasu, der Recht und Gerechtigkeit unter den Menschen erhält. ↗ *vajra. Japan.:* Das *nyoi* bezeichnet Autorität und wird von Äbten getragen.

Zerberus ↗ Fabelwesen

Zerbrechen Das In-Stücke-Brechen (lunarer Gottheiten, Sterbender Götter oder des Mannes bei der Initiation) symbolisiert die Teilung des Mondes; der Neumond ist das Sinnbild dieser Gottheiten und verkörpert Tod und Wiedergeburt und die Vielfalt, die aus dem Einen hervorgeht. Zerbricht man ein Glas, so versinnbildlicht das die Vergänglichkeit menschlichen Glücks. Wird eine Tafel zerbrochen, dann bedeutet das die Auflösung eines Vertrages oder einer Partnerschaft bzw. die Aufhebung einer Schuld. Einen für die Toten bestimmten Gegenstand zerbrechen »tötet« den Gegenstand und erlöst seine Seele, so daß ihn die Toten in die andere Welt

Zepter Dieses Jadezepter aus der Ming-Zeit ist mit der Himmelsscheibe verziert und an seinem Schaft mit den Felsen der Erde: Macht muß beide vereinen.

Ziege Vier stilisierte Ziegen, Symbole von Ea, dem Herrn der Wasser, sind auf diesem Stück sumerischer Keramik dargestellt. Sie umlaufen einen Wassertümpel.

mitnehmen können (↗ Zerstückelung). Brot brechen bei rituellen Mahlzeiten hat jedoch eine positive Bedeutung des Teilhabens.

Zerreißen Zerreißen und das zerrissene Gewand symbolisieren eine unwiderrufliche Entscheidung; einen Bruch mit der bestehenden Ordnung oder mit einer Tradition; einen Versuch, zu einer anderen Ebene durchzubrechen; auch Reue, Zorn und Zerstörung der Ganzheit.

Zerstückelung Die Todes- und Wiedergeburtssymbolik der Initiation; die Unumgänglichkeit des Todes des Selbst vor der Reintegrierung und Wiedergeburt; die zwei einander ergänzenden Phasen der Desintegration und Reintegration. Sie steht ebenfalls für die Einheit, die der Teilung nachgibt; Vielfalt und Desintegration bei der Schöpfung, die Vielfalt, die aus dem Einen hervorgeht. Zerstückelung ist eng verbunden mit Opferung. Götter wie Osiris, Zagreus, Dionysos, zerstückelt, zerstreut und reintegriert, stehen für die Vielfalt der manifesten Welt während der Schöpfung und die letztendliche Wiederherstellung der Ur-Einheit. Mystische Zerstückelung kann ein wichtiger Bestandteil der Initiation eines *Schamanen* sein. Zerstückelung spielt ebenfalls eine Rolle bei den *Yoruba* und bei der Reintegration der *Orisha*.

Zickzack Symbolisiert den Blitz, das Feuer aus dem Blitz und die Fruchtbarkeit. Er ist ein Attribut aller Sturmgötter. Der *babylonische* Adad hält einen Zickzack oder ein Bündel von drei Flammen in der Hand. Der Zickzack hat auch die Symbolik des Dreizacks und des Donnerkeils.

Ziege Männlichkeit; überschäumende Lebenskraft; schöpferische Energie. Die Ziege kann als Symboltier anstelle der Gazelle oder Antilope stehen. Da sie an hochgelegenen Orten lebt, steht sie für Überlegenheit. Das weibliche Tier bedeutet die weibliche Fortpflanzungskraft; Fruchtbarkeit; Überfluß. *Chin.*: Da »Ziege« ein Homophon von *yang* ist, wird sie zum männlichen Prinzip; das Gute; Frieden. *Christl.*: Der Teufel; die Verdammten; die Sünder; Wollust; Schlüpfrigkeit. Der Sündenbock ist Christus, der die Sünde der Welt trägt. *Griech./Röm.*: Männlichkeit; schöpferische Energie; Wollust. Zeus Diktynnos heilig, der von der Ziege Amaltheia gesäugt wurde, deren Haut die Aigis, der Beschützer und Erhalter, wurde und deren Horn das Füllhorn, Symbol des Überflusses und der Fülle, geworden ist. Die wilde Ziege ist Artemis heilig und ein Attribut oder eine Erscheinungsform von Dionysos. Satyrn sind halb Ziegenböcke und haben Ziegenhörner. Pan hat die Beine, die Hörner und den Bart einer Ziege. *Hind.*: Feuer; schöpferische Hitze; zusammen mit dem Widder ein Attribut des *vedischen* Feuergot-

Zunge Kalis herausgestreckte Zunge symbolisiert ihre kreative und destruktive Energie, stets in völligem Gleichgewicht gehalten: sie tötet, um zu schaffen.

Zwerg Der ägyptische Zwerggott Bes, hier zur Verstärkung des Symbolgehalts mehrfach dargestellt, ist der dämonenabwendende Hüter der Wege und Straßen: seine eigene äußere Nichterkennbarkeit und düstere Natur wurden von den Reisenden gegen unsichtbare und drohende Gefahren angerufen.

tes Agni, der auf einem Ziegenbock reitet. *Jüd.*: Unzucht. *Skand.* und *German.*: Der Wagen des Donner- und Fruchtbarkeitsgottes Thor wird von Ziegen gezogen, die ihm heilig sind. *Sumero-semit.*: Die Ziege erscheint häufig bei Marduk und Göttinnen der Jagd; ein Attribut des *babylonischen* Ningirsu. Die Ziege bzw. der Ziegenfisch verkörpert den Herrn der Wassertiefen.

Ziegenböckchen Wurden Silvanus und Faunus als Göttern des Frühlings geopfert, und in *kanaanäischen* und *babylonischen* Todes- und Auferstehungsriten nahm man sie anstelle des Sterbenden Gottes.

Zikade Der Dämon von Licht und Finsternis; die zyklischen Perioden von Licht und Finsternis. *Chin.*: Auferstehung; Unsterblichkeit; ewige Jugend; Glück; Beherrschung von Begierde und Laster. Zikaden aus Jade wurden den Toten in den Mund gelegt, um ihre Unsterblichkeit zu sichern. *Griech.*: Unsterblichkeit (die Zikade, so nahm man an, habe kein Blut und lebe vom Tau); dem Apollon heilig und ein Attribut von Tithonos, der Unsterblichkeit erlangte, aber nicht die ewige Jugend, und so immer älter und schwächer wurde, bis er sich in eine Zikade verwandelte.

Zikkurat Der *sumer.* Tempel sollte den Heiligen Berg symbolisieren, die Wohnstatt der Gottheit; er war eine Weltachse, eine vertikale Verbindung zwischen Himmel und Erde, zwischen Erde und Unterwelt und ein horizontales Band zwischen den Ländern. In sieben Ebenen gebaut, verkörpert er die sieben Himmel und die sieben Seinsebenen, die sieben Planeten und die sieben Stufen, denen sieben Metalle und Farben zugehören: 1. Schwarz für den Saturn, Blei; 2. Rotbraun, Jupiter, Zinn; 3. Rosa-rot, Mars, Eisen; 4. Golden, die Sonne, Gold; 5. Weißgold, Venus, Kupfer; 6. Dunkelblau, Merkur, Quecksilber; 7. Silbern, der Mond, Silber.

Zinn Das Metall des Jupiter und Tierkreiszeichen des Schützen.

Zinnober *Alchimist.*: Das »glühende Gold«, Ergebnis des generativen Zusammenwirkens von Schwefel und Quecksilber, dem männlichen und weiblichen Prinzip, dem Festen und dem Flüchtigen, dem Heißen und Kalten im Großen Werk.

Zirkel ↗Kreis

Zitadelle Schutz; Bewachten; Verteidigten; schützender, umschließender Aspekt des Weiblichen.

Zitrone Das Saure, Schärfe. Im *Christentum* ist sie auch ein Bild für die Treue und Liebe. In der *jüdischen* Symbolik stellt sie die Ernte dar, wurde beim Laubhüttenfest in der linken Hand getragen und scheint im Zusammenhang mit dem Pinienzapfen der *semitischen* Dionysos-Riten zu stehen. *Buddhist.*: Zusammen mit dem Pfirsich und dem Granatapfel ist sie eine der Drei Gesegneten Früchte Chinas; die »gefingerte« Zitrone ist die Buddha-Hand. *Jüd.* und *Röm.:* Liebe, der Schmuck des Brautgemachs.

Zopf Wechselseitige Abhängigkeit in Beziehungen; Kontinuität. Der Zopf hat teil an der Symbolik des ↗ Knotens.

Zorn Symbolisiert durch eine brennende Fackel; einen wilden Keiler; das Schlagen mit einem Speer, Donnerkeil oder Blitzstrahl; das Zerreißen von Gewändern.

Züchtigung ↗ Auspeitschen

Zügel Die Intelligenz, der Wille und die leitende Macht des Menschen, Fahrers oder Reiters. ↗ Wagen ↗ Zaumzeug

Zunge Die Stimme der Gottheit; die Manifestation einer mächtigen Stimme; Predigt; sie hat auch Schlangen- und phallische Symbolik. Fleischige Zungen sind in der *orientalischen* Kunst häufig Kennzeichen von Dämonen, und im *Christentum* des Mittelalters ist der Satan oft mit dicker, herausgestreckter Zunge dargestellt. In Tierdarstellungen wird die heraushängende Zunge als Geste der Bitte um Regen oder Wasser vom Himmel gedeutet, die wesentlich sind für Leben und Fruchtbarkeit. *Ägypt.:* Der Gott Bes tritt mit herausgestreckter Zunge auf. *Buddhist.:* Buddha hatte eine lange Zunge, die »Sutras vortrug und Wissen über sie verbreitete«. *Chines.:* In China wurde die Zunge mit dem Geweih in Zusammenhang gebracht als Zeichen übernatürlicher Macht. *Christl.:* Die »Engelszunge« ist eine Metapher für die Macht eines Engels. Zungen weisen außerdem auf die Verspottung Christi hin und gehören daher zu den Leidenswerkzeugen. *Griech.:* In der griechischen Kunst ist sie zunächst göttliches Attribut, dann später ein furchterregendes Organ der Gorgonen. *Hinduist.:* »Die Zunge Agnis, die priesterliche Stimme, berührt den Himmel« (*Rigveda*). Kali ist gewöhnlich mit herausgestreckter Zunge dargestellt. *Sumer.:* Die babylonischen Tierungeheuer haben oft heraushängende Zungen.

Zweig Steht im Zusammenhang mit der ↗ Baumsymbolik. Der Lebensbaum und Fruchtbarkeit können durch einen Zweig dargestellt sein, daher war er ein Braut- bzw. Hochzeitssymbol; Zweige an Häusern, die »den Maien wiederbringen«, wie der Hagedornzweig zum Maibeginn, war ein Frühlings-Fruchtbarkeits-Ritus. Der »Goldene Zweig« ist ein Bindeglied zwischen dieser Welt und der anderen, der Paß in die himmlische Welt; Initiation; die magische Zaubergerte; sie versetzte Äneas in die Lage, durch die Unterwelt zu gehen und zu überleben. Der Priester von Dianas heiligem Hain am See Nemi erwarb sich sein Amt dadurch, daß er seinen Vorgänger mit dem »Goldenen Zweig« tötete. Der

»Silberne Zweig«, der Apfelzweig, verkörpert die Verbindung zwischen dieser Welt und dem Märchenland, der Zauberwelt. Wird ein Zweig gebrochen, so kann das den Tod eines Königs bedeuten. Der Zweig wird auch in Verbindung gebracht mit der Symbolik des Zauberstabes, des Pfahls und des Ruders. *Druid.:* Der goldene Zweig ist der ↗ Mistelzweig. *Jüd.:* Das heilige Akazienholz wird gelegentlich als der goldene Zweig bezeichnet. *Kelt.:* Erneuerung der Jugend. Die Barsom-Zweige bzw. -Ruten der *Parsen*, zu einem Bündel zusammengebunden, bilden das »(Ruten-)Bündel des Lebens«, einzelne Leben, zu einer Einheit zusammengebunden.

Zwerg Die Kräfte des Unbewußten und Unmoralischen in der Natur, wie z. B. Gnome, Elfen usw. *Ägypt.:* Bes wird manchmal als Zwerg dargestellt. *Griech./Röm.:* Hephaistos/Vulcanus ist manchmal als Zwerg dargestellt. *Hinduist.:* Der Zwerg unter dem Fuße Schiwas ist die menschliche Ignoranz. Vishnu nimmt bisweilen Zwergengestalt an. *Japan.:* Der Flußgott ist ein bösartiger Zwerg. *Skandin.:* Vier Zwerge stehen an den Enden der Welt und tragen den Himmel.

Zwiebel Einheit, die Vielen in dem Einen; der Kosmos; der Urgrund; Unsterblichkeit; Offenbarung durch das Abstreifen der Häute, um zum Zentrum zu gelangen. Unheilabwendend, besonders wirksam gegen verderbenbringende lunare Kräfte.

Zwielicht Ungewißheit; Ambivalenz; der Bereich zwischen einem Zustand und einem anderen; ein Symbol der Schwelle; das Licht von Westen; das Zuendegehen des Lebens sowie das Ende eines Zyklus und der Beginn eines neuen.

Zwillinge Dualität. Die himmlischen und uranfänglichen Zwillinge, die Söhne des Sonnengottes, die beiden Brüder können die beiden Seiten der menschlichen Natur, den Menschen der Tat und den Menschen des Gedankens, verkörpern, das *ego* und das *alter ego.* Oft liegen sie miteinander im Streit, und der eine erschlägt den anderen; dann ist einer hell und der andere dunkel dargestellt, symbolisch für das Opfer und den Opfernden, Tag und Nacht, Licht und Finsternis, Himmel und Erde, das Manifeste und das Nichtmanifeste, Leben und Tod, Gut und Böse, die beiden Hemisphären, Polarität, den zunehmenden und den abnehmenden Mond usw. Sie können auch als Doppelkreise oder Zwillingssäulen dargestellt sein. »Hilfreiche« Zwillinge, wie z. B. die Asvins, die Dioskuren oder die *skandinavischen* und *germanischen* Zwillingsgötter, schützen vor den Elementen. *Ägypt.:* Osiris und Seth sind die Zwillingsmächte des Guten und Bösen im Widerstreit. Schu und Tefnut, Zwillings-Löwen-Gottheiten, sind das Schöpferprinzip; Schu, der Luftraum, ist menschenköpfig, trägt zwei oder drei Federn und hält den Himmel mit den Händen hoch; Tefnut, die Regengöttin, ist eine Löwin oder ein Mensch mit dem Kopf einer Löwin. *Afrikan.:* Gewöhnlich ein böses Omen. *Griech./Röm.:* Die Dioskuren, Kastor und Polydeukes (Castor und Pollux), häufig der eine hell und der andere dunkel dargestellt, tragen die halbrunden Kappen auf dem Kopf, die die beiden Hälften des Eies darstellen, aus dem sie von Leda als Söhne des Himmelsgottes Zeus/Jupiter geboren wurden. Romulus und Remus sind typisch für Zwillinge in Feindschaft. *Hinduist.:* Die Asvins oder Nasatyas, Priester und Ärzte, sind Licht und Finsternis, Tag und Nacht, der Morgen- und Abendstern als Söhne des Himmelsgottes Dyaus; sie fahren einen dreirädrigen Wagen, symbolisch für die aufgehende, im Zenit stehende und untergehende Sonne bzw. für Morgen, Mittag und Abend; beide sind wohltätig. *Indian.:* Die dritte Stufe der Stabilisierung in der Entwicklung des Menschen. Von Zwillingen sind oft einer gut und einer böse, und sie kämpfen miteinander; der Gute überlebt, aber der Böse hinterläßt Spuren des Bösen in der Welt. *Jüd.:* Kain und Abel, Jakob und Esau sind feindliche Brüder, die die Symbolik der im Widerstreit lebenden Zwillinge übernehmen. *Manich.:* Der Zwillings-Geist verkörpert eine Art Schutzengel. *Mithrazist.:* Männliche Zwillingsgestalten, die *dadophoroi*, mit nach oben und nach unten gehaltenen Fackeln, sind die aufgehende und die sinkende Sonne, Leben und Tod usw. *Skandin.* und *German.:* Balder und Loki sind verfeindet und symbolisieren einer das Gute und einer das Böse. Die german. Zwillingskräfte sind die Alci. ↗ Tierkreis

Zwölf ↗ Zahlen

Zypresse Phallisch; auch weitverbreitet als Todes- und Bestattungssymbol. Ihr wurde die Fähigkeit zugeschrieben, den Körper vor Fäulnis zu bewahren, daher ihre Verwendung auf Friedhöfen. Mit der Sonne oder dem Mond auf der Spitze steht sie für den Androgyn. *Chin.:* Anmut; Glück, aber auch Tod. *Christl.:* Erdulden, deshalb der Christ; Beharrlichkeit in der Tugend; der gerechte Mensch; auch Trauer und Tod. *Griech./Röm.:* Als ein Attribut von Zeus, Apollon, Venus und Hermes bedeutet die Zypresse Leben; als ein Attribut von Göttern der Unterwelt und des Schicksals hat sie Funeralbedeutung, bezeichnet den Tod und ist Hades/Pluto geweiht. *Phönik.:* Astarte und Melqart geweiht; sie ist der Lebensbaum.

Glossar

alter ego zweites Ich.

anima mundi die Weltseele; die *materia* der Seele.

apotropäisch mit der Kraft ausgestattet, das Böse abzuwehren.

aqua vitae das Wasser des Lebens; das Quecksilber des Alchimisten.

axis mundi die Weltachse.

chthonisch zur Unterwelt gehörig, die Unterwelt betreffend.

coincidentia oppositorum die Versöhnung der Gegensätze.

corona convivialis die Festkrone – ein Zeichen des Glücks.

corona funebris die Funeralkrone bzw. der Begräbniskranz – Zeichen des Todes.

corona radiata die Strahlenkrone oder der Heiligenschein.

Demiurg (Weltschöpfer) im Platonismus der Schöpfer der Welt und des Menschen; in der Gnostik ein Schöpfer unter dem Höchsten Gott, bisweilen als unvollkommen gedeutet und daher als einer, der das Böse einläßt.

dharma die Lehre; die Wahrheit.

dhyana Meditation; Kontemplation; ein Aspekt des intellektuellen Yoga.

epheboi (Epheben) Jünglinge, die nach der Initiation in die Gesellschaft oder Kulte der Erwachsenen eintreten.

fata morgana ein Luftbild; die Selbsttäuschung.

femina alba die weiße Frau; das weiße, lunare, weibliche Prinzip; die weiße Lilie, das zweite Stadium des Großen Werkes in der Alchimie.

feng shui wörtlich »Wind und Wasser«, die chinesische Wissenschaft von den günstigen Aspekten bzw. Vorteilen.

forma die wesentliche Form oder der Prototyp.

gammadion eine Figur aus vier im rechten Winkel zueinander stehenden großen griechischen Gammas, die so ein Kreuz, ein Hakenkreuz bzw. eine Svastika bilden.

hieros gamos die heilige bzw. rituelle Ehe zwischen Sonne und Mond, Priester und Priesterin, König und Königin.

homophon gleichklingend.

Iesous Hominum Salvator Jesus, Retter der Menschen.

ignes fatui Irrlichter; Sumpfgasbrände; das Trügerische und in die Irre Führende.

imago mundi Weltbild.

in hoc salus wörtlich »hierin[finde]Wohlergehen«, oder etwa »geistige Gesundheit«.

in hoc signo »in diesem Zeichen«, was so viel bedeutet wie »unter der Macht von«.

karma wörtlich »Tat«; im allgemeinen die Lehre, daß eine bestimmte Tat ein bestimmtes Ergebnis bewirkt; das unausweichliche Gesetz der Verantwortlichkeit des einzelnen für seine Handlungsweisen und des Erntens ihrer Früchte.

lapis exilis der Stein, dessen Macht das Leben wiedergibt und ewige Jugend verleiht.

magnum opus das Große Werk, insbesondere der Alchimie.

Manitou der Universalgeist bei den nordamerikanischen Indianern. Die Allerhöchste Gottheit oder übernatürliche Macht z. B. bei den Algonkin, Sioux und Irokesen.

massa confusa die *prima materia*, der Zustand des Urchaos, der im Großen Werk zu transformieren ist.

memento mori eine Erinnerung daran, daß der Tod unumgänglich ist.

multum in parvo wörtlich »vieles in wenigem«.

nigredo die Finsternis des Initiationstodes; die Auflösung, das erste Stadium im Großen Werk der Alchimie.

nous (Nus) der Intellekt; der Geist.

Paradigma ein Beispiel; ein Muster.

parthenogen sich aus sich selbst reproduzierend; ungeschlechtliche Vermehrung.

petra genetrix wörtlich »der Mutterfelsen«; er bringt den vollkommenen Androgyn hervor.

Pleroma die Fülle; der Überfluß; in der Gnostik das Göttliche Sein und alle Äonen, die von ihm ausgehen.

prima materia die Natur in ihrem Urzustand bzw. -substrat; die Ursubstanz der Welt, die die Möglichkeiten aller Formen in sich birgt.

Psychopompos ein Seelengeleiter an den Ort der Toten.

pudenda mulieris eine Bezeichnung der äußeren weiblichen Genitalien.

pura arbor wörtlich der »unverbildete Baum«, Symbol der Jungfräulichkeit.

quinta essentia das Quecksilber in der Alchimie; der zentrale Punkt eines Kreuzes oder Mittelpunkt des Kreises; der fünfte Punkt; der gemeinsame Grund aller vier Elemente.

regressus ad uterum die Rückkehr in den pränatalen Zustand.

samsara die Erfahrungen von der Welt als dem Veränderlichen, Zufälligen und Irrealen; der Kreislauf von Geburt und Tod.

Sistrum eine Art Rassel aus Metallringen und -stäben, wie sie im alten Ägypten bei der Isisverehrung Verwendung fand.

sol niger die »Schwarze« Sonne, im Gegensatz zur »weißen« Sonne; symbolisiert chthonische Mächte und die Schlange.

solve et coagula die Doppelreaktion in der Alchimie, Auflösung und Koagulation, Trennen und Vereinigen, die Auflösung des Unvollkommenen und seine Kristallisation zu einer neuen und edleren Form.

spiritus mundi der Weltgeist; der Lebens- und Universalgeist.

sub specie aeternitatis (zu sehen) vom Standpunkt des Ewigen her.

sutras Buddhistische und jainistische religiöse Schriften in aphoristischem Stil.

tantras hinduistische und buddhistische religiöse Schriften, die über Ziel und Methode der Vereinigung mit dem Göttlichen belehren.

tellus mater die Erdmutter.

Theriomorphismus Tiergestaltigkeit; Verehrung tiergestaltiger Gottheiten.

vas die Vase; die Matrix oder der Urgrund, aus dem der Stein der Weisen kommt.

vesica piscis ein aufrecht stehendes Oval oder eine Mandelform, die häufig eine Heiligenfigur umgibt.

yuga eine Phase zyklischer Entwicklung; es gibt vier *yugas*, die vier Weltalter – das goldene, das silberne, das bronzene und das eiserne.

Bibliografie

ABBOTT, J. *The Keys of Power: A Study in Indian Ritual and Belief*, 1932.
ALLCROFT, A. H. *The Circle and the Cross*, 1927.
ALLEN, Grant. *The Evolution of the Idea of God*, 1904.
ALLEN, M. R. *Japanese Art Motives*, 1917.
ALLENDRY, René Félix. *Le Symbolisme des nombres*, 1948.
ALVIELLA, Goblet d'. *The Migration of Symbols*, 1894.
ANDRAE, W. *Die ionische Säule, Bauform oder Symbol?*, 1933.
APULEIUS. *The Golden Ass.*
Archaeologia, or Miscellaneous Tracts relating to Antiquity. Society of Antiquaries of London, XLVIII.
ASHE, Geoffrey. *All About King Arthur*, 1957. *The Quest of Arthur's Britain*, 1957. *From Caesar to Arthur*, 1960. *The Virgin*, 1976.
AYNSLEY, H. Murray. *Symbolism of East and West*, 1900.
BACHOFFEN, J. J. *Mutterrecht und Urreligion.* 1927.
BAILEY, H. *The Lost Language of Symbolism*, 1912.
BAKHTIAR, Laleh. *Sufi*, 1976.
BALL, Katherine. *Decorative Motives in Oriental Art*, 1927.
BANERJEE, P. *The Development of Hindu Iconography*, 1956.
BASHAM A. L. *The Wonder that was India*, 1971.
BAYNES, C. F. *Change. Eight Lectures on the I Ching*, 1964.
BENTHALL, J., and POLHEMUS, T. (eds). *The Body as a Medium of Expression*, 1975.
BERNOULLI, Rudolf. Spiritual Development as Reflected in Alchemy, *Eranos Year Book*, 1960.
BEVAN, Edwyn. *Symbolism and Belief*, 1938.
BHARATI, Agehananda (Leopold Fischer). *The Tantric Tradition*, 1961.
BLACK ELK. See Neihardt, G. J.
BLINKENBERG, C. *The Thunder-weapon in Religions and Folklore*, 1911.
BLOUNT G. *The Science of Symbols*, 1905.
BORD, Janet. *Mazes and Labyrinths of the World*, 1976.
BOWRA, C. M. *The Heritage of Symbolism*, 1943. *The Greek Experience*, 1957.
BRANDON, S. G. F. *Religion in Ancient History*, 1973.
BRANSTON, Brian. *Gods of the North*, 1955. *The Lost Gods of England*, 1974.
BREASTED, James Henry. *Development of Religion and Thought in Ancient Egypt*, 1912.
BRELICH, A. *Vesta*, 1949.
BRIFFAULT, R. *The Mothers*, 1927.
BROMWICH, Rachael. *The Welsh Triads*, 1961.
BROWN, Joseph Epes. *The Sacred Pipe*, 1953. 'The Persistence of Essential Values Among North American Plains Indians', *Studies in Comparative Religion*, Autumn, 1969. 'The Unlikely Associates', *Studies in Comparative Religion*, Summer, 1970.
BROWN, Robert. 'On the Origin of the Signs of the Zodiac', *Archaeologia*, XLVII, 1883. 'Remarks on the Gryphon, Heraldic and Mythological', *Archaeologia*, XLVIII, 1885.
BUDGE, E. A. Wallis, *The Divine Origin of the Cult of the Herbalist*, 1928. *Amulets and Talismans*, 1930. *From Fetish to God in Ancient Egypt*, 1934.
BURCHARDT, Titus. 'Le Symbolisme du jeu des échecs', *Etudes Traditionelles*, Oct.–Nov. 1954. *Sacred Art in East and West*, 1967. *Alchemy*, 1967. 'The Heavenly Jerusalem and the Paradise of Vaikuntha', *Studies in Comparative Religion*, Winter, 1970.
BURLAND, Cottie Arthur. *North American Indian Mythology*, 1968.
BURROWS, Eric. 'Some Cosmological Patterns in Babylonian Religion', *The Labyrinth* (Ed. S. H. Hooke), 1935.
CAMMANN, Schuyler. 'Symbolism of the Cloud Collar Motif', *Art Bulletin of the College Art Association of America*, XXXIII, 1.
CAMPBELL, John Francis. *The Celtic Dragon Myth*, 1911.
CAMPBELL, Joseph. *The Hero with a Thousand Face*, 1969.
CARPENTER, Edward. *Pagan and Christian Creeds. Their Origin and Meaning*, 1920.
CARR, H. G. *Flags of the World*, 1969.
CARUS, Paul. *Chinese Thought*, 1907.
CASE, P. F. *The Tarot*, 1947.
CHADWICK, Nora. *Celtic Britain*, 1964.
CHAMBERS, E. K. *Arthur of Britain*, 1927.
CHANDLER, Howard. 'On the Symbolic Use of Number in the "Divina Commedia" and Elsewhere', *Transactions of the Royal Society of Literature of the U. K.* 2nd Series, XXX, 1910.
CHAPLIN, Dorothea. *Matter, Myth and Spirit*, 1935.
CHARBONNEAU-LASSAY, L. *Le Bestiaire du Christ*, 1940.
CHATTERJI, Usha. 'Shakta and Shakti', *Studies in Comparative Religion*, Autumn, 1968.
CHEVALIER, Jean (Ed.) *Dictionnaire des Symboles*, 1973.
CHÖGYAM TRUNGPA. Visual Dharma, 1975.
CHU, W. K. and SHERRILL, W. A. *The Astrology of the I Ching*, 1976.
CHURCHWARD, A. *Signs and Symbols of Primordial Man*, 1913.
CIRLOT, J. E. *A Dictionary of Symbols*, 1962.
CLARK, R. T. R. *Myth and Symbol in Ancient Egypt*, 1960.
COLLINS, A. H. *Symbolism of Animals and Birds in English Church Architecture*, 1913.
CONDER, Claud Reignier. *Syrian Stone-Lore: the Monumental History of Palestine*, 1886.

COOK, Arthur Bernard. *Zeus. A Study in Ancient Religion*, 1940.
COOK, Roger. *The Tree of Life*, 1974.
COOMARASWAMY, Ananda K. *Elements of Buddhist Iconography*, 1935. *The Transformation of Nature in Art*, 1956. 'Symplegades', *Studies and Essays in the History and Science of Learning*, 1946. *Time and Eternity*, 1947. *Art and Thought*, 1947. *Hinduism and Buddhism*, 1943. *Christian and Oriental Philosophy of Art*, 1956. *The Dance of Siva*, 1958. 'Khawaj Khadir and the Fountain of Life in the Tradition of Persian and Mughal Art', *Studies in Comparative Religion*, Autumn, 1970. 'The Symbolism of Archery', *Studies in Comparative Religion*, Spring, 1971.
CORY, William. *Ancient Fragments*, 1828.
CRAWLEY, A. E. *The Mystic Rose*, 1902.
CREEL, H. G. *Studies in Early Chinese Culture*, 1937.
CREUZER, F. G. *Symbolik und Mythologie der alten Völker*, 1836–42.
CROSS, F. L. (ed.). *The Oxford Dictionary of the Christian Church*, 1966.
CUMONT, Franz. *The Mysteries of Mithra*, 1903. *Astrology and Religion Among the Greeks and Romans*, 1912. *Recherches sur le symbolisme funéraire des romains*, 1942.
DABU, Dastur Kurshed S. *Message of Zarathushtra. A Manual of Zoroastrianism*, 1959.
DALE-GREEN, Patricia. *The Dog*, 1966.
DANIÉLOU, J. 'Le Symbolisme du temple de Jerusalem chez Philon et Josephe', *Le Symbolisme cosmique des monuments religieux*, 1957. *Primitive Christian Symbols*, 1964.
DAVIDSON, H. R. Ellis. *The Sword in Anglo-Saxon England*, 1962.
DAWSON, R. (ed.). *The Legacy of China*, 1964.
DEANE, J. B. *The Worship of the Serpent*, 1830.
DEEDES, C. N. 'The Labyrinths', *The Labyrinth* (ed. H. S. Hooke), 1935.
DEREN, Maya. *Divine Horsemen*, 1953.
DICKSON, L. E. *History of the Theory of Numbers*, 1919.
DOANE, T. W. *Bible Myths and their Parallels in Other Religions*, 1908.
DORESS, J. *The Secret Books of the Egyptian Gnostics*, 1960.
DORSEY, George A. 'The Arapaho Sun Dance', *Anthropological Series*, IV, 1895.
DORSON, R. M. (ed.). *Peasant Customs and Savage Myths*, 1968.
DROWER, E. S. *Water into Wine*, 1956.
DUCHESNE-GUILLEMIN, J. *The Western Response to Zoroaster*, 1958.
DUNBAR, H. Flanders. *Symbolism in Mediaeval Art*, 1929. *Symbolism in Mediaeval Thought and its Consummation in the Divine Comedy*, 1929.
EISLER, Robert. *Orpheus the Fisher*, 1921. *Orphisch-dionysische Mysterien-Gedanken in der christlichen Antike*, 1925.
ELIADE, Mircea. *The Myth of the Eternal Return*, 1954. *Le Symbolisme cosmique des monuments religieux*, 1957. *Patterns in Comparative Religion*, 1958. *The Sacred and the Profane*, 1961. *Images and Symbols*, 1961. *The Forge and the Crucible*, 1962. *Shamanism*, 1964. *The Two and the One*, 1965. *Myths, Dreams and Mysteries*, 1968.
ELWORTHY, F. T. *The Evil Eye*, 1895. *Horns of Honour*, 1900.
Eranos Yearbooks. *Ostwestliche Symbolik und Seelenführung*, 1934. *The Configuration and Cult of the Great Mother*, 1938. *Ancient Sun Cults and Light Symbolism*, 1943. *Zur Idee des Archetypischen*, 1945. *Man and Time*, 1951. *Spirit and Nature*, 1954. *The Mysteries*, 1955. *Spiritual Disciplines*, 1960.
EVANS, A. J. *Mycenaean Tree and Pillar Cult*, 1901.
EVANS-WENTZ, W. Y. *The Fairy Cult in Celtic Countries*, 1911. *Tibetan Yoga and Secret Doctrines*, 1958.
FAGAN, C. *The Symbolism of the Constellations*, 1962.
FARBRIDGE, M. H. *Studies in Biblical and Semitic Symbolism*, 1923.
FARNELL, L. R. *The Evolution of Religion*, 1905.
FARRER, Austin. *A. Rebirth of Images*, 1949.
FERGUSON, G. W. *Signs and Symbols in Christian Art*, 1954.
FERGUSON, John. *Illustrated Encyclopaedia of Mysticism*, 1976.
FLETCHER, J. B. *Symbolism of the Divine Comedy*, 1921.
FORLONG, G. J. R. *Faiths of Man. Encyclopaedia of Religions*, 1964.
FOWLER, W. W. *The Roman Festivals*, 1899.
FRANKLAND, Edward. *The Bear in Britain*, 1944.
FRASER, T. T. (ed.). *The Voices of Time*, 1966.
FRAZER, J. G. *Adonis, Attis, Osiris*, 1906. *The Golden Bough*, 1911.
FREEMAN, Rosemary. *The English Emblem Books*, 1948.
GARSTANG, John. *The Land of the Hittites*, 1910. *The Hittite Empire*, 1929.
GELLING, Peter, and DAVIDSON, H. E. *The Chariot of the Sun*, 1969.
GILES, Herbert A. *History of Chinese Pictorial Art*, 1905.
GIVRY, Grillot de. *Witchcraft, Magic and Alchemy*, 1931.
GLEADOW, Rupert. *The Origin of the Zodiac*, 1968.
GLUECK, N. *Deities and Dolphins*, 1966.
GOLDSMITH, Elizabeth E. *Sacred Symbols in Art*, 1912. *Life Symbols as Related to Sex Symbolism*, 1924. *Ancient Pagan Symbols*, 1929.
GOODENOUGH, E. R. *Jewish Symbols in the Graeco-Roman Period*, 1953.
GOODYEAR, William H. *The Grammar of the Lotus*, 1891.
GOULD, S. Baring. *Strange Survivals*, 1892.
GOVINDA, Lama Anagarika. *Foundations of Tibetan Mysticism*, 1960.
GRABAR, André. *Christian Iconography*, 1969.
GRAVES, Robert. *The White Goddess*, 1952.
GREG, R. P. 'The Meaning and Origin of the Fylfot and Swastika', *Archaeologia*, XLVIII, 1885.
GRUBECH, V. *The Culture of the Teutons*, 1931.
GUÉNON, René. *Introduction to the Study of Hindu Doctrines*, 1945. *Man and His Becoming According to the Vedanta*, 1945. *L'Esotérisme de Dante*, 1949. *La Grande Triade*, 1957. *The Symbolism of the Cross*, 1958. *Symboles fondamentaux de la science sacrée*, 1962.
GUNTER, H. V. *The Jewel Ornament of Liberation*, 1959.
GUILLAUME, Alfred. *The Legacy of Islam*, 1931.
HALL, James. *Dictionary of Subjects and Symbols in Art*, 1974.
HALLIDAY, W. R. *The Pagan Background of Early Christianity*, 1925.
HAMILTON, H. C. (trans.). *The Geography of Strabo*, 1912.
HARGRAVES, Catherine Perry. *A History of Playing Cards*, 1930.
HARRIS, J. Rendel. *The Cult of the Heavenly Twins*, 1906.

HARRISON, Jane. 'Bird and Pillar Worship in Connection with Ouranian Divinities', *Transactions of the Third International Congress for the History of Religions*, 1908. *Prolegomena to the Study of Greek Religion*, 1908. *Ancient Art and Ritual*, 1911. *Themis*, 1927.
HARRISON, Raymond. *The Measure of Life*, 1936.
HARTLAND, E. S. *The Science of Fairy Tales*, 1891.
HARTLEY, Christine. *The Western Mystery Tradition*, 1968.
HEINDEL, Max. *Ancient and Modern Initiation*, 1931.
HENDERSON, J. L., and OAKES, M. *The Wisdom of the Serpent*, 1963.
HENTZE, Carl. 'Cosmogonie du Monde dressé debout et du Monde, renversé, *Mythos et symboles lunaires*, 1932.
HESIOD. *Theogony*.
HIRST, Désirée. *Hidden Riches*, 1964.
HOCART, A. M. *Kingship*, 1931. *The Life-giving Myth*, 1952.
HOLIDAY, F. W. *The Dragon and the Disc*, 1973.
HOLMYARD, E. J. *Alchemy*, 1956.
HOOD, Sinclair. *The Minoans*, 1971.
HOOKE, S. H. (ed.). *The Labyrinth*, 1935. *Some Cosmological Patterns in Babylonian Religion*, 1935. *Myth and Ritual*, 1933. *Babylonian and Assyrian Religion*, 1953.
HOPPER, Vincent Foster. *Mediaeval Number Symbolism*, 1938.
HOWEY, M. Oldfield. *The Cat in the Mystery Religions and Magic*, 1956.
HULME, F. Edward. *Symbolism in Christian Art*, 1894.
HULTKRANTZ, Ake. 'Attitudes to Animals in Soshone Indian Religion', *Studies in Comparative Religion*, Spring, 1970.
HYAMS, E. and ORDISH, G. *The Last of the Incas*, 1963.
HYDE, James. 'The Under-thought of the "Elder Edda"', *Transactions of the Royal Society of Literature of the U. K.*, Second Series, XXX, 1910.
IAMBLICHUS. *On the Mysteries of the Egyptians, Chaldeans and Assyrians*.
INCE, R. *Dictionary of Religion and Religions*, 1935.
INMAN, Thomas. *Ancient Faiths Embodied in Ancient Names*, 1868. *Ancient Pagan and Modern Christian Symbolism*, 1869.
JACKSON, Wilfred. *Shells as Evidence of the Migration of Early Culture*, 1917.
JAMES, E. O. 'The Sources of Christian Ritual', *The Labyrinth*, ed. S. H. Hooke, 1935. *The Cult of the Mother Goddess*, 1959.
JAMES, T. G. H. *Myths and Legends of Ancient Egypt*, 1970.
JASTROW, M. *Die Religion Babyloniens und Assyriens*, 1902–12.
JENNINGS, Hargrave. *The Rosicrucians, Their Rites and Mysteries*, 1870. *The Obelisk. Notices of the Origin, Purpose and History of Obelisks*, 1877.
JENSEN, Hans. *Sign, Symbol and Script*, 1970.
JOHNSON, F. E. (ed.). *Religious Symbolism*, 1955.
JOHNSON, O. S. *A Study in Chinese Alchemy*, 1928.
JONES, Owen. *Grammar of Ornament*, 1856.
JOSEPH, B. L. *Elizabethan Acting*, 1964.
JOSEPHUS. *Antiquities*. Book XVIII.
JUNG, C. G. *Aion, 1952. Complex, Archetype, Symbol*, 1953. *Symbols of Transformation*, 1956.
KARSTEN, R. *The Civilization of the South American Indians*, 1926.
KENDRICK, T. D. *The Druids*, 1927.
KERÉNYI, Karl. *Labyrinth-Studien. Labyrinthos als linien reflex einer mythologischen Idee, 1950. Essays on a Science of Mythology*, 1950. *The Heroes of the Greeks*, 1959.
KING, C. W. *Antique Gems and Rings*, 1860. *The Gnostics and Their Remains*, 1864. *The Natural History of Precious Stones and of Precious Metals*, 1867.
KING, E. G. Akkadian Genesis, 1888.
KIRK, G. S. *Myth, its Meaning and Functions in Ancient and Other Cultures*, 1970.
KNIGHT, R. P. *Le Culte de Priape*, 1866.
KNIGHT, W. F. Jackson. *Cumaean Gates. A Reference in the Sixth Aeneid to the Initiation Pattern*, 1936.
KOCH, Rudolf. *The Book of Signs*, 1930.
KOZMINSKY, Isadore. *The Magic and Science of Jewels and Stones*, 1922.
KRAMRISCH, Stella. *The Hindu Temple*, 1946.
KUNZ, G. F. *The Curious Lore of Precious Stones*, 1912. *The Magic of Jewels and Charms*, 1915. *The Book of the Pearl*, 1908.
LAJARD, Felix. *Le Culte de Mithra*, 1847. *Recherches sur le culte de Vénus*, 1854.
LANGDON, S. H. 'Semitic Mythology', *The Mythology of All Races*, 1931.
LANGER, Susanne K. *Philosophy of Reason, Rite and Art*, 1942.
LAROUSSE, *New Encyclopaedia of Mythology*, 1959.
LAUFER, Berthold. *Jade. A Study in Chinese Archaeology and Religion*, 1912.
LAYARD, J. *The Lady of the Hare*, 1944.
LEHNER, Ernst. *Symbols, Signs and Signets*, 1950.
Folklore and Symbolism of Flowers, Plants and Trees, 1960.
LEISEGANG, H. 'The Mystery of the Serpent', *Eranos Yearbooks*, 1955.
LETHABY, W. R. *Architecture, Mysticism and Myth*, 1892.
LEWIS, H. Spencer, *The Rosicrucian Manual*, 1938.
LEWIS, R. M. *Behold the Sign. Ancient Symbolism*, 1912.
LINGS, Martin. 'The Qoranic Symbolism of Water', *Studies in Comparative Religion*, Summer, 1968. 'Old Lithuanian Songs', *Studies in Comparative Religion*, Winter, 1969. 'The Seven Deadly Sins', *Studies in Comparative Religion*, Winter, 1971.
LU K'UAN YU. *Ch'an and Zen Teaching*, 1962.
LUM, Peter. *Fabulous Beasts*, 1952.
MACCULLOCH, J. A. *The Religion of the Ancient Celts*, 1911.
MACKENZIE, D. A. *Teutonic Myth and Legend*, 1912. *The Migration of Symbols*, 1926.
MACROBIUS. *Saturnalia*.
MASANI, Ruston. *The Religion of the Good Life*, 1954.
MATHERS, M. *The Kabbalah Unveiled*, 1957.
MATTHEWS, W. H. *Mazes and Labyrinths*, 1922.
MCKAY, J. G. 'The Deer Cult and the Deer Goddess of the Ancient Caledonians', *Folklore: Transactions of the Folklore Society*, XLIII, 1932.
MCNEILL, F. Marian. *The Silver Bough*, 1959.
MEAD, G. R. S. *Orpheus*, 1896. *Quests Old and New*, 1898. *Fragments of a Faith Forgotten*, 1931.
MEES, G. H. *The Revelation in the Wilderness*, 1951–4.
MILLS, J. *Sacred Symbology*, 1853.
MÖHLER, J. A. *Symbolik*, 1832.
MOULTON, J. H. *Early Zoroastrianism*, 1913.
MURRAY, Gilbert. *Five Stages of Greek Religion*, 1930.
MURRAY, H. J. R. *A History of Chess*, 1913.

MURTI, T. R. V. *The Central Philosophy of Buddhism*, 1955.
NASR, Seyyed Hossein. *An Introduction to Islamic Cosmological Doctrines*, 1964.
NEEDHAM, J. *Science and Civilization in China*, 1954–.
NEIHARDT, J. G. *Black Elk Speaks*, 1932.
NEUMANN, Erich. *The Great Mother*, 1955. *Amor and Psyche*, 1956.
NEWTON, John. *Origin of Triads and Trinities*, 1909.
NILSSON, M. P. *The Mycenaean Origin of Greek Mythology*, 1932. *Greek Popular Religion*, 1946.
NOTT, Stanley C. *Chinese Culture in the Arts*, 1946. *Chinese Jade*, 1962.
O'FLAHERTY, Wendy. *Origins of Evil in Hindu Mythology*, 1976.
OESTERLEY, W. O. E. 'The Cult of Sabazios', in S. H. Cooke (ed.), *The Labyrinth*, 1935.
OKAKURA-KAKUZO. *The Book of Tea*, 1919.
ONIONS, R. B. *The Origins of European Thought*, 1951.
OTTO, Walter F. *The Homeric Gods*, 1954.
OUSPENSKY, L. and LOSSKY, V. *The Meaning of Icons*, 1969.
PALLIS, Marco. *Peaks and Lamas*, 1940. *The Way and the Mountain*, 1961.
PAPUS. *The Tarot of the Bohemians*, 1910. *La Science des nombres*, 1934.
PAVITT, W. T. and K. *The Book of Talismans, Amulets and Zodiacal Gems*, 1914.
PERRY, W. J. *The Children of the Sun*, 1923.
PETRIE, W. M. Flinders. *The Gods of Ancient Egypt*, 1905. *Religious Life in Ancient Egypt*, 1932.
PETRUCCI, R. *La Philosophie de la nature dans l'art d'Extrême Orient*, 1910.
PETTAZZONI, R. *Essays on the History of Religions*, 1954.
PIGGOTT, Stuart. *Ancient Europe*, 1965. *The Druids*, 1975.
PIKE, E. Royston. *Encyclopaedia of Religion and Religions*, 1951.
PITT-RIVERS, G. *The Riddle of the Labarum*, 1956.
PLINY. *Natural History*.
PLUTARCH. *On the Cessation of Oracles*.
POWELL, T. G. E. *The Celts*, 1958.
PROCLUS. *The Sphere*.
PURCE, Jill. *The Mystic Spiral*, 1974.
QUINTILIAN. Institutio Oratoria.
RADIN, Paul. *The Story of the North American Indian*, 1928. *The Culture of Winnebago*, 1949. *The Trickster*, 1956. *The Road of Life and Death*, 1968.
RAGLAN, Lord. *The Temple and the House*, 1964.
RAINE, Kathleen. 'Traditional Symbolism in Kubla Khan', *Studies in Comparative Religion*, Summer, 1967.
RANSOME, Hilda M. *The Sacred Bee in Ancient Times and Folklore*, 1937.
READ, John. 'Alchemy and Alchemists', *Folklore, Transactions of the Folklore Society*, XLIII, 1933.
RÉAU, Louis. *Iconographie de l'art chrétien*, 1955.
REDGRAVE, Herbert Stanley. *Alchemy, Ancient and Modern*, 1922.
REES, Alwyn. *The Celtic Heritage*, 1974.
REINACH, S. *Cultes, mythes et religions*, 1908.
RHYS, J. *Studies in the Arthurian Legend*, 1891.
RIDLEY, M. R. (trans.). *Sir Gawain and the Green Knight*, 1962.
RINGGREN, H. and STROM, A. V. *Religions of Mankind*, 1967.
ROBERTSON, J. M. *Pagan Christs*, 1928.
ROHEIM, Géza. *Animism, Magic and the Divine King*, 1972.
ROSS, Anne. *Pagan Celtic Britain*, 1967.
ROUT, E. A. *Maori Symbolism*, 1926.
RULAND, Martin. *Lexicon of Alchemy*, 1892.
SAYCE, A. H. 'The Origin and Growth of Religion as Illustrated by the Religion of the Ancient Babylonians', Hibbert Lectures, 1887.
SCHLESINGER, M. *Geschichte des Symbols*, 1912.
SCHOLEM, G. G. *Major Trends in Jewish Mysticism*, 1955.
SCHUON, Frithjof. *L'Oeil du coeur*, 1950. *Spiritual Perspectives and Human Facts*, 1954. *Understanding Islam*, 1963. *Light on the Ancient Worlds*, 1965. *In the Tracks of Buddhism*, 1968. *Dimensions of Islam*, 1969.
SCHWAB, Gustav. *Gods and Heroes*, 1947.
SÉJOURNÉ, Laurette. *Burning Water*, 1958.
SEWARD, Barbara. *The Symbolic Rose*, 1954.
SEZNEC, Jean. *The Survival of the Pagan Gods*, 1953.
SHARKEY, John. *Celtic Mysteries*, 1975.
SHEPHERD, Odell. *The Lore of the Unicorn*, 1930.
SHORT, Ernest H. *The House of God. A History of Religious Architecture and Symbolism*, 1925.
SILBERER, H. *Problems of Mysticism and its Symbolism*, 1917.
SILCOCK, Arnold. *Introduction to Chinese Art and History*, 1936.
SILLAR, F. C. and MYLER, R. M. *The Symbolic Pig*, 1961.
SIMPSON, William. *The Buddhist Praying Wheel*, 1896.
SIRÉN, Osvald. *Gardens of China*, 1949.
SMITH, D. Howard. *Chinese Religions*, 1968.
SMITH, G. Elliot. *The Evolution of the Dragon*, 1919.
SNELLGROVE, David. *Buddhist Himalaya*, 1957. *Himalayan Pilgrimage*, 1961.
SPENCE, Lewis. *The Myth of the North American Indians*, 1914. *The Gods of Mexico*, 1923. *Myths and Legends of Ancient Egypt*, 1930. *British Fairy Origins*, 1946. *The Mysteries of Britain*, 1970.
SQUIRE, Charles. *The Mythology of the British Isles*, 1905. *Celtic Myth and Legend*, 1912.
STEWART, T. M. *Symbolism of the Gods of the Egyptians*, 1927.
STUART, J. *Ikons*, 1975.
SYKES, E. *Dictionary of Non-classical Mythology*, 1962.
SZEKLEY, E. B. *The Teaching of the Essenes*, 1957.
TACITUS, *Germania*.
THIERENS, A. E. *The General Book of the Tarot*, 1928
THOMAS, E. J. *The Life of Buddha*, 1975.
TIZAC, H. d'Ardenne de. *Les Animaux dans l'art chinois*, 1923.
TOLKOWSKY, S. *Hesperides. A History of the Culture and Use of Citrus Fruit*, 1938.
TOYNBEE, J. M. C. *Death and Burial in the Roman World*, 1971.
TREDWELL, W. R. *Chinese Art Motives*, 1915.
TUCCI, Giuseppe. *The Theory and Practise of the Mandala*, 1969.
TURVILLE-PETRIE, E. O. G. *Myth and Religions of the North*, 1964.
TWINING, L. *Symbols and Emblems of Early and Mediaeval Christian Art*, 1852.
URLIN, Ethel. *Festivals, Holy Days and Saint's Days*, 1915.

Van Buren, E. Douglas. *The Flowing Vase and the God with Streams,* 1933.
Van Gennep, Arnold. *The Rites of Passage,* 1959.
Van Marle, Raimond. *Iconographie de l'art profane au moyen-âge et à la renaissance,* 1931.
Vermasseren, M. J. *Mithras, the Secret God,* 1963.
Vinycomb, John. *Fictitious and Symbolic Creatures in Art, with special reference to British Heraldry,* 1906.
Visser, M. W. de. *The Dragon in China and Japan,* 1913.
Vries, A. de. *Dictionary of Symbols and Images,* 1974.
Waite, A. E. *The Book of the Holy Grail,* 1921. *The History of Magic,* 1930.
Walther, W. *Lehrbuch der Symbolik,* 1924.
Watts, A. W. *Myth and Ritual in Christianity,* 1954.
Webber, F. R. *Church Symbolism,* 1927.
Weigall, Arthur. *The Paganism in Our Christianity* (n.d.).
Weston, Jessie L. *The Quest of the Holy Grail,* 1913.
Westropp, H. M. and Wake, C. S. *Primitive Symbolism as Illustrated in Phallic Worship,* 1885. *Ancient Symbol Worship in the Religions of Antiquity,* 1874.
Wheatley, Paul. *City as Symbol,* 1969.
Whittick, Arnold. *Symbols, Signs and their Meaning,* 1960.
Whymant, Neville. *A China Manual,* 1948.
Wilkins, Ethne. *The Rose-garden Game,* 1969.
Willetts, R. F. *Cretan Cults and Festivals,* 1962. *Everyday Life in Ancient Crete,* 1969.
Williams, C. A. S. *Outlines of Chinese Symbolism and Art Motives,* 1931.
Wilson, T. 'The Swastika', *Annual Report of the U.S. National Museum,* 1896.
Wind, Edgar. *Pagan Mysteries in the Renaissance,* 1968.
Wissler, Clark. *The American Indian,* 1950.
Woodroffe, John (Arthur Avalon). *Shakta and Shakti,* 1919. *The World as Power,* 1922–3. *The Serpent Power,* 1931.
Wornum, Ralph N. *Analysis of Ornament,* 1877.
Wosein, Marie-Gabriele. *Sacred Dance,* 1974.
Wright, A. R. *British Calendar Customs,* 1940.
Yap Yong and Cotterell, A. *The Early Civilization of China,* 1975.
Yetts, W. Percival. *Symbolism of Chinese Art,* 1912.
Zaehner, R. C. *The Dawn and Twilight of Zoroastrianism,* 1961.
Zimmer, Heinrich. *Myths and Symbols in Indian Art and Civilization,* 1946. *The King and the Corpse,* 1956.

Fotonachweis

Ankara Museum (1); Ashmolean Museum, Oxford (1); Bewdley Museum, Worcs. (1); Biblioteca Apostolica Vaticana (2); Biblioteca Estense, Modena (1); Biblioteca Marciana, Venedig (2); Biblioteca Mediceo-Laurenziana, Florenz (1); Bibliothèque de'l Arsenal, Paris (1); Bibliothèque de'l Arsenal, Paris (1); Bibliothèque Nationale, Paris (4); Bodleian Library, Oxford (2); British Library (1); British Museum, London (18); Cairo Museum (3); Chester Beatty Library and Gallery of Oriental Art, Dublin (1); Delphi Museum (1); Field Museum of Natural History, Chicago (1); Galleria Estense, Modena (1); Germanisches Nationalmuseum, Nürnberg (1); Gouvernment Museum, Madras (1); Gulbenkian Museum of Oriental Art, Durham (6); Haffenreffer Museum of Anthropology, Brown University (1); Instituto Nacional de Anthropologia e Historia, Mexico (2); Izmir Museum (1); Kupferstichkabinett, Berlin (1); Louvre, Paris (5); Musée de'l Oeuvre Notre-Dame, Strasbourg (1); Musée Municipale, Douai (1); Musei Vaticani (3); Museo de Arte de Cataluña, Barcelona (1); Museo Laterano, Rom (1); Museum Antiker Kleinkunst, München (1); Museum of Fine Arts, Boston (2); Museum of the American Indian, New York (4); National Gallery, London (3); National Gallery of Art, Washington D. C.: Kress Collection (1); Nationalmuseet, Kopenhagen (2); National Museum of Korea (1); National Museum of Man, Ottawa (2); Ny Carlsberg Glyptothek, Kopenhagen (1); Rheinisches Landesmuseum, Bonn (1); Royal Scottish Museum, Edinburgh (2); Staatsbibliothek, Berlin (1); Stadtmuseum, Köln (1); Statens Historiska Museum, Stockholm (1); Victoria and Albert Museum, London (10); William Rockhill Nelson Gallery of Art, Kansas City (1).